Histoire de l'Allemagne contemporaine

Loïc Batel

Histoire de l'Allemagne contemporaine

De 1945 à nos jours

Éditions du Seuil

ISBN 978-2-7578-9603-7

À mes parents,
À mon épouse et à mes enfants.

Avant-propos

Lorsque Michel Winock m'a proposé, au seuil de ce nouveau millénaire, d'écrire ce livre, je n'imaginais nullement le cheminement et l'effort que représenterait une telle aventure. Commencé alors que j'étais jeune maître de conférences après quelques années passées à Berlin pour la rédaction de mon doctorat et que la coalition rouge-verte s'échinait au chevet d'une Allemagne devenue l'« homme malade de l'Europe », puis brièvement poursuivi, à nouveau depuis Berlin, alors que j'effectuais cette fois l'intérim du conseiller social à l'ambassade de France au titre de mon stage de ce qui était encore l'École nationale d'administration, ce livre a occupé mes pensées ou une partie de mon quotidien pendant près de vingt ans. Rapidement en effet, après un démarrage en fanfare, il m'a fallu me résoudre à le mettre en sommeil, accaparé par ma nouvelle vie professionnelle devenue plus que prenante. Et, de ce fait, l'écriture de ce livre s'est retrouvée soumise à l'épreuve du temps long, entraînant modifications, refontes et nécessités de mises à jour au regard d'une Allemagne qui ne cessait de changer, malgré la permanence de certaines constantes, comme la question du rapport au passé ou celle de la quête de la normalité. Il aura finalement fallu, malgré une vie privée elle-même enrichie par la naissance de deux enfants, la ferme résolution de mener à bien ce projet de deux décennies pour, à force de levers aux aurores et de couchers tardifs, de week-ends et de vacances réduits à la portion congrue, terminer cet ouvrage.

Au-delà de la satisfaction qu'il y a à mener un projet à son terme, quel qu'il soit, la conviction que la connaissance de l'Allemagne, cet autre pilier indispensable de l'Europe, nous est aujourd'hui toujours plus nécessaire, ne s'est jamais démentie. Car, nous ne le savons que trop bien : en dépit des jumelages, des mariages mixtes et des cérémonies officielles, cette connaissance de nos voisins, que ce soit pour le simple citoyen ou, surtout peut-être, pour nos responsables politiques, est – restons dans la litote – loin d'être parfaite.

La langue de Goethe, hier synonyme d'excellence dans nos collèges, est en perdition et, en dépit des liens uniques qui relient les administrations des deux pays, nos deux nations, après une période d'état de grâce apparent, puis la désaffection qui avait accompagné la fin des années 1990, semblent chercher un nouveau souffle sur fond d'enthousiasme modéré et de davantage de réalisme.

C'est que les deux États ont changé. Et si la relation franco-allemande demeure fondamentale, elle ne s'embarrasse plus, comme avant 1989, de divergences qui apparaissent désormais au grand jour. La France, de son côté, a pris conscience, non sans réticence, de son rang de puissance moyenne tout en gardant l'ambition d'une Europe-puissance ; et si elle a su se débarrasser d'une partie de son image de nation ancrée, par certains côtés, dans les réflexes du passé, elle conserve en revanche toujours, pour ses voisins, une réputation de nation difficilement réformable. L'Allemagne, après avoir, au lendemain de l'unité, perdu pendant une décennie une partie de son lustre économique, plombé par un État social rendu responsable d'une bonne part de son malheur et le coût faramineux de la réunification auquel elle ne s'attendait pas, a retrouvé le chemin de première puissance économique en Europe. Toutefois, ce mouvement, cette restauration de la puissance, s'est opéré sans forcément en tirer toutes les conséquences : que ce soit en matière de responsabilité économique ou de politique extérieure. Par ailleurs, alors que les années qui la séparent des années 1930 et de la Seconde Guerre mondiale augmentent toujours davantage, elle continue de se confronter, régulièrement, à son passé : mémoire du nazisme, mais aussi, depuis la réunification, d'une partie de sa population qui, bon an, mal an, a vécu plus de quarante années derrière le rideau de fer et qui, naturellement, possède une vision et une expérience de l'histoire différentes. Quarante années que l'ancienne RFA a eu tendance à oublier lors de l'absorption de l'autre République, et qui, politiquement et socialement, lui reviennent aujourd'hui régulièrement en pleine face. Changement, enfin, de son paysage politique. Après un règne sans partage des trois partis historiques que sont les formations de l'Union (CDU et CSU), les sociaux-démocrates et les libéraux, la constellation n'a cessé de s'élargir : timidement, avec l'arrivée des Verts au début des années 1980, puis, de façon accélérée depuis l'unification, avec l'émergence progressive de La Gauche (*Die Linke*) puis de l'AfD, au point que les alternances et coalitions classiques auxquelles s'étaient habituées les élites politiques des autres pays, la France la première, demandent à être totalement repensées.

Ensuite, il paraissait essentiel de faire redécouvrir une période, celle de l'après-guerre, mal connue des Français, mal aimée des médias, davantage portés sur les années du national-socialisme, certes clé dans l'histoire contemporaine des Allemagne, mais dont la quasi-exclusivité sur nos chaînes et dans nos revues de vulgarisation occulte trop souvent, Ostpolitik et épisode du Mur mis à part, le temps de la renaissance et de la maturité. Comme le proclament sur un ton mi-cynique, mi-réaliste les acteurs de la Volksbühne dans leur spectacle *L'Ultime Show : « Good bye Adolf Hitler »* (2004) : « L'Afrique du Sud a ses diamants. Le Koweït est bâti sur du pétrole. Et l'Allemagne ? L'Allemagne a son passé. Certes il pue un peu, mais, à part ça, il a un vrai marché. Hitler fait vendre. » Or, les projets d'un Erhard, la société des années 1950 et/ou de la Grande Coalition, le réalisme d'un Schmidt, les débuts chaotiques d'un Kohl, le pragmatisme et les volte-face d'une Angela Merkel comptent tout autant dans la connaissance d'un voisin que nous continuons à méconnaître profondément.

Pour ce faire, j'ai souhaité ne pas m'en tenir à une approche politique, mais tenter de parvenir à une analyse « holistique » de l'Allemagne… et des Allemands ; bref, à une écriture le plus « englobante » possible, qui prenne bien sûr en compte l'évolution des partis, les changements de majorité, mais qui soit en même temps soucieuse des mentalités, de la culture, des évolutions sociales, voire de l'imaginaire et des mémoires collectives, qui cherche à mettre en évidence les évolutions, mais aussi les permanences, comme le poids du passé et de l'histoire, ou encore le rapport à la nation ou à ce lieu intraduisible qu'est la *Heimat*, cet endroit où l'on se sent littéralement « chez soi ». De là une place substantielle accordée aux films, à certains événements sportifs comme la Coupe du monde de football de 1954, qui reste associée au retour en grâce de l'Allemagne (de l'Ouest) dans le concert des nations ; mais également à la littérature, à l'art d'un Joseph Beuys ou d'un Heinrich Riebesehl, aux séries comme *Weissensee* ou l'emblématique *Heimat* d'Edgar Reitz.

Au-delà, ce livre entend ne pas se contenter de décrire, mais au contraire chercher à contextualiser et à expliquer, à comprendre et à aider à comprendre. C'est ainsi que telle situation politique, sociale ou culturelle y sera, le plus souvent qu'il est possible, remise en perspective en rappelant son contexte à la fois panallemand, européen et/ou international.

Cette volonté explique bien entendu le traitement conjoint, au sein d'un même ouvrage, des deux Allemagne, qui, même séparées par la guerre froide, ont connu des évolutions et des histoires puissamment imbriquées.

Il s'agissait en effet de proposer une analyse de l'Allemagne, là encore, tout entière, alors que la RDA, dont l'enseignement de l'histoire, en Allemagne même, se réduit aujourd'hui à la portion congrue[1], n'est plus, pour nos concitoyens et étudiants actuels, qu'un souvenir brumeux, voire un sujet éventuel d'étude pour archéologue averti. Or cette République démocratique allemande ne se réduit pas à cette dictature haïe par une société opprimée servant de faire-valoir à sa richissime moitié. Elle a aussi constitué le cadre de vie, de consommation, d'expression, même limitée, de plus de 17 millions d'Allemands dont la plupart partagent aujourd'hui le destin de l'Allemagne unie, non sans arrière-pensées ou interrogations, et dont le film de Wolfgang Becker *Good bye, Lenin !* s'est fait, en 2004, un des interprètes les plus connus. À ce titre, elle mériterait sans doute mieux dans les programmes scolaires ou, *a fortiori*, universitaires.

1. Voir Peer Pasternack (dir.), *DDR-bezogene Hochschulforschung. Eine thematische Eröffnungsbilanz aus dem HoF Wittenberg*, Weinheim-Bâle, Beltz, 2001 ; *Jens Hüttmann, Die « Gelehrte DDR » und ihre Akteure. Inhalte, Motivationene, Strategien : die DDR als Gegenstand von Lehre und Forschung an deutschen Universitäten (HoF-Arbeitsbericht 4/2004)*, avec la collaboration de Peer Pasternack, Institut für Hochschulforschung (HoF), Halle-Wittenberg, 2004.

Pour une telle entreprise, les défis n'ont pas manqué.

Défi, tout d'abord, des données et de l'information. On pourrait bien sûr invoquer une nouvelle fois le manque d'archives, surtout sur les périodes les plus récentes de l'histoire (ouest-)allemande. Mais une histoire du temps présent se doit aussi de se risquer et de proposer, sans pour cela toujours attendre une ouverture, qui plus est parfois capricieuse, des trésors de l'écrit. De plus, un ouvrage de synthèse comme celui-ci se nourrit davantage de lectures de seconde main que de documents bruts. Une vie, sinon, n'y suffirait pas. Non, si manque il y a, pour l'histoire de la RFA, c'est justement d'ouvrages et d'études de synthèse portant sur l'Allemagne des premières années Kohl, tout particulièrement sur la société ouest-allemande de la période 1980-1990, mais aussi des années Merkel, qui n'ont jusqu'à présent guère retenu l'attention des historiens, par manque de recul, sans doute, mais peut-être également par manque d'intérêt, tant ces périodes peuvent apparaître, l'une, comme le « ventre mou » de l'après-1945, l'autre, comme appartenant encore au journalisme. Au fond, il s'agirait là d'événements nationaux moins marquants, une société sans à-coups et de plus en plus ouverte et internationale par sa culture et ses modes de consommation, un entre-deux coincé, pour les années Kohl, entre les « années de plomb » et l'unification et, pour les années Merkel, entre les coups d'accélération des années Schröder et une tendance, molle, elle aussi, au compromis attentiste, dicté à la fois par l'approche de Mme Merkel et le nécessaire esprit de synthèse qu'imposent, presque de façon continue depuis 2005, les Grandes Coalitions successives.

Tout autre, en revanche, le défi rencontré avec la RDA. Avec l'ouverture de ses archives dès la chute du Mur, la République démocratique ignore, certes, en apparence, ce manque de sources. Nombre d'historiens, tels Stefan Wolle, Detlef Pollack ou encore Ilko-Sascha Kowalczuk, Christoph Links, pour la plupart nés à l'Est, ou, côté français, Emmanuel Droit, Sandrine Kott, ont, tout au long des années 1990 puis 2000, permis de jeter une lumière nouvelle sur la réalité politique, économique et sociale de l'autre Allemagne, grâce à des études d'une grande qualité, prolongeant les analyses magistrales de Jürgen Kocka. Un double écueil demeure cependant pour les historiens chercheurs. Défi, tout d'abord, du fait de ne disposer dans ces archives, faute d'une presse indépendante et d'une liberté d'expression sujette à caution, que de peu de sondages d'opinion, de reportages susceptibles, à l'instar des sociétés occidentales, de refléter, à défaut d'une image exacte, une réalité relativement conforme aux attentes, aux colères, aux revendications du moment. Manque, également, d'écrits personnels traduisant les sentiments d'un individu ou d'une institution non étatique (ainsi les Églises) : nombre de conversations, de réflexions, de débats n'ont jamais connu de traces écrites, par peur de l'interception ou d'une délation très réelle. Difficulté rencontrée aussi dans la lecture du document : toute idéologie autoritaire se complaît traditionnellement dans une phraséologie de convention à laquelle la RDA n'échappe pas. Il faut ainsi, pour avoir moi-même longtemps pratiqué ces archives est-allemandes, qu'elles soient de la Stasi, du Parti socialiste unifié d'Allemagne (SED) ou des Églises, savoir jongler avec les adjectifs (« fasciste », « réactionnaire », « rétrograde », « conservateur », « ouvert », « positif », « progressiste », etc.), penser à s'évader de ces classements rigides, savoir faire la part du vocabulaire administratif et du passage obligé, afin d'éviter les conclusions trop rapides ou les condamnations trop faciles. En outre, la chance de disposer aussi rapidement et dans une telle ampleur de documents qui plus est tombés quasiment intacts dans les mains des chercheurs ne doit pas leurrer. Malgré la quantité incroyable d'écrits, des vides subsistent, importants, parfois insondables, créés par l'absence des documents eux-mêmes, peut-être égarés, ou mal classés et donc perdus, ou, plus fréquemment, par une simple rupture dans la chaîne imperturbable des lettres et des rapports qui, d'un seul coup, rendent inutiles les textes les plus complets.

Enfin, l'écrit, surtout dans les régimes dictatoriaux, n'est pas tout. Et s'il est encore aujourd'hui possible de recueillir des témoignages afin de « (re)sentir » une époque, écouter un « pays disparu », pour reprendre le titre de l'ouvrage de Nicolas Offenstadt, paru en 2019, ceux-ci demeurent postérieurs à la réunification, et donc *a priori* suspects d'inexactitudes et de relecture à la lumière du présent ou d'un passé plus récent.

Dernier défi, et non des moindres, celui posé par les ruptures et la périodisation. La notion même de « rupture » n'est d'ailleurs pas sans poser problème et impose souvent des choix nécessairement partiaux : ainsi les bouleversements sociaux des années 1960-1970 s'inscrivent-ils dans une durée qui ignore les échéances électorales, celles-ci venant plutôt confirmer des changements inscrits depuis longtemps dans l'évolution du pays. De même l'Ostpolitik, souvent identifiée en France au chancelier Willy Brandt, et volontiers opposée à la politique rigide de Konrad Adenauer : comme l'a bien montré Stephan Martens, le concept d'Ostpolitik, lui-même sous-tendu par celui de réunification, démarre dès l'après-guerre. Plus que d'une rupture, il convient donc de parler de l'aboutissement d'une évolution des cultures et des mentalités déjà à l'œuvre chez des journalistes, des ecclésiastiques et des politiques dès la fin des années 1950, accélérée par la réalité du Mur, évolution qui, dans l'esprit de Brandt, restait au demeurant indissociable des préalables de sécurité et d'ancrage à l'Ouest réalisés par Adenauer tout au long de ses mandats. Le choix de séparer la société des années Schröder de celle des années Merkel, pour des raisons pratiques, est tout aussi aisé à contester : l'épisode « rouge-vert » reste trop rapide pour avoir immédiatement imprimé sa marque et celle-ci ne pouvait, de toute évidence, se faire sentir qu'au cours des années ultérieures.

À l'image de ces quelques exemples, tout découpage chronologique, on le constate, contient une part de trahison, d'inexactitude, surtout lorsque, comme dans les années 1970-1980, les évolutions politiques et sociales suivent des rythmes différents.

Cette insidieuse question des dates et de la juste périodisation corrode même les découpages les plus convenus. Si les années 1945 et 1989 ne posent guère de problèmes, tant l'écroulement du Reich ou celui du Mur marquent tous deux le début d'une nouvelle ère, tant pour la nation allemande que pour le monde, il en va tout autrement pour la période intermédiaire. Fallait-il ainsi demeurer fidèle à la date de 1949 pour parler des débuts de la RFA et de la RDA ? La rupture réelle n'intervient-elle pas dès 1947 avec l'officialisation du refroidissement Est-Ouest, voire en 1948 avec la création du Deutsche Mark ? De même, la RDA se fonde-t-elle vraiment en 1949 ? Officiellement, sans doute. Toutefois, les Allemands des deux Républiques sont persuadés qu'il s'agit encore d'un État provisoire. En 1952, le président des Églises évangéliques, Otto Dibelius, parle toujours à propos de la RDA d'un « nuage passager » destiné à disparaître. Certains historiens, tels Ilko-Sascha Kowalczuk ou Stefan Wolle, considèrent le 17 juin 1953 comme le jour de « fondation intérieure » de la République démocratique. D'autres estiment que seule la construction du Mur en août 1961 permet à la RDA d'envisager un avenir autonome en privant la population de tout espoir d'émigration.

Pareille interrogation vaut d'ailleurs pour la fin de la République démocratique allemande. La date de 1989 semble, ici, relever de l'évidence. Pourtant, plusieurs personnalités se sont demandé si l'entrée en vigueur des dispositions connues sous le nom de Hartz IV au début de 2005 ne marquait pas la fin effective d'une réalité à la fois mentale et sociale qui avait pu subsister jusqu'alors, grâce au maintien d'un filet social généreux.

Et puis, malgré l'unité, n'avons-nous pas davantage devant les yeux une histoire imbriquée de deux ensembles qu'une Allemagne une et indivisible ? L'évidence est loin d'être toujours de mise. De même pour la RFA : devait-on transformer les changements de gouvernement et de majorité en autant de moments charnières, bref, considérer l'histoire politique comme seule légitime pour initier une nouvelle période ? Fallait-il, au contraire, privilégier les grands tournants économiques et sociaux qui marquent des évolutions plus lentes mais témoignent souvent de tendances lourdes ?

Il est une autre question fondamentale dont l'historien ne peut faire l'économie, celle du traitement des deux Allemagne qui constituent, après 1945, la réalité de la nation allemande. Pouvait-on ou devait-on même envisager un traitement commun de ces deux entités politiques ? Nier en effet la permanence de questions communes semble intenable : celle de la légitimité, celle des rapports économiques et humains des deux sœurs ennemies, celle, enfin, de la question lancinante du rapport au passé et à la nation, qui constitue et constituera dans ces chapitres une constante, un fil rouge unissant RFA et RDA à leur histoire en même temps que les Allemagne entre elles.

En outre, comment envisager une histoire de la RDA sans référence permanente à son double tant haï ? Bien plus sans doute que la RFA, la RDA s'est en effet souvent montrée dépendante de l'autre Allemagne. Dépendance économique, financière, mais avant tout morale : bien que fondée sur le principe de l'antifascisme et de la rupture avec le passé nazi, la République d'Ulbricht et de Honecker a sans cesse souffert d'un déficit démocratique et, ce faisant, d'une absence de légitimité nationale et internationale, la contraignant à la surenchère. Dès lors, nombre de décisions politiques du SED apparaissent bien plus dictées en contrepoint de la réalité ouest-allemande que mues par une attitude réellement autonome. En ce sens, la RDA a bien plus ré-agi que vécu une existence propre, y compris dans son rapport au passé, mais dont la réinterprétation aboutissait finalement à une négation volontariste proche de celle de l'Allemagne d'Adenauer. Jusqu'à sa disparition, la République démocratique n'aura jamais réellement réussi à s'émanciper de la tutelle ouest-allemande et à devenir cet État « majeur » (*mündig*) qu'elle rêvait de devenir et qu'interdisait presque l'omniprésence de sa consœur, ne serait-ce que par la couverture par les médias ouest-allemands du territoire est-allemand ou la présence mondialement signifiante de Berlin-Ouest.

Toutefois, traiter les deux Républiques de façon concomitante supposait le choix d'une étude davantage centrée sur la question allemande et les relations interallemandes que sur leur évolution politique et sociale propre. Considérer l'histoire des deux Allemagne comme un tout ne peut conduire, du moins de notre avis, qu'à une construction artificielle intenable. Dès 1947 et, bien plus encore, en 1948, les deux ensembles s'éloignent l'un de l'autre pour embrasser des conceptions économiques et politiques antithétiques, conduisant chacun à des ruptures fort différentes. Aussi sur ce point ne peut-il guère y avoir de doute. Bien que proches et inséparables en esprit, les deux entités mènent jusqu'à l'unification des existences séparées et inégales.

Ultime défi enfin, celui de la tentation d'une écriture téléologique de l'histoire : présenter une période lisse, cohérente, où chaque événement devient prévisible car trop bien expliqué par ce qui l'a précédé, ainsi de la chute d'Ulbricht, de la vague terroriste en RFA ou de la chute du Mur. Après tout, les contemporains eux-mêmes ne proposent-ils pas parfois de telles reconstructions ? En filmant ses *Années de plomb*, Margarethe von Trotta ne tente-t-elle pas ainsi d'expliquer « logiquement » par le passé les évolutions de son Allemagne contemporaine ? La *Lola* de Fassbinder n'inscrit-elle pas dans une continuité explicative l'Allemagne du miracle économique et celle des années 1960 puis 1970 ? La tentation est grande et parfois même justifiée : les Allemagne ont été malades et restent aujourd'hui, par bien des aspects, convalescentes de leur passé. Mais, si séduisantes et pratiques qu'elles soient, l'écriture et la reconstruction *a posteriori* ne peuvent que conduire à une fausse assurance. Plus tâtonnante, moins rassurante, une écriture de l'histoire de ces Allemagne tentant de comprendre tout en suivant les événements pas à pas est demeurée pour cette étude un objectif majeur.

Face à ces questions et à ces difficultés, le présent ouvrage opère, encore une fois, des choix qui, répétons-le, sont volontaires et donc subjectifs. Toutefois, ces derniers ne doivent nullement être considérés comme intangibles, mais bien plus comme l'occasion de réfléchir sur ces difficiles questions de rupture/continuité qui agitent l'histoire allemande. Mais que le lecteur en soit persuadé : jusqu'au bout, de telles interrogations n'ont cessé de préoccuper – pour ne pas dire « hanter » – l'auteur de ces lignes.

Première partie

L'ALLEMAGNE DE LA DÉFAITE

(1945-1949)

Chapitre 1

L'heure de la culpabilité

De Casablanca à Potsdam

Bien avant la conférence de Potsdam qui consacrait la défaite du IIIe Reich, l'Allemagne n'avait cessé d'être au cœur des discussions alliées. Les accords que signaient en août 1945 la Grande-Bretagne, l'URSS et les États-Unis étaient cependant moins le fruit d'une longue concertation que la réunion de projets intéressés et contradictoires, ayant eux-mêmes évolué au gré des événements ou des priorités des gouvernements. Chacun des alliés devait ainsi tenter d'imposer sa conception de la victoire, elle-même dépendante d'une vision du monde souvent fluctuante, à laquelle les Français, tard venus, tenteraient d'apporter leur propre pierre.

Si, dès la Charte de l'Atlantique en août 1941, les États-Unis s'engageaient ainsi à assurer la paix après l'anéantissement définitif de la tyrannie nazie, l'idée même d'établir des plans d'après-guerre devait longtemps leur rester étrangère, tant le souvenir de Wilson et de l'échec final du règlement de 1919 demeurait gravé dans les mémoires. Plus essentielle était à leurs yeux la perspective d'une liberté du commerce dont les marchés américains avaient grand besoin et d'une ouverture des frontières qui interdirait un retour à la situation de 1929. Même à Casablanca, où Roosevelt, en exigeant la capitulation sans condition de l'Allemagne, avait en même temps envisagé pour la première fois l'idée de sa partition et de son occupation, le souhait d'une économie mondiale libéralisée était demeuré une donnée prépondérante de la diplomatie américaine.

La durée du conflit, son intensité et l'influence de courants de pensée britanniques, tel celui du très germanophobe Lord Vansittart, allaient néanmoins renforcer un courant anti-allemand dont le secrétaire d'État, Summer Welles, et le secrétaire du Trésor, Henry Morgenthau, s'étaient faits les porte-parole, et finalement accentuer le caractère répressif et justicier de la politique américaine. Pour Morgenthau, l'irrécupérabilité du prussianisme et du pangermanisme, dont le IIIe Reich était l'aboutissement le plus monstrueux, suffisait à justifier des mesures radicales. Ce dernier prévoyait ainsi une désindustrialisation complète de l'Allemagne, l'internationalisation de la Ruhr, le détachement de la Sarre et de la rive gauche du Rhin confiées à la France, l'attribution à la Pologne de vastes territoires orientaux et la division de l'Allemagne en deux États nordiste et sudiste indépendants. Dès 1944, de nombreuses voix s'étaient cependant élevées pour dénoncer la brutalité et l'utopisme d'une telle politique, entraînant son rapide abandon[1]. Toutefois, la pensée de Morgenthau devait durablement influencer la vision américaine d'une Allemagne vaincue. Et si l'idée de transformer l'Allemagne en une vaste nation agricole n'était plus à Potsdam qu'un souvenir, la sévérité de la

1. La directive du 10 mars 1945 (*Draft Directive for the Treatment of Germany*) insistait ainsi sur la nécessité de sauvegarder l'unité économique de l'Allemagne.

déclaration finale ou celle de la directive Joint Chiefs of Staff (JCS) 1067, dont les accords du 2 août s'inspiraient directement, portaient à l'évidence la marque du secrétaire du Trésor.

Au départ également peu préoccupée de règlements d'après-guerre, la Grande-Bretagne allait, au fur et à mesure du conflit, davantage mettre l'accent sur la nécessité d'un équilibre européen où le Royaume-Uni conserverait sa place. Un moment séduite par la perspective d'une Allemagne désindustrialisée, telle que l'envisageait Henry Morgenthau en 1944, elle s'affirmait toutefois rapidement hostile à un tel projet, qui aurait privé l'Europe continentale d'une pièce essentielle à la stabilité du Vieux Continent, préoccupation qui, déjà à Versailles, avait guidé les revendications britanniques. Cette peur d'une Europe déséquilibrée, soviétisée, échappant en grande partie à l'influence occidentale et anglaise, avait probablement poussé Churchill à se livrer, lors de sa rencontre avec Staline en octobre 1944, au cynisme qu'on lui prête dans la répartition des « sphères d'influence ». De Téhéran à Potsdam, la perspective d'une URSS surpuissante avait guidé l'essentiel de la politique de Londres, peu à peu obnubilée par la nécessité d'accords concrets, de textes précis, dont l'intangibilité empêcherait l'avènement du « rideau de fer » mentionné dans le télégramme de Churchill au président Truman le 12 août 1945.

Tout aussi indécise semble avoir été la politique allemande de l'Union soviétique. En dépit de la vision linéaire rapidement diffusée par l'historiographie et la propagande de la RDA, selon laquelle l'URSS avait continuellement œuvré pour la libération d'une Allemagne victime de la peste brune, la diplomatie de Staline avait, elle aussi, connu hésitations et palinodies. Selon

Alexander Fischer, la position de l'URSS n'avait cessé d'osciller entre la lutte contre le fascisme au côté des Anglo-Saxons, la tentation d'un compromis et d'une paix séparée avec un gouvernement débarrassé de Hitler, et une vision idéologique qui, à long terme, privilégiait l'idée d'une Allemagne socialiste, interdisant tout retour du fascisme et du militarisme, considérés comme les fils naturels du capitalisme[1].

En janvier 1943, alors que la lutte idéologique et la destruction du fascisme culminaient à Stalingrad, le futur dirigeant de la RDA Walter Ulbricht recevait ainsi l'ordre de Moscou de rassembler, au sein du comité national « Allemagne libérée » (*Nationalkomitee Freies Deutschland*), des officiers allemands hostiles au régime nazi qui, pour prix de leur action, s'étaient vu permettre le maintien d'un Reich allemand[2]. Avant tout préoccupé de vaincre les armées nazies et de relever une Union soviétique ravagée, Staline semblait au total, en février 1945, moins soucieux de démembrer l'Allemagne que de percevoir au plus vite des réparations susceptibles de compenser les pertes énormes de l'économie soviétique. Toutefois, rapidement, la politique allemande du Kremlin allait se trouver prise entre les hésitations de ce dernier, les ambitions non dénuées de revanche des communistes allemands bientôt à pied d'œuvre et les peurs des Occidentaux.

Tard venue dans les négociations entourant le statut de la future Allemagne occupée, la France tient une place à part dans ces réflexions. En dépit des efforts

1. Alexander Fischer, *Sowjetische Deutschlandpolitik im Zweiten Weltkrieg 1941-1945*, Stuttgart, Deutsche Verlagsanstalt, 1975, p. 10 *sq*.

2. Voir Bodo Scheurig, *Freies Deutschland. Das Nationalkomitee und der Bund Deutscher Offiziere in der Sowjetunion 1943-1945*, Cologne, Kiepenheuer & Witsch, 1984.

gaulliens, elle demeure aux yeux des Alliés la seule des quatre puissances à avoir été défaite et occupée totalement. De plus, malgré les sacrifices de la Résistance et l'existence de la Ire armée, les Américains restent peu enclins à lui reconnaître un rôle majeur, surtout avec un général à la tête de la France libre dont Roosevelt se méfie. Et si elle finit par participer activement au sort de l'Allemagne en obtenant un siège au conseil de contrôle de la Commission consultative américaine (*European Advisory Commission*, EAC)[1] avec René Massigli en novembre 1944 – soit onze mois après le début de son fonctionnement –, ainsi qu'une zone d'occupation, c'est avant tout grâce aux Anglais qui ont fait pression sur les Américains et ont accepté de céder une partie de leur propre zone en Allemagne et à Berlin. Ces mauvais rapports avec Washington, le sentiment d'être incomprise par les alliés occidentaux, autant que celui d'être l'éternelle victime d'une Allemagne sans cesse reconstruite et sans cesse revenue à ses vieux démons, expliquent largement la sévérité de la vision de la France. « Nous ne quitterons pas l'Allemagne », affirmait le général Koenig en 1945, « avant d'avoir la certitude que les idées démocratiques sont solidement ancrées dans le peuple allemand. Il faut compter trente à quarante ans avant que les Allemands puissent comprendre les avantages d'une telle démocratie »[2]. Et si les actes se révèleront *de facto* moins martiaux et plus libéraux que le discours, la France restera longtemps attachée, outre aux grands principes de dénazification et de réparations

1. Voir *infra*.

2. Cité par Cyril Buffet, *Mourir pour Berlin. La France et l'Allemagne, 1945-1949*, Paris, A. Colin, 1991, p. 20. Nous renvoyons à cet ouvrage majeur pour les questions concernant la politique française dans l'Allemagne de l'immédiat après-guerre.

qu'elle partage avec ses alliés, à des revendications plus spécifiques : à ses yeux, seul le démembrement, ou à tout le moins le détachement de territoires entiers (la Sarre, la Ruhr et la Rhénanie) sera susceptible d'éloigner durablement le danger d'une renaissance économique et donc militaire de son ennemie traditionnelle.

Pour l'heure, à la veille de Yalta, les approches et les préoccupations des trois Grands se révélaient donc des plus dissemblables, ce qui ne les avait pas empêchés de créer à Londres, dès 1943, l'EAC, avant tout chargée de la délimitation des zones d'occupation et de la structure administrative du futur ensemble. Au terme d'une semaine de discussions, les contours de l'Allemagne de l'après-guerre s'étaient précisés sans avoir, il est vrai, acquis un caractère définitif : soumise à un projet de démembrement auquel devait participer une France libérée et admise, grâce à Churchill, au conseil de contrôle de l'EAC, l'Allemagne devait en outre « rembourser en nature les pertes subies de son fait par les pays alliés au cours de la guerre[1] », et estimées, sur proposition des Soviétiques, à 20 milliards de dollars. Roosevelt, avant tout soucieux d'obtenir l'engagement des Russes contre le Japon et de gagner Staline à son projet d'« organisation » mondiale, n'avait en effet pas cru bon, malgré l'opposition des Anglais, de contrer l'URSS sur la question des réparations ni même sur celle de la frontière Oder-Neisse. Jugeant au contraire la « base de discussion » de 20 milliards déraisonnable, Churchill redoutait la perspective d'une Pologne privée d'élections libres, aux ordres du Comité de Lublin, reconnu depuis le 1er janvier 1945 par Staline, et d'une

1. Cité par Arthur Funk, *De Yalta à Potsdam. Des illusions à la guerre froide*, Bruxelles, Complexe, 1982, p. 49.

Allemagne amputée de ses territoires jusqu'à la Neisse occidentale.

Laissée en suspens, cette question polonaise, au même titre que le problème des réparations, constituait déjà le symbole de l'incompréhension entre alliés occidentaux et soviétique. Si les notions d'équilibre, de liberté et de démocratie guidaient les premiers, le second raisonnait en revanche en termes de compensation, de transferts et de livraisons de marchandises. Dès avant Yalta, l'URSS avait pu en effet uniquement obtenir des États-Unis la vague promesse d'un crédit de 6 milliards de dollars. Le caractère de plus en plus hypothétique de cette aide à la reconstruction, finalement refusée, autant que l'arrêt soudain, en mai 1945, du bénéfice de la loi prêt-bail avaient contribué à la méfiance d'une Union soviétique plus encline que jamais à profiter des territoires occupés.

Cette incompréhension, peu à peu teintée d'hostilité, devait se prolonger à la conférence de Potsdam. Du 17 juillet au 2 août 1945, cette nouvelle réunion de la Grande-Bretagne, des États-Unis et de l'Union soviétique, qui n'avaient pas cru bon d'inviter le Gouvernement provisoire français, procédait d'une réelle volonté d'aboutir à un règlement général de l'après-guerre. Plus que le Japon, désormais menacé par l'Armée rouge et la « Bombe » du projet Manhattan, l'Allemagne était une nouvelle fois au cœur des discussions. Les mesures politiques décrétées à son encontre ne devaient guère provoquer de contestations : la dénazification, la démilitarisation, la démocratisation du Reich de même que la destruction de son industrie de guerre (les « quatre D ») n'étaient somme toute que le résultat des pourparlers antérieurs. De plus, l'abandon de l'idée d'un démembrement avait facilité les choses : tout en restant maître de sa zone respective, chacun des trois Grands demeurait libre, par son droit de veto, d'empêcher à l'avance toute mesure qu'il jugerait inacceptable.

Le volet économique de la conférence avait en revanche suscité d'âpres discussions, retardées par le départ et le remplacement de Churchill, battu aux élections législatives de juillet. Seules les propositions de James F. Byrnes avaient permis de sortir de l'impasse, au prix, il est vrai, d'un compromis non sans conséquences pour la future République fédérale. Si l'URSS abandonnait ses prétentions et acceptait de prélever l'essentiel de sa part des réparations sur la zone allemande qui lui était attribuée, l'État polonais se voyait en effet reconnaître l'administration des anciens territoires de la Prusse-Orientale à la Neisse occidentale.

La résolution de cet épineux problème, le 31 juillet, soit deux jours avant la fin de la conférence, et le soulagement compréhensible qui en résultait laissaient cependant de nombreuses questions en suspens. Certes, l'entente était sauvée et les vainqueurs demeuraient unis pour gérer l'après-nazisme. Toutefois, la politique économique américaine, conçue pour une Allemagne d'un seul tenant, devenait peu crédible dans un État où chaque zone, livrée aux prélèvements de son occupant, jouissait *de facto* d'une totale indépendance. Enfin, la satisfaction générale, le désir de conclure au plus vite mêlé d'un désintérêt évident pour le sort des populations concernées avaient probablement également poussé les Occidentaux à une dernière concession lourde de conséquences pour des millions d'Allemands : selon la 13e section du texte final, les trois gouvernements reconnaissaient la nécessité de transférer en Allemagne les populations allemandes de Pologne, de Hongrie et de Tchécoslovaquie, précisant néanmoins que « ces transferts dev[raient] être effectués de façon ordonnée et humaine[1] ».

Au total, l'Allemagne perdait à l'est 114 000 km^2, et, provisoirement, à l'ouest, la Sarre, que les Américains remettaient, en juillet 1945, à la France. Le temps de l'occupation, de la réflexion et de la repentance pouvait commencer.

Allemagne « année zéro » ?

« Derrière nous la folie, devant nous le néant. » La formule choc de Heinrich Jaenecke ou celle plus répandue d'« heure zéro » (*Stunde Null*) traduisaient avant tout une double impression : celle de l'effondrement d'une nation et d'une société qui, après l'enivrement des victoires et les images d'un Reich millénaire, avaient payé le prix de la guerre totale, mais également, de façon peut-être plus implicite, celle d'un pays qui, anéanti, ne pouvait que rompre de façon radicale avec l'horreur du passé et bâtir un édifice entièrement nouveau. Cette notion de temps « zéro » est sans doute inexacte, ainsi que le rappelle avec justesse Gerhard A. Ritter[2], soulignant combien, tout au moins à l'Ouest, la future République fédérale allait s'ancrer fermement dans l'histoire allemande, à travers les traditions aussi bien du parlementarisme, du fédéralisme ou encore de l'État de droit. Au-delà du chaos, nombre de structures demeuraient en place[3], et les hommes qui devaient reconstruire

1. *Ibid.*
2. Voir Gerhard A. Ritter, *Über Deutschland. Die Bundesrepublik in der deutschen Geschichte*, Munich, C. H. Beck, 1998, p. 16-17.
3. Voir, sur la pertinence de la formule, Gilbert Krebs, « Bilan d'une décennie », *in* Gilbert Krebs et Gérard Schneilin (dir.), *L'Allemagne, 1945-1955.*

l'Allemagne n'étaient après tout que les héritiers d'une tradition. Toutefois, en dépit de continuités évidentes qui ne tarderaient pas à se manifester, il faut retenir cette idée de « néant », ne serait-ce que comme la traduction d'un choc collectif et, pour la population ouest-allemande, la justification *a posteriori* du mythe du « miracle économique ». Enfin, malgré ses imperfections, l'expression « Allemagne des années zéro » reflétait une réalité : la fin des folles espérances pour les uns, d'un long calvaire pour les autres, l'apprentissage d'une nouvelle vie dans des conditions dramatiques et le déclin des certitudes pour la plupart. Alors aumônier protestant des troupes françaises à Berlin, le pasteur Georges Casalis[1] a su admirablement saisir le spectacle qui s'offrait aux vainqueurs : « Celui qui a vécu quelque temps dans les ruines de Berlin et qui doit, du fait de ses occupations, parcourir quotidiennement des kilomètres de rues aux maisons-fantômes [...] celui qui fait un effort de connaissance lucide [...] celui qui écoute avant de parler, qui regarde avant d'écrire [...] celui-là ne peut pas ne pas être frappé par un fait : l'homme allemand, dans son désespoir et ses fausses illusions, dans sa ruine et son nihilisme, représente aujourd'hui en Europe un type d'homme vrai ; il est », ajoute-t-il, « que nous le voulions ou non, le signe le plus éclatant de ce qu'est l'humanité devant Dieu : ruinée par sa folie, courant à la catastrophe si un secours ne lui est apporté, si un message ne lui est transmis, qui éclaire sa vie, si

---

De la capitulation à la division, Paris, Presses Sorbonne Nouvelle, 1996 p. 10 ; voir également la critique de Lutz Niethammer, « Die deutsche Stadt im Umbruch 1945 als Forschungsproblem », *Die alte Stadt. Zeitschrift für Stadtgeschichte, Stadtsoziologie und Denkmalpflege*, vol. 5, 1978, p. 154.

1. Aumônier protestant auprès du gouvernement militaire français de Berlin.

quelqu'un ne dirige son existence, ne bande ses plaies et ne reconstruit ses ruines »[1].

Le châtiment de la guerre totale était d'abord celui d'une population : 3,8 millions de soldats tués ou portés disparus[2], près de 7 millions de prisonniers et une population civile[3] en plein désarroi. Aux évacuations (*Umquartierungen*) décidées par les nazis à partir de 1943 afin de soustraire les citadins aux bombardements massifs des villes allemandes, et dont le rythme ne fit que s'accélérer au fur et à mesure du conflit[4], s'ajoutaient en effet l'exode de près de 4,5 millions de personnes provenant essentiellement des provinces situées à l'est de la ligne Oder-Neisse, fuyant l'avancée de l'Armée rouge, et celui des Allemands chassés par la population des pays libérés par les Soviétiques. La violence[5] accompagnant ces déplacements fut à la mesure de la haine engendrée par l'occupation nazie : meurtres, exécutions sommaires, internements arbitraires, pillages

1. Note du 10 janvier 1946 pour le numéro de la *Semaine de l'Unité*. Cité par J. J. Heitz, « Au-delà du point zéro. Regard sur les Églises évangéliques en République démocratique allemande », *Revue d'Allemagne*, juillet-septembre 1978, p. 338-339.

2. L'annuaire statistique de la RFA a publié en 1960 un état des pertes militaires mois par mois jusqu'en décembre 1944. D'après ces chiffres, les pertes militaires atteignent pour les années 1939-1944 4,4 millions, dont 3,76 millions d'Allemands originaires du territoire de 1937, auxquels s'ajoutent 230 000 Autrichiens et 430 000 Allemands issus de territoires étrangers. Par ailleurs, il est à noter que l'essentiel des pertes militaires sont enregistrées à partir de 1944 : pour cette seule année, on compte 518 000 tués et 1 143 000 disparus. Voir *Population*, vol. 16, n° 3, 1961, p. 517-520.

3. Les civils avaient déjà été 410 000 à trouver la mort dans les bombardements, 20 000 lors des combats. Michel Hubert, « La population allemande entre 1945 et 1955 : rupture et continuité », in *L'Allemagne, 1945-1955*, *op. cit.*, p. 63.

4. Les évacuations sont estimées, fin 1944, à 8,9 millions de personnes. Voir *Dokumente deutscher Kriegsschäden*, Bonn, Bundesminister für Vertriebene, Flüchtlinge und Kriegsgeschädigte, 1958, vol. 1, p. 176 *sq*.

5. Frank Grube et Gerhard Richter, *Flucht und Vertreibung. Deutschland zwischen 1944 und 1947*, Hambourg, Hoffmann und Campe, 1981.

en règle, viols innombrables marquèrent ou provoquèrent cette fuite massive avant même l'application des accords de Potsdam qui devaient, de 1946 à 1951, jeter sur les routes 3,5 millions d'Allemands résidant encore en Pologne, Hongrie et Tchécoslovaquie.

Au total, si 2 millions de personnes[1] perdirent vraisemblablement la vie au cours de l'exode ou lors des expulsions, 10 millions d'Allemands, issus de la partie orientale du Reich ou de l'étranger, venaient grossir la population des quatre zones, non sans poser d'énormes problèmes de logement, de ravitaillement et de cohabitation.

Écrasées par les bombardements alliés, la plupart des grandes villes allemandes n'offraient plus, à l'image de Dresde, qu'un paysage fantomatique dont les cinéastes, tels Rossellini avec *Allemagne année zéro* (1948) ou Jacques Tourneur filmant *Berlin express* (1948), s'étaient faits les témoins privilégiés. Les grandes métropoles comme Hambourg, Stuttgart, Hanovre ou Cologne étaient détruites dans une proportion entre 20 % et 40 % et n'abritaient plus qu'une infime partie de leur population d'avant-guerre. Près de 6 millions de logements se trouvaient inutilisables ou sérieusement endommagés ; 50 % du réseau de transport était détruit. En 1950, à côté de 14,6 millions de foyers logés en maisons ou appartements décents, la République fédérale comptait encore près de 1,4 million de familles abritées dans des logements provisoires, allant du camp de transit aux caves d'immeuble, en passant par des abris de tôle ondulée ou d'anciens bunkers, soit un déficit de 4,7 millions de logements[2]. Corollaire de ce paysage en ruines, la

1. Voir Michel Hubert, *op. cit.*, p. 63.

2. Helmut W. Jenkis, *Wohnungswirtschaft und Wohnungspolitik in beiden deutschen Staaten*, Hambourg, Hammonia, 1976, p. 13-14.

situation matérielle de la population s'était considérablement dégradée, et la faim, le chômage, la résurgence de maladies, tels le typhus et la diphtérie, l'omniprésence du marché noir suffisent à brosser le tableau des années 1945-1947. Si, en juin 1946, la zone américaine affichait une moyenne de 1 330 calories par habitant, suivie de la soviétique (1 083), les zones anglaise et française, avec respectivement 1 050 et 900 calories[1], donnaient la mesure de la misère allemande. Jusqu'à la réforme monétaire et malgré l'intervention du Bureau central pour l'approvisionnement et l'agriculture (ZEL) ou l'aide d'associations telle CARE (*Cooperative for American Remittances to Europe*), l'Allemagne du quotidien était celle de Siegfried Lenz décrivant ses premières expériences de troc dans *So schön war mein Markt* (1946) ou celle du « Black Market » chanté en 1946 par Marlene Dietrich : « [...] Un vison et un microscope contre de la soupe/ Le principe est simple : À vous les bibelots, à moi les conserves/ Soldats, en échange de vos rations, un peu de compassion/ Et peut-être aussi, un peu de sympathie [...][2]. »

Dernières victimes de la défaite, la cohésion sociale et les valeurs traditionnelles subissaient également le séisme de ces années noires.

Le manque de place et de moyens avait en effet contribué à une augmentation considérable de la violence : vols, cambriolages et meurtres avaient augmenté au lendemain de la guerre dans des proportions vertigineuses,

1. Voir Christoph Klessmann, *Die doppelte Staatsgründung. Deutsche Geschichte 1945-1955*, Göttingen, Vandenhoeck & Ruprecht, 1989, p. 48. Hermann Glaser donne pour l'ensemble des zones en 1946 des moyennes sensiblement inférieures (800-900 calories), in *Kulturgeschichte der BRD*, Munich, Hanser, 1986, vol. 1, p. 69.

2. Dans *A Foreign Affair*, film de Billy Wilder, 1948.

le nombre de vols qualifiés passant ainsi entre 1937 et 1946 d'une moyenne annuelle de 5 544 à 32 771[1]. La délinquance juvénile s'était, à Berlin, accrue de 850 % par rapport à 1938[2]. La cohabitation, difficile en ville, ne l'était pas moins à la campagne, qui accueillait le plus souvent réfugiés, expulsés, auxquels se mêlaient encore des millions de « personnes déplacées » (*Displaced Persons*, DP's)[3]. Barbara Sallinger, dans son étude sur le district de Gunzbourg, fait ainsi état d'une haine latente à l'égard des réfugiés, qu'ils soient prussiens ou sudètes, considérés comme des hôtes indésirables, incapables de s'adapter et inaptes au travail de la terre[4].

Par ailleurs, si la famille demeurait sans conteste le lieu privilégié d'une certaine réassurance face à un environnement hostile, elle n'en subissait pas moins de nouvelles et considérables tensions. Principal acteur de cette déstabilisation, la jeunesse, à la fois laissée à elle-même et marquée par l'éducation national-socialiste, se rebellait plus volontiers contre l'autorité parentale[5]. Mais aussi les femmes que l'absence d'hommes, retenus au front, disparus, prisonniers ou même, lorsqu'ils

1. Karl S. Bader, *Soziologie der deutschen Nachkriegskriminalität*, Tübingen, J. C. B. Mohr, 1949, p. 76 *sq*.

2. *Ibid*., p. 147.

3. La définition retenue par les Alliés afin de désigner cette catégorie de population allait régulièrement varier de 1944 à 1947 : s'appliquant au départ aux populations ayant quitté leur pays d'origine à cause du conflit et désireuses mais incapables d'y retourner par leurs propres moyens, les DP's se limitaient en 1947 aux personnes qui avaient abandonné leur patrie pour des motifs raciaux, religieux ou politiques ou encore pour travaux forcés. Voir Wolfgang Jacobmeyer, « Die "Displaced Persons" in Deutschland 1945-1952 », *Bremisches Jahrbuch*, vol. 59, 1981, p. 85-108.

4. Barbara Sallinger, *Die Integration der Heimatvertriebenen im Landkreis Günzburg nach 1945*, Munich-Stamsried, Ernst Vögel, 1992.

5. Voir les témoignages de H. Thurnwald, G. Hopsch et P. Verner rassemblés par Christoph Klessmann dans *Das gespaltene Land*, Munich, C. H. Beck, 1993, p. 122-130.

étaient revenus, en proie au désespoir ou au chômage, avait assignées à de nouvelles fonctions : travailleuses de force, chargées de déblayer les ruines dans les grandes villes (*Trümmerfrauen*), d'assurer en même temps la subsistance du foyer, chefs de famille par la nécessité des événements ; elles sortaient du rôle où la propagande nazie les avait cantonnées et, conscientes de cette (r)évolution des mœurs, tendaient à revendiquer par une participation plus importante à la vie publique ou par la fondation d'associations féminines (*Frauenverbände*) une place nouvelle dans la société[1]. Signe des temps, le réalisateur Helmut Käutner signait dès 1948 un film intitulé *Le Péché originel* (*Der Apfel ist ab*), où la faute d'Ève, remise en cause, se voyait transformée en une critique acerbe de l'orgueil viril dont les valeurs guerrières s'étaient révélées aussi néfastes qu'inutiles.

Une nation au pilori

Avant même la victoire sur le nazisme, nombre d'intellectuels avaient stigmatisé la nation allemande, accompagnant leur tentative d'explication du phénomène nazi d'une condamnation sans appel. Dès 1941, le diplomate Robert Vansittart, dans ses interventions radiophoniques et ses articles, décrivait une terre assoiffée de domination, agressive, prédatrice, à l'image de son aigle, qualifié d'« oiseau-boucher » (*butcher-bird*)[2]. Au lendemain du 8 mai, la révélation progressive des

1. Voir Renate Wiggershaus, *Geschichte der Frauenbewegung*, Wuppertal, Hammer, 1979, p. 92-95.

2. Robert Vansittart, *Black Record. German Past and Present*, Londres, Hamish Hamilton, 1941. Voir Jean Solchany, *Comprendre le nazisme dans l'Allemagne des années zéro (1945-1949)*, Paris, PUF, 1997, p. 16.

crimes allemands autant que l'immensité de la lutte qu'il avait fallu mener pour abattre l'Allemagne, responsable d'un nouveau désastre mondial, devaient prolonger la réflexion. À l'image d'Edmond Vermeil, professeur d'allemand à l'université de Strasbourg, de l'historien A. J. P. Taylor ou du médecin Henri Drouin, des spécialistes venus de l'ensemble des disciplines allaient s'intéresser à l'Allemagne sous toutes ses formes : la nature, l'histoire, la personnalité allemandes avaient pour objet de révéler les mécanismes de l'inouï. Tour à tour, l'unité tardive de l'Allemagne, « terre sans cadre [...] nation sans pays[1] », le tempérament hégémonique, de Frédéric II à Hitler, l'âme protestante[2], la prédisposition à l'anormalité déduite de déviances sexuelles constatées[3] fournissaient les explications souvent approximatives et réductrices de l'action d'un peuple jugé malade et d'une nation qu'il importait de châtier. « La Germania *ad praedam* a traversé les siècles, et le *Furor Teutonicus* », estimait Henri Drouin, reprenant Tacite. « Peuple envahisseur et pillard, le Germain s'est peu à peu revêtu d'un vernis de civilisation qui [...] craque au moindre mouvement, car il est demeuré [...] un peuple où la guerre est regardée comme une fin en soi et élevée à la hauteur d'une industrie nationale. Le même instinct de la horde animait les envahisseurs de 1940 comme ceux de l'an 406 apr. J.-C., avec cet unique progrès d'avoir été baptisé instinct grégaire[4]. » Certes, la germanophobie avait ses limites et, pour des personnes tels Edmond

1. Henri Drouin, *Allemagne sadique*, Paris, La Vulgarisation scientifique, 1945, p. 13.

2. Edmond Vermeil, *L'Allemagne : essai d'explication*, Paris, Gallimard, « NRF », 1945, p. 75-76, cité par Jean Solchany, *op. cit.*, p. 7.

3. Voir André François-Poncet, *Souvenirs d'une ambassade à Berlin*, Paris, Flammarion, 1946, p. 29, cité par Jean Solchany, *op. cit.*, p. 12.

4. Henri Drouin, *op. cit.*, p. 34.

Vermeil ou Albert Béguin, malgré une condamnation sans détour de l'Allemagne, l'analyse réclamait des nuances, certains invoquant le nationalisme de l'époque moderne, d'autres, à l'image de l'historien Edward H. Carr, rappelant la lutte de la Prusse contre le despotisme napoléonien[1]. Néanmoins, l'ampleur de la faute était trop grande pour être édulcorée ou rester au rang de simple réflexion intellectuelle. L'Allemagne était vaincue et devait porter le poids de ses crimes.

La directive JCS 1067 décrétée par l'OMGUS[2] en avril 1945 donnait le ton chez les Américains, affirmant dans son quatrième point : « Il faut faire comprendre aux Allemands que la guerre conduite par l'Allemagne et la résistance fanatique des nazis ont détruit l'économie allemande, ont rendu inévitables le chaos et la misère, et qu'ils ne peuvent échapper à la responsabilité qu'ils ont accumulée sur eux (4a). L'Allemagne n'est pas occupée pour sa libération, elle l'est en tant que pays ennemi vaincu [...] (4b)[3]. »

Cette prise de conscience passait en premier lieu par le châtiment des criminels. Des dizaines de milliers d'arrestations suivirent, jusqu'en 1946, l'application de la directive : dans une tentative d'éradication systématique du virus brun, elles visaient à éliminer de la vie publique toute personne suspectée ou convaincue d'activité nazie ; une fois destitué ou interné, l'accusé perdait automatiquement son emploi et son droit à la retraite. Symboliquement installé à Nuremberg où onze ans plus tôt Leni Riefenstahl glorifiait le Parti national-socialiste des travailleurs

1. Voir Jean Solchany, *op. cit.*, p. 14.
2. Office of Military Government for Germany (United States) – Bureau du gouvernement militaire pour l'Allemagne (États-Unis) – dont le siège se trouvait à Francfort-sur-le-Main.
3. *In* Christoph Klessmann, *Das gespaltene Land*, *op. cit.*, p. 352-353.

allemands (NSDAP) dans son *Triomphe de la volonté*, le Tribunal militaire international jugeait de 1945 à 1946 les principaux dirigeants du IIIe Reich et les organisations politiques majeures de l'État nazi[1] accusés de complot, crimes contre la paix, crimes de guerre et crimes contre l'humanité. Malgré d'évidentes absences et d'indéniables maladresses, le procès permettait de dresser un catalogue des horreurs nazies et livrait, au travers des témoignages ou des pièces produites, une première introspection au cœur du système national-socialiste. À côté de ce procès où 12 des 22 accusés furent condamnés à mort, d'autres juridictions militaires, moins spectaculaires, rendaient également leurs verdicts : de 1945 à 1949, les alliés des trois zones occidentales inculpaient 5 133 personnes et rendaient 688 condamnations à mort[2]. Au-delà de ces actions en justice, la diffusion, auprès des fonctionnaires allemands, d'une liste de 131 questions dès 1945, étendue en mars 1946 à l'ensemble de la population masculine âgée de plus de dix-huit ans, visait autant à dénazifier l'administration qu'à relayer un sentiment de culpabilité entretenu par l'image, les conférences ou les visites des camps de concentration. À l'issue de la procédure, valable dans les quatre zones d'occupation, les personnes interrogées se répartissaient en « principaux coupables » (*Hauptschuldige*), personnes chargées d'accusations majeures (*Belastete*) ou mineures (*Minderbelastete*), suivistes (*Mitläufer*), enfin les déchargés de toute accusation (*Entlastete*). Selon les juridictions, les quatre premières catégories pouvaient se voir condamner à des amendes ou à des peines de travaux collectifs.

1. Le NSDAP, la Gestapo, le SD, la SS, la SA, le gouvernement du Reich et l'OKW.

2. Voir Martin Broszat, « Siegerjustiz oder strafrechtliche "Selbstreinigung". Aspekte der Vergangenheitsbewältigung der deutschen Justiz während der Besatzungszeit 1945-1949 », *VfZ*, vol. 29, 1981, p. 477-478.

Dans l'esprit des vainqueurs, le châtiment devait cependant s'accompagner d'une rééducation. Déjà, dans sa conclusion, fidèle à sa vision médicale du problème allemand, Henri Drouin en appelait à un traitement en profondeur : « certes, l'anéantissement du nazisme est la tâche urgente, indispensable », écrivait-il, « mais encore faut-il bien savoir que s'il sera relativement facile d'en anéantir les manifestations et les aspects extérieurs, il sera infiniment moins aisé d'en nettoyer les âmes et les cœurs »[1]. Convaincus de la supériorité de leur système démocratique, qui, par deux fois, avait triomphé d'une Allemagne attachée aux modèles du passé, les Anglo-Américains jugeaient également inévitable une réelle politique de démocratisation. En ce sens, les projets initiaux de Morgenthau visant à transformer l'Allemagne en une terre agricole démembrée et désindustrialisée ne remportaient plus les suffrages. Toutefois, probablement dépassés par l'ampleur de la tâche, les Occidentaux allaient s'avérer incapables de procéder avec méthode, multipliant les moyens et les expériences, procédant avec timidité ou manque d'assurance, chaque zone élaborant rapidement sa propre politique.

Il s'agissait tout d'abord de provoquer dans la population une prise de conscience des crimes accomplis : actualités, documentaires s'étaient multipliés, tels les célèbres *Moulins de la mort* (*Die Todesmühlen*), sortis en 1945. Il faut également citer les innombrables tables rondes, colloques, exposés, publications, à l'image du livre de photos *KZ* qui, à côté de photographies de monceaux de cadavres, reprenait à l'envi les accusations de complicité ou d'indifférence et, ainsi, l'idée d'une culpabilité collective. La jeunesse, cible privilégiée du régime

1. Henri Drouin, *op. cit.*, p. 81.

nazi, constituait indéniablement le second objectif de cette rééducation, où devaient entrer non seulement l'apprentissage de nouvelles habitudes démocratiques mais aussi la contestation de l'autorité et la destruction de l'obéissance aveugle qui, pour les Alliés, avait trop longtemps été le lot quotidien des jeunes Allemands. La plupart des instituteurs et des professeurs de collège encore en place furent destitués et remplacés par des enseignants à la retraite, mesure ambitieuse mais sans lendemain, tant la résistance des Allemands ou la simple nécessité de renouveler le corps professoral devenaient évidentes. En 1947, les manuels scolaires des zones française, anglaise et américaine furent massivement remplacés[1]. Malgré quelques fondations nouvelles, telles les universités de Sarrebruck et de Mayence par les Français en 1946, l'épuration semble en revanche avoir été bien moindre dans l'enseignement supérieur, pourtant considéré comme un bastion des idées national-socialistes. La réouverture de l'université de Munich par les Américains devait ainsi susciter de violentes critiques, et la remarque, en 1946, du ministre de l'Éducation en Basse-Saxe britannique ne laisse guère de doute sur la mentalité ambiante : « Si l'armée d'occupation n'était pas dans le pays, je ne voudrais pas voir le nombre de Rathenau assassinés[2]. »

Au total, l'improvisation, les écarts entre les politiques des différentes zones occidentales, la sévérité des débuts bientôt suivie, avec les prémices de la guerre froide, d'un abandon des objectifs initiaux, ou encore un sentiment d'inégalité de traitement entre les « petits » et les « gros poissons » trop souvent blanchis par les fameux « bons

1. Trois millions sont distribués en zone américaine, 6,3 millions en zone française et 12,5 millions en zone anglaise. Voir Jean Solchany, *op. cit.*, p. 33.
2. Exposé d'Adolf Grimme du 3 mai 1946, cité par Christoph Klessmann, *Das gespaltene Land*, *op. cit.*, p. 97.

Persil » (*Persilscheine*[1]) avaient sans aucun doute conduit à l'échec d'une rééducation en profondeur. Et bien avant la parution du *Questionnaire* (1951) du très nationaliste Ernst von Salomon qui stigmatisait, dans ce roman à charge, l'approche des Alliés, les esprits d'une grande majorité des Allemands avaient tourné le dos à la culpabilité. Selon Lutz Niethammer, « la dénazification, aussitôt après la guerre, poussa une grande partie de la population, tout particulièrement issue des classes moyennes et du service public, à se replier dans une attitude défensive, enterra chez la masse des anciens adhérents du parti nazi la possibilité de se réorienter activement vers la politique et les conforta dans leur tendance à s'adapter à l'ordre dominant du moment, tant que celui-ci leur permettait de réussir dans une sphère privée sans que cela entraîne de conflit public[2] ».

Si la dénazification et la rééducation occidentales laissaient donc, en dépit d'indéniables succès, une impression d'inachèvement et d'improvisation, la politique menée en zone soviétique (*Sowjetische Besatzungszone*, SBZ) avait suivi une autre logique. L'URSS s'était certes associée aux « quatre D » de Potsdam, qui se voulaient autant un objectif qu'une méthode d'approche commune de la question nazie. Néanmoins, les Soviétiques avaient dès le lendemain de la guerre distingué l'Allemagne éternelle de l'Allemagne hitlérienne. Victime du nazisme, trompée par des dirigeants sans scrupules, la majorité de la population allemande restait officiellement « libérée ». Le 9 mai 1945, Staline avait ainsi déclaré que, si l'URSS fêtait la victoire, « il n'était pour elle pas question de

1. Soit, dans le contexte de l'immédiat après-guerre, un certificat de non-culpabilité et donc de décharge.

2. Lutz Niethammer, *Die Mitläuferfabrik. Die Entnazifizierung am Beispiel Bayerns*, Berlin-Bonn, Dietz, 1982, p. 653. Cité par Hermann Glaser, *op. cit.*, vol. 1, p. 141.

démembrer l'Allemagne ou de l'anéantir[1] ». Aussi la dénazification soviétique allait-elle s'avérer à la fois plus ciblée, plus vigoureuse et plus rapide. Témoin de cette approche *a priori* assez conciliante, l'association, au sein d'un « bloc », des partis démocratiques unis en juillet 1945 dans un « front antifasciste », permettant aux partis libéral ou chrétien-démocrate de se reconstituer.

De 1945 à août 1947, 262 commissions de dénazification radiaient de leurs postes 520 000 personnes[2]. Dans les camps de concentration fraîchement libérés tel Buchenwald, 130 000 détenus politiques, criminels avérés ou simplement dénoncés remplaçaient les anciens déportés[3]. Aux arrestations massives d'officiers de la Wehrmacht ou de membres des organisations politiques national-socialistes succédait enfin une épuration non moins systématique dans la fonction publique, l'industrie, l'administration : la moitié des instituteurs fut limogée, l'immense majorité des juges et des procureurs fut démise de ses fonctions et remplacée par des nouveaux venus, essentiellement issus des classes moyennes ou des milieux ouvriers et formés en moins d'une année. Les programmes scolaires furent épurés, et réorientés vers une étude systématique de la littérature classique et une histoire où la tradition paysanne, ouvrière et révolutionnaire, de la guerre des Paysans à la révolution de 1918, trouvait largement sa place. L'école fut également l'objet d'un complet remaniement : imposée par l'autorité militaire en dépit des protestations allemandes, la réforme du système scolaire se voulait la clé d'une

1. Joseph Staline, *Über den großen Vaterländischen Krieg der Sowjetunion*, Berlin-Est, Dietz Verlag, 1952, p. 223.

2. D'autres sources parlent de 408 569 anciens membres du NSDAP. Voir Hermann Weber, *Geschichte der DDR*, Munich, DTV, 1989, p. 107.

3. Hermann Weber, *op. cit.*, p. 109.

démocratisation essentielle à la transformation des mentalités, proposant désormais une école primaire unique (*Einheitsschule*) prolongée par une école supérieure (*Oberschule*) ou professionnelle (*Berufsschule*)[1]. La question sociale occupait en effet dans la rééducation de la SBZ une place prépondérante. Et la réforme agraire, décidée dès septembre 1945, autant que celle de l'industrie lourde n'échappaient pas à cette logique. Selon Otto Grotewohl, représentant du Parti social-démocrate SPD en zone soviétique : « L'aspect politique de la réforme agraire consiste en l'élimination de l'influence périssable des Junker sur l'histoire de l'Allemagne. Pendant des siècles, la grande propriété fut le pilier de la réaction[2]. »

La renaissance d'une Allemagne pacifiée et pacifique ne pouvait donc se limiter à une dénazification personnelle. Elle supposait une refonte des structures sociales et une réorganisation radicale de la propriété : 2,5 millions d'hectares furent ainsi confisqués sans compensation et redistribués. L'ensemble des avoirs de l'État nazi passa à l'Administration militaire soviétique en Allemagne (SMAD) et la quasi-totalité des grandes entreprises furent transformées en usines populaires (VEB)[3].

Moins soucieuse des susceptibilités allemandes que les autorités occidentales, la SMAD avait sans conteste frappé plus vite et de façon plus spectaculaire. Dès juin 1946, les suivistes ou « petits membres du parti » (*kleine Pg's*) étaient absous et réintégrés dans la vie publique et, en février 1948, soit deux ans avant les Occidentaux, l'autorité soviétique déclarait la dénazification

1. Voir Emmanuel Droit, *Vers un homme nouveau ? L'éducation socialiste (1949-1989)*, Rennes, Presses universitaires de Rennes, 2009.

2. Cité par Hermann Weber, *Von der SBZ zur DDR 1945-1968*, Hanovre, Verl. für Literatur u. Zeitgeschehen, 1968, p. 26.

3. Voir *infra*, « La RDA ».

terminée. Il convient cependant de rester prudent sur les effets durables d'une telle politique, dont la rapidité visait avant tout à gagner une population hostile : car si la brièveté de l'épuration avait à l'évidence permis à l'occupant soviétique d'éviter un enlisement, source de mécontentement et d'inefficacité, les violences de l'Armée rouge demeuraient sans aucun doute trop présentes dans les esprits pour que l'idée d'une « libération » ait pu sincèrement gagner les consciences.

Chapitre 2

La reconstruction d'une vie politique, sociale, culturelle et intellectuelle

Les Églises ou le désir d'une reconquête chrétienne

Au lendemain de la capitulation, la reconstitution des forces vives de la société allemande est, somme toute, très rapide. Certaines n'ont même, en un sens, jamais cessé d'être à pied d'œuvre : au milieu d'un paysage social ruiné par le nazisme qui a entraîné dans sa chute l'ensemble des piliers de l'État allemand, les Églises représentent les seules institutions à avoir traversé la tourmente sans trop de dommages. Certes, elles ne sortent pas indemnes du nazisme et, en août et octobre 1945, les hiérarchies catholique et protestante, la première à Fulda, la seconde à Stuttgart, ont reconnu avec force circonvolutions leurs silences et leur part de responsabilité dans un acte de repentance d'ailleurs jugé insuffisant par certains ecclésiastiques[1]. Mais les Églises allemandes avaient eu aussi leurs figures emblématiques : celle d'un Martin Niemöller

1. À la différence des Églises protestantes qui, il est vrai, avaient davantage succombé aux charmes de la Révolution nationale du NSDAP, l'Église catholique ne devait nullement reconnaître sa responsabilité en tant qu'institution, se bornant à dénoncer l'attitude individuelle des égarés « sortis de ses rangs ».

interné dès 1937 sur ordre personnel de Hitler, d'un Dietrich Bonhoeffer pendu en avril 1945, ou celle de l'abbé Fröhlich, assassiné en Pologne, sans compter les milliers de prêtres et de pasteurs détenus dans les camps de concentration. Bref, malgré les ombres indéniables, les déchirements et les insuffisances de l'Église confessante, les compromissions dramatiques des Chrétiens allemands (*Deutsche Christen*), l'opposition et parfois la résistance des Églises avaient été, aux yeux des Alliés, une réalité. De plus, traditionnels lieux d'écoute et de soutien dans l'épreuve, jouant pour beaucoup le rôle de dernier recours dans ce vide spirituel qui caractérise l'Allemagne des années zéro, elles constituaient souvent, au fur et à mesure de l'avancée des troupes alliées, le premier trait d'union entre l'occupant, méfiant à l'égard de toute forme d'autorité traditionnelle, et une population privée de ses cadres. Le futur président de l'Église évangélique en Allemagne Otto Dibelius rappelle ainsi dans ses Mémoires comment il fut reçu avec tous les honneurs par un général soviétique qui mit immédiatement à sa disposition, à son grand étonnement, toutes les autorisations nécessaires, une totale liberté d'action et… une voiture[1] !

Soutenues tant dans leurs démarches auprès des Alliés que financièrement par le très puissant Conseil œcuménique des Églises et son influent président Visser't Hooft, les Églises protestantes allemandes, en dépit de leurs divisions, réussissent ainsi rapidement à mettre sur pied une institution commune, l'Église évangélique d'Allemagne (EKD), bientôt dotée d'une direction provisoire. Installé dans l'urgence et destiné à rassembler

1. Otto Dibelius, *Ein Christ ist immer im Dienst*, Fribourg-en-Brisgau, Kreuz, 1963.

des tendances extrêmement diverses dont les attitudes face au nazisme avaient traduit l'émiettement, le nouvel ensemble fait toutefois reposer ses structures sur la tradition et l'histoire, se préoccupant fort peu des revendications à la fois plus réformatrices et modernisatrices : issues des fraternités de l'Église confessante, ces dernières entendent profiter du cataclysme pour repenser l'Église tout entière, dans ses rapports tant au pouvoir qu'à une société déchristianisée. Pour l'heure cependant, il s'agit avant tout de secourir les populations en déroute, de reconstruire l'infrastructure des paroisses, que doit faciliter la reprise de l'impôt ecclésiastique. L'Église catholique bénéficie quant à elle du soutien d'un Vatican soucieux de rebâtir au plus vite cette pièce centrale de la chrétienté européenne : signe de cette importance, Pie XII élève dès 1946 plusieurs prélats au cardinalat, comme l'archevêque Mgr Frings et les évêques von Preysing et von Galen, en même temps que des contacts sont pris avec les premiers éléments chrétiens-démocrates et bientôt le Rhénan Konrad Adenauer. Enfin, en 1948, renaissent les premiers rassemblements catholiques (*Katholikentage*), dont les réflexions appuient rapidement l'idée d'une Allemagne « occidentale ».

Séparées dans leurs stratégies, les deux Églises s'unissent dans la conviction ancrée d'une Allemagne à la fois terre de mission et symbole vivant de l'échec dramatique d'un libéralisme technicien ayant conduit le pays à l'abîme, d'une humanité victime d'elle-même dont le pasteur français Casalis s'est fait l'écho. Privées de liberté pendant plus d'une décennie, également conscientes d'avoir insuffisamment parlé et « professé » les fondements de la foi (au sens littéral de *Bekenntnis*), ces Églises entendent désormais, tant par le biais d'organisations confessionnelles que par leur influence directe ou leur participation à la renaissance d'un parti chrétien, peser sur les destinées politiques et morales de la future Allemagne : la renaissance des Jeunesses protestantes (*Junge Gemeinden*), la création en 1945 de l'Œuvre catholique masculine (*Katholisches Männerwerk*) ou celle, en 1947, de la Fédération de la jeunesse catholique allemande (*Bund Deutscher Katholischer Jugend*), clés de voûte d'une Action catholique retrouvée, annoncent cette ambition, en attendant les contraintes de la guerre froide.

Au-delà, dans l'ensemble du pays, d'anciens représentants politiques et syndicaux, mais également des hommes nouveaux, regroupés au sein d'associations constituées ou de mouvements informels, se rencontrent et s'organisent afin de poser les premiers jalons de structures encore à venir. Car si la volonté de rebâtir une vie démocratique en évitant les erreurs du passé, si le désir de reprendre en main un État livré pendant douze ans au parti unique sont manifestes, ils demeurent soumis au bon vouloir des occupants dont les projets, les visions du monde et les intérêts diffèrent. À ce premier obstacle s'ajoutent les tensions internes et les vieilles rancunes, qui ne tarderont pas à diviser les rangs de ces reconstructeurs.

Des « Antifas » aux partis traditionnels

Il faut indéniablement compter au titre des précurseurs de cette reconstruction les groupements et comités antifascistes (*Antifas*) dont l'importance, subvertie à l'Est par l'idéologie officielle, fut à l'Ouest souvent négligée ou passée sous silence. Surgis spontanément de la débâcle dans l'ensemble de l'Allemagne, ils constituent pourtant la première réaction politique à la fin de la dictature nazie, une sorte d'exutoire aux années de silence, bref, une libre prise de parole et une action destinées autant à enterrer le IIIe Reich qu'à relever l'Allemagne de ses cendres. Dénazification, lutte contre le Werwolf[1] ou toute résurgence de l'idéologie honnie, confiscation des biens du NSDAP, mais aussi aide à l'approvisionnement, à la réorganisation des infrastructures, renaissance des syndicats sont au programme de ces groupements aux contours souvent flous et à l'organisation très inégale.

Si, en outre, les comités antifascistes recrutent essentiellement dans la classe ouvrière, ils se veulent officiellement ouverts aux personnalités de tous bords. « Toutes ont affirmé », note un rapport des services secrets américains en juin 1945, « que chaque antinazi convaincu peut se joindre à elles. Elles se sont de plus efforcées de gagner à elles les classes moyennes, en particulier les professions libérales, les intellectuels et les religieux »[2].

Qualifiés par ce même rapport de « forces les plus actives dans la vie politique allemande[3] », les « Antifas »

1. Créé fin 1944 sous l'impulsion du chef de la SS Heinrich Himmler, le corps du *Werwolf* (loup-garou) – terme choisi en allusion au roman éponyme de Hermann Löns mettant en scène une bande de paysans résistant, pendant la guerre de Trente Ans, à des soldats pilleurs – devait mener des actions de résistance, de lutte contre le défaitisme et de sabotage, y compris par la terreur, pour contrer l'avance des Alliés. Après la capitulation, plusieurs de ces unités continuèrent leur lutte, certaines subsistant jusqu'en 1947.

2. Ulrich Borsdorf et Lutz Niethammer (dir.), *Zwischen Befreiung und Besatzung. Analysen des US-Geheimdienstes über Positionen und Strukturen deutscher Politik*, Wuppertal, Hammer, 1976, p. 108, cité par Christoph Klessmann, *Die doppelte Staatsgründung*, *op. cit.*, p. 397 *sq.*

3. *Ibid.*, p. 115.

connaissent pourtant une existence éphémère. S'ils sont au départ autorisés en zone soviétique, ils ne tardent pas à être intégrés au « bloc antifasciste ». Les leaders sont alors le plus souvent remplacés par des membres du parti communiste qui, rapidement, réorientent le mouvement et alignent son action sur celle du Parti communiste d'Allemagne (KPD). Leur fortune semble avoir été, à l'Ouest, plus diverse. Certains de ces mouvements, tel celui de Brême, acceptés puis légalisés par les occupants, fournissent, jusqu'à leur dissolution, un travail considérable et contribuent à la résurgence du futur milieu politique et syndical. La plupart, néanmoins, sont vite interdits ou soumis à un contrôle strict. Souvent partisans de la planification, de la redistribution des richesses financières et d'une socialisation du capital, les comités restent, en effet, aux yeux des Anglo-Saxons, trop suspects de favoriser un communisme rampant pour être acceptés, le KPD questionnant quant à lui l'orthodoxie de ces groupes spontanés. De plus, si les Français ne goûtent guère leur défense de l'unité allemande, les Américains considèrent que ces mouvements contreviennent tout simplement à la directive JCS 1067 interdisant dans un premier temps les activités politiques allemandes.

Forme plus traditionnelle de l'organisation politique et, pour bien des alliés, plus rassurante, les partis hérités de Weimar devaient bénéficier d'une attitude généralement plus tolérante, chaque zone conservant une évolution propre.

Le retour des partis classiques

SPD et KPD face à face

Reconstituée de fait au début de l'été 1945 et progressivement autorisée dans l'ensemble des zones quelques mois plus tard, la social-démocratie souhaite elle aussi faire peau neuve.

Il s'agit, en premier lieu, de dépasser les clivages sociaux traditionnels, de s'adresser à un électorat plus large et dont il importe peu de savoir, selon les propres termes de Kurt Schumacher, s'il est motivé par le rationalisme, par « l'esprit du sermon sur la montagne » ou celui du « manifeste communiste »[1]. Plus important encore, de nombreux militants entendent mettre un terme à la division qui l'a opposée de façon si préjudiciable au parti communiste (KPD), et donc substituer à une simple restauration une rénovation faisant du nouveau parti le fondement d'une Allemagne démocratique.

Aux yeux d'Otto Grotewohl, président du comité central du Parti social-démocrate, reconstitué à Berlin en juillet 1945, cette reconstruction paraît ainsi passer en premier lieu par l'union avec le KPD, dont la première déclaration, dans laquelle il reconnaît la liberté de commercer et d'entreprendre autant que la propriété privée, avait frappé par sa modération. Dans son appel du 11 juin 1945, le KPD n'hésite pas à proposer en effet, après avoir reconnu ses erreurs, la création d'un bloc antifasciste, selon lui sain préalable à l'avènement d'une République annoncée comme parlementaire et démocratique, et donc fort éloignée du système soviétique.

1. Voir Dietrich Thränhardt, *Geschichte der Bundesrepublik Deutschland*, Francfort-sur-le-Main, Suhrkamp, 1996, p. 31.

Il s'agit alors pour Moscou de séduire et de rassurer un pays et une population aux traditions propres. L'idée d'un communisme spécifiquement allemand, dans un premier temps, se veut donc une réponse adaptée à une situation originale et, pour l'heure, provisoire, dont Staline lui-même ne semble pas savoir si elle est amenée à durer[1]. En outre, à la différence d'un SPD réclamant une socialisation de l'économie et de la société, il n'est chez les communistes pas encore question de socialisme ou de nationalisation. Enfin, trempée dans la résistance et la souffrance communes, déjà vécues par beaucoup dans la réalité quotidienne de la clandestinité ou la misère des camps de concentration, l'union paraît à la base être la juste conclusion d'une lutte menée malgré les dissensions contre un ennemi commun.

Certains, cependant, ne partagent pas ce sentiment, au premier rang desquels le leader incontesté du SPD d'après-guerre, dont les années de souffrances endurées sous le national-socialisme ont incontestablement alourdi le poids de la parole. Kurt Schumacher refuse en effet cette tunique de Nessus que représente pour lui l'alliance avec un parti aux ordres de l'étranger, fort peu démocratique, et portant qui plus est une lourde responsabilité dans la victoire hitlérienne de 1933. Cette « ligne de partage » est pour Henri Ménudier « due au fait que les communistes sont liés à une seule des grandes puissances victorieuses, à la Russie en tant qu'État et qu'ils dépendent de ses objectifs de politique extérieure »[2]. Cette « dissension » entre les militants sociaux-démocrates et la hiérarchie n'allait certes pas

1. Voir Wilfried Loth, *Stalins ungeliebtes Kind. Warum Moskau die DDR nicht wollte*, Berlin, Rowohlt, 1994.

2. Henri Ménudier, « Kurt Schumacher et la nation allemande », in *L'Allemagne, 1945-1955*, *op. cit.* p. 264.

résister aux événements. Mais si la marche imposée vers l'union, en zone soviétique, et la création sous la contrainte, le 21-22 avril 1946, du nouveau Parti socialiste unifié d'Allemagne devaient finalement conforter la position de Schumacher, élu président le 9 mai 1946, il n'y a au départ chez les militants occidentaux, répétons-le, aucun rejet *a priori* d'une entente avec les communistes. Comme l'indique Christoph Klessmann, encore en mars 1946, tout en s'opposant massivement à une alliance *immédiate* avec le KPD, le SPD de Berlin-Ouest se prononce à 62 % pour une collaboration (*Zusammenarbeit*) avec ce même parti[1].

La rupture n'en demeure pas moins un échec. Double raté même, puisque l'insuccès d'une union politique s'ajoute en bonne logique un retour aux schémas de pensée d'avant-guerre, associé à une incapacité du SPD à renouveler ses cadres et ses structures. Partisan de cette refondation, Schumacher a dû en effet s'appuyer sur la « vieille garde » du parti, elle aussi farouchement anticommuniste. Aussi la social-démocratie renoue-t-elle finalement avec son passé weimarien. La continuité l'emporte ici sur le renouveau.

La CDU

Tout autre est l'attitude de l'ancien Zentrum. Dans l'Allemagne d'après-guerre, la plupart des anciens militants et dirigeants de ce parti estiment en effet la division confessionnelle dépassée. Certes, les années 1945-1947 sont pour nombre d'intellectuels catholiques le moment de régler des comptes avec la Prusse protestante et, à travers elle, une Allemagne, selon eux, trop longtemps

1. Voir Christoph Klessmann, *Die doppelte Staatsgründung*, *op. cit.*, p. 141.

restée à l'ombre de Luther[1]. Mais chez les chrétiens, comme chez les socialistes, la dictature, la détention ou la guerre ont gommé bien des frontières et vaincu nombre de résistances ; et d'ailleurs, si le royaume de Frédéric II se retrouve au banc des accusés, c'est pour ses tendances bureaucratiques et militaires plus que pour son protestantisme. De plus, conscientes de leurs insuffisances et de leur échec devant la force électorale du nazisme, les Églises évangéliques ne tardent pas, elles non plus, lors de la conférence de Treysa, à réclamer du nouveau.

Cette volonté d'interconfessionnalité se double d'un profond désir de rassembler dans les rangs de la future Union l'ensemble des classes sociales et de retrouver ainsi une des caractéristiques de l'ancien Zentrum. Motivation sans doute électorale mais répondant surtout à une mission apostolique. Car l'expérience du nazisme a revêtu chez les chrétiens une signification religieuse et il s'agit, en 1945, autant de reconstruire que d'« évangéliser » : transformée par les révolutions industrielles, l'Allemagne a, pour la démocratie chrétienne, glissé du matérialisme vers le pire des paganismes, se dotant même d'un antéchrist qui a failli entraîner le monde à sa perte. Aussi la vision de l'Allemagne d'après-guerre prend-elle, pour ces élites chrétiennes, la dimension d'une reconquête spirituelle : seule une Allemagne guidée par des chrétiens unis, fondée sur des valeurs transgressant les différences traditionnelles pourrait éviter de retomber dans les pièges du passé. Ce nouveau départ offre enfin dès 1947 une chance inédite : celle de résister au nouveau totalitarisme qui se profile à l'horizon et de racheter ainsi, à moindres frais, une

1. Voir Jean Solchany, *op. cit.*, p. 115 *sq.*

mauvaise conscience née des lâchetés et des impuissances de 1933 ; attitude somme toute de compensation qui déterminera également bientôt la position des Églises face au pouvoir de la RDA. Le préambule du programme de cette Union chrétienne-démocrate[1] (CDU), amplifiant le texte fondateur des principes de Cologne (*Kölner Leitsätze*, juin 1945), ne laisse guère de doute sur cette ambition : « La CDU veut construire une Allemagne nouvelle, une autre Allemagne », y affirme-t-on. « Le temps où la vision matérialiste constituait le fondement spirituel de l'Allemagne et dominait l'État, l'économie et la culture doit prendre fin. – Le national-socialisme lui aussi s'enracinait dans cette vision du monde [...] À la vision matérialiste doit de nouveau se substituer la vision chrétienne, aux principes issus du matérialisme, les principes de l'éthique chrétienne[2]. »

Au départ divisée en de multiples courants, régionalistes voire monarchistes dans le sud de l'Allemagne, socialisants en Hesse, dans la Ruhr et le Francfort de Walter Dirks, ou encore partisan de l'unité allemande par-dessus tout, comme Jakob Kaiser dans le secteur oriental, la CDU, en dépit du maintien d'une opposition catholique de gauche incarnée par des hommes tels Walter Dirks, Eugen Kogon, Carl Amery ou Heinrich Böll, devait se rassembler assez vite autour de sa branche rhénane incarnée par l'ancien maire de Cologne Konrad Adenauer, tout auréolé, à l'automne 1945, de sa récente destitution par l'occupant britannique. Dès

1. Nom adopté en décembre 1945 lors de la rencontre nationale de Bad Godesberg.

2. Programme de la CDU de Neheim-Hüsten, *in* Helmuth Pütz, *Konrad Adenauer und die CDU in der britischen Besatzungszone 1946-1949*, Bonn, Eichholz, 1975, p. 131. Voir également l'analyse de Jean Solchany, *op. cit.*, p. 255.

la fin 1946, elle offre incontestablement un front uni : malgré la résurgence d'un Zentrum avant tout implanté en Rhénanie et en Basse-Saxe, et qui fera preuve d'une étonnante longévité[1], les défenseurs de la séparation confessionnelle n'étaient plus qu'une exception. En outre, persuadé de l'avènement prochain d'un monde bipolaire dont l'Allemagne divisée serait le symbole, bientôt conforté par les événements, Adenauer a su très habilement rallier les tendances socialisantes pour imposer l'idée d'un parti à la fois défenseur des libertés, rempart contre le communisme et garant de la justice sociale. D'une conception fondamentalement nouvelle, rompant avec la tradition de Weimar mais aussi ouverte aux alliances avec les partis proches, telle la très bavaroise Union chrétienne-sociale (CSU) d'Adam Stegerwald et Josef Müller, la CDU s'est présentée dès le départ en parti doté d'une indéniable force de persuasion électorale. À ce titre, le mot d'ordre d'une « économie sociale de marché », qui résumait d'une façon magistrale le programme de Düsseldorf (juillet 1949) influencé par Ludwig Erhard, allait bientôt associer la fortune du parti et de son chancelier au devenir économique et politique du pays tout entier.

La présence d'un très conservateur Parti allemand (*Deutsche Partei*), essentiellement implanté dans les régions du Hanovre, de la Lippe et du Brunswick, bientôt regroupées dans le Land de Basse-Saxe, et celle du parti bavarois de l'Union pour la reconstruction économique (*Wirtschaftliche Aufbauvereinigung*), vite oublié, terminent le tableau de la mouvance chrétienne-démocrate.

1. Ce parti possèdera jusqu'en 1958 des représentants au Bundestag.

Un nouveau libéralisme

Cette volonté de synthèse se retrouve également chez les libéraux, dont la renaissance effective dès juillet 1945 en zone soviétique, avec la création du Parti libéral-démocrate d'Allemagne (LDPD), est plus tardive dans les zones occidentales. Naissance sans aucun doute plus longue et plus difficile que pour les autres partis dans la mesure où le libéralisme ne dispose ni d'une tradition aussi solide que la social-démocratie ou le parti catholique, ni d'un électorat historiquement défini, ni même de réseaux semblables à celui offert dès le lendemain de la guerre par les Églises. Ces nouveaux libéraux souhaitaient toutefois éviter eux aussi un retour à l'émiettement de Weimar et proposer un autre discours, entre une CDU dont ils refusaient la vision conservatrice et religieuse et les tentations socialisantes et étatiques d'un SPD qu'ils entendaient combattre. À leurs yeux, le choc du nazisme, l'importance du phénomène ouvrier et de son corollaire politique, le socialisme, constituaient autant de motifs de réviser les modèles du passé et de donner enfin libre cours à une conception libérale qui, en Allemagne, n'avait jamais réellement pu saisir sa chance.

De fait réduit aux zones occidentales après le ralliement en janvier 1948 du LDPD au projet communiste de Congrès du peuple (*Volkskongress*), le nouveau Parti libéral-démocrate (FDP), fondé en décembre 1948 à Heppenheim et présidé par un Theodor Heuss débarrassé de Wilhelm Külz depuis janvier 1948, se veut résolument rassembleur : à l'opposition d'avant-guerre entre un libéralisme national, volontiers conservateur, essentiellement basé en Rhénanie-Westphalie, Hesse et Basse-Saxe, et un libéralisme social avant tout implanté en Bade-Wurtemberg, le FDP de 1948 entend substituer une synthèse, entre libéralisme économique et préoccupation sociale dans le respect d'un libéralisme politique hérité de 1848. Le choix de Heppenheim comme lieu de la refondation, où les libéraux du sud-ouest de l'Allemagne avaient déjà, en 1847, élaboré leur programme, ne devait à ce titre rien au hasard. Dès ses premiers pas, le FDP se concevait donc moins comme une alternative – il n'en avait d'ailleurs pas les moyens – que comme un complément, un partenaire de fait, susceptible d'alliances. Sa spécificité lui permettait enfin d'accueillir en son sein un électorat rebuté par l'un et l'autre des grands partis et de traduire les espoirs d'une population, souvent issue des classes moyennes, à la fois hostile aux propositions sociales-démocrates et peu familière de la culture politique des chrétiens-démocrates.

L'impossible unité syndicale

À l'image des partis ouvriers, l'immense majorité des dirigeants et des militants syndicaux estiment, avec l'effondrement du nazisme, le moment venu pour une unification générale des différentes branches syndicales. Pratiquée dans l'exil ou la résistance, cette unité fait même l'objet d'une première expérience avec la fondation, en mars 1945, d'une Fédération syndicale allemande libre (FDGB) à Aix-la-Chapelle, momentanément reconnue par les Américains. Regroupant fonctionnaires, ouvriers et employés, ce syndicat devait, pour les tenants de l'unité tel l'ancien dirigeant Hans Böckler, constituer un symbole et un exemple à suivre. Il s'agit en effet pour Böckler de mettre en place un structure unique, centralisée, qui, tout en reconnaissant l'originalité des différents

« métiers », substituerait la notion de « branches » à celle d'organisations séparées, et rapprocherait ainsi les ouvriers des autres catégories salariales.

Cette volonté unitaire allait toutefois rapidement se heurter dans un premier temps au contrôle des alliés occidentaux, aux yeux desquels la misère économique, le poids du parti communiste et l'activisme syndical étaient un mélange trop détonant pour ne pas faire l'objet d'une vigilance accrue. Dans l'ensemble des quatre zones, les premières structures syndicales ne font d'ailleurs guère mystère de leurs intentions en réclamant, dans leur programme ou leurs prises de position, la généralisation de la participation, le plein emploi, la socialisation des mines ou la transformation des industries de base en propriété collective. Aussi, tout en invoquant la nécessité d'un règlement global prenant en compte la spécificité de chaque Land, le général Clay met-il brutalement fin, en août 1948, à l'application de la loi sur les comités d'entreprise, pourtant votée en avril 1946 par le Conseil de contrôle allié. Les Français ne sont pas en reste : au même titre que les partis, les syndicats représentent pour eux une forme d'autonomie et de pouvoir politique qu'il ne peut être question d'accorder de nouveau si rapidement aux Allemands. Et, jusqu'en 1948, ils retardent presque systématiquement, au moyen de procédures et de chicanes administratives, tout mouvement visant à favoriser l'union au sein de leur propre zone. L'opposition des Britanniques repose quant à elle aussi bien sur la peur de la contagion communiste que sur une conception pluraliste de la démocratie : élément constitutif du dynamisme démocratique, la vie syndicale passe également par le respect des différences et le jeu des oppositions, incompatibles avec une structure unique.

Toutefois, les Alliés ne sont pas les seuls responsables de cet échec. Dès 1946, les premières dissensions se font jour. Employés et fonctionnaires tenaient trop à leur indépendance et à leur spécificité pour accepter un organisme centralisé, surtout à un moment où leur statut était en jeu. Corps constitutif de l'État prussien puis national-socialiste, les fonctionnaires avaient sur ce chapitre beaucoup à perdre dans la dénazification, et nombre d'entre eux, au lendemain des premières mesures d'épuration, se retrouvaient démunis. Aussi le paysage syndical offre-t-il en 1948 un visage éclaté : malgré ses efforts, la Confédération allemande des syndicats, le DGB, le principal syndicat, fondé en avril 1947 à Bielefeld et bientôt étendu à l'ensemble des zones occidentales, n'est pas parvenue à intégrer dans ses rangs le syndicat des employés (*Deutsche Angestellten-Gewerkschaft*, DAG), créé dès 1946, lui aussi en zone britannique et qui optera définitivement pour l'indépendance un an plus tard, ni même le fonctionnariat qui se regroupera en 1950 autour du *Deutscher Beamtenbund* (DBB). Au regard des obstacles rencontrés, on reste toutefois surpris de l'extraordinaire popularité du mouvement syndical de l'après-guerre, dans lequel certains n'hésitent pas à voir la traduction d'un besoin d'engagement, d'ailleurs plus social que politique.

Dès avant Potsdam, la zone soviétique autorise la création de syndicats et, rapidement, encourage leur fusion. En quelques mois, la plupart des mouvements indépendants, de dimension le plus souvent locale, intègrent la fédération berlinoise de la FDGB, créée en juillet 1945, et dont la fidélité politique à l'égard du parti de Walter Ulbricht ne fait guère de doute. Organisée selon un principe centralisateur et bientôt peuplée de délégués majoritairement communistes, la FDGB sert en effet rapidement de tête de pont au parti communiste, qui entend s'appuyer sur elle afin de s'assurer des positions clés aux différents échelons de la société. Cette évolution est d'ailleurs perçue par les dirigeants du futur SED comme le complément de l'action politique qui devait en avril 1946 rassembler SPD et KPD en un seul parti. La radicalisation du climat politique à partir de 1947, qui a déjà entraîné la suspension des relations syndicales interzones, l'opposition de plus en plus visible avec les Occidentaux vont accentuer le mouvement, en particulier dans les entreprises, transformées en 1947 en entreprises populaires (VEB) : massivement soutenues par le parti et par l'administration soviétique en Allemagne (SMAD), les forces syndicales sont alors engagées contre la résistance des comités d'entreprise, dernier obstacle au contrôle général de l'appareil productif et, de là, à la planification.

Le renouveau d'une vie intellectuelle et culturelle

La renaissance d'une vie culturelle compte sans aucun doute parmi les images les plus spectaculaires de cette Allemagne en ruine : expositions de tableaux au milieu des gravats, représentations spontanées dans des théâtres souvent délabrés ou des salles de spectacle improvisées, queues devant les derniers cinémas, autant de manifestations attestant d'une incroyable demande que les quatre vainqueurs allaient bientôt amplement satisfaire, au point qu'il n'est pas exagéré de parler à propos de ces années 1945-1948 d'un « âge d'or » de la culture en Allemagne.

Les Alliés affichent pourtant, dans cette « course culturelle », de singulières différences, chaque zone possédant son propre comité de censure. Avant tout préoccupés de dénazifier et de culpabiliser l'Allemagne, les Anglo-Américains ne mettent en place que fort tard une réelle politique culturelle, dont l'idée même heurtait une tradition davantage fondée sur le mécénat et l'initiative privée. Aussi faut-il attendre le discours de Byrnes et le remplacement de la directive JCS 1067 par celle du 17 juillet 1947 (JCS 1779) pour voir l'improvisation et l'amateurisme éclairé de jeunes officiers lettrés, à l'image du lieutenant Rosenfeld du récit de Jorge Semprun[1], faire place à des actions coordonnées. Tard venus, handicapés par leurs problèmes intérieurs et écartelés entre Baden-Baden et Berlin, les Français devaient eux aussi longtemps laisser l'initiative aux hommes en place, qu'il s'agisse de Raymond Schmittlein et de Jean Arnaud en Bade ou, à Berlin, de l'attaché culturel Félix Lusset[2].

Si les Soviétiques, enfin, étaient également obnubilés par la rééducation du peuple allemand, ils avaient toutefois, à la différence des Occidentaux, immédiatement intégré la culture dans une vision globale de la société, la concevant comme une action politique, au même titre que la réforme agraire ou la refonte de l'économie ; bref, le remodelage idéologique de l'Allemagne passait aussi par une rééducation artistique. En outre, le retour à une certaine richesse culturelle, et même, s'il faut en croire le KPD, la nécessité d'introduire « la liberté pour la recherche scientifique et la création artistique[3] » répondaient indiscutablement au désir de se concilier une population allemande hostile, craintive et, qui plus est, encore imprégnée des schémas nationaux-socialistes

1. Jorge Semprun, *L'Écriture ou la vie*, Paris, Folio, 1998, p. 107 *sq*.
2. Voir Bernard Genton, *Les Alliés et la culture, Berlin, 1945-1949*, Paris, PUF, 1998, p. 68 *sq*., 76-80.
3. Troisième point de l'appel du KPD du 11 juin 1945, cité par Bernard Genton, *op. cit*., p. 61.

et de la prétendue *Unkultur* bolchevique[1] dont le colonel Tulpanov et son adjoint Dymchits sont, à Berlin, les vivants contre-exemples. Cette attitude explique sans doute en grande partie, en dépit d'une inévitable Fédération culturelle pour le renouveau démocratique (*Kulturbund*), l'ouverture dont fait preuve, au moins jusqu'en 1947-1948, l'occupant soviétique. Wilhelm Furtwängler dirige les premiers concerts d'une musique classique censée faire renouer les Allemands avec leur passé « civilisé ». Les Soviétiques font également appel à la collaboration d'écrivains tels Heinrich et Thomas Mann ou encore Lion Feuchtwanger. C'est enfin la renaissance rapide des studios de cinéma de Babelsberg et la mise à contribution de personnalités tels le metteur en scène Wolfgang Staudte, l'opérateur Kurt Maetzig, le dramaturge Friedrich Wolf ou le romancier Hans Fallada qui, tous, allaient permettre la création d'une nouvelle société de production, la DEFA, et la réalisation dès 1946 de plusieurs longs métrages, à l'image du très emblématique *Les assassins sont parmi nous* (*Die Mörder sind unter uns*, Wolfgang Staudte, 1946).

Au-delà de ces différences d'approche, le rétablissement d'une vie culturelle dans un pays dévasté offrait aux occupants des avantages considérables : outre une dénazification plus subtile, il leur permettait de maintenir une paix sociale évidente alors que les conditions de vie de la population demeuraient extrêmement précaires. Enfin, le retour du « divertissement » témoignait à sa manière d'une certaine redécouverte de la normalité ou, à défaut, d'un incontestable signe de renouveau.

Après le néant culturel des années brunes, celles des interdictions, de l'art « dégénéré », de l'exode des

1. Voir Bernard Genton, *op. cit.*, p. 61.

élites, l'Allemagne de l'après-guerre était ainsi devenue le lieu d'une explosion libératrice, d'une liberté créatrice retrouvée, d'une soif intense de découverte et d'expression dont la force s'étendait à toutes les zones, et ce malgré les efforts de l'historiographie est-allemande d'inscrire *a posteriori* cette période d'intense inventivité dans une vision linéaire de construction du socialisme[1]. Cette liberté avait deux visages principaux : tout d'abord, celui du retour d'exil des peintres, écrivains, cinéastes ayant fui très tôt le régime ou refaisant surface après des années d'interdiction ou de clandestinité, mais aussi celui des œuvres interdites, passées sous silence ou déformées par la propagande nazie, à l'image des œuvres d'Otto Dix ou de Horst Strempel, qui, de retour de Paris, compose son fameux triptyque *Nuit sur l'Allemagne* (*Nacht über Deutschland*), du triomphe de *Nathan le Sage* (*Nathan der Weise*) en septembre 1945 au Deutsches Theater de Berlin ou de la pièce de Zuckmayer *Le Général du diable* (*Des Teufels General*). Liberté de tous, enfin, professionnels ou amateurs, de créer, d'écrire ou de peindre, dont témoignent les milliers de toiles, de poèmes, de nouvelles et de romans, d'ailleurs de qualité très diverse et souvent taxés de logorrhée lyrique (*Lyrikschwemme*) ou de « littérature du tiroir » (*Schubladenliteratur*), et qui symbolisent peut-être le mieux cet irrépressible besoin d'expression. Signe des temps, dans son « Inventaire » d'un pays en ruine, Günter Eich affirmait, en attendant le Groupe 47, le renouveau de la poésie allemande dans une strophe remplie de symboles : « […] C'est la mine de crayon/

1. Voir Martin Damus, *Malerei in der DDR. Funktionen der bildenden Kunst im Realen Sozialismus*, Reinbek, Rowohlt Taschenbuch, 1991, p. 20-21.

Que j'aime vraiment le plus :/ Le jour elle m'écrit des vers,/ Que j'ai inventés la nuit […][1]. »

Qu'on ne s'y trompe pas toutefois, cette renaissance s'accompagne rarement de succès auprès du public. Une explication tient aux sujets abordés : les premiers films allemands d'après-guerre comme les premières peintures sont avant tout consacrés à la catastrophe et aux réflexions sur le nazisme. Les *Ruines* de Magnus Zeller (peinture à l'huile de 1946) offrent un paysage fantomatique d'où émergent les âmes des tués durant les bombardements. Même impression de cauchemar dans les aquarelles de Wilhelm Rudolph (*Dresde*, 1945) ou les *Trümmerfilme*[2]. De plus, les écrivains de l'exil, tels Anna Seghers ou Ernst Wiechert, dont on peut désormais lire les textes, manquent de légitimité, à l'image aussi de la famille Mann, dont les Allemands apprécient certes le renom international mais jugent sévèrement la « désertion » et les prises de position rapidement taxées de communistes[3]. Pour beaucoup, la vérité ne saurait venir de ceux qui n'ont pas vécu cette période dans leur chair. « Celui qui n'était pas là […] ne sait rien », proclame le professeur du film de Harald Braun *Entre hier et demain* (*Zwischen Gestern und Morgen*, 1946) à l'émigré Rott[4]. Bien que surpris par les œuvres

1. Günter Eich, *Inventur* (Inventaire), extr., trad. Jean-Pierre Lefebvre, in *Anthologie de la poésie allemande*, Paris, Gallimard, « Bibliothèque de la Pléiade », 1995, p. 1133.

2. Littéralement, les « films de décombres » : genre qui met avant tout en scène, au milieu des ruines, les conditions de vie des Allemands de l'immédiat après-guerre ; ainsi *Allemagne année zéro* de Rossellini (1948) ou *Et au-dessus de nous le ciel* (*... und über uns der Himmel*, 1947) de Josef von Báky.

3. Voir sur ces questions Béatrice Fleury-Vilatte, *Cinéma et culpabilité en Allemagne, 1945-1990*, Perpignan, Institut Jean-Vigo, 1995, p. 40-44.

4. *In* Peter Pleyer, *Deutscher Nachkriegsfilm 1946-1948, Studien für Publizistik*, Münster, Fahle, 1965, p. 240, cité par Béatrice Fleury-Vilatte, *op. cit.*, p. 40-41.

étrangères dont les formes et la modernité étaient largement restées inconnues, les Allemands plébiscitent cette ouverture et le retour d'œuvres théâtrales, romanesques ou cinématographiques trop longtemps occultées, qu'ils découvrent avec frénésie et dont la présence leur fait oublier la réalité du quotidien, et les réintègre même par défaut dans la communauté mondiale : désormais, on lit les romans de Camus ou d'Hemingway, on se presse aux pièces de théâtre, à l'image de l'*Antigone* d'Anouilh, on court voir les productions d'Hollywood, avec les longs métrages de Chaplin, de Ford, mais aussi les films de Renoir, de David Lean avec *L'esprit s'amuse*, ou encore *Pierre Ier* de Vladimir Petrov.

C'est peut-être cependant dans le domaine de la presse, de la radio ou dans la parution de périodiques que cette libération créatrice se manifeste de la façon la plus visible – essentiellement à l'Ouest, il est vrai. Après des années de propagande et de centralisme, les Anglo-Américains, auxquels les Français allaient bientôt emboîter le pas, estimaient en effet urgent de faire souffler un vent de liberté et de diversité, que les émetteurs « du Nord-Ouest » (NWDR) ou « du secteur américain » (RIAS) entendaient, dès 1945, inaugurer, avant la mise en place de services proprement allemands. Avec la parution des *Cahiers de Francfort* (*Frankfurter Hefte*) (1946), de *La Porte d'or* (*Das Goldene Tor*), lancée la même année par le catholique Alfred Döblin, soutenu dans son projet par les autorités françaises, ou encore avec le périodique de l'Église évangélique *Les Signes des temps* (*Die Zeichen der Zeit*), la population n'accédait pas seulement à l'information ; elle était invitée à participer au débat culturel, politique et social qui devait accompagner la renaissance de la future Allemagne, l'aider à comprendre la catastrophe et à relire son passé. « Nous attendons donc des lecteurs qui réfléchissent », écrivaient Eugen Kogon et Walter Dirks dans la préface du premier numéro des *Cahiers de Francfort*. « Nous croyons ainsi servir au renouveau de l'Allemagne, nous, c'est-à-dire les éditeurs, les collaborateurs, lecteurs y compris. La pénombre qui nous entoure doit s'éclaircir [...][1]. » Cette émulation dans la pensée, cette volonté de participer et de réfléchir au comment et au pourquoi, nourrie et relancée par les intellectuels, devaient ainsi unir, de 1945 à 1948, liberté retrouvée, démocratisation et réflexion sur le nazisme ; et, à l'évidence, le succès était au rendez-vous. Jean Solchany relève, lors des douze premiers mois de l'après-guerre, et pour la seule zone américaine, quelque 60 revues et 262 livres publiés, « pour des valeurs moyennes de 5 000 exemplaires par ouvrage et de 10 000 exemplaires mensuels par revue[2] ».

Dès 1947, l'instrument culturel allait cependant redevenir une arme politique, cette fois au service des deux blocs en train de naître. À Berlin, les Américains interdisent dans leur secteur le Kulturbund soviétique tandis que la *Ninotchka* incarnée par Greta Garbo flatte, par la comédie, un indéniable anticommunisme. Bientôt les Soviétiques, en attendant l'interdiction en 1948 de tout « formalisme » dans l'art et le retour à un art ouvrier réaliste, répliquent à leur tour, ainsi avec la pièce de théâtre de deux officiers de l'Armée rouge, *Le Colonel Kousmine*, dans laquelle les Occidentaux sont ouvertement accusés de pillage et de corruption. L'avènement en 1948 de la réforme monétaire et la libéralisation, à l'Ouest, de l'économie devaient finir d'emporter cet

1. Eugen Kogon et Walter Dirks, « An unsere Leser », *Frankfurter Hefte*, n° 1, 1946, p. 2.

2. Jean Solchany, *op. cit.*, p. 70.

âge d'or de la culture en introduisant rapidement, pour les journaux et les revues, de nouvelles exigences de rentabilité dans lesquelles le gain de nouveaux lecteurs, la redécouverte des loisirs, de la publicité primaient souvent sur un contenu désormais jugé trop exclusivement intellectuel et réflexif.

La spécificité politique de la zone soviétique

En dépit de conditions de vie au départ assez proches de celles des zones alliées et la réapparition rapide de structures politiques, administratives, syndicales et culturelles, la zone soviétique frappe, bien avant les ruptures de la guerre froide, par une singularité qui dépasse la simple différence de gestion. En ce sens, ni la réforme agraire ni celle de l'industrie ou de l'école ne sont déterminantes.

Sans doute la transformation, et ce dès l'arrivée des troupes soviétiques, d'une « terre de Junker en terre de paysan » (*Junkerland ist Bauernland*), selon la formule alors consacrée, était-elle spectaculaire : en quelques mois, plus de 7 000 grands propriétaires étaient saisis, 2,5 millions d'hectares confisqués et redistribués pour une large part (2,1 millions) à plus d'un demi-million de personnes. Plus qu'à l'Ouest, les vastes territoires de l'Elbe et de la Poméranie renvoyaient en effet l'image conforme à la vision marxiste d'une Prusse féodale dont les structures sociales et mentales archaïques n'avaient pu, aux yeux des Soviétiques, que faciliter la prolifération du nazisme. Toutefois, en dépit de sa brutalité, de ses arrière-pensées idéologiques aussi, cette réforme agraire répondait au souhait de l'ensemble de la classe politique, des sociaux-démocrates aux libéraux en passant par les démocrates-chrétiens, même si la plupart de ces derniers devaient, il est vrai, violemment s'opposer à l'absence de toute compensation.

La politique menée à l'égard de l'industrie témoigne en revanche davantage d'une approche purement soviétique. Et si, lors de sa conférence sur l'économie de janvier 1946, le KPD affichait encore un discours assez libéral, il s'agissait désormais d'adapter les structures de production au « nouvel ordre démocratique ». Dès juillet 1945, les autorités militaires avaient procédé à l'expropriation de la majeure partie des banques et des sociétés d'assurance. En juillet 1946, à l'issue d'un référendum local proposant la saisie des biens et des entreprises des criminels nazis, la SMAD décidait la nationalisation de l'industrie lourde : en janvier 1948, plus de 9 000 entreprises étaient ainsi passées sous le contrôle de l'administration centrale, à l'issue d'une décision prise en fait à Moscou dès février 1946 et à laquelle le référendum avait donné un semblant de légitimité. Là encore, cependant, le début du processus n'a rien de surprenant : la décartellisation, le démembrement des Konzern étaient inscrits au programme des vainqueurs. Et la timidité des mesures conduites dans les zones occidentales, la rapidité avec laquelle le mouvement fut interrompu témoignent du retour d'une idéologie libérale bientôt confortée par le choc de la guerre froide, qui entraîne dans les deux camps un renforcement de la démarcation idéologique.

Au total, la vision soviéto-marxiste du monde et de la dénazification joue assurément un rôle majeur dans cette originalité. Cependant, plus qu'à l'attitude de Moscou, la spécificité de la zone soviétique tient à l'adéquation unique existant entre l'occupant et le parti communiste allemand revenu d'exil : le lien traditionnel qui préside ailleurs aux rapports entre vainqueurs et vaincus s'en trouve ici entièrement transformé et/ou perturbé. En effet, lors de très nombreuses nominations, la SMAD doit suivre les avis du KPD/SED sur les candidats en présence, les communistes allemands s'appuyant de leur côté systématiquement sur l'autorité du gouvernement militaire pour éliminer les adversaires trop remuants ; ainsi, en juin 1946, le remplacement du président de l'administration centrale de l'industrie des carburants Ferdinand Friedensburg (CDU). Cette spécificité tient également à l'histoire propre du KPD allemand, qui porte en lui, lorsqu'il revient sur ses terres, le souvenir de ses succès weimariens, de ses responsabilités dans la montée du nazisme, mais aussi de son échec et des années terribles de souffrance et de répression.

Avant la fin des combats, le 30 avril 1945, le groupe Ulbricht, suivi quelques jours plus tard des groupes Sobottka et Ackermann, composés chacun d'une dizaine d'exilés communistes, étaient ainsi arrivés en Allemagne afin de prêter main-forte à l'Armée rouge dans sa tâche de reconstruction, mais également afin d'organiser la future vie politique allemande, dont le parti communiste entendait bien, après des années d'attente, avoir la direction : « aussitôt qu'une activité politique semblait possible, une organisation de masse antifasciste devait être créée sous le nom de "bloc de la démocratie combattante" », souligne le cadet du « groupe Ulbricht », Wolfgang Leonhard. « Lors d'une rencontre », précise-t-il encore, « le futur chef du parti nous donna la directive suivante : cela devait paraître démocratique, mais nous devions tout avoir en main »[1]. Ce principe centralisateur et dévorant se retrouvait dans la jeune administration

1. In *Die Zeit* n° 22, 1965. Cité par Hermann Weber, *Geschichte der DDR*, *op. cit.*, p. 57.

allemande des Länder et des provinces, dans laquelle le parti communiste avait pris le relais des comités antifascistes spontanés, et qui recevait directement ses ordres de Berlin, capitale politique incontestée de la SBZ. Si la pluralité semblait respectée dans l'attribution des responsabilités au niveau central, régional ou communal, les membres du KPD détenaient *de facto* les postes clés.

Cette volonté hégémonique avait déjà présidé à la fusion d'avril 1946 avec la social-démocratie qui, à partir de cette date, n'était plus représentée qu'à Berlin et dans les secteurs occidentaux, créant une situation qui renforçait l'unicité de la zone orientale. Elle se retrouvait dans la constitution du Front uni des partis antifascistes, qui, outre la renaissance des formations classiques, avait encadré les « organisations de masse ». Vastes mouvements recouvrant l'ensemble des formations sociales allant des syndicats – bientôt réduits à la seule FDGB – à la Fédération culturelle regroupant artistes et intellectuels, en passant par la Jeunesse libre allemande (FDJ, mars 1946) et les « comités de femmes »[1], ces associations avaient pour fonction apparente de représenter les grandes composantes de la population, mais devaient surtout approfondir la reprise en main idéologique, compenser le poids éventuel des partis concurrents et diluer une partie des votes.

Dans cette conquête officieuse du pouvoir, il reste néanmoins difficile de toujours faire la part entre la volonté – parfois fluctuante – de l'occupant, fidèle réplique des préoccupations staliniennes, et l'aspiration des communistes du SED, fort désireux, tout en restant fidèles à la ligne de Moscou, de façonner à leur manière

1. Ces comités sont rassemblés en mars 1947 en une seule Fédération féminine démocratique (*Demokratischer Frauenbund*, DFB).

une Allemagne communiste et de profiter de cette opportunité unique qu'était devenue la SBZ pour gagner une bataille perdue quinze ans plus tôt. Ainsi en 1947 le SED défend-il l'unité économique et administrative de la zone orientale face à ce qu'il perçoit comme une tendance à l'autonomie des régions momentanément favorisées par l'occupant soviétique dans un but de plus grande efficacité économique[1]. Au-delà de ce simple exemple de logiques contradictoires, il faut, pour toute la période, garder à l'esprit que le monolithisme apparent du pouvoir communiste dissimule une réalité plus complexe, très éloignée de la simple chaîne de commandement que pourrait laisser supposer l'organisation centralisée du parti. Ce jeu de pouvoir, à la fois subtil et presque paradoxal, est d'abord celui qui régit les rapports existant entre, d'une part, le gouvernement militaire, voire le Parti communiste soviétique (PCUS), sans doute tous deux gardiens du dogme, mais aussi, comme leur chef, avant tout soucieux des intérêts de l'URSS et partisans d'une solution prudente et négociée en Allemagne, et, d'autre part, un SED certes allemand, mais également communiste et attaché à une certaine revanche sur l'histoire. À ce premier rapport de pouvoir « externe » s'ajoute celui qui préside à la gestion « interne » du KPD/SED : en première ligne des ordres de Moscou, les dirigeants doivent, au moins en 1945-1946, composer entre des directives staliniennes privilégiant pour l'heure la prolongation d'une transition « bourgeoise et démocratique » et les désirs d'une base aux aspirations plus révolutionnaires.

1. Voir à nouveau sur ce sujet Wilfried Loth, *Stalins ungeliebtes Kind*, *op. cit.*

Chapitre 3

Des dissensions à la rupture

L'éphémère fiction d'une politique commune

En dépit de ses imperfections, Potsdam avait réussi à maintenir la perspective d'une gestion commune de l'après-guerre. Cette alliance ne devait cependant pas résister au cavalier seul des Français, qui, par leur opposition systématique, réduisaient rapidement à néant le principe du Conseil de contrôle et rendaient impossible la mise en place, prévue à Potsdam, d'administrations centrales allemandes destinées à gérer, sous le regard des Alliés, la vie économique du pays. Chaque zone, laissée au bon vouloir des vainqueurs, allait ainsi devenir un terrain où les occupants apposaient leur marque et leur méthode, elles-mêmes dictées par des logiques et des conceptions dépendantes de systèmes politiques et économiques. En ce sens, l'« intégration » des futures Allemagne occidentale et orientale commence dès l'automne 1945.

Des visions politiques et administratives antithétiques

D'entrée, ces divergences entre les zones occidentales et soviétique se manifestent dans l'approche politique de l'occupation. Américains, Britanniques et Français, chacun pour des motifs différents, il est vrai, ont immédiatement adopté une vision pluraliste de cette vie politique, de plus fondée sur le principe d'une organisation « de bas en haut ». Partis politiques et syndicats sont ainsi d'abord recréées et autorisés au niveau local, avant d'être élargis à l'échelle du Land, et plus tardivement encore à l'ensemble de la zone. Dans les premiers mois consécutifs à la victoire, les Alliés privilégient d'ailleurs les individus sur les organisations, installant d'autorité des maires, des représentants, qu'ils préfèrent aux comités ou associations vite ressurgis des cendres du IIIe Reich. Cette méfiance à l'égard des structures préexistantes dans un État certes vaincu mais dont la surorganisation avait été le lot pendant douze années n'est guère étonnante, et l'importance donnée au pluralisme, à l'informel, au local sur le national font, à n'en pas douter, partie d'un réapprentissage de la démocratie. Les premières élections obéissent à la même logique, et si, dès janvier 1946, les petites communes élisent leurs représentants, le vote ne sera élargi aux Länder qu'à partir d'octobre 1946 en zone américaine et mai 1947 en zone française.

Cette vision plurielle, décentralisée et, en un sens, déjà très fédérale des Occidentaux se manifeste jusque dans leurs différences d'approche. Partisane d'un démembrement de l'Allemagne et, depuis son abandon, d'une occupation durable visant à contrecarrer toute restauration de l'unité nationale allemande, la France demeure longtemps favorable à la décentralisation « par-dessus tout ». Sa vision de l'Allemagne est essentiellement sécuritaire, et la division des forces administratives, politiques et économiques a pour principal objectif d'empêcher un nouveau péril allemand. Aussi jusqu'en 1948 et même au-delà, l'administration militaire sous les ordres du général Koenig conserve-t-elle la haute main sur l'ensemble des affaires des trois Länder à sa charge (Rhénanie-Palatinat, Wurtemberg-Hohenzollern, Bade du Sud), la Sarre bénéficiant à partir du 8 novembre 1947 de sa Constitution propre et d'une union douanière directe avec l'Hexagone.

Si peu de Français considèrent alors comme Raymond Aron que « revenir au partage de l'Allemagne, c'est [revenir] trois siècles en arrière », au « 1815 de l'Allemagne »[1], les Américains ont en revanche très tôt suivi une politique fondée sur le fédéralisme. Rappelons-le, la victoire sur le nazisme est pour eux avant tout une victoire du système démocratique. Leur action, à la fois salvatrice et civilisatrice, s'intègre de plus parfaitement dans la mémoire collective américaine, celle d'une nation fondée sur la diversité (*e pluribus unum*) destinée depuis les Pères pèlerins à montrer la voie du bien à une Europe du passé et, au-delà, au monde. Garant de la démocratie, le fédéralisme s'opposera donc aux archaïques principes de centralisme étatique ou royal dont le Vieux Continent avait, à leurs yeux, trop souffert, et qui avaient permis en Allemagne l'avènement d'un État totalitaire. Si le Land de Brême jouit d'une quasi-indépendance,

1. Raymond Aron, note du 4 avril 1945, in *Mémoires*, Paris, Julliard, 1983, p. 202.

renouant avec son passé de ville-commune hanséatique, l'ensemble des autres provinces sous autorité américaine, qui sont parfois même renforcées afin de bénéficier d'un poids plus important (ainsi la réunion du Bade et du Wurtemberg en un seul Land en 1945 ou encore l'élargissement de la Hesse), profitent d'une autonomie certaine, les ministres-présidents se rencontrant au sein d'un Länderrat au départ consultatif et dont les prérogatives s'élargiront au fil des mois.

L'administration britannique offre certainement dans le paysage des politiques d'occupation occidentales l'approche la plus centralisatrice. Après avoir procédé à des regroupements de territoires destinés à donner une cohésion plus grande aux nouvelles provinces, tel le Land de Basse-Saxe, les Britanniques ont en effet mis en place, à côté d'organismes de contrôle (les offices centraux, *Zentralämter*) peu à peu dotés de pouvoirs décisionnels, une conférence interzonale, permettant aux dirigeants des différents Länder de coordonner leurs activités et leurs politiques, bientôt complétée par un conseil de zone (*Zonenbeirat*). Toutefois, cette tendance à la concentration devait, de façon paradoxale, accentuer finalement le caractère fédéral de l'ensemble, les Länder de la zone défendant leur originalité face aux autres provinces.

Au total, cette diversité dans l'administration et la gestion des trois zones avait incontestablement renforcé la spécificité de chaque région. Au cours des premières années d'occupation, le fédéralisme s'ancrait donc de fait dans une pratique du pouvoir certes encore timide et sous influence, mais jouissant à partir des années 1947-1948 d'une autonomie plus importante. Les partis eux-mêmes, à travers une CSU ancrée en Bavière ou la CDU d'un Adenauer à la fois attaché au respect du particularisme rhénan et hostile depuis Weimar au centralisme prussien, ne feraient, le moment venu, que renforcer ce caractère.

À cette approche, l'administration soviétique avait, dès le départ, spontanément opposé une vision fondée sur le centralisme politique et une pratique du pouvoir organisé « de haut en bas ». Dès juillet 1945, les autorités militaires rétablissent les administrations régionales héritées de Weimar. Les sociaux-démocrates Rudolf Friedrichs, Wilhelm Hoecker et Karl Steinhoff sont ainsi nommés à la tête respectivement du Land de Saxe, du Mecklembourg et de la province de Brandebourg, tandis que l'indépendant Rudolf Paul administre la Thuringe et le libéral Erhard Hübener la Saxe-Anhalt. Ces ensembles régionaux au fédéralisme tout théorique restaient cependant soumis au pouvoir de la SMAD, qui avait en même temps officieusement installé, pendant la conférence de Potsdam, des organes centraux de gouvernement. Il s'agissait là, pour le commandement soviétique, sans doute moins d'une mesure destinée à préparer un futur État est-allemand que, selon une technique éprouvée, de mettre les Occidentaux devant le fait accompli et de proposer un modèle déjà préétabli pour l'Allemagne à venir. Cet embryon de gouvernement, officialisé le 12 septembre 1945, comportait onze départements couvrant l'ensemble des besoins du pays, des transports à l'agriculture en passant par la poste, l'industrie, les finances ou la santé, auxquels viendraient s'ajouter jusqu'en juillet 1946 cinq autres sections, parmi lesquelles celles de la statistique, des personnes déplacées ou du commerce extérieur et interzone.

Si elles reflètent des pratiques et des conceptions divergentes, ces différences dans l'administration des zones d'occupation n'empêchent nullement *a priori* la poursuite d'un dialogue. Mais s'y ajoute dès 1946 un

« contentieux » économique qui, par ses conséquences, devait revêtir une importance considérable. Deux ans après Potsdam, le traitement des « réparations » allait en effet précipiter la fin de l'alliance.

La pomme de discorde économique

Si la reconstitution d'une vie politique, culturelle et associative semble, quelques mois à peine après la fin des hostilités, en bonne voie, la misère économique constitue toujours, en 1946, le lot quotidien des Allemands. Amoindrie par les destructions et les prélèvements, désorganisée par une absence de coordination entre les Alliés du fait du veto français, l'économie allemande paie cher la division de son territoire en zones indépendantes. De plus, au printemps 1946, les livraisons soviétiques prévues conformément aux accords de Potsdam en échange de démontages effectués dans les zones occidentales se font toujours attendre. Des bulletins alarmants, dont *In Darkest Germany*, du Juif américain Victor Gollancz, entraînent même chez les Occidentaux un retournement d'opinion ; et si les camps de concentration ne sont pas oubliés, les récits et les photos montrant désormais des enfants allemands en guenilles, affamés ou malnutris, émeuvent les foules anglo-saxonnes et, de façon plus isolée, quelques intellectuels français, la population de l'Hexagone connaissant alors semblables difficultés. Enfin, cette inefficacité coûte cher aux occupants : limitée par les quotas d'exportation, la zone britannique ne peut ainsi subvenir à ses besoins que par des importations massives de denrées alimentaires, qui pèsent sur un budget déjà grevé par les emprunts de guerre.

Après avoir, à maintes reprises, critiqué la sévérité de la directive JCS 1067, le général Clay décide, en mai 1946, de mettre un terme aux démontages en zone américaine. En septembre 1946, le secrétaire d'État James F. Byrnes officialise par un discours retentissant la nouvelle politique des États-Unis : menées dans un esprit de justice et de paix, la guerre et l'occupation n'avaient nullement pour objectif d'accentuer la misère du peuple allemand, mais bien d'aider ce dernier à rebâtir une économie de paix et, ce faisant, de retrouver sa place dans le concert pacifique des nations. « Les comportements actuels rendent toutefois impossible », précisait Byrnes, « le retour de l'industrie au niveau convenu par les puissances occupantes ». Un tel retour supposait au contraire « la libre circulation des biens, des personnes et des idées au sein de l'Allemagne ». Et de conclure : « Le temps est venu de ne considérer les frontières des zones que comme un moyen de désignation des régions [...] et non plus comme la désignation d'entités politiques et économiques fermées sur elles-mêmes[1]. »

Au contraire d'Anglo-Saxons qui n'avaient jamais montré un zèle particulier dans la stricte application des décrets sur les démontages – les Français se ralliant à partir de 1947 à la position américaine –, les Soviétiques avaient dès 1945 démonté, transféré ou, dans la hâte, détruit, sans retenue. Très tôt, la question des réparations avait en effet constitué pour l'URSS de Staline, privée de la manne américaine, un enjeu vital, qui prévalait même sur les considérations politiques : l'Allemagne, ou, à défaut d'instances de contrôle générales, la zone

1. Discours de James F. Byrnes à Stuttgart le 6 septembre 1946, *in* Rolf Steininger (dir.), *Deutsche Geschichte 1945-1961. Darstellung und Dokumente*, vol. 1, Francfort-sur-le-Main, Fischer, 1983, p. 214.

d'occupation soviétique, était avant tout une terre susceptible de fournir l'énergie et les infrastructures industrielles nécessaires au rétablissement d'une URSS exsangue. Le caractère en premier lieu massif et anarchique des prélèvements, auxquels devaient succéder à partir de la fin 1946 des démontages plus raisonnés, semble d'ailleurs confirmer l'impression d'une URSS d'abord persuadée d'une occupation limitée dans le temps et dont il fallait à tout prix rapidement profiter. Son changement d'attitude demeure, lui, ouvert à l'interprétation, et il reste difficile de savoir si Staline est en 1946 persuadé d'une présence soviétique simplement plus longue ou s'il est déjà convaincu d'une partition prochaine de l'Allemagne.

Un éloignement réciproque

Au risque de se répéter, il n'y eut ni réelle rupture ni tournant. Bien plus une dérive progressive, rythmée par l'incompréhension toujours plus profonde entre les deux Grands. L'histoire de la séparation de l'Allemagne est la résultante du malentendu et de la peur réciproque qui s'installent entre États-Unis et URSS : crainte de l'encerclement contre crainte de la contagion, de l'asphyxie économique contre celle de la subversion idéologique, entraînant des réactions, à leur tour interprétées comme la justification des prévisions et provoquant elles-mêmes une surenchère, le tout alimenté d'un désir bien réel, de part et d'autre, de faire triompher sa propre vision du monde.

Avant la crise de Berlin, les élections de 1946 confirment en zone soviétique, à leur manière, ces peurs antagonistes. Depuis le début de l'année, les premières élections communales, puis celles de districts (*Kreistagswahlen*) tenues en zone américaine ont accordé une large avance à la CDU. Ces résultats inquiètent au plus haut point le SED dans la perspective des échéances électorales de l'automne, tandis qu'ils viennent à point nommé conforter les positions de Jakob Kaiser, président de la démocratie chrétienne orientale[1]. Pourfendeur d'un SED à l'orientation marxiste de plus en plus marquée, Jakob Kaiser représente en effet le seul parti contestant encore l'hégémonie grandissante du parti unifié, depuis l'abdication de fait des libéraux, qui à l'été 1946 ont renoncé à toute opposition et tentent alors de s'accommoder du nouveau parti dominant. En dépit d'une débauche de moyens mis à la disposition du SED par les autorités soviétiques et d'une évidente discrimination, les élections communales, tenues du 1er au 15 septembre, se révèlent décevantes pour les communistes : partout la majorité est certes atteinte, mais on est loin d'un raz de marée. Les élections de districts et de régions confirment l'impression générale : au lendemain du 20 octobre, et malgré un gain de voix réel, le SED n'obtient pas la victoire nette tant espérée. Si le parti s'est à l'évidence imposé comme la formation politique la plus puissante, le parti libéral et plus encore la CDU restent partout incontournables, notamment en Saxe-Anhalt et Brandebourg. Les résultats obtenus dans le Grand-Berlin témoignent quant à eux des limites de l'influence du SED : avec moins de 20 % des suffrages, ce dernier arrive loin derrière la social-démocratie (48,7 %) et se voit même devancé par la CDU (22,1 %).

1. Après la courte présidence d'Andreas Hermes, Jakob Kaiser a partagé la direction de la CDU orientale avec Ernst Lemmer, qui, à l'issue du congrès du 15-17 juin 1946, est devenu vice-président.

Répartition des sièges lors des élections régionales du 20 octobre 1946 en zone soviétique

Land/Partis	SED	CDU	LDP	VdgB[1]	Kulturbund[2]
Saxe	59	28	30	2	1
Brandebourg	44	31	20	5	–
Saxe-Anhalt	51	24	33	2	–
Thuringe	50	19	28	3	–
Mecklembourg	45	31	11	3	–

Alors que les conférences de l'été 1946 voient les deux Grands se déchirer autour de la Pologne et de l'éternelle question des réparations à l'Union soviétique, l'histoire de l'Allemagne se résume de plus en plus à celle des débuts de la guerre froide.

De la Bizone à la réforme monétaire

Entrée en vigueur le 1er janvier 1947, l'union des zones américaine et britannique sous le nom de Bizone vise avant tout à rétablir une efficacité économique dont la population allemande doit être la première bénéficiaire. Cette décision prend toutefois une dimension plus politique avec l'intervention du président Truman, le 12 mars de la même année, soit deux jours après le début de la conférence de Moscou qui entendait régler la difficile question des réparations. Justifiant devant le Congrès sa demande de crédits en faveur de la Grèce

1. Union de la mutuelle agricole (*Vereinigung der gegenseitigen Bauernhilfe*).
2. Fédération de la culture.

et de la Turquie, Truman dénonce alors la montée d'un nouveau totalitarisme. « Aujourd'hui », affirme-t-il, « presque chaque nation doit faire le choix de son mode de vie. Mais, trop souvent, ce choix n'est pas libre. L'un de ces choix repose sur la volonté de la majorité et il est caractérisé par des institutions libres, des élections libres, des garanties assurant la liberté individuelle, la liberté de parole et de religion et l'absence de toute oppression politique. L'autre repose sur la volonté d'une minorité imposée par la force à la majorité. La terreur et l'oppression, une presse et une radio contrôlées, des élections truquées et la suppression des libertés personnelles sont ses caractéristiques [...] [Il] prospère sur la misère et la pénurie. [...] »[1]. À cette vision du monde bipolaire et manichéenne tout à la fois, dans laquelle Truman promet en outre aide et assistance aux pays libres et désirant le rester, le discours de George Marshall donne trois mois plus tard un contenu précis : les États-Unis, par la voix du secrétaire d'État, annoncent un plan d'urgence à l'Europe appauvrie, sous condition expresse que ces « pays européens s'entend[ent] sur les exigences de la situation et sur le rôle qu'ils assumeront eux-mêmes pour donner un effet adéquat à toute action qui pourrait être entreprise par [le gouvernement américain] [...][2] ». En dépit de sa neutralité apparente – Marshall précise dans son allocution que la politique suivie « n'est dirigée ni contre un pays ni contre une doctrine mais contre la faim, la pauvreté, le désespoir et le chaos[3] » –, le

1. Discours du 12 mars 1947, in *Deutsche Geschichte 1945-1961*, *op. cit.*, p. 239.

2. Discours de George Marshall à l'université Harvard, le 5 juin 1947, cité *in* Pierre Mélandri, *L'Alliance atlantique*, Paris, Gallimard-Julliard, 1979, p. 26.

3. *Ibid.*

texte ne laisse guère de doute sur l'exclusivité de l'aide accordée. Toutes les précautions ont même été prises pour éviter un « oui » soviétique : d'une part, l'exigence d'une entente préalable de l'Europe constituait d'entrée une condition inacceptable pour l'URSS, qui dénonça immédiatement dans cette clause une tentative de mainmise américaine sur le Vieux Continent ; d'autre part, la mention, voulue par Marshall, du terme « désespoir » au titre des maux à abattre devait immanquablement stigmatiser le communisme en cas de refus de l'aide proposée[1].

Peu après l'échec de la conférence de Moscou, qui avait non seulement révélé la totale incompréhension entre Occidentaux et Soviétiques, mais aussi durablement brouillé Russes et Français sur la question sarroise, l'annonce du plan Marshall marque une étape décisive dans l'évolution de l'Allemagne d'après-guerre. L'aide américaine entraîne tout d'abord un rapprochement des points de vue alliés : traditionnellement distants, indépendants et hostiles à toute perspective d'unité allemande, encore violemment opposés au début de 1947 à l'idée même d'une Bizone, les Français n'ont manifestement plus les moyens de leur politique. La jeune IVe République connaît dès l'été sa première vague de grèves et, frappée par les pénuries, déjà engluée dans les prémices d'une guerre coloniale en Indochine, dépend plus que jamais des crédits de l'oncle Sam. En acceptant le plan Marshall, en signant en janvier 1948 un accord sur l'aide intérimaire puis bientôt en se débarrassant de ses ministres communistes, la France a choisi d'intégrer le camp des pays « libres » de la doctrine Truman, et

1. Voir les mémoires de Charles Bohlen, conseiller de Marshall en 1947 : *Witness to History, 1929-1969*, New York, Norton, 1973.

sa politique allemande ne pourra plus très longtemps ignorer une appartenance où entrent également bien des dépendances.

L'aide Marshall a en outre accéléré la division interne de l'Allemagne. Rassemblée à l'instigation du ministre bavarois Hans Ehard, la conférence qui devait réunir début juin 1947 l'ensemble des ministres-présidents des quatre zones autour de la situation économique et politique de l'Allemagne échoue avant même d'avoir commencé, et consacre la partition du pays en deux camps. Certes, les Français, en accordant aux représentants de leur zone l'autorisation de participer au rassemblement à la condition expresse que l'on n'y parlera point politique, sont officiellement responsables de l'occasion manquée. Mais cette disposition a en réalité bien plutôt permis aux intervenants de sauver les apparences et de condamner, avec les honneurs, une rencontre vouée d'entrée à l'échec. Encore sous le choc de sa fusion forcée avec le KPD en zone soviétique, la social-démocratie allemande a en effet refusé le dialogue avec le SED aussi longtemps que le SPD ne serait pas de nouveau autorisé à l'Est, la CDU s'étant quant à elle déjà ralliée à la vision de son chef. Enfin, quelques mois plus tard, et en attendant la création, en janvier 1949, du Conseil d'assistance économique mutuelle (COMECON), destiné à répondre à une Organisation européenne de coopération économique (OECE) chargée au départ de la répartition de l'aide américaine, l'institution du Kominform et la proclamation de la doctrine Jdanov en septembre 1947 confirment avant l'heure l'appartenance de la zone soviétique aux pays du rideau de fer.

Ainsi, rien ne s'oppose plus réellement, en 1948, à la perspective d'une entité politique ouest-allemande. Et les réticences françaises à un élargissement de la

Bizone ne sont que les derniers feux d'une résistance sans lendemain. Le 23 février 1948, une conférence rassemblant à Londres les trois puissances occidentales rejointes par les pays du Benelux décide en effet dans sa déclaration finale non seulement d'accepter l'aide Marshall, mais de recommander l'instauration d'un gouvernement allemand. Deux semaines plus tôt, la charte de Francfort a montré la voie en réorganisant la Bizone en une structure jugée plus efficace : le conseil économique (*Wirtschaftsrat*), composé de 52 membres élus par les différents parlements régionaux, a été élargi à 104 sièges ; transformé en conseil des Länder (*Länderrat*), l'ancien conseil exécutif (*Exekutivrat*), aux membres désignés par les gouvernements régionaux, a vu ses compétences élargies ; enfin, son organe directeur (*Direktorium*) a été transformé en un conseil d'administration aux pouvoirs également plus importants. Par ailleurs, outre une Banque centrale, le texte envisage la création d'une Haute Cour destinée à régler les différends entre Länder et administration bizonale. Au total, les grandes structures du futur État ouest-allemand sont, avant même l'élargissement à la zone française, déjà en place. Quelques mois plus tard, l'entrée en vigueur de la réforme monétaire donne à cette organisation le lien unificateur qui lui manquait encore.

Avant d'être un calcul politique, la réforme monétaire de juin 1948 est d'abord, pour les Anglo-Américains, un impératif économique. La multiplication, à partir de janvier 1948, des grèves et des manifestations témoigne en effet d'un malaise social croissant et d'une pénurie artificielle que seul un assainissement radical des finances semble à même de combattre : une monnaie rare et stable doit non seulement permettre la disparition du troc et du marché noir mais également stimuler la consommation et, de là, entraîner une relance de la production. Annoncée aux Allemands le 18 juin, la réforme entre en vigueur deux jours plus tard, tout Reichsmark non déclaré devenant à partir du 26 juin irrecevable. Le 20 juin, de même que les queues de personnes venues échanger leurs 40 marks accordés immédiatement, les magasins offrant des marchandises la veille encore introuvables attestent du retour de la confiance dans une monnaie qui accentue pourtant les écarts sociaux entre possédants et épargnants : car si pensions, retraites et salaires, au même titre d'ailleurs que les actions, sont convertis à la proportion de 1 pour 1, les avoirs bancaires comme les emprunts ne le sont qu'à la proportion de 10 pour 1. Aussi, afin d'éviter une trop grande injustice sociale, en particulier pour les victimes du nazisme, des mesures de dédommagement sont-elles dès le départ prévues par les Alliés. La difficulté de leur application va toutefois inciter les Anglo-Américains à laisser les Allemands régler eux-mêmes cette épineuse question, qui, après l'état transitoire d'août 1949 et la loi sur l'aide d'urgence (*Nothilfegesetz*), devra attendre le début des années 1950 pour trouver sa résolution.

Le siège de Berlin

La mise en place du plan Marshall et surtout l'avènement, dans les zones occidentales et berlinoise, de la réforme monétaire étaient incontestablement à l'origine de la crise. C'est en effet le lendemain de l'introduction du Deutsche Mark en secteur soviétique, qui ripostait elle-même au décret des Russes étendant la validité de leur nouvelle monnaie aux secteurs occidentaux, que se déclencha le blocus de la ville.

À ces mesures qui scellaient déjà la partition de l'Allemagne s'ajoutait le poids des dissensions locales :

dès 1947, Berlin était en effet devenue le laboratoire de toutes les tensions qui, à l'échelon national, avaient miné l'alliance quadripartite. La démission forcée de la mairie d'Otto Ostrowski, jugé par le SPD occidental trop favorable au SED, suivie de la candidature du social-démocrate Ernst Reuter, considéré cette fois comme un « traître » par les Soviétiques[1], ou le projet de transformer Berlin en un Land à part entière, auquel s'opposait le SED, avaient peu à peu contribué à la division de la ville en deux secteurs. Déjà, le 20 mars 1948, le maréchal Sokolovski mettait un terme au quadripartisme en quittant le Conseil de contrôle, geste suivi en juin de l'abandon par les Soviétiques de leur siège à la *Kommandantura*, l'organisme militaire directeur berlinois.

Dès avril 1948, des perturbations avaient frappé les relations entre le secteur allié de Berlin et le reste des zones occidentales. C'est toutefois le 24 juin qu'un blocus en règle est mis en place par les Soviétiques. La rapidité de la réaction occidentale, l'exploit accompli par les pilotes anglo-américains, qui, pendant les 462 jours du siège, transportent plus de 1,8 million de tonnes de marchandises, ou celui des techniciens français qui, en trois mois, construisent l'aéroport de Tegel, surprennent sans nul doute les Soviétiques. Le 12 mai 1949, ces derniers lèvent les restrictions, avouant par là même leur échec : non seulement la ville n'est pas tombée, mais le contre-blocus des Occidentaux a porté un lourd préjudice à l'économie de la zone orientale.

À l'image du plan Marshall, la crise a à nouveau rapproché les Occidentaux, dont l'organisation et l'entraide

1. Après avoir embrassé la cause de la révolution bolchevique, Reuter, alors prisonnier en Russie, était devenu commissaire du peuple dans la République allemande de la Volga. Nommé au secrétariat du KPD de Berlin en 1918, il devait rallier les rangs de la social-démocratie en 1921.

ont permis le succès du pont aérien. De façon plus essentielle, le soutien sans faille à l'enclave berlinoise, relayé à l'Ouest par une presse enthousiaste, a rassemblé les Alliés et la population allemande autour d'un même credo anticommuniste. Enfin, trois ans plus tôt symbole d'une dictature honnie, Berlin et, avec elle, l'ensemble de l'Allemagne occidentale accèdent au statut enviable de symbole d'une liberté en danger, édifice encore fragile dont il reste à consolider les bases.

Chapitre 4

La fondation de deux entités : de l'état de fait à l'État de droit

De la logique de Londres à la Loi fondamentale

La détérioration du climat entre les quatre puissances dont avait témoigné, avant même le blocus de Berlin, l'échec des conférence successives[1], avait incité les Anglo-Américains à accélérer le processus de création d'un État ouest-allemand, rendu enfin possible par le ralliement d'une France que sa situation économique avait rendue plus conciliante.

Sans doute quelques voix allemandes s'étaient-elles fait entendre afin d'essayer de conjurer l'inévitable. Ainsi, Hans Ehard avait pris l'initiative de réunir à Munich le 6-7 juin 1947 une conférence des ministres-présidents des régions allemandes. Toutefois, le sabotage de celle-ci par un SED sans doute divisé sur le sujet mais tenu en main par un Walter Ulbricht pleinement à l'écoute de la nouvelle stratégie soviétique avait rapidement réduit à néant cette timide tentative de dialogue. Du reste, ni les Occidentaux ni des hommes politiques comme Adenauer n'avaient encouragé une initiative qui n'avait par ailleurs

1. De celle de Moscou en mars-avril 1947 à celle de Londres en décembre en passant par la conférence des ministres des Affaires étrangères de Paris en juin-juillet.

trouvé, auprès d'une population surtout préoccupée de problèmes matériels, qu'un écho limité. Fin 1947, la plupart des élites allemandes des zones occidentales semblaient s'être résolues à une partition.

Fin février 1948, une nouvelle conférence, marquée par l'absence de l'Union soviétique mais à laquelle allaient cette fois se joindre les représentants du Benelux, livrait ses conclusions, dont les gouverneurs militaires remettaient, le 1er juillet, le texte à peine modifié aux dirigeants des onze Länder. Ces « documents de Francfort », au nombre de trois, proposaient aux ministres-présidents de convoquer une Assemblée constituante chargée d'esquisser la Constitution d'un État ouest-allemand (doc. n° 1), de réaménager les structures des différents Länder (doc. n° 2), tout en prenant garde aux limites imposées par un statut d'occupation esquissé par le troisième document.

Contrairement aux attentes des Anglo-Saxons, la réaction des responsables allemands à l'issue de la réunion extraordinaire tenue à Coblence du 7 au 10 juillet 1948 faisait très clairement état d'une réticence voire d'une hostilité certaine. Si la perspective de la restauration d'un État ouest-allemand offrait pour la première fois aux « indigènes de la Trizonésie[1] » l'opportunité de sortir d'un provisoire insupportable, elle impliquait en même temps pour les représentants allemands la difficile acceptation de l'éclatement de l'Allemagne et compromettait surtout, à leurs yeux, les chances d'une réunification à venir. En outre, le dernier document confirmait pour longtemps une occupation militaire qui, de droit et

1. *Wir sind die Eingeborenen von Trizonesien*, chanson à succès de l'immédiat après-guerre, tournant en dérision la sujétion de l'Allemagne et la disparition de la nation allemande.

de fait, ne laissait au futur État qu'une souveraineté limitée, hypothéquant une part importante de sa légitimité.

À l'issue d'une négociation très serrée, Alliés et ministres-présidents parvenaient toutefois à un accord, lui-même facilité par l'éclatement de la crise berlinoise : si le statut d'occupation demeurait inchangé[1], les gouverneurs militaires consentaient à l'élaboration par un « Conseil parlementaire » – et non une Assemblée constituante – d'une « Loi fondamentale » en lieu et place d'une Constitution.

Après la tenue en août à Herrenchiemsee d'une assemblée regroupant ministres-présidents et représentants des Länder (à raison de deux par Land), dont les travaux préparatoires devaient guider l'essentiel des débats à venir, le Conseil parlementaire se réunit à Bonn à partir du 1er septembre 1948. Sur les 65 membres qui le composaient, Union (CDU et CSU) et SPD disposaient chacun de 27 sièges, les partis libéraux (FDP, LDP [Parti libéral démocratique] et DVP [Parti populaire démocratique]) de 5, Zentrum, KPD et DP (Parti allemand) se répartissant de façon égale les 6 sièges restants.

Le 8 mai 1949, l'adoption de la Loi fondamentale de la nouvelle République fédérale d'Allemagne par l'ensemble des délégués de la CDU, du SPD et du FDP (soit 53 voix) permettait de mesurer le chemin accompli : quatre ans après la capitulation et le chaos, un État allemand – certes tronqué et occupé – commençait à revoir le jour. À la notable différence de Weimar, la très forte majorité en faveur de son texte fondateur lui conférait de plus une légitimité indiscutable. Seules 2 voix libérales, 6 issues de la CSU ainsi que celles du Zentrum et du KPD s'étaient portées contre. De plus, l'élaboration de

1. Dans sa version finale du 10 avril 1949, ce statut autorisait notamment les Alliés à exercer, s'ils le jugeaient bon, les pleins pouvoirs.

chaque article avait permis au sein du collège parlementaire un échange de vues approfondi qui avait reflété la très nette diversité des opinions à l'intérieur de chaque parti et fait éclater les traditionnels conflits d'intérêt et de classe des années 1920. Certes, la question des rapports entre les Églises et l'État avait fort logiquement opposé le bloc chrétien-démocrate à une coalition socio-libérale-communiste hostile à une mention des droits particuliers des Églises. D'autre débats fondamentaux, tel celui sur le fédéralisme, avaient en revanche révélé des alliances plus inattendues, chrétiens-démocrates du Sud, favorables à une autonomie renforcée des Länder, s'opposant à leurs collègues de la zone britannique, emmenés par un Adenauer plus proche de la conception sociale-démocrate et d'un Schumacher hostile à l'idée d'un pouvoir central par trop affaibli. Au total, les huit mois de gestation du document final avaient permis à chacune des composantes de mesurer les enjeux, d'éviter les non-dits si préjudiciables à Weimar et d'exprimer une diversité qui, loin d'affaiblir le texte, renforçait au contraire son assise démocratique.

Il demeurait en effet de ces débats parfois très serrés le sentiment d'un effort commun accompli par l'ensemble des parlementaires en faveur du compromis permanent, bref une volonté de consensus qui, au-delà des dissensions, devait conférer à cette Loi fondamentale une légitimité exemplaire. Si le SPD s'était ainsi finalement rallié à la conception « sudiste » d'une chambre haute (*Bundesrat*) formée de représentants des gouvernements régionaux, l'Union, de son côté, il est vrai non sans arrière-pensées, avait également su rejoindre Schumacher et son intransigeance sur la question des finances publiques[1].

1. Voir Joseph Rovan, *Histoire de la social-démocratie allemande*, Paris, Seuil, 1978, p. 220-257.

La riposte : l'avènement de la RDA

La pratique du pouvoir à l'est de l'Allemagne, la fusion forcée du SPD et du KPD en un parti unifié, enfin le refus soviétique[1] d'accepter le plan Marshall avaient toujours plus éloigné la SBZ des trois zones occidentales. Celle-ci maintenait néanmoins la fiction de l'unité, en cela fidèle à la diplomatie d'un Staline continuant à parler de la nation allemande ; vision volontariste d'une Allemagne déjà écartelée entre les deux blocs, mais qui, un moment, avait trouvé grâce auprès de personnalités non communistes tel le président de la CDU orientale, Jakob Kaiser, qui s'était, en 1947, prononcé pour un gouvernement de représentation nationale, pourtant rendu chaque jour plus irréaliste par les événements.

L'annonce de la création de la Bizone en attendant la réforme monétaire avait poussé les Soviétiques à répliquer. La mise sur pied d'une Commission économique allemande (DWK) devait ainsi constituer un premier embryon d'autorité générale destinée à coordonner les efforts économiques des différentes régions et à poursuivre les réformes structurelles entamées au lendemain de la guerre. Il s'agissait en outre pour le SED d'investir *de facto* les premières institutions d'un État en germe, bien qu'incertain, tout en proposant une alternative antifasciste crédible, à laquelle manquait cependant un blanc-seing populaire. Cette prétention à incarner une forme de représentation nationale devait conduire, sur proposition du SED, à la constitution d'un Congrès du peuple pour l'unité et une paix juste (*Deutscher Volkskongress für*

1. Voir, sur le contexte de ce refus, Sandrine Kott, *Organiser le monde. Une autre histoire de la guerre froide*, Paris, Seuil, 2021.

Einheit und gerechten Frieden), qui se rassembla pour la première fois les 6 et 7 décembre 1947 à Berlin. Toutefois, malgré une représentation officiellement panallemande, les chiffres ne trompaient guère : sur ses 2 215 membres, 1 551 provenaient de l'Est[1] ; de plus, sur l'ensemble des envoyés en provenance des zones occidentales, la moitié appartenaient au KPD[2]. Enfin, si la dimension de ce congrès n'avait de nationale que le nom, le mode de désignation de ses représentants – délégués par les partis politiques, les organisations de masse ou les comités d'entreprise selon des critères manquant de transparence – restreignait également sa légitimité démocratique.

À ce premier rassemblement succéda, en mars 1948, un deuxième congrès qui, rapidement, procéda à la désignation d'un Conseil du peuple allemand (*Deutscher Volksrat*) de 400 membres présidé par la troïka de Walter Ulbricht, Otto Nuschke et Wilhelm Külz : outre la coordination des travaux et leur liaison entre chaque congrès, le Conseil devait réfléchir à la question de l'unité allemande et à une possible Constitution nationale qu'un comité, désigné par ses soins, se chargerait d'élaborer. Dès le printemps 1948, la création à l'Ouest d'un État séparé ne faisait cependant plus guère de doute. Le blocus de Berlin unissait alors les Occidentaux dans un même effort de résistance au coup de force soviétique, avant tout destiné à ramener les Occidentaux à la table des négociations pour discuter d'un traité de paix avec le futur État allemand : les Français, hier si hostiles à la renaissance d'un État, même limité à une partie du territoire de l'ancien Reich, n'étaient désormais plus en mesure d'imposer leurs vues

1. Dont 599 du SED, 215 de la CDU, 249 du LDPD et 27 du SPD, le reste de sans-parti.

2. L'autre moitié étant constituée de membres du SPD, de la CDU, du LDP et, pour une très large part (148), de sans-parti.

politiques et n'avaient pu que se rallier à ce front uni contre le nouvel ennemi. À l'évidence, l'Ouest avait pris les devants et Moscou ne pouvait que se résoudre, avec du retard, à adopter une démarche similaire.

Il s'agit dès lors pour la SBZ de préparer l'inévitable sans toutefois précipiter une séparation que Staline souhaite encore écarter. L'année 1948-1949 est ainsi l'occasion d'une propagande active reposant sur une double opposition : opposition entre un camp occidental accusé de bellicisme, de cléricalisme et de fascisme et un monde socialiste dénué de telles « tares » et résolument porteur de paix ; opposition entre une Allemagne unie, cohérente, démilitarisée et une Allemagne divisée, multiple, tronquée… et occupée. En adoptant la défense de l'unité allemande comme pierre d'angle de son action, en voulant prolonger le combat de la « guerre de libération » par un antifascisme résolu, le SED entendait acquérir sur le plan émotionnel une légitimité que les urnes rendaient, à ses yeux, trop incertaine. Cette assise idéologique avait en outre donné un semblant de légitimité aux actions menées depuis 1948 contre l'opposition libérale et chrétienne-démocrate, renforcée dans sa détermination par la radicalisation d'un SED lui aussi repris en main et stalinisé. La déposition autoritaire de Kaiser et de Lemmer, la disparition du libéral Wilhelm Külz, la création de deux partis concurrents[1] à la phraséologie volontiers nationale voire antimarxiste clairement destinée, une fois encore, à réduire l'audience des opposants au sein du « bloc antifasciste » et de la représentation populaire, enfin la mobilisation

1. Le Parti national-démocratique d'Allemagne (NDPD) du communiste Lothar Bolz est créé en juin 1948, peu avant le Parti démocratique des paysans d'Allemagne (DBD) d'Ernst Goldenbaum, membre du parti communiste depuis 1920 et qui dirigerait cette formation jusqu'au début des années 1980.

des organisations de masse désormais totalement dominées par le SED, à l'image de la FDJ du jeune Erich Honecker, devaient avoir raison des voix discordantes. Ainsi, à l'issue du troisième Congrès du peuple, réuni en mai 1949 et rassemblant cette fois des élus et non plus de simples délégués pour l'approbation d'une Constitution, le scrutin adopté autant que le choix offert empêchaient toute surprise : le « oui » sollicité pour une liste unique[1] proposait à l'électeur de se prononcer en faveur de « l'unité de l'Allemagne et un juste traité de paix ».

L'imminence de la proclamation d'une République fédérale d'Allemagne, bientôt consacrée par les élections législatives de septembre 1949 et qui, après de longs débats et à une courte majorité, allait finalement s'ancrer dans la très provinciale ville de Bonn, devait accélérer la création d'un État est-allemand. Le 16 septembre, Wilhelm Pieck, Otto Grotewohl, Walter Ulbricht et Fred Oelssner s'envolaient pour Moscou et, dès leur retour (le 29), manifestations et pétitions « spontanées » réclamaient la création d'un gouvernement démocratique et séparé. Le maintien de la paix – tel était le sens profond des manifestations du 2 octobre dans l'ensemble de la SBZ et qui associaient dans une même revendication la paix et la formation d'un État autonome – passait dorénavant par une réponse adéquate au coup de force occidental : au-delà d'une phraséologie et d'une manipulation évidentes, le mouvement répondait finalement à la logique propre de la vision communiste. Au déséquilibre sécessionniste créé par l'avènement de la République fédérale, l'Est opposerait ainsi un contrepoids salvateur,

1. Le SED se voyait attribuer 25 % des sièges, CDU et SPD obtenaient 15 %, NDPD et DBD, 7,5 %, le FDGB avait 10 %, enfin les organisations telles la FDJ et la Fédération féminine démocratique avaient 20 %.

ancré dans la paix et/ou le socialisme, que les appels lancés en ce début octobre 1949 par les manifestants et les comités d'entreprise, réclamant « une dissolution du gouvernement sécessionniste de Bonn » et « la formation d'un gouvernement panallemand indépendant installé à Berlin », ne cessaient de mettre en avant.

Derrière le paravent de cet appel populaire auquel les partis et les organisations de masse prétendent répondre, les modalités sont en réalité déjà fixées à Moscou. Aussi, lorsque, le 7 octobre 1949, les 330 membres du Conseil du peuple, représentant le Congrès élu en mai 1949, déclarent agir en tant que « Chambre provisoire » de la RDA, ils ne font qu'entériner des décisions prises depuis Moscou. Les nouveaux dirigeants de la nouvelle République démocratique allemande se trouvent devant une tâche immense : nécessité de reconstruire bien sûr, alors que le pays est exsangue, mais aussi de convaincre et de conquérir une légitimité qui manque cruellement aux dirigeants du SED. En dépit de l'unanimisme des suffrages et des déclarations enthousiastes des organisations de masse, ces derniers demeurent conscients de la fragilité de l'édifice, non seulement du fait de la faiblesse des atouts de ce nouvel État, mais aussi, voire surtout, en raison du caractère provisoire du régime, Staline n'ayant alors pas totalement renoncé à une Allemagne réunifiée et neutre au milieu de l'Europe. Quant au reste de la société, probablement aussi fatigué, attentiste et indifférent en matière politique que la population occidentale, mais espérant encore une Allemagne réunifiée, il aspire avant tout au mieux-être matériel. Ainsi, dès ses premiers pas, l'économie devient-elle pour le nouveau régime, plus encore qu'à l'Ouest, la clé d'une légitimité d'autant plus nécessaire que le fait démocratique est resté absent du débat institutionnel.

Deuxième partie

LA RFA

(1949-1990)

I

L'OBSESSION DE LA NORMALITÉ

Chapitre 5

L'intégration occidentale

Les années 1947-1948 avaient incontestablement pavé le chemin conduisant à l'ancrage de la jeune République fédérale dans le camp occidental et, dans le même temps, à l'éloignement durable de toute perspective de réunification : dès 1948, les films du plan Marshall, tel celui de Peter Hopkinson sur l'ouvrier du chantier naval de Hambourg, *Walter*, avaient même diffusé l'image d'une Allemagne travaillant désormais à plein régime pour le monde libre. À ces prédispositions favorables s'ajoutaient deux composantes essentielles du choix, certes conditionné par la défaite, mais bien réel, de l'Allemagne d'Adenauer pour l'ouest du rideau de fer.

La première vient de la personnalité du premier chancelier du nouvel État. En refusant ostensiblement la Grande Coalition que semble pourtant annoncer le résultat très serré des élections du 14 août 1949[1], Konrad Adenauer ne se contente pas d'un choix économique : l'alliance avec le Parti libéral (52 sièges) et le Parti allemand (17 sièges) plutôt que le partage du pouvoir avec le SPD est aussi dictée par une volonté et une vision

1. La CDU obtenait à l'issue du scrutin 31 % des voix, soit 139 sièges, le SPD, 29,2 %, soit 131 sièges. Il fallait alors 202 voix au chancelier pour obtenir la majorité absolue, que l'adjonction des suffrages du FDP et du petit Parti allemand (DP) devait finalement permettre.

politiques dont Adenauer a dès 1945 fixé les grandes orientations. Elle témoigne en outre d'une conception « personnelle » de la démocratie dont l'intégration de l'Allemagne porte à l'évidence la marque.

À la différence d'un Schumacher, hostile à la politique des Alliés et décidé à faire de la réunification allemande une priorité, l'ancien maire de Cologne s'attache au retour dans le concert des nations d'une Allemagne indépendante et libre. Or cette indépendance ne peut être reconquise, pour Adenauer, sans gestes majeurs ou garanties données aux Alliés, bref, sans une alliance étroite doublée d'une fidélité qui pourront, à moyen terme, « normaliser » le rôle de l'Allemagne et gommer quelque peu l'opprobre pesant sur elle. La liberté impose également un choix : celui du protecteur américain, seul Grand capable de contrer l'impérialisme soviétique, mais aussi celui du déchirement et de l'abandon de 17 millions de concitoyens, aux yeux du chancelier pris en otage par une puissance totalitaire. Car, au même titre que l'idée qu'il se fait de la liberté, l'anticommunisme guide la vision du monde du très catholique Adenauer, qui sait, avant et après les élections de 1949, habilement associer son adversaire socialiste, pourtant lui-même farouchement hostile au KPD et à l'URSS, au spectre de Moscou.

Il faut même voir dans cet anticommunisme l'une des raisons essentielles du succès auprès de la population de cette politique intégratrice. La doctrine du « *containment* » ne fait en effet que renouer avec une tradition allant du coup de poignard dans le dos à la croisade antibolchévique du IIIe Reich. Aussi, en agitant à nouveau le spectre de l'homme au couteau entre les dents, non seulement les États-Unis les premiers, mais aussi la France de René Pleven et l'Angleterre deviennent-ils, d'occupants intransigeants, des alliés sûrs, mais ils permettent, au-delà, à nombre d'Allemands de se racheter à peu de frais : hier encore acteurs ou complices d'une barbarie sans précédent dans l'histoire, ces derniers trouvent dans la politique d'un John Foster Dulles ou, plus tard, d'un McCarthy l'occasion de se muer à leur tour en croisés de la liberté. Selon l'expression heureuse d'Anne-Marie Le Gloannec, « on fut antitotalitaire parce qu'on n'avait jamais été antinazi. L'antitotalitarisme, comme l'antifascisme, lavait les consciences, absolvait les Allemands, catharsis fondatrice d'identité[1] ».

À l'ombre des États-Unis

Jugée indispensable, l'assistance américaine s'était, avec la crise de Berlin, doublée d'une solide amitié. Washington avait en effet démontré, par son engagement et sa détermination, son souci de défendre l'Allemagne de l'Ouest contre toute agression soviétique. Ainsi, dès le départ, et au-delà de toute considération stratégique, la relation comprend-elle une composante émotionnelle qui, en permanence, interviendra dans les moments cruciaux.

Ce lien privilégié, qui unit également le chancelier au secrétaire d'État américain, n'empêche nullement Adenauer de voir dans l'alliance une chance unique de redresser l'Allemagne sur la scène internationale. Or, si les accords de Petersberg enjoignent encore au chancelier, en novembre 1949, de « maintenir la démilitarisation du territoire fédéral et [d'] employer tous les

1. Anne-Marie Le Gloannec, *La Nation orpheline*, Paris, Calmann-Lévy, 1989, p. 26.

moyens à sa disposition pour empêcher la reconstitution des forces de combat quelle qu'en soit la nature[1] », l'aggravation des tensions internationales et la guerre de Corée, qui éclate en juin 1950, changent radicalement la position de l'Allemagne. Au même titre que l'Europe occidentale, celle-ci doit dorénavant, selon le message de Truman au Congrès le 15 juillet 1950, participer à la défense du monde libre. Dès le mois de mai, Adenauer a, probablement sur suggestion discrète des Américains, préparé cette éventualité en confiant secrètement au général Gerhard von Schwerin un « bureau pour les affaires de sécurité » qui, toutefois, ne survit pas aux premières indiscrétions de la presse. En août, une commission d'experts réunie à Himmerod poursuit cependant les travaux, qui aboutissent à un mémorandum secret définissant les conditions du réarmement allemand : la création de douze divisions irait de pair avec un retour à la souveraineté et permettrait à la République fédérale d'entrer dans l'Alliance atlantique sur un pied d'égalité, perspective certes ambitieuse, mais qui pose les premières pierres d'une souveraineté désormais possible[2]. Un an après la proclamation du statut d'occupation, l'intégration occidentale donnait ainsi à l'Allemagne une occasion unique de retrouver, à moyen terme, la scène internationale.

Cette capacité du chancelier à présenter l'alliance et l'ancrage à l'Ouest comme les conditions fondamentales d'une liberté et d'une prospérité certes encore mal assurées, mais dont les effets sont en 1953-1954 pour la population déjà très perceptibles, explique largement

1. Rolf Steininger (dir.), *Deutsche Geschichte 1945-1961. Darstellung und Dokumente*, vol. 2, Francfort-sur-le-Main, Fischer, 1983, p. 366-367.
2. Voir Hans-Jürgen Rautenberg et Norbert Wiggershaus, *Die « Himmeroder Denkschrift » vom Oktober 1950*, Karlsruhe, Braun, 1977.

l'échec des oppositions pourtant multiples à cette intégration armée. Ni les violentes diatribes du pasteur Martin Niemöller, stigmatisant une République « née à Washington et conçue à Rome », ni l'opposition diffuse mais réelle du mouvement des « Sans moi » (*Ohne mich*), ni, enfin, la démission du ministre de l'Intérieur Gustav Heinemann, dénonçant une « infraction à la volonté divine », ne devaient avoir raison de ce choix volontariste d'Adenauer pour l'Occident. Car si le souvenir de l'ancienne Wehrmacht et de l'anéantissement militaire qui lui est lié hante encore les consciences, la société ouest-allemande a, de fait, déjà tranché, comme l'atteste la victoire incontestable de la CDU aux élections législatives de septembre 1953. La stabilité d'un État, certes croupion, mais aux libertés garanties et à l'avenir rempli de certitudes, passe désormais avant la perspective d'une réunification incertaine et risquée, défendue par la social-démocratie de Kurt Schumacher. Dès le début des années 1950, le credo du chancelier est devenu celui de la République fédérale tout entière. L'essor des exportations allemandes, le démarrage de l'économie, consécutif à la guerre de Corée, et le sentiment d'un mieux-être général feront le reste. Comme le souligne alors avec dépit le surintendant général de Cottbus, Günter Jacob, « l'intérêt à l'égard des frères de l'Est a considérablement chuté ; plus personne ne compte sur une réunification prochaine. Nous devrions résolument nous accommoder de la nouvelle situation et adopter à l'égard du pouvoir de RDA un autre comportement[1] ».

Un moment retardée par l'épisode de la Communauté européenne de défense (CED) et l'espoir français, vite

1. Cité par Reinhard Steinlein, in *Die gottlosen Jahre*, Berlin, Rowohlt, 1993, p. 61.

abandonné, de contrôler l'Allemagne renaissante par une union politique très poussée, l'intégration occidentale de la République fédérale se poursuit en 1954 en substituant à l'hypothèse européenne une solution atlantiste. Bonn, au demeurant, ne perdait guère au change, et Adenauer ne pouvait que se féliciter de cette nouvelle formule : non seulement l'intégration dans l'OTAN était en tout point identique au projet de Himmerod, mais cette alliance avait le grand mérite d'offrir des garanties bien supérieures à l'idée d'une défense européenne incertaine dominée par une IVe République fragilisée par ses guerres coloniales. Enfin, la protection américaine, fondée sur les représailles massives et le poids de l'oncle Sam dans les relations internationales, faisait de l'Amérique un partenaire plus sûr qu'une France qui, il y a peu encore, s'opposait à l'entrée de la RFA dans l'Alliance atlantique[1].

Le 23 octobre 1954, les accords de Paris intégraient définitivement l'Allemagne dans le système de défense atlantique dont elle devenait une pièce essentielle. Et, en novembre 1955, le premier ministre de la Défense, Theodor Blank, remettait aux cent premiers cadres volontaires de la future Bundeswehr les brevets de leur grade. Malgré d'évidents problèmes d'organisation et de logistique, que ne devait pas faciliter l'adoption, en juillet 1956, de la conscription, l'armée allemande avait fait entrer de plain-pied la RFA dans le concert des nations du monde libre.

L'alliance américaine est cependant loin d'être sans nuages. Dès juillet 1956, le plan Radford, envisageant une réduction considérable des forces américaines

1. Voir Georges-Henri Soutou, *L'Alliance incertaine*, Paris, Fayard, 1996, p. 30-31.

stationnées en Europe, alarme un Adenauer qui n'a pas été mis dans la confidence et n'hésite pas à agiter devant Dulles la perspective d'une victoire sociale-démocrate aux élections générales de 1957. Nouvelle alerte un an plus tard avec les analyses rassurantes du diplomate George F. Kennan, pour qui l'URSS n'est plus, depuis la mort de Staline et l'avènement de Khrouchtchev, la puissance belliqueuse justifiant l'emploi massif et inconsidéré du feu nucléaire. En outre, la maîtrise inquiétante des Russes dans le domaine des fusées intercontinentales, dont témoigne en 1957 le vol du Spoutnik, ne permet plus un discours aussi jusqu'au-boutiste. Signe des temps, la conférence de Genève de mai-août 1959 rassemble pour la première fois sur un pied d'égalité, et avec l'accord américain, les délégations des deux États allemands, dotées toutes deux d'un statut consultatif. Enfin, au même moment, le projet de Christian Herter, qui, en mai 1959, remplace Dulles malade, envisage clairement de séparer la question allemande de celle du statut de Berlin. Ainsi, à la veille des années 1960, non seulement la prétention ouest-allemande à incarner seule la légitimité (*Alleinvertretungsanspruch*) a déjà été battue en brèche par l'attitude conciliante des Américains, mais, aux yeux d'Adenauer, la perspective d'un règlement direct entre les deux Grands ne cesse de se rapprocher. Et l'élection du jeune candidat démocrate John F. Kennedy à la présidence en 1960 n'est pas pour rassurer un chancelier plus qu'octogénaire : au-delà du problème générationnel, Kennedy a en effet annoncé sa volonté d'ouvrir la porte au dialogue et, tout en continuant à défendre la démocratie et les libertés, de privilégier la discussion et une certaine « flexibilité ».

Ainsi, bien avant la nouvelle crise de Berlin, la nécessité d'une alternative à la seule alliance américaine s'est-elle imposée à Konrad Adenauer. Toute considération stratégique mise à part, la simple logique historique et géographique commandait de toute évidence cette solution de proximité. Dans cette perspective, la France avait, dès le milieu des années 1950, pris le pas sur une Grande-Bretagne trop insulaire, aux yeux d'Adenauer trop longtemps favorable au SPD, et à l'égard de laquelle le chancelier conservait, depuis son limogeage par l'occupant britannique, une évidente animosité.

L'Europe ou la troisième clé de l'intégration

Élément incontournable de cette intégration occidentale, intrinsèquement lié au rapprochement franco-allemand qui en constituait lui-même un préalable essentiel, l'assimilation de l'Allemagne au sein d'un ensemble européen tout à la fois complétait et justifiait l'appui américain. Car si Washington représentait dès le départ, pour Adenauer, un soutien irremplaçable et un protecteur de choix, il ne pouvait suffire à l'acceptation de l'Allemagne par ses voisins : l'efficacité de l'alliance militaire supposait une stabilisation, un retour à la normale pour une Allemagne encore convalescente, que seule pouvait lui offrir la tutelle de l'oncle Sam. « La clé du progrès vers l'intégration est entre les mains françaises », notait très lucidement le secrétaire d'État Dean Acheson dès 1949. « À mon avis, la France a besoin, dans l'intérêt de son propre avenir, de prendre l'initiative rapidement et de façon décisive, si le caractère de l'Allemagne occidentale doit être tel qu'il permette un développement sain en Europe occidentale. » Et de conclure : « Même avec les relations aussi étroites que possible des États-Unis et de la Grande-Bretagne avec le continent, la France, et la France seulement, peut prendre le leadership décisif en intégrant l'Allemagne occidentale dans l'Europe occidentale[1]. » L'intérêt politique était évident : au moment de la guerre froide, l'Europe de l'Ouest devait présenter un front uni face au bloc soviétique. Mais le raisonnement reposait également sur une réalité et une logique qui n'avaient échappé ni au chancelier allemand ni à Alcide De Gasperi, ni même à certains Français tels Jean Monnet ou Robert Schuman, aux yeux desquels le conflit s'expliquait avant tout par l'absence d'Europe.

En 1949, les premières discussions informelles rassemblent ainsi Étienne Hirsch, Jean Monnet, Pierre Uri ou le juriste Paul Reuter autour d'une idée et d'un style qui imprégneront l'ensemble des travaux préparatoires à l'élaboration du traité de la CECA, en juin 1950 : proposer la mise en commun du charbon et de l'acier produits en France et en RFA dans une organisation ouverte aux autres pays européens, et, par cette ébauche de souveraineté européenne, « sauter à pieds joints l'affaire de la souveraineté allemande[2] ». Malgré les retards et les lenteurs que font peser sur l'édifice la question du réarmement allemand et la difficile mise en place d'une Communauté européenne de défense, la France, l'Italie, l'Allemagne et les trois pays du Benelux s'associent finalement en signant le 18 avril 1951 le traité de la CECA. Certes, la satisfaction n'est pas totale, tant la déception, chez un Adenauer, sera grande de constater que se complique puis finalement s'envole la perspective

1. Dean Acheson, octobre 1949, cité par Alfred Grosser, in *Les Occidentaux. Les pays d'Europe et les États-Unis depuis la guerre*, Paris, Fayard, 1981, p. 154.

2. Pierre Uri, in *Le Monde*, 9 mai 1975.

d'une défense commune, le chancelier allemand voyant même un moment dans la fin de la CED l'abandon possible de l'intégration européenne. Jean Monnet sait toutefois profiter d'un climat devenu, avec l'alternative atlantiste, moins passionnel pour relancer la construction de l'édifice.

Les traités instituant en mars 1957 une Communauté économique européenne (CEE) et l'Euratom, base de développement d'une industrie nucléaire commune, marquent le second tournant de cette intégration européenne sur laquelle de Gaulle, au grand soulagement de l'Allemagne et du clan des Européens, ne reviendra pas. Comme sur le dossier allemand, le Général a évolué, sachant dépasser le mépris originel qu'il nourrissait pour le « méli-mélo de charbon et d'acier » et dont, en fait, il ignore tout. Comme le souligne Paul-Henri Spaak, l'intégration allemande et européenne, au même titre que les hommes alors aux affaires, tels Dulles ou Adenauer, lui sont, pour la plupart, inconnus. « Dans une certaine mesure, après douze ans d'absence, il était "un homme nouveau" en politique internationale », écrit-il dans ses *Mémoires*[1]. Et Spaak repartira rassuré d'un premier entretien en 1958. Toutefois, de Gaulle n'entend pas renoncer au leadership français « par-dessus tout ». La construction européenne demeure certes une réalité, avec, ainsi, une première réunion des ministres des Finances de la CEE en juillet 1959 afin d'étudier les modalités d'une politique financière commune, l'adoption en janvier 1962 des grands principes d'une politique agricole commune (PAC) ou la création, à la même date, d'un

1. Paul-Henri Spaak, *Combats inachevés*, Bruxelles, Vokaer, 1979, t. II, p. 171, cité par Jean Lacouture, in *De Gaulle*. T. II, *Le Politique*, Paris, Seuil, 1985, p. 629.

Fonds de garantie agricole (FEOGA). L'enthousiasme des débuts n'en a pas moins vécu. Dès 1958, des projets économiques moins gênants pour « l'Europe des patries » du Général se substituent aux objectifs politiques très ambitieux des commencements, et en tout cas inacceptables pour de Gaulle. À l'évidence, si la France détenait les clés de l'Europe et de l'intégration allemande, elle pouvait également à sa guise en ralentir la vitesse et le degré. Néanmoins, au crépuscule de l'ère Adenauer, la construction européenne est lancée, et l'Allemagne a su y occuper une place de choix.

De son entrée au Conseil de l'Europe aux traités de Rome en passant par l'alliance américaine et sa participation à l'effort de défense atlantique, l'intégration occidentale de la République fédérale est désormais une certitude, une donnée incontournable de la nouvelle identité ouest-allemande, acceptée et plébiscitée par la population en la personne de son principal représentant, Konrad Adenauer. Témoin de cette évolution, le SPD lui-même abandonne finalement, en 1960, ses exigences d'une Allemagne réunifiée et délaisse son *Deutschlandplan* de mars 1959 sous les critiques de Herbert Wehner, qui, une fois encore, en pleine crise berlinoise, a en vain proposé un changement du *statu quo*. De façon manifeste, la vision allemande de la social-démocratie s'est jusqu'alors révélée un échec, dont le congrès national de novembre 1960 entend tirer les leçons : le 25 novembre, le SPD reconnaît la réalité et l'utilité de l'intégration politique et militaire de la République fédérale, et, ce faisant, son alignement partiel sur une CDU sans cesse victorieuse.

Sans conteste, la réélection d'Adenauer en 1953 et son triomphe de 1957 devaient beaucoup à une politique extérieure à la fois raisonnable et offensive, combinant modestie apparente et ambition réelle. La signature le 10 septembre 1952 d'un accord avec Israël témoigne de cette sensibilité. Il n'était ainsi nullement question pour Adenauer de laisser entendre un seul instant que pareil traité absolvait l'Allemagne de sa responsabilité morale ou de mettre en balance la souffrance des expulsés et celle du peuple juif : « L'injustice et la souffrance infligées à des êtres humains ne peuvent jamais être compensées par une injustice et une souffrance infligées à d'autres hommes », avait-il déclaré le 25 novembre 1949. « Le peuple allemand a l'intention, autant que faire se peut, de réparer l'injustice qui fut commise en son nom par un régime criminel à l'égard des Juifs [...] Nous considérons cette réparation comme notre devoir[1]. » En s'engageant à régler en douze ans à Israël la somme de 3,4 milliards de marks[2], la RFA accomplissait, malgré la pression des pays arabes et une incompréhension nationale évidente[3], un pas décisif vers sa reconnaissance internationale.

Le rapprochement franco-allemand

L'idée d'un rapprochement franco-allemand comme élément constitutif et indispensable de l'intégration occidentale de l'Allemagne n'est, au départ, assurément pas

1. In *Allgemeine Wochenzeitung der Juden in Deutschland*, cité par Adolf Birke, *Nation ohne Haus*, Berlin, Siedler, 1989, p. 390.

2. L'essentiel de cette contribution fut réalisé sous forme de livraisons en nature (machines-outils, automobiles, équipements industriels, etc.).

3. Un sondage consécutif à l'accord fait état de 11 % d'avis pleinement favorables, 44 % considérant l'accord inutile, 24 % estimant l'aide trop importante, 21 % restant sans opinion. In Ludolf Herbst (dir.), *Westdeutschland 1945-1955. Unterwerfung, Kontrolle, Integration*, Munich, Oldenbourg, 1986, p. 206. Cité par Adolf Birke, *op. cit.*, p. 392.

aisée. La plupart des Allemands n'oublient pas, en effet, l'occupation intransigeante des Français et, jusqu'en 1954-1955, la question sarroise pèse lourd sur les rapports des deux pays, largement relayée par un SPD qui sait jouer de la corde nationaliste. De ce fait, la politique française à l'égard de l'Allemagne paraît, aux yeux de beaucoup, « double », pour reprendre le titre de l'étude de Diemar Hüser[1], alliant revanchisme et ouverture, volonté de sujétion et invention d'un nouveau partenariat. Seul le plébiscite d'octobre 1955, et le retour inconditionnel de la Sarre à l'Allemagne le 1er janvier 1957, fera, dans une large mesure, disparaître les dernières préventions allemandes.

L'opinion française, quant à elle, n'est guère plus chaleureuse. Quelques intellectuels mis à part, tels Raymond Aron, préconisant régulièrement dans les colonnes du *Figaro* le retour au dialogue, Alfred Grosser, Joseph Rovan ou l'aumônier militaire Jean du Rivau, fondateur de la revue *Documents* destinée à favoriser la réconciliation, l'indifférence ou l'hostilité restent de mise. Pourtant, ces relations sont déjà, dans le monde économique, une réalité. Industrie et agriculture tissent de part et d'autre de la frontière des liens fondés sur une complémentarité perceptible et, dès 1955, l'Allemagne devient le premier client de la France et son deuxième fournisseur[2].

Les raisons qui poussent Adenauer vers la France dépassent toutefois l'enjeu économique. Attiré par une

1. Dietmar Hüser, *Frankreichs « doppelte Deutschlandpolitik ». Dynamik aus der Defensive – Planen, Entscheiden, Umsetzen in gesellschaftlichen und wirtschaftlichen, innen- und aussenpolitischen Krisenzeiten 1944-1950*, Dokumente und Schriften der Europäischen Akademie Otzenhausen (EAO), vol. 77, Berlin, Duncker & Humblot, 1996.

2. Voir Georges-Henri Soutou, *op. cit.*, p. 24.

nation dont il se sent proche par ses attaches rhénanes, il voit de plus en elle le partenaire idéal qui non seulement évitera de tomber dans la dépendance pure et simple d'un alignement sur la politique américaine mais permettra à l'Allemagne de parfaire son intégration dans un monde occidental et européen dont la France détient l'une des clés. Dans cette relation, le facteur humain autant que l'évolution du contexte international jouent dès le départ un rôle capital. C'est en effet tout d'abord la rencontre de La Celle-Saint-Cloud du 19 octobre 1954 entre un Adenauer méfiant et un Mendès France accablé par la question indochinoise qui permet une compréhension nouvelle des deux partenaires, et ouvre la voie d'une réelle coopération économique, politique et militaire. Les accords de Paris, conclus quatre jours plus tard, marquent en ce sens la fin d'une ambiguïté, de tensions et de non-dits qui pesaient sur le dialogue des deux États. Certes, des arrière-pensées demeurent et des échecs retentissants viendront perturber la relation : celui, d'abord, du protocole d'accord du 28 novembre 1957, qui devait ouvrir la voie d'une collaboration stratégique et nucléaire entre la France, l'Allemagne et l'Italie[1] ; mais également le plan Fouchet, visant à une union plus politique de l'Europe, qui sombre en avril 1962, victime de la longueur de la négociation et de l'attitude gaullienne obnubilée par une conception étatique et non communautaire de l'intégration européenne. Néanmoins,

1. La déception allemande causée par l'abandon de ce projet est sujette à débat : si le biographe d'Adenauer, Hans-Peter Schwarz, considère que les Allemands n'accordaient en définitive qu'une importance restreinte à un programme avant tout destiné à faire pression sur des Américains réticents à doter la Bundeswehr de l'arme atomique, Georges-Henri Soutou estime au contraire cette déconvenue réelle et durable, au point d'avoir un moment risqué de peser sur la qualité des rapports entre les deux pays.

à la veille du traité de l'Élysée, un pas essentiel a été accompli dans le rapprochement des deux pays.

Sans aucun doute, l'idée de privilégier le rapport franco-allemand vient, chez de Gaulle, contrairement au chancelier, assez tardivement, et s'explique en grande partie par l'échec de sa tentative de rapprochement avec les Anglo-Saxons. En cela, l'alliance devient une stratégie de substitution, la poursuite d'un même objectif par d'autres moyens, visant cette fois à contrecarrer à la fois l'influence britannique en Europe continentale et l'hégémonie militaire américaine. Mieux encore, en dépit du retour à la souveraineté allemande, il n'était à aucun moment question, pour les Français, de concevoir cette relation sous la forme d'un partenariat où pourrait se lire une possible égalité des participants. Dès 1958, de Gaulle avait d'ailleurs multiplié les conditions propres à inquiéter les Allemands : s'il avait exigé du chancelier lors de sa rencontre des 14-15 septembre une bonne volonté à l'égard des pays de l'Est et l'abandon de toute prétention nucléaire militaire en mars, il avait de plus reconnu, en mars 1959, la frontière Oder-Neisse de la Pologne et contesté le commandement intégré de l'OTAN. Au total, l'Allemagne payait donc assez cher ce rapprochement avec un allié somme toute inconstant.

Adenauer avait toutefois réussi à maintenir et à approfondir le dialogue avec une France qui, en quinze ans, avait connu des dizaines de gouvernements, un changement de régime et l'arrivée au pouvoir d'un homme dont tout, *a priori*, le séparait. « L'un », note ainsi avec une acuité remarquable Alfred Grosser, « a le goût de l'impossible, l'autre le sens du réalisme le plus terre à terre. L'un a le sens du tragique, l'autre a le tragique en horreur [...] L'un est général, l'autre n'a jamais été soldat »[1]. En dépit de ces différences, des exigences et des sautes d'humeur gaulliennes – de la discrimination atomique à la critique du partenaire américain –, le dialogue a lentement remplacé les méfiances réciproques. Et, au-delà des déceptions, des espoirs abandonnés, de nombreuses certitudes demeurent, à l'image des conversations d'état-major qui, évoquées en juillet 1960 pendant la rencontre de Rambouillet, ancrent l'existence d'un dialogue stratégique entre les deux États. Plus que sur les réalisations concrètes, qui peuvent apparaître décevantes au regard des efforts entrepris, le succès de ce dialogue entamé par les gouvernements de la IVe République et prolongé par de Gaulle repose sur la restauration d'une compréhension et d'une confiance qui faisaient défaut ; ensuite, sur un soutien sans faille dont Adenauer appréciera à plusieurs reprises la fermeté. On peut ainsi probablement élever la seconde crise de Berlin au rang des grands symboles d'une amitié franco-allemande pourtant encore naissante.

À la fermeté d'un Nikita Khrouchtchev exigeant en novembre 1958 une renégociation du statut de Berlin et menaçant de signer avec la RDA un traité de paix séparée qui aurait transféré à cette dernière les responsabilités allemandes des Soviétiques, les Américains n'avaient en effet opposé qu'une inquiétante modération. Et, aux yeux d'Adenauer, la réaffirmation des droits inaliénables des Alliés sur la ville n'y changeait rien : en envisageant, en janvier 1959, d'ouvrir des négociations sur la question berlinoise, Eisenhower avait déjà infligé à la RFA un camouflet d'importance. En acceptant d'associer la RDA à la table des négociations de Genève, les Alliés

1. Alfred Grosser, *Affaires extérieures. La politique de la France, 1944-1984*, Paris, Flammarion, 1984, p. 182.

semblaient en passe de reconnaître un régime jusqu'alors ignoré et de renoncer par là même à la position fondatrice du 23 octobre 1954 qui consacrait « la République fédérale comme le seul gouvernement allemand [...] [ayant] le droit [...] de parler pour l'Allemagne dans les affaires internationales ». Or, à ces hésitations et palinodies, de Gaulle avait sans cesse opposé un discours fondé sur le refus le plus strict de tout compromis, appui qui, lors de la construction du Mur, ne devait pas se démentir.

Dès 1950, les Schuman, les Monnet avaient donc pavé la voie du succès. L'intelligence gaullienne fut de savoir reprendre le flambeau et de l'entretenir, davantage il est vrai par des gestes et des symboles que par de solides avancées. Mais qu'il s'agisse du soutien apporté au chancelier dans la question allemande, de l'anticommunisme certain du chef d'État français ou du respect mutuel des deux hommes, né au lendemain de leur première entrevue à la Boisserie, l'alliance franco-allemande a, en 1962-1963, déjà fait trop de chemin pour rester sans lendemain.

« C'est vraiment de tout cœur que je me félicite du redressement mondial de la France », aurait déclaré Adenauer au président du Conseil lors de sa visite à la Boisserie. « Mais permettez-moi de penser que le peuple allemand, bien que ses démons ne soient pas les mêmes que ceux du peuple français, a également besoin de sa dignité. Vous ayant vu et entendu, j'ai confiance que vous voudrez bien l'aider à la recouvrer[1]. » Quatre ans plus tard, le voyage triomphal du chancelier à Reims en juillet 1962, suivi de l'accueil enthousiaste réservé

1. Charles de Gaulle, *Mémoires d'espoir*, cité par Jean Lacouture, in *De Gaulle*. T. II, *op. cit.*, p. 637.

à de Gaulle en Allemagne en septembre témoignaient d'une réconciliation désormais incontournable, sans aucun doute freinée par les conceptions du Général, mais dont l'aspect à la fois personnel, démonstratif et théâtral voulu par de Gaulle ne pouvait faire oublier la profondeur et la sincérité.

Chapitre 6

Une Allemagne retrouvée ?

Une double souveraineté

Le retour de la souveraineté politique

Conséquence immédiate de cette intégration, la RFA devait rapidement retrouver la saveur d'une certaine normalité.

Le statut d'occupation, proclamé peu avant l'avènement de la République fédérale, avait été le témoin d'une des dernières luttes entre la rigueur française et la modération anglo-saxonne. Avec l'entrée en vigueur du plan Schuman, la tutelle économique – qu'il s'agisse des réparations ou du contrôle de la production sidérurgique et charbonnière – perdait toute actualité. Les dispositions politiques et militaires ne tarderaient pas à suivre. En novembre 1949, les accords de Petersberg avaient déjà sensiblement modifié les exigences du 10 avril, permettant à l'Allemagne de siéger comme membre associé au Conseil de l'Europe ainsi qu'à l'autorité internationale de la Ruhr, de créer des consulats à l'étranger ou de reprendre une industrie navale. La modération rassurante d'un Adenauer face aux exigences nationalistes inquiétantes de Schumacher, le zèle du chancelier dans l'idée d'une participation allemande à la défense européenne avaient même conduit à une première révision de ce statut d'occupation le 6 mars 1951, à l'issue de laquelle la RFA, désormais dotée d'un ministère des Affaires étrangères, il est vrai placé sous contrôle, était autorisée à entretenir des relations diplomatiques avec les autres États et à participer comme membre de plein droit aux organisations internationales. L'abrogation du statut d'occupation, liée à l'adhésion de l'Allemagne à la CED par le *Deutschlandvertrag* (26 mai 1952), et un moment retardée par l'échec du projet devant le Parlement français, devenait enfin effective avec les accords de Paris du 23 octobre 1954, par lesquels l'Allemagne retrouvait sa souveraineté.

Certes, celle-ci n'était pas absolue. La RFA renonçait ainsi à fabriquer l'arme atomique (à côté des armes bactériologiques et chimiques) sur son territoire. Les Français et les Anglo-Américains se réservaient de plus « les droits et les responsabilités antérieurement exercés ou détenus par [les trois puissances] en ce qui concerne Berlin et l'Allemagne dans son ensemble, y compris la réunification de l'Allemagne et un règlement de paix[1] ». Enfin, outre le stationnement de forces armées sur le territoire de la République fédérale et de Berlin, les Alliés s'autorisaient à établir l'état d'urgence en cas de circonstances exceptionnelles[2]. Toutefois, en dépit de ces réserves, la situation avait en moins d'une décennie radicalement changé, et la RFA n'était plus, à l'évidence, au ban de la société des nations. Preuve de cette nouvelle indépendance, le chancelier allemand

1. Article 2 du traité. Cité par Henri Ménudier et Alfred Grosser, in *La Vie politique en Allemagne fédérale*, Paris, A. Colin, 1978.

2. Cet article 5 prévaudra jusqu'en 1968, date à laquelle la République fédérale se dotera d'une législation sur l'état d'urgence (*Notstandsgesetzgebung*).

s'envolait en septembre 1955 pour l'URSS et obtenait non seulement l'ouverture de relations diplomatiques avec Moscou mais le rapatriement des derniers prisonniers de guerre allemands, dont le retour devait longtemps rester dans les mémoires comme l'un des plus importants événements de l'ère Adenauer[1].

*L'autre souveraineté : le principe de l'*Alleinvertretungsanspruch

Souveraineté politique donc mais également souveraineté morale étayée et renforcée par le droit. Aux yeux de Bonn, la République fédérale excède en effet le statut d'un simple État : elle incarne au-delà l'État allemand par excellence, le seul État légitime susceptible de représenter l'Allemagne et de parler en son nom. Cette « prétention à incarner seule la légitimité » (*Alleinvertretungsanspruch*) se fonde tout d'abord sur le respect de la démocratie et le primat d'une liberté que le monde occidental, avec la guerre froide, a porté au pinacle : émanation d'une Loi fondamentale élaborée puis adoptée par des conseillers parlementaires représentatifs des différents Länder, la RFA s'est depuis 1949 dotée d'un gouvernement issu d'un suffrage populaire librement exprimé. D'entrée, le régime d'Adenauer s'est ainsi arrogé une supériorité naturelle sur sa consœur est-allemande, qui n'avait de démocratique que le nom. Privée du soutien de sa population, la RDA ne pouvait en effet prétendre à pareille représentativité. Ce sentiment se retrouvait jusque dans la dénomination des deux États : reléguée au rang de qualificatif en République démocratique « allemande », la nation conservait avec

1. Voir Albrecht Lehmann, *Gefangenschaft und Heimkehr. Deutsche Kriegsgefangene in der Sowjetunion*, Munich, C. H. Beck, 1986.

la République fédérale « d'Allemagne » tout son sens. Car, autant que la liberté et l'adhésion volontaire de ses citoyens, le droit lui-même, dans son interprétation ouest-allemande, confirmait cette légitime incarnation.

Occupé et non annexé par les Alliés, le Reich n'avait en effet jamais cessé d'exister, le père spirituel de la doctrine Hallstein, Wilhelm Grewe, allant jusqu'à parler de « gestion fiduciaire » (*Treuhänderschaft*) des trois alliés occidentaux. Dans la logique de cette « théorie de la continuité », la République fédérale se comprenait non seulement comme l'incarnation de la continuité du Reich, mais aussi comme l'expression étatique même de la nation allemande. L'État demeurait donc (*Staatskerntheorie*), seul le régime avait changé de forme, même si cet État, par la force des circonstances, voyait son autorité provisoirement limitée au territoire de la RFA. Aussi l'immigration est-allemande, qui, chaque année, vidait davantage la RDA de ses forces vives, ne pouvait-elle être qu'un « retour au pays », sanctionné par l'attribution immédiate d'un passeport (ouest-)allemand auquel cette population n'avait jamais cessé d'avoir droit. La République fédérale coiffait ainsi moralement et juridiquement une RDA qu'elle englobait de façon virtuelle et qui ne pouvait dépasser le statut de « zone » (*Die Zone*), de « là-bas » (*Drüben*) désignant un territoire faisant partie intégrante d'une Allemagne encore incomplète.

Cette vision du monde exclusive et jusqu'au-boutiste devait dominer la politique allemande de la République fédérale jusqu'en 1969.

Elle se traduit dès le début par le refus systématique de tout contact officiel avec l'État est-allemand, les affaires interallemandes relevant d'un département spécifique des Affaires étrangères ou du ministère fédéral pour les questions allemandes générales (*Bundesministerium für gesamtdeutsche Fragen*) : tout courrier en provenance de Berlin-Est se voit ainsi impitoyablement renvoyé non décacheté à l'expéditeur. Après l'échec de la conférence quadripartite de janvier-février 1954, l'accession à la souveraineté et l'intégration européenne croissante de la RFA vont même indirectement accentuer cette pression idéologique. Désormais plus libre de ses mouvements, la République fédérale entend plus que jamais incarner la légitimité allemande. De plus, l'établissement en 1955 de relations avec l'URSS, qui, de son côté, a déjà reconnu la RDA, introduit une ambiguïté qu'Adenauer ne souhaite nullement prolonger. En considérant l'instauration de relations officielles entre des États tiers et la République démocratique comme un acte inamical auquel la RFA répondrait par des moyens appropriés, la doctrine Hallstein confère en novembre 1955 à la position ouest-allemande, jusqu'alors défensive, un caractère offensif évident.

Certes, il serait injuste d'accuser Adenauer d'avoir délibérément négligé la perspective d'une réunification. Les souvenirs du chancelier[1] et, plus encore, le plan du secrétaire d'État à la chancellerie, Hans Globke, semblent démentir une telle interprétation : dans un délai de cinq ans après l'adoption dudit plan, Globke prévoyait la tenue d'un référendum sur une éventuelle réunification, suivi d'élections libres dans la totalité de l'Allemagne, qui déciderait de choisir entre l'OTAN et le pacte de Varsovie. Une version ultérieure proposait la neutralisation de Berlin, déclarée ville libre et placée sous le contrôle des Nations unies. Autant que l'unité

1. Voir Konrad Adenauer, *Erinnerungen 1955-1959*, Francfort-Hambourg, Fischer, 1969, p. 375-378.

politique de l'Allemagne, il importait au chancelier de permettre une rapide amélioration du sort de la population est-allemande, dont le niveau de vie, au seuil des années 1960, s'éloignait à grands pas de celui offert par la République fédérale. Toutefois, sans douter de la sincérité d'une telle préoccupation, on ne peut que rester dubitatif devant le réalisme – et, de là, la bonne foi – d'un tel plan, qui, en pleine guerre froide, aurait sans aucun doute privé l'URSS d'une base avancée et risquait de prolonger jusqu'à la frontière polonaise les positions du pacte atlantique.

Ainsi, jusqu'au bout, Adenauer allait demeurer partisan d'une fermeté à toute épreuve. Intégrée économiquement et politiquement dans un vaste ensemble occidental qui lui assurait stabilité et lui promettait la prospérité, la République fédérale des années 1950 détenait une légitimité et une souveraineté que le bon sens et le bon droit lui interdisaient de marchander. Et en obtenant en septembre 1957 la majorité absolue au second Bundestag, le chancelier pouvait logiquement estimer qu'une telle politique rencontrait l'assentiment massif de ses concitoyens. Seul le langage de la force devait ainsi venir à bout de la logique des deux États, et seul un changement significatif dans la question allemande pouvait donner le signal de la détente ; perspective en définitive peu réjouissante que le choc du 13 août 1961 remettrait bientôt en question.

Juillet 1954 ou le jour de gloire de la République fédérale

En marge des traités et des alliances, et avant même les accords de Paris, la population ouest-allemande avait déjà célébré le retour à la souveraineté nationale. Le

4 juillet 1954, les hommes de Fritz Walter avaient en effet offert à l'Allemagne son premier titre de champion du monde de football face à l'équipe de Hongrie, la plus forte du moment. Rarement un événement sportif devait à ce point marquer les esprits. Aujourd'hui encore, la voix du commentateur Herbert Zimmermann relatant les dernières minutes de jeu dans le stade Wankdorf de Berne demeure une partie constitutive de la mémoire collective allemande de l'après-guerre : le fameux « Rahn devrait tirer, Rahn tire, But ! But ! But ! But pour l'Allemagne cinq minutes avant la fin » (*Tor ! Tor ! Tor ! Tor für Deutschland 5 Mn vor dem Spielende*), suivi quelques minutes plus tard du « C'est fini, c'est fini, c'est fini, le match est fini, l'Allemagne est championne du monde ! » (*Aus, aus, aus, das Spiel ist aus !*), non seulement a tenu en haleine tout un peuple, mais a marqué la fin d'une certaine désespérance et le retour officieux d'une Allemagne conquérante dans la course mondiale. Fassbinder, dans sa critique acerbe de l'ère Adenauer et des années du « miracle économique », saura s'en souvenir lorsqu'il tournera les dernières scènes du *Mariage de Maria Braun* (*Die Ehe der Maria Braun*, 1978), où les paroles mythiques du reporter accompagnent l'explosion qui tue l'héroïne du film.

Certes, le monde politique avait tenu à minimiser la portée de cette journée, trop conscient des susceptibilités et des craintes qu'une telle victoire, qui plus est accompagnée du *Deutschland über alles* entonné par les 60 000 supporters allemands, pouvait soulever à l'étranger. L'écrivain Pierre Fabert n'avait-il pas, le lendemain, signé un commentaire dans le journal *Le Monde* sous le titre évocateur de « Achtung » ? Aussi Adenauer s'était-il contenté d'un laconique télégramme de félicitations, le ministre fédéral de l'Intérieur, Gerhard Schröder soulignant, pour sa part, que le triomphe ou la défaite ne sauraient avoir de signification dans la bonne ou mauvaise opinion que l'on a d'un peuple[1]. Toutefois, le succès inespéré était trop marquant pour être ignoré, et Schröder, quelques minutes plus tard, devait également confier qu'en matière « de symboles, l'Allemagne n'était pas aussi riche que d'autres nations. C'est pourquoi nous sommes d'autant plus reconnaissants pour chaque événement qui nous procure un réel sentiment communautaire[2] ». En dépit de quelques notes nationalistes vite réprimées, à l'instar des déclarations douteuses de l'entraîneur ouest-allemand, le succès de 1954, qui réunissait un peuple dans une même communion, traduisait avant tout, dans la joie de la victoire, le sentiment d'un nouveau départ, d'une légitimité, de la capacité de triompher de l'adversité et de l'effort récompensé tout à la fois. L'Allemagne, selon une expression alors utilisée, était « de nouveau quelqu'un » (*Deutschland* [*war*] *wieder wer*). Et l'éditorial du *General-Anzeiger* de Bonn de conclure : « Souvenons-nous il y a neuf ans : la majeure partie des soldats allemands […] discutaient, dans d'immenses camps de prisonniers, sur leur avenir. Sur des camions, dans des trains de marchandises […] la population allemande commençait à regagner sa patrie, dont les rues étaient jonchées de débris et où la faim et le chômage rendaient l'avenir plus sombre. Neuf ans plus tard, ce peuple déchu, découragé et méprisé par le monde est à nouveau capable de participer à de grandes compétitions sportives internationales – et de gagner[3]. »

1. Voir Arthur Heinrich, *Tooor ! Toor ! Tor ! Vierzig Jahre 3:2*, Norlingue, Rotbuch, 1994, p. 100-105.

2. Voir Deutschland Fussball-Bund (dir.), *Deutschland Weltmeister im Fussball 1954*, Francfort-sur-le-Main, o. J., 1954, cité dans *ibid.*, p. 105.

3. Cité par Arthur Heinrich, *op. cit.*, p. 139.

Les années du « miracle économique »

L'avènement de la croissance[1]

Sportif et politique, le succès de l'Allemagne des années 1950 reste avant tout, dans les mémoires, économique, au point que Werner Abelshauser n'hésite pas, non sans une pointe de provocation, à réduire l'histoire de la République fédérale à celle de son économie[2].

Les chiffres sont éloquents : le chômage passe de 1,2 million de personnes en 1953 à 44 000 en 1959, tandis que le produit national brut (PNB) croît en volume de 9,1 % par an entre 1950 et 1955 puis de 7,5 % entre 1955 et 1961.

Principaux indicateurs en RFA entre 1950 et 1961

Taux de croissance annuels	1950-1955	1955-1961
Production industrielle	12,1	6,9
Emploi	2,7	1,6
Prix à la consommation	1,9	1,9
Taux de salaire	8,2	7,4

Source : Office fédéral de la statistique. Cité *in* Isabelle Farçat, *L'Allemagne de la conférence de Potsdam à l'unification*, Paris, Minerve, 1992, p. 101.

1. Voir, sur ces questions, Christoph Buchheim, *Die Wiedereingliederung Westdeutschland in die Weltwirtschaft 1945-1958 (Quellen und Darstellungen zur Zeitgeschichte)*, Munich, Oldenbourg, 1990.

2. Werner Abelshauser, *Wirtschaftsgeschichte der Bundesrepublik Deutschland 1945-1980*, Francfort-sur-le-Main, Suhrkamp, 1983, p. 8.

Les raisons de ce décollage spectaculaire, mais nullement exceptionnel au regard de la croissance qui touche l'ensemble des économies européennes de l'après-guerre, sont complexes, relevant à la fois des données du contexte international et des structures propres à l'Allemagne.

Il faut d'abord compter, au rang des premières, les événements de Corée : la guerre du Sud-Est asiatique entraîne dès l'été 1950 en Europe la mise en œuvre de programmes d'armement de grande ampleur, réduisant un chômage qui, encore en 1949, semblait menacer l'équilibre de l'État ouest-allemand, et propulsant en avant une demande qui, après une éphémère croissance consécutive à la réforme monétaire, n'avait cessé de stagner. À cette conjoncture favorable s'ajoute la complémentarité des cycles de croissance allemand et américain qui, légèrement décalés, devaient permettre aux exportations allemandes de dépasser la simple embellie momentanée pour s'installer dans un succès durable. L'Europe constitue enfin la grande chance de l'Allemagne : déjà, de 1948 à 1949, l'Union européenne des paiements avait autorisé des prêts exceptionnels qui avaient permis au pays de maintenir les importations dont il avait grand besoin, de contenir le chômage, enfin de conserver une certaine crédibilité. L'ouverture du marché commun et la baisse progressive, à partir de 1957, des barrières douanières complètent le tableau d'un environnement international exceptionnellement favorable. Dès le début des années 1950, la France, l'Italie, le Benelux, puis l'Angleterre constituent les principaux partenaires économiques de l'Allemagne, qui ancre la majeure partie de ses échanges en Europe de l'Ouest, suivie des États-Unis et du Canada.

À l'évidence, les avantages de l'intégration occidentale ne se limitaient pas au champ diplomatique. Mieux encore, en réinsérant très tôt l'Allemagne dans le circuit économique, l'Ouest devait permettre à la population allemande de rapidement retrouver sa propre estime et, de là, faciliter son acceptation du système.

Dans le tableau de ces échanges, le bloc de l'Est possède une place à part. Si les accords de Moscou ont, en 1955, ouvert la perspective d'un commerce avec l'URSS et l'Europe orientale, celui-ci demeure très faible : après avoir atteint 5 % des exportations allemandes en 1960, la part de l'Europe de l'Est ne cessera même, jusqu'en 1969-1970, de diminuer. Tout au long de cette période, son importance économique peut être ainsi considérée comme accessoire. Le bloc de l'Est représente par contre aux yeux d'Adenauer et d'Erhard la clé d'un dialogue possible, une porte laissée entrouverte sur une négociation toujours attendue, bref, pour pasticher une formule célèbre, la poursuite de la politique par d'autres moyens, logique qui, tout au long des années 1950-1960, devait se révéler peu efficace. L'accord du 20 septembre 1951 sur le commerce interzone avec la RDA, lui aussi au départ plus symbolique qu'effectif, procédait d'un raisonnement identique.

Cette expansion reposait toutefois également sur des facteurs structurels. Conçus comme un handicap, les démontages – au demeurant fort inférieurs aux prévisions des Alliés – avaient en fait permis à l'Allemagne de moderniser une partie de son parc industriel. Fer de lance de l'expansion, les exportations allemandes bénéficient au départ de faibles coûts de production : à une baisse significative du prix des matières premières tout au long des années 1950 s'ajoute un faible coût du travail, dont la hausse progressive sera compensée par l'augmentation des gains de productivité. Dopées par un Deutsche Mark longtemps sous-évalué, les marchandises de la République fédérale restent ainsi souvent plus attractives, même face à des produits américains aussi performants, voire meilleur marché, mais que les autres pays européens ne peuvent, faute de réserves suffisantes en dollars, facilement s'offrir. Dès 1951, le commerce extérieur allemand affiche une balance positive, l'excédent passant de 3,3 milliards de marks en 1955 à 8,6 en 1960. Cette même année, la RFA exporte environ 15 % de son PNB, dépassant la Grande-Bretagne. En outre, l'industrie de la RFA peut puiser sans compter dans une main-d'œuvre abondante et qualifiée : si l'Allemagne connaît par ailleurs, au moins jusqu'au début des années 1960, une croissance essentiellement extensive, c'est avant tout du fait d'une population active en constante progression, gonflée par l'immigration est-allemande, qui fournit jusqu'en 1961 à l'économie une manne inespérée de producteurs et de consommateurs. De 1950 à 1961, plus de 2,6 millions de personnes, le plus souvent jeunes et formées, quittent ainsi la République démocratique pour la République fédérale[1]. Seule la construction du Mur tarira cette source exceptionnelle de forces vives, peu à peu relayée par une immigration étrangère qui double de 1960 à 1961 et quadruple de 1960 à 1965. Cette nouvelle immigration, issue cette fois dans sa grande majorité des pays du tiers-monde, et d'un faible niveau de qualification, ne remplacerait cependant pas la main-d'œuvre est-allemande. La perte de ce capital humain dont la RFA avait trop vite oublié le caractère exceptionnel allait, non sans difficultés, contraindre l'économie ouest-allemande

1. Voir Harmut Wendt, « Übersiedler aus der DDR 1950-1990 », *Berichte zur deutschen Landeskunde*, vol. 65, Trier, Selbstverlag des Zentralausschusses für deutsche Landeskunde, p. 203-222, cité par Michel Hubert, in *L'Allemagne, 1945-1955*, *op. cit.*, p. 76.

à de nouvelles adaptations : au début des années 1960, investissements et productivité, et plus encore formation et recrutement sont les nouveaux mots d'ordre d'un État qui doit repenser sa croissance.

Avant tout fondée sur l'industrie, cette croissance a également accentué la transformation de l'économie. On assiste ainsi, au long des années 1950 et 1960, à une concentration presque ininterrompue. Alors que le nombre des petites entreprises (moins de 10 salariés) diminue entre 1950 et 1962 de près de moitié, n'employant plus alors que 1,4 million de personnes, contre 2,1 en 1950, celui des entreprises de plus de 1 000 salariés est presque multiplié par deux, employant au début des années 1960 plus de 4,5 millions d'Allemands ; la part des PME dans l'emploi reste, elle, assez stable, avec 4,1 millions d'employés en 1962[1]. La timide politique des Alliés en faveur d'une décartellisation n'avait guère résisté aux exigences de l'intégration et de la guerre froide. La socialisation de grands Konzern, tel IG Farben, un moment envisagée par le gouvernement travailliste britannique, avait ainsi très tôt cédé face aux exigences des Américains qui, dès le départ, n'avaient consenti à de pareilles sanctions qu'à contrecœur. À l'image du charbon et de l'acier, vite remis en selle par le traité de la CECA, les mesures de rétorsion à l'égard de la grande industrie allemande disparaissaient dès 1951-1952 : condamnés en 1947 pour leur participation active à l'effort de guerre nazi, Alfred Krupp et Friedrich Flick étaient libérés en 1951 sur ordre du haut-commissaire américain. Au total, le paysage industriel et financier retrouvait, dès le milieu

1. Voir Gilbert Badia (dir.), *Histoire de l'Allemagne contemporaine*, Paris, Messidor, 1987, t. 2, p. 134.

des années 1950, une puissance et une concentration n'ayant rien à envier à la domination d'avant-guerre : les héritières des « quatre D », à l'image de la Deutsche Bank, de la Dresdner et de la Commerzbank, contrôlaient au seuil des années 1960 75 % du capital social des 427 plus grosses sociétés[1], tandis que Thyssen, Veba ou Krupp, peu touchés par la défaite puis l'imparfaite dissolution des cartels, s'étaient reconstitués sans difficultés, en dépit des efforts de Ludwig Erhard qui, par sa loi de 1957 sur les limitations de la concurrence, tentait une nouvelle fois en vain de limiter leur développement.

Une prospérité partagée ?

En dépit du maintien d'une frange de la population demeurant exclue du miracle[2], on ne saurait parler de société inégalitaire. Reprenant à son compte un des objectifs de la République de Weimar, le gouvernement de RFA avait en effet très tôt affiché sa volonté de tisser autour de cette société un filet de protection destiné aussi bien à garantir les droits qu'à assurer, une fois encore, une stabilité sociale nécessaire au succès de l'intégration.

La réforme monétaire s'était ainsi accompagnée, avec quelque retard, d'un train de mesures d'urgence dont les Alliés eux-mêmes avaient perçu la nécessité en même temps que la complexité. Et le préambule de la loi annonçant l'introduction du Deutsche Mark avait clairement formulé une péréquation des charges, qui, en août 1949, trouvait sa première expression. La loi sur « l'atténuation des difficultés sociales les plus urgentes »,

1. Isabelle Farçat, *op. cit.*, p. 101.

2. Voir sur ces questions Helga Cremer-Schäfer et Richard Hauser (dir.), *Armut, Niedrigeinkommen und Unterversorgung in der BRD : Bestandaufnahme und soziale Perspektiven*, Francfort-sur-le-Main, Campus, 1981.

plus connue sous le nom de « loi sur l'aide immédiate » (*Soforthilfegesetz*), relayait ainsi l'action des associations de secours aux expulsés et proposait, sous forme d'aides à l'emploi et au logement, d'accompagner la réinsertion des plus démunis. Malgré les 6,3 milliards de marks distribués en trois ans au travers de ce fonds, la loi la plus significative demeure cependant celle du 16 mai 1952 qui instaurait la péréquation attendue depuis 1948. Cette *Lastenausgleichsgesetz* allait en effet répartir jusqu'à son terme (en 1982) près de 140 milliards de marks et, de ce fait, marquer durablement les consciences. Au départ financée par un prélèvement de 50 % sur les fortunes supérieures à 5 000 Deutsche Mark – décision moins vexatoire qu'il y paraît dans la mesure où, au-delà des réductions d'impôts qu'autorisait ce prélèvement, la valeur des biens était calculée sur le prix d'achat et non sur leur valeur courante –, cette aide conséquente entendait indemniser une partie des dommages subis durant la guerre (expulsions, destructions, confiscations, etc.). Spectaculaire, cette loi n'avait pourtant rien de révolutionnaire, et les sommes distribuées ne bouleversèrent nullement les hiérarchies. Pourtant, en dépit des insatisfactions voire des injustices – les victimes directes du nazisme ne reçurent souvent qu'une aide symbolique… quand elles en bénéficièrent –, elle contribua à maintenir la paix sociale et à restaurer une confiance certaine dans les nouvelles institutions que la RFA s'était données.

Mais c'est peut-être par sa politique du logement que la République fédérale sut le plus clairement défendre son image d'« État de la société industrielle[1] ». En 1950,

1. Voir Ernst Forsthoff qui voit dans la RFA « l'État de la société industrielle ». Cité par Kurt Sontheimer, *Die Adenauer-Ära*, Munich, DTV, 2e éd., 1996, p. 79.

le bilan s'avère pourtant décourageant : aux millions de sans-abri vivant au sein des trois zones s'ajoutent quelque 10 millions d'expulsés, progressivement rejoints par les prisonniers dont le retour s'étale de 1946 à 1955. Il faut également compter avec les nouvelles familles qui, la paix retrouvée, se fondent chaque année. En 1950, près de 4,8 millions de foyers attendent toujours la fin d'un état provisoire de moins en moins supportable. La loi du 24 avril 1950 entendait ainsi faire du logement une priorité nationale : tout en fixant les caractéristiques du logement social – une surface allant de 32 m^2 à 120 m^2 pour les familles nombreuses, un loyer ne dépassant pas 1,10 Deutsche Mark par m^2 –, elle encourageait par des prêts, des subventions ou des crédits d'impôts entreprises du bâtiment et investisseurs privés à tourner leurs efforts vers la construction de grands ensembles, jugés plus aptes à pallier les besoins les plus criants. Une seconde loi devait en 1956 davantage privilégier un logement individuel désormais plus accessible. Dès la fin des années 1950, les premiers effets de la croissance permettaient à la population de prendre peu à peu le relais.

La restauration d'une sécurité sociale compte sans aucun doute parmi les événements les moins novateurs de cette politique sociale de l'après-guerre. Malgré l'accord unanime des quatre puissances alliées, le projet d'un système unique permettant de fusionner l'ensemble des branches (assurance maladie, chômage, retraite, accident) et de rassembler les différentes catégories socioprofessionnelles, des ouvriers aux professions indépendantes, échoua finalement. L'Allemagne revenait à la tradition weimarienne de la stricte séparation : à l'image du paysage syndical, la défense des chapelles et les intérêts avaient eu raison d'une idée qui, pourtant, depuis la période bismarckienne, n'avait cessé de nourrir les revendications ouvrières. Seule nouveauté d'importance, un vote conjoint de la CDU et du SPD liait en 1955 le niveau des retraites à l'évolution des salaires, offrant à une population jusqu'alors laissée pour compte les clés d'un mieux-être incontestable.

Répartition du revenu des ménages de 1945 à 1980 (en %)

	1950	**1960**	**1970**	**1980**
Nourriture	43,0	38,6	30,6	28,1
Habillement	15,4	12,5	10,6	9,3
Loyer	7,2	7,6	12,5	16,4
Chauffage/Électricité	3,0	3,9	3,7	6,5
Ameublement, app. ménagers	12,1	13,5	12,3	9,4
Transport	5,7	7,8	13,6	14,0
Hygiène/Santé	3,2	3,6	4,6	3,0
Culture (livre, théâtre, cinéma, télé, radio)	6,6	7,6	7,3	8,6
Dépenses personnelles (hôtellerie, voyages, etc.)	3,8	4,9	4,8	4,8

Source : Werner Abelshauser, *Wirtschaftsgeschichte der BRD, op. cit.*, p. 131.

Au total, pour incomplètes ou insuffisantes qu'elles aient été, ces mesures demeuraient, pour l'essentiel de la population, un accompagnement appréciable et apprécié, qui contribuait, au même titre que le relèvement de l'économie ou la chute du chômage, à ce sentiment d'une amélioration générale des conditions de vie. Si la part de la nourriture dans le budget familial moyen reste considérable, elle diminue néanmoins régulièrement, passant de 43 % en 1950 à 38,6 % en 1960, le pourcentage des dépenses vestimentaires, culturelles ou de loisirs augmentant peu à peu. L'image des *Trümmerfrauen* (ces femmes qui débarrassaient les rues de leurs tas de ruines) fait lentement place à une modernité encore bien timide mais à laquelle la population veut croire, garantissant une paix sociale exceptionnelle qui explique à son tour en partie la régularité de la croissance. Jusqu'à la fin des années 1960, l'agitation syndicale demeure en effet une exception : en dépit d'avancées jugées souvent trop timorées, un pays qui se relevait de ses ruines et où le chômage diminuait inexorablement pour passer en 1960 sous la barre des 2 % se prêtait assurément mal aux démonstrations de force. De plus, les syndicats ne pouvaient ignorer certaines avancées spectaculaires : en avril 1951, ils obtenaient ainsi la reconnaissance légale de la parité ouvrier-patronat dans la représentation au conseil d'administration des industries minières et métallurgiques. Tandis que leurs défaites – telle l'adoption contre leur volonté de la loi du 27 juillet 1952 sur la représentation et la cogestion dans les autres secteurs – ne soulevaient que peu d'échos dans une population globalement satisfaite : là encore, malgré son imperfection, la loi de 1952 avait introduit dans les conseils d'entreprises et d'administration un esprit nouveau, réduit les tensions les plus notables et finalement contribué à ce « respect du bien commun pour le bien de l'entreprise et de ses employés » que prévoyait son article 49.

Certes, pour beaucoup d'Allemands, la réalité est encore au milieu des années 1950 plus grise que ne le laisse entendre le terme de « miracle économique ». Pourtant, cette impression d'une amélioration sensible existe. La vision que les Allemands porteront par la suite sur cette période sera qui plus est remodelée par le souvenir de la prospérité, cette fois très réelle, des années 1960. Le travail de la mémoire collective, soucieuse de gommer *a posteriori* les imperfections d'une réalité moins riante que ne le veut la légende, opérera alors à plein, transformant ces années en gloire nationale.

La recherche d'un équilibre

Malmenée par la défaite, les destructions, les bouleversements sans précédents induits par les expulsions et les déplacements, la société allemande des années 1950-1960 est avant tout désireuse de retrouver la (ré)assurance d'une certaine normalité. Mieux intégrée dans le concert des nations et toujours plus acceptée par des voisins devenus partenaires, la RFA expérimente en effet une nouvelle vie, mais aussi un nouveau régime, bref, une nouvelle situation où les adaptations et, parfois, les tâtonnements sont autant de signes de la recherche d'un équilibre politique, social, moral, d'une identité qu'il faut à nouveau définir.

La mise en place d'une démocratie

Au seuil des années 1960, la démocratie s'est durablement installée dans les mœurs et les pratiques politiques. Pourtant, la difficulté des débuts autant que le souvenir cuisant de Weimar ne présageaient en rien du succès d'un régime finalement importé et greffé sur des habitudes héritées d'un système autoritaire. Sur les 402 députés du premier Bundestag, seuls 29 avaient appartenu au Reichstag ; près d'un quart des électeurs s'étaient abstenus lors des élections législatives de septembre 1949, témoignant d'un désintérêt manifeste ; enfin, la première assemblée s'était rapidement signalée par un nombre élevé de rappels à l'ordre, d'expulsions, d'interruptions de séance pour troubles graves jamais égalés depuis[1].

Toutefois, si le premier Bundestag s'était montré particulièrement remuant, il s'était également distingué par son efficacité, votant 545 des 805 projets de loi examinés. De plus, la participation aux élections législatives n'allait cesser d'augmenter, passant de 76 % à 87,8 % en 1953, se stabilisant ensuite autour des 87 %. Certes, il demeurait une forte dose d'attachement aux traditions et d'*Obrigkeitsdenken*[2] dans le comportement des premiers votants. Et l'anticommunisme, particulièrement au long des années 1950-1960, façonnait les attitudes et facilitait un certain suivisme. La démocratie d'Adenauer se signalait également par une conception très personnelle du pouvoir : à maintes reprises, ainsi lors du mémorandum de Himmerod, le chancelier avait tenu le Parlement à l'écart des négociations en cours. La CDU, à l'image de son président, renvoyait ainsi l'image d'un parti qui, malgré sa fondation tardive (1950), demeurait archaïque, figé, ne tenant finalement que par sa figure tutélaire et fondé sur une hiérarchie très patriarcale, fort

1. Peter Schindler relève ainsi entre autres 156 rappels à l'ordre (il faudra attendre le septième Bundestag pour en retrouver 9), 17 expulsions (une seule lors du troisième Bundestag) et 2 interruptions pour troubles importants (les deux seuls dans l'histoire du Bundestag). In *Datenhandbuch zur Geschichte des Deutschen Bundestages 1949-1982*, Bonn, 1988, p. 810.

2. Littéralement « système de pensée intégrant la soumission à l'autorité ».

peu moderne et dont elle allait finir par payer le prix : l'attachement volontaire à la sécurité, le refus des expériences (voir le mot d'ordre CDU/CSU lors des élections de 1957, « *keine Experimente* ») traduisaient en un sens de façon symbolique le détachement d'un électorat moins soucieux de politique intérieure que de relations internationales et de réalités économiques.

Néanmoins, le jeu démocratique fonctionnait et, dès janvier 1950, les Alliés avaient supprimé l'obligation de licence pour les partis. À la différence de Weimar, la notion même de parti politique avait été intégrée dans la Constitution et associée à sa valeur fondamentale. Jugés par l'article 21 indispensables « à la formation de la volonté politique du peuple », les partis « ne sont plus considérés », pour reprendre la formule d'Henri Ménudier, « comme un mal nécessaire qu'il faut supporter mais comme une des conditions de base d'une véritable démocratie »[1]. Face à la coalition conservatrice et libérale ou réduite à la seule CDU/CSU, l'opposition jouait ainsi son rôle : la social-démocratie, malgré son évidente incapacité à organiser, pour l'heure, une opposition crédible, trop souvent ancrée dans l'émotionnel, faisant qui plus est appel à la scène extra-parlementaire – ainsi lors des campagnes « Sans moi » (*Ohne mich*) contre la création d'une armée allemande ou « Lutte contre la mort par l'atome » (*Kampf gegen den Atom-Tod*) en 1957 contre un armement atomique de la Bundeswehr –, devait lentement tirer les leçons de son insuccès.

En marge des partis traditionnels, le paysage politique s'était également enrichi d'organisations et de groupes de pression défendant les intérêts de couches représentatives de la population.

1. Henri Ménudier et Alfred Grosser, *op. cit.*, p. 69.

Certes, la première force sociale que représentait le syndicalisme souffrait d'une conjoncture économique sans nuages. L'arrivée progressive d'une main-d'œuvre plus jeune, où la part des femmes augmentait sensiblement, doublée d'une défaite en 1952 sur le dossier de la cogestion, n'avait guère facilité l'influence du DGB, dont les adhérents regroupaient une part toujours moins importante[1] d'une population employée et ouvrière pourtant en expansion. Une de ses branches avait néanmoins offert par sa combativité des avancées considérables : en 1956, l'IG Metall obtenait ainsi l'adoption dans l'industrie métallurgique de la semaine de 45 heures sans diminution de salaire et, sept ans plus tard, à l'issue d'une grève marathon, la réduction du temps de travail à 41 heures 1/4, assortie des mêmes avantages.

Le syndicalisme patronal n'était pas en reste. L'Union fédérale des associations patronales allemandes (BDA) devait tout au long des années 1950-1960 trouver par l'intermédiaire d'une de ses composantes, l'Association fédérale de l'industrie allemande (BDI), l'oreille attentive du chancelier ou celle de Ludwig Erhard. Pièce essentielle de l'échiquier économique, l'influence des dirigeants industriels possédait toutefois ses limites : des intérêts supérieurs, essentiellement liés aux impératifs de la politique extérieure, poussaient en 1961 le gouvernement à réévaluer la monnaie et, en 1963, à interdire l'exportation de conduites géantes promises à l'URSS. Malgré son importance, le « miracle » avait aussi ses lois que la raison d'État ne pouvait ignorer.

1. D'après Christoph Klessmann, 45 % en 1951 contre 35 % en 1969. In *Zwei Staaten, eine Nation. Deutsche Geschichte 1955-1970*, Göttingen, Vandenhoeck & Ruprecht, 1988, p. 127.

L'influence du syndicalisme agricole fut également décisive dans un climat de bouleversement marqué par la transformation des structures, la réduction de la part de l'agriculture dans la répartition de la population active et l'ouverture du pays au Marché commun. L'Association allemande des paysans (DBV) devait ainsi longtemps réussir à préserver une agriculture allemande vieillissante d'une concurrence européenne toujours plus pressante, arrachant en 1955 une loi protégeant la production nationale. Toutefois, la présence au ministère de l'Agriculture, de 1953 à 1965, de deux membres éminents du DBV, ou l'élection au Bundestag en septembre 1961 de 64 représentants du monde agricole n'allaient pas suffire à retarder l'évolution induite par le tournant de 1957. La mise en place d'institutions communes, la création en janvier 1962 du FEOGA conféraient en effet à l'Europe des pouvoirs nouveaux, déplaçant le lieu des débats et introduisant de nouvelles règles qu'il devenait toujours plus difficile de contourner voire de refuser. Néanmoins, la lutte pied à pied menée par le DBV avait probablement rendu la transition plus douce.

Parmi ces groupes de pression, le plus remarquable demeurait, sans conteste, le mouvement des réfugiés et des expulsés, tant il véhiculait de mémoire et de sensibilité. Représentés par la Centrale des réfugiés allemands (ZvD) créée en 1950[1] ou des associations au caractère ethnique marqué regroupées dans l'Association des compatriotes (VdL), nombre de réfugiés entendaient au lendemain de la fondation de la République faire valoir leurs droits et entretenir le souvenir des provinces perdues, dans l'espoir d'un possible retour. À l'origine de la loi sur la péréquation des charges, ces associations

1. Remplacée en 1954 par la Fédération des réfugiés (BvD).

avaient également obtenu en 1953 la reconnaissance d'un statut qui plus est transmissible aux générations ultérieures. Groupe émotionnel par excellence, la mouvance des réfugiés allait cependant s'avérer une des plus éphémères. Le succès du Bloc des réfugiés et des spoliés (BHE) de Waldemar Kraft[1], qui obtient 27 sièges aux élections législatives de 1953, n'empêche pas une rapide désunion : aux rivalités internes – entre Sudètes, Prussiens de l'Est ou Silésiens – s'ajoutent des désaccords plus fondamentaux sur la politique d'intégration occidentale du chancelier ou sur la question sarroise. Dès 1955, 9 députés, dont Kraft et Oberländer, rejoignent la CDU et le FDP, sonnant le glas d'un mouvement qui ne survivrait pas à son entrée dans les années 1960. Au-delà de cet épisode, l'influence des réfugiés n'allait cesser de décroître sous le double effet d'une intégration croissante et du désintérêt grandissant de la génération montante.

État fédéral, fondé sur le respect d'une pluralité qui refusait dans son essence le centralisme prussien et hitlérien, la RFA apprenait enfin à gérer cet équilibre entre pouvoir central et souveraineté des Länder. À la différence d'un Bundestag qui témoignait d'un règne sans partage de la majorité conservatrice-libérale de 1949 à 1963, les parlements régionaux (*Landtage*) frappaient par leur diversité : si les Länder du Bade-Wurtemberg, de la Sarre ou, jusqu'en 1966, de la Rhénanie-du-Nord-Westphalie restent l'apanage de la CDU, la Bavière demeurant acquise à l'Union chrétienne-sociale, d'autres, tels Hambourg, Brême ou la Hesse, étaient au contraire ancrés dans une tradition sociale-démocrate.

1. Kraft sera remplacé lors du congrès du 8-9 mai 1954 par Theodor Oberländer.

L'opposition SPD trouvait ainsi dans l'échelon local un substitut d'importance à la seule assemblée fédérale, en même temps qu'une tribune de poids, d'où des figures tel Willy Brandt, élu maire régnant (*regierender Bürgermeister*) de Berlin en octobre 1957, sauraient tirer parti. L'affaire de la *Zweites Deutsches Fernsehen* (deuxième chaîne de télévision) allait démontrer l'effectivité d'une telle opposition. Souhaitant créer une seconde chaîne d'où les Länder auraient été exclus, Adenauer dut en effet reculer devant le désaveu du tribunal constitutionnel saisi par les villes de Hambourg et de Brême ainsi que par le Land de Hesse. Jugé le 28 février 1961 contraire à la Constitution, dans la mesure où l'État ne pouvait détenir seul le contrôle de la chaîne, le projet gouvernemental fut retiré, en dépit des sommes déjà investies. Et, en 1963, une « Seconde chaîne », précédant de peu la naissance d'une troisième chaîne régionale, voyait le jour, avec l'accord des Länder.

Considéré comme le garant de la démocratie et le miroir de l'équilibre des pouvoirs, le fédéralisme sortait grandi de cette affaire. L'écho favorable qu'elle rencontra au sein de la population, relayé par l'institution catholique, témoignait enfin d'un intérêt plus marqué pour la chose politique. Sans que cet épisode constitue un tournant, il reste néanmoins symbolique d'un changement d'attitude, dont témoignent la plupart des sondages de l'époque[1] : la République est au début des années 1960 sortie du mépris auquel l'échec de Weimar avait largement contribué. Acceptée voire encensée pour ses bons résultats et ses succès économiques et politiques, elle n'est certes pas entrée dans les mœurs

1. Voir *Jahrbuch der öffentlichen Meinung, 1968-1973*, Allensbach, Verlag für Demoskopie, 1974, p. 200-213.

individuelles autant qu'elle l'est dans les démocraties de plus longue date. Cependant, le mot cruel de Heine, pour qui l'Allemand, à la différence du Français ou de l'Anglais, qui aimeraient la liberté respectivement comme sa maîtresse ou sa femme légitime, l'aimerait comme sa grand-mère, a sans nul doute perdu de son actualité. À l'image de son armée, corps de « citoyens en uniforme » non plus à part mais intégré à la démocratie, et qui plus est régi, non sans difficultés il est vrai, par le principe radicalement neuf de « direction intérieure » (*Innere Führung*) censé remplacer, selon le comte von Baudissin, les habitudes néfastes du *Drill* prussien et du *Führerprinzip* nazi, la RFA s'est durablement imposée à des citoyens eux-mêmes devenus plus responsables.

Une société de consommation en quête de normalité

Dynamisée par le miracle économique, rassurée par la disparition progressive et parfois très rapide des séquelles du désastre, la société allemande s'était peu à peu abandonnée aux délices de la consommation.

Frénésie de consommation alimentaire (*Fresswelle*) tout d'abord, qui, au milieu des années 1950, s'explique tant par des salaires peu élevés que par un profond désir de rattraper une décennie de rationnement : les supermarchés, importés des États-Unis, font une entrée remarquée dès la fin des années 1950, révolutionnant en même temps les modes d'approvisionnement. Les biens d'équipement connaissent également un succès considérable. À l'image de ses voisins, l'Allemagne n'échappe pas à la vague de modernisme et d'appel au confort qui submerge alors le monde occidental, et dont Boris Vian, en France, caricaturera les excès dans sa *Complainte du progrès*. Mais l'évolution est en réalité souvent plus lente que ne le laisse supposer l'image rétrospective des années dorées : en 1955, plus de 70 % de la population allemande vit dans un logement dépourvu de salle de bains, de W-C et *a fortiori* de chauffage central. La compensation n'en sera, au seuil des années 1960, que plus forte. Symbole de cette explosion, le succès de la « coccinelle » ou de la « Gogo-mobil » et, à travers elles, de l'automobile : alors que la production de la petite Volkswagen grimpe, entre 1955 et 1960, de 1 000 à 4 000 véhicules par jour, le nombre de voitures vendues en RFA double entre 1957 et 1960, passant de 2,36 à 4,84 millions. Mais, au-delà des chiffres, cette consommation de masse frappe par ses répercussions sur une société jusqu'alors très figée et où les appartenances sociales, les hiérarchies, reproduites y compris dans le paysage politique, avaient longtemps freiné l'évolution.

Vraissemblablement certains sociologues ont-ils des doutes sur la réalité de ces transformations sociales. Ainsi, pour Wolfgang Zapf, la RFA se serait contentée de masquer sous les couleurs d'une aisance d'ailleurs inégale une structure sociale restée inchangée, le décollage économique et les transformations sociales qui l'accompagnent ne se traduisant nullement par une démocratisation des élites ; « la plupart des groupes dominants d'Allemagne de l'Ouest », affirme-t-il, « se recrutent d'une façon disproportionnée [...] dans la bourgeoise et la couche moyenne supérieure des dernières années de l'Empire et de la première République »[1]. Toutefois, en dépit de ces réserves, il n'en demeure pas moins que la soif généralisée de consommation, le désir

1. Wolfgang Zapf (éd.), *Beiträge zur Analyse der deutschen Oberschicht*, Munich, R. Piper & Co., 1965, p. 152. Cité par Christoph Klessmann, *op. cit.*, p. 36.

d'un bien-être individualisé, soutenu par la croissance et renforcé par l'amélioration du pouvoir d'achat, ont introduit dans cette société un élément dynamisant. Et, même si on hésite à parler comme Helmut Schelsky d'« une société nivelée en une classe moyenne [*nivellierte Mittelstandsgesellschaft*] », peu à peu une certaine mobilité bouleversait des comportements désormais plus soucieux de réussite personnelle et moins conditionnés par des réactions de classe. « Un processus se met ainsi en place, où des besoins toujours nouveaux succèdent à des désirs eux-mêmes réalisés et dans la réalisation desquels ils se transforment en une attente permanente de nouvelles revendications », souligne Friedrich H. Tenbruck. « Cet élargissement [...] qui s'accompagne d'un raffinement de la structure de ces besoins ne s'est pas contenté d'être un moteur de l'évolution sociale. Il a imprégné de façon profonde l'attitude de la population à l'égard de la vie en général [*Lebenseinstellung*][1]. »

Cette mobilité plus importante, qui se traduit jusque dans la « vague des voyages » (*Reisewelle*) qui emporte bientôt les Allemands, s'accompagne en même temps d'une aspiration à la stabilité, probablement dictée par un désir d'oublier le chaos de la veille. Rendu possible par le retour de la prospérité, la reconstruction et l'effacement progressif des traces apparentes de la catastrophe, cet équilibre est aussi facilité par le tarissement des grands mouvements de population qui ont marqué la fin de la guerre : l'émigration allemande vers l'étranger, massive entre 1949 et 1954, se ralentit considérablement dès 1955 ; les *Displaced Persons* ont alors également déjà

1. Friedrich H. Tenbruck, « Alltagsnormen und Lebensgefühle in der Bundesrepublik », *in* Richard Löwenthal et Hans-Peter Schwarz (dir.), *Die Zweite Republik*, Stuttgart, Seewald, 1974, p. 294.

quitté l'Allemagne pour leurs nouveaux pays d'accueil. L'immigration est-allemande se voit quant à elle absorbée par la machine économique au fur et à mesure de son arrivée. Enfin, les réfugiés d'hier, Prussiens, Silésiens ou Sudètes, se sont lentement intégrés par le biais des mariages ou du travail. Et si la détérioration de leur statut social, qui semble accompagner leurs premiers pas dans la République fédérale[1], autant que le souvenir durable des provinces perdues pèsent sur cette intégration, l'aide sociale gouvernementale et plus encore la participation au « miracle » posent les jalons d'une assimilation qui, dès la seconde génération, sera complète.

Cette recherche de la normalité se manifeste avant tout par le succès de toutes les formes de divertissement. Les compétitions sportives retrouvent ainsi lentement une audience d'autant plus forte qu'elle permet de renouer à peu de frais avec une certaine fierté nationale, le public se passionnant pour les exploits des boxeurs Peter Müller (1952) et Gustav « Bubi » Scholz (1962), ceux des sprinters du 400 mètres Manfred Germar ou Manfred Steinbach, qui, en 1958, à Stockholm, offrent à la RFA un record du monde, sans compter ceux de l'équipe nationale de football[2], tandis que les courses de voitures sur l'Avus berlinois sont de nouveau à l'honneur. Succès également de la littérature, après des années d'une censure qui avait multiplié les autodafés. Si l'« âge d'or » de la revue « intellectuelle » est bien terminé, les années 1950 sont en revanche l'occasion d'une découverte des chefs-d'œuvre de la littérature étrangère autant que celle d'une nouvelle plongée dans les classiques de la littérature allemande, de Goethe à Thomas

1. Voir Christoph Klessmann, *op. cit.*, p. 35.
2. Voir *supra*.

Mann en passant par Heine, les auteurs romantiques se taillant la part du lion : Eichendorff ou Novalis permettent en effet de renouer avec des racines « saines » (voir l'expression de « *heile Welt* ») et un monde où la nature, redécouverte, et détentrice des vraies valeurs, offre à l'homme une source d'idéal et d'équilibre. Au-delà, l'aventure et les mondes lointains, à l'image du roman de C. W. Ceram[1] *Des dieux, des tombeaux, des savants* (*Götter, Gräber und Gelehrte*, 1949), contant les mystères de l'Orient et la malédiction des pharaons, les amourettes romantiques, dont le *Ich denke oft an Piroschka* (Je pense souvent à Piroschka, 1954[2]) de Hugo Hartung, immortalisé à l'écran un an plus tard par Liselotte Pulver, fournit sans conteste un des plus beaux exemples, constituent les thèmes de prédilection des Allemands de l'après-guerre.

Succès enfin et surtout du monde du spectacle, de la chanson au music-hall en passant par le cinéma, où dominent le rire, les bons sentiments et les amours romantiques. Il s'agit là encore d'effacer la noirceur passée et de gommer par le rêve les difficultés toujours rencontrées ou la misère des temps anciens, bref, de confirmer par une tonalité positive l'embellie déjà promise par l'économie.

Si des artistes tels Zarah Leander, Kristina Söderbaum ou Horst Caspar ont quitté la scène, victimes de leur succès pendant la période nazie, d'autres continuent à faire chanter ou danser la République fédérale, à l'image de Marika Rökk, reine du music-hall des années 1940, ou de Hans Albers qui, jusqu'à sa mort en 1960, prolonge sa carrière à l'écran. En cela, la société ouest-allemande

1. C. W. Ceram est le pseudonyme de Kurt Wilhelm Marek.
2. Livre non traduit en français.

n'a guère changé, et les films de divertissement, qu'il s'agisse de comédies musicales, de drames romantiques ou de films d'aventure dans lesquels le sentiment le dispute à l'intrigue ou au souci de reconstitution historique, sont, comme sous le IIIe Reich, toujours à l'honneur. Et si les circonstances ont évolué, les thèmes demeurent. En fait, la seule différence notoire vient sans doute d'une ouverture sans précédent aux créations étrangères : dès le lendemain de la guerre, les films de Chaplin, de John Ford, à l'image de *La Ruée vers l'or* ou de *La Chevauchée fantastique*, en attendant le déferlement des grandes productions tel *Ben-Hur* mais aussi les œuvres de René Clair ou Marcel Carné, qui triomphe avec *Les Enfants du paradis*, fascinent le public.

Cette nouveauté mise à part, la scène allemande demeure fidèle à ses classiques. D'autres acteurs, d'autres metteurs en scène ou d'autres interprètes viennent simplement renouveler le genre. C'est le cas de Dieter Borsche, Sonja Ziemann ou Ruth Leuwerik, qui tentent souvent de concilier amour et éthique sociale, et plus encore de Heinz Rühmann, l'acteur emblématique des années du « miracle économique » qui, après sa courte traversée du désert et quelques productions sur le climat de l'après-guerre tels *Ballade berlinoise* (*Berliner-Ballade*, 1948) ou *Wenn der Vater mit dem Sohne*[1] (1955), continue à charmer le public dans des comédies retentissantes, à l'image de l'incontournable *Capitaine de Köpenick* (*Der Hauptmann von Köpenick*, 1958). Et si les enquêtes policières, tels le troisième et dernier « Docteur Mabuse » de Fritz Lang ou *Ça s'est passé en plein jour* (*Es geschah am hellichten Tag*, 1958),

1. Film de Hans Quest, non disponible en français (Lorsque le père, avec le fils).

dans lequel Heinz Rühmann en policier suisse poursuit le meurtrier Gert Fröbe, occupent une place non négligeable dans le cinéma des années 1950[1], le genre le plus prisé reste le « *Heimatfilm* » alliant idylles bucoliques et vues panoramiques de paysages régionaux, et dont *Der Förster vom Silberwald*[2] (1954) constitue un bon exemple. Certes, le genre n'était pas nouveau et, dès 1914, avait connu à travers les œuvres de Ludwig Anzengruber ou Peter Ostermayer ses premières réalisations. Repris par le national-socialisme dans des productions à succès tels *Die Jugendsünde* (Péché de jeunesse – 1936) ou *Das sündige Dorf* (Le village du pécheur – 1940) de Joe Stöckel, le *Heimatfilm* s'inscrivait dans un monde fait d'ancien et de nouveau, et de retour à une tradition revisitée par les besoins du moment. À la ville inquiétante, à la folle croissance urbaine, aux problèmes générationnels et aux bouleversements du miracle économique, il opposait une oasis de la stabilité où l'amour, le maintien des liens sacrés de la famille, enfin, le triomphe des valeurs simples mais vraies rassuraient, le fréquent mariage final mettant officieusement un terme au spectre de la femme seule de l'après-guerre, en proie au deuil, à l'attente ou à la honte de la *Besatzerbraut* (femme d'occupant). Par la diversité des paysages – des larges plans consacrés des forêts souabes aux espaces tyroliens en passant par les landes du Schleswig-Holstein –, le *Heimatfilm* exaltait aussi la richesse d'un patrimoine excédant de loin le simple « paysage de ruines » (*Trümmerlandschaft*). Les succès enregistrés par

1. Voir la classification d'Osterland, citée par Christoph Klessmann (*op. cit.*, p. 47), et qui, pour la période 1949-1964, recense 23,8 % de *Heimatfilme*, 22,5 % de comédies, 19,8 % de films historiques, 13,3 % de policiers, enfin, 7,2 % de films de guerre.

2. Film d'Alfons Stummer, non disponible en français (Le forestier de Silberwald).

La Fiancée de la Forêt-Noire (*Schwarzwaldmädel*, 1950) ou *Der Fischer vom Heiligensee*[1] (1955) apportaient enfin une réponse et une consolation au malheur des rapatriés et réfugiés, dont l'intégration devait être ainsi facilitée. « Je n'oublierai jamais les jours passés ici sur la lande, devenue ma seconde patrie », déclare le hobereau Lüder Lüdersen dans *Ma verte bruyère* (*Grün ist die Heide*, 1951) avant de repartir vers de nouveaux horizons. « Ne rendez pas la vie difficile à ceux qui sont venus vers vous. Qui n'a pas dû quitter sa patrie ne saurait mesurer ce que signifie être "apatride". Merci à tous[2]. »

La chanson n'est pas en reste, abordant tout au long de ces années des thèmes étrangement semblables. La plupart des succès de l'époque parlent ainsi également avant tout d'amour, sur un ton romantique (comme dans *Du, du, du, lass mein kleines Herz im Ruh*[3] de Ruth Bruck, 1953, ou *Ganz Paris träumt von der Liebe*[4] de Caterina Valente, 1955), humoristique (comme dans *Anneliese, ach Anneliese* de Hans-Arno Simon), mais aussi d'air pur et de nature (*Badehose*[5] de Cornelia Froboess, 1951), ou, accompagnant les touristes vers l'Italie ou l'Espagne, de plages, d'océans lointains et de liaisons exotiques (ainsi dans *Beine von Dolores*[6] de Gerhard Wendland, 1951), traduisant un évident besoin d'idéal, de bonheur et de sentiments, même artificiels. À côté du soleil de Hawaï, qualifiée dans une chanson en

1. Film de Hans König, non disponible en français (Le pêcheur de Heiligensee).
2. Voir *Der deutsche Heimatfilm. Bildwelten und Weltbilder*, Ludwig Uhland Institut für Empirische Kulturwissenschaft der Universität Tübingen, Tübingen, Tübinger Vereinigung für Volkskunde EV, 1989, p. 81.
3. Toi, toi, toi, laisse mon cœur en paix.
4. Tout Paris rêve de l'amour.
5. Maillot de bain.
6. Les jambes de Dolores.

vogue d'« île née des rêves » (*Eine Insel aus Träumen geboren ist Hawaï*), ou de l'amour inspiré, la nostalgie occupe enfin, comme à l'écran, une place prépondérante. La chanson de Hermann Löns *Grün ist die Heide* n'avait-elle pas en un sens inspiré son équivalent cinématographique ? Là encore, le souvenir de la « terre des pères » abandonnée, comme dans *Heimweh* ou le tout aussi mélancolique *Land der dunklen Wälder, Land der grünen Seen*[1], souvent d'inspiration silésienne ou prussienne orientale, témoignait d'une volonté de perpétuer le souvenir, adouci par la nostalgie.

Les bonnes manières elles-mêmes, après la tourmente de la guerre mais aussi le passage du nazisme, pour qui la morale était avant tout bourgeoise, la jeunesse, une force novatrice en lutte contre l'archaïsme des habitudes parentales, attestent ce désir de retrouver un équilibre salvateur. La restauration de l'autorité parentale, que l'Église catholique relayée par la CDU adenauerienne avait réclamée dès le lendemain de la guerre, le retour en force du code de bonne conduite, dont témoignent les succès du *Buch der Etikette* (Le livre de l'Étiquette, 1956), auquel a participé Erica Pappritz, en charge du protocole dans le cabinet Adenauer, ou de l'ouvrage de Gertrud Oheim *Einmaleins des guten Tons* (Les bases du bon goût, 1959), sont le signe d'une volonté de renouer avec une tradition. Ce retour aux racines et à une éducation devait aider à redécouvrir des valeurs qui, estimait-on, avaient fait leurs preuves et, inconsciemment, permettraient peut-être à l'Allemagne et à ses habitants de regagner leur place dans « le monde ». Le succès des *Sissi*, dans le rôle de laquelle triomphaient, à partir de 1954, la jeune Romy Schneider,

1. Pays des forêts sombres, pays des lacs verts.

et, à travers son personnage, celui d'un monde familial fait d'équilibre et de politesse, de galanterie et d'esprit chevaleresque, ignorant la contestation, révélait l'idéal d'une génération.

Une société sans faille ?

Les critiques d'une République triomphante

Face à cette République qui s'entêtait à regagner l'estime des autres nations et la sienne propre, le consensus, pourtant, n'était pas général, et les voix de nombreux intellectuels s'étaient bientôt fait entendre pour fustiger les travers d'une RFA à la bonne conscience trop suspecte et au credo trop matérialiste. Bien plus rapidement que le cinéma, qui participe largement à l'image d'une République lisse et heureuse, la littérature avait très tôt émis des doutes sur la cohérence et la légitimité de l'ensemble, obsédée par la responsabilité de la guerre. Toutefois s'agissait-il d'une attitude critique affichée comme résolument constructive. Le Groupe 47 emmené par Hans Werner Richter proclamait ainsi dans sa charte vouloir « former une élite démocratique » et « mettre au point, pratiquer des méthodes démocratiques au sein d'un cercle d'individualistes avec l'espoir qu'elles prouveraient à long terme leur impact sur la masse ». Cependant, cette fonction avait évolué vers une opposition radicale et une prise de position toujours plus politisée. L'aspect le plus spectaculaire de cette attitude s'était manifesté lors des grandes campagnes menées contre le réarmement allemand ou encore, en 1957, de celle contre la dotation de la Bundeswehr en armements atomiques, qui, dans un même élan de protestation, avait rassemblé scientifiques, hommes politiques et théologiens : Erich Kästner, Heinrich Böll, Eugen Kogon ou encore le prix Nobel de physique Max Born, associés à de grands noms du protestantisme tels Martin Niemöller ou Helmut Gollwitzer, avaient alors multiplié les manifestations, les réunions et les interventions contre la « mort par l'atome » (*Kampf dem Atomtod*). Quelques-uns, à l'image de Günter Grass, qui apporte au milieu des années 1950 un soutien remarqué à Willy Brandt, n'avaient pas hésité à rejoindre de façon très démonstrative les rangs de la social-démocratie, non sans provoquer chez certains tiraillements et hésitations. De simple garde-fou de la liberté, l'écrivain devenait en effet peu à peu une figure partisane dont quelques-uns, tel Heinrich Böll, regrettaient la perte d'indépendance. Au départ réunis par des convictions et des idées autant littéraires que politiques, les membres du Groupe 47 allaient ainsi souffrir de cet entre-deux, que l'avènement des années 1960 et une plus grande politisation de la jeunesse devaient rendre à certains plus insupportable encore. Et la fondation, deux ans avant le départ d'Adenauer, du Groupe 61, dont le manifeste annonçait un discours critique à l'égard du monde industriel, des valeurs et de la société qu'il engendrait, confirmait une évolution qui n'avait pas épargné, non plus, l'Église protestante.

Si les intellectuels, au premier rang desquels les écrivains, avaient en effet très tôt pris au sérieux leurs responsabilités « sociales », tant ils avaient été écartés du débat pendant la dictature, les Églises estimaient, elles aussi, qu'il était temps de retrouver leur place dans cette société en pleine mutation. Nombre de pasteurs, souvent issus des rangs de l'Église confessante (*Bekennende Kirche*) et réunis au sein de fraternités (*Bruderschaften*), attendaient même une avancée plus spectaculaire encore.

Ils entendaient en effet sortir de la sacristie pour aller au peuple, voire entrer dans l'arène politique afin de réveiller une conscience endormie par un confort matériel et moral. Aussi les critiques acerbes des intellectuels trouvaient-elles souvent un écho favorable dans les discours enflammés d'un Niemöller, d'un Martin Fischer ou d'un Siegfried Ringhandt.

Aux attaques de Niemöller avait fait écho la satire de Heinrich Böll qui, dans *La Grimace* (*Ansichten eines Clowns*), réglait ses comptes avec la CDU et l'Église catholique, accusée de préférer le dogme à l'esprit et de trahir par ses compromissions l'idéal qu'elle devait défendre. Cette accointance avec le pouvoir se nourrissait également aux yeux de bien des intellectuels d'une fausse conception de la liberté derrière laquelle le régime n'avait cessé de se retrancher. Pire, la réunification avait été sacrifiée au nom d'une valeur qui dissimulait mal l'anticommunisme fondamental du chancelier et de l'Église à laquelle il appartenait. « Les arguments courants sont les suivants : séparer les concepts d'unité et de liberté, c'est là un principe abstrait, dit-on », affirme Karl Jaspers dans son ouvrage *Liberté et réunification* (1960). Or, pour lui, « l'unité est un fait tangible, matériel, et par là, c'est un mot convaincant. La liberté, on ne la voit pas, on ne la sent pas, c'est un mot qui ne s'impose pas[1] ». De plus, portée au pinacle, cette liberté souffrait pourtant bien des avanies et dissimulait des motivations moins avouables. La concentration de la presse, la puissance montante du groupe Springer étaient déjà les témoins d'une pensée de moins en moins plurielle. L'affaire du *Spiegel* prouvait à ces hommes que la liberté avait aussi, en République fédérale, ses limites.

1. Karl Jaspers, *Liberté et réunification*, Paris, Gallimard, 1962, p. 111.

À la suite d'un reportage paru le 10 octobre 1962 sur l'inspecteur général de la Bundeswehr Foertsch et les manœuvres prévues à l'automne par l'OTAN, l'hebdomadaire avait en effet, preuves à l'appui, violemment critiqué les insuffisances de la défense allemande et la capacité de la RFA à affronter un conflit avec efficacité. À la veille de la crise cubaine, l'article résonnait comme un défi auquel le gouvernement démocrate-chrétien allait répondre avec la plus extrême fermeté : accusés de trahison et de divulgation de secrets militaires, l'éditeur, Rudolf Augstein, et le rédacteur en chef, Conrad Ahlers, étaient arrêtés, suivis peu après d'autres responsables, tel le directeur de la publication, Hans Detlev Becker, et de deux colonels de l'armée ; en outre, les bureaux du *Spiegel* avaient été occupés et la plupart des numéros saisis. Malgré l'abandon de poursuites jugées après coup sans fondement, la méfiance à l'égard de l'autorité devait se renforcer, bientôt relayée par une opposition d'un autre style.

D'une façon plus générale, écrivains et intellectuels s'accommodaient mal des nouvelles valeurs de la République fédérale, qui semblait avoir troqué ses idéaux pour un matérialisme et un carriérisme où l'imagination et la fantaisie n'avaient plus leur place. L'éducation proposée au héros des *Noces de Philippsburg* (*Ehen in Philippsburg*, 1957) par Martin Walser passe ainsi par le sacrifice de ses idées généreuses sur l'autel des affaires, de l'argent et des compromissions. Dégageant une atmosphère étouffante ou écœurante, à l'image de la « serre » (*Das Treibhaus*, 1953) de Wolfgang Koeppen, dont on ne sort pas indemne, la République du miracle économique écrase de son inertie et de son consensus tout esprit qui refuse la logique ambiante. « Ce qui est terrible dans mon cas, c'est que je n'ai pas de profession [...] [Autrefois] ils prétendaient tous que ça n'était pas nécessaire, que nous n'avions besoin que de soldats. Maintenant ils vous disent qu'il faut avoir une profession [...] Ils disent qu'on est un fainéant si l'on n'a pas de profession[1] », constate le héros malheureux de Heinrich Böll dans *Les affaires sont les affaires* (*Geschäft ist Geschäft*, 1950). Le plus souvent représenté sous les traits d'un saltimbanque, d'un être libre, désintéressé mais aussi remuant, atypique, presque nomade dans un monde sédentarisé, normalisé et prônant la stabilité, l'artiste décrit par Günter Grass ou Heinrich Böll n'est autre qu'une « brebis galeuse[2] » en voie de disparition. Constat identique dans l'industrie cinématographique : en 1965, Fritz Lang affirme avoir quitté définitivement la République fédérale sans trop de regrets, écœuré par son inconstance et sa conception d'« une industrie cinématographique [...] encore contrôlée par les anciens plaidants, anciens SS ou par les exportateurs de Dieu sait quoi ». Leur unique activité consistant, selon lui, « à arranger des coproductions à la condition expresse que le livre de compte affiche déjà des profits avant même d'avoir démarré le film[3] ». Triomphe, donc, du matérialisme au détriment de l'inventivité et de la libre création, que stigmatisera bientôt le manifeste d'Oberhausen, mais également permanence des structures et des hommes restés en place et qui pardonnent mal aux émigrants d'avant-guerre leur « infidélité » à

1. Heinrich Böll, « Les affaires sont les affaires », in *Le train était à l'heure*, Paris, Gallimard, 1983, p. 283.
2. Voir la nouvelle de Böll *Die schwarzen Schafe* (Les moutons noirs).
3. Fritz Lang, entretien avec Gretchen Weinberg à New York (1964) publié dans les *Cahiers du cinéma* en 1965. Cité *in* Eric Rentschler (dir.), *West German Filmmakers on Film. Visions and Voices*, New York-Londres, Holmes & Meier, 1988, p. 102 (trad. L. B.).

l'égard de l'Allemagne. En cela, la mémoire de la RFA apparaissait curieusement sélective.

Tout entier dévoué à la reconstruction et à la normalité, trop soucieux de sa légitimité et de sa respectabilité, l'État ouest-allemand souffrait en effet d'une inquiétante amnésie.

Non que le nazisme n'ait pas été, au lendemain de la guerre, étudié, disséqué et condamné : catholiques et protestants, libéraux et conservateurs s'étaient livrés à une analyse en règle de ses possibles origines et des racines dont il s'était nourri. Les intellectuels, à l'image d'Ernst Niekisch, d'Eugen Kogon, d'Emil Franzel ou de Friedrich Meinecke, avaient participé en masse au débat, autant par souci de comprendre que par celui d'éradiquer le mal[1]. Et si « la réflexion sur le nazisme menée dans l'Allemagne de l'immédiat après-guerre consiste [avant tout] en une investigation approfondie de l'histoire allemande et européenne[2] », visant d'abord à « reconstituer le cheminement qui a mené à 1933[3] », les réflexions sur la culpabilité allemande, de Fritz Harzendorf (*So kam es. Der deutsche Irrweg von Bismarck bis Hitler*[4], 1946) à Karl Jaspers (*Die Schuldfrage*[5], 1946), n'avaient pas manqué. Bref, malgré le relatif gommage de la question juive et de l'Holocauste, « diluée dans l'énumération plus générale des atrocités nazies[6] », lequel ne sera pas sans conséquences sur la reconnaissance par la société allemande de la spécificité du génocide, la tentative

1. Voir Jean Solchany, *Comprendre le nazisme dans l'Allemagne des années zéro*, *op. cit.*
2. *Ibid.*, p. 58.
3. *Ibid.*, p. 63.
4. C'est arrivé ainsi. Le chemin de perdition de l'Allemagne, de Bismarck à Hitler (livre non traduit en français).
5. La culpabilité allemande (non traduit en français).
6. Jean Solchany, *op. cit.*, p. 66.

de compréhension n'en était pas moins demeurée très remarquable.

Toutefois, cet élan libérateur ne s'était guère prolongé au-delà des années 1948-1949, et la guerre froide autant que la réforme monétaire avaient rapidement introduit de nouvelles préoccupations. Avec la fin des contingentements et la mise en libre circulation d'un papier moins rare, nombre de revues littéraires, qui, jusqu'alors, avaient diffusé une grande part des débats sur le nazisme, s'étaient tournées vers d'autres sujets, désormais davantage soumises aux exigences de la rentabilité. Bref, la réflexion sur le nazisme connaissait des ratés aux yeux de certains intellectuels, d'autant plus graves qu'ils reflétaient un désir collectif de noyer dans l'oubli un passé trop encombrant. Le cri d'alarme jeté par Wolfgang Koeppen dans *La Mort à Rome* (*Tod in Rom*, 1954) ou la comédie satirique de Kurt Hoffmann *Nous les enfants prodiges* (*Wir Wunderkinder*, 1959) accusaient ainsi la mémoire déficiente d'un État où bien des dirigeants de l'ancien régime continuaient à occuper de hautes responsabilités. Pour eux, la société ouest-allemande avait trop rapidement refermé ses blessures, préférant la guérison apparente au traitement de longue haleine et une normalité trompeuse aux douleurs de la vérité.

Lacunes de la mémoire

Dans cette « somnolence mémorielle[1] », les Alliés portaient certes une part de responsabilité. En pratiquant une culpabilité sélective qui innocentait largement le gouvernement du Reich ou la grande industrie, en

1. *Ibid.*, p. V (préface).

utilisant selon leurs besoins chercheurs et responsables de haut vol dans leur combat idéologique de la guerre froide, ils avaient *de facto* jeté un doute sur la dénazification. De plus, malgré son importance et son caractère unique, le procès de Nuremberg n'avait pu éviter, en passant sous silence la responsabilité soviétique à Katyn ou en excluant des débats le bombardement de Dresde, le reproche d'une justice des vainqueurs. De même, la généralisation du « questionnaire », son aspect inquisiteur et ses ambitions déraisonnables n'avaient pas tardé à susciter de violentes critiques dans la population, dont le pamphlet d'Ernst von Salomon[1] traduisait les sentiments profonds. Le « Vive l'Allemagne » qui termine l'ouvrage, ultime parole de Hanns Ludin avant son exécution, résonnait ainsi comme un défi à une dénazification bientôt accusée de tous les maux : les lenteurs administratives, l'engorgement des tribunaux, une efficacité douteuse, la différence de traitement d'une zone à l'autre avaient d'emblée entraîné une levée de boucliers, dont l'efficacité des mesures alliées autant que la prise de conscience par la population des crimes accomplis devaient durablement souffrir.

À ces maladresses, dues avant tout à la nouveauté du phénomène, à l'inexpérience des vainqueurs et bientôt à la contradiction flagrante entre leurs intentions premières et les nouvelles réalités internationales, les autorités politiques, administratives et religieuses allemandes avaient ajouté une évidente mauvaise volonté.

Certes, les Églises protestante et catholique avaient ouvertement condamné l'horreur nazie, confessant toutes deux, dans un acte de repentance, leur responsabilité dans le désastre, Gustav Heinemann voyant

1. *Le Questionnaire*, déjà cité précédemment.

même dans la déclaration de Stuttgart du 18 octobre 1945 le « tournant, le pivot » (*Dreh- und Angelpunkt*) d'une Église protestante en reconstruction. En s'accusant de « ne pas avoir professé sa foi avec plus de courage, de ne pas avoir été plus fidèle dans la prière [...] et de ne pas avoir aimé plus intensément[1] », et d'avoir, ce faisant, provoqué, « auprès de nombreux pays et de nombreux peuples, une infinie souffrance[2] », celle-ci avait en effet reconnu son infidélité au serment de Barmen. Toutefois, ces professions de foi apparaissaient à beaucoup insuffisantes au regard des silences et des compromissions auxquels avaient poussé, chez les uns, le respect du concordat romain, chez les autres, celui de la très luthérienne *Obrigkeit* protestante. Et si les protestations catholiques étaient restées isolées, des hommes tels Martin Fischer, Karl Barth ou Martin Niemöller avaient rapidement dénoncé en Stuttgart un texte incomplet voire ambigu, pour lui préférer en 1947 l'appel de Darmstadt (*Darmstädter Wort*) qui embrassait au contraire près d'un siècle d'histoire allemande (articles I et II), inscrivant dans une même continuité Sadowa, Sedan, Versailles, la guerre de 1914 et la barbarie nazie, accusant enfin l'Église d'avoir « refusé le droit à la révolution, mais supporté et cautionné l'évolution conduisant à la dictature absolue » (III).

Sur un autre terrain, les Églises s'étaient également montrées particulièrement actives dans la lutte contre la dénazification. Dès 1945, nombre de responsables des deux confessions, à l'image de l'évêque catholique

1. « Nicht mutiger bekannt, nicht treuer gebetet, nicht fröhlicher geglaubt und nicht brennender geliebt », *in* Martin Greschat (dir.), *Im Zeichen der Schuld. 40 Jahre Stuttgarter Schuldbekenntnis. Eine Dokumentation*, Neukirchener-Vluyn, Neukirchener Verlag, 1985, p. 45-46.

2. « Unendliches Leid über viele Völker und Länder », *ibid.*

munichois Johann Neuhäusler, du cardinal Josef Frings, alors président de la conférence ecclésiastique de Fulda, ou, pour les protestants, du premier président de l'EKD Theophil Wurm ou de l'évêque Hans Meiser, étaient en effet intervenus auprès des Alliés et des instances ecclésiastiques internationales afin de critiquer les dangers générés par la thèse de la culpabilité collective. En février 1948, le luthérien Hans Asmussen suggérait ainsi à l'évêque de Chichester, George Bell, que le moment « était peut-être venu de suivre une nouvelle route et, en conséquence, de mettre un terme aux procès en cours[1] ». Il s'agissait pour ces hommes d'en finir avec des mesures jugées vexatoires et de hâter le retour à une normalité qu'ils estimaient salvatrice. Leur intervention en faveur d'importants criminels de guerre visait enfin à sauver une partie de l'élite allemande compromise avec le nazisme mais dont la condamnation sans retour risquait à leurs yeux de mettre en péril un équilibre social déjà ébranlé par l'anéantissement, qui plus est à l'heure où le bloc communiste ressemblait fort à une épée de Damoclès.

Cette logique de la stabilité et de la normalité ne devait pas échapper au monde politique qui, lui non plus, n'avait pas caché ses agacements devant la politique de « rééducation ».

Avant même la fondation de l'État ouest-allemand, les ministres de la Justice des différents Länder avaient ainsi exprimé, à l'été 1949, leur souhait d'une « amnistie fédérale » qui aurait inclu jusqu'aux crimes contre l'humanité. Débat prématuré auquel il ne fut pas donné suite, mais révélateur d'un réel désir d'en finir au plus vite avec les séquelles de la Seconde Guerre mondiale.

1. Cité par Norbert Frei, *Vergangenheitspolitik. Die Anfänge der Bundesrepublik und die NS-Vergangenheit*, Munich, C. H. Beck, 1996, p. 139.

Dès février 1950, le FDP et le DP, poussés par une clientèle national-conservatrice, relançaient le débat visant à conclure au plus vite la dénazification, accentuant au fil des sessions du Bundestag une pression à laquelle devaient bientôt céder, sans guère de difficultés, CDU/CSU et SPD réunis. Pour l'essentiel des parlementaires, la (re)naissance de l'Allemagne sous les traits de la République fédérale et le nouveau départ qu'elle supposait devaient s'accompagner d'une liquidation d'un passé dont le perpétuel souvenir ne manquerait pas d'entacher l'avenir. Norbert Frei parle ainsi à juste titre d'une mentalité de la « table rase[1] », dont les premiers effets ne tardèrent pas à se faire sentir. En avril 1951, la « loi sur la régulation des droits des personnes tombant sous le coup du paragraphe 131 de la Loi fondamentale[2] » réhabilitait et assurait du soutien de l'État les anciens fonctionnaires ou membres des services publics encore en poste à la fin du IIIe Reich, blanchissant ainsi de fait des milliers d'hommes et de femmes, parmi lesquels la plupart des membres de la Gestapo, au passé plus que chargé. La seconde loi d'amnistie, le 17 juillet 1954, dont les dispositions complétaient très largement celles du 31 décembre 1949, ne faisait que poursuivre cette logique d'un règlement général des responsabilités passées : en absolvant les crimes et délits commis « en service » ou « sur ordre » entre le 1er octobre 1944 et le 31 juillet 1945, la RFA tirait un trait sur une période pourtant grosse d'injustice.

Déjà réclamée par les Églises, la réconciliation nationale exigeait une indulgence exceptionnelle que

1. *Ibid.*, p. 20.

2. *Gesetz zur Regelung der Rechtsverhältnisse der unter Artikel 131 des Grundgesetzes fallenden Personen.*

les circonstances extérieures avaient même, en quelque sorte, rendue indispensable. Avec la montée de la guerre froide et le tournant de la guerre de Corée, l'Allemagne d'Adenauer, sollicitée par les Alliés mais également trop heureuse de monnayer ses services, avait en effet délibérément choisi la voie de l'intégration occidentale et européenne, dans laquelle le réarmement allemand devait jouer un rôle de premier plan. Avant même les premières discussions, l'armée avait sans détour fait dépendre sa coopération de l'attitude observée à l'égard des militaires encore emprisonnés. Début 1950, le général Heinz Guderian réclamait ainsi la libération inconditionnelle des « généraux, officiers, diplomates et hommes d'État encore détenus à Spandau[1] ». Et si de pareilles exigences demeuraient exceptionnelles, la pression en faveur d'une réhabilitation du « soldat allemand » n'en restait pas moins réelle. Au-delà des officiers supérieurs, un tel hommage balayait en effet le soupçon de responsabilité et rendait moins effectives les charges de crime contre la paix qui, depuis Nuremberg, continuaient à accabler, à travers ses chefs, la Wehrmacht accusée d'avoir été l'instrument de la catastrophe. Qu'il ait été lui-même partisan d'une telle mansuétude ou simplement désireux d'accélérer l'intégration de la RFA, Adenauer avait, en avril 1951, donc en pleine discussion de la loi sur la réhabilitation « des 131 », clairement affiché ses préférences : « Personne n'a le droit de blâmer les soldats de métier pour leurs activités passées ou, en cas de reclassement dans le service public, celui de les placer, à qualifications égales, en dernière position », avait-il affirmé lors de son « allocution aux anciens membres de

1. Voir *Der Spiegel*, 4 mai 1950, p. 4, cité par Norbert Frei, *op. cit.*, p. 194.

la Wehrmacht ». « Le chapitre de la faute collective des militaristes, à côté des activistes et des opportunistes du régime national-socialiste, doit être clos une fois pour toutes[1]. »

Au total, l'incontestable démocratisation de l'Allemagne de l'Ouest s'était accompagnée d'une attitude plus contestable dans le domaine de la « mémoire historique » et, faute de « maîtriser son passé », la RFA avait préféré refermer à la hâte des plaies encore sensibles.

Certes, un jugement du tribunal de Karlsruhe avait, le 23 octobre 1952, déclaré inconstitutionnel le Parti socialiste du Reich (SRP) de l'ancien commandant du bataillon « Grossdeutschland » Otto Ernst Remer, qui, non content de légitimer la répression contre les « traîtres » de la résistance allemande, avait, dès sa fondation en octobre 1949, propagé un révisionnisme et une fidélité aux idéaux nationaux-socialistes à peine dissimulés. Les mandats détenus par ce parti avaient même été abrogés sur-le-champ. Toutefois, l'ère Adenauer dans sa conception large (autrement dit jusqu'en 1965-1966) laissait un arrière-goût d'inachèvement. Trop tôt amnistiés ou pardonnés, nombre de responsables des années noires emportaient avec eux la mémoire d'une nation, enfouissant dans un retour à la normale les réalités d'une guerre inhumaine.

De façon très significative, lorsque le cinéma allemand des années 1950[2] jette un regard sur son passé, c'est avant tout pour privilégier le drame de la guerre ou mettre en lumière des personnages atypiques permettant l'économie d'une réflexion sur les années noires. Même

1. Discours du 5 avril 1951, cité par Norbert Frei, *op. cit.*, p. 75.

2. On se rapportera également, sur ce thème, au livre déjà cité de Béatrice Fleury-Vilatte.

les œuvres tournées en secteur soviétique, tels le film déjà cité de Staudte ou celui de Maetzig *Mariage dans l'ombre* (*Ehe im Schatten*, 1947), si elles s'attaquent à la question de la culpabilité, privilégient la nécessité d'entente et de nouveau départ pour la construction d'un autre monde. Personnage central du film *Les assassins sont parmi nous* (*Die Mörder sind unter uns*, 1946), la femme, Suzanne, empêche ainsi le médecin Mertens, qui n'a pas su s'opposer à l'ordre meurtrier de son ancien capitaine, de faire à présent justice. Le tortionnaire Bruckner est ainsi absout de fait, autant que le médecin Mertens qui évite un examen de conscience. Et lorsque Staudte tente à nouveau, en 1949, de comprendre et d'empêcher le retour du nazisme, comme dans le très démonstratif *J'ai trahi Hitler* (*Rotation*, 1949), bientôt imité par des cinéastes tels Falk Harnack (*La Hache de Wandsbek* [*Das Beil von Wandsbek*, 1951]) ou Slatan Dudow (*Plus fort que la nuit* [*Stärker als die Nacht*, 1954]), la guerre froide a déjà imprimé son sceau, transformant ses films en manifestes de l'antifascisme, en garant idéologique d'une République démocratique qui ne tarde pas à utiliser dans sa croisade les structures de la jeune DEFA pour servir sa vision de l'homme et de la société socialiste.

Malgré une mise en scène précise, épurée, où l'austérité contribue à l'efficacité du message, Bernhard Wicki ne stigmatise ainsi dans *Le Dernier Pont* (*Die letzte Brücke*, 1954) ou *Le Pont* (*Die Brücke*, 1959) que l'obéissance aveugle d'une jeunesse fragile et fanatisée. Et seule l'idée pervertie d'un devoir poussé jusqu'à l'absurde, la vanité des combats de la dernière heure et la détresse qui en résulte ressortent en définitive du message final. L'énorme succès du film d'Alfred Weidenmann intitulé *Canaris* (1954) est symptomatique à plus d'un titre. Basé sur un fond authentique – l'hostilité du chef du contre-espionnage allemand à Reinhard Heydrich et à ses méthodes et la participation de l'amiral au complot de juillet 1944 –, le scénario simplifie, édulcore, pour transformer un personnage de fait extrêmement complexe et contesté en héros rempli d'humanité, incarné par un Otto E. Hasse fort convaincant, mais qui absout en définitive un peuple « capable d'amour, de foi et de confiance », « trompé et entraîné dans la catastrophe », pour reprendre les paroles du film. Canaris, et, à travers lui, la Wehrmacht, deviennent ainsi la figure de proue d'une résistance allemande que l'on montre bien antérieure à juillet 1944, le symbole d'une conscience nationale en proie aux doutes, aux tourments, rejetant la faute sur une poignée de responsables, mais aussi prise entre le désir de résister et l'attachement à la patrie, et dont la seule existence prouvait au monde que l'Allemagne avait elle aussi compté des hommes d'honneur.

Au-delà de l'aspect cinématographique, *Canaris*, au même titre que le film de Pabst *C'est arrivé le 20 juillet* (*Es geschah am 20 Juli*, 1955) ou le très anticommuniste *La nuit tombe sur Gotenhafen* (*Nacht fiel über Gotenhafen*, 1959) de Frank Wisbar, qui se termine par le torpillage par les Soviétiques d'un navire chargé de réfugiés, représentait bien dans l'Allemagne du miracle économique et de l'alliance atlantique une double échappatoire : tout en dédouanant une population vite absoute pour cause d'intégration, de réarmement et de bonne marche administrative, la glorification d'une résistance national-conservatrice ou l'insistance sur les malheurs de la guerre et les souffrances endurées permettaient au nouvel État de sauver la face et de se doter d'une incontestable valeur morale, capable de rivaliser avec l'identité antifasciste sur laquelle la RDA avait bâti sa propre légitimité.

Il faut ainsi attendre 1958 pour voir se constituer à Ludwigsbourg une Centrale juridique pour l'élucidation des crimes nazis[1], alors que dès 1949 une autre centrale, rattachée au ministère de l'Intérieur, avait été chargée de défendre au mieux de leurs intérêts les prisonniers allemands détenus à l'étranger ou dans les prisons de Landsberg, Werl, Wittlich et Spandau. Et il faudra les incidents antisémites de Cologne en novembre 1959, le procès Eichmann, jugé en Israël en 1960, pour raviver un débat en passe de s'éteindre. La montée de la première génération d'après-guerre, plus politisée, plus ouverte à un passé dont elle découvre, à l'occasion du procès d'Auschwitz en 1963-1965, les abominations, mais aussi, dans une large mesure, la crise générale des valeurs occidentales auxquelles s'était (trop) rapidement ralliée la nouvelle Allemagne relanceront peu à peu une discussion devenue, au fur et à mesure qu'approchait la fin du délai de prescription, plus intense. Malgré une honorabilité et une stabilité enfin retrouvées, la République fédérale n'en avait, à l'évidence, pas terminé avec son passé.

1. *Zentrale Stelle der Landesjustizverwaltung zur Aufklärung nationalsozialistischer Verbrechen.*

II

LE TEMPS DES EXPÉRIENCES ?

Chapitre 7

Mouvements au sein des partis traditionnels

CDU et CSU

Synonyme au lendemain de la guerre d'innovation et d'ouverture, la CDU semblait au contraire, au seuil des années 1960, frappée d'immobilisme. Le succès des années précédentes, construit à la fois sur une intégration occidentale et la poursuite du miracle économique, et les élections triomphales de 1957 avaient en quelque sorte dissimulé l'incapacité foncière du parti démocrate-chrétien à évoluer vers des structures plus modernes et à quitter l'ombre protectrice mais envahissante de sa figure tutélaire. Adenauer, par le poids écrasant de sa personnalité et sa pratique très personnelle, presque autocratique, du pouvoir, semblait en effet avoir réduit la CDU à sa plus simple expression, n'hésitant pas à affirmer en 1959 devant le comité directeur fédéral que « ce que nous appelons chez nous le parti fédéral est une chose qui, en réalité, n'existe pas[1] ». Incapable de quitter son statut de parti de notables pour se transformer en un réel parti populaire doté d'une base solide, victime

1. *In* Dorothee Buchhaas, *Die Volkspartei. Programmatische Entwicklung der CDU 1950-1973*, Düsseldorf, Droste, 1981, p. 205, cité par Christoph Klessmann, *op. cit.*, p. 119.

de l'usure du pouvoir, mais aussi d'une accoutumance à un succès jamais démenti, la CDU connaissait en ces années un réveil difficile, auquel le changement de chancelier en 1963 ne devait rien changer.

Fort de sa réputation de maître de l'économie sociale de marché, Ludwig Erhard s'était vu confier une tâche au-dessus de ses moyens : celle de figure de proue d'un vaisseau à court d'imagination, devant à lui seul paver la voie du succès à une CDU suiviste et à bout de souffle[1]. Dénué de toute autorité sur un parti qu'il avait rejoint sur le tard, accablé par les événements comme par les sarcasmes de son prédécesseur, doté d'un caractère suffisant et brouillon, Erhard n'allait accomplir aucun miracle. Momentanément sauvée de la défaite par la solution miracle de la Grande Coalition, la CDU, privée de volonté et de chefs, trop longtemps ancrée dans une vision politiquement dépassée, ne pouvait efficacement opérer son rétablissement. Il lui faudra le dur apprentissage de l'opposition, doublé d'une reprise en main énergique sous la houlette du jeune Helmut Kohl pour, à nouveau, revenir aux affaires.

La CSU, en revanche, échappait à ce tableau peu flatteur. Détrônés dès 1954 dans les élections régionales de décembre par une coalition de partis emmenés par les sociaux-démocrates, démoralisés par une chute considérable du nombre de leurs adhérents, les chrétiens-sociaux avaient en effet très tôt réagi sous la houlette de leurs secrétaires successifs, Friedrich Zimmermann puis Anton Jaumann. Ces derniers avaient su transformer une structure traditionnelle en une machine électorale, dépassant la seule Bavière pour déborder sur

1. Les effectifs du parti, en 1963, n'avaient progressé que d'une trentaine de milliers, pour atteindre le maigre chiffre de 250 000 membres.

la Franconie et, grâce à une politique d'ouverture en direction de l'électorat protestant, des réfugiés et des libéraux, retrouver le pouvoir dès 1958. Portée par une économie florissante, une intégration réussie des expulsés de 1945, la CSU avait ainsi réussi sa mutation en un parti « de masse, interconfessionnel […] unissant en son sein toujours davantage de milieux sociaux bavarois dont l'histoire avait pourtant favorisé la différence[1] ».

Le SPD

Si la CDU peinait, à l'évidence, à trouver un second souffle, la social-démocratie semblait au contraire, non sans difficulté, peu à peu accomplir cette transformation qui, en 1945, lui avait tant fait défaut. Certes, la traversée du désert avait été longue. Désorienté par la mort du très charismatique Kurt Schumacher en 1952, abattu par les élections de 1953 et la déroute de 1957, le SPD avait en effet tardé à reconnaître l'échec et les contradictions d'un programme irréaliste : en voulant à tout prix concilier résistance au communisme, volonté de réunification et hostilité à la politique européenne et atlantiste de la République fédérale, les sociaux-démocrates s'étaient aliéné, à l'évidence, une population comblée par le « miracle économique » et la stabilité retrouvée. De plus, les stances du SPD contre la tutelle alliée et les insuffisances du Traité général sur l'Allemagne ou le recours, désormais sans réel fondement, à l'anticléricalisme primaire ne parvenaient plus à convaincre. Malgré

1. *In* Alf Mintzel, *Die CSU. Anatomie einer konservativen Partei 1945-1972*, Opladen, Westdeutscher, 1975, p. 441. Cité par Christoph Klessmann, *op. cit.*, p. 122.

la présence en son sein d'hommes brillants, à l'image des juristes Adolf Arndt ou Carlo Schmid, de personnalités réelles tel Herbert Wehner, malgré les qualités incontestables de son nouveau président, Erich Ollenhauer, le parti n'avait pas réussi à se trouver un porte-parole incontesté. Pourtant, les voix n'avaient pas manqué pour dénoncer cette incapacité du SPD à sortir du ghetto des 30 % dans lequel semblait devoir le cantonner sa vision passéiste de l'économie et de la politique étrangère.

Dès novembre 1953, Carlo Schmid invitait ainsi le SPD à se débarrasser du « ballast inutile » et à devenir un « parti du peuple tout entier », bientôt rejoint dans sa démarche par le jeune maire de Berlin, Willy Brandt, ou l'économiste Helmut Schmidt. Réuni du 13 au 15 novembre 1959, le congrès extraordinaire de Bad Godesberg devait marquer une étape décisive dans ce long processus de maturation : le nouveau programme adopté, à côté de références à « l'éthique chrétienne », ici comprise comme une des « formes du socialisme »[1], s'éloignait du marxisme et du concept de lutte des classes, reconnaissait la Loi fondamentale de la RFA et renonçait au principe du fondement philosophique unique[2].

Loin d'être le tournant radical que certains voulurent y voir *a posteriori*, Bad Godesberg apparaît bien plus comme l'officialisation d'une ouverture déjà en germe et devenue enfin possible : évolution, donc, et non révolution. Car si le SPD avait sans aucun doute abandonné la politique schumacherienne, il n'en continuait pas moins, à l'issue du congrès de 1959, à réaffirmer un nécessaire contrôle public sur l'économie ou à réclamer, à travers

1. Joseph Rovan, *Histoire de la social-démocratie allemande*, *op. cit.*, p. 284.
2. *Ibid.*, p. 282-285.

des formules alambiquées, la cogestion et la « propriété commune ».

C'est en politique extérieure que les propositions étaient peut-être les plus novatrices. Alors que le Plan pour l'Allemagne (*Deutschland-Plan*), publié en 1958, revenait une fois de plus aux vieux schémas de la démilitarisation et de la neutralisation, destinées à préparer une réunification progressive, la social-démocratie affirmait dès 1960 son ralliement aux grands principes adenaueriens, acceptant aussi bien le réarmement de la République fédérale que son intégration atlantiste et européenne.

Au total, le SPD avait mis en place les éléments nécessaires à son accession au pouvoir, sachant dès 1960 se trouver la figure charismatique qui lui manquait en la personne de Willy Brandt qui, à la mort d'Ollenhauer en 1963, prenait la tête du parti. Et si Adenauer se maintenait en place à l'issue des élections de septembre 1961, la CDU perdait près de 5 % de voix tandis que le SPD passait, avec 36,2 % des suffrages, de 169 à 190 députés. Malgré le sursaut chrétien-démocrate de 1965 et la reconduction du gouvernement Erhard, le *keine Experimente* (pas d'expérimentations) de la CDU perdait sa force de conviction devant le « N'ayez pas peur des expérimentations » d'un parti social-démocrate plus ouvert et offrant un visage plus jeune.

Le FDP

Au départ pilier essentiel de la coalition de 1949 avec près de 12 % des suffrages, le parti libéral n'avait cessé de subir une érosion. L'alliance avec la CDU s'était, au cours du temps, révélée davantage une alliance étouffante qu'un partenariat viable, le privant peu à peu de poids politique et d'originalité. Dès 1956, l'incompréhension croissante entre les deux partis avait conduit le FDP du très combatif Thomas Dehler à la rupture, tant étaient grandes les dissensions sur la Sarre ou sur les relations avec la RDA. Malgré les tentatives de son nouveau président, Reinhold Maier, qui, tirant les leçons de la déroute électorale de 1957, entendait faire du FDP une « troisième force », le parti libéral peinait à l'évidence à se renouveler et à sortir de l'ornière libéralo-bourgeoise (*bürgerlich-liberal*) dans laquelle l'avait enfermé le programme de Berlin (1957). L'élection d'un Erich Mende à sa présidence à partir de 1960 allait, pour un temps, masquer ces difficultés structurelles. Profitant de l'usure de la CDU et de l'isolement croissant d'Adenauer, ce dernier entendait favoriser une image nouvelle : celle d'un FDP soucieux de revenir aux sources, ou, en d'autres termes, à un équilibre des pouvoirs qu'avait rompu la victoire sans partage des chrétiens-démocrates trois ans plus tôt.

L'incroyable succès de 1961 cachait en fait une réalité moins réjouissante : plus qu'un changement effectif au sein du parti, il consacrait l'échec d'Adenauer en même temps que l'habileté tactique de Mende. En aucun cas il ne traduisait une évolution profonde du parti : les élections de 1963 et 1966 devaient confirmer un déclin précipité par les divisions que provoquaient en son sein les choix novateurs du FDP en politique extérieure. Pourtant, la traversée du désert que représenterait, dans un premier temps, la Grande Coalition opérerait en définitive un choc salvateur : privé du pouvoir, relégué dans le rôle d'une opposition impuissante, le FDP n'allait pas tarder à délaisser le conservatisme pour retrouver l'inspiration libérale de ses débuts et, ce faisant, innover tant en politique intérieure, en matière de droit ou de formation, qu'en politique extérieure, avec la reconnaissance du fait « RDA ». Il faudra cependant attendre l'alliance de 1969 avec les sociaux-démocrates et, plus encore, l'adoption des thèses de Fribourg en 1971 pour voir le FDP entièrement renaître de ses cendres, porté par des hommes neufs tels Ralf Dahrendorf ou son nouveau président, Walter Scheel, tenants d'une orientation résolument sociale-libérale, aidés dans leur démarche par l'évolution tout aussi profonde de la social-démocratie.

Bilan

Au total, la fin de l'ère Adenauer, accélérée par les crispations, les maladresses du chancelier, renforcée par l'impuissance de ses héritiers, surtout, l'inadaptation aux bouleversements en cours d'un pouvoir muré dans ses certitudes avaient permis ces reclassements politiques qui faisaient bien des années 1960 une décennie de transition.

Transition vers une alternance réelle, vers une démocratie mieux comprise et mieux pratiquée, évolution enfin vers une participation politique accrue, que la génération des années 1970 affirmerait avec plus de force encore. Le retour progressif des sociaux-démocrates au pouvoir mais aussi l'épisode de la Grande Coalition qui, pendant trois ans, allait priver le pays d'une opposition digne de ce nom, l'acceptation du fait est-allemand et l'avènement d'un nouveau climat avec le bloc soviétique ne feraient que précipiter un mouvement dans ses formes les plus inattendues ou les plus extrêmes.

Paradoxalement, en effet, l'avènement de l'Opposition extra-parlementaire (APO), rejetant pourtant le système, le retour du parti communiste en 1968 sous les traits du Parti communiste allemand (DKP) autant que le fugace succès du parti d'extrême droite Parti national-démocrate d'Allemagne (NPD) lors des élections législatives de 1969, avant son retour à une présence symbolique, participent de cette politisation qui allait faire basculer la population de la République fédérale dans un nouveau rapport au pouvoir : d'une relation par bien des aspects encore traditionnelle de respect devant l'autorité, héritée de l'*Obrigkeit* du siècle passé et elle-même peu habituée à la contestation, vers une relation de partenariat critique, dans laquelle la société, libérée de nombreux tabous, entendait jouer pleinement son rôle.

Chapitre 8

Vers un passage du témoin

Fin de règne

Le départ du Père

En associant sur ses affiches électorales de 1961 Ludwig Erhard à Adenauer, posant tous deux au-dessus du slogan « succès et expérience », la CDU annonçait clairement une transition : à l'homme de la sécurité succèderait l'homme de la prospérité. Figure moins tutélaire, plus jeune et plus acceptable pour les libéraux, porteur des espoirs de son parti à qui les quatre-vingt-cinq ans d'Adenauer commençaient à peser, Erhard devait incarner cette succession dans la continuité. Toutefois, à l'évidence, les chrétiens-démocrates peinaient à renouveler autant leurs cadres que leur programme. Certes, la coalition gouvernementale portait encore leurs couleurs, mais elle perdait, on l'a dit, près de 5 points par rapport à 1957 tandis que la social-démocratie passait, avec 36,2 % des suffrages, de 169 à 190 députés. De plus, sous la pression du FDP, Adenauer réussissait à se maintenir au pouvoir, laissant même planer la menace d'une Grande Coalition. Dès 1962, l'affaire du *Spiegel*[1]

1. Voir *infra*, « Un contexte national et international chargé ».

portait un rude coup aux relations entre la CDU et le FDP. En 1963, la CDU perdait pour la première fois la majorité absolue dans son fief de Rhénanie-Palatinat tandis qu'à Berlin elle rassemblait moins de 30 % des votes face à un Willy Brandt qui, lui, dépassait les 61 %. Cédant finalement aux pressions, Adenauer quittait ses fonctions de chancelier le 15 octobre 1963, honorant par là même l'engagement pris en septembre 1961 devant Heinrich Krone (président de la fraction CDU du Bundestag) et Erich Mende de ne pas aller jusqu'au bout de son mandat.

L'intermède Erhard

Moins soucieux du pouvoir que son prédécesseur, Erhard entendait inaugurer une autre approche des rapports entre gouvernement, partis et société. Désireux de proximité avec le peuple, le nouveau chancelier se signalait par un style plus simple, dans lequel la coopération, la concertation et la publicité devaient apporter davantage de transparence. Erhard préférait ainsi s'entourer de collaborateurs connus pour leurs méthodes de travail « plus ouvertes », tels Ludwig Westrick et Dankmar Seibt, vite baptisés la « Brigade Erhard ». Cette générosité certaine se doublait d'une conception moins personnelle de la démocratie ; peu avant son départ de la chancellerie, Erhard aurait ainsi confié à Heinrich von Brentano son « malaise de voir qu'on parlait en Europe de toutes sortes de démocratie : démocratie présidentielle en France, “démocratie du chancelier” en Allemagne […] alors que ce qui lui importait à lui, c'était *la* démocratie[1] ». Être le représentant du peuple

1. Voir Manfred Görtemaker, *Geschichte der Bundesrepublik Deutschland*, Munich, C. H. Beck, 1999, p. 392.

tout entier et non celui d'un parti, placer l'Homme et l'individu avant les intérêts particuliers, « penser en termes de générations » et non de coalition, autant de principes fondateurs de sa vision d'une « société formée » (*formierte Gesellschaft*), *a priori* novateurs mais que les circonstances, le manque de temps, une certaine inconstance doublée d'une naïveté incontestable autant que les querelles internes à la CDU allaient condamner.

Dès 1961, Adenauer avait en effet sans cesse lutté contre la nomination d'un Erhard qu'il méprisait à la fois pour son manque de goût, et de pratique, pour la Grande Politique que pour son inexpérience internationale ou ses penchants plus atlantistes que gaullistes. Très vite, les critiques avaient plu sur l'ancien ministre des Finances, relayées par l'insuccès de ses initiatives européennes visant à relancer en 1964 le processus d'intégration et par le fiasco de sa politique proche-orientale. Bien que la doctrine Hallstein, et ses conséquences, fût avant tout la cause de cet échec, Erhard et son ministre des Affaires étrangères s'étaient en effet avérés incapables de définir une ligne claire, hésitant entre héritage passé et situation nouvelle. De là à parler d'indécision et de faiblesse, il n'y avait qu'un pas que franchissaient sans hésiter les détracteurs du nouveau chancelier.

À ces reproches structurels s'ajoutaient, en 1965-1966, des déconvenues conjoncturelles, que la difficulté d'Erhard à gérer les crises et son manque d'expérience diplomatique avaient considérablement aggravées.

Deux voyages successifs à Washington, en décembre 1965 et septembre 1966, avaient ainsi tourné au désastre. Au cœur des reproches américains, la mauvaise volonté allemande d'honorer les engagements prévus par l'accord « offset » de 1961. La RFA avait alors proposé de compenser financièrement la perte que représentait pour le Trésor américain le pouvoir d'achat des milliers de GI's stationnés en République fédérale, manière détournée de participer à l'effort de défense américain, à l'heure où l'ensemble des Alliés estimaient juste que l'Allemagne de l'Ouest contribue de façon plus nette aux dépenses destinées aux troupes assurant, après tout, sa protection. Traité sans ménagement par le président Johnson, lui-même poussé par son propre Sénat et pris dans l'engrenage financier de la guerre au Vietnam, Erhard avait à chaque fois fait pâle figure. Aussi s'était-il vu contraint de rembourser, en 1966, plus de 3,6 milliards de marks au titre de ces accords, à un moment où le budget allemand accusait lui-même un déficit de plus de 3 milliards. Attaqué par les médias pour sa mauvaise prestation diplomatique et son incapacité à défendre proprement les intérêts des contribuables allemands, Erhard était également menacé dans ce qui avait le plus contribué à son aura : l'économie.

Après les années d'embellie, la croissance ouest-allemande connaissait en effet un ralentissement sensible, tout particulièrement dans les secteurs du bâtiment, du textile et du charbon, dont la crise avait été momentanément accentuée par une politique d'économie, destinée à compenser le manque de rentrées fiscales. Sans doute cette crise, toute relative, était-elle avant tout l'expression d'un rééquilibrage après les années de reconstruction. Sans doute le nombre des chômeurs ne dépassait-il guère, en 1966, la barre des 100 000 pour un peu plus de 600 000 emplois vacants. Toutefois le ralentissement était réel, et, fin 1967, les demandeurs d'emploi étaient cinq fois plus nombreux. Au-delà des chiffres, l'atmosphère régnant dans le pays était au catastrophisme : un léger redémarrage de l'inflation, l'apparente inefficacité des premières mesures gouvernementales – ainsi la loi de stabilité de juillet 1966 –, vite interprétée comme une impuissance inquiétante de l'artisan du miracle économique, avaient suffi pour faire ressurgir le spectre des années 1920. Percevant mal les attentes d'une population inquiète autant que les manœuvres d'un Franz Josef Strauss ou d'un Rainer Barzel, décidés à profiter de l'occasion pour provoquer un changement gouvernemental, Erhard s'accrochait à un bilan qu'il estimait satisfaisant, qui plus est confiant dans la protection que lui conférait d'après lui la victoire électorale de 1965.

La démission, le 27 octobre 1966, des quatre ministres FDP, provoquée par Strauss, avait fait d'Erhard le chancelier d'un gouvernement minoritaire. Cette rupture avait par la même occasion libéré les langues au sein d'une CDU où l'on parlait désormais ouvertement de succession. Le 10 novembre, le parti chrétien-démocrate désignait Kurt Georg Kiesinger comme nouveau candidat à la chancellerie, mettant fin à l'existence d'un gouvernement déjà moribond, rejetant dans l'ombre d'un départ difficile un Ludwig Erhard que son propre parti n'avait toujours soutenu que du bout des lèvres.

La Grande Coalition

Une transition attendue ?

L'idée d'une Grande Coalition n'était, au moment du remplacement d'Erhard, nullement inscrite dans la logique des choses. Elle s'était toutefois rapidement imposée par défaut. Ni la reconduction de l'équipe en place, dont le FDP se sentait l'otage, ni la perspective de nouvelles élections, dont la CDU savait qu'elles lui seraient fatales, n'avaient été sérieusement retenues. La possibilité d'une alliance sociale-libérale, appelée de ses vœux par le FDP et favorablement accueillie par quelques sociaux-démocrates, s'était enfin avérée trop risquée pour que l'aventure soit sérieusement envisagée. Face à des libéraux très divisés, face à la perspective d'un gouvernement à la majorité très – trop – étroite, Herbert Wehner avait en effet préféré la sécurité : au moment d'accéder enfin au pouvoir et alors qu'il manquait cruellement d'expérience, le SPD ne pouvait se permettre, aux yeux du président du groupe social-démocrate, un échec qui risquait d'hypothéquer l'avenir même du parti et que laissait craindre l'alliance avec des libéraux plus intéressés que convaincus. Même affaiblie et usée, la CDU restait un parti de gouvernement qui, tout en permettant au SPD de se positionner, pouvait lui éviter bien des faux pas. Sans doute l'idée d'une alliance avec les ennemis d'hier laissait sceptiques nombre de sociaux-démocrates, chez qui les débats autour de l'arme atomique ou plus récemment l'affaire du *Spiegel* demeuraient très présents. De plus, la cohabitation au sein d'une même équipe gouvernementale d'un Kiesinger, membre du parti nazi dès 1933, d'un Strauss, aux méthodes autoritaires, et d'un Brandt, émigrant de la première heure, n'encourageait guère les compagnons de route du SPD à soutenir le parti dans sa démarche. Les efforts de Wehner mais aussi de Helmut Schmidt balayèrent les dernières réticences. L'écroulement des libéraux lors des élections régionales bavaroises du 20 novembre 1966, le soutien du président chrétien-démocrate Heinrich Lübke, qui, dès 1962, s'était prononcé en faveur d'une Grande Coalition et dont la réélection n'avait été possible qu'avec l'apport des voix SPD, enfin, un sens certain du pragmatisme avaient finalement emporté la décision.

Le 1er décembre, Kiesinger devenait ainsi le nouveau chancelier de la nouvelle coalition gouvernementale. Le réalisme et sans doute le calcul politique l'emportaient sur les principes et l'idéologie.

Mesures et réformes : réactivité et efficacité

L'autre nouveauté majeure de la Grande Coalition résidait, au-delà de l'alliance elle-même, dans une réelle capacité des deux partis à collaborer étroitement et efficacement. Ni la CDU, qui devait aux sociaux-démocrates sa survie politique, ni le SPD, enfin aux affaires, n'avaient intérêt à l'échec. Cette mise en commun des énergies au nom de l'urgence économique et sociale n'en demeurait pas moins remarquable. Évolution des idées tout d'abord : si elle rechignait à des transformations trop rapides, la CDU se montrait plus ouverte dans ses conceptions économiques, abandonnant ainsi le dogme du strict équilibre financier et acceptant l'idée d'un déficit public raisonnable et contrôlé. Concertation des hommes ensuite : malgré de fortes préventions réciproques, Kiesinger, Brandt et Herbert Wehner jouaient d'entrée le jeu de l'entente et du travail commun, inventaient même une nouvelle manière de gérer les affaires et de préparer l'action gouvernementale en organisant des groupes de discussion informels, tel le cercle de Kressbronn, inauguré dans la résidence du chancelier en août 1967. Moins de rigidités, plus d'ouverture, une large association des forces vives de chacun des partis devaient contribuer, vis-à-vis de l'opinion publique, au retour de la confiance. Le gouvernement, à l'évidence, montrait la voie de l'innovation et de la réactivité face à l'adversité.

À ce nouveau style correspondaient de nouvelles mesures, directement inspirées du climat de professionnalisme et de responsabilité qui semblait inspirer les pouvoirs publics. Introduit en février 1967, le principe d'« action concertée » (*Konzertierte Aktion*) proposait une conception plus achevée des rapports sociaux. À l'initiative du ministre de l'Économie, Karl Schiller, gouvernement et partenaires sociaux décidaient, dès février 1967, de rencontres régulières afin d'harmoniser leurs vues et, sans pour autant remettre en cause les accords de branche, en matière de politique salariale. Le 14 juin de la même année, la loi de stabilité, discutée sous Erhard, entrait en vigueur, obligeant officiellement les pouvoirs publics à privilégier croissance et stabilité, soumettant également ces derniers à des présentations régulières de leurs prévisions de croissance devant les instances parlementaires. Dernière innovation majeure, la mise en place début juillet 1967 de la « planification financière à moyen terme » (*Mittelfristige Finanzplanung*, ou *MifriFi*) libérait ce gouvernement du carcan d'une prévision budgétaire limitée à un an et lui permettait théoriquement une meilleure appréciation de l'évolution économique.

Chapitre 9

Une politique extérieure en mutation

Tensions chez les alliés traditionnels

Bien avant le départ d'Adenauer, la pusillanimité américaine lors de la crise de Berlin, l'absence de réaction de Kennedy à la construction du Mur avaient quelque peu grippé les rouages de l'alliance entre Bonn et Washington. Ni l'envoi du vice-président Johnson accompagné du général Clay, ni la promesse de troupes supplémentaires à Berlin ou la réaffirmation des garanties américaines pour l'ancienne capitale du Reich n'avaient, immédiatement après le 13 août 1961, réellement apaisé les craintes du chancelier allemand ou celles du maire de Berlin, Willy Brandt, qui, à cette occasion, s'était même inquiété d'une « crise de confiance parmi les puissances occidentales[1] ». Certes, la venue de Kennedy à Berlin en juin 1963, immortalisée par son célèbre « *ich bin ein Berliner* », avait rendu le jeune président américain excessivement populaire, mais la confiance qui avait animé les premiers rapports germano-américains avait déjà subi des atteintes significatives. En effet, depuis la crise des missiles, un nouvel esprit animait la diplomatie américaine : la mise en service du téléphone rouge le

1. Cité par Alfred Grosser, in *Les Occidentaux*, *op. cit.*, p. 252.

1er septembre 1963, la brouille survenue entre l'Union soviétique et la Chine, l'idée d'une riposte désormais « graduée » et non plus massive étaient autant d'éléments d'une détente encore à venir mais dont la réalité était déjà perceptible, et qui, en tout cas, s'accommodait mal de l'intransigeance de Bonn à l'égard du bloc oriental et plus encore vis-à-vis de la République démocratique.

Sans doute les initiatives du ministre des Affaires étrangères Gerhard Schröder (1910-1989) allaient-elles améliorer la situation. Toutefois, le malaise persistait. Si l'amitié avec l'oncle Sam n'était jamais remise en question, la RFA accepte à l'évidence de plus en plus mal, en ces années, le prix de la tutelle américaine, et les premiers signes d'une entente entre les deux Grands n'arrangeaient guère les affaires de l'Allemagne de l'Ouest. Ainsi la négociation, en 1965, d'un traité de non-prolifération nucléaire entre les États-Unis et l'URSS était-elle ressentie comme une catastrophe majeure, Franz Josef Strauss n'hésitant pas à parler d'un « traité de Versailles de dimension cosmique[1] ». Jugement sans doute sévère mais dont l'excès traduit les déceptions allemandes, bientôt renforcées par l'engagement croissant des Américains au Vietnam dans une guerre toujours plus impopulaire, contraignant le gouvernement de Bonn à un soutien et à des choix pourtant involontaires.

Cette prise de distance, toute relative, vis-à-vis des États-Unis ne devait cependant guère profiter à la relation franco-allemande, qui avait pourtant traditionnellement constitué une « alternative de complément » à l'alliance américaine.

1. Voir Georges-Henri Soutou, *L'Alliance incertaine*, *op. cit.*, p. 281.

Signé le 22 janvier 1963, le traité de l'Élysée avait en effet marqué à la fois l'apogée et les limites des rapports entre les deux États. Certes, son contenu semblait ouvrir de nouveaux horizons : outre la rencontre régulière des chefs d'État ou de gouvernement ainsi que des ministres des Affaires étrangères, de la Défense et des chefs d'état-major, il prévoyait une coopération conséquente en matière de défense et de politique extérieure. À ces dispositions très novatrices s'ajoutait une dimension symbolique de première importance : avec la création de l'Office franco-allemand pour la jeunesse (OFAJ), la France et l'Allemagne entendaient prolonger et ancrer durablement une réconciliation déjà ostensiblement affichée à Reims. Mais, ce dernier accord mis à part, les bonnes intentions ne devaient guère survivre à l'adoption par le Bundestag, le 8 mai suivant, d'un préambule qui, en précisant les « tâches essentielles de la République fédérale », vidait le traité de sa substance : qu'il s'agisse de l'autodétermination du peuple allemand, de l'unité de l'Allemagne, de l'intégration de celle-ci dans l'OTAN ou d'une unification européenne incluant « l'Angleterre ainsi que les autres pays disposés à une adhésion », les « tâches » définies sonnaient toutes comme un défi aux idées gaulliennes. Et les années suivantes n'allaient guère permettre de renouer avec le climat de confiance des débuts.

Si Adenauer n'avait pas outre mesure pris ombrage du veto français à l'entrée de la Grande-Bretagne dans la CEE, la décision du chef d'État français avait en revanche conforté le camp des « atlantistes » dans leur défiance à l'égard de De Gaulle. La conférence de presse du Général le 14 janvier 1963 témoignait aux yeux de nombre de hauts fonctionnaires et hommes politiques allemands, tel Gerhard Schröder, mais aussi de l'opposition sociale-démocrate, qui, depuis 1959 et plus encore depuis la présidence Kennedy, était davantage favorable à l'alliance américaine, d'un caractère trop impulsif, trop nationaliste et incontrôlé pour constituer un partenaire solide et digne de confiance. Le départ d'Adenauer et son remplacement par Ludwig Erhard, peu familier des questions internationales et avec qui de Gaulle n'allait pas réussir à établir un contact identique à celui existant avec son prédécesseur, devaient confirmer ce flottement dans les relations. À cette réserve allemande s'ajoutait dès 1964-1965 une attitude plus intransigeante de la France, qui, non contente de vouloir contraindre Bonn à choisir entre elle et Washington – ainsi lors de l'éphémère projet américain d'une Force multilatérale atomique (MLF), aux moyens trop confus et aux objectifs trop coûteux –, durcissait ses positions à l'égard de l'OTAN, dont elle quittait finalement l'organisation militaire intégrée le 7 mars 1966. Les tentatives du gouvernement allemand de relancer l'unité européenne en matière de culture, de défense ou d'intégration économique s'étaient successivement brisées sur l'opposition gaullienne. La Commission Fouchet s'était enlisée dès 1962, les consultations franco-allemandes de 1965 au château de Rambouillet n'avaient pas dépassé le stade des promesses. Enfin, les dissensions de 1965 au sujet de la Politique agricole commune avaient achevé de gâter les relations entre les deux États. Dans le même temps, de Gaulle s'était ostensiblement rapproché de l'URSS, hier encore considérée par les deux partenaires comme une menace absolue, semblant ainsi tourner le dos à une relation qui paraissait pourtant solide. La France entravait enfin, aux yeux des Allemands, la marche en avant d'une Europe dont l'unification, selon l'analyse du porte-parole du FDP,

Wolfgang Schollwer, resterait dans « l'impasse [...] aussi longtemps que le général de Gaulle décide[rait] de la politique de la France[1] ».

Bref, en dépit d'un climat rendu, en 1965-1966, plus favorable par les dissensions entre Bonn et Washington, Paris donnait la singulière impression de vouloir refermer le dossier de l'alliance franco-allemande. L'avènement de Kiesinger à la chancellerie ne changerait aucunement les données du problème. Aussi cette défiance, entretenue par le voyage du président français à Moscou puis par le scandale du « Québec libre » en juillet 1967, devait-elle perdurer jusqu'au départ du Général.

À l'Est du nouveau

C'est toutefois à l'égard de l'Europe de l'Est et, plus encore, de la République démocratique que l'Allemagne occidentale devait adopter l'attitude la plus novatrice.

Très tôt, des voix s'étaient élevées pour critiquer l'absolutisme de la doctrine Hallstein : en 1956, le social-démocrate Carlo Schmid ou le libéral Thomas Dehler s'étaient ainsi prononcés en faveur d'une position plus compréhensive à l'égard de la Pologne. Peu de temps après, l'ambassadeur Karl Georg Pfleiderer avait même proposé l'ouverture de relations diplomatiques avec des pays de l'Est que la RFA, selon lui, ne pouvait plus longtemps ignorer, au risque de s'enfermer à brève échéance dans un isolement diplomatique insupportable et de se

1. Voir Wolfgang Schollwer, janvier 1967, *in* Irmgard Wilharm (dir.), *Deutsche Geschichte 1962-1983. Dokumente in zwei Bänden*, vol. 1, Francfort-sur-le-Main, Fischer, 1989, p. 205.

faire devancer par des pays tiers. Néanmoins, ces différences n'avaient guère pesé face à la victoire sans précédent en 1957 d'une CDU confortée dans sa politique, au poids du lobby réfugié ou, en 1959, à la volte-face du SPD désormais plus ouvert à l'intégration occidentale. Deux ans plus tard, la construction du Mur avait cependant durablement ébranlé les consciences : car si le 13 août 1961 constituait de la part de la RDA un aveu d'échec manifeste, il infligeait également à la politique adenauerienne un éclatant et dramatique camouflet. Loin de promouvoir la réunification, l'intransigeance observée à l'égard de « la zone » n'avait réussi qu'à creuser le fossé divisant l'Allemagne. Désormais à l'abri d'une émigration excessive et dangereuse pour sa stabilité, la RDA semblait même peu à peu quitter le provisoire pour s'installer dans l'assurance plus sereine du définitif. Aussi la nécessité d'une nouvelle Ostpolitik avait-elle lentement mûri dans les esprits.

Rejeté en 1957 dans l'opposition par une CDU souhaitant régner sans partage, le FDP avait déjà fait entendre sa différence. Par la voix de son président, Thomas Dehler, nombre de libéraux souhaitaient en effet rompre avec la raideur adenauerienne et entamer un dialogue jugé nécessaire avec l'autre Allemagne : dès 1956, une rencontre, rapidement annulée du fait des événements de Budapest, avait ainsi été prévue avec le LDPD est-allemand.

En 1961, Gerhard Schröder[1] proposait à son tour une nouvelle approche en adoptant une politique dite « du

1. Né en 1910, Gerhard Schröder a adhéré au NSDAP en 1933. Pourtant, il s'éloigne, à partir de la guerre, du parti nazi, qu'il quitte – décision rare – en 1941. Ministre de l'Intérieur de 1953 à 1961, il devient à cette date ministre des Affaires étrangères, succédant à Heinrich von Brentano. Profondément atlantiste, il ne cesse de vouloir contrebalancer le renouveau de la relation

mouvement ». Celle-ci visait à renouer avec des pays de l'Est jusqu'alors négligés au profit d'une Union soviétique jugée seule capable de modifier le *statu quo*. Elle permettait rapidement l'ouverture en Pologne, Hongrie, Roumanie et Bulgarie de missions commerciales, suivie en 1963-1964 d'accords commerciaux. À moyen terme, cette initiative devait pouvoir « prendre en tenaille » et isoler une RDA diplomatiquement débordée.

Non dénuée d'originalité dans les rapports qu'elle induisait avec les pays du bloc socialiste, la dimension germano-allemande de la politique de Schröder demeurait toutefois très traditionnelle : l'amélioration des rapports avec Sofia, Bucarest ou Budapest ne visait qu'à exclure une RDA que la diplomatie ouest-allemande, bien après le départ d'Adenauer, continuait à ignorer. L'action concertée de Moscou et de Berlin-Est ainsi que l'adoption par la RDA d'une « doctrine Ulbricht », interdisant toute relation avec la RFA tant que celle-ci n'aurait pas reconnu la République démocratique, avaient d'ailleurs rapidement montré les limites de cette initiative : Moscou n'était manifestement pas prêt à lâcher la perle de ses satellites, dont l'abandon aurait risqué à moyen terme de provoquer un démantèlement de son empire. De plus, nombre de voix s'étaient élevées au sein même de la République fédérale pour condamner une stratégie hasardeuse et dont Berlin-Ouest risquait à son tour de faire les frais.

Il faut en fait attendre le milieu des années 1960 et une évolution lente mais certaine des mentalités, enfin, la formation de la Grande Coalition pour voir cette ouverture,

---

franco-allemande par une politique plus favorable à l'alliance avec les Anglo-Saxons. Ne parvenant pas à s'imposer face à Kiesinger à la chancellerie en 1966, il opte pour le poste de ministre de la Défense, avant d'échouer, en 1969, à la présidence de la République fédérale, face à Gustav Heinemann.

autrefois impensable, rejoindre le domaine du possible. L'« ère Adenauer », qui, en politique extérieure, se prolonge au-delà du retrait de son fondateur, approche alors de sa fin. Une nouvelle génération, qui n'a connu ni la guerre ni les expulsions, fournit les bataillons d'une jeunesse plus exigeante et plus critique. Enfin, les progrès de la détente, le temps mais aussi les échecs répétés de la politique précédente ont fait leur œuvre. Ainsi le fiasco proche-oriental de 1965 : alors que le président du Bundestag, Eugen Gerstenmaier, avait, en novembre de l'année précédente, réussi à désamorcer une nouvelle crise dans les relations germano-égyptiennes, liée avant tout à la livraison d'armes à destination d'Israël, une visite de Walter Ulbricht sur le sol égyptien en février-mars 1965, fortement encouragée par les Soviétiques, poussait Erhard à rompre les contacts avec Le Caire. L'ouverture de relations officielles avec Tel-Aviv aggravait rapidement la situation, et bientôt l'ensemble des pays arabes rompaient leurs relations diplomatiques avec la République fédérale. Ce désastre s'accompagnait d'une perte d'influence et de prestige sensible dans les pays du tiers-monde, et tout particulièrement vis-à-vis des non-alignés, dont l'Égypte, avec l'Inde, constituait le principal porte-drapeau. D'inutile, la doctrine Hallstein devenait dangereuse.

À cet égard, le document publié en 1965 par l'EKD sur « la situation des réfugiés et la relation du peuple allemand avec ses voisins orientaux » (*Ostdenkschrift*) demeure significatif : pourtant privée en 1945 de provinces entières, qui, à la veille de la guerre, constituaient autant de bastions du protestantisme, les Églises évangéliques en Allemagne se prononçaient désormais en faveur d'une attitude moins passionnelle dans le problème des réfugiés et d'une relecture du passé où la compréhension, le pardon et la reconnaissance de la faute allemande devaient permettre une réconciliation prochaine. Elles répondaient en cela au mémorandum de Tübingen qui, dès 1961, avait mis l'accent sur les nécessités d'une politique orientale moins agressive, plus réaliste et plus active. En appelant de plus la population à reconnaître au peuple polonais « l'espace nécessaire à son développement », les Églises évangéliques considéraient manifestement réglée la question de la ligne Oder-Neisse, et le temps venu de tourner une page déchirante de l'histoire allemande. Attitude généreuse et radicalement nouvelle qui annonçait également un changement dans la politique ecclésiastique est-allemande. Car, sans vouloir l'avouer, la construction du Mur avait, de fait, considérablement gêné le maintien des liens avec les Églises situées en RDA, et rendu de plus en plus fictive la fonction de « trait d'union » de l'EKD (*Klammerfunktion*). Aussi, sans remettre en cause une unité ecclésiastique dont le synode fondateur de Barmen avait, en 1934, proclamé l'intangibilité, l'intransigeance des débuts cédait-elle lentement la place à un sentiment nouveau, fait d'impuissance et de réalisme, d'hésitation et de pragmatisme : tout en refusant de reconnaître l'inévitable, les Églises protestantes percevaient peu à peu l'inanité qu'il y avait à continuer d'ignorer un État qui, à coups de barbelés et de parpaings, avait depuis longtemps démenti la thèse du « nuage passager » énoncée au lendemain de la guerre par leur président Otto Dibelius.

En février 1966, le SPD tirait les conclusions de ce changement déjà très perceptible dans l'opinion et, pour la première fois, décidait de répondre aux propositions du SED, jusqu'alors toujours ignorées, et d'entamer des pourparlers sur la question allemande. En juin de la même année, et après cinq mois d'échanges épistolaires, le SED mettait cependant fin à l'expérience, prétextant la mise hors la loi, en République fédérale, des dirigeants communistes et le risque qu'une visite à l'Ouest aurait fait encourir à ses représentants. Ce nouvel échec ne pouvait toutefois faire oublier l'avancée des cinq dernières années. À la différence du plan Schröder, un dialogue direct, même fugitif et éphémère, s'était instauré entre les deux États allemands. De plus, l'échec des négociations n'était cette fois plus seulement imputable au jusqu'au-boutisme de la doctrine Hallstein. La législation de la RFA, l'hostilité d'une partie importante des députés CDU/CSU à une telle ouverture, alors que de nouveaux Peter Fechter[1] continuaient à tomber sous les balles des gardes-frontières est-allemands, avaient sans aucun doute dès le départ limité les chances de dialogue. Mais le SED portait lui aussi sa part de responsabilité, et l'annulation, à son initiative, d'une rencontre dont il était pourtant à l'origine témoignait d'une nervosité croissante devant une ouverture qui, à sa grande surprise, semblait devenir réalité et à laquelle il n'était pas préparé.

Dans sa déclaration gouvernementale du 13 décembre 1966, le nouveau chancelier Kurt Georg Kiesinger franchissait une nouvelle étape et marquait d'une pierre blanche l'histoire de la diplomatie ouest-allemande. Signe des temps, deux sociaux-démocrates qui avaient reconnu la nécessité d'une ouverture se retrouvaient en charge des affaires extérieures : Willy Brandt occupait

1. Peter Fechter est mortellement blessé le 17 août 1962 alors que, âgé de dix-huit ans, il tente de franchir le mur de Berlin. Pendant plusieurs heures, les gardes-frontières est-allemands le laisseront agoniser au pied du mur, et les images de ce drame révolteront l'opinion mondiale, *a fortiori* ouest-allemande.

le poste de ministre des Affaires étrangères, Herbert Wehner celui de ministre des Affaires panallemandes. Il s'agissait désormais, selon les propres termes du chancelier, d'« adopter un parler neuf, là où la Nouveauté [était] à dire et à oser[1] ». Nouveauté dans les réformes politiques, économiques et sociales dont la première partie du discours réaffirmait la nécessité, mais aussi dans la politique extérieure de la RFA, qui, pour la première fois, choisissait de s'adresser aux pays de l'Est avant d'évoquer les traditionnelles relations avec les alliés occidentaux. L'Allemagne, soulignait Kiesinger, « a pendant des siècles constitué le pont entre Europe occidentale et orientale. Nous souhaitons remplir aujourd'hui encore cette fonction. C'est pourquoi nous tenons à améliorer, dans les domaines de la vie économique, culturelle et politique, notre relation avec nos voisins de l'Est, qui ont un souhait identique, et, là où cela est possible, ouvrir également des relations diplomatiques[2] ». La Pologne, dont la RFA affirmait « comprendre mieux que par le passé le souci de vivre dans un État aux frontières garanties[3] », mais aussi la Tchécoslovaquie et l'Union soviétique se voyaient ainsi assurées d'une compréhension et d'un désir de paix qui dépassaient donc la « note pacifique » (*Friedensrede*) d'Erhard adressée à l'URSS en mars 1966. Par la voix de son chancelier, le gouvernement ouest-allemand étendait dorénavant ses propositions de « renonciation mutuelle à la violence » aux autres pays d'Europe de l'Est, RDA comprise. Et, sans jamais envisager la reconnaissance d'« un second État allemand », il exprimait son désir de « détendre »

1. Déclaration gouvernementale, dont le texte est largement reproduit par Christoph Klessmann, in *op. cit.*, p. 531.
2. *Ibid.*, p. 530.
3. *Ibid.*

les choses, non de les « durcir », de « dépasser les fossés, et non de les creuser davantage »[1].

Malgré les réticences d'une partie des membres de l'Union et l'opposition des réfugiés, cette ouverture sans précédent était bientôt suivie d'effets. Le 31 janvier 1967, la République fédérale ouvrait des relations diplomatiques avec la Roumanie ; de mai à septembre, Kiesinger et le président du Conseil des ministres est-allemand, Willi Stoph, procédaient à un premier échange épistolaire, tandis que Bonn reprenait ses relations avec Belgrade. Dans le même temps, SPD et FDP procédaient à des avancées conséquentes. Après avoir longtemps adhéré à la doctrine de la « seule légitimité », la social-démocratie, par la voix de Willy Brandt, envisageait en effet lors de son congrès de mars 1968 une possible reconnaissance de la ligne Oder-Neisse, en attendant un règlement général et consensuel de la question frontalière. Le FDP, quant à lui, avait profité de son passage dans l'opposition pour renouer avec ses racines libérales et, ce faisant, délaisser l'alliance étouffante dans laquelle l'avait enfermé son soutien à la politique adenauerienne. Répondant favorablement à un article de Wolfgang Schollwer qui, pour la première fois, s'attaquait à des tabous de la politique germano-allemande, leur trésorier, Hans Wolfgang Rubin, déclarait ainsi en mars 1967, dans un article retentissant intitulé « L'heure de vérité », que « le retour dans les frontières de 1937 n'était ni possible, ni souhaitable », le « droit à la patrie n'[étant] pas seulement valable pour les Allemands […] »[2]. Position révolutionnaire, vite soutenue et encouragée par de

1. *Ibid.*
2. Hans Wolfgang Rubin, in *Liberal*, 12 mars 1967, texte cité dans *Deutsche Geschichte 1962-1983*, vol. 1, *op. cit.*, p. 211-212.

nombreux journalistes du *Stern*, du *Spiegel* ou encore du *Zeit*, et qui prenait de court le président des libéraux, Erich Mende, dépassé par le vent de nouveauté qu'il avait lui-même pourtant appelé de ses vœux. L'élection de Walter Scheel à leur tête le 30 janvier 1968 confirmait le nouveau cours, et, tout en contribuant à l'évolution générale des mentalités, rendait possible l'idée d'une collaboration avec les sociaux-démocrates.

Certes, cette évolution majeure de la politique et des attitudes ouest-allemandes n'avait guère entraîné l'enthousiasme du bloc de l'Est. Au contraire, après avoir, le 20 février 1967, voté une loi sur la nationalité est-allemande qui réaffirmait plus que jamais la partition, la RDA troquait bientôt sa Constitution de 1949 pour un nouveau texte où disparaissaient la plupart des éléments d'inspiration weimarienne, raidissement lui-même suivi de la participation de l'Armée nationale populaire (NVA) à la répression du « printemps de Prague ». Ainsi, l'écrasement par le pacte de Varsovie du « socialisme perfectible » non seulement mettait un terme à des réformes inacceptables mais confortait par la violence une cohésion sur laquelle se brisaient finalement les premières tentatives d'ouverture venant de Bonn. Il faudra attendre 1969 et les années Brandt pour voir ces avancées recevoir un écho plus favorable, ouvrant la voie vers un réel dialogue.

Toutefois, en dépit de ce nouveau retour des tensions, la glace de la guerre froide avait été brisée une première fois, même de façon unilatérale, et l'intransigeance d'hier avait déjà, dans les esprits de la République fédérale, cédé la place à la nécessité d'un comportement plus mesuré et moins autoritaire. Toujours présente dans les consciences, la question très émotionnelle des réfugiés et des territoires perdus avait cependant diminué en intensité. Enfin, détestée mais aussi fort mal connue, la RDA s'était quant à elle peu à peu imposée comme un partenaire inévitable, et en tout cas un régime trop durable pour justifier un ostracisme dont l'efficacité avait fait long feu. Aussi, avant même l'arrivée au pouvoir de Willy Brandt, les esprits étaient-ils déjà préparés à des changements plus radicaux encore.

Chapitre 10

Entre critique et révolte

Devant l'urgence économique et sociale de l'après-guerre, l'oubli volontaire et presque unanime d'un passé à fuir pour renouer au plus vite avec la normalité, la contestation n'avait guère trouvé sa place dans une Allemagne qui avait d'abord misé sur son retour à la stabilité. Tout au plus la jeunesse, comme aux États-Unis, s'était-elle enthousiasmée pour un James Dean qui, dès le milieu des années 1950, criait son mal de vivre et son manque de repères dans une société dont il peinait à comprendre la logique ou pour un Marlon Brando lui aussi rebelle à l'autorité. Le rock'n'roll de Bill Haley et des Comets avait également, par sa nouveauté, peu à peu attiré des adolescents moins réceptifs à la « *Schnulze*[1] » parentale, trouvant dans la musique et les modèles véhiculés par elle des rythmes et des styles nouveaux. Toutefois, si les premiers « blousons noirs » (*Halbstarke*) et le spectacle de bandes rivales diffusé par *La Fureur de vivre*, *West Side Story* ou *L'Équipée sauvage* offraient l'image importée d'une génération en rupture de ban avec un certain sens de la hiérarchie et les valeurs parentales, cette nouvelle mode, certes jugée insupportable par l'esprit de l'époque, restait très

1. Littéralement « chanson bébête », « gnangnan ».

acceptable. À aucun moment en effet, le « mal-être » ou le questionnement d'une société jusqu'alors unie dans l'effort n'avaient débouché sur une remise en cause de l'ordre établi, et jamais les « désordres » de la jeunesse ne s'étaient associés aux critiques des intellectuels. Pourtant, dès la fin des années 1950, alors que la victoire des chrétiens-démocrates semblait renvoyer l'image d'une République fédérale conservatrice et sûre d'elle-même, l'Allemagne de l'Ouest changeait peu à peu.

Abondance et libéralité

La population, gonflée par une natalité en progression et un afflux massif, jusqu'en 1961, de citoyens est-allemands, passait de 51 millions en 1950 à 56 millions en 1961, pour atteindre 61 millions dix ans plus tard. Le retournement de tendance, et la stagnation de la population, amorcée dès le milieu des années 1960 et due à un net recul du taux de natalité, ne se ferait sentir que dans les années 1970. La structure de la population active connaissait aussi sa révolution : le secteur primaire n'occupait plus que 9 % des actifs en 1970 contre plus d'un quart vingt ans plus tôt. Et si l'industrie mobilisait toujours entre 48 % et 49 % de cette population, le secteur tertiaire passait de 38 % à près de 43 %, en grande partie grâce à une féminisation accrue du monde des services et à une diffusion du travail à temps partiel. Moins rurale, plus nombreuse, cette société était enfin plus riche : une augmentation moyenne des salaires en dix ans de plus de 50 %, un accès généralisé à des logements plus nombreux, plus vastes et plus sains avaient propulsé la société ouest-allemande, lentement mais sûrement, du monde de la précarité vers celui de l'aisance et du superflu. La croissance des villes, l'allongement des distances, l'omniprésence de la voiture liée à la périurbanisation, la réduction du temps de travail, passant de près de 50 heures en 1955 à moins de 45 en 1969, contribuaient à façonner imperceptiblement la nouvelle réalité des années 1960 : un individualisme accru, un repli plus net sur le foyer, dont témoignaient l'importance croissante du temps passé devant le téléviseur et l'effondrement concomitant des entrées dans les salles de cinéma, qui passaient de près de 600 millions en 1960 à 160 millions moins d'un décennie plus tard, enfin, un désir plus immédiat de confort et d'une vie où les notions de temps libre et de loisir prenaient une plus large part.

À l'image des autres sociétés occidentales, l'Allemagne de l'Ouest subissait donc sans toujours s'en rendre compte le choc d'une modernité en expansion, dont les forces de mouvement – rapidité des transports, des modes de consommation ou d'information – allaient vite heurter de plein fouet le sentiment de tranquille assurance et le consensus hérités des années 1950. À la différence des autres États, la République fédérale avait toutefois lié cette idée de consensus à son identité propre. Démocratique, libre, l'Allemagne de Bonn s'était en effet lancée à corps perdu dans un oubli salvateur du passé afin de mieux reconstruire et retrouver au plus vite légitimité et normalité. L'accès progressif à l'adolescence puis à l'âge adulte d'une génération n'ayant ni connu la guerre ni vécu la bataille de la reconstruction allait rapidement participer à cet ébranlement généralisé.

Évolution de la croissance et du taux de chômage en RFA de 1960 à 1970

	Croissance (%)	Chômage (%)	Inflation (%)
1960	7,9	1,3	1,4
1961	4,0	0,8	2,3
1962	2,6	0,7	3,0
1962	2,3	0,8	3,0
1964	5,2	0,8	2,3
1965	4,3	0,7	3,4
1966	1,8	0,7	3,5
1967	–0,1	2,1	1,4
1968	6,8	1,5	1,5

Source : Statistisches Bundesamt. Bevölkerung und Wirtschaft 1872-1972, Stuttgart, W. Kohlhammer, 1972, p. 142, 148, 250, 261. Cité par Axel Schildt *et al.* (dir.), *Dynamische Zeiten*, Hambourg, Christians, 2000, p. 212.

Le renouvellement générationnel, l'urgence de certaines questions sociales, le « *novum* » politique de la Grande Coalition sur fond de faillite morale du partenaire américain, auquel l'Allemagne de l'Ouest avait associé son destin, devaient tout au long de la décennie donner aux forces contestatrices une forme et un élan nouveaux. Avant même la fin de l'ère Adenauer, bien avant les années Brandt, la société allemande avait peu à peu tourné le dos à l'après-guerre et à ses contraintes, refermant lentement la page ouverte par un chancelier qui, depuis 1961, paraissait presque anachronique. Mieux encore, le besoin de réformes, et donc celui de remettre en cause l'édifice patiemment érigé, semblait incontournable, afin bien sûr de mieux répondre aux changements économiques et sociaux, mais aussi, au moins pour la jeune génération, afin de questionner une République malmenée par les procès d'Ulm[1] (1958) ou celui d'Adolf Eichmann à Jérusalem (1961).

Un contexte national et international chargé

Longtemps restée en souffrance et reportée à plusieurs reprises, la réforme de l'enseignement était ainsi devenue dans les années 1960 une des principales pierres d'achoppement de la politique allemande, dont l'opposition estudiantine s'était emparée avant même la fin de l'ère Adenauer. Trop confiante dans la manne régulière de l'immigration est-allemande et l'arrivée continue d'une main-d'œuvre déjà formée, la RFA avait en effet longtemps négligé de rénover un système scolaire dont la qualité menaçait de s'effondrer. Avec la construction du Mur, l'urgence était devenue plus manifeste : en 1964, le philosophe Georg Picht faisait paraître une série d'articles alarmistes annonçant la « catastrophe » qui guettait la « formation » en Allemagne[2]. Selon lui, la dégradation du niveau des élèves et des étudiants allemands et le retard accumulé en la matière face aux autres pays européens menaçaient très sérieusement à moyen terme le

1. Entre avril et août 1958, dix membres des tristement célèbres *Einsatzgruppen* étaient jugés à Ulm pour leur participation à l'assassinat de plus de 5 000 Juifs en Lituanie. Au-delà des faits eux-mêmes, ce procès révélait combien les anciens tortionnaires avaient rapidement, au lendemain de la guerre, repris une activité normale sans être inquiétés. Il devait même s'avérer qu'un des témoins, Arthur Genath, membre de la police criminelle de la Rhénanie-Palatinat, avait lui-même participé aux exactions. Arrêté en séance, il se suicidait le lendemain.

2. Georg Picht, *Die deutsche Bildungskatastrophe. Analyse und Dokumentation*, Fribourg, Walter Verlag, 1964.

développement économique et industriel du pays. À cet argument qualitatif s'ajoutait, pour nombre d'étudiants, celui d'une injustice sociale insupportable, dont l'après-guerre avait renforcé la tendance et que le sociologue Ralf Dahrendorf mettait en 1965 en évidence. Dans une étude retentissante, Dahrendorf faisait en effet état d'une surreprésentation dans l'enseignement supérieur des professions libérales et du fonctionnariat, fils et filles d'universitaires s'y taillant la part du lion, tandis que paysans et ouvriers demeuraient les grands perdants du système[1]. Le constat était identique dans les lycées (*Gymnasien*), avec une sous-représentation féminine à partir de la dixième classe. Au-delà, le document s'interrogeait sur un enseignement primaire qui, en dépit d'une incontestable laïcisation de la société, continuait à faire la part belle à l'enseignement confessionnel[2], et mettait en évidence la trop faible croissance du nombre des universités. Mais, plus que les questions de « niveau » ou de qualité, l'opinion avait retenu de ce constat la nécessité de réformes dans lesquelles la préoccupation sociale, les thèmes de justice, de droit des femmes, de liberté des consciences ou de révision de l'autorité professorale devaient l'emporter, donnant ainsi au débat une dimension plus idéologique.

Au même moment, la résurgence du passé à l'occasion du débat sur la prescription des crimes nazis permettait aux jeunes générations de jeter un regard différent sur la République des pères fondateurs. La décision du Bundestag de sortir de l'impasse juridique dans laquelle se trouvait la République fédérale en proposant, le 25 mars 1965, de calculer le délai de prescription non

1. Voir Ralf Dahrendorf, *Bildung ist Bürgerrecht*, Hambourg, Nannen, 1965.

2. Ce dernier représente au milieu des années 1960 environ la moitié des effectifs de l'enseignement primaire.

plus à partir du 8 mai 1945 mais du 1er janvier 1950, bref, de reporter l'échéance au 31 décembre 1969, n'avait nullement résorbé un mal dont les racines dépassaient de beaucoup cette seule question. Une fois encore, la RFA avait préféré l'esquive à l'affrontement d'une mémoire qui s'était pourtant déjà rappelée à plusieurs reprises au souvenir de la société du « miracle économique ». Toutefois, le consensus n'était plus général. La révolte latente d'une jeunesse née après la guerre et nourrie de contestation permettait une mise en question plus radicale. Sur fond d'actes antisémites, le procès déjà cité d'Ulm avait à l'évidence libéré la parole. La mise en place d'une centrale des administrations régionales pour « l'investigation des crimes nazis » à Ludwigsbourg au lendemain du jugement ouvrait davantage le débat en doublant le retentissement judiciaire du procès d'une volonté d'information et de réflexion sur les ombres de la période hitlérienne. On assistait ainsi, bien avant 1968, à une remise en cause plus nette, moins confinée aux seules frontières de la littérature, du passé. En 1958, Max Frisch dans son *Biedermann et les incendiaires* (*Biedermann und die Brandstifter*), bientôt suivi de Wolfgang Staudte avec *Des roses pour le procureur* (*Rosen für den Staatsanwalt*, 1959) avaient déjà rompu avec une certaine tradition, annonçant d'autres critiques. En attendant le *Bis zum Happy End*[1] de Theodor Kotulla (1968), dont l'analyse du refoulement annonçait le traitement critique des années 1970, les films d'Erwin Leiser, qu'il s'agisse de *Eichmann* en 1961, de *Deutschland, erwache*[2] en 1963 ou du premier documentaire en langue allemande sur l'enfer concentrationnaire, *Mein Kampf* (1960), offraient,

1. Histoire d'un *happy end* (non disponible en français).
2. Allemagne lève-toi (non disponible en français).

au cinéma, une nouvelle perspective dans le traitement du nazisme. Ce faisant, le septième art ouvrait une brèche dans le flanc de la « légitimité » des années de la reconstruction, dans laquelle la jeunesse et le mouvement étudiant allaient bientôt s'engouffrer. Comme l'expliquait en 1962 Alexander Kluge, l'un des signataires du manifeste d'Oberhausen, « le film » devait désormais pouvoir « interagir avec d'autres formes d'art, littéraires et autres, mais aussi avec une conscience politique »[1].

Que cette conscience politique, ou, à tout le moins, ce questionnement critique, ait été partagée par l'ensemble de la population, rien n'est moins sûr. Si, dans un sondage de 1961 effectué pendant le procès Eichmann, seuls 15 % des interrogés estimaient préférable de tourner la page du passé, 57 % plébiscitaient l'oubli de la période à l'issue du procès d'Auschwitz en 1965. Apparemment isolée, la critique des intellectuels et des artistes, du *Vicaire* (*Der Stellvertreter*) de Hochhuth en 1965 au *Eichmann à Jérusalem* de Hannah Arendt (1964), n'en trouvait pas moins un écho considérable dans le monde étudiant qui en tirait ses propres conclusions : plus que sur une découverte du Mal ou sur une révélation des horreurs du passé, les procès avaient débouché sur une mise en évidence des liens unissant la société des années 1930 à celle de l'après-guerre et, ce faisant, mis en cause la continuité des intervenants de l'après-1945.

Ce questionnement des intellectuels s'inscrivait dans une méfiance traditionnelle à l'égard de l'État ainsi que dans une vision critique de la « démocratie du chancelier ». La crise née autour de l'affaire du *Spiegel* avait dès 1962 à la fois radicalisé les positions des libéraux et

1. Alexander Kluge, « What do the Oberhauseners Want ? » (1962), *in* Eric Rentschler (dir.), *West German Filmmakers on Film*, *op. cit.*, p. 10.

des conservateurs, marqué avant terme la fin du prestige d'un Adenauer sur le déclin, prévenu enfin, bien avant l'explosion de 1968, le monde des intellectuels, journalistes, enseignants, artistes, étudiants contre un pouvoir jugé par essence menaçant. Très critique à l'égard du ministre de la Défense Franz Josef Strauss, l'hebdomadaire *Der Spiegel* s'était ainsi montré, depuis l'élection de ce dernier à la présidence de la CSU en mars 1961, plus mordant que jamais, lui reprochant tour à tour son autoritarisme, sa méthode du fait accompli ou ses relations troubles avec les milieux industriels, notamment dans l'affaire des pots-de-vin de la FIBAG. On l'a vu, à la suite d'un article du 8 octobre 1962 critiquant la capacité réactionnelle de la Bundeswehr, Strauss ordonnait, le 28, l'occupation des locaux du journal : l'éditeur, Rudolf Augstein, ainsi que plusieurs de ses collaborateurs étaient arrêtés. Accusé de « trahison », de « conspiration » avec l'Est et d'« entente » avec le gauchisme européen, Augstein réussissait toutefois rapidement à démontrer l'inanité des accusations formulées à son encontre, stigmatisant au passage le retour de discours dignes de la guerre froide et de méthodes presque dictatoriales. Le soutien massif des écrivains, la multiplication de manifestations étudiantes faisaient le reste : fin novembre, Strauss, sous la pression des ministres FDP, démissionnait, l'essentiel des poursuites étaient abandonnées.

Le malaise devait toutefois persister : malaise au sein d'une coalition gouvernementale où les libéraux se sentaient de plus en plus à l'étroit, malaise également dans la société, dans la mesure où, pour la première fois, la rue avait fait reculer le gouvernement, posant nettement une double volonté de transparence et de démocratisation, une exigence que les transformations sociales, économiques et culturelles ultérieures devaient renforcer.

Pour cette nouvelle génération avide de démocratie et de vérité critique, la solution de la Grande Coalition avait en effet sonné comme un défi. D'entrée, nombre d'intellectuels avaient vu dans cette nouveauté atypique une institutionnalisation du consensus, une renonciation à la salutaire pluralité des débats autant qu'une menace pour la démocratie. En substance, l'union des deux plus grandes formations politiques, sous couvert d'une action plus décisive, avait en fait aboli toute opposition et restauré un État surpuissant, désormais privé de contre-pouvoir efficace. Karl Jaspers, dans son essai intitulé *Où va la République fédérale ?* (1966)[1], en tête duquel figurait l'entretien accordé au *Spiegel* lors du débat sur la prescription[2], voyait ainsi dans cette expérience inattendue un retour aux démons du passé en même temps qu'une perversion du phénomène démocratique. Pour Rudolf Augstein, fondateur et propriétaire du magazine *Der Spiegel*, la Grande Coalition procédait d'une mise au pas de l'opinion, dont l'affaire du *Spiegel* avait fatalement constitué les prémices. L'adoption par le Bundestag des lois sur l'état d'urgence en mai 1968 devait amplifier cette peur et ce pessimisme. Ce débat n'était pourtant pas nouveau.

Depuis la fin des années 1950, mais surtout depuis un premier projet de loi déposé en 1960 par Gerhard Schröder, l'idée de doter la RFA d'une législation d'exception avait lentement fait son chemin. Il s'agissait, pour ses défenseurs, de compléter le traité de 1954 et, en reprenant aux Alliés les droits qu'ils s'étaient réservés en vertu du statut d'occupation, de retrouver une souveraineté encore incomplète. Malgré l'opposition presque

1. Karl Jaspers, *Wohin treibt die Bundesrepublik ?*, Munich, Piper, 1966.
2. « Pour le génocide pas de prescription », *Der Spiegel*, mars 1965.

unanime des syndicats et la menace proférée par le DGB d'une grève générale, les partis de la Grande Coalition approuvaient finalement les 29 et 30 mai 1968 les textes proposés, alors que le climat social n'avait cessé de se détériorer et qu'une marche de protestation à Bonn avait encore, le 11 mai, rassemblé des dizaines de milliers de manifestants. Leurs dispositions prévoyaient notamment, dans le cas exprès d'une attaque, d'une catastrophe ou d'un état d'« urgence intérieure » requérant des mesures exceptionnelles, une possible limitation du secret postal et des communications, l'intervention éventuelle des forces armées, le transfert auprès d'un « comité général » des prérogatives du Parlement ou une intervention autoritaire du pouvoir dans l'économie.

Objet de nombreux débats et de contre-propositions, qui avaient finalement permis l'adhésion du SPD, amendées à plusieurs reprises et revêtues d'un caractère exceptionnel, ces lois spectaculaires n'en avaient pas moins été votées dans un climat de tensions tel qu'elles ne pouvaient éviter le reproche de provocation. Les réactions émotionnelles qu'elles devaient engendrer se nourrissaient ainsi d'une peur pour l'ordre démocratique sans doute sincère à défaut d'être légitime, mais d'autant plus grave qu'elle mettait en cause un pouvoir et une société qui n'avaient cessé de bâtir leur légitimité sur l'idéal même de liberté et de démocratie, et d'autant plus profonde qu'elle prenait ses racines dans un mouvement international de contestation de l'Occident.

On ne saurait en effet oublier que cet idéal de droit et de liberté sur lequel l'Ouest avait, depuis les premières heures de la guerre froide, bâti aussi bien sa politique extérieure que son développement économique était, en son sein même, de plus en plus contesté et, avec lui, l'ensemble des valeurs qui constituaient le credo des nations industrielles européennes et nord-américaines.

Depuis le début des années 1960 en effet, malgré le retentissant discours d'un Kennedy associant dans sa célèbre formule la figure de l'homme libre et l'habitant de Berlin, malgré l'émotion suscitée par une ville-symbole transformée une fois de plus en martyre du communisme, la *Pax Americana*, première incarnation de cette défense du monde libre, se lézardait de façon inquiétante en de nombreux points du globe. Au Moyen-Orient, dans une France gaullienne contestant le leadership atlantiste et surtout en Amérique latine, où l'affaire des missiles de Cuba n'avait nullement effacé les espoirs engendrés par la révolution castriste ni l'élan de solidarité et la vague d'antiaméricanisme suscités par l'affaire de la baie des Cochons, la « terre des libertés » (*land of the free*), si l'on se réfère à l'hymne de la bannière étoilée, perdait lentement la direction morale de la planète. De plus, alors que la décolonisation avait déjà porté un coup sévère aux puissances du Vieux Continent tout en consacrant l'émergence du tiers-monde qui, depuis Bandung, frappait de plus en plus fort aux portes de la conscience internationale, à l'heure enfin du droit des peuples et de l'indépendance, les États-Unis semblaient depuis 1963 vouloir persister dans leur fameuse « théorie des dominos » et poursuivre leur engagement dans le Sud-Est asiatique : en 1962, 16 000 conseillers américains se trouvaient déjà au Vietnam ; trois ans plus tard, les premiers bombardements massifs sur le nord du pays et l'envoi de centaines de milliers d'hommes marquaient l'engrenage d'une superpuissance dans une guerre de type colonial menée contre un petit pays, pauvre, luttant depuis vingt ans pour son indépendance et… communiste, auquel le congrès des étudiants sociaux-démocrates (SDS) de Francfort apportait, dès mai 1966, un soutien remarqué.

Symbole autant que détonateur, non seulement le drame vietnamien stigmatisait, par le torrent d'images et de reportages qui déferlaient à partir de 1966-1967 sur les télévisions du monde, une certaine conception de la politique extérieure et du leadership américains, mais il constituait aussi l'exutoire à une réaction en chaîne contre toute une idée de la société héritée des années 1950. En ce sens, les années 1960 marquent également l'éclatement d'un consensus, en même temps que la crise profonde des valeurs de l'après-guerre qui avaient pour nom croissance, prospérité, (re)construction, modernisme, et que l'Occident, auquel la RFA avait lié son sort, s'était efforcé de faire prospérer à l'ombre bienveillante de cette liberté sans cesse menacée par l'oppression communiste.

Cette révolte contre un ordre « libre et démocratique » jugé hypocrite se nourrissait aussi bien de l'intervention des *marines* à Saint-Domingue en 1965 que du mouvement antiségrégationniste de Martin Luther King culminant dans la marche sur Washington du 28 août 1963. Née en premier lieu sur les campus américains, elle s'était également rapidement transformée en une révolte internationale : de Londres à Rome en passant par Tokyo et la plupart des villes allemandes, la protestation n'avait cessé de s'amplifier, incriminant tout à la fois les excès du machinisme, la société de consommation, les frustrations sexuelles, le conformisme ambiant, enfin, une liberté qui pour avoir été exaltée et déifiée restait souvent tronquée ou bafouée.

Avant même l'explosion de 1968 où se mêlaient dans un même climax l'offensive du Têt, le poing ganté de noir de Tommie Smith et John Carlos aux Jeux de Mexico, les assassinats de Robert Kennedy et du pasteur King et la révolte parisienne, les valeurs occidentales s'étaient retrouvées sur la sellette. À leur manière, les œuvres de Herbert Marcuse, les réalisations plastiques de Tinguely, d'Arman[1] ou de Kienholz dont se nourrissaient les étudiants allemands, français ou américains avaient opéré un diagnostic identique : pour eux, le mode de vie et les symboles auxquels s'accrochait de façon décisive le soi-disant monde libre conduisaient à une impasse unanimement refusée par la jeunesse. Le scandale du Contergan à partir de 1964 et les malformations en chaîne qu'avait entraînées chez de nombreux nouveau-nés allemands l'utilisation de ce médicament pour femmes enceintes avaient déjà altéré en RFA une foi dans le progrès qui semblait pourtant indestructible. Quelques années plus tard, *L'Homme unidimensionnel* de Herbert Marcuse[2] et sa critique de la civilisation occidentale accompagnaient dans sa protestation une classe d'âge qui s'inscrivait en faux contre un modèle de vie, dénonçant l'absurdité de la consommation, l'« enfermement » d'un monde écrasé par son matérialisme. Membre de l'École de Francfort, Marcuse était, de fait, assez rapidement devenu le théoricien de la révolte en s'opposant à un système technicien jugé aliénant. En appelant de ses vœux une libération qui ne pouvait plus exclure la violence, il dénonçait sans relâche la faillite d'un modèle consumériste dont les sculptures d'Edward Kienholz annonçaient la mort. De façon plus cinglante que ses homologues français, en procédant à des accumulations ou des compressions d'objets-clés de la civilisation des années 1960, qui se trouvait ainsi parodiée et réinventée, Kienholz avait fait

1. Pour Armand Fernandez.
2. 1964, publié en Allemagne en 1967.

scandale avec son « Monument commémoratif ambulant », qui détournait, non sans violence, l'ensemble des symboles ayant façonné la conscience américaine : entonnant depuis une poubelle « Dieu bénisse l'Amérique », la chanteuse Kate Smith y côtoyait les GI's du mont Suribachi plantant dérisoirement la bannière étoilée sur une table de jardin, tandis qu'un aigle américain dominait un monument aux morts où figurait une liste de 475 pays privés d'indépendance ou n'existant plus.

Ce malaise civilisationnel, ce mal de vivre amplifié, nourri des événements internationaux, se retrouve tout entier dans *Signe de vie* (*Lebenszeichen*), récompensé par un Lion d'or à Venise en 1968. La Seconde Guerre mondiale et l'île grecque qui servent de cadre au film de Werner Herzog ne sont plus qu'une toile de fond, un prétexte pour dénoncer des événements contemporains – le putsch militaire de 1967 dont l'île de Cos et la Crète sont le théâtre. Le récit vise autant à dénoncer l'enfermement d'un environnement étouffant, vide de signification, absurde, où la folie rôde et finit par frapper le soldat Stroszek. L'interprétation de Herzog dès la sortie du film ne laisse planer aucune ambiguïté sur son objectif : « l'accumulation d'objets et de biens de consommation qui nous ont engloutis sous eux et dont la société nous accable[1] » est en définitive seule responsable. Et d'ajouter : « La seule réaction possible devant cette accumulation, c'est l'explosion, c'est la révolte contre elle. Même si elle est aveugle et entraîne une destruction aveugle[2]. » Cette destruction, matérialisée dans l'explosion finale de la citadelle et du dépôt de

1. Cité par M. Roellens, *in* Béatrice Fleury-Vilatte, *Cinéma et culpabilité en Allemagne*, *op. cit.*, p. 140.

2. Werner Herzog, dans *La Revue du cinéma*, n° 342, 1979, p. 70. Cité *in* Béatrice Fleury-Vilatte, *op. cit.*, p. 140.

munitions dont Stroszek avait la charge, annonçait elle-même, dans la société allemande, d'autres violences.

Au total, à la différence des années 1950, l'Ouest ne possédait plus le monopole d'une certaine « bonne conscience ». Il semblait même devenu le lieu d'une vacuité insondable créée par son propre matérialisme autant que par une mauvaise foi sans limite. Pire, le communisme, auquel on avait longtemps dénié la capacité à apporter aux populations sur lesquelles il régnait biens matériels et liberté, se propulsait à présent, par tiers-monde interposé, au rang de défenseur de l'oppression, aidé dans sa tâche par quelques figures mythiques comme celle de « Che Guevara ».

Entre apolitisme et escalade

Cette remise en question des valeurs et ces critiques de la société, déjà diffusées par le cabaret et des troupes tels les Stachelschweine (Porcs-épics) berlinois ou la Lach- und Schiessgesellschaft[1] de Munich, avaient lentement conduit à la mobilisation d'une opposition essentiellement étudiante qui, jusqu'au bout, devait constituer l'aile marchante du mouvement dit d'« opposition extra-parlementaire ».

Dans ce ralliement, la Fédération des étudiants socialistes allemands avait joué un rôle capital. Un moment isolée par sa rupture en 1960 avec le parti social-démocrate dont elle désapprouvait la nouvelle orientation après Bad Godesberg, celle-ci avait trouvé un nouveau souffle dans le débat sur l'enseignement et la

1. La « société du rire et du tir », jeu de mots s'inspirant de la Wach- und Schließgesellschaft, société de protection.

revendication d'un accompagnement social de l'étudiant (bourses, facilités financières, etc.) qui, à ses yeux, devait permettre aux moins favorisés d'accéder plus facilement à l'enseignement supérieur. L'incident survenu à l'Université libre de Berlin le 8 mai 1965 allait cependant marquer le début d'un activisme grandissant en même temps que l'entrée en scène de la nouvelle Apo.

Invité à s'exprimer dans le cadre du symposium organisé autour du thème « Restauration ou commencement, la RFA vingt ans après », le journaliste Erich Kuby, adversaire résolu de la politique adenauerienne, s'était vu priver d'auditorium par le recteur. À la suite de cette décision, des centaines d'étudiants avaient bruyamment manifesté leur colère, les revendications devenant au fur et à mesure des jours et des semaines plus politiques, et les protestations contre l'ordre social alternant avec des slogans antiaméricains ou favorables au Vietminh : imités des méthodes américaines de Berkeley, les sit-in et go-in se mettaient en place, transformant Berlin-Ouest, son université et son Kurfürstendamm en vitrine de la contestation. À la différence des autres villes universitaires, qui, longtemps, étaient demeurées à l'écart de la révolte ouverte, lui préférant une protestation plus feutrée, moins démonstrative, Berlin frappait en effet par son haut degré de politisation, sa réactivité à l'actualité internationale, probablement attisée par une tradition socialiste sensible et une situation géographique et politique elle-même exceptionnelle.

Le 2 juin 1967 devait décider de l'élargissement de la révolte étudiante à l'ensemble de l'Allemagne. Lors d'une manifestation dirigée contre la venue du shah d'Iran, prévue le jour même, l'étudiant Benno Ohnesorg est abattu par un policier, entraînant dans tout le pays une vague de marches silencieuses, de commémorations et de protestations contre la violence des forces de l'ordre. De nombreuses universités entrent dans la danse. À Francfort se crée l'Union générale des élèves socialistes (AUSS), et de nombreux « clubs républicains » suivent alors celui fondé à Berlin en avril 1967, tandis que la Kommune 1 de Fritz Teufel et Rainer Langhans encourage à imiter leur exemple de vie en communauté libérée des conventions et des tabous. En même temps, mobilisés depuis la campagne « *Kampf dem Atomtod* », réunis depuis 1966 aux côtés de syndicalistes et d'étudiants au sein d'un Comité sur l'état d'urgence de la démocratie (*Kuratorium Notstand der Demokratie*), des professeurs tel Helmut Ridder, des intellectuels comme Eugen Kogon rejoignent d'autant plus volontiers le mouvement étudiant que l'approbation par le Bundestag d'une législation sur l'état d'urgence devient chaque jour plus probable, conférant à l'Apo une autre dimension.

La contestation et la répression se nourrissent alors réciproquement, s'entraînant dans une escalade mutuelle qui culmine durant les mois d'avril et mai 1968. Le 11 avril, le leader du SDS, Rudi Dutschke, est grièvement blessé dans un attentat commis par un jeune extrémiste sans doute trop influencé par les articles virulents de la *Bild-Zeitung* ou les slogans hostiles de la manifestation du 21 février, lors de laquelle les participants ont crié leur haine des « rouges » et proclamé Dutschke « ennemi n° 1 ». Le 12 avril éclatent dans Berlin-Ouest de nombreux combats de rue qui font deux morts et des centaines de blessés. Autant que l'ordre occidental revu à travers le prisme vietnamien, les notions d'État, de pouvoir, d'autorité (*Obrigkeit*) et de violence légitime se retrouvaient plus que jamais au cœur des débats et, avec eux, la responsabilité du groupe de presse Springer, dont l'empire n'avait cessé de s'étendre au cours des années 1950. Toutefois, si les journées de Pâques constituent incontestablement l'apogée du mouvement de protestation, elles en marquent en même temps les limites.

En effet, si l'attentat contre Dutschke a marqué les esprits de tous bords, des voix se font déjà entendre pour mettre un terme à des affrontements jugés inacceptables. Le ministre de la Justice, Gustav Heinemann, refuse ainsi dans son discours du 14 avril de voir dans les manifestants des provocateurs seuls responsables de la violence. Il est temps, affirme-t-il en substance, de rétablir un contact perdu avec la jeunesse et de s'interroger sur le bien-fondé de ses revendications. Le temps de la raison et de l'examen de conscience semble venu, d'autant plus que l'opinion allemande, certes choquée par la répression policière, est également, dans sa grande majorité, lasse de manifestations à répétition dont elle ne saisit pas toujours la légitimité : le succès, en 1969, de la chanson du très populaire Freddy Quinn intitulée *Gammler der Erde* et de ses paroles antiprotestataires (« Vous traînez dans les parcs et les ruelles, qui peut comprendre votre fainéantise insensée […] ») en témoigne. Par ailleurs, l'aspect spectaculaire de la révolte de l'Opposition extraparlementaire dissimulait mal le peu de représentativité d'un mouvement qui n'avait pas réussi à entraîner dans son sillage d'autres couches de la société civile. Malgré ses mots d'ordre socialisants, le mouvement était demeuré trop jeune, trop étudiant, trop intellectuel et aux origines trop bourgeoises pour gagner la confiance d'une classe ouvrière méfiante mais aussi inquiète. Et l'émotion suscitée par les lois d'urgence, dont le vote, un moment, avait paru relancer les énergies, n'avait été qu'un dernier feu de paille vite retombé, tandis que le DGB, craignant d'être dépassé par des événements déjà jugés dramatiques, avait rapidement renoncé à sa menace de grève générale.

Enfin, parti d'une protestation spontanée, d'un désir diffus d'obtenir davantage de transparence, de liberté et de démocratie, ou de protester plus simplement contre un code social jugé trop rigoureux, le mouvement tendait à évoluer vers une certaine crispation idéologique. Si la plupart de ses membres continuaient à choisir un mode d'expression pacifique et rejoignaient même bientôt les rangs de la social-démocratie, optant ainsi de fait pour une réforme « légale » de la société, d'autres se persuadaient de l'impossibilité de toute solution pacifique. Chez une minorité, le langage révolutionnaire, au départ simple expression de la contestation d'un ordre établi, devenait peu à peu le lieu d'une logique d'enfermement qui, dès 1968, annonçait un basculement dans le terrorisme : le 2 avril 1968, de jeunes étudiants nommés Andreas Baader, Gudrun Ensslin ou Horst Söhnlein joignaient l'acte à la parole et incendiaient deux grands magasins de Francfort.

Bilan

Au total, les années 1960 laissent avant tout l'impression d'une vaste transition. Obnubilée hier encore par sa stabilité morale, politique, économique et internationale, par une normalité presque obsessionnelle, apparemment incapable d'imaginer son avenir en dehors des perspectives fixées par l'Union, la République fédérale a, en 1969, brisé le tabou du *keine Experimente* dont le parti d'Adenauer semblait en 1957 avoir fait une règle intangible.

Moins rigide dans ses rapports avec l'Est et plus conciliante à l'égard d'une RDA désormais contrainte à la défensive, l'Allemagne de l'Ouest semble également prête au changement intérieur : sous l'impulsion de la contestation étudiante, la société a déjà évolué. Les trois secondes de nu du film de Hildegard Knef *Confessions d'une pécheresse* (*Die Sünderin*), qui avaient, en 1951, choqué tout un pays, ne suffisent plus à scandaliser une société désormais préparée aux *Schulmädchen-Reports*[1] des années 1970, séries de films dans lesquels les multiples séquences sexuelles servaient, d'après leurs auteurs, un but avant tout pédagogique. Signe des temps, près de 50 % de la production cinématographique de 1968 sont consacrés aux films érotiques[2]. À l'image d'une mode vestimentaire en pleine évolution, les codes et conventions de l'après-guerre ont subi les assauts de la nouveauté : mini-jupe, *Beatles Stiefel* (les bottes des Beatles) et musique rock-pop sont venus bouleverser la quiétude des années 1950, et l'idéal familial n'est assurément plus celui diffusé par la Sissi des films d'Ernst Marischka, à laquelle s'est substituée la femme en quête de libération, inspirée par les mouvements *Women's Lib* d'outre-Atlantique.

Autre pilier fondateur du « bloc » des années 1950, les Églises subissent elles aussi le souffle du changement.

Malmenée en 1963 par les accusations de Hochhuth dans son *Vicaire* ou les critiques de Carl Amery[3], désorientée par les bouleversements socio-culturels et la réorientation du concile qui, en 1964, livrait ses

1. Littéralement « reportages sur les écolières ».
2. Voir Béatrice Fleury-Vilatte, *op. cit.*, p. 131.
3. Pseudonyme de Christian Anton Meyer. Avant de se lancer dans la science-fiction, Meyer publie, en 1963, deux ouvrages dans lesquels il critique vertement l'Église catholique, l'un intitulé *La Capitulation ou le catholicisme allemand aujourd'hui* (*Die Kapitulation oder Deutscher Katholizismus heute*), l'autre *La Fin de la providence, les conséquences impitoyables du christianisme* (*Das Ende der Vorsehung. Die gnadenlosen Folgen des Christentums*).

premières conclusions sur le rôle de l'Église ou les nécessaires changements liturgiques, l'Église catholique perdait, entre 1968 et 1972, plus de 30 % de ses fidèles réguliers. Dans le même temps, 50 % des 16-29 ans se détournaient de la messe dominicale[1]. Si la réactivité et la nouveauté de Vatican II évitaient au catholicisme des réveils plus pénibles encore, le concile ne pouvait que prendre acte d'une révolution où les aspirations individuelles, le rejet de l'autorité, l'obsession d'une libération personnelle mais surtout sexuelle qui rejetait les conclusions jugées rigoristes de l'encyclique *Humanae vitae* (1968) faisaient voler en éclats l'illusion d'une Église multitudiniste (*Volkskirche*) que les années 1950 avaient, vaille que vaille, réussi à maintenir.

La remise en cause de cette vision institutionnelle dans laquelle l'Église s'identifiait au peuple (*völkisch*) agitait également le protestantisme. La fille de Luther, elle non plus, n'avait pas échappé à la dure réalité des chiffres : écroulement de l'assistance au culte, fuite de la jeunesse, explosion du nombre des sorties (*Kirchenaustritt*), qui passaient de moins de 45 000 en 1967 – chiffre alors compensé par les entrées et les retours (*Wiederaufnahmen*) – à 203 000 en 1970, autant d'éléments qui témoignaient d'une désaffection croissante. Pour des hommes tels le pasteur Niemöller ou Helmut Gollwitzer, les Églises protestantes avaient d'abord eu le tort de trop longtemps soutenir la politique étrangère du chancelier Adenauer, choisissant ainsi d'ignorer la réalité d'une spécificité est-allemande pourtant définitive depuis le 13 août 1961. L'*Ostdenkschrift* de 1965 autant que le mémorandum de

1. Voir Carl Gabriel, « Zwischen Aufbruch und Absturz in die Moderne. Die katholische Kirche in den 60er Jahre », *in* Axel Schildt *et al.* (dir.), *Dynamische Zeiten*, *op. cit.*, p. 537 *sq.*

1961[1], alors signé par huit des plus importantes personnalités protestantes, avaient déjà marqué un premier pas positif. Mais l'Église, à leurs yeux, devait aller plus loin, ainsi en écoutant davantage le tiers-monde qui, par la voix de ses délégués lors de la Conférence mondiale pour l'Église et la société réunie en 1966 à Genève ou encore lors du Conseil œcuménique des Églises en 1968 à Uppsala, en Suède, se faisait toujours plus critique à l'égard de l'Occident et plus sensible aux appels marxistes. Cette refondation passait enfin, pour des protestants libéraux tels Günter Jacob ou Albrecht Schönherr, pour des cercles de réflexion tels celui de Weissensee ou la Fraternité rhénane (*Rheinische Bruderschaft*), par une prise de conscience : le temps de l'Église triomphante, héritée de l'ère constantinienne, associée aux ors et au pouvoir, était révolu. Lui avait succédé, dès la fin du XIXe siècle, un monde « areligieux » mais aussi « majeur », qui avait appris à se passer de la religion. Cette analyse, inspirée d'écrits tardifs de Dietrich Bonhoeffer, imposait un grand bouleversement. En quelque sorte une « révolution copernicienne » dont les Églises devaient tirer toutes les conséquences : morales, sociales et politiques.

Au consensus volontariste, à l'image d'une société retrouvant ses assises, ses repères et heureuse parce qu'unie, se substituait donc un kaléidoscope où les faux-semblants volaient en éclats. Symbole de ce bonheur désormais jugé factice, les visions idylliques et traditionnelles du cinéma avaient vécu.

Sans doute le « cinéma de papa », contrairement aux affirmations des signataires du manifeste d'Oberhausen, était-il loin d'être mort : contesté par la génération montante, il s'empare même très rapidement du petit

1. Voir *supra*.

écran. Il n'empêche ; la société allemande de cette fin des années 1960, surtout dans ses composantes les plus jeunes et les plus remuantes, n'est plus guère disposée à encenser les *Heimatfilme* de la génération précédente. Et lorsque les campagnes, les vallées bavaroises et la vie des champs reparaissent à l'écran, c'est sous les traits d'un univers noir, violent, donnant au genre des allures de règlement de comptes. Avec *Scènes de chasse en Bavière* (*Jagdszenen aus Niederbayern*, 1969), Peter Fleischmann dépeint ainsi un monde loin de l'idylle et du précédent idéal de communion : les forces saines de la nature, le mariage ou l'accueil des exilés ont ici été remplacés par une tolérance zéro à l'égard de l'« Autre », qu'il s'agisse de l'immigré turc, de la « p… du village » incarnée par la future égérie des années 1970, Angela Winkler, du couple vivant en union libre, d'Abram (Martin Sperr) soupçonné d'homosexualité, ou de la mère de celui-ci, ancienne réfugiée, campée par Else Quecke. Dans cet univers où la vulgarité le dispute à la sournoiserie, personne n'est épargné, et les « victimes » finissent elles aussi par se transformer en bourreaux, rapidement contaminées par la haine qui paraît sourdre de ce village « ordinaire ». Bref, la normalité vole ici en éclats.

Changements sociaux donc, mais aussi politiques. Après avoir opéré une première mue à Bad Godesberg, puis s'être exercé au pouvoir avec sa participation à la Grande Coalition, le SPD de 1969 offre l'image d'une alternance crédible et d'un parti qui, en troquant la figure mutilée et austère de Kurt Schumacher pour le visage plus rassurant et plus moderne d'un Willy Brandt, s'est donné une jeunesse nouvelle, plus en phase avec la réalité du temps et, de ce fait, désormais en avance sur une CDU à bout de forces ou rattrapée par le passé de ses dirigeants.

Chapitre 11

L'expérience acceptée : les années Brandt

Le changement devient possible

Une évolution politique perceptible

Plusieurs évolutions majeures rendent désormais l'alternance possible.

Avec l'expérience de la Grande Coalition, la social-démocratie avait tout d'abord prouvé ses capacités à gouverner. Plus encore, en assumant, aux côtés de la CDU, la paternité des lois d'urgence, elle avait affirmé sa faculté de devenir elle aussi une gardienne crédible de l'ordre établi, non une prolongation politique de la contestation étudiante.

La CDU/CSU, au contraire, semblait dans le même temps avoir manqué d'un certain sens politique, le parti de Kiesinger ayant montré les limites de son ouverture, non seulement en termes d'innovation sociale mais aussi en matière de politique extérieure : à l'évidence, le ministre des Affaires étrangères, Willy Brandt, n'avait pu aller aussi loin qu'il l'avait souhaité. De plus, en s'entêtant à vouloir imposer Gerhard Schröder comme successeur au président Lübke qui, dès 1968, avait annoncé son intention de quitter ses fonctions avant la fin de son mandat, la CDU froissait délibérément son partenaire social-démocrate, qui estimait avoir gagné le droit de porter à ce poste hautement symbolique un homme issu de ses rangs. Ce choix apparaissait d'autant plus difficile que les libéraux avaient clairement indiqué que le FDP ne soutiendrait en aucun cas la candidature Schröder. En dépit de l'avertissement du ministre-président de Rhénanie-Palatinat, Helmut Kohl, qui voyait en Richard von Weizsäcker une personnalité plus consensuelle, bénéficiant qui plus est de l'aura de son frère, Carl Friedrich von Weizsäcker, physicien à la renommée internationale, la CDU avait confirmé sa décision en novembre 1968. Face à cette intransigeance, le SPD avait décidé de maintenir son propre candidat, Gustav Heinemann, qui avait le mérite de rassembler les suffrages de tous les sociaux-démocrates et de séduire les libéraux qui, depuis leur éviction du pouvoir, avaient eux-mêmes accompli leur transformation.

L'évolution politique du FDP depuis 1966 avait en effet rendu possible, plus que tout autre élément peut-être, l'idée d'une coalition sociale-libérale. En réduisant le rôle des libéraux à une opposition plus que symbolique, la Grande Coalition avait permis au parti d'Erich Mende d'opérer une réflexion sur lui-même, de retrouver, loin des contraintes et de l'orthodoxie auxquelles l'avaient soumis l'exercice du pouvoir et l'alliance étouffante avec la CDU, la sérénité nécessaire à la redéfinition de son identité et de ses aspirations. Dès la fin 1966, Mende avait ainsi pris l'initiative, et demandé à Wolfgang Schollwer de s'attaquer sans états d'âme ni tabous à un rapport définissant à terme les nouveaux projets et objectifs des libéraux. Le résultat présenté au conseil du FDP en janvier 1968 était allé au-delà des attentes initiales : en proposant de reconnaître la RDA et la ligne Oder-Neisse comme frontière orientale de l'Allemagne, Schollwer avait souhaité inaugurer une nouvelle ère des relations Est-Ouest et faire ainsi de son parti le fer de lance de la détente et de l'innovation. Si Mende avait alors refusé de cautionner pareille rupture, les propositions radicales de Schollwer avaient à l'évidence libéré la parole, et de nombreuses voix s'étaient fait entendre pour réclamer un retour aux origines du libéralisme, compris comme source de modernisme, d'imagination, de progrès, non seulement en politique extérieure mais aussi en matière économique et sociale. Bénéficiant du soutien de journaux tels le *Zeit* ou le *Spiegel*, théorisé par le sociologue Ralf Dahrendorf, le nouveau visage du libéralisme allait rapidement s'imposer et, en janvier 1968, Mende laissait la place à Walter Scheel. La modération de celui-ci permettait au FDP de réconcilier, pour un temps, les tenants d'un changement radical et l'aile droite du parti, qui estimait au contraire qu'une telle rupture risquait d'aliéner une partie de l'électorat traditionnel.

L'élection de Gustav Heinemann

Considérée par l'impétrant lui-même comme un « premier moment de l'alternance » (*ein Stück Machtwechsel*), l'élection de Gustav Heinemann à la présidence de la République constituait le vivant symbole de ce « passage de témoin ».

Au même titre que celle de Heinrich Lübke, qui, dès 1965, avait permis au SPD et à l'Union d'envisager lors de premières négociations la possibilité d'une Grande Coalition, l'élection du 8 mars 1969 semblait annoncer de nouvelles alliances politiques. Élu au troisième tour à la majorité simple, Heinemann avait en effet dû sa victoire à une combinaison des voix libérales et sociales-démocrates, prélude à une potentielle alternance (*Machtwechsel*) dont le nouveau président se faisait l'écho quelques jours plus tard dans un entretien avec le *Stuttgarter Zeitung*. Et si la plupart des députés de l'Union s'étaient offusqués d'une pareille allusion, les jours de la Grande Coalition, à la veille des élections générales de septembre, semblaient comptés.

De plus, Heinemann, par sa personnalité hors norme, son parcours politique atypique, sa sympathie affichée pour les protestataires de 1967-1968, tranchait sur des prédécesseurs certes remarquables, mais qui étaient demeurés des hommes du sérail, et ce, malgré l'opposition affichée d'un Theodor Heuss au réarmement préconisé par son chancelier. Au contraire, la démission de Heinemann de la CDU, son engagement, au poste de ministre de la Justice, en faveur d'un Code pénal plus libéral avaient fait de lui un homme ouvert à un changement dont il comprenait et acceptait l'avènement. « L'homme », affirmait-il dans sa déclaration d'entrée en fonction, le 1er juillet 1969, « souhaite devenir plus majeur que jamais [*mündiger als je zuvor*], tout en ignorant les réponses de bien des questions »[1]. Les bouleversements économiques et sociaux, la croissance de l'administration, la concentration de l'industrie, mais aussi le désir des hommes d'une « démocratie libre » enfin réalisée appelaient des moyens nouveaux. « Partout l'autorité et la tradition doivent accepter de se laisser poser la question de leur propre légitimité. » Et de conclure sous les applaudissements : « Il nous faut nous développer au sein d'une société [...] dans laquelle la vision de la liberté se réalise en permettant à chacun

1. Voir les larges extraits publiés dans Christoph Klessmann, *op. cit.*, p. 548-549.

d'avoir sa chance propre. Non pas moins, mais plus de démocratie, voilà l'exigence, le grand but que nous tous, jeunesse comprise, nous devons nous fixer. Il est des patries difficiles. L'Allemagne est l'une d'entre elles. Mais c'est notre patrie. Voilà pourquoi nous voulons accomplir notre tâche, pour l'Homme [*die eine Menschheit*], avec et par ce pays [...][1]. »

Il convient toutefois de se garder de toute lecture *a posteriori* et de ne pas transformer l'élection de Brandt en aboutissement logique et attendu. La formation d'une coalition sociale-libérale est en effet longtemps demeurée incertaine. Avant les élections du 28 septembre, le SPD lui-même restait divisé sur l'opportunité d'abandonner le partenariat rassurant qui le liait à la CDU/CSU : Herbert Wehner et Helmut Schmidt voyaient dans la poursuite de la Grande Coalition l'occasion pour la social-démocratie d'affermir son expérience du pouvoir, Willy Brandt estimant au contraire que le temps d'une alliance nouvelle était venu. Par ailleurs, le résultat des élections restait lui-même incertain : le FDP risquait de pâtir de ses propres audaces, tandis que la brusque poussée de l'extrême droite, qui profitait à la fois de la crise de 1966 et de l'absence d'une réelle opposition, pouvait fausser les estimations des partis de gouvernement.

De fait, au soir du 28 septembre, la CDU semblait à nouveau maîtresse du jeu et pouvait se permettre d'hésiter entre un retour à la traditionnelle alliance avec les libéraux et une poursuite de la Grande Coalition. En effet, avec plus de 46 % des voix, le chancelier Kiesinger affichait une satisfaction compréhensible après des années de gouvernement difficiles et les critiques dont il avait fait l'objet. En dépit d'un score remarquable

1. *Ibid.*, p. 549.

(43 % des voix), la social-démocratie, si l'on en croit le récit de la campagne par Günter Grass dans son ouvrage *Journal d'un escargot* (*Tagebuch einer Schnecke*, 1972), considérait presque ce résultat comme une défaite : le FDP avait à grand-peine franchi la barre des 5 % et, avec 5,8 %, semblait incapable de donner à un éventuel gouvernement social-libéral une assise suffisante. Seul le dynamisme d'un Willy Brandt devait finalement, en quelques jours, inverser le cours de l'histoire, et provoquer l'alternance à laquelle l'Allemagne se préparait depuis une décennie.

Le rapprochement effectué lors de l'élection de Heinemann avait sans nul doute facilité les contacts avec le FDP. En leur accordant des ministères clés tels les Affaires étrangères (Walter Scheel) ou l'Intérieur (Hans Dietrich Genscher), Brandt avait rapidement su convaincre les libéraux. Ce faisant, il leur permettait de transformer une défaite électorale en victoire politique.

Le 21 octobre 1969, la République fédérale tournait une nouvelle page de son histoire. En même temps qu'elle consacrait l'ensemble des transformations politiques et sociales de toute une période, l'accession de Brandt à la chancellerie signifiait pour la RFA l'acceptation d'un nouveau rapport à l'histoire, d'une nouvelle identité ou, pour reprendre les termes de Brandt lui-même dans ses *Mémoires*, d'une nouvelle Allemagne dans laquelle Adolf Hitler avait cette fois « perdu la guerre pour de bon, […] une Allemagne non plus vaincue, mais […] libérée[1] ».

1. Willy Brandt, *Mémoires*, Paris, Albin Michel, 1990, p. 230.

« Oser plus de démocratie »

Un nouveau chancelier pour une nouvelle Allemagne

La personnalité et l'histoire du nouveau chancelier incarnent en elles-mêmes, en même temps que la rupture avec l'image rassurante et bourgeoise que l'ère Adenauer avait réussi à incarner, le retour en pleine face d'une certaine mauvaise conscience que l'Allemagne des années 1970 est désormais en mesure d'accepter.

Né en 1913 d'une liaison hors mariage, le jeune Herbert Frahm assume pleinement son passé familial et socialiste : membre, en 1930, d'un SPD qu'il quitte un an plus tard pour le Parti socialiste des travailleurs (SAP), il s'illustre dans plusieurs manifestations pour exiger la libération de Julius Leber en février 1933[1], avant de passer à la clandestinité sous le pseudonyme de Willy Brandt. Réfugié en Norvège puis en Suède, Brandt connaît le sort des exilés, multipliant pendant les années 1930 les contacts en Espagne, à Prague, en Pologne, acquérant une expérience internationale unique doublée d'une connaissance de la réalité du socialisme soviétique. De retour en 1945 sous l'uniforme norvégien, il représente l'autre Allemagne, celle de la démocratie et de la résistance, mais également, aux yeux de nombreux Allemands, celle qui a trahi et qui, de par l'exil, ne peut

1. Figure du journalisme à Lübeck et, à partir de 1924, député social-démocrate au Reichstag, Julius Leber est arrêté dès l'arrivée de Hitler au pouvoir. Relâché une première fois sous la pression ouvrière, il est à nouveau arrêté puis envoyé au camp de concentration de Sachsenhausen où il demeure jusqu'à sa libération en 1937. Leber est de nouveau arrêté en 1944. Condamné à mort dans le contexte des procès conduits à la suite de l'attentat du 20 juillet, il est exécuté en janvier 1945.

prétendre parler au nom de ceux qui sont restés. Jusque dans son propre parti, Brandt, qui adoptera définitivement son nom de résistance en 1949, est contesté : son appartenance au SAP, son ouverture au monde, également ses convictions d'un nécessaire ancrage occidental, renforcées par l'épisode du blocus de Berlin, qu'il endure sur place aux côtés d'Ernst Reuter, lui aliènent la direction du parti dominé par une intransigeance idéologique qui persistera au-delà de Schumacher.

C'est avant tout à Berlin et par Berlin que Willy Brandt s'affirme peu à peu sur la scène politique, presque contre la volonté de son propre parti. En succédant en 1957 à Otto Suhr comme maire de l'ancienne capitale, alors que la centrale du SPD avait tenté de lui barrer la route, Brandt acquiert une stature internationale lors de la crise de 1961 et s'impose comme la figure incontournable de la social-démocratie, stature que seul Helmut Schmidt semble alors en mesure de lui contester. Cette rivalité déjà à l'œuvre dans les années 1960 n'oppose pas seulement deux ambitions mais aussi deux personnalités : homme de dossier, Schmidt tranche déjà sur Brandt qui compte davantage sur un sens presque spontané de la chaleur humaine et possède avant tout un talent pour l'improvisation, s'appuyant sur des convictions puisées dans l'expérience, mais aussi un pragmatisme certain loin des principes et de l'idéologie, d'où son goût pour la démocratie américaine d'un Roosevelt ou d'un Kennedy. À l'évidence, Brandt n'est pas un technicien et sans doute manque-t-il de rigueur dans ses approches. Cette fragilité indéniable, cette incertitude, des tendances dépressives réelles lui acquièrent cependant la sympathie des intellectuels de l'époque, du militant Günter Grass aux romanciers Siegfried Lenz et Heinrich Böll.

Ce mélange de pragmatisme et de volontarisme, de nouveauté et de continuité se retrouve dès le 28 octobre 1969 dans sa déclaration gouvernementale. « Nous voulons oser plus de démocratie. Nous allons rendre notre manière de travailler plus ouverte et donner des informations pour les besoins de la critique. Nous allons faire en sorte que chaque citoyen puisse contribuer à la réforme de l'État et de la société [...] Nous voulons une société qui offre plus de liberté et exige plus de coresponsabilité [...] Nous ne sommes pas au bout de notre démocratie ; elle ne fait que commencer[1]. » Au-delà du simple programme politique, ces propos traduisent une double certitude : celle que le pouvoir politique doit désormais accorder sa confiance à une société devenue majeure et donc capable d'entamer un dialogue constructif avec l'État, celle également que le politique doit et peut faire tout son possible pour accompagner cette société en croissance ; vision généreuse, façonnée par une économie redevenue florissante à peine troublée par le ralentissement de 1966. Réformer, libérer les énergies créatrices, tel est le sens du programme de Brandt, qui ne conçoit pas son action comme une rupture, encore moins comme la mise en pratique d'idéaux révolutionnaires. Il s'agit avant tout, pour lui, de traduire en des termes politiques des évolutions déjà à l'œuvre et de faciliter, par l'action gouvernementale, l'expression d'une société et d'une économie en mouvement.

Les grandes réformes intérieures

La conviction d'avoir en 1969 durablement rétabli la croissance et donc d'avoir les moyens de sa politique

1. Texte cité par Alfred Wahl, *Histoire de la République fédérale d'Allemagne*, Paris, A. Colin, 1991, p. 109.

rendait pour la nouvelle coalition la faisabilité d'une réforme d'ensemble doublement crédible : l'inventivité d'un Karl Schiller, qu'elle concerne l'« action concertée » ou la « symétrie sociale », était la preuve que la clé des défis économiques et sociaux résidait dans l'innovation et l'audace ; de plus, l'abondance ainsi rétablie permettait au gouvernement de lancer sans tarder les vastes chantiers que Brandt avait annoncés dans sa déclaration gouvernementale, de l'éducation à l'aide sociale en passant par le fonctionnement des instances gouvernementales.

Réforme, tout d'abord, de l'assurance maladie, dont les prestations, élargies aux étudiants et aux agriculteurs, sont aussi plus généreuses. Réforme des retraites, avec une revalorisation des pensions de 9,5 %, du reste proposée par la CDU dans la perspective des élections de 1972. La jeunesse et le monde étudiant ne sont pas oubliés : la majorité passe de 21 à 18 ans, tandis qu'en 1971 une loi pour l'amélioration de la formation (BAföG) permet, grâce à la mise en place d'un système de bourses attribuées en fonction du quotient familial, de rendre accessibles les études longues aux revenus modestes. Dès 1970, le droit de manifester est assoupli, seuls les coupables de débordements violents se voyant désormais poursuivis et non plus l'ensemble des manifestants présents. Dans le prolongement de cette initiative, une loi d'amnistie (mai 1970) absout les délits commis dans ce cadre pour tous les faits antérieurs à 1969. Un an plus tard, deux lois permettent au citoyen injustement victime de violence ou de poursuites du fait de l'État d'obtenir réparation. Cet assouplissement du droit pénal s'accompagne d'une révision des textes sur l'homosexualité qui, à partir du 23 novembre 1973, n'est plus considérée comme un délit.

Réforme également de la vie des entreprises et des rapports au travail, qui s'inscrit dans ce profond désir de transparence exprimé dans la déclaration inaugurale du nouveau chancelier. « Nous pensions », écrit Brandt, « que la cogestion et la participation donneraient une impulsion nouvelle à notre pays »[1]. La nouvelle majorité opère ainsi en 1971 une refonte de la loi sur le statut des entreprises et de la loi sur la représentation du personnel.

Réforme enfin de l'appareil étatique, dont la transformation devait garantir l'efficacité : la chancellerie devient, sous la houlette de Horst Ehmke, le principal moteur du changement, permettant, grâce à de nouveaux services et à un personnel renforcé, de mieux coordonner les différents ministères. Il s'agit en outre de faire de la planification à moyen terme inaugurée sous la Grande Coalition non plus un simple instrument de rationalisation des dépenses mais la clé par excellence des réformes à venir. Au sein de chaque ministère, une cellule de la planification devait ainsi permettre à la chancellerie de mieux suivre les projets en cours, mais aussi aider à une certaine complémentarité et à la diffusion de l'information entre les différents ministères.

Décrispation à l'Est

Alors que les réformes intérieures avaient constitué le cœur de la déclaration gouvernementale de Brandt, la politique extérieure y avait occupé une place plus que raisonnable et tout empreinte de modération. Le chancelier s'était ainsi contenté d'appeler à une relation spécifique des deux États allemands qui, bien que différents,

1. Willy Brandt, *op. cit.*, p. 234.

« ne pouvaient pour autant se considérer comme des États étrangers l'un à l'autre ». Pourtant, l'évolution des relations avec l'autre Allemagne et l'ensemble du bloc de l'Est devait constituer l'héritage le plus important de la nouvelle coalition[1].

La décision du Cambodge de reconnaître, le 8 mai 1969, l'existence de la RDA avait confirmé, en dépit des initiatives de la Grande Coalition, les impasses auxquelles conduisait la doctrine Hallstein. Elle pouvait en annoncer d'autres et placer la RFA en position difficile vis-à-vis du tiers-monde, à un moment où la RDA continuait sa quête radicale d'une identité à la fois allemande et socialiste. Le 9 avril 1968, une nouvelle Constitution faisait de cette dernière, en effet, l'« État socialiste de la nation allemande » ; en juin, elle décidait de rendre obligatoires les passeports et visas pour le transit entre RFA et Berlin-Ouest ; un an plus tard, elle contraignait enfin les Églises est-allemandes à renoncer à la structure panallemande de l'EKD et à fonder une Fédération des Églises évangéliques de RDA. À l'évidence, la crispation réciproque des deux États allemands ne pouvait conduire qu'à une détérioration des conditions de vie des populations concernées. Cette souffrance humaine n'avait pas échappé à l'ancien maire de Berlin qui, un an après la construction du Mur, avait proposé, lors d'un discours à l'université Harvard intitulé « Audace et chance de la coexistence pacifique », une acceptation des réalités politiques non comme fin mais comme base du dialogue.

Or, le 13 août 1961 et la répression le 20-21 août 1968 par les troupes soviétiques du printemps de Prague

1. On se reportera avec profit pour l'Ostpolitik de Brandt à l'ouvrage de Peter Bender, *Neue Ostpolitik. Vom Mauerbau bis zum Moskauer Vertrag*, Munich, DTV, 1986.

avaient confirmé la réalité des blocs et la vanité de vouloir modifier, dans l'immédiat, la donne politique, que ce soit par le soutien aux oppositions nationales ou par une diplomatie de la différenciation. L'erreur de la Grande Coalition résidait ainsi avant tout dans le fait d'avoir prétendu nouer des relations avec la Roumanie avant même d'avoir clarifié, avec l'aval de Moscou, ses rapports avec la Pologne et la RDA, bref, d'avoir refusé de considérer l'Europe orientale comme un tout cohérent et stable.

Paradoxalement, le Mur et la fin de l'aventure tchécoslovaque, en garantissant cette stabilité, avaient rendu le dialogue possible, ce dont témoignaient les efforts de Nixon en direction de l'URSS et de la Chine, la signature le 1er juillet 1968 du traité de non-prolifération ou encore les discussions en vue d'une limitation des armements stratégiques (SALT). Le 17 mars 1969, l'Union soviétique proposait même, dans son appel de Budapest, de mettre en place une Conférence pour la sécurité et la coopération en Europe (CSCE) ; en outre, le texte produit abandonnait pour la première fois l'exigence d'une reconnaissance de droit (*völkerrechtlich*) pour lui préférer une simple reconnaissance de fait.

Malgré des débuts difficiles et l'échec des premières rencontres de décembre 1969, le dialogue avec Moscou s'établissait donc sur de nouvelles bases. Un premier accord commercial en février 1970, à l'issue duquel la RFA s'engageait à livrer au bloc de l'Est des pipe-lines tandis que l'URSS se déclarait prête à lui livrer du gaz, devait permettre au secrétaire d'État Egon Bahr de poursuivre le dialogue. Le 12 août 1970, la signature du traité de Moscou établissait de nouvelles relations entre Bonn et le Kremlin : les deux parties s'engageaient à résoudre toute question par les seuls moyens pacifiques, réaffirmaient le *statu quo* politique en Europe, ce qui signifiait l'acceptation du fait RDA, la réalité de la ligne Oder-Neisse en même temps que celle de Berlin-Ouest. En outre, si les frontières étaient acceptées, elles demeuraient modifiables, laissant ouverte la question de la réunification.

Le 7 décembre 1970, Varsovie signait à son tour avec la République fédérale un traité qui mettait fin à la situation provisoire héritée de la Seconde Guerre mondiale, sans pour autant, il est vrai, régler l'épineuse question du sort des populations allemandes restées en Pologne. Si le présent texte ne pouvait balayer les rancœurs accumulées, l'image d'un Brandt à genoux devant le monument des victimes du ghetto de Varsovie constituait une avancée considérable vers la normalisation et, à terme, la possible réconciliation des deux peuples.

L'accord quadripartite de Berlin du 3 septembre 1971 complétait ce diptyque et donnait enfin à la détente un visage humain : en dépit de l'âpreté des discussions, qui avait transformé la conférence en querelle de juristes, le texte, à défaut d'un règlement définitif de la question berlinoise, organisait un *modus vivendi* et permettait à une ville symbole de retrouver quelque normalité. Le statut spécial de Berlin était réaffirmé : Bonn s'engageait à ne plus y tenir de session parlementaire ou de Conseil des ministres, qui sonnaient comme autant de provocations, tandis que l'URSS reconnaissait les relations existant naturellement entre l'enclave berlinoise et la République fédérale. Plus important, l'accord permettait une amélioration sensible des communications entre les secteurs occidentaux et la RDA. Pour la première fois depuis 1966, les Berlinois de l'Ouest pouvaient à nouveau se rendre à Berlin-Est et, pour la première fois depuis 1952, ils étaient autorisés à poursuivre leur voyage en RDA sans restriction. Enfin, pour la première fois en dix-neuf ans, le téléphone reliait à nouveau les deux parties de la ville[1]. Si les deux États allemands n'avaient officiellement aucunement pris part aux négociations, les documents récemment publiés attestent du renouveau des échanges et de l'intensité des discussions entre les deux Grands et leurs protégés respectifs. Ils témoignent en outre de l'importance que revêtait, tant pour les États-Unis que pour l'Union soviétique, la nouvelle Ostpolitik de Brandt[2]. Il ne pouvait être en effet question, ni pour Brejnev ni pour Nixon, à l'heure du retrait américain du Vietnam et des accords SALT, de laisser la guerre froide perdurer entre les deux Allemagne, comme le prouvait en partie l'éviction en mai 1971 de Walter Ulbricht au profit d'Erich Honecker en République démocratique. Les informations fournies par Honecker à Egon Bahr selon lesquelles la CDU, en opposition à la politique de Brandt, avait réussi à acheter les votes de deux ou trois parlementaires de la majorité s'inscrivaient pleinement dans cette logique d'une nouvelle et presque, désormais, inévitable coopération.

Confirmation de l'*Ostpolitik*

En dépit de ces succès apparents, la position du chancelier restait fragile, et l'audace de sa politique étrangère avait cristallisé les oppositions. Au sein de la

1. Peter Bender, *Neue Ostpolitik*, *op. cit.*, p. 188 *sq.*

2. Voir *Dokumente zur Deutschlandpolitik*, série VI, vol. 2, du 1er janvier 1971 au 31 décembre 1972, Pourparlers Bahr-Kohl, 1970-1973, Ministère de l'Intérieur et Archives, Hanns Jürgen Küsters *et al.* (éd.), 2 tomes et un CD-Rom, Munich, Oldenbourg, 2004.

majorité, le FDP risquait ainsi l'implosion : son recul régulier lors des consultations régionales successives témoignait d'une érosion rapide de sa base. Fort logiquement, l'aile droite du parti, qui s'était ralliée en 1969 sans enthousiasme à l'idée d'une coalition avec les sociaux-démocrates, se faisait désormais entendre pour critiquer les choix du chancelier : en septembre 1970, Erich Mende et, avec lui, d'autres figures importantes du comité directeur, tel Heinz Starke, rejoignaient l'opposition. Passé le choc de 1969, les chrétiens-démocrates avaient également rapidement retrouvé leur pugnacité, n'hésitant pas à débaucher certains parlementaires de la majorité, comme le vice-président de la Fédération des expulsés Herbert Kupka. Frustrée d'une victoire qui, estimait-elle encore en 1972, aurait dû lui revenir de droit, la CDU/CSU pratiquait une politique du refus absolu du nouveau cours suivi en politique extérieure, et ce malgré quelques voix discordantes, comme celles de Helmut Kohl ou de Gerhard Stoltenberg, qui, en coulisses, critiquaient l'approche, à leurs yeux trop dogmatique, de leur président Rainer Barzel.

La défection en avril 1972 d'un nouveau membre de la majorité – le FDP Wilhelm Helms – avait rendu certaine la perspective d'une motion de censure. Pourtant, à l'issue du vote du 27 avril, deux voix manquaient à Rainer Barzel qui, avec 247 voix, échouait dans sa tentative de renverser le gouvernement : plusieurs parlementaires chrétiens-démocrates s'étaient abstenus, soit par conviction, soit, selon certains documents de la Stasi, par corruption[1].

1. Le député CDU Julius Steiner aurait ainsi reçu 50 000 Deutsche Mark de Markus Wolf en échange de son abstention (voir Peter Merseburger, *Willy Brandt. Visionär und Realist*, Stuttgart-Munich, DVA, 2002, p. 691).

Le 17 mai 1972, le Bundestag ratifiait les traités signés avec l'URSS et la Pologne. Barzel reconnaissait ainsi sa défaite. En échange d'un amendement au traité de Moscou dans lequel étaient rappelées l'appartenance de la République fédérale à l'Alliance atlantique et son action au sein de la Communauté européenne, il avait consenti à ne pas s'opposer au vote, sans parvenir du reste à rallier la totalité de son parti : jusqu'au bout, certains députés comme Gerhard Schröder ou Walter Hallstein y étaient restés hostiles.

L'épreuve parlementaire se terminait donc par une victoire incontestable du gouvernement Brandt. Pourtant, l'épisode du 27 avril 1972, l'impossible vote du budget fédéral quelques jours plus tard (247 voix contre 247) rendaient de nouvelles élections inéluctables. En septembre 1972, le Bundestag était dissous après avoir, selon un scénario préparé par le chancelier, refusé la confiance au gouvernement. Le 19 novembre, le SPD passait, avec 45,8 % des voix, pour la première fois devant les chrétiens-démocrates (44,9 %) ; le FDP obtenait 8,4 %, résultat inespéré au vu des précédentes élections, tandis que les extrêmes, NPD et DKP, disparaissaient presque de la scène électorale (respectivement 0,6 et 0,3 %). En approuvant largement la politique étrangère de la majorité, la population ouest-allemande consacrait avant tout un homme que le comité du prix Nobel avait déjà, en octobre 1971, honoré de ses suffrages ; elle renvoyait enfin durablement la CDU dans l'opposition, obligeant celle-ci à accomplir à son tour, selon l'expression de Gregor Schöllgen, « son Bad Godesberg[1] ». Enfin, cette victoire permettait à la majorité en place de mener à leur

1. Gregor Schöllgen, *Die Aussenpolitik der Bundesrepublik Deutschland*, Munich, C. H. Beck, 1999, p. 117.

terme les négociations entamées depuis des mois avec la République démocratique allemande.

La signature du « traité fondamental » entre la RDA et la RFA le 21 décembre 1972 consacrait en effet l'Ostpolitik dans ce qu'elle avait de plus émotionnel. Le « changement par le rapprochement » inauguré par Egon Bahr et Willy Brandt devait ainsi non seulement permettre de faire oublier vingt ans de mépris ouest-allemand pour « la zone », mais également parvenir à améliorer le sort des populations sans pour autant abandonner le projet de réunification ni brusquer un régime en mal de reconnaissance. Le voyage de Brandt le 19 mars 1970 et l'enthousiasme généré par sa venue avaient tout à la fois rétabli un dialogue au plus haut niveau et révélé les tensions existant au sein du SED est-allemand, déstabilisé par cette ouverture inattendue : pour la première fois, le changement d'attitude de Bonn prenait la République démocratique au mot et la plaçait devant l'alternative peu enviable de s'ouvrir ou de se déjuger. L'accueil du communiste Willi Stoph à Kassel en mai sous les huées de certains manifestants avait clairement montré l'ampleur du chemin à parcourir. Toutefois, la réussite de l'accord quadripartite, les intérêts de Moscou à voir progresser la détente, le rôle de Brejnev dans l'avancée du dialogue interallemand devaient permettre la poursuite du rapprochement. Le 17 décembre 1971, les deux gouvernements signaient un accord de transit réglant le passage des civils entre la RDA et Berlin-Ouest ; le 26 mai 1972, un « traité sur la circulation » entre les deux États établissait des « rapports normaux de bon voisinage » ; le 21 décembre, le traité sur le fondement des relations entre la RFA et la RDA (*Grundvertrag*) normalisait les relations des deux Républiques sans toutefois enterrer les espoirs de réunification : comme le confirmerait plus tard le tribunal de Karlsruhe, la reconnaissance de la différence ne signifiait pas celle de la division territoriale.

Enfin, point d'orgue de cette accélération de l'histoire, le 18 septembre 1973, les deux États devenaient membres de l'ONU.

La méfiance française

Ce profond remodelage de la politique allemande n'avait pas été sans inquiéter le partenaire français. Déjà, les échecs de De Gaulle dans sa tentative d'européaniser la politique extérieure et de défense du Vieux Continent, à ses yeux trop dépendante de l'Alliance atlantique et de l'OTAN, avaient refroidi les relations des deux pays. De plus, la RFA, en cette fin des années 1960, dépassait définitivement la France sur le plan économique, et Bonn pouvait désormais s'enorgueillir d'une suprématie durable, dont témoignait déjà sur le plan monétaire la crise du franc de l'automne 1968, que le gouvernement de la République fédérale n'avait pas manqué de critiquer. À ces rapports tendus s'ajoutait la méfiance initiale du nouveau président français. Georges Pompidou restait en effet persuadé, au moins à ses débuts, que l'Allemagne ne s'était convertie à l'Europe que par nécessité, et que seule la situation politique avait (momentanément) mis un terme à ses ambitions orientales.

Dans ces conditions, l'Ostpolitik de Willy Brandt ne pouvait, à long terme, que représenter une menace, non en soi, mais dans les non-dits et les arrière-pensées qui l'accompagnaient. Si, en effet, en consacrant la division de l'Europe tout en favorisant la détente, la politique du nouveau chancelier rassurait plutôt Paris, qui allait d'ailleurs appuyer la démarche de la coalition sociale-libérale, en revanche, les perspectives qu'impliquaient les nouveaux rapports de Bonn avec le bloc soviétique n'étaient, pour Georges Pompidou, pas sans danger. « Pompidou », affirme Georges-Henri Soutou, « ne redoutait pas tant les déstabilisations en chaîne en Europe que l'émergence d'un accord de fond, d'une forme de collusion germano-soviétique. [...] Ce que l'on sait aujourd'hui (à partir des travaux allemands qui ont pu utiliser les archives du chancelier Brandt) montre que [cette] vision était pertinente »[1]. Ainsi cette Ostpolitik représentait-elle pour Paris un premier pas non seulement vers la réunification, même lointaine – Pompidou demeurant persuadé qu'elle restait l'objectif premier de la politique extérieure allemande –, mais aussi une inconnue majeure pour l'équilibre et la sécurité existants, surtout lorsqu'en 1973 les négociations sur la réduction des forces conventionnelles en Europe pouvaient laisser craindre un retrait américain.

Ces craintes expliquent en partie la relance, par Paris, de la construction européenne, facilitée par la levée du veto pesant sur la candidature de la Grande-Bretagne, mais aussi celle des grands chantiers franco-allemands en matière de coopération économique ou d'armement[2].

1. Georges-Henri Soutou, *L'Alliance incertaine*, *op. cit.*, p. 319.

2. Ainsi la tentative d'associer les Allemands au projet Eurodif – enrichissement de l'uranium à usage civil – ou le programme d'avion-école Alphajet. In *ibid.*, p. 323.

Des difficultés à l'échec

La virulence des débats ayant entouré les traités avec le bloc de l'Est et l'incertitude politique permanente dans laquelle vivait la coalition sociale-libérale jusqu'aux élections de 1972 témoignaient à elles seules des difficultés quotidiennes de l'action de Willy Brandt face à une opposition longtemps extrêmement combative. Cette lutte acharnée fut cependant également celle menée au sein de son propre parti.

La fin du mouvement de 1968 s'était en effet traduite par un rajeunissement de la social-démocratie qui profitait à plein du reflux étudiant : entre 600 000 et 700 000 nouveaux membres avaient rejoint les rangs du SPD en moins d'une décennie. Ces nouveaux adhérents différaient pleinement des effectifs ouvriers de l'après-guerre : moins disciplinés mais aussi plus fortement ancrés à gauche, ils n'hésitaient pas à mettre en cause les choix gouvernementaux, à l'image des Jeunes Socialistes (*Jusos*) de Karsten Voigt critiquant régulièrement le « réformisme conservateur » de la coalition sociale-libérale ; la réforme fiscale de septembre 1971 avait ainsi donné l'occasion à cette nouvelle gauche incarnée par Jochen Steffen d'attaquer les choix jugés timorés de Karl Schiller et de réclamer une politique plus radicale. La fondation, en 1971, par les instances dirigeantes du SPD d'un Groupe de travail sur les questions concernant les travailleurs (*Arbeitsgemeinschaft für Arbeitnehmerfragen*, AfA), censé déstabiliser et canaliser les Jusos, la promulgation le 28 janvier 1972, sous la pression d'une CDU agitant le spectre d'un pouvoir sous influence communiste, d'un « décret sur les extrémistes »[1] (*Radikalenerlass*) témoignaient de ces relations difficiles entre le chancelier, le parti social-démocrate et une aile gauche particulièrement revendicatrice. Et, jusqu'à son départ, Willy Brandt devait souffrir de cette absence d'un franc soutien, résultat d'un mélange de jalousie personnelle, de querelles de pouvoir et d'hésitations d'un parti répugnant à condamner trop vertement ses membres les plus remuants.

Au-delà des clivages idéologiques, cette incompréhension des Jeunes Socialistes se nourrissait des déceptions enregistrées sur le terrain des réformes intérieures. Absorbé par la politique étrangère, Willy Brandt avait en effet semblé délaisser les projets sociaux qui avaient pourtant constitué l'essentiel de sa déclaration du 28 octobre 1969. Or, ceux-ci avaient d'entrée buté sur le quadruple obstacle de l'inertie administrative, du tribunal constitutionnel, des Länder et d'une économie désormais plus fragile.

La mise en place des nouvelles structures intergouvernementales, la réorganisation et l'augmentation des effectifs de la chancellerie avaient en effet conduit à une certaine complexification. La modernité que prétendaient apporter les innovations de Horst Ehmke au sein des services s'était ainsi heurtée aux habitudes d'un appareil plus lent à s'adapter. La plupart des secteurs concernés avaient préféré suivre le goût du jour en changeant simplement leur nomenclature et en baptisant « réforme » tout projet qu'il fût ancien ou nouveau. La personne même d'Ehmke ne faisait pas l'unanimité, plusieurs voix, dont celle de Helmut Schmidt, lui reprochant

1. Ce texte prévoyait de pouvoir écarter d'un emploi public la candidature de toute personne suspectée d'activités « hostiles à la constitution » et devait déboucher sur la mise en œuvre d'« interdictions professionnelles ».

son manque de diplomatie, ses obsessions réformatrices et les usines à gaz administratives résultant parfois de celles-ci.

Les tentatives d'adapter la législation aux nouvelles aspirations sociales avaient, par ailleurs, dû compter avec la réticence du tribunal de Karlsruhe, dont les juges avaient été mis en place par la précédente majorité chrétienne-démocrate. Cette opposition avait reporté ou enterré plusieurs projets de loi : ainsi celui autorisant l'avortement au cours des trois premiers mois après entretien avec une assistante sociale (adopté définitivement en juin 1974 par le Bundestag et cassé en 1975), ou celui proposant la suppression de l'examen auquel devait se soumettre tout objecteur de conscience. Enfin, sans réel fondement juridique, le tribunal avait, lors du vote du décret sur les extrémistes, introduit dans son jugement la notion d'« hostilité à la Constitution », durcissant de fait la portée du texte.

Largement dominés par la démocratie chrétienne, les Länder avaient quant à eux multiplié les obstacles au gouvernement dans le domaine de l'éducation et de l'environnement. Face au projet d'introduire dans la structure scolaire allemande un cycle secondaire unique (*Gesamtschule*), les régions dirigées par les partis de l'Union avaient rappelé avec vigueur leurs prérogatives en matière d'éducation : le tronc commun de ce nouveau cycle, avant tout mis en place en Hesse ou dans les villes-États de Hambourg ou Berlin, fut, ailleurs, largement refusé. De même, la plupart des appareils de réforme installés par le pouvoir central furent démantelés au début de l'année 1974, la conférence des ministres du culte retrouvant sa prééminence. Les tentatives gouvernementales d'instaurer des programmes d'action en matière de pollution des eaux ou de nuisances sonores se heurtèrent enfin également, tout au moins jusqu'au milieu des années 1970, aux inerties régionales.

La crédibilité de la politique de réformes dépendait toutefois avant tout du réalisme de leur faisabilité. Or, la situation économique de l'Allemagne des années 1971-1974 n'était plus celle qui avait servi d'arrière-plan aux annonces gouvernementales. Le retour d'une conjoncture favorable et l'impression que la crise avait été rapidement maîtrisée en 1966 avaient poussé la plupart des ministères fédéraux et régionaux à développer une politique d'investissements massifs et de recrutement particulièrement dispendieuse, du domaine de l'équipement à la défense. Le résultat ne s'était pas fait attendre et avait accentué une poussée inflationniste déjà importée des États-Unis. De plus, le consensus social qui avait longtemps permis le bon fonctionnement de l'« action concertée » s'était peu à peu lézardé : déterminés à profiter de la croissance (7,5 % au début 1970), les syndicats avaient finalement obtenu des hausses salariales de plus de 10 %. Les contradictions entre les promesses gouvernementales et une nécessaire rigueur budgétaire avaient déjà conduit le ministre des Finances à réclamer un changement de politique, avant de démissionner en mai 1971. Karl Schiller, désormais en charge de l'économie et des finances, devait bientôt tirer les mêmes conclusions : après plusieurs passes d'armes, tant avec les instances du SPD qu'avec un Helmut Schmidt qui ne lui pardonnait pas les coupes claires effectuées dans son propre budget (la Défense), Schiller ne tardait pas à suivre son prédécesseur. Le choc pétrolier de 1973 allait porter un dernier coup aux réformes : un taux d'inflation de près de 7 %, une croissance descendue à moins de 1 %, des mesures exceptionnelles telle la décision du Bundestag d'interdire la circulation pendant quatre dimanches (novembre-décembre 1973) témoignaient déjà de la fin de l'euphorie première.

Malade, isolé, tant par les démissions successives de ses collaborateurs d'hier que par les critiques du SPD de Herbert Wehner et les ambitions non dissimulées de Helmut Schmidt, Willy Brandt est alors peu à peu lâché par une presse qui s'interroge désormais sur ses absences, ses dépressions, son caractère plus propice à la rêverie qu'à l'action. Les caricaturistes le représentent régulièrement sous les traits de « *Willy Wolcke* » (Willy dans les nuages), lui reprochant sa pusillanimité et son manque de poigne. De fait, la faiblesse gouvernementale est pleinement perceptible : au début 1974, le syndicat des transports publics (ÖTV) réclame et obtient, alors que la situation financière nécessite un retour de la rigueur, des augmentations de salaire de 15 %. C'est donc un chancelier déjà diminué qui, en avril 1974, doit affronter l'affaire Guillaume.

Convaincu d'espionnage au profit de la RDA, le secrétaire personnel de Brandt, Günter Guillaume, avait été arrêté après des mois de surveillance, entraînant un scandale public et médiatique considérable. Pourtant, si le fait que la Stasi détienne des informations gênantes, notamment sur la vie privée du chancelier, représentait un risque réel, cette banale affaire d'espionnage ne doit en aucun cas être vue comme la cause profonde de la démission de Willy Brandt le 6 mai 1974. Bien plus qu'un prétexte, l'épisode Guillaume constitue une ultime étape dans la transmission du témoin par un chancelier à bout de force.

III

LE TEMPS DU PRAGMATISME
(1974-1989)

Chapitre 12

1974, la fin d'une époque ?

Lorsque, le 16 mai 1974, au lendemain de l'élection de Walter Scheel (FDP) à la présidence de la République fédérale, Helmut Schmidt succède à Willy Brandt, la coalition sociale-libérale semble ne souffrir aucun accroc. Bien des historiens de la RFA, rendant justice à cette unité apparente, choisissent même, tout en tenant compte des changements, de traiter cette « ère » comme un tout, préférant souligner la même inspiration politique. Malgré le maintien au pouvoir de la coalition SPD-FDP, la RFA a cependant, en 1974, tourné une page. La crise économique, latente depuis 1972, a éclaté avec les augmentations successives, entre octobre 1973 et janvier 1974, du prix du pétrole brut : crise réelle, dont les effets se font déjà sentir et qui provoque une profonde crise de confiance. En ce sens, les années Brandt constituent le point culminant des années 1960, l'aboutissement d'une période de maturation mais aussi de confiance dans la capacité à inventer de nouveaux possibles. Elles en marquent toutefois également les limites.

Le ralentissement passager de 1966 et la relance rapide de la croissance sous la Grande Coalition, la poursuite du « miracle » dans les premières années 1970 avaient momentanément rassuré sur la santé de l'économie ouest-allemande et l'efficacité de ses dirigeants. Bien plus, cette fausse alerte avait propagé le sentiment d'une prospérité durable, doublée d'une faculté à rebondir presque immédiate. Ce bien-être s'accompagnait d'une capacité de réforme inégalée et d'une générosité certaine. Dans ce ciel serein, les premières actions terroristes du groupe Baader en 1970, les activités et l'idéologie d'un SDS[1], dont les membres rejoignaient bientôt, qui les maoïstes, qui le nouveau parti communiste (DKP), avaient laissé peser un doute, tant dans la classe politique que dans la population, sur les limites du « libéralisme ». Dès 1972, Brandt lui-même avait appuyé, au côté des ministres-présidents des Länder, une recommandation soumettant tout emploi de la fonction publique à un engagement de loyauté dû à l'« ordre démocratique » (décret contre les extrémistes). Bref, n'était-on pas allé trop loin dans l'« ouverture » ? L'État ne devait-il pas revenir à une politique plus ferme, plus tranchée, mais aussi plus soucieuse des réalités économiques ? L'affaire Guillaume, en ce sens, apparaissait dès 1974 avant tout comme le dernier coup donné à un gouvernement et à un chancelier usés, impuissants, comme l'avait été Erhard, à répondre aux nouvelles préoccupations. Le temps des visionnaires cédait la place à celui des gestionnaires. Après l'idéologie, le réalisme.

Il serait sans doute excessif de parler, à propos de Schmidt, de la fin du temps des réformes : ce dernier s'inscrit en effet bien plus dans une durée, une tradition autant qu'une transition. Point de rupture absolue donc. Avec les petits pas de la Grande Coalition puis les avancées rapides du gouvernement Brandt, des

1. Fédération allemande et socialiste des étudiants (*Sozialistischer Deutscher Studentenbund*).

jalons définitifs ont été posés et la République fédérale a, à l'évidence, tourné le dos à certaines habitudes : la législation a désormais pris acte de nombreux changements sociaux, entérinant l'évolution des cultures et des mentalités. Cependant, passé le grand souffle des années 1960, poussé par toute une décennie, incarné par un homme, la nécessité de nouveauté paraît désormais moins essentielle. Signe manifeste de ce changement, hier encore gagnée à « une politique réformatrice de la raison, de la solidarité et du possible », si l'on en croit le titre de son programme de gouvernement de 1972, la CDU/CSU revenait dès 1973-1974 à une critique systématique de la réforme-mania (*Reformitis*). Avant même sa prise de fonction, Helmut Schmidt avait, dans un discours du 8 mars 1974, sonné le glas d'un gouvernement qu'il n'estimait plus en phase avec les exigences du moment. La tâche de l'État, y affirmait-il en substance, était avant tout d'assurer ses fonctions traditionnelles et rassurantes : « la sécurité de l'économie et de la société ». Et de poursuivre : « À cela s'ajoute la sécurité intérieure, la sécurité publique intérieure et non le blâme sur des policiers qui assurent cette sécurité. Enfin, la sécurité extérieure […] C'est seulement lorsque les citoyens auront le sentiment que nous remplissons les fonctions classiques d'un État moderne que nous pourrons, avec leur assentiment, concrétiser nos réformes et notre programme. »

Sécurité, gestion, efficacité : les principes d'action et d'existence de la République fédérale étaient posés et conduiraient celle-ci bien après Schmidt lui-même.

Le 17 mai 1974, après avoir rendu hommage aux travaux déjà réalisés par la coalition, Schmidt confirmait cette inflexion nouvelle : « En un temps où les problèmes grandissent dans le monde entier, nous nous concentrons avec réalisme et lucidité [*Nüchternheit*] sur l'essentiel. Continuité et concentration, tels sont les mots d'ordre de ce gouvernement. » Concentration devant les nouveaux défis, réveil après la griserie des années de changement – tel est le sens du terme *Nüchternheit* –, sérieux et tradition après le côté fantasque du chancelier Brandt.

Au-delà de l'appartenance à une même famille politique et à une même génération, Helmut Schmidt, par sa personnalité et sa formation, incarnait, dans une certaine mesure, l'antithèse de son prédécesseur. Brandt, c'était l'enfant naturel, élevé par une mère vendeuse et un grand-père ancien valet de ferme, le militant socialiste engagé à dix-sept ans, l'opposant de la première heure fuyant l'Allemagne pour échapper aux représailles. Né à Hambourg en 1918, Schmidt est au contraire issu d'une famille de la moyenne bourgeoisie. Il a fait la guerre, terminant lieutenant de la Luftwaffe, sortant du conflit à la fois sceptique et réaliste, ralliant à vingt-huit ans les rangs du SPD. Brandt, c'est l'éducation sur le tas, un baccalauréat obtenu grâce à une bourse, un talent journalistique qui s'affirme au contact de l'exil suédois, de l'engagement espagnol puis du tribunal militaire de Nuremberg. Schmidt a étudié à la célèbre Lichtwark-Schule de Hambourg avant de poursuivre, entre 1946 et 1949, des études d'économie et de sciences politiques. Brandt, c'est enfin le politique et l'idéologue, l'homme des situations émotionnelles, longtemps le maire d'une ville-symbole où le cœur plus que la raison est à l'œuvre. Lorsqu'il arrive au pouvoir, Schmidt s'est quant à lui déjà signalé par ses talents de gestionnaire, son sang-froid, son sens de l'organisation, ainsi lors du raz de marée qui, en 1962, a dévasté la ville dont il était sénateur, ou encore par sa réforme réussie de la Bundeswehr ou ses multiples ouvrages de réflexion stratégique. Dès son arrivée, Schmidt n'hésite pas à affirmer que « les réformes ne sont faisables que lorsqu'on peut les financer ». Le ton est donné, le style aussi : intellectuels et esprits indépendants, tels Horst Ehmke, Klaus von Dohnanyi, malgré leur brio, sont remerciés.

La nouvelle équipe affiche une volonté d'efficacité, de professionnalisme, le tout accompagné d'une discipline gouvernementale sans faille, qui avait tant manqué au gouvernement précédent. Il s'agit de renouer avec une social-démocratie du possible à l'heure où les initiatives inconsidérées ne sont plus de mise. Réformateur de la première heure aux côtés de Brandt et de Wehner au congrès de Bad Godesberg, Schmidt a traversé le bouillonnement intellectuel et idéologique du parti sans en partager les excès. La gestion des affaires, estime-t-il, réclame sérieux, moralité et légalité tout à la fois. Se situant volontiers dans le sillage d'un August Bebel, d'un Eduard Bernstein, il en reprend l'idée de respect des règles démocratiques. Marqué par les écrits de Max Weber ou de son contemporain Karl Dietrich Bracher, tout particulièrement dans son essai sur *La Dissolution de la République de Weimar*, Schmidt entend d'entrée incarner une social-démocratie de la rigueur, retenant les erreurs du passé, remplaçant un certain amateurisme par le professionnalisme, la demi-mesure par la fermeté, vision qui se retrouve jusque dans la composition de son gouvernement. Des hommes tels Hans Apel aux Finances, Karl Ravens à la Construction, des syndicalistes, à l'image de Kurt Gscheidle aux Transports et à la Communication, Hans Matthöfer à la Recherche, donnaient à la nouvelle équipe un visage de solidité, de compétence et d'émulation. Critique non déguisée, donc, à l'égard du précédent gouvernement, qui s'était fourvoyé dans des querelles stériles et une inefficacité paralysante, mais aussi critique à l'égard d'un parti dont les rênes devaient rester dans les mains de Brandt jusqu'en 1987. Sans aller jusqu'à parler d'indifférence, Schmidt n'en a sans doute pas moins, tout au long de ses mandats, conservé pour l'appareil et une mouvance toujours plus difficile à cerner une méfiance certaine.

De moins en moins ouvrier, de plus en plus jeune et intellectualiste – on parle alors en plaisantant du « parti des enseignants de lycée » (*Partei der Studienräte*) –, le SPD n'est en effet pas sorti intact du bouillonnement estudiantin des années 1960 et se partage alors en de multiples courants : à Munich, à Francfort, on agite toujours les concepts de « lutte des classes », de « culture de parti ». Les Jeunes Socialistes continuent à adhérer, au moins jusqu'en 1977-1978, à la « double stratégie » adoptée en 1969 : présence au Parlement, propagande sur le terrain. Schmidt doit ainsi compter avec une aile marxiste dynamique, n'hésitant pas, à l'image du SHB (Sociaux-démocrates de l'enseignement supérieur), à flirter avec les organisations communistes, ainsi le mouvement marxiste étudiant Spartakus. Enfin, loin du gauchisme des Jeunes Socialistes, dont l'activisme finira par s'orienter vers d'autres combats, des voix comme celle de Jochen Steffen, président du Land de Schleswig-Holstein de 1965 à 1975, encouragent le gouvernement à « tester la résistance de l'économie » et à multiplier les aides.

Ce désamour certain ne devait cependant guère porter à conséquence : affaiblie par des attitudes contradictoires lors des multiples élections régionales, desservie par une ligne trouble, la social-démocratie devait en grande partie à Helmut Schmidt et à son aura les victoires de 1976 et de 1980, malgré des scores en net recul par rapport à 1972. Le respect, à défaut d'un attachement réel, allait jusqu'au bout unir le chancelier et les « camarades ».

Chapitre 13

Le primat de la sécurité

Une économie en péril

Déclenchée par la hausse du prix des matières premières et le choc pétrolier de 1973-1974, la crise économique, accompagnée d'une inflation galopante, avait entraîné la récession la plus grave qu'avait eu à affronter la République fédérale depuis la Seconde Guerre mondiale. En un an, le PNB accusait un recul spectaculaire, atteignant son plus bas niveau en 1975, avec, pour la première fois dans l'histoire de la RFA, une baisse de plus de 1 point. Fruit d'une chute de la demande en biens de consommation, cette déprime s'expliquait également par une récession des secteurs traditionnels du bâtiment, de l'automobile, une crise structurelle de l'agriculture et un manque de compétitivité de l'industrie de l'acier. La chute concomitante des économies des pays voisins avait démultiplié le phénomène. Hier championne de l'exportation, la RFA devenait victime de sa dépendance à l'égard des marchés extérieurs. De 1973 à 1975, le nombre de chômeurs quadruplait, pour dépasser le seuil psychologique du million. À l'évidence, les vieilles recettes de Keynes, hier encore appliquées par Karl Schiller et qui continuaient à faire l'unanimité au sein du camp social-démocrate, ne fonctionnaient plus.

Principaux indicateurs
de l'économie ouest-allemande de 1969 à 1985

Année	Inflation (%)	Chômeurs (milliers)	Chômeurs (en %)	Croissance PNB (en %)
1969	2,1	179	0,8	7,4
1970	3,3	149	0,7	5,4
1971	5,4	185	0,8	3,1
1972	5,5	246	1,1	4,3
1973	7,0	273	1,2	4,7
1974	7,0	582	2,5	0,0
1975	5,9	1 074	4,6	–1,1
1976	4,3	1 060	4,5	5,5
1977	3,7	1 030	4,3	2,6
1978	2,7	993	4,1	3,4
1979	4,1	876	3,6	4,1
1980	5,5	889	3,6	0,9
1981	6,3	1 272	5,1	0,0
1982	5,2	1 833	7,2	–1,1
1983	3,3	2 258	8,8	2,1
1984	2,4	2 266	8,8	3,1
1985	2,0	2 304	8,9	1,9

Source : Dieter Grosser, Stephan Bierling, Beate Neuss (dir.), *Deutsche Geschichte in Quellen und Darstellungen*, vol. 11, Stuttgart, 1996, p. 84-85.

Dans cette épreuve, le talent de Schmidt fut non seulement de s'inspirer plus largement, au grand dam de son parti, des nouvelles théories d'un Milton Friedman

– moins stimuler artificiellement la demande que permettre, par une réduction de la fiscalité, la compétitivité des entreprises – mais aussi savoir profiter des circonstances, utiliser au mieux l'héritage de la Grande Coalition et mettre en œuvre une politique sociale d'accompagnement. Le chancelier sut enfin englober cette politique nationale dans une stratégie plus générale, comprenant d'emblée qu'une crise mondiale ne pouvait être combattue que par un traitement international. Mélange de tradition et de modernité doublé d'une énergie et d'une autorité nouvelles qui, au total, allaient permettre à la République fédérale de surnager avec un succès certain.

Une stratégie nationale et internationale

Un combat intérieur

Dans un premier temps, la fin du système des changes fixes en 1973 devait permettre à l'Allemagne de retrouver une certaine liberté et, en se détachant lentement de l'inflation venue d'outre-Atlantique, de profiter du flottement des monnaies. Au plus haut en 1974, l'inflation passait ainsi de 7 % à 5,9 % dès 1975 pour atteindre 2,7 % en 1978. Les ministres de l'Économie et des Finances Hans Friderichs et Hans Apel profitaient en outre d'un double héritage : celui de la coalition précédente qui, dès la crise de 1966, avait mis en place des mécanismes de consultation alliant la réactivité à un certain esprit de consensus (*Konzertierte Aktion*), celui, également, d'une nation traumatisée par l'inflation de 1923 et pour qui la stabilité monétaire était la clé de la stabilité sociale. Après des réévaluations successives, la

Bundesbank achevait de construire le mythe du Deutsche Mark. Une politique d'économie d'énergie associée à une diversification des sources et des fournisseurs devait permettre une stabilisation voire un recul de la consommation pétrolière.

Schmidt avait enfin, dès son entrée en fonction, souligné la nécessité d'une politique sociale cohérente : moins d'idéologie visionnaire, moins de percées extérieures, plus de conquêtes intérieures, d'économie et d'action sociale. Cette stabilité sociale remarquable qui, à la fin de son mandat, permettait à l'Allemagne d'exorciser en partie la fatalité de Weimar, la République fédérale la devait à une orientation résolument généreuse. Certes, l'idée de stimulation de la demande par une politique de dépenses avait été battue en brèche au profit de mesures destinées à alléger les charges de l'entreprise et permettre un retour de l'investissement et de la compétitivité. Néanmoins, l'élargissement du filet social restait à l'ordre du jour. L'accès facilité à la préretraite accompagné de larges soutiens financiers, la hausse en 1975 des aides chômage, l'introduction la même année d'une « prime à l'enfant » (*Kindergeld*), la loi de 1979 subventionnant un congé maternel de six mois, l'adoption en 1976 de la loi sur la cogestion étendue à l'ensemble des entreprises industrielles ou commerciales de plus de 200 salariés[1], l'accompagnement des jeunes restés sans formation et sans travail (MBSE) ou l'élargissement de l'assiette du BAföG permettaient de rendre plus supportables les effets de la récession et de maintenir une présence étatique réelle dans les rapports sociaux.

1. Certaines activités, telles l'édition ou la presse, en demeurent toutefois exclues.

Cette approche mêlant volonté et pragmatisme n'autorisait cependant aucun triomphalisme. Les heurts entre salariés et entrepreneurs, s'ils demeuraient peu nombreux au regard de pays voisins, telle la France, n'avaient pu être totalement évités : en novembre 1978, le monde de la métallurgie paralysait la Ruhr afin d'obtenir une réduction du temps de travail. Après un recul certain en 1978-1979, le chômage se stabilisait finalement autour de 900 000 demandeurs d'emploi. Enfin, malgré les soucis de rigueur affichés en 1974 et le ralentissement progressif des programmes de dépenses publiques systématiques, les aides sociales et la politique de réformes continuaient tout au long des années 1970 à grever le budget. La dette fédérale sextuplait entre 1969 et 1981 pour atteindre 270 milliards de marks.

Vers une solution globale ?

La concomitance de la crise dans les autres économies occidentales, les errements monétaires américains, les dérives inflationnistes des partenaires italien et français réclamaient à l'évidence un traitement commun. Ils redonnaient en outre à l'Europe la possibilité de reconquérir un leadership, ou à tout le moins une influence abandonnée pour longtemps par des États-Unis prisonniers du syndrome vietnamien, également affaiblis par la crise politique et les incertitudes héritées du Watergate. Dans cette nouvelle approche, la France, après la méfiance prudente des années pompidoliennes, ouvrait la voie d'une nouvelle coopération. Prolongeant l'idée émise en 1974 de provoquer un sommet des pays industrialisés, le président Valéry Giscard d'Estaing réunissait, du 15 au 17 novembre 1975 à Rambouillet, les chefs d'État et de gouvernement des six pays les plus industrialisés. Rencontre brève où aucune décision majeure n'avait été prise, mais qui établissait un précédent. Le premier succès, et sans doute le plus important pour reprendre les analyses de Helga Haftendorn[1], résidait dans le fait que des dirigeants s'étaient rencontrés, avaient parlé, échangé avis, analyses et perspectives sur des problèmes communs. Tout au long des sommets suivants, et jusqu'en 1979, ces réunions, auxquelles le Canada participait dès 1976, avaient l'immense mérite de combattre l'impression de solitude de chaque pays concerné et d'une lutte moins dispersée contre la stagflation. Sans doute l'optimisme excessif de la déclaration finale de Porto Rico (27-28 juin 1976), et les bonnes résolutions qui l'accompagnaient, unissant pour une fois vues allemandes et américaines – relance modérée, priorité donnée à l'inflation –, ne devait-il pas résister aux chiffres : une croissance divisée par deux entre 1976 et 1977, passant même en RFA de 5,5 % à 2,6 %. Sans doute l'union des participants devenait-elle de plus en plus fragile : dès 1977, les États-Unis et la Grande-Bretagne, partisans d'une relance et d'une stimulation de la demande, multipliaient les pressions sur une Allemagne de l'Ouest, qui, elle, souhaitait donner la priorité à une politique monétaire rigoureuse. Perçue par ses partenaires, et tout particulièrement par le nouveau président Jimmy Carter, comme la « locomotive nécessaire » de l'économie, la RFA rechignait toutefois à abandonner l'idée selon laquelle « l'érosion des monnaies constituait une des principales causes du chômage[2] ». Sans doute, enfin, le traitement commun

1. Helga Haftendorn, *Sicherheit und Stabilität*, Munich, DTV, 1986, p. 65.

2. Déclaration lors du sommet de Londres du 6-8 mai 1977, *in* Helga Haftendorn, *op. cit.*, p. 70.

de la crise forçait-il à négocier avec des partenaires parfois fort éloignés des conceptions diplomatiques et des convictions économiques de Bonn : le laisser-faire monétaire de l'Amérique, l'approche plus administrative et étatique de Jimmy Carter, qui, dès son entrée en fonction, entendait substituer à l'esprit privé et informel des rencontres inaugurées à Rambouillet, imaginées dès avril 1973 par le groupe dit « de la bibliothèque »[1], et réservées jusqu'alors aux exécutifs et à leurs proches collaborateurs, des réunions plus importantes.

Il n'en reste pas moins que ces consultations, bientôt étoffées et professionnalisées, avaient offert à la RFA, outre l'éloignement du spectre protectionniste, souci premier de Helmut Schmidt, un rapprochement décisif avec le partenaire français, un approfondissement déterminant des relations avec les autres pays européens, enfin, l'affirmation d'un leadership en matière de lutte contre la crise qui, avant même la fin des années 1970, donnait à la République fédérale et à son chancelier le statut de puissance mondiale.

Une place mondiale au service de l'équilibre

Une stature nouvelle

Les relations avec la France et l'Europe en général étaient en effet les premières à profiter de cet activisme tous azimuts. Rapprochement et renforcement au demeurant plus économiques que politiques, plus

1. Les ministres des Finances de la RFA, de la France, de la Grande-Bretagne, du Japon et des États-Unis s'étaient retrouvés en avril 1973 à la bibliothèque de la Maison Blanche, héritant du surnom de « groupe de la bibliothèque » qui préfigurait le sommet de Rambouillet.

« communautaires » que réellement stratégiques et militaires[1]. L'excellence des rapports entre Schmidt et Valéry Giscard d'Estaing, éprouvée au long des années 1972-1974 lors de leurs passages respectifs aux ministères des Finances, l'approche commune des problèmes, une complicité intellectuelle renforcée par de nombreuses visites privées, à l'Élysée ou dans la résidence hambourgeoise du chancelier (*Reihenhaus*), avaient facilité un dialogue mis à mal par les années Erhard-Kiesinger et à peine restauré sous le mandat de Willy Brandt. Sans doute les grands classiques de la politique extérieure française, hérités des gouvernements précédents, telle « l'indépendance à l'égard de Washington » et de l'OTAN, empêchaient-ils *a priori* un virage trop important. Néanmoins, l'amélioration des liens entre la France et Washington qu'avait rapidement entraînée la crise de 1973, les efforts du président français en vue d'un traitement économique global avaient grandement contribué à cette nouvelle amitié avec Bonn. En d'autres termes, sans que les équilibres antérieurs, notamment en matière de leadership militaire et européen, soient modifiés – la France entendait conserver son rôle dominant[2] –, un dialogue approfondi était à l'ordre du jour.

Cette relation privilégiée se doublait d'une nouvelle ère des rapports européens. Malgré le mot d'ordre de la conférence de La Haye en 1969 annonçant une relance de la construction européenne fondée sur le triptyque « achèvement, approfondissement, élargissement », le refus de la Norvège d'intégrer la Communauté et les hésitations anglaises avaient empêché toute avancée significative. La crise, la création du Conseil européen en 1974, l'accord

1. Voir Georges-Henri Soutou, *L'Alliance incertaine*, *op. cit.*, p. 351.
2. *Ibid.*, p. 357.

définitif par référendum du Royaume-Uni en 1975 ou encore le premier sommet de Rambouillet créaient les conditions d'une dynamique nouvelle. La participation du président de la Commission européenne Roy Jenkins au sommet de 1976 avait enfin rassuré les « petits États » membres, qui s'inquiétaient de voir l'édifice européen coiffé par une superstructure de mastodontes. Sans doute les idées d'intégration et de fédération, présentes chez la plupart des « pères » de l'Europe, étaient, quant à elles, moins que jamais à l'ordre du jour. Toutefois, en dépit des échecs, du fonctionnement toujours plus difficile d'institutions tel le très coûteux Marché agricole, le rapprochement avançait, aboutissant même en décembre 1978 à l'institution d'un Système monétaire européen (SME). Celui-ci prévoyait une monnaie commune ainsi que la création d'un mécanisme d'intervention, un élargissement des systèmes de crédit et un serpent monétaire à l'intérieur duquel les monnaies conservaient un certain espace de liberté.

L'autre nouveauté de l'édifice résidait dans le rôle qu'y jouait désormais la RFA. La politique de la Bundesbank, la stabilisation du Deutsche Mark, le succès relatif de la RFA contre la crise et sa lucidité dans la lutte contre l'inflation avaient en effet conféré à Bonn une légitimité et un poids incontestables dans la vie internationale. Sans doute le « mirage » des années 1950-1960 avait-il déjà permis à la République fédérale de retrouver le respect de ses pairs. Mais la supériorité acquise sur l'économie française, la traversée relativement victorieuse des années 1970, où dominaient le malaise, l'impuissance et l'incertitude, avaient conféré au pays une aura dépassant de beaucoup le seul domaine économique. Jugeant quelques années plus tard cette attitude nouvelle à l'égard du monde, Brigitte Sauzay s'interrogeait très significativement sur le « vertige allemand[1] » induit par une forte « conscience de soi », une assurance d'ailleurs mal perçue par le partenaire français qui voyait le leadership lui échapper.

En des années où l'économie s'affirmait comme le fondement de la puissance, le Deutsche Mark revêtait un rôle d'ambassadeur capital dont la RFA allait bientôt tirer les bénéfices : aide soutenue à la Turquie, soutien marqué aux deux nouvelles démocraties de l'Espagne et du Portugal, que renforçait une certaine fraternité sociale-démocrate, prestige dans le tiers-monde, accru par le souhait non sans opportunisme d'Egon Bahr réclamant en 1977 une « Afrique aux Africains ». Certes, le réalisme économique et politique plus que l'angélisme dominait ces relations : avec 0,3 % de son PNB consacrés en 1976-1977 à l'aide au développement, la RFA restait très en deçà de ses voisins nordiques ou français, sans même parler du seuil des 0,8 % annuels auquel les pays industriels s'étaient théoriquement engagés. L'aura n'en restait pas moins réelle. De plus, en élargissant son horizon diplomatique et économique, la RFA volait au secours de son succès et travaillait elle-même à renforcer son piédestal.

Sans doute conscient de ce nouveau prestige, élu en 1975 homme de l'année par le *Financial Times*, Helmut Schmidt avait eu l'intelligence de ne pas céder au vertige et de ne point pousser trop avant les avantages acquis. Bref, la fermeté qu'autorisait le succès économique ne s'était pas transformée en arrogance. Ainsi le sommet de Bonn (16-17 juillet 1978) aboutissait à un modèle de compromis. Si la RFA s'engageait à des mesures de relance, les États-Unis promettaient

1. Brigitte Sauzay, *Le Vertige allemand*, Paris, O. Orban, 1985.

de restreindre leur consommation d'énergie, de renforcer leur lutte contre l'inflation, les Français, les Italiens et les Britanniques refusant quant à eux la facilité de nouvelles mesures protectionnistes. La satisfaction générale l'emportait donc, alors que la RFA avait en définitive peu de raisons de crier victoire : ni les déficits ni l'inflation ne reculaient.

La détente en question

Incontournable pendant du volet économique, la détente procédait après tout d'une même vision de la sécurité : à la stabilité intérieure, sociale devait correspondre un équilibre extérieur. Mieux encore, la bonne santé des économies et le souci d'une sécurité extérieure relevaient de la même logique, procédaient d'une même politique. « Une économie florissante », affirmait Helmut Schmidt dans son discours du 28 octobre 1977, « est le fondement de tout sécurité. Et ce, à double titre : c'est elle qui permet de maintenir l'équilibre militaire, et c'est elle qui constitue la condition de stabilité de nos institutions libres et démocratiques »[1]. Certes, l'affaire Guillaume avait momentanément refroidi les liens avec Moscou. Néanmoins, l'Ostpolitik demeurait inchangée et la libéralisation des rapports avec l'URSS restait la clé, pour Bonn, d'une amélioration de la situation européenne et d'une hypothétique réunification. Dès octobre 1974, le gouvernement Honecker revenait ainsi sur l'augmentation du change minimal décidée en novembre 1973 pour les touristes de Berlin et de RDA. Malgré les vexations et complications administratives qui continuaient d'émailler le trafic à destination de

1. Cité *in* Helga Haftendorn, *op. cit.*, p. 26.

l'ancienne capitale du Reich, dans laquelle Bonn entendait plus que jamais renforcer sa présence, l'amélioration des liens avec l'autre Allemagne continuait sur sa lancée : construction d'une autoroute entre Hambourg et Berlin en 1978, ouverture du canal de Teltow à Berlin facilitant le trafic fluvial, visite simplifiée pour les retraités des deux États, gratuité en 1979 des réseaux routiers est-allemands, enfin rachat d'hommes et de femmes en délicatesse avec le régime berlinois sous la subtile formule diplomatique d'« efforts particuliers dans le domaine humanitaire ».

À cette détente, la Conférence pour la sécurité et la coopération en Europe, réunie à Helsinki le 1er août 1975, avait donné à la fois une impulsion et un cadre nouveaux. La reconnaissance commune de l'inviolabilité des frontières, le refus de la violence, la non-ingérence dans les affaires intérieures d'États souverains, le respect, enfin, des droits de l'Homme et des libertés fondamentales consacraient apparemment une nouvelle ère des rapports Est-Ouest dont la RFA avait toutes les raisons d'être satisfaite. L'« inviolabilité » proclamée des frontières n'induisait en effet nullement le principe d'intangibilité, laissant, comme l'expliquait le gouvernement de Bonn à Moscou dans sa « lettre sur l'unité allemande »[1], la question de la réunification pleinement ouverte. De plus, l'adhésion aux accords d'Helsinki permettait de rassurer les partenaires européens sur la position de la RFA, longtemps soupçonnée de « vouloir faire cavalier seul[2] ». Plus que jamais, les principes de réalisme et de « stabilité par le rapprochement » demeuraient en ces

1. Voir Stephan Martens, *La Politique à l'Est de la République fédérale d'Allemagne depuis 1949. Entre mythe et réalité*, Paris, PUF, 1998, p. 27 *sq.*
2. *Ibid.*, p. 27.

années 1970 les fondements de la politique extérieure ouest-allemande.

Toutefois, une amélioration réelle de la situation politique passait avant tout par des actes. Or la crispation du régime de Honecker dès 1976 dans l'affaire Biermann, celle de l'URSS refusant en 1975 à Sakharov un visa pour recevoir son prix Nobel ou l'humanisme très démonstratif du président Carter montraient la limite d'avancées somme toute théoriques. Au-delà de ces événements, l'équilibre des forces militaires en Europe faisait planer au-dessus d'une détente incertaine la perspective d'une guerre chaude toujours possible. Et c'est bien sur le problème du désarmement que devait échouer la vision de Helmut Schmidt d'une Allemagne marchant à long terme vers l'union dans et par une Europe débarrassée du spectre de l'affrontement.

Le 28 octobre 1977, dans un discours prononcé devant l'Institut international d'études stratégiques de Londres, Helmut Schmidt, s'interrogeant une nouvelle fois sur les « nouvelles dimensions » du concept de sécurité, économique, sociale, intérieure mais aussi extérieure, posait clairement la question de l'équilibre stratégique en Europe. Condition de la sécurité collective, mais aussi, paradoxalement, de la détente, l'équilibre de la terreur devait être maintenu, soulignait le chancelier. Il en allait de la tranquillité de l'Europe. Sans doute les arsenaux devaient-ils dans un même temps réduire leur potentiel de destruction. En ce sens, expliquait Schmidt, les accords de SALT de 1972 devaient se poursuivre afin de déboucher au plus tôt sur un SALT-II. Cette réduction supposait toutefois un maintien permanent de la parité. Or l'installation en Europe de l'Est de fusées nucléaires à moyenne portée de type SS-20, destinées, selon les Soviétiques, à rénover leur parc existant, introduisait pour le chancelier une disparité préoccupante. Ce point de vue, bientôt adopté par l'OTAN (avril 1978), allait devenir une question d'autant plus brûlante que les accords SALT-II de juin 1979 excluaient des discussions le problème des armes à moyenne portée.

En décidant, le 12 décembre 1979, de procéder à une modernisation similaire de leurs missiles à moyenne portée – décision toutefois suspendue à l'aboutissement des négociations avec les Soviétiques (d'où le terme de « double décision de l'OTAN » [*NATO Doppelbeschluss*]) –, les ministres de la Défense et des Affaires étrangères de l'organisation atlantique sonnaient le glas d'une détente déjà au plus mal, et que les événements d'Afghanistan ou de Pologne allaient momentanément enterrer.

Avancées réelles, mais timides, dans un contexte difficile

L'éducation et le droit en ligne de mire

Le contexte de rigueur imposé par la crise, le souci du nouveau chancelier de mener une politique du possible et de l'orthodoxie financière n'étaient guère favorables aux grandes innovations. Au cours des cinq années de son existence, le gouvernement Brandt avait de plus ouvert nombre de chantiers restés inachevés que la coalition sociale-libérale emmenée par Schmidt allait se borner à poursuivre : ainsi, en matière d'environnement, une série de lois en 1975 et 1976 fixe des teneurs maximales en plomb, encadre la composition de certains produits chimiques dont les lessives. Au-delà des mesures sociales liées au traitement de l'économie, c'est surtout dans les domaines de l'éducation et du droit que s'inscrivent les avancées les plus significatives.

Depuis les années 1960, la RFA avait connu une transformation sans précédent de son système supérieur. Des grandes villes comme Bielefeld, Constance, Bochum s'étaient transformées en centres universitaires de premier plan, entraînant une croissance significative du nombre des étudiants, qui était passé de 700 000 en 1974 à plus d'un million en 1977. Or, les infrastructures n'avaient pas suivi, et la situation n'avait cessé de se dégrader, les bâtiments existants se révélant incapables d'absorber les classes pleines des années 1950-1960 : amphithéâtres surchargés, conditions de travail impossibles, sécurité compromise, tel était le spectacle quotidien. La RFA de Brandt, déjà, n'avait cessé de courir derrière l'urgence. Malgré les 27 milliards de marks consacrés par le gouvernement et les régions à la construction d'universités nouvelles, le rattrapage devait se prolonger bien au-delà des années Schmidt.

Poursuite du mouvement également en matière de droit du citoyen et de droit de la femme. Trois ans après le discours devant le Bundestag d'un Gerhard Jahn proposant d'établir un statut matrimonial destiné à redéfinir la place de la femme au sein de la famille, une série de lois octroyait à l'épouse un ensemble de droits nouveaux concernant le divorce – la disparition de la notion de culpabilité, la simplification des procédures – ou la possibilité d'accoler le nom de jeune fille au nom marital (1976). L'attribution d'un congé postnatal de six mois subventionné par l'État entendait également permettre aux femmes de concilier famille et vie professionnelle, la naissance d'un enfant entraînant souvent un arrêt définitif de l'activité (1979). Enfin, après le rejet par le tribunal de Karlsruhe du projet de loi sur l'avortement de 1974, jugé contraire à la Loi fondamentale qui, dans son article 2, proclamait « le droit à la vie », le gouvernement Schmidt était revenu à la charge : le texte avait été amendé avant d'être présenté à nouveau en février 1976, n'autorisant l'avortement que dans des cas particuliers – raisons médicales, sociales, ou encore en cas de viol. Le projet était finalement adopté en juin 1976.

On restait cependant loin de l'euphorie réformatrice des années 1969-1974, et le manque de moyens n'expliquait pas tout. Si le chancelier estimait en effet que la générosité avait des limites financières, l'opposition CDU/CSU avait elle aussi décidé de profiter du retournement de conjoncture pour mettre un terme à des réformes désormais pour elle synonymes de laxisme. Déjà un projet de réforme de l'orthographe avait déclenché les hostilités. Dans un esprit identique, le SPD devait en partie renoncer à son projet d'école unique (*Gesamtschule*), jugée plus égalitaire et destinée à remplacer le système des trois collèges[1] : source de débats, d'attaques, d'articles et de contre-articles où l'émotionnel le disputait au rationnel, la réforme devait finalement aboutir à un compromis hérité des années Brandt et qui ne satisfaisait aucune des parties. Chaque Land avait autorité pour mettre ou non en place des établissements de type nouveau, qui viendraient s'ajouter aux collèges traditionnels sans toutefois les remplacer.

1. À l'issue des années d'école primaire (*Grundschule*), l'élève est orienté (*Orientierungsstufe*) vers trois types d'enseignement secondaire, *a priori* selon ses résultats et ses capacités : la *Realschule*, la *Hauptschule*, deux formes d'enseignement court, préparant à des métiers plus pratiques ou techniques, enfin le *Gymnasium*, débouchant sur le baccalauréat (*Abitur*).

Une politisation croissante… jusqu'à l'extrême

Si l'avancée des réformes avait d'abord souffert d'un environnement économique difficile, on ne peut cependant oublier le climat politique dans lequel le gouvernement Schmidt avait dû, dès 1974, tracer sa route. Bénéficiant d'un certain état de grâce, en partie dû à l'esprit de rupture qu'il incarnait, Brandt avait à la fois su et pu canaliser les revendications. Le changement de climat de l'année 1973, le nouveau réalisme gouvernemental avaient rapidement redonné corps à ces énergies politiques qui, mûries pendant les années 1960, avaient, après le grand reflux de 1969-1970, réinvesti le devant de la scène sous des formes à la fois nouvelles et traditionnelles.

Malmenés par le mouvement estudiantin, les partis offraient ainsi une première porte de sortie au désir d'engagement hérité de la décennie précédente. Plus de 91 % de la population s'était ainsi déplacée pour les élections de 1972. Avec respectivement 90,7 % et 88,7 % pour les élections fédérales de 1976 et 1980, les années 1970 remportaient haut la main la palme de la participation. À l'évidence, la population entendait dans son ensemble plus que jamais co-agir, non en rejetant le système, mais en l'investissant en masse. Cet intérêt pour les grands débats de société, qu'il s'agisse de l'éducation, de l'avortement, déjà cités, ou bientôt de la paix, allait traverser sans faiblir les années Schmidt, dégénérant souvent en affrontements passionnels, rendant la décision finale à la fois moins aisée et moins consensuelle. Cet engagement émotionnel, cette politisation extrême de la discussion étaient également le fait des partis eux-mêmes. Moins rassembleur et plus à gauche que par le passé, le SPD cherchait ainsi à entraîner son chancelier sur des positions peu comptables des réalités économiques. La CDU retrouvait quant à elle une raideur certaine, n'hésitant pas, à propos de la tentative de réforme de l'orthographe, à parler de « déclin de la culture occidentale », ou, sur la question de l'école unique, de « marxisation de l'éducation ». Dans une veine identique, la CSU menait également, en la personne du pittoresque et très contesté Franz Josef Strauss, une politique de la confrontation systématique. En se donnant une image de défenseur presque outrancier de l'ordre, elle n'échappait pas, en outre, à travers ses relations avec certains régimes autoritaires comme l'Afrique du Sud, à un soupçon d'extrémisme.

Si elle avait disparu de la méthode et du vocabulaire gouvernementaux, l'idéologie avait en revanche gagné une société soucieuse de son destin. Pour l'essentiel de la population, ce désir de politique – au sens de conduite d'une action mais aussi de gestion de la cité – débouchait cependant moins, à la différence des années 1960, sur une contestation de l'ordre établi que sur une volonté de réappropriation du débat et de participation à la décision. Bref, la méfiance à l'égard du pouvoir avait débouché sur une démocratisation croissante des comportements. En ce sens, le corps social avait bien changé, atteignant avec les années Schmidt une maturité démocratique indéniable. Plus combative et donc probablement moins facile à manœuvrer ou à gérer que par le passé, la société ouest-allemande inventait même des formes nouvelles de cette action : le féminisme, l'écologie ou encore le pacifisme, héritiers des années 1960, acteurs des années 1970-1980, correspondaient, à leur manière, à cette intégration de la démocratie. Aux acteurs politiques traditionnels que représentaient jusqu'alors les partis, les syndicats, les Églises ou les médias, les années Schmidt associaient des composantes inédites. Cette politisation réelle avait toutefois son revers.

En novembre 1974, une seconde génération terroriste, fille de la première Fraction armée rouge (RAF), celle de Meinhof ou de Raspe, toujours emprisonnés, sème la peur en République fédérale. Cette violence n'est pas nouvelle : elle s'enracine dans les discours radicaux des années 1967-1968, trouvant sa légitimation dans la répression gouvernementale et dans la mort de Benno Ohnesorg ou l'attentat contre Rudi Dutschke. L'assassinat, le 10 novembre 1974, du président du tribunal de Berlin, Günter von Drenkmann, l'enlèvement, trois mois plus tard, du chrétien-démocrate Peter Lorenz sont suivis d'autres actions toujours plus spectaculaires : ainsi, l'occupation de l'ambassade de RFA à Stockholm en avril 1975, l'attentat perpétré en pleine conférence de l'Organisation des pays exportateurs de pétrole (OPEP) en décembre, le détournement d'un avion d'Air France en juin 1976. La vague de terreur culmine en 1977 avec l'enlèvement du chef du patronat ouest-allemand, Hanns Martin Schleyer, suivi, le 13 octobre, du détournement d'un Boeing de la Lufthansa vers l'aéroport de Mogadiscio. Ces coups d'éclat, destinés à libérer le groupe Baader, échouaient finalement devant la détermination du chancelier. Malgré un bain de sang final – l'exécution de Schleyer, le suicide de la plupart des prisonniers de Stammheim après la libération de l'appareil par l'unité antiterroriste GSG 9 –, Bonn avait tenu bon. Non sans mal : la psychose de l'attentat, rappelant les heures plus noires encore d'une autre République elle aussi fragilisée par la crise, s'était accompagnée d'une certaine hystérie sécuritaire, de la part autant de l'État que de quelques médias ou de la majorité silencieuse. Dans son

Honneur perdu de Katharina Blum (1974), Heinrich Böll s'inspirait de faits réels et en profitait pour stigmatiser l'ignominie d'une presse à scandales, issue du groupe Springer, qui n'hésitait pas à broyer des existences sur l'autel de la peur et du soupçon, tandis que Margarethe von Trotta, dans ses *Années de plomb* (1981), cherchait au-delà des passions à comprendre, à travers le regard et le cheminement de deux sœurs, le phénomène : l'une choisit une forme d'action démocratique (un groupe de parole féministe multipliant les manifestations), l'autre, la violence, poussée dans son rejet radical par des motifs complexes où se mêlent une éducation protestante rigoriste mal supportée et refoulée, une soif tonitruante de nouveauté, un État oppresseur ou encore une liberté officielle jugée factice.

Chapitre 14

Le tournant de 1979 et la fin de Helmut Schmidt

En remportant les élections de 1980 avec près de 43 % des voix pour le seul SPD[1], Helmut Schmidt semble parvenu au faîte de sa popularité. Sans doute cette victoire devait-elle aussi à la personnalité de son adversaire, le Bavarois Franz Josef Strauss, aux excès connus, et dont l'assise électorale avait souffert du régionalisme de la CSU. L'action du chancelier face à la crise, sa fermeté dans la tourmente terroriste, une humanité alliée à une détermination sans faille, enfin, un prestige international qui rejaillissait sur la RFA demeuraient cependant les principales clés du succès face à une opposition en panne de programme et dont la phraséologie électorale s'était enlisée dans un conservatisme peu comptable des évolutions sociales. Certes arrivée en tête du scrutin avec 44,5 % des suffrages, l'Union ne parvenait pas à détrôner la coalition en place.

Toutefois, derrière cet apparent éclat, les nuages n'avaient cessé de s'accumuler pour Helmut Schmidt, sapant une confiance en plein effritement. Deux ans plus tard, les chrétiens-démocrates ne feront que remplacer un chancelier à bout de souffle, usé par l'accumulation des

1. Le FDP, avec 10,6 % des voix, garantissait à la coalition de Schmidt une éclatante victoire.

difficultés politiques et économiques, desservi par son propre parti, lâché enfin par un partenaire libéral inquiet des événements et soucieux de se maintenir au pouvoir.

Le regain de tension entre les deux Grands et la disparition effective de l'esprit de détente qui avait tant servi Brandt constituaient le premier écueil sur lequel allait s'échouer la politique du chancelier.

Déjà, tout au long des années 1970, l'URSS avait profité de la crise morale des États-Unis pour multiplier les offensives : au Moyen-Orient, en Afrique, en Amérique latine, les mouvements de guérilla marxistes bousculaient les régimes établis, promesses de points d'ancrage nouveaux pour le Soviétiques. L'application toute relative des accords d'Helsinki avait relancé cette impression de détente à deux vitesses, et des voix s'étaient élevées pour réclamer davantage de fermeté, ainsi celle d'un certain Ronald Reagan, critiquant durant les primaires républicaines de 1976 l'attentisme de Gerald Ford. L'entrée, les 26 et 27 décembre 1979, de troupes soviétiques en Afghanistan avait précipité le changement de ton : embargo sur des denrées sensibles à destination de l'URSS, boycott des Jeux de Moscou, reprise d'un endiguement décrété par une Maison Banche renouvelée et annonçant une « Amérique de retour » face à l'« Empire du mal », autant de signes que le dialogue avec l'Est, clé de l'Ostpolitik ouest-allemande, devenait plus difficile que jamais. Pris entre une fidélité traditionnelle à l'alliance occidentale et un désir de stabilité en Europe, Schmidt entrait dans un dilemme dont il ne pouvait sortir intact. Le 7 juin 1980, les Affaires étrangères américaines annonçaient le refus de l'Union soviétique de toute discussion sur les missiles à moyenne portée en Europe. Malgré des efforts constants, joints à ceux de Valéry Giscard d'Estaing, de relancer les discussions et de rétablir coûte que coûte les pourparlers avec Moscou, Helmut Schmidt allait vite se rendre à l'évidence : une nouvelle glaciation était en germe, et la RFA, pièce maîtresse du dispositif atlantique, en subirait, *nolens volens*, les conséquences. L'administration Reagan entendait ainsi rapidement faire pression sur ses partenaires allemand et européen afin de limiter les transferts de technologie vers l'URSS en échange du gaz russe, et éviter ainsi le risque d'une dépendance énergétique. Par ailleurs, devant l'échec des négociations, l'installation des Pershing II sur le sol allemand devenait chaque jour plus probable.

Échec, donc, dans une certaine mesure, d'une vision de la détente dont les deux Allemagne devaient profiter : malgré l'entrevue du 11-13 décembre 1981 en RDA avec Erich Honecker, aucune avancée majeure n'avait été possible. En l'espace d'une décennie, les relations des deux États avaient certes progressé à pas de géant. Toutefois, l'absence de résultat tangible, la relative froideur d'un Honecker obnubilé par les événements polonais et ses effets toujours possibles sur la population prouvaient qu'il était illusoire d'imaginer une déconnexion du problème allemand de l'état des relations Est-Ouest. Plus que jamais, dans ce jeu de poupées gigognes, la politique de la RDA dépendait de celle du Grand Frère.

Échec également intérieur. Héraut sincère de la détente et de la réduction des arsenaux, Schmidt s'était paradoxalement retrouvé, aux yeux d'une partie importante de la population et du SPD lui-même, dans la position intenable de l'homme par qui le réarmement arrive. Alors que les Américains avaient interprété le discours de Londres en octobre 1977 comme un appel à l'aide devant la menace SS-20, considérant la solution Pershing comme une réponse à une demande, la République fédérale de Schmidt abordait la question du réarmement sous l'angle de la solidarité nécessaire à l'égard de l'Alliance atlantique. Le spectre d'un affrontement atomique dont l'Allemagne serait à la fois le théâtre et la victime ne tardait cependant pas à fédérer des énergies disparates autour d'un pacifisme antinucléaire dont les racines remontaient aux premières heures de l'ère Adenauer. Cette vague nouvelle rassemblait dans un même élan des sociaux-démocrates, des protestants souvent issus de l'Église confessante, des écologistes, à l'image de Petra Kelly. Le 16 novembre 1980, le mouvement pacifiste signait son premier grand manifeste avec l'appel de Krefeld, réclamant au gouvernement le retrait de l'accord sur les Pershing II, « une attitude, au sein de l'alliance, qui ne fasse plus courir [au] pays le soupçon d'être le préparateur d'une course aux armements nucléaires dangereuse pour l'Europe[1] ». Le texte engageait enfin ses signataires à obtenir, par « la pression croissante et ininterrompue de l'opinion publique, [...] une politique de défense qui refuse le réarmement pour l'Europe centrale, qui préfère le désarmement à la terreur et construise une armée sur la base desdits objectifs[2] ». L'action d'associations telle Signes d'expiation (*Sühnezeichen*), les marches silencieuses de Pâques 1982 devaient contribuer à miner une confiance et une popularité jusqu'alors rarement démenties.

Point fort de la politique menée depuis 1974 par le gouvernement Schmidt, l'économie montrait elle aussi des signes inquiétants de faiblesse. Le second choc pétrolier de 1979 avait en effet cueilli à froid des industries convalescentes. Bon an mal an, le prix du baril de pétrole

1. *In* Irmgard Wilharm (dir.), *Deutsche Geschichte 1962-1983. Dokumente in zwei Bänden*, vol. 2, Francfort-sur-le-Main, Fischer, 1985, p. 209 *sq.*
2. *Ibid.*

brut, après la flambée de 1973, s'était stabilisé autour de 12-13 dollars, soit malgré tout un quintuplement de son cours en deux ans. Toutefois, si l'on excepte la très brève période de réduction de la production qui avait accompagné la guerre du Kippour, l'or noir avait continué à couler en abondance, irriguant les économies des pays développés, la chute du dollar réduisant même, de fait, le coût réel de ce produit stratégique[1]. Tout autre était la situation de 1979. Certes, soucieuse de rétablir un « juste » prix, l'OPEP avait une nouvelle fois, en décembre 1978, annoncé une hausse des tarifs du pétrole brut pour l'année suivante, reproduisant apparemment le scénario antérieur. La dégradation de la situation politique en Iran puis la révolution des mollahs, suivie un an plus tard de la guerre Iran-Irak conduisaient cependant en réalité à une « désintégration de l'offre pétrolière[2] ». Gérée, encadrée par les pays producteurs six ans plus tôt, l'augmentation des prix du pétrole résultait cette fois d'une menace sur l'approvisionnement doublée d'une mésentente des pays producteurs eux-mêmes. À cette nouvelle flambée – le brut atteignait, en plein hiver 1979, 24 dollars le baril – correspondait une baisse de la demande en provenance des pays de l'Est, du Moyen-Orient et des partenaires européens, à laquelle s'ajoutait une concurrence toujours plus grande des « nouveaux pays industrialisés ». Positive en 1978, la balance des paiements de la République fédérale accusait en 1979 un déficit de près de 10 milliards de marks, qui triplait encore avant la fin 1980.

Malgré les accords de Tokyo (28-29 juin 1979), qui prévoyaient une réduction des importations de pétrole

1. Voir, pour l'ensemble de ces événements, Helga Haftendorn, *op. cit.*, p. 78 *sq.*

2. *Ibid.*, p. 79.

pour les États-Unis, le Japon et le Canada ainsi qu'une nouvelle politique d'économie d'énergie chez les Européens, l'ambiance était à l'impuissance. L'endettement des économies industrielles et surtout des pays du tiers-monde, la morosité des échanges, le retour de réflexes protectionnistes poussaient au pessimisme. La politique économique menée par les socialistes français à partir de 1981, le retour, avec Reagan, d'un dollar fort puis surévalué, le refus de l'administration américaine d'intervenir afin de revenir à un taux de change plus réaliste sur fond de pressions destinées à isoler le bloc soviétique allaient jusqu'en 1982 compliquer la tâche d'un chancelier accablé par la conjoncture. L'union relative de 1974-1975, ou, à tout le moins, la volonté affichée d'agir de commune manière contre un fléau nouveau, avaient en 1980-1981 fait place à une cacophonie certaine dans laquelle la RFA avait tout à perdre : divergences d'intérêts d'une Communauté européenne incapable de parvenir à une politique économique cohérente, divergences politiques fondamentales entre une RFA soucieuse de détente et une Amérique reaganienne confondant volontiers arrogance et leadership.

Dernier pilier de la politique de Helmut Schmidt, la cohérence de la majorité semblait elle aussi incapable de résister à la pression des événements.

La question du réarmement et une action, à partir de 1980, plus comptable que jamais des déficits publics avaient en effet fragilisé une coalition gouvernementale de moins en moins encline à soutenir un homme à la politique contestée et, aux yeux de cette dernière, contestable. Le SPD, en premier lieu, n'avait jamais accepté dans sa totalité le credo économique du chancelier. La perspective d'une République fédérale à nouveau prise dans la tourmente de la guerre froide, et ce, de l'avis de beaucoup, par la faute de Helmut Schmidt lui-même, avait relancé les débats sur le sens de l'Ostpolitik, sur l'héritage « bradé » de Willy Brandt, mais aussi sur l'identité de la social-démocratie, de plus en plus concurrencée sur sa gauche par des Verts en pleine expansion. L'augmentation du chômage et la crainte d'une guerre nucléaire constituaient ainsi un mélange détonant, provoquant peur et désarroi au sein du parti : le SPD n'était-il pas en train d'abandonner ses convictions historiques, n'allait-il pas se couper de son électorat traditionnel ? Dès 1981, Erhard Eppler suivi de Brandt ou d'Oskar Lafontaine multipliait les discours en ce sens.

L'attaque décisive allait cependant venir du partenaire libéral, lui aussi fort critique à l'égard de l'équipe gouvernementale, pour des motifs toutefois radicalement opposés.

En janvier 1981, les premiers tiraillements étaient venus de Berlin, où la mésentente de la coalition en place avait permis au chrétien-démocrate Richard von Weizsäcker de s'emparer de la mairie. Semblables événements, tout au long de l'année 1981, confirmaient le malaise, ainsi lors des élections municipales en Basse-Saxe, où le démocrate-chrétien Ernst Albrecht, à la surprise générale, l'avait emporté sur le SPD du « guelfe rouge », Hinrich Wilhelm Kopf. À l'évidence, la collaboration des deux partis de gouvernement, inaugurée en 1969, et qui, en définitive, avait toujours reposé sur peu de projets communs, s'essoufflait. En somme, les élections de 1980 n'avaient été pour le FDP que l'occasion de parer au plus pressé. Depuis la fin des années 1970 en effet, les approches respectives des deux formations n'avaient cessé de diverger. Si nombre de responsables sociaux-démocrates, au moins aux niveaux local et régional, lorgnaient en direction du tout nouveau parti des Verts[1] et du vote alternatif, les libéraux demeuraient en revanche farouchement hostiles à l'idée même d'un tel rapprochement. De plus, malgré la prudence de Helmut Schmidt en matière de dépenses publiques, le poids de ce que certains dénommaient le « matelas social », alourdi par les récessions successives, paraissait au FDP de plus en plus intenable. L'influence grandissante de l'ultra-libéralisme venu d'outre-Atlantique, relayé par la Grande-Bretagne, poussait enfin des responsables tels Hans Dietrich Genscher, le député Richard Wurtz ou le ministre de l'Intérieur, Gerhart Rudolf Baum, à réclamer une autre politique, ce que Walter Scheel, dans une circulaire interne d'août 1981, appelait déjà « un changement dans les esprits et dans les actes[2] ». En d'autres termes, la rupture de l'alliance n'était nullement due à une crise conjoncturelle, liée au choc économique de 1979-1980. Elle était l'aboutissement d'une réflexion de fond, accélérée par la perspective d'un alourdissement des dépenses, lié à la seconde crise pétrolière.

Le 9 septembre 1982, le ministre, FDP, de l'Économie, Otto Graf Lambsdorff, transformait un rapport demandé par Helmut Schmidt sur les grandes questions sociales du moment, destiné à mieux parer à leur urgence, en un mémorandum offensif prônant une politique de rigueur et dénonçant l'attitude du gouvernement en place. Son « concept pour une politique de dépassement des faiblesses de la croissance et de lutte contre le chômage », véritable programme de gouvernement, profitait,

1. Les Verts (*Die Grünen*) sont officiellement fondés à Karlsruhe le 13 janvier 1980.

2. Cité par Hans Karl Rupp, in *Politische Geschichte der Bundesrepublik Deutschland*, Munich, Oldenbourg, 3e éd., 2000, p. 214-215.

de toute évidence, d'un climat favorable : en 1981 et 1982, l'hebdomadaire *Der Spiegel* avait multiplié entretiens et reportages sur le « financement des réformes », et la question, à défaut de passionner l'opinion, paraissait à celle-ci à la fois familière et préoccupante. La grande nouveauté du texte résidait dans la virulence de sa critique. Il officialisait de fait une rupture contre laquelle Helmut Schmidt, atteint moralement, souffrant de plus de graves problèmes cardiaques, ne devait finalement rien tenter[1]. Le FDP pouvait dès lors librement entreprendre ses pourparlers avec l'opposition. Le 17 septembre, les quatre ministres libéraux démissionnaient. Le 1er octobre 1982, à l'issue d'un vote de défiance constructif, Helmut Kohl était élu chancelier à la place d'un homme qui, à son tour et dans des circonstances similaires, connaissait le sort qu'Erhard avait enduré avant lui.

1. Selon Klaus Dreher, Schmidt, connaissant les divergences avec les membres du FDP et le risque de les voir quitter le gouvernement, souhaitait jusqu'au bout conserver l'initiative. Il aurait ainsi commandé le rapport Lambsdorff afin de cristalliser les mécontentements et hâter la fin de la coalition, tout en donnant l'impression de rester le maître du jeu gouvernemental (voir Klaus Dreher, *Helmut Kohl. Leben mit Macht*, Stuttgart, DVA, 1998, p. 262-269).

Chapitre 15

Les premières années Kohl : entre pilotage à vue et impopularité

Un provincial au pouvoir ?

Sans dramatisation ni passion excessives, sans élection même, preuve de la solidité des institutions de la République de Bonn, le pouvoir avait changé de main. « La passation », pour reprendre les termes de Helmut Kohl devant les journalistes, se faisait « dans la dignité et l'esprit de démocratie »[1]. Cette relative sérénité de l'alternance contrastait avec l'impression d'incompréhension régnant chez les ténors de la social-démocratie, prenant trop tard conscience de la réalité du changement : hier critiqué, Schmidt redevenait désormais aux yeux d'un SPD qui l'avait pourtant si mal servi le grand homme d'État international, contrastant de façon presque grotesque avec le nouveau chancelier. De fait, l'opposition apparente entre les deux hommes ne pouvait que frapper. Et les médias, les intellectuels, relayés par l'opposition, s'étaient assez rapidement engouffrés dans la brèche, privilégiant cette image du provincial, et donc d'un chancelier qui ne pouvait être que de transition.

1. *In* Jean-Paul Picaper et Karl Hugo Pruys, *Helmut Kohl*, Paris, Fayard, 1996, p. 185.

Né en 1930 à Frankenthal, près de Ludwigshafen, bénéficiant par son âge de « la grâce de la naissance tardive[1] », pour reprendre une de ses formules controversées, Kohl est issu d'une famille de la moyenne bourgeoisie, « un foyer typique de petits fonctionnaires comme il en existe des millions d'autres », aime-t-il à rappeler dans ses souvenirs. Détenteur en 1958, après des études d'histoire, de droit et de sciences politiques, d'un doctorat portant sur « l'évolution politique du Palatinat et le rétablissement des partis après 1945 », il se lance dans la politique. Car Helmut Kohl semble d'entrée vivre pour et par elle. Membre de la Jeune Union à dix-sept ans, marqué par la personnalité du premier président et cofondateur de la CDU palatine en 1945, le curé Johannes Finck, il franchit rapidement les étapes, devenant président du groupe parlementaire du Landtag de Mayence en mai 1963, puis ministre-président de Rhénanie-Palatinat à trente-neuf ans. Sans doute Kohl n'est-il pas alors un visionnaire, attiré par les questions internationales. À la différence de Schmidt, il construit son succès dans et par le parti. Son sens des liens personnels, tenant presque de l'obédience, sa connaissance des modes de fonctionnement du parti font de lui, avant même son accession à la présidence de la CDU en juin 1973, un animal politique national à la persévérance remarquable, un tacticien hors pair, gravissant tous les échelons du parti, transformant enfin la Rhénanie-Palatinat en un tremplin autant qu'une base de repli annonçant de nouvelles tentatives de conquête. Ce sens du terrain, de l'appareil lui permet tout d'abord d'évincer les concurrents : régionaux, ainsi

1. Expression utilisée par Helmut Kohl lors de son voyage en Israël le 24 juin 1984.

l'ancien président de Rhénanie-Palatinat Peter Altmeier, ou nationaux, tel Rainer Barzel, qui, en 1971, lui ravit momentanément la présidence de la CDU. Il s'entoure également durant ces années de combat d'hommes sûrs, tels Bernhard Vogel, Heinrich Holkenbrink, Norbert Blüm ou encore Heiner Geissler, qui, en 1977, remplace Kurt Biedenkopf au secrétariat général de la CDU. Ces personnalités ont une double fonction : consolider l'assise de Helmut Kohl au sein du parti et, en l'aidant à apaiser les querelles internes, prévenir toute tentative séditieuse ou déstabilisatrice.

Certes, l'homme n'est pas sans maladresses : des discours mal dosés aux formules malheureuses, ainsi devant le Parlement de Mayence en 1960 ou en décembre 1976, lors de sa réponse à la déclaration gouvernementale de Helmut Schmidt, devaient à chaque fois lui fermer provisoirement les portes du succès ; à la suite de son intervention de 1976, il se voit refuser, au profit de Franz Josef Strauss, une nouvelle candidature à la chancellerie. À ces faux pas Kohl oppose une patience et une volonté intactes, d'autant plus efficaces qu'il sait user d'un parti qu'il a lui-même contribué à redresser. En le rajeunissant tout d'abord, mais aussi et surtout en lui redonnant une orientation et une mesure qu'il semblait avoir délaissées depuis la défaite de 1969. Pour Helmut Kohl ou Kurt Biedenkopf, qui le rejoint en 1973 à la tête de la CDU comme secrétaire général, le parti avait tout à perdre dans sa critique excessive et passionnelle de l'Ostpolitik ou de la « participation » dans les entreprises. Le contexte national et international avait changé. Et la démocratie chrétienne, en s'enfermant dans un droitisme étriqué, s'était éloignée de la ligne de 1945 et de l'héritage d'un Adenauer qui, lui, avait su élargir son audience. La pratique d'une politique de confrontation, l'alignement sur l'intransigeance de Strauss ne faisaient que renforcer la cohésion sociale-libérale. Selon les propos de Biedenkopf dans son opuscule de mars 1973 intitulé « Une stratégie pour l'opposition », « l'avenir de la CDU dépend[ait] de sa capacité à rester un parti du peuple [*Volkspartei*][1] ». Modération et tolérance, donc, mais également ouverture à des problèmes de société nouveaux tels l'environnement ou l'énergie, jusqu'alors peu présents dans la rhétorique chrétienne-démocrate mais susceptibles de concurrencer la majorité sur son propre terrain.

Le recentrage n'allait pas sans provoquer quelques heurts : avec Rainer Barzel et ses partisans bien sûr, ainsi qu'avec la CSU de Strauss qui, après les élections de 1976, avait dénoncé l'accord qui la liait à la CDU et menacé de présenter des candidats sur tout le territoire de la République fédérale. En annonçant des mesures de rétorsion identiques de la part de la CDU, Kohl avait désamorcé la crise et, rapidement, la CSU avait fait marche arrière. Le score désastreux de Franz Josef Strauss aux élections d'octobre 1980 devait définitivement permettre à Kohl de retrouver la faveur de son parti et rabattre les prétentions des chrétiens-sociaux, dont l'influence se réduisait bientôt de nouveau à la Bavière.

En 1982, Helmut Kohl excède donc, et de loin, les limites d'une figure strictement régionale. Homme de travail et de réseau, il est devenu un leader incontesté de la CDU qu'il a, en 1976, failli mener à la victoire, ratant de peu la majorité absolue, réalisant, avec 48,6 % des suffrages, le second meilleur score de l'histoire de la démocratie chrétienne allemande. La cuisante défaite des

1. Cité par Manfred Görtemaker, in *Geschichte der Bundesrepublik Deutschland*, *op. cit.*, p. 695-696.

partis conservateurs en 1980 avait démontré *a contrario* la justesse et la cohérence de sa ligne, faisant déjà de lui, pour reprendre un titre du journal *Bild* d'alors, « le perdant qui a gagné ». Deux ans plus tard, l'accession de Kohl à la chancellerie doit autant à l'épuisement de la majorité en place qu'au long travail d'un homme servi, cette fois, par les circonstances.

Dysfonctionnements en série

Les débuts sont pourtant marqués par une gestion difficile, d'abord due au style du nouveau chancelier, dont les méthodes de travail diffèrent radicalement de celles de son prédécesseur. Au contraire de Schmidt, Kohl semble en effet avoir préféré une approche où la discussion avec les auteurs des rapports tendait à se substituer à leur lecture directe ; de même, le cabinet, réuni à date et heure fixes jusqu'en 1982, se rassemble désormais de façon moins régulière, et souvent pour avaliser des décisions déjà arrêtées par le chancelier, car préparées tantôt avec le ministre concerné, tantôt au sein d'une équipe restreinte, véritable garde rapprochée, au grand dam de l'équipe gouvernementale[1]. Cette impression de « présidentialisme », ce manque de concertation générale, associés à des sautes d'humeur fréquentes de Helmut Kohl, semblent avoir non seulement donné l'image d'une équipe au professionnalisme et à l'efficacité discutables, mais également réellement perturbé la mise en place d'une majorité, d'autant plus tâtonnante qu'elle renouait avec le pouvoir après treize ans

1. Voir sur ces débuts les témoignages d'anciens ministres tel Otto Graf Lambsdorff, *in* Klaus Dreher, *Helmut Kohl*, *op. cit.*, p. 324-330, 356-359.

d'interruption. En 1984, le départ du chef de la chancellerie, Wolfgang Schreckenberger, et son remplacement par Wolfgang Schäuble, plus proche de Kohl tant par ses origines sociales que par son passé politique, devaient résoudre une grande partie des dysfonctionnements de ce service toujours stratégique.

Au-delà de cette mise en place laborieuse, une succession de ratés et de scandales devait longtemps, et de façon plus grave, stigmatiser le nouveau gouvernement et ternir une image pourtant d'emblée placée sous le signe de l'optimisme et du retour d'une responsabilité morale en politique. Si la déclaration gouvernementale de 1982 se proposait de combattre l'incertitude et la peur engendrées par la crise, celle de 1983 affirmait en effet son intention d'unir dans un même élan « éthique et économie, liberté et justice » ou encore de retrouver les « vertus du bon sens, du courage et de la mesure ».

Pourtant, avant même les élections législatives de 1983, CDU, CSU et FDP étaient entraînés dans un premier scandale financier : le groupe Friedrich Flick, en échange de dégrèvements illicites (pour un montant d'environ un milliard de Deutsche Mark), était accusé d'avoir versé des sommes considérables aux trois partis et à certains de leurs représentants. Le ministre de l'Économie, Otto Graf Lambsdorff, qui devait démissionner en 1985 peu avant son procès, mais aussi son prédécesseur, Hans Friedrichs, Helmut Kohl, contre lequel le député Vert Otto Schily portait plainte pour faux témoignage devant la commission d'enquête, se trouvaient éclaboussés. En 1984, la justice accusait le président du Bundestag, Rainer Barzel, d'avoir reçu du même groupe Flick 1,6 million de marks lors de son abandon de la présidence de la CDU, permettant à Helmut Kohl d'accéder à la tête du parti. En septembre 1987, le *Spiegel* révélait que le chrétien-démocrate Uwe Barschel avait, dans sa tentative de reconquérir son siège au Landtag de Schleswig-Holstein, multiplié les entreprises de déstabilisation les moins avouables à l'encontre de son adversaire Björn Engholm. À la suite d'un début d'enquête, Barschel était retrouvé mort dans sa baignoire moins d'un mois plus tard. À ces scandales retentissants, qui restaient néanmoins la pointe émergée d'un iceberg régulièrement mis à nu par la presse, qui tout au long des années 1980 dénonçait des affaires touchant aussi bien les médias que les syndicats, s'ajoutaient d'autres ratés, telle la gestion catastrophique de l'affaire Kiessling-Wörner : accusé sans fondement d'homosexualité, le général Günter Kiessling, commandant suprême en second des forces de l'OTAN, était en décembre 1983 mis d'office à la retraite en se voyant refuser les honneurs, pour être finalement réhabilité en 1984, à l'issue d'une procédure et d'une gestion de crise catastrophiques de la part du ministre de la Défense, Manfred Wörner.

Peu crédible, minée par ces faux pas, la majorité en place devait pourtant se maintenir au pouvoir, avant tout en raison de la faiblesse de l'opposition sociale-démocrate tout au long de la période, mais aussi du fait d'un redressement de l'économie à partir de 1985-1986.

On ne saurait cependant trop insister sur l'importance de ces scandales, moins pour les enjeux qui leur furent propres que pour le climat de défiance, l'impression de corruption presque générale de la classe politique traditionnelle qu'ils ont pu distiller tout au long des années 1980, sentiment du reste renforcé par la tentative avortée de loi d'amnistie proposée en mai 1984 par des éléments de la CDU, de la CSU et une partie du FDP. On peut ainsi sans risque rapprocher l'obsession américaine pour les affaires et les secrets cachés au moment du Watergate de celle, sans doute moins prononcée mais bien réelle, qui occupe l'opinion allemande dans ces années 1982-1987, et dont témoigne le succès d'ouvrages de révélations sur les scandales de la République[1]. Longtemps, les gouvernements Kohl successifs ont paru manquer d'une assise morale, et contribué à façonner l'image d'un pouvoir mené par les événements, incapable d'imposer sa marque et son rythme, en matière tant économique que sociale ou environnementale, bref d'un exécutif miné de l'intérieur et d'un chancelier se réfugiant volontiers dans l'histoire et la politique étrangère pour mieux masquer le « pilotage à vue » d'une équipe sans réel programme politique, sans grande figure marquante et servant un homme finalement assez seul, qui plus est contesté, dès son élection, dans son propre camp.

Des victoires en creux

Une réussite électorale fragile

En dépit de ces faux pas, la démocratie chrétienne devait paradoxalement au cours des années 1980 demeurer un parti à la fois puissant et suffisamment populaire pour remporter les élections fédérales de 1983 et 1987. Ce succès résidait en premier lieu dans la structure même d'un parti rénové, rajeuni depuis le milieu des années 1970, mais aussi plus ouvert dans ses approches sociales et surtout resserré autour de son chef. Il s'explique également, comme il a été rappelé

1. Voir Fritz Lietsch et Bernhard Michalowski (dir.), *Die Bananen-Republik. Skandale und Affären in der Bundesrepublik*, Munich, Heyne, 1989.

précédemment, par l'extrême faiblesse de la social-démocratie, incapable de se remettre de la perte des figures emblématiques de Brandt et de Schmidt, qui, en un peu plus d'une décennie, avaient donné au SPD deux chanceliers, dotés qui plus est d'une aura internationale sans précédent. Or, ni Hans-Jochen Vogel en 1983 ni Johannes Rau en 1987 n'avaient pu faire oublier ces deux figures tutélaires. En dépit de l'émergence de personnalités locales de valeur, tels Oskar Lafontaine, Rudolf Scharping ou encore Gerhard Schröder, qui, en talonnant le chrétien-démocrate Ernst Albrecht lors des élections régionales de Basse-Saxe de juin 1986, avait fait forte impression, le SPD ne devait pas réussir à surmonter cette faiblesse majeure. Enfin, l'irrésistible montée des Verts, qui, en 1983, passaient pour la première fois la barre des 5 % (5,6), représentait pour l'heure davantage un handicap qu'une force d'appoint. Sans doute les nouveaux venus pouvaient-ils, à terme, aider un SPD en recherche de partenaire, ce dont témoignerait l'expérience sarroise[1]. Toutefois cet allié restait, pour l'heure, des plus instables : dès 1987, la Sarre était à nouveau perdue à la suite de dissensions entre les deux partis sur la question du nucléaire. En outre, l'idée même d'une alliance, à laquelle poussait pourtant Willy Brandt, risquait de déstabiliser une partie de l'électorat traditionnel, qui s'habituait mal au style, au langage et au relent antibourgeois qui accompagnaient la mouvance écologiste.

Au total, la CDU semblait donc maîtresse du jeu. Tenues quelques mois après le changement de majorité, les élections de 1983 avaient tout d'abord permis

1. En 1987, la constitution de la première coalition rouge-vert régionale permettait à la social-démocratie de remporter la Sarre.

à Helmut Kohl de faire taire les critiques en obtenant pour son parti, avec 48,8 % des suffrages, le deuxième meilleur résultat de son histoire, tandis que son concurrent SPD retombait sous la barre des 40 % (38,8). Enfin en 1987, en reléguant le SPD à 37 %, le gouvernement du chancelier semblait avoir effacé ses débuts difficiles.

Cette apparente victoire révélait toutefois bien plus les insuffisances et les échecs de la majorité qu'elle ne consacrait la domination d'un parti. Avec 44,3 %, la CDU/CSU affichait alors le plus mauvais score de l'après-guerre[1]. Ce recul était plus sensible encore au niveau des régions. En mai 1985, la démocratie chrétienne perdait la Sarre face à Oskar Lafontaine lui-même, suivi en 1987 par Björn Engholm qui gagnait le Schleswig-Holstein. En janvier 1989, Berlin tombait également dans l'escarcelle sociale-démocrate, annonçant le changement de pouvoir au sein du Bundesrat qu'allait finalement apporter la victoire de Gerhard Schröder aux élections de Basse-Saxe en mai 1990. L'érosion que subissait la CDU touchait également l'Union chrétienne-sociale. Franz Josef Strauss restait certes au sein de la Bavière un leader peu contesté. Cependant, sa défaite de 1980 et surtout son évolution sur la question est-allemande avaient entraîné un malaise évident dans une partie de l'électorat de la CSU : dès le lendemain de sa disparition en octobre 1988, cette dégradation devait se traduire par une brutale poussée de l'extrême droite, dont le succès au niveau national (4,6 %) ne pouvait faire oublier les racines bavaroises. Il faudrait attendre l'émergence de Theo Waigel et son action au poste de ministre des Finances à partir d'avril 1989 pour que

1. 1949 excepté (31 %).

la CSU retrouve, dans un contexte germano-allemand lui-même plus porteur, un certain optimisme.

Seul le FDP, dans ce recul général des partis de la majorité, devait, jusqu'à l'unification, afficher des résultats en progrès constant, passant de 6,9 % en 1983 à 9,1 % en 1987 pour atteindre, avec 11 % en 1990, son meilleur résultat depuis 1953. Ce succès restait néanmoins dû avant tout à la popularité de son ministre des Affaires étrangères, Hans Dietrich Genscher, et faisait oublier le départ de figures marquantes, à l'image de Günter Verheugen ou Helga Schuchardt passés au SPD, ou encore les profondes dissensions entre l'équipe dirigeante et le mouvement des Jeunes Démocrates, qui, au début des années 1980, avaient eux aussi quitté le parti libéral.

Un leader contesté

Les premières incohérences gouvernementales doublées, à terme, de la perte de plusieurs élections locales n'avaient pas tardé à ressusciter l'image du « provincial », devenu désormais « le chancelier des pannes » (*Pannenkanzler*) selon un mot du moment. Dès 1983, on commence à s'émouvoir de son autoritarisme, ainsi dans l'affaire qui l'oppose à l'automne 1983 à Richard von Weizsäcker.

Alors qu'en 1969 Kohl avait fait preuve d'une extrême lucidité en proposant le nom de ce dernier face à Heinemann, il rechigne désormais à soutenir ce dernier dans sa candidature à la présidence, lui reprochant en fait sa trop grande indépendance d'esprit et ne se rangeant finalement à ce choix que contraint et forcé. Deux ans après l'affaire du cimetière de Bitburg, où le chancelier, en dépit de la présence de quarante-huit tombes de soldats SS, a en parfaite connaissance de cause[1] entraîné le président Reagan, plusieurs membres éminents de la CDU, eux-mêmes emmenés par leur secrétaire général, Heiner Geissler, s'opposent ouvertement au chancelier. On lui reproche alors sa personnalisation du pouvoir, son soutien insuffisant à ses lieutenants en difficulté, tel Uwe Barschel, également, bien sûr, ses erreurs spectaculaires et son manque de tact – Kohl, au départ rempli de méfiance devant le nouveau maître du Kremlin, Mikhaïl Gorbatchev, n'a-t-il pas ainsi, en novembre 1986, esquissé un parallèle malheureux entre le charme de ce dernier et celui, vénéneux, de Goebbels ? On le blâme enfin pour le constant recul de la CDU dans les Länder ou encore l'absence d'ouverture et d'imagination politique du parti.

Quelques jours avant la tenue du congrès de juin 1988, le journal *Bild am Sonntag* publiait un article manifestement issu du secrétariat général et consignant les erreurs du chancelier : l'Union, accusée de « s'être encaciquée » (*Verbonsung*), s'était, proclamait le manifeste, enfermée sur elle-même, devenant incapable de comprendre une société en pleine évolution. En 1989, alors que les premiers sondages annonçaient un nouveau recul de la CDU à la veille des élections européennes, Geissler revenait à la charge en proposant une nouvelle politique : la CDU, affirmait-il en substance, devait repenser son alliance avec une CSU trop conservatrice et réviser ses positions traditionnelles tant sur la question de la réunification que sur la famille ; il lui fallait au contraire s'ouvrir aux mouvements nouveaux tels que les Verts, porteurs d'idées et de concepts profondément régénérateurs, symboles d'une société multiculturelle. Toutefois, sa tentative de déposer Helmut Kohl lors de l'élection à la présidence

1. Voir Klaus Dreher, *op. cit.*, p. 363 *sq.*

de la CDU le 28 août 1989, en s'appuyant notamment sur Lothar Späth ou Rita Süssmuth, devait faire long feu. Dans un contexte européen déjà gros de changements et qui transfigurerait bientôt le mandat d'un chancelier pourtant largement contesté, les éventuels prétendants n'avaient pas osé monter au créneau. En invitant Gorbatchev en visite officielle en juin, Kohl avait de plus réussi à déplacer l'attention de l'opinion sur le terrain de la politique extérieure et à faire oublier le score difficile de son parti aux élections européennes[1]. En outre, en décourageant ainsi une partie des contestataires, isolant Heiner Geissler dans sa tentative de bronca interne, il liait la CDU plus fermement encore à sa personne, alors que les événements de l'été et l'ouverture de la Hongrie aux fugitifs est-allemands lui donnaient l'opportunité de revenir sur le devant d'une scène, cette fois, internationale.

Un tournant dans la politique économique et sociale ?

Fort de l'appui du FDP qui avait, dès le début des années 1980, affiché son souhait de pratiquer un néo-libéralisme débarrassé des contraintes de l'État-providence, le gouvernement de Helmut Kohl semblait d'entrée vouloir inaugurer, selon ses propres termes, un nouveau « tournant spirituel », apparemment confirmé par sa déclaration gouvernementale du 13 octobre 1983, en cela fidèle aux intentions du manifeste Lambsdorff. En mettant l'accent sur le « sens de la responsabilité

1. La CDU/CSU perdait 8,2 %, à 37,8 points, rejoignant presque un SPD qui ne profitait pas de ce recul avec 37,3 %, tandis que les Républicains (extrême droite) atteignaient 7,1 %.

individuelle », la nécessité de « ramener l'État à ses devoirs premiers », en appelant de ses vœux une société dans laquelle « les efforts individuels soient payants [...] et où les hommes comptent d'abord sur eux-mêmes », la nouvelle majorité entendait manifestement imiter le nouveau credo d'outre-Atlantique et, à sa manière, remédier au mal européen si vertement critiqué par les modèles américain et japonais.

De fait, le détricotage de l'État social paraît alors à l'ordre du jour : baisse en 1983 des allocations de maternité[1], abolition des bourses d'études accordées aux élèves défavorisés du secondaire, faible revalorisation de l'assurance chômage, à laquelle l'accès devenait lui-même plus restreint, enfin, réduction des dépenses de santé, en partie reportées sur les Länder. Dans le même temps, l'investissement était encouragé par le biais d'aides et de dégrèvements divers, le recours au marché présenté comme la solution du retour de la croissance, que symbolisait la vague de privatisations dans l'audiovisuel avec la création en janvier 1985 d'une première chaîne privée (RTL), prélude à l'ouverture totale du paysage télévisuel. Cette politique toute libérale et de restriction budgétaire visait enfin à conjurer la dérive des finances de l'État qui, en 1982, avait eu raison du gouvernement Schmidt.

En dépit d'un chômage de masse persistant qui devait se stabiliser durablement au-dessus de la barre des 2 millions[2], et auquel ni la réduction du temps de travail

1. Relevée en 1986 et transformée à l'occasion en « allocation d'éducation » (*Erziehungsgeld*), l'aide accordée restera inférieure à son niveau initial (600 Deutsche Mark au lieu de 750 en 1982).

2. D'un million en 1975, puis 1,83 million en 1982, le nombre de demandeurs d'emploi passe à 2,26 millions en 1983 pour se stabiliser (2,04 millions en 1989).

(35 heures) ni le système des préretraites n'apportaient de réponse durable, la majorité chrétienne-libérale ne devait pas réellement pâtir de son insuccès relatif. En effet, l'Allemagne restait dans l'ensemble mieux lotie que ses plus proches voisins, telle la France qui s'enfonçait dans le marasme, qui plus est menée par un socialisme dont les premières initiatives économiques avaient entraîné une forte aggravation des déficits publics et une défiance du monde économique. De plus, la CDU semblait paradoxalement profiter d'une morosité ambiante, déjà bien installée depuis la fin des années 1970, et surfer sur un sentiment général d'impuissance devant une crise contre laquelle les gouvernements précédents n'avaient eux-mêmes rien pu faire. Moins de trois ans après son arrivée au pouvoir, Helmut Kohl devait également bénéficier d'une conjoncture plus favorable. D'une part, les prix du pétrole chutaient brutalement, passant de 622 Deutsche Mark la tonne en 1984 à 255 un an plus tard, pour se stabiliser jusqu'en 1990 dans une fourchette de 210 à 279 Deutsche Mark[1], permettant une lutte efficace contre une inflation qui, de 1982 à 1986, passait de 5 % à -0,2 %. D'autre part, sous l'impulsion de Jacques Delors, soutenu par le président français et le chancelier Kohl, l'entreprise européenne connaissait une nouvelle dynamique, encouragée par l'entrée de l'Espagne et du Portugal (1985) et surtout la perspective d'un grand marché commun : démantèlement programmé des contrôles aux frontières, avec l'accord de Schengen du 14 juin 1985, présentation, le même jour, d'un livre blanc répertoriant trois cent dix mesures destinées à créer un grand marché unique,

1. Voir *Datenreport* 1994, p. 371, cité par Dietrich Thränhardt, *Geschichte der Bundesrepublik Deutschland*, *op. cit.*, p. 265.

lui-même prélude à la signature, le 17 février 1986, de l'Acte unique européen.

Pour autant, on ne saurait trop facilement parler de révolution libérale. Le véritable tournant, en dépit des apparences, date du gouvernement Schmidt : premier tournant « symbolique » de 1974 avec la fin des expériences, tournant ensuite plus marqué de 1980, où les déficits et le nouveau choc pétrolier de 1979 rendent impossibles les engagements précédents et où l'État, déjà, se dirige vers une réduction drastique des dépenses. Par bien des aspects, l'ère Kohl prolonge en les accentuant, voire en les institutionnalisant des décisions, des tendances qui lui préexistent et sont alors dictées par les circonstances : avant même le changement de majorité, la hausse de la TVA, le gel de plusieurs prestations sociales sont programmés. De plus, le « choc » du « tournant spirituel » invoqué doit être lui aussi ramené à une plus juste dimension : si l'on excepte l'année 1984, durant laquelle le patronat réagit dans un premier temps aux grandes grèves lancées par le syndicat IG Metall et celui de la fonction publique ÖTV par un refus du dialogue et des lock-out massifs, pour finalement consentir à un accord combinant augmentations salariales et réduction progressive du temps travaillé, le climat social de la République fédérale demeure relativement serein. Certes, le gouvernement, en durcissant sa législation, a rendu la grève plus difficile[1], mais, au-delà, l'Allemagne reste très éloignée des conflits que l'Italie, la France ou le Royaume-Uni connaissent au cours de cette période.

1. Notamment par la modification du paragraphe 116 du code du travail : désormais, l'Office fédéral du travail n'indemnise plus les salariés touchés par des lock-out générés par les grèves spontanées ; ces indemnisations, obligatoires, doivent être prises en charge par les seuls syndicats.

Enfin, l'État ouest-allemand demeurait malgré tout un État social. Loin des mots d'ordre ou du modèle anglo-saxon pratiqué dans le même temps par les gouvernements Reagan ou Thatcher, la plupart des « filets » sociaux restaient en place : l'assurance chômage était augmentée dès 1983 de près de 5 %, et, au début des années 1990, le tribunal de Karlsruhe invalidait la baisse programmée des allocations familiales. Alors que le gouvernement consacrait, en 1975, 32 % de ses dépenses aux prestations sociales, celles-ci dépassaient les 45 % à la fin des années 1980. Loin des effets d'annonce (« moins d'État, plus de marché[1] »), l'État restait en place mais confirmait, avec les années 1980, son lent repli, faute de moyens plus que de volonté, sur le secteur de l'assurance sociale, étant donné la situation constamment dégradée de l'emploi et, dans une moindre mesure – en attendant l'explosion des années 1990 –, de la santé ; l'enseignement, la culture, la recherche en faisaient incontestablement les frais, avec chacun moins de 4 % du budget fédéral en 1990.

Bref, en dépit des critiques reprochant aux premières années Kohl un « recul social » (*Sozialabbau*), et bien que les dépenses soient déjà au centre des préoccupations, l'État-providence n'est en réalité jamais réellement remis en cause ; il cherche certes, et ce depuis l'extrême fin des années 1970, à réduire son exposition, mais sans questionner, comme dans les pays anglo-saxons, sa raison d'être ni le sens de ses missions. Il faudra attendre les années 1990, le choc financier de l'unification et plus encore le défi redoutable de la mondialisation pour voir ce rôle sérieusement contesté.

1. « *Weg von mehr Staat, hin zu mehr Markt* ».

Les continuités de la politique extérieure

Cette continuité est d'abord celle d'un homme ; à la tête de la diplomatie allemande depuis 1974, Hans Dietrich Genscher assure le trait d'union entre les deux gouvernements. Continuité, aussi, dans les approches, qui sont du reste davantage celles de Schmidt et de Kohl que celles du SPD et de la CDU. Si les visions des deux leaders frappent en effet par leurs similitudes – ancrage occidental réaffirmé face à la menace soviétique, détente avec la RDA et amélioration du sort des populations allemandes vivant au-delà du Mur –, en revanche, chacun des partis conserve ses opposants aux politiques suivies : opposition de certains sociaux-démocrates face aux gages donnés à la puissance américaine et au réarmement[1], hostilité de l'aile droite de la démocratie chrétienne sociale devant l'ouverture à l'Est qui, pour les anciens expulsés et leurs dirigeants, tel Herbert Hupka, reste synonyme d'occupation et de spoliation.

Continuité enfin de la situation internationale : les leaders du monde occidental sont déjà en place, Margaret Thatcher depuis 1979, Ronald Reagan et François Mitterrand depuis 1981 ; l'URSS vit quant à elle à l'heure de la gérontocratie, Andropov succédant à Brejnev, mort en novembre 1982, bientôt lui-même remplacé par Tchernenko (février 1984).

1. Lors du congrès extraordinaire du SPD du 18-19 novembre 1983, 383 délégués sur les 400 présents votent contre l'installation des Pershing II sur le sol allemand.

Fidélité à l'égard des alliés

Lors de sa déclaration gouvernementale de 1983, Kohl, d'entrée, légitime la « double décision » de l'OTAN : refus d'un monopole soviétique sur les vecteurs à moyenne portée, affirmation d'une nécessité impérieuse de contrer la présence des SS-20 au nom de l'équilibre, tout en poursuivant les efforts en vue d'un désarmement global. Le 22 novembre, le Bundestag annonce son intention d'honorer ses engagements en accueillant sur son sol les fusées américaines en dépit des manifestations de masse organisées à travers l'ensemble de la République fédérale contre la « guerre atomique ».

Pourtant, dans le même temps, le gouvernement Kohl refuse la ligne dure de Washington et continue, à la différence de l'administration américaine, de croire à la détente. Aux yeux de Kohl, il ne peut être question de considérer, comme certains scénarios militaires du Pentagone, tel « Fulda Gap », le laissent entendre, l'Europe comme le champ de bataille d'une guerre nucléaire localisée devenue possible. Cette vision martiale restait d'ailleurs d'autant moins acceptable qu'au-delà de ses propres convictions, Kohl devait compter d'abord avec une population qui était, plus encore que dans les années 1950, profondément attachée à la paix, mais aussi avec la « donne » RDA, si sensible à l'état des relations entre les deux Grands. Il n'y a donc pas contradiction entre, d'une part, le soutien apparemment sans faille aux États-Unis et la réaffirmation d'un ancrage occidental jamais démenti et, d'autre part, un engagement sans cesse renouvelé à promouvoir le désarmement. Ainsi, moins de trois mois après avoir signé à Washington deux accords secrets approuvant l'Initiative de défense stratégique (IDS) et prévoyant des transferts de technologie entre les deux pays (28 février 1986), Kohl, le 15 mai, amenait le président Reagan à s'engager sur une réduction des stocks d'armes chimiques (retrait avant la fin de l'année 1992 de l'ensemble des armes entreposées sur le sol ouest-allemand). De même, après s'être montré extrêmement méfiant à l'égard du nouveau chef du Kremlin, Kohl devait à partir de 1988 appuyer les initiatives de Gorbatchev avec d'autant plus de force que cette détente renouvelée pouvait, à terme, entraîner de profonds changements en République démocratique.

Toutefois, l'Initiative de défense stratégique lancée en 1985 par Ronald Reagan avait en même temps marqué les ambiguïtés de la coopération entre les deux alliés. Accepté par Bonn comme un mal sans doute nécessaire à la bonne santé des relations germano-américaines, le projet avait également une fois de plus ravivé la peur d'un désengagement des États-Unis : en affirmant sa volonté de mettre au point un système de protection satellitaire contre toute attaque nucléaire, Washington laissait planer la double menace d'une rupture dans l'équilibre de la terreur – qui ne pouvait qu'inviter les Soviétiques à la surenchère – et d'un espace américain potentiellement sanctuarisé, déconnecté d'une Europe laissée à son propre sort. Le sommet de Reykjavík en octobre 1986, au cours duquel le président Reagan avait failli renoncer à la garantie nucléaire accordée jusqu'ici à l'Europe, ou encore l'accord sur les missiles à moyenne portée de décembre 1987, prévoyant le retrait des Pershing II, avaient, sur ce point, confirmé les craintes du chancelier. On aboutissait ainsi au paradoxe d'une Amérique qui, revenue sur le chemin de la détente et du désarmement – notamment du fait de l'arrivée, en 1985, d'un nouveau maître au Kremlin, Mikhaïl Gorbatchev, pour qui le redressement de la Russie passait par l'arrêt de cette course mortifère aux armements –, menaçait, en allant toujours plus loin, de prendre l'Allemagne à son propre jeu. Or, de ce point de vue, les exigences allemandes n'avaient pas changé depuis la première détente : la recherche de la paix ne devait en aucun cas s'accompagner d'un risque de déséquilibre.

Cette incertitude, et peut-être aussi le sentiment de pouvoir à son tour marcher sur les pas d'Adenauer, permet d'expliquer en grande partie chez Helmut Kohl à la fois la relance des efforts en faveur de la Communauté européenne et le renouveau du dialogue avec le partenaire français, notamment dans sa dimension stratégique, en souffrance depuis le milieu des années 1960. Déjà très sensible à l'accueil qui lui avait été réservé par François Mitterrand au lendemain de sa nomination, marqué par le sens de l'histoire de son interlocuteur, mais aussi impressionné par les fastes de la République[1], le chancelier avait en outre fort apprécié l'intervention de François Mitterrand du 20 janvier 1983. Dans son discours au Bundestag, le président socialiste avait en effet apporté au gouvernement Kohl un soutien massif dans l'affaire des euromissiles, alors que le chancelier affrontait une opinion hostile et une vive opposition sociale-démocrate. Le succès de la rencontre de 1984, au cours de laquelle les deux hommes, main dans la main, s'étaient recueillis devant l'ossuaire de Douaumont, et qui inscrivait un Helmut Kohl très soucieux de son image historique dans la lignée des symboles allant d'Adenauer à Reims à Brandt à genoux devant le mémorial du ghetto de Varsovie, devait confirmer

1. Voir Klaus Dreher, *op. cit.*, p. 289 *sq.*

ces premiers pas, qui servaient également les intérêts français, tant économiques que politiques[1].

La crainte d'un retrait américain avait simplement donné à un partenariat « émotionnel » une importance stratégique nouvelle : de là la relance de la coopération militaire, la proposition de Helmut Kohl en juin 1987 de former une brigade franco-allemande, la réalisation d'un exercice conjoint effectué en dehors du cadre de l'OTAN (Moineau hardi, septembre 1987) ou encore la proposition allemande de créer un conseil franco-allemand de défense[2], que devait instaurer l'accord du 22 janvier 1988.

Il ne saurait cependant être question de voir dans cette alliance une remise en cause du lien unissant l'Allemagne à l'OTAN. Une fois encore, et en dépit de ses inquiétudes, Bonn voyait dans la relation franco-allemande un moyen autant de prévenir les conséquences d'un éventuel départ américain que de rapprocher la France de Washington. En outre, les ambiguïtés traditionnelles du « couple » franco-allemand demeuraient d'actualité : il s'agissait avant tout pour Paris de s'affirmer, au sein de la relation, comme un partenaire dominant, aspirant au rôle de chef de file de l'Europe occidentale, d'empêcher ainsi un règne sans partage des blocs en présence, tout en évitant, à partir de 1988, une Allemagne susceptible de s'entendre seule avec l'URSS sur les évolutions de l'Europe orientale.

Poursuite du dialogue avec la République démocratique

Cette logique de continuité l'emportait également dans la relation avec la RDA.

1. Voir George-Henri Soutou, *L'Alliance incertaine*, *op. cit.*, p. 372-379.
2. *Ibid.*, p. 391.

En 1982, le parti de Helmut Kohl a déjà accompli sa conversion, et l'opposition farouche qui avait présidé aux débuts de l'Ostpolitik de Brandt est désormais lointaine. La CDU a, depuis, et notamment sous l'impulsion de son nouvel homme fort, pu mesurer la popularité de cette approche et goûté, dans l'opinion, le prix de son opposition. Aussi la démocratie chrétienne entend-elle tout au long des années 1980, et sans surprise, faire sienne une politique étrangère qu'elle poursuivra jusqu'aux soubresauts de 1989 avec son allié libéral, préférant souvent laisser de côté une CSU jugée trop remuante. Pourtant, Franz Josef Strauss, en dépit de sa rhétorique toujours tonitruante et de ses stances anticommunistes lui permettant de canaliser les mécontentements, a, au fur et à mesure des années, lui-même bien changé. Ne s'est-il pas rendu, en juillet 1983, en RDA lors d'une tournée en Europe de l'Est ? Cette évolution s'est largement confirmée avec l'avènement de Mikhaïl Gorbatchev et de sa perestroïka à partir de 1985. En 1987, le leader bavarois s'est ainsi déplacé à Moscou, ne tarissant pas d'éloges, à son retour, sur les incroyables transformations que connaissait l'Union soviétique. Au total, l'Union vivait désormais à l'heure du pragmatisme et de l'amélioration des relations économiques, financières et humaines avec la République démocratique, et entendait tout faire pour ne pas mettre en péril cette voie de la normalisation sereine.

Face à ce ralliement, le SPD n'était pas en reste. Depuis 1982, le parti social-démocrate avait multiplié les contacts avec le SED est-allemand, élaborant même trois articles communs proposant, notamment, de réfléchir à la création, en Europe centrale, d'une zone libre d'armes chimiques ou d'élaborer une position sur la « sécurité commune ». Les instances dirigeantes de RDA avaient toutefois, fin 1987, mis un terme à ces échanges, en raison de l'écho que cette initiative commençait à recueillir, y compris dans la presse est-allemande, mais aussi sur fond d'évolution venue du Grand Frère, laquelle, rapidement, avait été accueillie avec méfiance, particulièrement à l'heure où la RDA traversait de sérieuses difficultés économiques et financières[1].

De l'autre côté du Mur, les autorités est-allemandes, malgré la crispation du début des années 1980 qu'expliquait le retour de la guerre froide, avaient elles aussi tenté de conserver une certaine marge de manœuvre, quoique étroite, afin d'éviter l'écrasement que laissait présager la nouvelle course aux armements entre Washington et Moscou. Par ailleurs, prisonnier de la voie qu'il avait lancée depuis son avènement – une promesse d'amélioration régulière du niveau de vie et de l'approvisionnement en biens de consommation d'une population pour laquelle un retour en arrière paraissait exclu –, Erich Honecker se trouvait confronté à une crise financière apparemment sans issue. Dès lors, la manne en provenance de RFA devenait plus que jamais indispensable. Bref, cette recherche mutuelle d'un *modus vivendi* apaisé – quoique pour des motifs différents – explique largement les bonnes relations des deux Républiques tout au long de la période. Dès 1983, un premier crédit d'un milliard de marks, obtenu par l'intermédiaire de Franz Josef Strauss, venait renforcer les caisses du régime est-allemand, prélude à d'autres financements du même type, tandis que se multipliaient, de façon plus discrète, les transferts d'opposants vers la RFA contre monnaie sonnante et trébuchante[2]. En

1. Voir *infra*, les chapitres consacrés à la RDA de la fin des années 1980.
2. *Ibid.*

parallèle, le régime est-allemand avait lui aussi multiplié les gestes de conciliation, que ce soit à travers la désinstallation des armes de tir automatique le long du Mur, en fluidifiant les voyages entre les deux Allemagne, ou en facilitant l'immigration des personnes âgées ou, de façon plus générale, des retraités est-allemands en République fédérale – du reste, davantage du fait du « fardeau financier » que représentaient ces hommes et ces femmes pour les finances est-allemandes qu'en raison d'une ouverture du régime : entre 1983 et 1988, près de 110 000 personnes devaient bénéficier de cette facilité.

Point culminant de cette normalisation, Erich Honecker était finalement reçu en RFA en septembre 1987, après plusieurs reports, et avec, cette fois, l'accord du Grand Frère.

IV

LA SOCIÉTÉ DES ANNÉES 1970-1980

Chapitre 16

Immigration : nouvelle donne

Après le trop-plein de l'après-guerre, provoqué essentiellement par l'afflux des populations issues des provinces perdues par le Reich ou des minorités expulsées sans ménagement au lendemain de la guerre[1], la situation n'avait pas tardé à s'inverser : pays traditionnel d'émigration, et ce, depuis la fin du XIXe siècle, l'Allemagne s'était vue peu à peu contrainte de faire appel à une main-d'œuvre extérieure. Limitée jusqu'à la fin des années 1950 aux Länder agricoles, la demande s'était, à partir du début des années 1960, étendue à l'ensemble de la République fédérale. Plusieurs facteurs expliquaient cette évolution : le plein-emploi, mais également l'insuffisance de bras face au succès de la machine industrielle allemande, lui-même dû à un taux de croissance démographique bien moins élevé qu'avant la guerre et à la construction du Mur, qui, à partir de 1961, privait la RFA de l'apport régulier d'une force de travail déjà formée[2].

1. Évaluées, en 1950, à environ 11,7 millions de personnes. Voir Michel Hubert, in *L'Allemagne, 1945-1955*, *op. cit.*, p. 47 *sq*.

2. De 1950 à 1961, la RDA perd ainsi environ 3,8 millions de personnes.

Tout au long des années 1960, la République fédérale n'aura ainsi de cesse de signer des accords encadrant l'arrivée d'une immigration de travail : en 1960 avec l'Espagne et la Grèce, en 1961 avec la Turquie, en 1963 avec le Maroc, ou encore avec la Tunisie (1965), la Yougoslavie (1968) et même la Corée du Sud (1970).

Entre la fin des années 1950 et le début des années 1970, le nombre des travailleurs immigrés passe, en RFA, de 127 000 à plus de 2,6 millions. Et si la crise du début des années 1970 entraîne une importante réduction de ce flux[1], la plupart des personnes installées restent en Allemagne, tantôt protégées par les traités européens ou des accords particuliers – ainsi les travailleurs turcs qui bénéficient des clauses de protection de l'accord de 1964 permettant un séjour prolongé –, tantôt sur l'insistance de l'industrie allemande qui tient à garder une main-d'œuvre qu'elle a le plus souvent formée, en attendant, au début des années 1970, l'évolution du droit, plus favorable au regroupement familial. Par ailleurs, la population ouest-allemande se formant toujours davantage, les emplois les moins qualifiés trouvaient *de facto* de moins en moins de candidats : cet état de fait explique également dans une certaine mesure le maintien, en Allemagne, d'une partie des travailleurs immigrés et ce, malgré les soubresauts économiques.

En 1974, on compte ainsi déjà plus de 4,1 millions d'étrangers en Allemagne, dont les 100 000 naissances représentent 17,8 % de l'ensemble des naissances en RFA. Malgré la crise des années 1973-1979, la croissance se poursuit au long des années 1980, avec 4,36 millions en 1984 et 4,85 millions en 1989, la part

1. En 1977, on ne compte plus que 1,9 million de travailleurs immigrés.

des naissances en provenance de la population étrangère diminuant à 11,3 %[1].

Cette nouvelle situation sociale ne s'est pourtant, tout au long des années 1970-1980, en aucune façon traduite par la mise en place d'une réflexion en matière d'intégration. Aussi, jusqu'en 1989, et même au-delà, l'acceptation et l'incitation économiques qui ont présidé à la venue de ces nouvelles populations immigrées cohabitent-elles, de façon surprenante, avec une séparation sociale confinant à la négation volontaire. À l'exception des populations mixtes européennes pour lesquelles l'intégration se fera plus naturellement, l'intégration de la plupart des populations d'origine étrangère, turque la première, demeure très largement ignorée du monde politique, qui, bien au contraire, ne cessera, surtout à partir de la seconde moitié des années 1980, de tirer sur la corde nationale, stigmatisant régulièrement l'immigration, jugée trop importante, ou mettant en place des mesures, du reste sans réel lendemain, d'« incitation au retour » (*Rückkehrförderung*), ainsi en 1984. Cette absence de réflexion et de dispositions aboutit à créer une situation difficilement tenable, qu'éclipseront à nouveau les événements de 1989, avant de ressurgir après la réunification, dans la plus grande confusion, la figure de l'étranger (*Ausländer*) cohabitant de façon floue et englobante avec celle du demandeur d'asile (*Asylant*) et ayant presque totalement éclipsé le « travailleur invité » (*Gastarbeiter*) des débuts. Ce paradoxe social n'entraînera pourtant à nouveau aucune prise de conscience politique. Si la loi du 1er janvier 1991 se préoccupe des

1. Cette diminution s'explique en partie par une transformation des comportements, mais aussi par les mariages mixtes qui ouvrent, pour une partie de cette population, notamment celle d'origine européenne, l'accès à la nationalité allemande.

enfants nés de l'immigration, notamment turque, c'est pour les exclure de la politique d'incitation au retour, manière indirecte et détournée de reconnaître une situation de fait – l'implantation durable et presque irréversible en Allemagne d'une population d'origine étrangère et parfois fort intégrée – sans pour autant transformer le droit – le maintien d'une société « double ».

Chapitre 17

Malgré la crise, une culture de l'abondance et du loisir

L'éclatement du consensus qui, vaille que vaille, avait réussi à maintenir, jusqu'à la fin des années 1960, une certaine unité sociale, se produit paradoxalement à un moment où le niveau de vie paraît toujours plus homogène.

Certes, les inégalités s'accroissent entre les deux extrêmes de l'échiquier social. Le nombre de pauvres[1] augmente, passant de 6,5 % de la population en 1973 à 10,2 % en 1991. Cette pauvreté touche avant tout les foyers monoparentaux, les familles nombreuses, les chômeurs de longue durée, ou encore les jeunes et les populations immigrées. En 1985, les 20 % des ménages les plus pauvres perçoivent seulement 7,4 % du revenu national[2] ; de même, en 1989, seuls 9 % des foyers ouvriers accèdent au *Gymnasium* (contre, il est vrai, 5,6 % en 1972). La crise et l'apparition d'un chômage durable, comme dans les autres sociétés occidentales, génèrent de nouvelles exclusions. Nouvelles disparités régionales aussi :

1. Définis comme bénéficiant d'un revenu inférieur ou égal à la moitié du revenu net moyen.

2. Voir Wolfgang Glatzer, « Die materiellen Lebensbedingungen in der Bundesrepublik Deutschland », *in* Werner Weidenfeld et Hartmut Zimmermann (dir.), *Deutschland-Handbuch*, Francfort-sur-le-Main, 1989, p. 276-291, cité par Jean Solchany, *Comprendre le nazisme dans l'Allemagne des années zéro*, *op. cit.*, p. 381 ; Alfred Wahl, *La Société allemande*, Paris, PUF, 1995, cité par Jean Solchany, *ibid.*

les vieux Länder industriels, telles la Sarre et même la Ruhr, souffrent du recul des grands secteurs traditionnels comme le charbon et la sidérurgie, alors que la Bavière ou le Bade-Wurtemberg se sont hissés au sommet de la hiérarchie des régions ; une ville comme Stuttgart, à l'image de sa riche commune périphérique Sindelfingen, siège du tout-puissant Daimler Benz, compte, avec Francfort ou Munich, parmi les métropoles les plus aisées d'Allemagne. Sous la houlette de Lothar Späth, la ville d'Ulm se veut une nouvelle technopole combinant recherche scientifique et pépinière de nouvelles entreprises.

Au-delà de ces disparités, la République fédérale offre néanmoins l'image de l'abondance. À la fin des années 1970, les deux tiers des foyers ouvriers disposent d'une voiture et près de la moitié sont propriétaires de leur domicile. En 1977, 97 % des foyers ouest-allemands ont la télévision dont plus des trois quarts en couleurs, 95 % sont pourvus d'un réfrigérateur, 80 %, d'une machine à laver, 54 %, d'un congélateur[1]. Dès 1970, un cinquième de la population dispose d'un téléphone ; ce pourcentage passe à 86 % en 1980 et atteint 98 % en 1990. Si, en 1985, 22 % des Allemands possèdent un magnétoscope, 54 % en sont équipés cinq ans plus tard, tandis que, dans le même temps, les foyers dotés d'ordinateurs passent de 13 % à 32 %. Autre témoin du bien-être croissant malgré la crise, les surfaces dont dispose la population ont été plus que doublées depuis les années 1950 : la superficie moyenne des logements passe ainsi de 19,7 mètres carrés en 1960 à 33,6 mètres carrés en 1982[2] pour atteindre 43,6 mètres carrés en 1989. Dès la fin des

1. Chiffres donnés par Gilbert Badia (dir.), *Histoire de l'Allemagne contemporaine*, *op. cit.*, p. 298, et Jean Solchany, *op. cit.*, p. 375.

2. Wolfgang Glatzer, *op. cit.*, p. 287, cité par Jean Solchany, *op. cit.*, p. 375.

années 1970, 92 % disposent d'une salle de bains. Enfin, la part des revenus consacrée aux loisirs, à l'équipement progresse toujours davantage, alors que celle réservée à l'alimentation passe de 50 % en 1965 à 27,5 % en 1990.

Années de crise et de rupture avec la croissance sans faille de l'après-guerre, les années 1970-1980 sont en même temps celles de profondes transformations de l'outil et des structures économiques.

Alors que la part des services dans le produit intérieur brut (PIB) ouest-allemand, jusqu'au milieu des années 1960, ne dépassait pas 14 %, elle s'accroît régulièrement, principalement au détriment de l'industrie[1] et de l'agriculture[2], pour atteindre 17,7 % en 1970, 23,9 % en 1980 et près de 30 % à la veille de la réunification. Transformation aussi des types de produit et des modes de production : les évolutions remarquables de la science et de la technologie au cours de ces deux décennies font passer la logique de fabrication du « produit » au « système », où les frontières classiques entre les secteurs disparaissent, entraînant de nouveaux besoins en même temps que de nouvelles compétences. Biochimie, microbiologie, technologies utilisant les nouveaux développements informatiques et de la miniaturisation modifient les logiques de l'entreprise, de la recherche appliquée dans la plupart des domaines, de la médecine aux machines-outils en passant par la robotique ou les télécommunications. Cet effort est d'ailleurs soutenu par des dépenses publiques en matière de recherche triplant presque entre 1974 et la fin des années 1980, et passant de 2,8 milliards à 7 milliards de marks.

1. De 53,2 % en 1960, la part de l'industrie décroît lentement : 51,7 % en 1970, 44,1 % en 1980, pour se stabiliser à 41,1 % en 1990.

2. La part de l'agriculture passe de 5,8 % en 1960 à 3,4 % en 1970, puis à 2,2 % en 1980, avant d'atteindre 1,7 % à la fin des années 1980.

Ces transformations, rejointes par un accroissement sans précédent de l'accès de la jeunesse allemande à l'université et au supérieur, ont contribué à accélérer la mobilité sociale au sein de la société et à faire évoluer les lignes qui, jusqu'alors, semblaient figer les élites de la République fédérale. Encore en 1962, Ralf Dahrendorf estimait que « la plus claire caractéristique des élites allemandes […] est que celles-ci sont majoritairement recrutées dans une classe supérieure étroite et dans une moindre mesure parmi les cadres de la fonction publique non académique, tandis que le fils d'ouvrier industriel, mais aussi d'artisan indépendant et petit homme d'affaires, a peu de chances d'avancer au sommet de la société[1] ». Pourtant, ainsi qu'ont pu le montrer des travaux comme ceux de Hartmut Kaelble[2], de Rainer Geissler[3] ou encore de Stefan Hradil[4], il convient de nuancer cette vision réductrice. Certes, les changements peuvent paraître encore timides. Toutefois, la société des années 1960 et ce, jusqu'aux années 1980, témoigne de plusieurs évolutions majeures : les jeunes générations s'émancipent bien plus qu'au cours des décennies passées de l'héritage professionnel familial en changeant davantage de métier et ce, avant même les bouleversements économiques des années 1970 ; selon Hartmut Kaelble, la part des garçons qui adoptent une profession identique à celle de leur père baisse ainsi de 70 %

1. Voir Ralf Dahrendorf, « Eine neue deutsche Oberschicht ? Notizen über die Eliten der Bundesrepublik », *Die neue Gesellschaft*, vol. 9, 1962, p. 21.

2. Voir par exemple Hartmut Kaelble, avec J. Bergmann, J. Brockstedt, H.-J. Rupieper, P. Steinbach, H. Volkmann, *Arbeit, Mobilität, Partizipation, Protest. Gesellschaftlicher Wandel in Deutschland im 19. und 20. Jahrhundert*, Opladen, Westdeutscher, 1986.

3. Rainer Geissler, *Die Sozialstruktur Deutschlands. Die gesellschaftliche Entwicklung vor und nach der Vereinigung*, 3e éd., Wiesbaden, Westdeutscher, 2002.

4. Stefan Hradil, *Soziale Ungleichheit in Deutschland*, 8e éd., Opladen, Leske und Budrich, 2001.

entre 1955 et 1969. Et s'il reste difficile aux enfants de travailleurs manuels de briser les plafonds de verre, on constate, au cours de la période, une nette augmentation des chances d'ascension sociale en même temps qu'une baisse du risque de déclassement, notamment en raison de l'accroissement du secteur des services.

Entre la fin des années 1940 et celle des années 1970, la part d'une classe d'âge connaissant une ascension évolue aussi nettement, passant, pour les hommes, de 27 % à 38 % et, pour les femmes, de 35 % à 46 %, cette dernière proportion continuant même à augmenter jusqu'à la fin des années 1980, alors que celle des hommes plafonne dans le même temps. Autre trait majeur de ces changements, les ascensions sociales constatées à partir des années 1970, chez les enfants d'ouvriers comme d'agriculteurs, sont, en termes de niveau franchi, plus importantes que par le passé, où la mobilité restait le plus souvent cantonnée au groupe social immédiatement supérieur. Or, alors qu'en 1970 seuls 5 % des fils d'ouvriers parvenaient à se hisser dans le secteur des services, ils sont 11 % dès 1979, la part des enfants d'employés et de petits fonctionnaires passant même, au cours de la décennie, de 12 % à 22 %.

Plus mobile socialement, la société allemande l'est aussi dans l'organisation de ses loisirs. Mélange de libération des contraintes du quotidien et de sentiment d'enfin s'appartenir et de se retrouver dans l'évasion que procure le voyage, s'il faut en croire les travaux d'Ernst Boesch ou de Karlheinz Wöhler[1], le tourisme de masse connaît une progression fulgurante au cours

1. Voir Ernst E. Boesch, *Psychopathologie des Alltags*, Bern-Stuttgart-Vienne, Huber, 1976 ; Karlheinz Wöhler, « Pflege der Negation. Zur Produktion negative Räume als Reiseauslöser », *in* Alexander G. Keul, Reinhard Bachleitner, Jürgen H. Kagelmann (dir.), *Gesund durch Erleben ? Beiträge zur Erforschung der Tourismus*, Munich-Vienne, Profil, 2000, p. 29-37.

de la période, également favorisé par une diminution régulière du temps de travail (voir ci-après).

Évolution du temps de travail en RFA de 1970 à 1991

	1970	1980	1991
Temps de travail hebdomadaire légal ou usuel (en heures)	41,5	40,2	38,3
Temps de travail annuel pour un travailleur à plein temps (en heures)	1 878,7	1 668,5	1 467
Temps de travail annuel pour un travailleur à temps partiel (en heures)	989,1	825,3	668,2

Source : IAB (Institut für Arbeitsmarkt- und Berufsforschung).

Le nombre de touristes fait plus que tripler entre 1962 (12,4 millions) et 1988 (39,8 millions), la part des Allemands partant à l'étranger passant dans le même temps de 42 % à 68 %. Cet « étranger », vers lequel les vacanciers se rendent majoritairement en voiture et non plus en train, ne cesse de s'étendre : si les premiers déplacements concernaient surtout les pays limitrophes, Autriche et Italie en tête, la France, puis l'Espagne, le Portugal et, plus tard venue, la Grèce deviennent les nouvelles destinations des années 1970 et 1980, ces derniers pays profitant de leur entrée progressive dans l'espace de la Communauté européenne, tout en offrant des conditions économiques très favorables aux citoyens de RFA.

Les loisirs domestiques se transforment également. Alors que le cinéma accueillait encore, en 1956, 818 millions de spectateurs, sa part diminue régulièrement, avec 443 millions de spectateurs en 1962, 160 millions en 1970. La décrue se réduit ensuite considérablement, les salles obscures continuant, en 1980, à attirer 144 millions d'Allemands. Sans doute faut-il chercher les explications de ce relatif maintien en partie dans l'avènement d'un nouvel âge d'or du cinéma, qui profite alors des œuvres d'une nouvelle génération de réalisateurs brillants, comme Rainer Werner Fassbinder (né en 1945), Werner Herzog (né en 1942), Volker Schlöndorff (né en 1939), Margarethe von Trotta (née en 1942), Wim Wenders (né en 1945) ou encore Wolfgang Petersen (né en 1942). De nouveau, le septième art allemand connaît en outre la reconnaissance internationale, à travers de nombreux prix et récompenses, mais aussi d'importants succès populaires[1] : alors que *Le Tambour* (*Die Blechtrommel*) de Schlöndorff avait, en 1980, remporté l'Oscar du film étranger, *Le Secret de Veronika Voss* (*Die Sehnsucht der Veronika Voss*) de Fassbinder obtient l'Ours d'or en 1982, *Le Bateau* (*Das Boot*) de Petersen cumulant, la même année, le Prix du film allemand et le Prix du meilleur film en langue étrangère aux Golden Globes, en attendant six Oscars en 1983. Toutefois, les raisons de cette résistance tiennent également à d'importantes initiatives, menées dès la fin des années 1960 et dont la décennie suivante recueille les fruits : ainsi l'ouverture, en 1966, à Berlin-Ouest, de l'Académie allemande du cinéma et de la télévision (DFFB) et, en 1967, de l'École supérieure de la télévision et du cinéma de Munich[2]. Enfin,

1. *Das Boot* recueillera, lors de sa sortie en Allemagne, plus de 3,8 millions d'entrées et 3,7 millions l'année de sa sortie aux États-Unis, rapportant au total près de 85 millions de dollars.

2. Voir Caroline Moine, « Le renouveau du cinéma allemand dans les années 1960. Entre modernité et reconnaissance internationale », *in* Jean-Paul Cahn et Ulrich Pfeil (dir.), *Allemagne, 1961-1974*, Villeneuve-d'Ascq, Presses universitaires du Septentrion, 2009, p. 339 *sq*.

l'accord historique de 1974 signé entre l'industrie du film et les chaînes ARD et ZDF, notamment grâce aux efforts déterminants de l'acteur Günter Rohrbach, avait permis non seulement de désamorcer la guerre d'influence entre ces deux médias, mais surtout de mettre en place un partenariat économique dont le cinéma allemand devait profiter à plein, contribuant au financement de la plupart des longs métrages d'alors, à l'image de *L'Honneur perdu de Katharina Blum* (Schlöndorff, 1975), *Le Mariage de Maria Braun* (1978), *Lili Marleen* (1981) ou encore *Lola* (1981) de Fassbinder, *L'Ami américain* (*Der amerikanische Freund*, 1977) de Wim Wenders[1].

À partir du début des années 1980, cet âge d'or prend cependant fin, la mort prématurée de Fassbinder en 1982 semblant sonner le signal de ce déclin durable : en 1985, la chute des entrées s'accélère, avec 104 millions de spectateurs, soit huit fois moins que trente ans plus tôt. La montée en puissance de la télévision et l'arrivée à partir de 1985 du câble et de nouvelles chaînes privées comme SAT 1 et RTL fournissent une partie de l'explication[2], notamment en raison d'un changement de contenu des programmes. Le règne de la série, venue des États-Unis, s'impose désormais en République fédérale ; et si les *Dallas* (1981[3]), *Deux Flics à Miami* (*Miami Vice*), *Magnum* ou *Dynasty* (*Der Denver Clan*, 1983[4]) fascinent les téléspectateurs, la

1. Voir Walter Uka, « Zwischen der Suche nach Lebensgefühl, Realismus und Geschichte, Selbstverständigung und dem Traum von Hollywood : Der bundesdeutsche film in den 70er Jahren », *in* Werner Faulstich (dir.), *Die Kultur der 70er Jahre*, Munich, Wilhelm Fink, 2004, p. 198.

2. Ces nouveaux venus ne réussissent à s'imposer véritablement qu'au début des années 1990, les premières années de leur installation ayant surtout consisté à étendre leur couverture du territoire allemand, tandis qu'ils recyclaient des contenus à bas coûts.

3. Date de sortie en Allemagne.

4. *Idem.*

télévision allemande n'est pas en reste, avec ses propres productions, comme *Lindenstrasse* (1985) ou encore *La Clinique de la Forêt-Noire* (*Die Schwarzwaldklinik*, 1985). De même les talk-shows ou les émissions de divertissement calqués sur leurs équivalents d'outre-Atlantique, telle *La Roue de la fortune* (*Glücksrad*), transforment le paysage du petit écran. Mais c'est bien plus l'avènement de nouveaux modes télévisuels comme la vidéo qui, en grande partie, accélère la transformation : restée jusqu'à la fin des années 1970 surtout l'apanage du genre pornographique[1], la vidéo révolutionne les comportements avec la diversification de ses produits – désormais, les films d'aventure, thrillers, westerns ou encore les comédies fournissent l'essentiel des titres disponibles. En 1989, 45 % des foyers sont équipés d'un magnétoscope, tandis que le nombre de magasins de vidéo passe de quelques unités à la fin des années 1970 à plus de 7 000 en 1987.

1. Encore en 1979, plus de 50 % des cassettes en circulation proviennent de la firme Beate Uhse, chaîne de sex-shops devenue plus tard un groupe coté. Voir Werner Faulstich (dir.), *Die Kultur der 80er Jahre*, Munich, Wilhelm Fink, 2005, p. 128 *sq*.

Chapitre 18

Émiettement du consensus et propositions alternatives

L'ère du soupçon

Cette société du bien-être matériel globalement partagé est cependant aussi, tout au moins jusque dans la première moitié des années 1980, celle du doute. Un doute général, gagnant l'ensemble des valeurs sociales, et venant questionner puis faire voler en éclats les certitudes de l'après-guerre, que les années 1960 n'avaient fait qu'ébranler.

Doute, tout d'abord, face aux capacités gouvernementales à maîtriser l'avenir et la croissance. Le succès d'Erhard au début des années 1950, l'action de Karl Schiller en 1967, les promesses de Willy Brandt en 1969 avaient pu créer le sentiment d'une toute-puissance de la politique sur l'économie. Or, les chocs pétroliers de 1973 et de 1979, la fin de l'ère des réformes dès 1975, l'incompressible chômage des années 1980 démentaient à l'évidence cette vision rassurante, alors même que l'Allemagne faisait mieux dans ces années de crise que ses voisins. Le mythe même du miracle économique de l'après-guerre devenait la source de polémiques, ébranlé par les nouvelles approches d'un Abelshauser[1], pour qui, notamment, la reprise fulgurante de l'économie allemande s'inscrivait dans un contexte de

1. Werner Abelshauser, *Wirtschaftsgeschichte der BRD*, *op. cit.*, 1983.

croissance européenne générale qui, de fait, rendait l'échec presque impossible : il n'y avait donc pas eu réellement de spécificité ni de « génie » allemands.

Doute également sur le bien-fondé des valeurs d'une société basée sur la croissance et la consommation. Déjà, Wilhelm Reich et Herbert Marcuse avaient violemment critiqué l'approche matérialiste et les engorgements d'une société inventant de nouveaux modes d'aliénation. Désormais, ce sont les modes de production, les objectifs et le moteur même de la richesse allemande qui sont mis en question. En 1975, un parlementaire de la CDU publie ainsi en pleine discussion sur la relance de la croissance un essai intitulé « Une planète est pillée » dont le sous-titre (L'effroyable bilan de notre politique) est sans équivoque[1]. En 1982, le groupe de rock Karat connaît un réel succès avec son tube *La Planète bleue* dont le refrain précise qu'« aucun dieu ne peut nous aider à sauver notre monde ». À côté du chômage, l'apparition des premiers dégâts environnementaux avait en effet rapidement fragilisé la foi dans un progrès tout-puissant : le scandale du Contergan dans les années 1970, les catastrophes de Seveso en 1976 et de Bhopal en 1984, les pluies acides détruisant peu à peu les forêts du sud de l'Allemagne – en 1986, plus de la moitié des arbres allemands, toutes espèces confondues, sont touchés –, mais aussi le risque nucléaire popularisé par l'accident de Three Mile Island aux États-Unis en 1979 et renouvelé par la catastrophe de Tchernobyl en 1986. Dès lors, la peur de l'atome, qui déjà, au moment du réarmement de l'Allemagne, avait mobilisé l'opinion publique, devient le point de cristallisation d'une interrogation fondamentale tant

1. Herbert Gruhl, *Ein Planet wird geplündert. Die Schreckensbilanz unserer Politik*, Francfort-sur-le-Main, Fischer, 1975.

sur l'évolution de l'humanité que sur le bien-fondé des valeurs sociales existantes. La construction de la centrale de Wyhl sur le Rhin en 1975 ou celle d'un surgénérateur en 1978 à Kalkar (Rhénanie-du-Nord-Westphalie) réactivent régulièrement, par l'émotion qu'elles créent et les manifestations qu'elles engendrent, un sentiment de pessimisme diffus et l'idée d'une planète en danger de mort perpétuel. Ce doute fondamental se nourrit de plus de peurs politiques plus immédiates, que suscite le retour de la guerre froide à la fin des années 1970. En effet, après les incroyables avancées de la détente, l'affrontement semble à nouveau général : dictatures sanglantes en Amérique centrale, affrontement économique entre un Nord richissime et un tiers-monde à bout de souffle ; l'invasion de l'Afghanistan en 1979, le retour d'une Amérique conquérante décidée, avec Ronald Reagan, à contrer l'« Empire du mal », sans oublier l'Allemagne elle-même qui, avec l'installation des Pershing II face à la menace des SS-20 soviétiques, risque l'anéantissement en cas de conflit, constituent autant d'événements rendant compte d'une défiance en l'avenir.

En attendant l'avènement des grandes peurs sanitaires des années 1990, voire 2020, la société des années 1970-1980 est bien cette « société du risque » décrite par le sociologue Ulrich Beck, mais aussi celle du malaise et d'une crainte omniprésente jusque dans les titres des films sortis au cours de cette période[1].

1. Voir les analyses de Thomas Elsaesser dans *Der neue deutsche Film*, Munich, Wilhelm Heym, 1994, p. 286-287, qui s'interroge sur la récurrence du terme et du thème de la « peur » dans les films de la nouvelle vague allemande, de « L'Angoisse du gardien de but avant le penalty » (Wenders, 1972) à « Peur de la peur » (Fassbinder, 1975), « La peur est une deuxième ombre » (Kückelmann, 1980) ou « La peur d'Henry » (Kratisch, 1980), la peur étant également présente dans plusieurs scènes d'*Effi Briest* (Fassbinder, 1974) ou d'*Alice dans les villes* (Wenders, 1974).

Le père en accusation

Cette fin des certitudes est en effet également celle du modèle familial traditionnel. On a pu parler, à propos de ces années 1970-1980, d'une société sans père, dans laquelle non seulement les femmes se découvrent de nouvelles responsabilités et contestent les trois K (*Kinder*, *Kirche*, *Küche*, enfants, église, cuisine) auxquels l'après-guerre avaient pu les réduire, mais où les enfants mettent au pilori l'univers et les valeurs des adultes, accusés de leur avoir légué un monde matérialiste, violent et factice. « Les conflits Père/fils ne se terminent pas avec la mort du père », écrit le romancier Hans Blumenberg dans *La Passion selon saint Matthieu* (1988) : « Ils commencent avec elle. » Dans son essai intitulé *Vers la société sans pères*, que prolongeront les travaux d'Otto Kernberg et de Christopher Lasch, le psychologue Alexander Mitscherlich s'interroge ainsi sur les raisons à la fois économiques, historiques et politiques annonçant la disparition du père, selon lui déjà mis à mal par l'apparition puis la disparition de la figure du Père national par excellence qu'avait représenté Hitler.

C'est ainsi que la femme réinvestit massivement l'écran : comme figure d'action et de pouvoir avec *Le Second Éveil de Christa Klages* (*Das zweite Erwachen der Christa Klages*, 1977) de Margarethe von Trotta, dans lequel une institutrice attaque une banque et défie la police ; comme incarnation de l'amour, de la sensibilité ou de la générosité et de la saine conviction face à un monde oppressant aux tentations totalitaires (*L'Honneur perdu de Katharina Blum*, 1975, mais aussi *Rosa Luxemburg*, 1986). Elle devient également, avec

Hanna Schygulla dans le rôle de Maria (*Le Mariage de Maria Braun*, Rainer Werner Fassbinder, 1979), face à l'échec masculin, la véritable clé du miracle économique ; mais aussi celle qui, tout en s'opposant à la vague nazie qui semble emporter toutes les consciences sur son passage dans les années 1930, soutient l'Allemagne dans le chaos de l'après-guerre, à l'image de Lene qui, dans *Allemagne, mère blafarde* (*Deutschland, bleiche Mutter*, 1980) de Helma Sanders-Brahms, porte, telle la Mère Courage de Brecht, sa fille pendant quarante jours à travers les étendues glacées.

La révolte de l'enfance est peut-être plus nette encore. Déjà le *Non réconciliés* (*Nicht versöhnt*) de Straub en 1965 ne laissait guère d'espoir sur les rapports familiaux à venir. Avec les années 1970, l'enfant n'est plus simplement victime de la séduction malsaine que peut exercer sur lui le monde des adultes (comme dans *Die Kinder aus Nr. 67*[1], de Usch Barthelmess-Weller et Werner Meyer, 1980, dans lequel l'un des deux personnages se retrouve embrigadé dans les Jeunesses hitlériennes) : il agit désormais pleinement, avant tout pour écarter l'inéluctable et sa participation à un monde qu'il n'a pas voulu. Le héros du *Chat et la souris* (*Katz und Maus*) préfère avoir recours au suicide et celui de *La Leçon d'allemand* (*Deutschstunde*) refuse de revoir son père. L'œuvre collective *L'Allemagne en automne* (1978), à laquelle collaborent entre autres Fassbinder et Edgar Reitz alors que l'Allemagne est au bord de l'éclatement[2], prolonge cette réflexion en transformant l'assassinat de

1. Les enfants du n° 67 (non disponible en français).

2. *Deutschland im Herbst* est réalisé par, outre Rainer Werner Fassbinder et Edgar Reitz, Alf Brustellin, Bernhard Sinkel, Alexander Kluge, Maximiliane Mainka, Beate Mainka-Jellinghaus, Peter Schubert, Hans Peter Cloos, Katja Rupé et Volker Schlöndorf.

Hanns Martin Schleyer en meurtre symbolique du père. La figure d'Oskar dans le film de Volker Schlöndorff *Le Tambour* (1979, tiré du roman éponyme de Günter Grass) s'inscrit elle aussi dans cette logique, lui qui refuse de grandir et d'appartenir au monde des adultes. Selon Béatrice Fleury-Vilatte, « l'enfant héros [des années 1970-1980] est animé d'une force qui l'aide à vaincre un milieu qui [jusqu'alors] annihilait toute prise de position », comme en témoignent encore le film de Gustav Ehmck (*Étudiants sur l'échafaud*, 1972) ou ceux de Verhoeven (*La Rose blanche*, 1982) et d'Adlon (*Les Cinq Derniers Jours*, 1982), qui tous traitent de la résistance étudiante autour de Hans et Sophie Scholl, exécutés par la Gestapo.

Cette mise en retrait de la figure masculine et paternelle va de pair avec la montée d'un féminisme militant. Une contre-culture, déjà perceptible dans la seconde moitié des années 1960, accélère sa mise en place tout au long des années 1970, que ce soit à travers la création de lieux de vie dédiés, notamment pour les femmes victimes de violence (*Frauenhäuser*), la multiplication de groupes d'entraide et de discussion, de chœurs, de cabarets réservés aux femmes, ou par l'avènement de maisons d'édition propres, telles Orlanda à Berlin, Daphne à Göttingen, de magazines dédiés, à l'image de *Courage* et d'*Emma*, dont les premiers numéros paraissent en 1976 et 1977. Le succès du roman de Verena Stefan *Mues* (*Häutungen*), paru en 1975, ouvre la voie d'une nouvelle littérature « de femmes pour les femmes », dans laquelle vont rapidement s'illustrer les noms de Christa Reinig ou d'Imtraud Morgner. D'importantes évolutions législatives accompagnent enfin le mouvement : en 1976, le paragraphe 218 sur l'avortement est réformé, dépénalisant celui-ci avant le troisième mois de grossesse ; la même année, le divorce est amendé, celui-ci pouvant être désormais prononcé, après un certain délai, sans consentement mutuel ; le droit de la famille supprime en 1977 la mention d'obligation, pour la femme, de veiller à l'accomplissement des travaux domestiques. Il serait pourtant excessif de voir dans ces deux décennies autre chose qu'une mise en branle d'une évolution certes réelle, mais, *de facto*, de long terme, et, par bien des aspects, la société allemande se hâtait, selon le proverbe, lentement : alors qu'en 1970, à fonction équivalente, le salaire moyen féminin atteignait, chez les ouvriers et les employés, environ 60 % de son équivalent masculin, cette part, vingt ans plus tard, n'avait guère progressé, avec un niveau situé autour de 65 %.

Contestations et approches sociopolitiques inédites

Le terrorisme avait, sans nul doute, constitué la pointe la plus extrême de la révolte et du rejet de la société des pères, basculant dans une spirale où la violence et la négation de l'ordre socio-libéral ouest-allemand rejoignaient paradoxalement dans leur absolutisme le système qu'elles prétendaient combattre. Certes, les intellectuels, à l'image de Günter Grass, qui avait qualifié l'attentat contre Rudi Dutschke de « meurtre politique en RFA », ou de Heinrich Böll, dont la nouvelle avait été portée à l'écran par Margarethe von Trotta et Volker Schlöndorff en 1975[1], avaient presque unanimement dénoncé à la fois la pression des médias et le risque d'un État policier. De même, la plupart

1. *L'Honneur perdu de Katharina Blum*, déjà cité. Voir également les développements précédents, *in* « Une politisation croissante… jusqu'à l'extrême ».

des réalisateurs de *L'Allemagne en automne* avaient surtout signé une œuvre militante, revenant certes sur les attentats, mais stigmatisant tout autant, voire surtout, un certain conservatisme de l'opinion, le climat de délation et les pouvoirs étatiques. D'autres, toutefois, avaient refusé de se borner à critiquer les limites de la démocratie libérale : avec *La Troisième Génération* (*Die dritte Generation*, 1979), Fassbinder avait ainsi brocardé à la fois les terroristes et le monde auquel ils s'attaquaient. Non que l'auteur des *Larmes amères de Petra von Kant* (1972) ait souhaité soutenir l'État ou même la société : dès son court-métrage *Rainer*, il avait su, lui aussi, questionner la démocratie ouest-allemande[1]. Un peu plus tard, dans *Lola* (1981), il montrera la réalité de l'affairisme et de la corruption dans la croissance de l'après-guerre, et, dans *Le Secret de Veronika Voss* (1982), combien l'aveuglement du « miracle » économique a permis d'oublier le passé. Avec *La Troisième Génération*, une comédie « pleine de tension, d'excitation et de logique, de cruauté et de folie », selon ses propres termes, Fassbinder dénonce cette troisième vague de révolutionnaires, qui, après 1848 et Baader, ne sont pour lui que des clowns sanglants, sans réelles motivations politiques si ce n'est de façade : Bernhard, lecteur de Bakounine, se rengorge de citations de Schopenhauer sans pour autant révéler une véritable passion pour la cause qu'il prétend défendre. Ces amateurs meurtriers restent ainsi, de façon significative dans le film, indifférents aux exclus, comme aux personnages

1. Voir les interrogations exprimées sans fard dans *Rainer* : « Qu'est-ce que c'est cette démocratie dont la défense passe par le soutien à des valeurs que l'on ne peut pas critiquer ? […] Or ce qui serait démocratique, ce serait précisément que la démocratie reste vivante grâce à une remise en question et une critique permanentes. Mais les choses ont évolué avec les années de telle façon que la démocratie est conduite chez nous avec un tel autoritarisme qu'on ne pourrait pas mieux faire dans un État autoritaire. »

du toxicomane et du chômeur, préférant s'entêter dans une violence vide, dont le système sortira, *de facto*, renforcé.

Cet éclatement des repères qui accompagne la fin des années 1960 ou, à tout le moins, la contestation de l'unanimisme de l'après-guerre expliquent la fragmentation de la société en groupes, tendances, sensibilités parfois proches qui, tous, entendent incarner ou proposer des réponses aux défis que posent à la fois l'État, la croissance, l'affrontement des blocs et la société post-industrielle.

Toutefois, à la différence de l'opposition extra-parlementaire des années 1960, qui aspirait à un changement radical du modèle, les nouveaux mouvements sociaux des années 1970 adoptent une approche pratique et concrète. Les « initiatives citoyennes » (*Bürgerinitiativen*) qui se multiplient tout au long de la décennie, au point de rassembler plus de 1,8 million de membres en 1978, entendent ancrer leur démarche dans une volonté de ne plus laisser au système en place le monopole de l'action publique face aux bouleversements sociaux, économiques et environnementaux : mobilisations contre un projet d'urbanisme, contre l'installation d'une décharge, d'un site industriel ou encore l'extension d'un aéroport, sans oublier les transports de déchets nucléaires, constituent le cœur des actions menées. La montée des périls extérieurs dès la fin des années 1970 et surtout la crainte d'une confrontation nucléaire avaient, *in fine*, permis de rapprocher la cause environnementale de celle du pacifisme.

Il n'est donc guère surprenant que la traduction politique de cette nouvelle forme d'engagement ait trouvé sa pleine expression dans la création du parti des Verts, fondé le 13 janvier 1980, soit quelques semaines à peine après la décision du Bundestag d'accueillir sur le sol allemand les Pershing II. Surfant sur la vague de manifestations qui inonde la République fédérale tout au long des années 1980-1983[1], les Verts réussissent une entrée spectaculaire au Bundestag dès 1983, avec 5,6 % des suffrages, mettant fin au tripartisme de fait[2] qui s'était installé depuis 1961. Quatre ans plus tard, ils améliorent même leur résultat, en atteignant 8,3 % des voix lors des élections de 1987. Malgré ces succès qui l'inscrivent durablement dans le paysage politique, le parti que dominent les figures de Petra Kelly, d'Otto Schily ou encore d'August Haussleiter et de Norbert Mann reste longtemps fidèle à son image de « parti antiparti ». Tout au long des années 1980, les Verts demeurent ainsi une formation à part, plus portée à remporter des élections qu'aspirant au pouvoir, ses principes et modes de fonctionnement rendant une telle mue difficile : non seulement la base des militants restait très attentive à toute évolution jugée trop proche du système en place, toujours prête à qualifier un compromis de compromission, mais toutes les fonctions politiques devaient être en principe exercées sur une base volontaire et gratuite, mandats et fonctions restant strictement séparés. Cette rigidité en même temps que le manque de moyens qui découlait de cette vision de la politique rendaient *de facto* presque impossible un investissement efficace et durable dans les travaux parlementaires[3].

1. Ainsi, le 10 octobre 1981, 300 000 personnes se rassemblent pour la paix ; le 10 juin 1982, près de 500 000 manifestants accueillent le président Reagan. Le 22 octobre 1983, à nouveau 1,3 million de citoyens dénoncent, à travers la RFA, la politique de réarmement, tandis qu'une chaîne pour la paix s'étend de Stuttgart à Neu-Ulm.

2. Partis de l'Union (CDU/CSU), social-démocratie et libéraux.

3. Cette logique évoluera en 1987 avec notamment la mise en place d'un système de rémunération pour les représentants du Comité exécutif fédéral (*Bundesvorstand*).

La société à l'épreuve de l'art

Le monde des arts est sans doute le lieu par excellence où cette volonté de questionner le réel et la société dans son ensemble a pu donner libre cours à sa verve créatrice. On assiste plus que jamais à une remise en question des frontières qui, jusqu'alors, avaient séparé les arts entre eux, comme autant de barrières capables d'appréhender le monde : désormais, les différents modes de communication, qu'il s'agisse de la sculpture, de la peinture, de la photographie, du design et, bientôt, de la vidéo, se répondent et s'interpénètrent toujours davantage. Sigmar Polke associe ainsi régulièrement, dans ses œuvres, peinture, cires, photographies, matériaux d'entretien mais aussi métaux, avec des mélanges à base d'aluminium ou de fer, mêlant également les styles, qui vont du figuratif à l'expressionnisme en passant par l'abstrait, jouant sur les différents modes de support visuel (publicité, ready-made, etc.). Selon les très belles analyses de Bernard Marcadé, l'œuvre de Polke « se moque de la permanence et de la pérennité, il met joyeusement en avant l'altération, la conversion, l'instabilité, la transmutation des sujets et des formes. Tout ici est susceptible de se retrouver recouvert, dilué, oxydé, taché, pollué, corrompu, empoisonné [...] Ses photographies, de la même manière, ne sont pas réductibles à un “style”. Elles en abolissent même la notion, avec une jubilation et une ivresse confondantes. [...] Polke se fait un plaisir de renvoyer dos à dos aussi bien l'irrationalisme qui se targue d'être le seul à pouvoir exhiber la face cachée des choses, que le positivisme prétendant rendre raison de tout. La peinture *contaminée* par la photographie, la photographie *empoisonnée* par la peinture : tout l'art de Polke se tient dans ce va-et-vient[1] ». Questionnant le consumérisme capitaliste, Polke invente même, bientôt rejoint par Gerhard Richter, le courant du « réalisme capitaliste », envers ironique du réalisme socialiste, et qui entend, au contraire, renvoyer la société occidentale à ses propres obsessions et contradictions. Chez Richter, on trouve, d'une certaine manière, la même volonté de ne pas dépendre d'un cadre unique, forcément limitant, et celle de rejeter l'idée même de sujet ou de sens, l'objet devant se suffire à lui-même. Ainsi qu'il l'écrit dans ses *Notes*, « mes tableaux sont sans objet ; mais, comme tout objet, ils sont l'objet d'eux-mêmes. Ils n'ont par conséquent ni contenu, ni signification, ni sens ». Ce souci de ne pas nécessairement signifier, mais, surtout, de « faire naître », conduit Richter à appréhender tout type de situation, du simple geste, comme dans son célèbre *Ema (Nu sur un escalier)* (1966), vu comme au travers d'un négatif photographique, à une juxtaposition de carrés de couleur, jetés au hasard, créant un mouvement artificiel, comme dans sa laque sur toile *1 024 couleurs* (1973), ou en revisitant le passé allemand, ainsi avec ses *Marines* (*Seestücke*, 1975) dans lesquelles il s'inscrit dans les pas de Caspar David Friedrich.

Cette réinterrogation du classique avait fasciné dès les années 1960 la grande figure de Joseph Beuys, qui, jusqu'à sa mort en 1986, impose, par son travail sur l'objet, une nouvelle perception, loin des conventions et des habitudes. Pour Beuys, l'art est politique, tant il entraîne, par sa totalité, mais aussi par la transformation du regard qu'il suppose, un salutaire questionnement, permettant

1. *In* Bernard Marcadé, co-commissaire de l'exposition « Les infamies photographiques de Sigmar Polke », LE BAL, 13 septembre-22 décembre 2019.

au citoyen de se réapproprier son environnement. Cette approche sera également celle d'un Georg Baselitz, particulièrement dans ses toiles apparemment peintes « à l'envers » (ainsi *Chambre à coucher*, 1975) et qui proposent au spectateur non pas un réflexe – celui de pencher la tête afin de mieux voir –, mais d'adopter un regard neuf en se forçant à lire la toile telle que présentée. Ce n'est pas un hasard si, avec d'autres artistes comme Johannes Stüttgen et Karl Fastabend, Beuys a, en juin 1971, fondé le mouvement « Organisation pour une démocratie directe par plébiscite », espérant par ce moyen rendre aux exclus une voix qu'ils ont perdue avec le système parlementaire. Sans doute s'agit-il également, dans son approche artistique, de choquer un certain goût bourgeois, non au sens d'un simple désir de provocation, mais bien plutôt pour, au contraire, de produire un choc esthétique, une interrogation profonde sur le sens accordé aux choses, aux symboles, aux événements. Ainsi dans son œuvre *Crucifixion*, qui montre deux bouteilles encadrant un morceau de bois surmonté d'un extrait de journal peint d'une croix rouge, Beuys n'agit nullement par ironie ou blasphème : les deux récipients, qui sont en fait des bouteilles de plasma, donc à leur manière symboles de vie, rappellent les deux larrons, l'aiguille est celle de la perfusion et la réminiscence des clous de la passion ; de même les mots inscrits sur l'article de journal (« solde [...] retour [...] faute ») posent la question du rachat et du pardon. *La Vitrine* (1980), qui recèle derrière un panneau de verre une série d'objets divers (un peu de graisse, un morceau de pain... encadrés par deux pavots, avec en arrière-plan un harpon, une canne de berger), invite le spectateur à une réflexion sur l'organique, mais aussi sur les civilisations nomades, disparues ou en voie de disparition, donc à un rapport passé-avenir, consommation-destruction.

Chapitre 19

Entre un passé « qui ne passe pas » et le retour d'une nostalgie

Une culpabilité ordinaire ?

Les années 1960 avaient été celles du choc : « (re)découverte », par toute une génération, de l'innommable, occulté par les années du miracle économique et de la guerre froide, qui avaient opportunément permis un retour rapide de l'Allemagne dans le camp des démocraties. Les procès d'Eichmann à Jérusalem (1961) et peut-être plus encore celui de Francfort (de 1963 à 1965), également dénommé « procès d'Auschwitz », dans lequel les débats avaient décortiqué le mécanisme de l'extermination et le quotidien des camps de la mort, avaient largement contribué à la révolte d'une génération et à la mise en accusation du « père », en même temps qu'à la remise en question de l'ordre établi, tant celui-ci paraissait complice, par son silence, des horreurs du passé.

Avec les années 1970-1980, cette redécouverte des années noires apparaît plus ordinaire. Non que la mise en accusation des générations précédentes ou que la culpabilité disparaissent du paysage : il n'est besoin, pour s'en convaincre, que de regarder les œuvres d'un Richter ou d'un Baselitz. Ayant lui-même rompu avec son père en raison de sa compromission avec le nazisme, le second continue à vivre avec le sentiment de faute. « Je suis né dans un monde détruit, avec des paysages détruits, une population détruite, une société détruite. Et je ne voulais pas rétablir un ordre[1] », affirme-t-il au critique Bernard Vasseur. Sa série de *Peinture au doigt – Aigle* (*Fingermalerei – Adler*, 1972) offre ainsi le spectacle du symbole du Reich questionné en même temps que déchu, tandis que son totem tribal (*Modell für eine Skulptur*, 1979-1980), certes provoque le spectateur avec son salut hitlérien, mais surtout exhibe les cicatrices et le corps taillé à la serpe du Führer, labouré de coups de hache ou de ciseau. Pour Baselitz, l'oubli volontaire ou le refoulement n'ont pas de sens. La réalité est là, terrible, et il faut vivre avec.

Au cours des années 1970, le IIIe Reich devient davantage un objet d'intérêt, loin des tabous ou des visions biaisées des années 1950. Une revue, diffusée à grand tirage dans les kiosques à partir de 1974, propose au lecteur un regard historique sur la période, tandis que deux films majeurs, en 1977, entendent décrypter le national-socialisme, en centrant leur propos sur la figure du Führer. Si l'historien Joachim Fest, avec son documentaire *Hitler, une carrière* (*Hitler – Eine Karriere*, 1977), s'inspire largement de la biographie qu'il a lui-même consacrée en 1973 au maître du IIIe Reich, Hans-Jürgen Syberberg, avec *Hitler, un film d'Allemagne* (*Hitler, ein Film aus Deutschland*, 1977), semble davantage faire le procès d'une culture et d'un héritage historique : sons, couleurs, mises en scène anachroniques se téléscopent pendant près de sept heures dans un étourdissant et effrayant carrousel, où l'allégorie et la vision personnelle de Syberberg dressent un tableau presque

1. Cité par Bernard Vasseur, *Georg Baselitz*, Paris, Cercle d'art, 2011, p. 20.

obsessionnel de la culpabilité allemande, le Führer émergeant dès le début, de façon significative, tel un nouveau Nosferatu, de la tombe de Richard Wagner.

La culpabilité ordinaire et l'engrenage ayant mené à l'extermination, mais aussi la mise en avant de la responsabilité individuelle et du rôle de ces milliers de « Hitler » ayant rendu possible la mécanique de la Shoah, bien au-delà du cas emblématique des caciques du parti nazi, font ainsi davantage partie du quotidien, grâce à une médiatisation soutenue, que celle-ci vienne d'Allemagne ou de l'étranger. Toujours en 1977, l'acteur Götz George incarne à l'écran le commandant d'Auschwitz dans *La mort est mon métier* (*Aus einem deutschen Leben*), tirée du roman éponyme de Robert Merle ; toutefois, à la différence de l'œuvre de Merle, le réalisateur Theodor Kotulla choisit sciemment un titre incriminant : littéralement, « tiré d'une vie allemande », car, pour le réalisateur, c'est bien une culture – notamment celle de la relation à l'autorité (*Obrigkeit*) – et une histoire qui guident la vie et l'action du personnage de Karl Lang, alias Rudolf Höss, et avec lui de millions d'autres, et qui en feront de zélés rouages de l'administration de l'extermination.

Dans le même temps, toute une gamme de professions, des juristes aux médecins en passant par les enseignants, s'interrogent sur leur rôle pendant les années du nazisme. Mais c'est surtout la série américaine *Holocaust*, diffusée à partir de 1979 sur les écrans ouest-allemands, qui, avec à chaque épisode plus de 30 % de part d'audience, réussit à faire toucher du doigt la Shoah au plus grand nombre, malgré son approche fort manichéenne et son flot de sentimentalisme. Le sujet du nazisme ordinaire entre alors largement dans les écoles et, en 1983, 20 000 jeunes participent au concours organisé sur le sujet du « quotidien sous le national-socialisme ».

Pourtant, en même temps que la diffusion de cette culpabilité « ordinaire », d'autres approches sont proposées. Le personnage d'Oskar, dans le film déjà cité de Schlöndorff (*Le Tambour*, 1979), traverse la montée du nazisme et la guerre, porte l'uniforme, sans jamais s'engager, dans une vie tout esthétisée. Un an plus tard, la Lili Marleen de Fassbinder va plus loin : la chanteuse Willie, incarnée par Hanna Schygulla, présente avant tout l'image d'une figure qui a pu agir pendant les années noires, guidée par un mélange de pression des événements et d'opportunisme, mais sans idées partisanes, et réussissant à affirmer sa passion sans réelle compromission.

Dès 1974, l'historien Ernst Nolte avait fait paraître *L'Allemagne et la guerre froide*, dans lequel la Shoah ne pouvait se comprendre, selon l'auteur, sans une prise en compte des crimes de masse soviétiques, analyse qui n'avait suscité aucune polémique particulière. Le 6 juin 1986, Nolte récidive avec un article publié dans la *Frankfurter Allgemeine Zeitung* et intitulé « Un passé qui ne veut pas passer ». L'auteur y reprend son argumentation et insiste sur le fait que le Goulag précède chronologiquement Auschwitz, suscitant cette fois de nombreuses réactions, telle celle de Jürgen Habermas qui riposte quelques jours plus tard dans *Die Zeit*, accusant Nolte de révisionnisme et ouvrant l'épisode dit de la « querelle des historiens » (*Historikerstreit*)[1].

Si le passé n'était plus occulté et si le « travail sur le passé » (*Vergangenheitsbewältigung*) avait même reçu un nouvel élan, les lignes de faille continuaient de traverser le regard sur l'histoire et la mémoire de la République fédérale.

1. Voir sur le sujet Édouard Husson, « Ernst Nolte et la Shoah : mise en perspective des totalitarismes ou révisionnisme historique ? », *Revue d'histoire de la Shoah*, n° 187, 2007/2, p. 247 *sq*.

Heimat sweet Heimat

Faut-il voir dans le retour du thème de la « terre natale » (*Heimat*[1]) au sein de la société allemande des années 1970, et surtout 1980, une réaction ou, à tout le moins, un contrepoint à cette période de bouleversements, de questionnements, d'incertitudes et de révolte envers le passé et les fondements mêmes de la République de Bonn ? Le succès d'un fort courant témoignant à nouveau, trente ans après, d'une aspiration à retrouver paysages, lieux et références familiers, source d'une sérénité et d'une assurance perdues, est, en tout cas, manifeste.

Déjà, en 1975, Franz Xaver Kroetz avait, dans sa pièce *Heimat*, mis en scène avec tristesse la destruction, au nom du modernisme, de ces vieilles demeures, monuments anciens et autres espaces familiers, sources de certitude et de paix. En 1978, l'écrivain Siegfried Lenz entreprend de débarrasser le terme même de *Heimat* de ses scories passéistes ou, pire, réactionnaires et belliqueuses. Dans son roman *Heimatmuseum*, l'auteur entend ainsi redonner à la notion, trop longtemps pervertie par le nazisme, ses lettres de noblesse, et démontrer à la jeunesse du moment la nécessité, mieux, la respiration vitale qu'il y a à pouvoir s'enraciner dans un terroir et des paysages qui sont ici présentés comme des sources d'unité et d'équilibre. « La *Heimat* », écrit Lenz, « c'est pour moi le lieu au sein duquel on est élevé [*aufgehoben*], dans la langue, dans les sensations, oui, même dans le silence ; c'est ce petit endroit où l'on

1. Le terme est intraduisible en français, exprimant davantage un sentiment, une impression d'être chez soi, qu'un lieu donné. Une des meilleures approches paraît celle de Waltraud Legros, pour qui la *Heimat* est avant tout « le pays que chacun porte à l'intérieur de soi ».

est reconnu, ce à quoi finit par aspirer tout un chacun : être reconnu, cela veut dire en effet être accepté [*aufgenommen*] ». Contre l'anonymat des grands ensembles, le discours ambiant déstructurant qui arrache le sujet à un monde prétendument d'hier, tout en l'abandonnant au milieu de nulle part et en lui déniant même le droit à toute certitude, Lenz propose un retour salvateur à l'histoire et aux racines de la petite patrie, celle du chez-soi : lenteur et patience s'y opposent à la vitesse et à l'immédiateté, histoire et transmission, à l'idée moderniste de rupture avec le monde d'avant. Cette perception n'est d'ailleurs pas sans rappeler les photographies de Heinrich Riebesehl, notamment avec ses séries de paysages agraires (*Agrarlandschaften*, 1975-1979), qui attirent l'attention sur des régions et des lieux moins prisés que la Forêt-Noire ou les Alpes bavaroises, mais qui, pour Riebesehl, méritent une attention tout aussi soutenue, comme autant de parties de l'âme allemande, telles la lande de Lunebourg ou la Steinhudermeer. De nombreux artistes présentent ainsi dans leurs œuvres, à la suite de Riebesehl, plusieurs paysages tantôt ignorés du monde en transformation, et parfois réduits à une certaine pauvreté, alors qu'ils constituent, en quelque sorte, autant de lieux de mémoire allemands, tantôt, au contraire, massacrés par le modernisme et son obsession *ad absurdum* de l'utilité : ainsi dans les clichés de Martin Manz et Reinhard Matz qui, en 1980, publient un ouvrage intitulé simplement *Nos paysages*.

Mais c'est surtout avec le film d'Edgar Reitz que ce courant diffus trouve son expression sans doute la plus aboutie. Monument unique dans l'histoire du cinéma allemand avec ses onze épisodes et sa durée exceptionnelle (seize heures), *Heimat*, qui a nécessité plus de cinq années de travail, est couronné en 1984 à la Mostra de

Venise par le prix de la Critique internationale et se voit diffusé, la même année, sur la chaîne ARD. Le succès est immédiat et, deux fois par semaine, 10 millions d'Allemands suivent la vie et les errances, entre 1919 et 1982, de la famille Simon installée à Schabbach, un village imaginaire situé dans le Hunsrück, en Rhénanie-Palatinat. Une fois encore, la figure iconique de cette œuvre sans précédent est une femme : Maria (Marita Breuer) y incarne à la fois l'ancrage et le pivot de cette famille, et oppose aux ombres et aux soubresauts de l'histoire une présence aussi digne que rassurante, transformant au final cette terre-refuge en lieu de réconciliation et d'apaisement.

Doit-on établir un lien entre cette « redécouverte » des racines et le renouveau, au début des années 1980, de la musique populaire (*Volksmusik*) ? En mars 1981, un premier spectacle de divertissement réunissant plusieurs groupes folkloriques (*Musikantenstadl*), coproduit par l'ORF autrichienne, la télévision bavaroise et la Radio Télévision suisse, est diffusé en Autriche, puis, dès 1983, en Allemagne, connaissant un succès immédiat. En 1990, on recense près de 86 émissions musicales du genre à la télévision allemande, dont les ingrédients paraissent immuables : cuivres, accordéons, interprètes le plus souvent en habit traditionnel et chansons mâtinées de dialectes régionaux dans lesquelles la légèreté, l'amour et la terre natale occupent l'essentiel du registre, comme dans celles de Maria et Margot Hellwig, qui, de 1984 à 1990, animent elles-mêmes l'émission *Heimatmelodie* sur RTL, ou dans le grand succès de 1988, *Patrona Bavariae*, signé par l'Original Naabtal Duo[1].

1. Duo alors formé par Wolfgang Edenharder et Willi Seitz s'étant inspiré, pour le nom du groupe, de la vallée de la Naab, en Bavière.

Dans le même temps, d'importantes expositions sur l'histoire régionale allemande rencontrent un succès inattendu : ainsi, la « Staufer Ausstellung », organisée entre mars et juin 1977 pour les vingt-cinq ans du musée du Würtemberg, accueille 675 000 visiteurs ; celle de 1981, qui célèbre le baroque, toujours en Bade-Wurtemberg, rassemble plus de 110 000 personnes, tandis que près de 600 000 billets sont vendus, la même année, pour l'exposition consacrée, à Berlin, à la Prusse, hier pourtant stigmatisée comme berceau de la catastrophe.

Même l'urbanisme et l'architecture semblent accueillir ce désir de retrouver racines et certitudes. Après les excès du modernisme et du fonctionnalisme des années 1950 et surtout 1960, pour lesquels « la forme devait suivre la fonction », la préservation, ou, à tout le moins, l'importance du passé dans le paysage urbain retrouve ses droits. En 1975, une exposition tenue au Parlement européen et intitulée « Préservation de la ville – Design urbain » ne cache pas ses critiques à l'égard de la disparition de bâtiments historiques au nom de l'assainissement. Cette tendance connaît, du reste, un soutien rapide des « initiatives citoyennes ». Témoin de cette volte-face, en 1978, le sénat de Berlin entend refonder l'urbanisme sur la base de nouveaux principes : « La structure historique de la ville », souligne-t-il, « doit devenir le fondement constant du développement urbain [...] Dans la construction urbaine, les traces historiques doivent être reprises et ce qui reste du plan initial, de même que les bâtiments existants doivent être conservés »[1]. À partir de la fin des années 1970 et tout au long des années 1980, de nombreux bâtiments,

1. Voir Hans Koepf, *Stadtbaukunst*, Sigmaringen, Thorbecke, 1985, cité par Werner Faulstich, *Die Kultur der 80er Jahre*, *op. cit.*, p. 52.

centres, façades, monuments font ainsi l'objet d'une attention particulière. Plusieurs projets architecturaux de l'époque reprennent également à leur compte l'histoire et le classicisme, comme pour mieux conjurer le style trop impersonnel de la période précédente : ainsi les Thermes-Limes d'Aalen (Wurtemberg), de Rudolf Wienands, inaugurés en avril 1985, qui utilisent volontairement les principaux éléments du style antique (marbre, portiques, colonnes), hommage marqué au passé romain de la ville. La nouvelle Pinacothèque de Munich, d'Alexander Freiherr von Branca, construite entre 1975 et 1981, délivre un message similaire par l'utilisation abondante d'éléments classiques, comme les fenêtres cintrées, les clés de voûte, les escaliers ouverts ou encore les grandes baies vitrées. En outre, l'utilisation d'éléments purement décoratifs, comme les gargouilles, ici dépouillées de leur fonction première, trahit la claire intention de l'architecte de séparer esthétique et fonction, *a contrario* des tendances passées.

Certes, les années d'après-guerre n'avaient pas toutes engendré ces bâtiments sans âme auxquels la nouvelle tendance désirait tourner le dos. Hans Scharoun, dès son Lycée frère et sœur Scholl (*Geschwister-Scholl-Gymnasium*), à Lünen (bâti entre 1956 et 1962), avait renouvelé la notion d'espace et pleinement mis au centre de ses préoccupations le public auquel le lieu était destiné : ici, les enfants ; et, de façon plus emblématique encore, là, les mélomanes, avec la célèbre Philharmonie de Berlin, inaugurée en 1963, offrant à tout spectateur un point de vue imprenable sur l'orchestre, notamment par l'utilisation de terrasses irrégulières mais toutes judicieusement placées et bénéficiant, quel que soit l'endroit, d'une acoustique extraordinaire. Toutefois, ce désir de retrouver davantage d'assurance et de certitudes, notamment par la réappropriation du passé, était désormais manifeste. La construction de la Staatsgalerie de Stuttgart (1984) en est sans doute un des plus beaux exemples. Le tuf et le grès, utilisés à la manière classique, s'y mêlent en effet de façon harmonieuse avec la charpente en acier de couleur verte ou avec les mains courantes en acier rose et bleu, réconciliant le monumental et le fonctionnel. De même, la grande rotonde à toit ouvert, placée au centre, agrémentée d'un jardin parsemé de sculptures et accessible par une rambarde, unit presque simplement classicisme et convivialité.

Troisième partie

LA RDA

I

LA DOUBLE FONDATION D'UN ÉTAT À LA LÉGITIMITÉ CONTESTÉE (1949-1961)

Chapitre 20

La voie stalinienne

Soviétisation d'un régime mal aimé

La dictature d'un « parti d'un nouveau type »

En même temps qu'elle levait, officiellement du moins, le provisoire inauguré par la défaite, la fondation de la RDA accélérait la mise en place d'un système politique calqué sur le modèle soviétique dans lequel l'approche prudente des débuts n'était plus de mise. Sans doute les années 1947-1948 avaient-elles marqué, comme à l'Ouest, une première rupture. Désormais, cependant, le nouveau contexte de cette fin d'année 1949 témoignait d'une radicalisation des fronts : le 23 septembre, l'URSS faisait exploser sa première bombe atomique, parlant désormais d'égal à égal avec les États-Unis, tandis que l'exécution du Hongrois Rajk et la proclamation de la Chine communiste confirmaient aux yeux des Occidentaux l'entrée dans une guerre qui n'avait de froide que le nom.

Cette dictature du Parti socialiste unifié (*Sozialistische Einheitspartei Deutschlands*, SED) entendait d'abord s'appuyer sur les instruments les plus classiques de la domination : encerclement des oppositions, répression et transformation interne de l'organisation du parti par la pratique du « centralisme démocratique ».

Le 4 octobre 1949, le SED préparait ainsi la mise en place d'une plateforme commune rassemblant, sous l'égide d'un Front national de l'Allemagne démocratique dont il détenait les principaux leviers, les partis et les organisations de masse susceptibles de travailler à la construction du nouvel État. Quelques mois plus tard, le Parlement entérinait, le 8 février 1950, la création d'un ministère de la Sécurité d'État (MfS) qui, par son réseau d'agents et d'informateurs, devait, à terme, être capable de déjouer toute tentative de déstabilisation et assurer au régime un contrôle total de la société ; dès la fin des années 1950, la Stasi (police de sécurité) pouvait ainsi compter sur 17 000 « collaborateurs non officiels » (IM), mais également sur les services de l'Armée rouge qui, en dépit de la dissolution officielle de l'Administration militaire soviétique (SMAD), restait plus que présente par le biais de la Commission de contrôle présidée par le général Tchouïkov, lui-même ancien commandant en chef de la SMAD.

Maître de l'appareil administratif et politique, le SED profitait des élections d'octobre 1950 pour soumettre les derniers éléments de résistance qui, au sein des partis « alliés », tels les chrétiens-démocrates ou les libéraux, continuaient à s'opposer à sa mainmise. Après avoir protesté en janvier 1950 contre la poursuite d'une politique de mise au pas, le président de la CDU de Dresde, Hugo Hickmann, pourtant résistant de la première heure au nazisme, se voyait acculé à la démission après une campagne de presse orchestrée par l'organe communiste *Neues Deutschland*. Et c'est finalement une CDU est-allemande affaiblie par les pressions, divisée par la pusillanimité de son président, Otto Nuschke[1], qui devait affronter l'idée de listes uniques proposée par le SED lors des élections de l'automne. En dépit de fortes oppositions et des virulentes protestations de libéraux tels Kastner ou Hamann, la décision de voter sur la base de listes uniques et d'attribuer les sièges selon des clés de répartition était finalement prise le 16 mai.

À l'issue du scrutin du 15 octobre, où la liste unique recevait 99,72 % des voix, le SED arrivait sans surprise en tête avec 100 sièges, CDU et LDPD[2] en obtenant chacun 60[3]. Ultime garantie d'un unanimisme politique qu'assurait le vote commun du SED, de ses épigones et des organisations de masse, une loi de décembre 1950 menaçait de poursuites quiconque, du fait de ses activités, pouvait se révéler une menace pour la paix.

Cette crispation du paysage politique n'était pas sans affecter également le SED qui, dès son congrès de juillet 1950, avait proclamé sa transformation en un « parti d'un nouveau type » destiné à dépasser les objectifs de 1946, jugés obsolètes. Le but était désormais de constituer non plus seulement une formation unifiée, témoin d'un temps où il s'agissait de rassembler communistes

1. Nuschke avait remplacé en 1947, à la tête de la CDU, Jakob Kaiser, écarté sur demande des autorités soviétiques.

2. Parti libéral démocratique d'Allemagne (*Liberal Demokratische Partei Deutschlands*).

3. En outre, le Parti paysan démocratique d'Allemagne (*Demokratische Bauernpartei Deutschlands*, DBD) et le Parti national-démocrate (*National-demokratische Partei Deutschlands*, NDPD) obtenaient 30 sièges chacun ; la Fédération syndicale allemande libre (*Freier deutscher Gewerkschaftsbund*, FDGB) en avait 40 ; la Jeunesse libre allemande (*Freie Deutsche Jugend*, FDJ), 20, tout comme la Fédération culturelle (*Kulturbund*) ; l'Association des victimes du nazisme (*Vereinigung der Verfolgten des Naziregimes*, VVN) et la Fédération démocratique des femmes d'Allemagne (*Demokratischer Frauenbund Deutschlands*, DFD) en obtenaient chacune 15 ; l'Association de la mutuelle agricole (*Vereinigung der gegenseitigen Bauernhilfe*, VdgB) et les coopératives se partageant les 10 sièges restants.

et sociaux-démocrates sous une même bannière, mais une avant-garde éclairée de la classe ouvrière, bref, de répondre pleinement au schéma marxiste-léniniste d'une formation d'élite destinée *in fine* à servir les objectifs de la politique soviétique et de son chef, Staline. À l'image du PCUS, le SED s'était ainsi en quelques mois intronisé en force unique, dont les autres formations ne pouvaient qu'être les faire-valoir, omnipotente et omnisciente, dont le poète Louis Fürnberg, dans son hymne resté célèbre (*Lied der Partei*, 1949), exaltait la puissance quasi divine : « Il nous a tout donné/ Le soleil et le vent [...]/ Ce que nous sommes, nous le sommes grâce à lui/ Il ne nous a jamais délaissés [...] le Parti, le Parti, il a toujours raison ! »

Réorganisé sur des bases plus exigeantes, le SED profitait de cette « restructuration idéologique » pour mener à bien une série de purges, destinées à la fois à réduire des effectifs qui, entre 1948 et 1950, n'avaient cessé de gonfler et à éliminer certains cadres éminents. Entre 1951 et 1952, le parti examine ainsi plus de 1,4 million de dossiers, excluant ou refusant plus de 320 000 membres et candidats et procédant à de multiples arrestations. D'anciens caciques tels Paul Baender, secrétaire d'État au Commerce, ou Leo Bauer sont ainsi obligés, à l'issue de procès publics auxquels la presse donne un large écho, de confesser leur duplicité au profit du grand capital ou leurs activités d'espionnage au profit de l'Ouest. D'autres, comme Willi Kreikemeyer, pourtant communiste de la première heure, membre des Brigades internationales pendant la guerre d'Espagne, connaissent une fin plus tragique[1]. Dans le même temps, la Hongrie et la Tchécoslovaquie se lancent elles aussi

1. Kreikemeyer sera ainsi retrouvé pendu dans sa cellule.

dans des procès de masse, tandis que le maccarthysme gagne la société américaine sur fond de guerre de Corée.

Collectivisation et encadrement de la société

Ce raidissement politique s'accompagne d'une transformation en profondeur des secteurs industriel et agricole ainsi que des modes d'organisation de la société.

D'entrée, le SED accordait ainsi, conformément au modèle soviétique, le primat à l'industrie lourde, au développement des industries de base, telles la chimie et l'énergie, afin de reconstituer au plus vite l'outil industriel mis à mal par la guerre et par les démontages soviétiques. L'accent était également mis, dès le congrès de 1950, sur l'augmentation volontariste de la productivité, dont le premier plan espérait le doublement pour 1955. De fait, le décollage semble rapide : la production d'acier atteint en 1953 plus de 2 millions de tonnes, soit un doublement par rapport à l'avant-guerre ; fin 1950, l'indice de la production industrielle dépasse le niveau de 1936, tandis que le développement de projets phares, tel le complexe d'Eisenhüttenstadt sur l'Oder, assure au régime une vitrine pour l'extérieur. Pourtant, ces quelques succès restent décevants : les objectifs du plan ne sont, à quelques exceptions près, pas atteints. Le secteur dit socialiste, constitué des entreprises « populaires » (VEB) en constante augmentation[1], peine à assurer sa rentabilité. L'accent mis sur l'industrie lourde a en outre créé d'évidents goulots d'étranglement au niveau de l'industrie des biens de consommation : viande et sucre sont en 1952 toujours rationnés ; les marchandises vendues dans les magasins d'État, malgré une baisse des

1. De 75 en 1949 le nombre d'entreprises nationalisées passe dès 1950 à près de 5 000, employant en 1953 plus de 1,7 million de personnes.

prix de près de 20 % entre 1948 et 1951, demeurent pour la plupart inaccessibles – le kilo de beurre coûte ainsi environ 24 marks en 1951 alors que la moyenne mensuelle des salaires ouvriers est inférieure à 312 marks brut. Enfin, le secteur de l'agriculture reste lui aussi à la traîne : la réforme agraire de 1945-1946 a certes opéré une redistribution attendue ; toutefois, les surfaces se révèlent souvent insuffisantes pour dégager de réels excédents (les parcelles créées ne dépassant guère les 7 hectares), d'autant que l'apport de fertilisant demeure limité. En 1951, 70 % du sol cultivable est occupé par des exploitants théoriquement indépendants, mais pour des surfaces variant entre 0,5 et 20 hectares.

Cette soviétisation jusqu'alors menée de façon empirique reçoit, lors de la IIe conférence du parti, le 9-12 juillet 1952, son coup d'envoi officiel. Le SED franchit alors une nouvelle étape en proclamant « la construction planifiée du socialisme » en même temps que le début de la « lutte des classes à l'intérieur ».

Il s'agit avant tout pour le régime de mettre un terme à la phase « libérale » de l'immédiat après-guerre, période d'entre-deux, faite d'hésitations et de prudence dans un contexte international encore instable et rempli d'incertitudes. En témoignait la Constitution de 1949, d'inspiration weimarienne, destinée autant à rassurer les oppositions qu'à entériner un état donné, appelé lui-même – et ce dès 1950 – à être dépassé : le texte du 7 octobre 1949 proclamait ainsi le caractère secret du scrutin (art. 51), la nécessité pour la puissance publique de servir le bien-être et la liberté du peuple (art. 3), la garantie des droits fondamentaux, c'est-à-dire, entre autres, le droit de grève (art. 14), la liberté de la presse, de parole, de réunion, la liberté religieuse (art. 8, 9, 41) ; il reconnaissait en outre aux Églises des droits inespérés, tels celui de dispenser un enseignement religieux (art. 40), y compris au sein des établissements scolaires (art. 44), ou celui de posséder des avoirs propres, que ce soit sous forme d'institutions, de fondations ou de biens meubles et immeubles (art. 45). Exceptionnelles pour un État du bloc de l'Est, ces lignes étaient avant tout le produit d'une politique dictée par les circonstances : fragilité de l'économie, manque d'assise durable face à des institutions reconnues et enracinées dans l'histoire comme les Églises. Ce compromis n'était, en 1952, plus de mise.

Alors que le culte de l'infaillibilité stalinienne atteint son summum, le SED entend désormais accélérer le développement des structures économiques du socialisme. Les objectifs du plan quinquennal sont systématiquement augmentés, notamment dans les domaines de la productivité et de la réduction des coûts de production. Jugée insuffisamment capable de répondre aux défis de la croissance, l'agriculture accentue la collectivisation, et la propriété privée agricole est appelée à « rejoindre la libre association des paysans en coopératives de production [LPG][1] », secondées par des « stations de prêt de machines », bientôt elles-mêmes transformées en stations de tracteurs et de machines (MTS).

L'entrée dans la nouvelle ère passe également par une socialisation accélérée des structures sociales, appelées à servir le socialisme. Les premières brigades sont apparues entre 1947 et 1948 sur le modèle des brigades de choc soviétiques, prélude au lancement de nouveaux

1. Ces nouveaux ensembles, également calqués sur le modèle soviétique, sont de trois types : seules les terres labourables sont mises en commun dans les LPG de type 1, tandis que les LPG de type 2 communautarisent le matériel agricole et une partie du cheptel ; la collectivisation est totale pour les LPG de type 3.

mouvements : les « brigades de qualité » en 1949 puis les « brigades de production » en 1950, qui visent à se substituer aux conseils d'entreprise de l'immédiat après-guerre afin d'assurer la domination du parti sur l'entreprise, mais aussi à encadrer l'initiative individuelle des premiers « héros du travail », dont la performance isolée appartient à une conception du travail jugée désormais dépassée[1].

Les organisations de masse ont elles aussi préparé cette nouvelle étape vers le socialisme en fournissant non seulement des structures mais également des mots d'ordre, des actions phares destinées à la fois à briser les oppositions et à galvaniser la population. Dans ce lent travail de transformation socioculturelle, la jeunesse se voit d'entrée réserver une place à part : génération en devenir, promesse de société future, elle incarne par excellence la nécessaire avant-garde du socialisme. Créée en 1946, hiérarchisée en 1947, l'organisation dite de la Jeunesse libre allemande (*Freie Deutsche Jugend*, FDJ) est utilisée sans réserve par le SED pour mener la bataille : mobilisation en faveur de la construction du « barrage de la paix » à Sosa, près de Karl-Marx-Stadt, aide à la réalisation du complexe sidérurgique d'Eisenhüttenstadt (1951-1954), publication de lettres ouvertes durant l'hiver 1952-1953 dénonçant « le caractère rétrograde de la direction de l'entreprise », ou encore offensive contre les Jeunesses protestantes, seule organisation de jeunesse encore concurrente[2].

Cette mobilisation tous azimuts s'accompagne en effet d'une lutte désormais sans fard contre les Églises,

1. Voir Sandrine Kott, *Le Communisme au quotidien. Les entreprises d'État dans la société est-allemande*, Paris, Belin, 2001, p. 127.
2. *Ibid.*, p. 204.

et particulièrement les Églises protestantes, seule force sociale encore en mesure d'opposer une résistance au régime. Alors que les catholiques, traditionnellement minoritaires à l'Est, ont dès 1946 massivement émigré à l'Ouest, faisant perdre à leur confession près de 50 % de sa population en un peu plus de cinq ans, les Églises protestantes sont, elles, fermement ancrées dans le paysage, considérant même cette partie orientale comme le berceau du luthéranisme. Délaissant l'approche prudente des débuts pour une répression devenue systématique à partir de la conférence de juillet 1952[1], le SED multiplie les vexations, les arrestations de pasteurs et de laïcs, utilisant campagnes de presse et accusations calomnieuses, s'attaquant violemment aux groupes des Jeunes Communautés (*Junge Gemeinden*), dont il fait interdire les rassemblements et disperse les manifestations, refusant ainsi aux Églises une présence au sein d'une jeunesse sur laquelle le parti entend affirmer son monopole.

Ce tour de vis idéologique de juillet 1952, cette identification totale à l'Union soviétique s'étendaient enfin au monde de la culture.

Sans doute ne peut-on réellement parler de tournant, tant la pression sur le monde des arts fut constante à partir de 1949-1950, mais plutôt de l'officialisation d'une politique dont les actes étaient à présent érigés en credo. Ainsi, dès 1949, le parti communiste avait, à plusieurs reprises, affirmé la nécessité pour les artistes de s'inspirer plus largement des réalités sociales, suivant en cela la vision du Grand Frère : en 1948, Alexander Dymschitz, dont l'approche au sein de l'Administration

1. Voir sur cette interprétation les pages éclairantes de Detlef Pollack in *Kirche in der Organisationsgesellschaft*, Stuttgart-Berlin-Cologne, Kohlkammer, 1994, p. 113 *sq*.

militaire en Allemagne passait volontiers pour ouverte et libérale, estimait que le « refus du réalisme conduisait immanquablement à un appauvrissement de l'acte créateur[1] ».

Alors que, depuis Moscou, le vent de la critique soufflait déjà contre l'« intellectualisme » ou des œuvres jugées « décadentes » et taxées de symboles de « dégénérescence et de décomposition »[2], le SED, lors de la 5e session de son comité central (15-17 mars 1951), franchissait un nouveau pas en décrétant « la lutte contre le formalisme dans l'art », accusant ce dernier de faire obstacle à l'acculturation des travailleurs, exigeant l'imitation pleine et entière de l'art soviétique. Ulbricht en personne devait accuser les artistes lors de la conférence du 9-12 juillet 1952 de ne pas produire suffisamment de films, prélude à la reprise en main systématique de la DEFA, appelée à livrer des œuvres témoignant de « la lutte pour la construction du socialisme, des problèmes des campagnes […] présentant les personnalités exceptionnelles de l'histoire de notre peuple[3] ». Comme le souligne Dagmar Schittly, « la décision du Politburo [consécutive à la conférence de 1952] devait avoir des conséquences à très long terme sur l'industrie cinématographique de RDA. La diversité des styles et des thèmes abordés appartenait désormais au passé[4] ». Dès 1952, les critiques frappent certaines productions de Slatan Dudow, qui, depuis *Kuhle Wampe* (1930), est pourtant

1. Cité par Dagmar Schittly, *Zwischen Regie und Regime*, Berlin, Links, 2002, p. 43.

2. Voir Ilse Spittmann et Gisela Helwig (dir.), *DDR-Lesebuch. Stalinisierung 1949-1955*, Cologne, Deutschland Archiv im Verlag Wissenschaft und Politik, 1991, p. 89 *sq*.

3. Elimar Schubbe (dir.), *Dokumente zur Kunst-, Literatur- und Kulturpolitik der SED*, Stuttgart, Seewald, 1972, p. 240.

4. Dagmar Schittly, *op. cit.*, p. 52.

une légende vivante du cinéma prolétarien[1] : son film *Destins de femmes* (*Frauenschicksale*, 1952), source d'optimisme dans la construction du socialisme, subit ainsi les attaques de la Fédération démocratique des femmes d'Allemagne (DFD). L'œuvre de Falk Harnack, *La Hache de Wandsbek* (*Das Beil von Wandsbek*, 1951), qui, tout en dénonçant l'attitude de la bourgeoisie et les manquements des intellectuels dans leur lutte contre le fascisme, s'inspire de faits réels en racontant l'histoire d'un boucher promu bourreau pour exécuter quatre communistes en 1934, est finalement interdit malgré ses 800 000 spectateurs en un mois, les autorités lui reprochant son insuffisante compassion pour les victimes[2].

Sont alors privilégiées les productions anticapitalistes, dans le droit fil de l'œuvre de Kurt Maetzig qui, avec *Le Conseil des dieux* (*Der Rat der Götter*, 1950), avait déjà dénoncé la collusion entre nazisme et capitalisme, tout en prophétisant, dans des scènes finales de liesse, l'avenir radieux du socialisme. Désormais, les attaques sont plus directes, à l'image du *Village condamné*, de Martin Hellberg (*Das verurteilte Dorf*, 1952) : prévenu de son évacuation prochaine en raison de l'installation d'une base américaine, le village ouest-allemand de Baerenweiler entre en résistance contre l'arrogance et le cynisme de la puissance occupante ; alors que son action, condamnée par la justice et par l'Église, semble vouée à l'échec, entraînant même le suicide de certains habitants, le film se termine par la mobilisation des populations villageoises alentour et celle des ouvriers de la ville qui, dans les scènes finales, contraignent les militaires américains

1. Voir pour ces développements *ibid.*, p. 57 *sq.*

2. Voir l'ouvrage de référence sur le cinéma est-allemand de Cyril Buffet, *Défunte DEFA. Histoire de l'autre cinéma allemand*, Paris-Condé-sur-Noireau, Cerf-Corlet, 2007, p. 77.

à reculer, sauvant ainsi Baerenweiler de la destruction. Tenue en haute estime par les instances dirigeantes du SED, la production de Hellberg rassemblait de fait un ensemble d'ingrédients qui, dans le contexte des années 1950, ne pouvait que faire mouche : grève de la base, leader charismatique en la personne de l'ancien prisonnier de guerre Heinz, union de la paysannerie et de la classe ouvrière contre le militarisme et l'impérialisme, bien sûr, mais également une action située en pleine campagne, construite sur le communautarisme paysan, et ce, à la fois à la veille d'une collectivisation déjà annoncée et à l'heure où le film ouest-allemand tentait, par le biais des *Heimatfilme*, de retrouver une normalité perdue.

À côté de ces attaques antioccidentales, les nouveaux courants artistiques privilégient désormais de façon plus systématique l'héroïsation du socialisme : une série de films consacrée au leader communiste Ernst Thälmann est ainsi lancée dès 1953, tandis que les valeurs socialistes, que ce soit dans le travail ou dans les rapports amoureux, sont mises en avant dans *Amour d'été* (*Sommerliebe*, 1955) de Franz Barrenstein ou *Destins de femmes* (*Frauenschicksale*, 1952) de Slatan Dudow. Face à un Ouest fallacieux, trompeur et décadent, la nouvelle patrie du socialisme incarne la droiture, le dévouement et l'honnêteté. Les films pour enfants eux-mêmes diffusent cette nouvelle morale, leurs héros contribuant, par leur action, à l'arrestation de criminels (ainsi dans *L'Épave mystérieuse* [*Das geheimnisvolle Wrack*, 1954] de Herbert Ballmann ou dans *Alarme au cirque* [*Alarm im Zirkus*, 1954] de Gerhard Klein) ou diffusant des messages plus simples : dans *L'Histoire du petit Muck* (*Die Geschichte vom kleinen Muck*, 1953) de Wolfgang Staudte, succès phénoménal qui attire 12 millions de spectateurs, l'amitié se révèle plus payante que la richesse.

La peinture n'est pas en reste : les toiles de Werner Ruhner (*8 mai 1945*, 1952) ou de Rudolf et Fritz Werner (*Amitié*, 1952) célèbrent l'entente avec le Grand Frère ; celle de Harald Hellmich et Klaus Weber intitulée *Les Pilotes les plus jeunes* (1953), en représentant de jeunes enfants en tenue de pionniers au sommet d'une colline, des avions dans les mains, s'inspire directement du célèbre cliché du blocus de Berlin qu'elle réinvestit pour mieux le détourner. La construction du socialisme reste cependant le thème le plus présent de la nouvelle peinture est-allemande : réunions de travail (*La Cellule du parti*, 1953, d'Alfred Fritzsche), portraits de travailleurs (*Le Nouveau Propriétaire*, 1951, de Hermann Bruse), réalisations du nouveau régime (*La Première Rue socialiste d'Allemagne*, 1953, représentant la Stalinallee de Berlin, par Franz Reiz)[1].

Un échec patent

Le rejet global d'un État paradoxalement instable

La RDA n'affiche alors qu'une stabilité de façade. Sans doute certains choix du SED semblent déjà irréversibles. La réalité, tant politique que sociale, laisse cependant entrevoir des lignes de faille qui, si tant est qu'elles aient jamais disparu, ne se refermeront pour une part d'entre elles qu'après 1955 et, de façon plus radicale, après 1961.

Soumise à une réalité quotidienne extrêmement difficile, la population, qui continue à quitter en masse le

1. On peut voir toutes ces toiles dans Martin Damus, *Malerei der DDR*, *op. cit.*, p. 102 *sq.*

territoire[1], demeure dans son ensemble hostile au régime : le ravitaillement en produits de première nécessité reste précaire, alors que l'aide soviétique, à la différence de la munificence américaine via le plan Marshall, n'arrive pas ou de façon irrégulière ; les salaires stagnent ; le pouvoir d'achat est-allemand demeure au début des années 1950 très loin de son niveau de 1936. Si l'état du logement reste défectueux dans toute l'Allemagne, en raison tant des destructions de la guerre que de l'accueil massif de réfugiés en provenance des anciens territoires du Reich tombés dans le giron polonais, tchèque ou russe, la RDA se distingue de la République fédérale par son absence quasi totale de moyens accordés à ce secteur[2] : en 1950, la part du budget consacrée à la politique du logement est d'à peine 0,33 %, pour tomber à 0,1 % en 1955[3], la priorité étant accordée à la remise en place de l'industrie lourde. De là une situation très difficile dans la plupart des villes de la République démocratique, avec une surpopulation dans des logements insalubres, voire des caves, des logements datant tous ou presque des années 1920 ou 1930, et que ne peuvent faire oublier les quelques réalisations de prestige, tels les bâtiments de la Stalinallee à Berlin-Est.

Au-delà, en dépit de la disparition de la SMAD en octobre 1949, que prolonge la Commission de contrôle, la tutelle militaire soviétique est, de fait, toujours très durement ressentie : la politique des démontages s'est

1. Après l'« accalmie » de 1951 (165 648 départs succédant aux quelque 200 000 de 1950), la tendance redémarre à la hausse en 1952 : 186 000 fugitifs, puis 300 000 en 1953.

2. Voir Jay Rowell, *Le Totalitarisme au concret. Les politiques du logement en RDA*, Paris, Economica, 2006.

3. Voir Eli Rubin, *Amnesiopolis. Modernity, Space and Memory in East Germany*, Oxford, Oxford University Press, 2016, p. 21, cité par Emmanuel Droit, *24 Heures de la vie en RDA*, Paris, PUF, 2020, p. 98.

effectuée le plus souvent sans ménagement ni discernement, pénalisant durablement l'appareil de production. Cette hostilité à l'égard de l'occupant se nourrit, du reste, d'un anticommunisme resté, chez la plupart, farouche, attisé par le souvenir de la violence des premiers mois d'occupation. Longtemps demeurée taboue en raison à la fois de la chape de plomb imposée par le nouveau régime et, sans doute, de la mauvaise conscience d'une population qui n'ignorait pas le sort réservé aux femmes slaves par la soldatesque allemande, la question des innombrables viols commis par l'armée d'occupation soviétique entre 1945 et 1947-1948 résonne encore dans les esprits[1].

Ce refus encore très perceptible de la nouvelle réalité socialiste s'exprime de façon manifeste dans le soutien sans faille accordé jusqu'en 1954-1955 aux Églises, qui se comprennent alors comme un bastion de la liberté. Dès 1949, la très panallemande et très occidentale EKD (Église évangélique d'Allemagne) n'a-t-elle pas choisi son camp en déclarant que « l'unité du peuple allemand, dont nous souffrons la perte avec l'ensemble de notre peuple, ne saurait être achetée par l'abandon de [l']honneur et de [la] liberté[2] » ? Son président, Otto Dibelius, continuait par ailleurs d'affirmer que la RDA n'était qu'un « nuage passager » qui finirait par se dissoudre dans le ciel[3]. Au-delà des expressions lyriques volontiers provocatrices,

1. Dans la seule ville de Berlin, uniquement pour l'été 1945, on compte entre 100 000 (estimation la plus basse) et 800 000 (estimation haute) viols pour une population féminine de 1,4 million de personnes. En outre, 10 000 femmes auraient été tuées entre 1945 et 1946 pour avoir résisté. Voir Ilko-Sascha Kowalczuk et Stefan Wolle, *Roter Stern über Deutschland. Sowjetische Truppen in der DDR*, Berlin, Links, 2001, p. 35 *sq*.

2. In *Kirchliches Jahrbuch*, vol. 76, 1949, p. 253.

3. Lors d'un entretien à la radio américaine de Berlin (RIAS) réalisé le 22 janvier 1958, le président de l'EKD Otto Dibelius avait encore parlé, à propos de la RDA, d'un « nuage passager ».

cette Église n'entendait pas, après douze années de dictature brune, se faire imposer sa conduite. Conscientes de leur rôle moral mais aussi de leur responsabilité devant l'histoire, soucieuses de s'opposer, après les affres du *Kirchenkampf*[1], à toute nouvelle intrusion ou à toute violation des droits de l'Homme, et ce, peut-être d'autant plus facilement qu'il s'agissait d'un régime à l'idéologie traditionnellement honnie, les Églises n'étaient guère disposées en outre à se laisser cantonner dans la sphère du religieux. Comme le souligne avec justesse Detlef Pollack, « sur la base de son expérience engrangée sous le nazisme, l'Église montra qu'elle était intéressée à exercer une responsabilité […] La politique national-socialiste visant à écarter l'Église du domaine public était encore présente à l'esprit des responsables ecclésiastiques. Il ne devait pas être une deuxième fois possible de séparer le peuple de l'Église[2] ». Sous forme de déclarations en chaire, de lettres d'information, de recours à la Constitution, s'appuyant sur les dons et les aides diverses d'une population payant massivement l'impôt ecclésiastique[3], les Églises de RDA semblaient même, finalement, faire plier le régime qui, par un communiqué du 9 juin 1953, annonçait, en même temps qu'un « nouveau cours », l'annulation des mesures prises contre les Jeunes Communautés protestantes et la fin des arrestations.

Cette fragilité du régime trouvait donc d'abord sa source dans un déficit démocratique patent et dans

1. Le *Kirchenkampf* désigne avant tout la lutte menée, dès le début du nazisme, par une partie des Églises protestantes, bientôt rassemblées au sein de l'Église confessante (*Bekennende Kirche*), contre les tentatives de simplification du contenu même de la foi et l'instrumentalisation qui pouvait en être faite par le pouvoir national-socialiste.

2. Detlef Pollack, *op. cit.*, p. 85.

3. Les Églises protestantes comptent officiellement 14 millions de membres en 1946, sur une population de 18 millions d'habitants.

le peu de soutien d'une population encore décidée à s'ancrer dans des structures traditionnelles. En outre, les citoyens de RDA restaient, pour une part non négligeable, convaincus que la légitimité de la RDA était trop fluctuante pour s'installer durablement dans le paysage : non seulement l'exode vers la République fédérale témoignait sans discontinuer de ce désamour, mais des institutions panallemandes, comme les Églises, continuaient après tout d'exister. En outre, les tensions créées, également en interne, par les réformes de l'État socialiste minaient parfois les piliers qui paraissaient les plus solides. L'enseignement, naturellement perçu comme un élément clé de la transformation de la société par le nouveau régime, offrait ainsi un visage et un bilan bien plus contrastés que ne le laissait supposer l'apparente unité, comme l'a fort bien montré Emmanuel Droit[1]. En privilégiant les sciences et la formation au monde du travail sur l'approche classique des humanités, en instaurant rapidement un cursus dit « polytechnique », le régime avait en effet rencontré l'opposition d'une bonne partie des enseignants de la génération d'avant-guerre, qui, tout en s'appuyant sur des parents d'élèves encore dubitatifs sur les perspectives de la RDA, avaient mis fort peu d'enthousiasme à suivre les directives du parti. Pire, les nouveaux enseignants recrutés massivement dès les lendemains de la guerre par un pouvoir désireux de renouveler au plus vite l'encadrement scolaire, et qui, de ce fait, devaient tout au parti, s'étaient en fait révélés des auxiliaires moins zélés qu'espéré, notamment du fait de leur faible marge de manœuvre ou de la concurrence

1. Voir Emmanuel Droit, *Vers un homme nouveau ? L'éducation socialiste en RDA (1949-1989)*, Rennes, Presses universitaires de Rennes, 2009, surtout, pour ces années, les chapitres 2 à 5.

des organisations de jeunesse, Jeunes Pionniers puis FDJ, dont ils goûtaient fort peu l'influence. Symbole de ce décalage et de ce désenchantement, près de 2 % de ces enseignants quittaient chaque année le pays et émigraient à l'Ouest.

Par ailleurs, jusqu'en 1952, la RDA ne représentait, sur l'échiquier stalinien, qu'une pièce parmi d'autres, susceptible d'être échangée ou sacrifiée[1]. D'entrée, l'idée d'une zone allemande soviétisée ne semble pas avoir été, pour Staline, aussi logique et nécessaire qu'il pouvait y paraître, même si, au final, la République démocratique reste sa création. Cette Allemagne ne l'intéressait que dans la mesure où elle pouvait aider, d'une part, par le gage économique qu'elle constituait, l'URSS à se reconstruire, et, d'autre part, à élargir le glacis protecteur séparant la Russie soviétique de ses ennemis potentiels. Dès lors, une Allemagne unie, neutralisée et démilitarisée représentait un avantage bien plus important qu'une République démocratique pauvre et dépendante de l'aide du Grand Frère. Sans doute la politique du maître du Kremlin reste-t-elle, en définitive, difficilement lisible, remplie d'hésitations et de palinodies. Il est cependant important de mesurer toute l'ambiguïté qui, dès le départ, marque les rapports du jeune SED et du PCUS pour comprendre la difficulté du régime est-allemand à louvoyer entre une population hostile et un Grand Frère longtemps incertain. Ces incertitudes, présentes dès 1946, et qui avaient paru s'éloigner avec la montée de la guerre froide et la fondation du régime, semblent ressurgir en 1952 lorsque l'URSS, le 10 mars, fait parvenir une « note » aux Occidentaux. Ce

1. Voir sur ce thème l'ouvrage éclairant de Wilfried Loth, *Stalins ungeliebtes Kind*, *op. cit.*

document, resté sous le nom de « note de Staline », proposait, à l'issue d'un traité de paix, de restaurer un État allemand unifié, Moscou se déclarant prêt, le 9 avril, à des élections libres générales soumises à une commission de contrôle quadripartite.

Certes, cette proposition s'est immédiatement heurtée à la méfiance des Occidentaux, qui insistaient sur la possibilité, pour cette nouvelle Allemagne, de rejoindre le tout jeune projet de Communauté de défense, perspective inimaginable pour Staline. Toutefois, en dépit des incertitudes planant encore aujourd'hui sur le sérieux et les motivations profondes de cette « note »[1], cet épisode reste emblématique des premières relations entre le parti communiste est-allemand et son modèle proclamé : pris à contre-pied par une proposition à laquelle il devait se ranger en mai 1952, le SED ne pouvait ignorer le caractère équivoque de ces échanges[2].

Le 17 juin ou la fondation intérieure de la RDA[3]

Souvent considéré comme une révolte ouvrière ponctuelle aussitôt étouffée par les chars soviétiques,

1. Voir sur ces débats la série d'articles de Jochen P. Laufer, « Die UdSSR, die SED und die deutsche Frage », et Gerhard Wettig, « Übereinstimmung und Auseinandersetzung über die sowjetische Deutschlandpolitik im Frühjahr 1952 », in *Deutschland Archiv*, vol. 26, 1993, p. 1201 *sq*.

2. En juin 1953, soit après la mort de Staline, et alors que Beria semble à son tour envisager de prendre ses distances avec la RDA, le journal des forces d'occupation soviétiques, *Tägliche Rundschau*, parle encore, à propos du « nouveau cours » engagé par le SED, de mesures « ayant pour fins ultimes la réunification au sein d'un État allemand uni ».

3. Sur le 17 juin, voir les approches nouvelles de Ilko-Sascha Kowalczuk, Armin Mitter, Stefan Wolle (dir.), *Der Tag X – 17. Juni 1953. Die « Innere Staatsgründung » der DDR als Ergebnis der Krise 1952/54*, Berlin, Links, 1995 ; d'Ilko-Sascha Kowalczuk, *17. Juni 1953. Volksaufstand in der DDR. Ursachen-Abläufe-Folgen*, Brême, Temmen, 2003. Également les débats recensés dans « Der 17. Juni-vierzig Jahre danach. Podiumsdiskussion »,

le 17 juin 1953 apparaît bien plus aujourd'hui dans l'histoire de la jeune République démocratique allemande comme la date symbole d'une période de crise qui mobilisa une large part de la population et s'étendit en réalité jusqu'au IVe congrès du SED (avril 1954). Plus qu'un mouvement de colère spontanée, le 17 juin fut à la fois l'expression et le détonateur de journées aux intentions clairement révolutionnaires, s'étendant à l'ensemble du territoire de la RDA sur une durée de plusieurs mois[1] et ébranlant profondément, par ses aspirations démocratiques, la dictature en place, qui ne dut son salut qu'à l'aide militaire de Moscou. Pour longtemps, ces journées resteront gravées dans la mémoire des dirigeants est-allemands, qui, totalement surpris par l'ampleur des manifestations, en conserveront jusqu'à la fin de la RDA le souvenir traumatique : encore en août 1989, le chef de la Stasi, Erich Mielke, se demandera si les turbulences qu'avait alors traversées le régime étaient un signe avant-coureur, ou pas, d'un nouveau 17 juin.

La IIe conférence du 9 juillet 1952, en même temps qu'une nouvelle étape dans la construction du socialisme, avait accéléré la transformation de la RDA en un camp retranché et productiviste. La brutalité de cette mutation et la quadrature du cercle imposée par un pouvoir incapable de réalisme économique n'avaient pas tardé à provoquer une réaction générale de rejet,

---

in Jürgen Kocka et Martin Sabrow (dir.), *Die DDR als Geschichte. Fragen-Hypothesen-Perspektiven*, Berlin, Akademie Verlag, 1994.

1. Différents travaux ont établi que ces mouvements se sont développés dans plusieurs centaines de lieux, dépassant donc le seul épisode berlinois, qui attire l'essentiel de l'attention occidentale. Voir par exemple l'étude de Heidi Roth, *Der 17. Juni in Sachsen*, Cologne, Böhlau, 1999, ou celle de Hans-Peter Löhn, *Spitzbart, Bauch und Brille – sind nicht des Volkes Wille ! Der Volksaufstand am 17. Juni in Halle an der Saale*, Brême, Temmen, 2003.

d'autant plus vif que les nouvelles exigences s'accompagnaient d'une dégradation croissante du niveau de vie, provoquée tant par la désorganisation de la machine économique que par une répression érigée en système. Dans ce contexte de mécontentement grandissant, que traduisaient la montée des arrêts de travail spontanés et des grèves à répétition depuis l'hiver 1952, l'annonce faite le 14 mai 1953 par le comité central du SED d'augmenter les normes de production de 10 % en moyenne pour des salaires inchangés avait cristallisé nombre de haines et de frustrations auxquelles, moins d'un mois plus tard, un communiqué du SED semblait donner raison. De plus, avec la mort de Staline en mars 1953 et l'avènement d'une troïka hostile à la politique de répression d'Ulbricht, le contexte politique avait momentanément fragilisé le SED, qui semblait céder aux pressions de Moscou.

Le 9 juin 1953, le Parti socialiste unifié revenait donc en arrière et reconnaissait publiquement ses erreurs, stigmatisant des décisions jugées hâtives et parfois déraisonnables, bref, mettant en porte à faux tant la direction du parti que les milliers de cadres supposés agir en son nom sur le terrain. Dans le sillage de ce coup d'arrêt, le SED procédait à une série de mesures d'amnistie, renonçant à poursuivre les paysans en retard de leurs livraisons, annulant les hausses de prix de certains produits de base, revenant enfin sur les normes encore exigées quelques mois plus tôt. Ce *mea culpa* fut immédiatement reçu par une large partie de la population comme un signal : celui d'une banqueroute annonçant la fin de l'hégémonie du SED et, avec elle, la possible disparition de la RDA. Avant même le 16 juin et la grande manifestation de Berlin, les revendications abandonnaient le terrain technique (le retrait des hausses de normes de production) pour investir le terrain politique et réclamer dans un même élan la chute du gouvernement et des élections libres, transformant les mouvements de mécontentement éclatant un peu partout en RDA entre le 16 et le 21 juin 1953 en manifestations révolutionnaires, auxquelles la répression des blindés soviétiques ne devait mettre un terme que provisoire. À partir du début juillet, et jusqu'au début de l'année 1954, commençait en effet une seconde vague de grèves, avant tout située dans les campagnes et prenant la relève d'un mouvement ouvrier déjà brisé par la force. Sans doute serait-il excessif de parler d'un soulèvement généralisé : comme le souligne l'historien Ilko-Sascha Kowalczuk, un tiers de la population se cantonnait alors dans une hostilité passive, un tiers profitant des événements pour exprimer son opposition farouche, le dernier tiers s'étant déjà accommodé du régime[1]. Toutefois, la participation massive, dans toute la RDA, de la classe ouvrière aux journées de juin, notamment à travers la révolte des grands centres industriels de Leuna, Buna ou Hennigsdorf, la relève prise par les paysans à partir de l'automne jusqu'à l'été 1954, longtemps restée méconnue en raison de formes de résistance moins immédiatement visibles[2], sans compter la participation plus marginale d'autres catégories de la population (étudiants, employés) suffisent pour parler de révolution spontanée.

Au-delà des 21 tués relevés au soir du 17 juin, des 19 condamnations à mort prononcées par les tribunaux soviétiques et des milliers d'arrestations (entre 8 000 et 10 000 fin juillet), qui révélaient l'ampleur du

1. Ilko-Sascha Kowalczuk, « Volkserhebung oder Geistesarbeiter ? », *in* Ilko-Sascha Kowalczuk, Armin Mitter, Stefan Wolle (dir.), *op. cit.*, p. 167 *sq.*

2. Voir le chapitre toujours actuel de Stefan Brant intitulé « Die Bauernrebellion », in *id.*, *Der Aufstand. Vorgeschichte, Geschichte und Deutung des 17. Juni 1953*, Stuttgart, Steingrüben, 1958, p. 246 *sq.*

traumatisme, les événements de juin ne débouchaient au SED sur aucune remise en question politique réelle. À l'issue d'une crise qui avait failli l'emporter et qui avait également révélé la faillite d'une partie de ses troupes à soutenir efficacement les instances dirigeantes[1], le parti estimait au contraire que seuls de coupables excès de tolérance et de laxisme avaient pu conduire à cette épreuve de force. À partir de 1954, une reprise en main s'accompagnait d'une répression à la fois plus habile et plus systématique, en cela cette fois soutenue par l'Union soviétique, qui ne pouvait, dans ce moment d'extrême fragilité du pouvoir, faire montre de faiblesse.

En ce sens, le 17 juin 1953 marque, en même temps que la fin des espoirs de changement et le triomphe de l'intransigeance d'un Walter Ulbricht conforté dans ses prérogatives, l'entrée de la RDA dans une ère de plus grande stabilité, certes toujours fondée sur la contrainte. En définitive, cette révolution manquée n'avait pas seulement montré l'inanité de toute résistance violente : elle devait permettre au régime d'opérer une pause débouchant sur une reprise en main plus habile, transformant les journées de juin en véritable « fondation intérieure » de la République démocratique.

1. Environ 6 % des personnes arrêtées entre juin et juillet appartenaient au SED. Voir Hermann Weber, *Geschichte der DDR*, Munich, DTV, 1999, p. 166.

Chapitre 21

La fin du « nuage passager[1] » et la consolidation du régime

La déstalinisation avortée : purge politique et consécration de Walter Ulbricht

L'insuffisante mobilisation des membres du parti pendant les journées de juin avait convaincu le SED de la nécessité d'opérer une nouvelle série de purges, destinées à resserrer davantage les rangs. À partir de juillet 1953, de nombreuses commissions allaient ainsi à nouveau examiner le passé de centaines de milliers de communistes, procédant à d'importantes exclusions et rétrogradations.

La direction du parti elle-même subissait le contrecoup du 17 juin. Début juillet, la plupart des responsables du Politburo, à l'image d'Elli Schmidt, bientôt condamné, ainsi que des membres du gouvernement, comme le très influent Ernst Wollweber, ministre de la Sécurité, se prononçaient en faveur de la démission de Walter Ulbricht. Et bien que le Kremlin, lui-même en pleine bataille de succession, ait tranché dès juillet en faveur de ce dernier, préférant la continuité rassurante aux incertitudes du changement, le malaise devait se poursuivre

1. Selon l'expression d'Otto Dibelius le 22 janvier 1958 à la radio américaine de Berlin (RIAS) (voir *supra*).

jusqu'en 1957-1958. En dépit d'une stabilité de façade, les comptes n'avaient à l'évidence pas été soldés. Les critiques et les accusations portées à l'égard du chef du parti lors des sessions de 1955 destinées à préparer la IIIe conférence du SED, restées longtemps secrètes, témoignent des dissensions qui agitaient encore le parti à cette date : on y trouve ainsi des propos particulièrement virulents sur l'immobilisme du pouvoir, les échecs retentissants de l'industrie, les effectifs pléthoriques de l'administration ou encore la gravité de la situation.

Dans ce contexte, les révélations du XXe congrès du Parti communiste soviétique sur les crimes staliniens constituaient pour Ulbricht un danger majeur : gardien du dogme, fervent admirateur du guide suprême, l'homme fort de la RDA ne pouvait échapper aisément au risque d'une déstalinisation en germe, qui plus est lorsque celle-ci venait servir les ambitions de certains de ses concurrents directs, à l'image de Karl Schirdewan, devenu, depuis le remaniement de la direction « collective » en juillet 1953, numéro deux du SED, ou encore celles des partisans d'une troisième voie.

Toutefois, en dépit d'une conjoncture hostile, Walter Ulbricht devait s'imposer et s'affirmer, à la fin des années 1950, comme le chef incontesté d'un parti et d'un État pleinement maîtrisés.

Cette capacité à traverser une crise qui aurait pu, voire dû, l'emporter tient en premier lieu à une étonnante faculté à s'adapter aux circonstances et à opérer des volte-face magistrales sans jamais, pour autant, se déjuger.

Dès le rapport du XXe congrès connu, Ulbricht avait en effet emboîté le pas à Khrouchtchev, sans excès, mais également sans ambiguïté. La dénonciation du stalinisme empruntait ainsi un chemin résolument feutré, Ulbricht affirmant dans son article du *Neues Deutschland* du 4 mars 1956 que « Staline n'était pas un classique du marxisme-léninisme », tout en pourfendant la trahison des trotskistes et des opposants historiques au stalinisme. Ce mélange de ralliement à la nouvelle URSS et de refus d'admettre les tragiques erreurs du passé était tout entier présent lors de la IIIe conférence du parti (24-30 mars 1956), qui ne devait guère aller au-delà de quelques vagues regrets. Seuls signes tangibles du changement de l'été 1956, près de 21 000 condamnés allaient être graciés, parmi lesquels le secrétaire d'État Paul Baender, tandis que d'autres figures politiques tombées en disgrâce pendant la période stalinienne du régime se voyaient réhabilitées, tel le très populaire Franz Dahlem, qui, bien que résistant et membre de la Chambre du peuple depuis 1949, s'était vu reprocher ses liens avec le KPD occidental et avait été, en 1953, brutalement démis de ses fonctions. Dans le même temps, toutefois, nombre d'opposants des années 1950, comme Wilhelm Zaisser ou Paul Merker, restaient frappés d'opprobre. Signe des temps, Ulbricht profitait de la conférence pour proposer une socialisation de l'industrie plus attentive, moins radicale, et l'introduction, pour le second plan, de la semaine de 40 heures dans certaines branches. En dépit des échecs évidents de l'économie est-allemande, la promesse de lendemains qui chantent, notamment par l'imitation du Grand Frère, devait permettre de faire oublier le choc des révélations de février 1956 en même temps que les nécessaires réformes politiques.

Servi par son sens tactique, Ulbricht l'était également par les circonstances. Le soulèvement de Poznan, en juin 1956, et, plus encore, la révolte de Budapest en octobre-novembre avaient montré à Moscou les limites de la déstalinisation et le risque de voir l'ensemble de l'édifice s'écrouler sous les coups de boutoir de la révision. Face aux doutes qui fragilisaient le bloc de l'Est, la RDA d'Ulbricht, hier mal aimée, devenait peu à peu une pièce maîtresse sur laquelle l'URSS pouvait s'appuyer.

Cette longévité s'explique enfin par l'éclatement d'une opposition agissant en ordre dispersé, dont les solutions alternatives et les demandes de réforme ne pouvaient qu'exaspérer Moscou, tout entier obsédé, après les événements de Hongrie, par l'idée de consolidation. Le seul à émettre des critiques à l'égard de la direction du parti lors de la IIIe conférence du SED, pourtant décisive car suivant immédiatement le congrès du PCUS, est ainsi Willi Bredel, communiste dès les années 1930 et membre du comité central, dont la remise en question d'Ulbricht reste prudente, plus interrogative qu'accusatrice, centrée sur le culte de la personnalité et proposant, au travers de circonvolutions, d'essayer de « faire preuve de davantage d'autocritique ».

Moins d'un an plus tard, les attaques du groupe uni autour du professeur de philosophie Wolfgang Harich à l'encontre d'Ulbricht rappelaient trop certaines des revendications polonaises ou hongroises pour pouvoir s'imposer. Aux côtés d'autres intellectuels, comme Manfred Hertwig, secrétaire de rédaction de la *Revue allemande de philosophie*, comme Walter Janka, directeur des éditions Aufbau, ou comme Heinz Zöger, rédacteur du magazine culturel *Sonntag*, Harich avait ouvertement proposé, dans une « plateforme » commune, une série de réformes destinées à sortir la RDA de son marasme sans pour autant remettre en question sa place dans le socialisme : le texte envisageait ainsi un détachement du modèle soviétique, la transformation de la Chambre du peuple en un parlement démocratique, la suppression de ministères jugés inutiles et coûteux, ou encore la fin de la collectivisation.

Ces analyses constituaient pour Ulbricht une menace d'autant plus sérieuse qu'elles trouvaient au sein de la direction du parti un évident soutien en la personne de Karl Schirdewan et d'Ernst Wollweber qui, depuis 1955, forts du choc des révélations du rapport Khrouchtchev, entendaient, aux côtés de membres du Politburo comme Fred Oelssner, poursuivre la déstalinisation. Toutefois, la condamnation, lors de la conférence mondiale des partis communistes de novembre 1957, du révisionnisme comme source de toutes les déviations, et, plus encore, l'indéfectible soutien de personnalités influentes, comme Hermann Matern ou Otto Grotewohl, ou montantes, comme Willi Stoph ou surtout Erich Honecker, devaient rapidement condamner cette tentative de troisième voie.

À partir de mars 1957, les membres du groupe Harich étaient ainsi condamnés, les uns après les autres, à de lourdes peines de prison, tandis qu'en octobre les sympathisants, hier proches de Schirdewan, multipliaient les autocritiques : les membres du comité central Paul Wandel et Kurt Hager regrettaient ainsi publiquement leurs erreurs ou leurs faiblesses ; Schirdewan, Wollweber et Ölssner étaient, en février 1958, démis de leurs fonctions. Célébré par Horst Salomon[1], magnifié par « le poète de la nation » Johannes R. Becher[2], Walter Ulbricht pouvait alors, en dépit du maintien d'une direction officiellement collégiale partagée avec Wilhelm Pieck et Otto Grotewohl, régner sans partage[3].

1. Voir son poème « Camarade Walter Ulbricht » (*Genosse Walter Ulbricht*), où l'écrivain justifie la répression de l'après-17 juin.

2. Président de l'Académie des arts jusqu'en 1956, Becher est également ministre de la Culture de 1954 à 1958, en même temps que l'auteur de l'hymne de la RDA *Ressuscité des ruines* (*Auferstanden aus Ruinen*), écrit en 1949.

3. Voir sur ces années et le culte de la personnalité d'Ulbricht, Mario Frank, *Walter Ulbricht. Eine deutsche Biografie*, Berlin, Siedler, 2001, p. 299 *sq*.

Une société mieux contrôlée

Face au choc du 17 juin, le SED avait rapidement conclu, afin de gagner les faveurs de la population, à la nécessité de parvenir au plus vite à une amélioration des conditions de vie. Réuni du 24 au 26 juillet 1953, le comité central du parti décidait de diminuer les objectifs de production dans l'industrie lourde au profit des biens de consommation. L'apport d'une aide conséquente en provenance d'URSS devait également permettre de parer aux nécessités les plus urgentes de la fin 1953. En outre, le 24 octobre, le régime autorisait une baisse générale des prix sur les produits de consommation courante.

Toutefois, la poursuite de ce « nouveau cours », entamé à la veille de l'été et confirmé par la session du comité central de juillet 1953, ne s'accompagnait nullement d'une révision des pratiques politiques. Au contraire, Otto Grotewohl se voyait chargé, au cours de la même session, de mettre un terme aux agissements réactionnaires, la population étant appelée début août à « extirper les nids d'agents hostiles » et à démasquer les provocateurs au sein des entreprises[1].

Resté largement à l'écart des événements de juin, le monde des arts, et celui du cinéma en particulier, avait espéré de l'accalmie qui s'était ensuivie une inflexion dans la politique pratiquée jusqu'alors, l'Académie des arts allant jusqu'à publier le 30 juin un catalogue de dix propositions récusant entre autres l'immixtion des responsables politiques dans la création artistique. Pourtant, dès juillet, le pouvoir reprenait l'antienne d'un art socialiste nécessairement réaliste, luttant, selon les termes de

1. Hermann Weber, *op. cit.*, p. 171.

Grotewohl en octobre 1953, contre « la décadence et le déracinement cosmopolite ». Lors de son IVe congrès (30 mars-6 avril 1954), le SED ordonnait d'ailleurs la reprise de la construction des bases du socialisme, dans laquelle l'art, par son influence sur les masses, sa force de conviction, jouait un rôle particulier. En juillet 1958 (Ve congrès), il réitérait cette préoccupation majeure, presque obsessionnelle, de voir l'art contribuer à l'édification d'un État et d'une société placés sous la même bannière idéologique, en affirmant qu'il revenait également à la culture d'« illustrer la politique du parti et de montrer aux travailleurs la perspective socialiste[1] ». Enfin, la première conférence culturelle de Bitterfeld, le 24 avril 1959, rassemblant la plupart des auteurs du pays, exigeait la participation des artistes aux efforts du régime, le slogan du moment (« Camarade, prends la plume, la culture socialiste nationale a besoin de toi ») appelant tout à la fois les créateurs à tenir compte des réalités sociales, à contribuer à l'acculturation des populations et le peuple de RDA à participer à cette insurrection culturelle.

Cet encadrement très strict de la production artistique ne se traduisait cependant pas par un retour à l'ère glaciaire des années 1951-1952. Profitant d'un soutien désormais plus net de Moscou, devant également tenir compte, à partir de 1956, du vent nouveau qui soufflait en provenance d'un Kremlin engagé sur la voie de la déstalinisation, le SED semblait avoir tiré les enseignements de 1953, et pratiquait de fait une surveillance plus subtile, sachant habilement jouer de cette ambiguïté. Jugé trop accusateur, le film de Konrad Wolf *Chercheurs*

1. Cité par Marianne Lange (dir.), *Zur sozialistischen Revolution 1957-1959. Dokumente*, Berlin-Ouest, Aufbau, 1960, vol. 1., p. 175.

de soleil (*Sonnensucher*, 1959), racontant le quotidien d'ouvriers dans une mine d'uranium administrée par les Soviétiques, est finalement retiré des écrans, tandis que l'œuvre d'un Carl Ballhaus *Une jeune fille de 16 ans et demi* (*Ein Mädchen von 16,5*, 1958), décrivant l'éducation d'une adolescente au sein d'un lycée agricole, ou le film pacifiste de Frank Beyer *Deux Mères* (*Zwei Mütter*, 1957), accusé de présenter la figure de l'officier américain sous un jour trop favorable, sont accablés par la critique. De jeunes auteurs, à l'image de l'écrivain Erich Loest, sont internés, tandis qu'Uwe Johnson ou que Peter Jokostra finissent par émigrer à l'Ouest. Dans le même temps, le parti consent à une production filmique plus légère, répondant aux vœux d'un public en manque d'humour et d'aventure. La DEFA est également autorisée à multiplier les coproductions avec l'étranger : ce seront *Les Sorcières de Salem* (*Die Hexen von Salem*, 1957), *Les Aventures de Till l'espiègle* (*Till Ulenspiegel*, 1957), où s'illustre Gérard Philipe, ou encore *Les Misérables*, de Jean-Paul Le Chanois (1959), qui doit cependant accepter quelques aménagements « idéologiques »[1]. Symbole de cette période de l'entre-deux, le film de Wolfgang Kohlhaase *Berlin – Ecke Schönhauser* témoigne autant des libertés consenties que des limites du genre. S'inspirant du néoréalisme italien, l'auteur met en scène une bande de blousons noirs, attirés par les tentations de Berlin-Ouest où les personnages de Dieter et Kohle se réfugient après une aventure qui a mal tourné. Retenus dans un camp de transit où règnent des conditions de vie catastrophiques, l'un des deux jeunes finit par rentrer au foyer familial, l'autre s'étant empoisonné afin de ne pas

1. Une scène entre Jean Gabin (Jean Valjean) et l'évêque est ainsi supprimée, tandis qu'un commentaire final est imposé.

être séparé de son ami. Sans concession à l'égard du monde occidental, dont il critique les excès et l'hypocrisie, le film se veut également un témoignage du mal de vivre dans la lignée des Marlon Brando et James Dean, qui servent ici d'évidents modèles, un malaise auquel la jeunesse de RDA n'échappe pas. « Pourquoi ne puis-je vivre comme je le souhaite ? », s'interroge ainsi Dieter. « Quand je danse le boogie, je suis américain, et quand je mets ma chemise par-dessus mon pantalon, je suis politiquement dans l'erreur[1] ! »

Malgré ces quelques écarts avec la logique imprimée par le parti, l'atmosphère qui règne en cette fin des années 1950 sur les studios est des plus moroses. Fin 1959, le fort rapide moment de tolérance qui avait soufflé sur les studios de Babelsberg s'est éteint. Les films à thèse et la prééminence du dogmatisme l'emportent à nouveau. Le réalisateur Slatan Dudow, de façon emblématique, peut alors résumer, non sans sarcasme : « Après avoir évité de justesse l'écueil du révisionnisme, nous avons cherché refuge dans le golfe abrité du schématisme. Chassés du golfe abrité du schématisme, nous avons à présent accosté au port de la médiocrité. Nous jetons ici l'ancre dans l'espoir de pouvoir y rester longtemps[2]. »

Cette fausse tolérance, en réalité doublée de la plus stricte fermeté, se retrouve dans l'attitude du régime à l'égard des Églises, restées alors, répétons-le, la seule opposition en place.

Là encore, au sein des instances du parti, les leçons de l'échec de l'offensive directe avaient été tirées. Le 2 mars 1954, le Politburo créait un groupe de travail et

1. Cité par Dagmar Schittly, *op. cit.*, p. 98.
2. Voir Cyril Buffet, *Défunte DEFA*, *op. cit.*, p. 128, citant lui-même Ralf Schenk, *Eine kleine Geschichte der DEFA*, DEFA-Stiftung, 2006, p. 122.

de réflexion destiné à définir la nouvelle attitude de l'État à l'égard des Églises. Le 14 mars, celui-ci livrait ses conclusions : la provocation et l'agression ouverte étaient bannies au profit des mesures les plus diverses, allant de la propagande au sein des écoles aux initiatives visant à dissocier les pasteurs de leur hiérarchie en passant par le renforcement des organisations de masse. En outre, le 12 novembre 1954, le régime instaurait à l'adresse de la jeunesse une confirmation socialiste, ou *Jugendweihe* : reprenant une cérémonie dont les antécédents remontaient à la République de Weimar, ce rite de passage à l'âge adulte s'adressait *a priori* à tous, se présentant comme un moment festif officiellement non obligatoire. À la fois pilier et figure emblématique de cette confrontation plus subtile qui comptait sur le découragement ou l'accommodement de parents finissant par baisser pavillon, la Jugendweihe constituait pourtant l'arme principale d'un athéisme revisité, dont le but initial restait, d'abord par le chantage et la discrimination que subissaient, dans leur cursus scolaire, les jeunes ayant préféré le rite religieux, de rapidement couper l'Église de la jeunesse et de se substituer à elle dans la formation et l'accompagnement « spirituels », de la population.

Et si, jusqu'en 1956-1957, l'impact de la nouvelle cérémonie reste faible, dès 1958, c'est le reflux[1] : inquiets des conséquences de leur action pour leurs enfants alors que les espoirs de réunification se sont évanouis depuis l'échec de la conférence de Londres et l'adoption en juillet 1955 par l'URSS de la « théorie des deux États », les fidèles se plient toujours davantage au

1. Detlef Urban et Hans-Willi Weinzen, *Jugend ohne Bekenntnis ? 30 Jahre Konfirmation und Jugendweihe im anderen Deutschland 1954-1984*, Berlin, Wichern, 1984, p. 27 *sq*.

sortir des années 1950 aux exigences du pouvoir. Rapidement, il apparaît que les Églises ont perdu la bataille. En avril 1958, les autorités est-allemandes mettent un terme aux activités du délégué de l'EKD auprès du gouvernement de RDA, tandis que se poursuit un harcèlement permanent, sans violence physique excessive, mais dont les effets d'usure, allant, selon le long inventaire relevé par Detlef Pollack[1], de la discrimination à l'infiltration d'agents en passant par les restrictions administratives, devaient assurer un succès plus complet que la répression brutale et aveugle des débuts.

Cette répression plus diffuse des oppositions se doublait enfin d'un effort permanent de transformation d'une société, hier hostile, puis peu à peu résignée, en une communauté sociale, pétrie de valeurs et de réflexes socialistes, sans doute afin d'imiter le modèle du Grand Frère, mais également très probablement afin de rendre un retour en arrière difficile voire impossible, et d'éloigner toujours davantage toute forme d'unification qui aurait sonné le glas du SED[2].

1. Voir, sur l'ensemble des « techniques » utilisées par le régime et la politique du SED, le livre de Detlef Pollack, *Kirche in der Organisationsgesellschaft*, *op. cit.*, p. 139 *sq*.

2. On peut d'ailleurs légitimement s'interroger sur les responsabilités mutuelles des deux États allemands dans l'échec de la conférence de la dernière chance ayant réuni à Berlin les ministres des Affaires étrangères des puissances alliées en janvier-février 1954, et qui visait à nouveau à étudier un retour à l'unité allemande. Le 11 mai 1953, Churchill avait en effet proposé un accord quadripartite permettant l'unification des deux États, sans avoir rencontré d'opposition de la part de l'URSS. En revanche, malgré les événements du 17 juin et le contexte de l'élimination de Beria qui compliquaient les négociations, ni la RFA ni la RDA n'avaient intérêt, en dépit de leur attachement à l'unité, à franchir le pas ; et si Adenauer a, de toute évidence, tout fait pour torpiller le projet, sans doute faudrait-il également pouvoir étudier plus amplement le rôle du SED dans cet échec, même si ce dernier disposait de moins de marge de manœuvre. Il est cependant certain que l'URSS, dont l'ambiguïté dans la question allemande reste évidente pendant toute la période allant de 1945 à 1954, n'intègre pleinement la RDA qu'à partir de cette date.

Bénéficiant officiellement depuis le 25 mars 1954 d'une « souveraineté élargie », puis fin 1955 de ses pleins droits, la RDA complétait en effet peu à peu son intégration derrière le rideau de fer, alors que la RFA, désormais membre de l'OTAN et bientôt de la jeune Communauté économique européenne, s'enracinait à un rythme comparable dans le bloc occidental. En janvier 1956, la République démocratique entrait ainsi dans le pacte de Varsovie, quelques jours après avoir, par la loi du 18 janvier, créé une Armée nationale populaire (NVA).

À l'intégration politique répondait une communautarisation des structures : le nombre de coopératives agricoles triple ainsi entre 1952 et 1955, passant de 1 900 coopératives (LPG) gérant 37 000 membres et 200 000 hectares à près de 6 000 gérant 200 000 personnes sur environ 1,2 million d'hectares, même si, il est vrai, la progression ralentit considérablement après le 17 juin 1953[1].

Encore détenu à 55 % par des capitaux privés en 1950, le commerce de détail passe aux deux tiers dans le giron de l'État dès 1955, tandis que l'énergie, la sidérurgie et l'acier sont, à cette date, entièrement collectivisés. Fin 1955, l'État emploie environ 68 % de la population.

À cette socialisation accrue de l'économie répondait fort logiquement une volonté de poursuivre le renouveau de la société et de ses valeurs. La Jugendweihe s'inscrivait déjà en partie dans une telle logique. La création, à partir de 1958, d'un ensemble de rites socialistes qui devaient structurer l'intégration de la

1. Le nombre de LPG, après avoir plus que doublé en un an (4 691 coopératives en décembre 1953 contre 1 906 un an plus tôt), ralentit progressivement (5 120 fin 1954, 6 047 fin 1955, 6 281 fin 1956).

jeunesse dans la nouvelle société marque une nouvelle étape. L'instauration des « dix commandements » de Walter Ulbricht, en 1958, entend ainsi contribuer à l'avènement d'un homme nouveau, obéissant à des codes et des repères propres. La mise en place d'un baptême socialiste en 1961, précédant de peu celle d'un rituel d'enterrement vont successivement parfaire les fondements d'une morale nouvelle, dans laquelle l'assistance mutuelle, l'esprit de sacrifice et la fidélité au parti sont érigés en système. Le premier commandement – l'obéissance à la « solidarité internationale de la classe ouvrière » – est complété par le sens de « l'aide réciproque, le travail en commun au sein du collectif » (commandement n° 5) ou encore « la solidarité avec les peuples opprimés » (n° 10). Certes, la réalité de cette transformation de la société, peu documentée et difficile à percevoir, est tout sauf évidente, et l'adoption ou la soumission à un rite ne signifient pas une adhésion totale à son contenu. Avec le temps, la Jugendweihe est ainsi peu à peu devenue davantage un prétexte à des fêtes de famille qu'une profession de foi authentique. Toutefois, les marges de manœuvre, en cas d'opposition à ces pratiques, étaient faibles, avec des conséquences concrètes sur les réfractaires.

Pour autant, certains aspects de cette socialisation des citoyens rencontraient un vrai succès, surtout lorsqu'ils reposaient sur l'appel au don de soi. Sandrine Kott a analysé avec beaucoup d'intelligence cette force du « don » socialiste, concrétisé à travers des actions tant privatives que collectives (ainsi les *Solibasar*, sortes de foires-à-tout solidaires), allant de l'encouragement au bénévolat à l'échange de cadeaux et aux dons d'argent ou en nature. « Fait social total », selon Marcel Mauss, car il relève de « l'acte individuel, volontaire, libre de toute contrainte », mais aussi « commandé par les contraintes sociales, économiques et politiques », symbole d'une logique « antimarché » qui « prend tout son sens dans une économie planifiée et dans un contexte de pénurie comme celui de la RDA »[1], le don est dès lors bien plus qu'une vitrine et une mise en scène ; il vise à témoigner d'un nouvel état d'esprit, à opposer au monde capitaliste une autre logique : don des ouvriers aux paysans, des travailleurs aux dirigeants, don récompensant un individu, une communauté, créant à chaque fois l'occasion d'une rencontre festive, don enfin entre États, particulièrement au tiers-monde qui s'affirme depuis Bandung. Forme achevée de l'entraide, rappel permanent de la référence communautaire au sein de la société, source créatrice de liens entre les hommes, le don apparaît ainsi comme un des symboles les plus aboutis de cette volonté du pouvoir de parvenir dans sa version marxiste à un creuset d'où l'homme nouveau sortira tout armé pour réaliser la « communauté du peuple », enfin rendue cohérente et débarrassée de ses failles.

1. Sandrine Kott, *op. cit.*, p. 271 *sq.*

Chapitre 22

Le 13 août ou la fondation extérieure de la RDA

De la crise à la menace de banqueroute

En dépit des volontés affichées lors du Ve congrès du SED (juillet 1958), le décollage économique de la RDA restait un échec. Depuis la fin de l'année 1957, la collectivisation avait repris à un rythme accéléré, suivant en cela les recommandations de Walter Ulbricht annoncées lors de la 33e session du comité central en octobre de cette même année. Alors que les créations des coopératives agricoles de production (LPG) s'étaient considérablement ralenties depuis 1955 (544 créations de novembre 1955 à décembre 1957), l'année 1958, avec près de 3 000 nouvelles communautés rurales, marquait une nouvelle étape dans la construction du socialisme. En moins de deux ans, la surface agricole collectivisée passait ainsi en RDA de 37 % (décembre 1958) à plus de 84 % (fin 1960). Dans le même temps, la part de la propriété privée au sein de l'artisanat régressait de près de 30 points, passant de 93 % en 1958 à moins de 65 % en 1961. Dès 1960, les premières difficultés économiques s'étaient fait sentir et, à l'été 1961, le manque d'approvisionnement en viande, en lait et en beurre s'ajoutait aux goulots d'étranglement traditionnels, aggravés par une mauvaise passe des relations commerciales germano-allemandes.

Cette « socialisation » des moyens de production s'était accompagnée d'une évolution parallèle au sein de l'entreprise, avec la publication en avril 1961 d'un nouveau Code du travail. En mettant l'accent sur « la discipline socialiste du travail » ou sur la nécessité d'accomplir « la loi fondamentale économique du socialisme », le texte traduisait plus l'obligation absolue pour le régime de remplir les objectifs qu'il s'était fixés qu'une volonté de réaffirmer les droits des travailleurs. Signe des temps, le droit de grève, présent dans l'ancienne version, avait disparu du nouveau Code.

À ces revers intérieurs s'ajoutait la crainte d'une nouvelle confrontation avec les Occidentaux. Fort de ses succès technologiques, dont le lancement du Spoutnik constituait le plus beau fleuron, Khrouchtchev avait, le 10 novembre 1958, exigé que Berlin-Ouest soit transformée en une « ville libre démilitarisée » et menacé, sinon, de remettre en question le quadripartisme, de conclure un traité de paix séparé avec la seule République démocratique et de confier ainsi l'accès de la ville à son gouvernement.

La dégradation du climat tant à l'intérieur qu'à l'extérieur explique sans aucun doute une reprise massive de l'émigration est-allemande vers la République fédérale : alors que le nombre de réfugiés était en 1959 pour la première fois tombé sous la barre des 150 000, on assistait depuis 1960 à une nouvelle accélération des départs[1].

1. Plus de 350 000 personnes quittent la RDA en 1956 et 1957. En 1958, on compte un peu plus de 215 000 départs, puis 144 000 en 1959, avant une nouvelle hausse (202 000 en 1960).

Cette hémorragie permanente n'était certes pas nouvelle. Et, dès 1958, l'idée d'une frontière infranchissable, connue par les services occidentaux sous le nom d'« opération muraille de Chine », avait été envisagée par un SED impuissant. Seule l'opposition de l'Union soviétique avait permis son report *sine die*. Toutefois, la situation avait, en 1961, considérablement évolué. L'éloignement progressif de la Chine du camp soviétique, puis la rupture de ses relations avec l'URSS en 1960 contraignaient désormais Moscou à une stabilisation urgente de son aire d'influence ; enfin, après la difficile rencontre de Vienne les 3 et 4 juin 1961, le président américain s'était résolu en juillet à ne défendre sur la question de Berlin que trois points essentiels (*The Essentials*) : la sécurité des populations de Berlin-Ouest, le libre accès des États-Unis aux secteurs occidentaux et le maintien de la présence américaine dans la partie ouest de la ville. En d'autres termes, en ne parlant pas des droits des quatre puissances sur Berlin dans son ensemble, Kennedy laissait la RDA et l'Union soviétique libres d'agir à Berlin-Est.

Le 13 août 1961

À l'issue d'une réunion à Moscou rassemblant les premiers secrétaires des partis communistes du traité de Varsovie (3-5 août 1961), Ulbricht obtenait l'assentiment du Grand Frère, pour, à sa demande expresse, mettre un terme à l'hémorragie[1]. Dès son retour, il lançait les préparatifs de l'opération après en avoir

1. Voir les archives mises au jour par Hope M. Harrison qui attestent du rôle éminent joué par Walter Ulbricht dans la décision finale, in *Driving the*

averti le Politburo le 7 août. Le 12, le Conseil des ministres de la République démocratique annonçait son intention de « mettre un terme aux activités hostiles des forces revanchardes et militaristes de l'Allemagne de l'Ouest ainsi que de Berlin-Ouest ». À coups de parpaings et de barbelés, l'Allemagne de l'Est proclamait le lendemain au monde sa volonté d'en finir avec une émigration qui, depuis 1949, avait amputé sa population de près de 2,3 millions de personnes, dont une part importante de jeunes (près de 50 % du total), d'intellectuels, de spécialistes qui faisaient cruellement défaut à son économie déjà fragile : selon le ministère fédéral aux Questions allemandes, 3 371 médecins, 1 329 dentistes, 960 pharmaciens, 679 avocats et notaires, 17 476 enseignants, 17 082 ingénieurs et techniciens avaient quitté, depuis 1949, le territoire est-allemand[1].

Simple frontière faite de grillages et de barbelés à ses débuts, ce « rideau de fer », désormais matérialisé, ne cessera de se perfectionner pour devenir un dispositif aussi vaste que complexe, constitué de « deux murs [...] enserrant un no man's land[2] » d'une largeur variable. « Le mur traverse 54 km de quartiers résidentiels, 30 km de forêts, 24 km de plans d'eau et 54 km de champs, voies ferrées et marécages. Il coupe 8 lignes de S-Bahn, 4 de métro et bloque 192 rues [...] Au total il ne subsiste que sept passages entre les deux Berlin[3]. » Ce mur, séparant bien sûr Berlin-Ouest de Berlin-Est, mais isolant aussi sur 155 km la ville occidentale du

---

Soviets up the Wall. Soviet-East German Relations 1953-1961, Princeton, Princeton University Press, 2003.

1. Voir Christoph Klessmann, *Zwei Staaten, eine Nation*, *op. cit.*, p. 321.
2. Cyril Buffet, *Histoire de Berlin*, Paris, PUF, 1994, p. 67.
3. *Ibid.*, p. 67.

reste de la RDA[1], sera ensuite régulièrement modernisé, rendu toujours plus hermétique, avec notamment la mise en place à partir de 1965 de blocs de béton précédés de larges fossés, surveillés par des réseaux de routes, de miradors et de bunkers, avant l'installation, certes éphémère, d'armes à commande de tir automatique.

On ne saurait trop insister sur la rupture fondamentale que représente, à bien des égards, le 13 août 1961. Importance tout d'abord pour l'Allemagne de l'Ouest, qui voit se tarir la source d'une main-d'œuvre souvent déjà formée venant irriguer une économie en pleine croissance, et qui, désormais, devra se tourner vers d'autres immigrations. Cette matérialisation du rideau de fer signifiait en outre l'échec de la doctrine Hallstein et des tenants d'un refus sans faille de l'existence de « la zone » qui s'ancrait dans le paysage européen. Pour les populations allemandes, enfin, le Mur signifiait la fin d'un espoir en même temps souvent qu'une tragédie familiale, sans compter les quelque 12 000 Berlinois de l'Ouest et les 50 000 Berlinois de l'Est qui, du jour au lendemain, se retrouvaient sans travail.

Toutefois, en ne laissant d'autre choix que l'acceptation du fait RDA, le 13 août 1961 offrait au régime et à ceux qui refusaient l'unique alternative ouest-allemande une nouvelle chance : celle de construire un avenir débarrassé de l'hypothèque et/ou de la menace de la réunification. Aussi, « nombreux furent ceux qui

1. Souvent oublié, un petit territoire appartenant à Berlin-Ouest s'est trouvé, jusqu'en 1971, en dehors du périmètre du Mur : cette « exclave » de Steinstücken devait abriter pendant dix ans trois soldats américains chargés de veiller sur son intégrité territoriale, des navettes d'hélicoptère assurant la liaison entre Berlin et la petite bourgade. En 1971, un échange de territoires permit de construire une route, et à Steinstücken d'être intégrée à Berlin-Ouest.

cherchèrent à tirer le meilleur parti de la situation ; ils étaient prêts à fournir des efforts plus importants afin d'élever leur niveau de vie et d'obtenir de meilleures perspectives de carrière[1]. »

1. Hermann Weber, *Geschichte der DDR*, Munich, DTV, 1989, p. 337.

Chapitre 23

Faux espoirs et repli identitaire

Entre réforme salutaire et libération des énergies

Sans doute la construction du Mur avait-elle dans un premier temps entraîné en RDA le retour d'un climat de guerre froide. Au lendemain du 13 août, la plupart des journaux, de l'organe de la FDJ *Junge Welt* au *Leipziger Volkszeitung*, réclamaient des actions violentes contre les ennemis, les traîtres, les « déviants ». « Contre les provocateurs, une seule chose est utile », proclame ainsi le *Journal de Saxe* du 21 août, « le coup de poing sur la gueule ». Dès le 19 août, une série d'actions menées par la jeunesse socialiste, baptisée opération Ochsenkopf (Tête de bœuf), vise à priver la population de toutes les antennes de télévision braquées vers l'Ouest, s'accompagnant de violences à l'égard des « coupables ». Le 20 septembre 1961, l'Assemblée populaire confère même, avec le vote d'une loi dite de « défense de la RDA », les pleins pouvoirs à Walter Ulbricht afin d'établir, au besoin, la loi martiale.

L'absence de manifestations de masse et la lassitude évidente des populations qui, à la différence du 17 juin 1953, avaient définitivement abdiqué toute velléité de révolte, devaient cependant mettre rapidement un terme à cette « crispation préventive ».

De fait, le régime, par bien des signes, laissait à penser qu'une certaine détente succéderait à la rupture de 1961. Dans le sillage du XXIIe congrès du PCUS (17-31 octobre 1961), Walter Ulbricht annonçait ainsi en novembre une seconde déstalinisation, non sans prendre à contre-pied son propre parti. En quelques mois disparaissaient à Berlin les derniers symboles de la présence stalinienne : Stalinstadt devenait Eisenhüttenstadt, l'imposante Stalinallee, la Karl-Marx Allee, tandis qu'on faisait disparaître la statue du dictateur trônant devant la halle sportive de Berlin-Est. Hier célébrés, le communisme albanais et le culte de la personnalité pratiqué par Enver Hodja devenaient incompatibles avec l'idée de marxisme, tandis que Molotov, Kaganovitch et Malenkov tombaient de leur piédestal en même temps que leurs méthodes et leurs approches, jugées conservatrices et dogmatiques.

À ces changements politiques s'ajoutait une nouvelle conception de l'économie. Comme l'avaient montré les années 1950 et la fuite continue vers l'abondance occidentale, seule une amélioration radicale des conditions de vie de la population pouvait assurer au régime une stabilité durable. Tout autant que la contestation politique, la crainte de la disette agitait en effet constamment les instances du SED. À cet effet, le VIe congrès du parti (15-21 janvier 1963), en même temps qu'il menait une attaque en règle contre le parti communiste chinois qui venait de prendre son indépendance vis-à-vis de Moscou, doit être compris comme un nouveau départ et le signal d'une inflexion dans la conduite de la politique économique. Un Nouveau Système économique de la planification et de la direction de l'économie populaire

(NÖSPL) devait ainsi, à partir de juin 1963, selon un de ses concepteurs, Erich Apel, encourager l'intéressement de l'ouvrier, améliorer l'efficacité de l'appareil productif et accorder à l'entreprise autonomie et flexibilité. Deux changements majeurs bouleversaient les schémas traditionnels : pour la première fois, l'organisation économique socialiste prenait en compte l'idée de rentabilité ; en outre, le système de la planification entendait procéder à une certaine décentralisation de ses structures et permettre un pilotage plus fin des structures de production. Selon les termes inattendus de Walter Ulbricht lui-même, « nous avons besoin d'un primat de l'économie sur le politique ».

Sans doute la RDA faisait-elle encore fort peu preuve d'inventivité : par bien des aspects, son « nouveau système » était une copie conforme des initiatives de l'économiste soviétique Liberman qui, dans un article de la *Pravda* datée du 9 septembre 1962, avait proposé ces nouvelles orientations. Rejetée par Moscou, cette approche avait trouvé grâce aux yeux du SED, qui affirmait en cela une originalité certaine. Ces initiatives témoignaient en tout cas d'une volonté de rénovation, que symbolisait également en 1965 le remplacement du Conseil industriel populaire, mis en place en 1961, par une série de « ministres industriels », dont seize des dix-sept nouveaux membres avaient entre trente-cinq et quarante-cinq ans. Au modèle du cadre ouvrier semble ainsi peu à peu se substituer l'idéal du cadre technicien, formé, éduqué, rajeuni. Une nouvelle génération d'experts destinés à occuper au sein des entreprises des fonctions non plus d'accompagnement politique mais d'action stratégique remplace, à partir du début des années 1962-1963, l'ancienne garde issue de l'Allemagne des années 1920-1930. Erich Honecker peut ainsi proclamer en 1970 : « 95,2 % des secrétaires de district ont désormais une formation supérieure[1]. » Signe des temps, le cinéaste Jürgen Böttcher reçoit, peu après le congrès de 1963, une commande pour un documentaire sur la vie d'un secrétaire du SED : « Et qu'est-ce qu'ils m'ont dit ? Il nous faut maintenant un homme avec une cravate [...] et une chemise blanche. Il nous faut maintenant une tête, un stratège, et non plus un homme en bras de chemise[2]. »

Avec la fin, en 1960-1961, des tickets de pommes de terre et de beurre, disparaissaient les derniers vestiges du rationnement d'après-guerre ; les années 1960 correspondent ainsi, tant dans les faits que dans les mémoires, au lent mais réel décollage de l'économie est-allemande. Signe tangible d'une amélioration du quotidien, les listes d'attente pour les réfrigérateurs, les télévisions ou les lave-linge[3] étaient désormais moins longues. La part du commerce de détail dans le produit intérieur de la RDA augmentait sensiblement, passant de 10 % entre 1964 et 1967 à 13 % et 17 % pour les années 1968 et 1969. Le nombre de détenteurs d'automobile était, dans le même temps, multiplié par trois (la part de ces détenteurs atteignant 14 % de la population en 1969, contre 5 % en 1960). Sans doute la RDA ne pouvait-elle en aucune manière rivaliser en la matière avec la République fédérale, mais, pour ses habitants, l'évolution était sensible.

1. Hermann Weber, *Dokumente zur Geschichte der DDR 1945-1985*, Munich, DTV, 1986, p. 311.

2. Jürgen Böttcher, « Kunst und Kultur in der DDR », cité par Dagmar Schittly, *Zwischen Regie und Regime*, Berlin, Links, 2002, p. 103.

3. Selon les chiffres officiels, un foyer sur deux dispose en 1965 d'une télévision, deux sur trois en 1969 (contre 17 % en 1960) ; de même, 26 % sont équipés en 1965 d'un réfrigérateur, 48 % en 1969 (contre 6 % en 1960). Voir *DDR-Wirtschaft*, Francfort-sur-le-Main, 1971, p. 211.

À défaut d'incarner un « âge d'or », l'après-Mur apparaît donc paradoxalement, pour la plupart des citoyens du pays, comme le début d'un mieux-être économique, dont le régime prenait acte en réduisant, en 1966, la semaine de travail de 48 à 45 heures et en transformant, un an plus tard, le samedi en jour de congé.

Soucieux d'améliorer la qualité de la formation en même temps que de prévenir les revendications, le régime s'était également lancé depuis la fin des années 1950 dans une réforme scolaire qu'une loi de 1965 permettait de systématiser : celle-ci entendait moderniser le contenu de l'enseignement de base par une amélioration de la qualité et de la précision des programmes, détailler le contenu des matières enseignées au sein du primaire, renforcer la recherche en matière de formation professionnelle, associer plus largement les parents d'élèves ou encore clarifier les responsabilités administratives au sein des établissements.

En outre, cette réforme d'envergure, qui devait, jusqu'en 1989, définir le cadre général de l'enseignement est-allemand, intégrait dans le système scolaire classique l'ensemble des formations qualifiantes pour adultes restées jusqu'alors en dehors : écoles populaires (*Volkshochschulen*), académies d'entreprise ou de village devenaient parties intégrantes de l'ensemble. Il s'agissait entre autres de promouvoir la formation des femmes et de faciliter la progression sociale de publics le plus souvent nés dans les années 1920-1930 et dont l'instruction restait limitée, mais aussi de fournir rapidement à l'industrie les hommes nécessaires au rattrapage économique. En décembre 1965, le 11e plénum du comité central du SED arrêtait les grands principes visant à « développer l'enseignement et la recherche dans le supérieur de la République démocratique », que la Conférence du supérieur de février 1967 allait mettre en œuvre. Visée sociale donc, sans aucun doute également nécessité impérative pour un État en manque de techniciens de répondre à la « révolution technique » annoncée, l'effort fourni par la RDA – et dont les effets, tout au moins pour le supérieur, s'avéreraient décevants[1] – s'inscrivait aussi dans un contexte germano-allemand particulier : depuis le début des années 1960, la République fédérale n'en finissait pas de s'interroger sur son système scolaire, jugé défaillant par les uns, insuffisant par les autres, à un moment où la grogne estudiantine rendait l'ouverture de nouvelles universités plus urgente que jamais.

Cette nouvelle dynamique semblait en outre s'accompagner depuis la fin de l'année 1961 d'une certaine libéralisation de la société.

Si la morale « décadente » de l'Ouest restait suspecte et officiellement condamnée, la tolérance de fait à l'égard de la musique à la mode outre-Mur s'installait jusque dans l'arrière-cour du SED. Considérée à la fois comme fer de lance de la politique du régime, force encadrante des loisirs de la jeunesse et réserve de cadres naturelle pour le SED, la FDJ est la première organisation de masse à subir le « choc » des années 1960 et d'un public séduit par les nouvelles formes d'expression : cheveux longs, musique des Beatles rejoignent alors le jazz et le rock des années 1950, pourtant toujours vus par le journal *Neues Deutschland* comme le symbole de l'« inculture » et le signe d'un « abêtissement déshumanisé » de l'Amérique. Les rares posters de Bill Haley, Charlie Parker, mais aussi ceux plus courants de Romy

1. Le nombre des établissements d'enseignement supérieur reste stable entre 1955 et 1968 (46). Il faut attendre 1969 pour constater une légère augmentation (54 établissements). Le nombre d'étudiants décroît même pendant les premières années de la décennie 1960, avant de se redresser en 1969.

Schneider concurrencent régulièrement sur les murs des chambres d'étudiant ceux de Marx et Engels. De jeunes pionniers s'interrogent lors de discussions ou dans des articles sur les nouvelles modes gagnant la jeunesse de RDA, tandis que des chanteurs, tel Wolf Biermann, des écrivains comme Stefan Heym, des politiques, à l'image de Robert Havemann, multiplient les dénonciations tout en présentant leur image d'un socialisme perfectible et à visage humain. En 1964, le régime n'avait-il pas lui-même fait droit à cette nouvelle approche en introduisant un service « sans arme »[1], sans doute exceptionnel et source pour le candidat de discrimination assurée, mais qui remplaçait la seule option de la prison en cas d'« objection de conscience » ?

Bien des artistes crurent en outre voir dans le 13 août une chance pour leur propre créativité, estimant que la politique répressive du régime était avant tout due à la menace que faisait planer sur son existence la concurrence idéologique et économique de l'Allemagne de l'Ouest. Nombreux furent aussi les cinéastes, les scénaristes, les écrivains à croire à une possible ouverture du régime, ou, à tout le moins, à l'avènement d'une paix sociale facilitant une certaine autonomie. En 1993, l'écrivain Jurek Becker se souvient ainsi avoir réagi avec soulagement au 13 août : « [Je me disais] ils [i.e. les Allemands de l'Ouest] vont nous ruiner, nous affamer, nous piller. Ils nous prennent les meilleurs. Après que le danger de voir [la RDA se vider] sera écarté nous pourrons ensemble vivre de façon souveraine[2]. »

1. Il s'agissait d'un service non armé, sans prestation de serment, où les jeunes recrues servaient au sein d'unités du bâtiment de l'armée, d'où leur nom de « *Bausoldaten* ».

2. Dagmar Schittly, *Zwischen Regie und Regime. Die Filmpolitik der SED im Spiegel der DEFA-Produktionen*, Berlin, Links, 2002, p. 104 *sq*.

S'appuyant sur une des formules de la conférence de Bitterfeld, qui, en 1959, avait affirmé qu'il n'était point d'art sans audace, la romancière Christa Wolf estimait qu'il revenait à l'art de soulever de nouvelles questions, d'expérimenter de nouvelles méthodes, de poser une langue, une pensée, une imagination, bref d'être subjectif. Selon Joachim Streisand, il est caractéristique de voir la plupart des ouvrages de cette époque mettre au centre de leurs préoccupations des personnages « qui n'ont plus besoin de s'engager en faveur du socialisme mais qui, dans le socialisme, prennent des décisions[1] ».

Certes, le septième art reste un moyen privilégié pour le régime de défendre et de justifier l'État. À travers une série de films consacrés au Mur (*Mauerfilme*), comme *Et ton amour aussi...* (*Und deine Liebe auch*, 1962) de Frank Vogel ou *L'Upercut* (*Der Kinnhaken*, 1962) de Heinz Thiel, la fermeture de la dernière frontière avec l'Ouest reste présentée comme une mesure de protection face aux agressions capitalistes, tandis que les candidats au départ sont toujours décrits comme des faibles, des éléments aux basses motivations. Dans le film d'espionnage *For Eyes Only*[2], l'espion est-allemand Hansen déjoue les projets d'agression du bloc occidental.

Pourtant, de 1961 à 1965, le cinéma est-allemand connaît à nouveau un certain élan créatif, sans que les autorités relâchent jamais leur censure. « Malgré le Mur », rappelle Cyril Buffet, « la DEFA n'est pas coupée des évolutions extérieures. Elle participe pleinement au mouvement de rénovation esthétique qui traverse alors les cinématographies européennes, la russe, la tchèque,

1. In *ibid.*, p. 103.
2. Film de 1963 de Janos Veiczi.

la polonaise, mais aussi l'anglaise et la française »[1]. La comédie très réussie *Carbure et oseille* (*Karbid und Sauerampfer*, 1963), de Frank Beyer, qui, quelques mois auparavant, avait sorti un autre grand succès (*Nu parmi les loups* [*Nackt unter Wölfen*]), consacré à l'univers concentrationnaire et racontant la mobilisation de quelques déportés communistes pour sauver un enfant juif à Buchenwald – non sans parti-pris idéologique ni simplification –, témoigne de ce renouveau. Mieux, plusieurs productions de qualité réussissent à concilier acceptation du régime et de l'ordre socio-économique et innovation artistique. Et c'est désormais au sein de cette nouvelle patrie qu'aiment, vivent, meurent, raisonnent, mais aussi critiquent les personnages du roman de Christa Wolf *Le Ciel partagé* (*Der geteilte Himmel*), bientôt porté à l'écran par Konrad Wolf, que se déploie l'œuvre d'Erik Neutsch, avec *La Trace des pierres* (*Spur der Steine*, 1964), ou de Hermann Kant (*Die Aula*, 1964), d'abord préoccupés de donner au sujet et à l'individu la première place. Tout en abordant les questions sensibles comme la partition de l'Allemagne ou le rapport au passé, *Le Ciel partagé* évite les caricatures, mais encourage le spectateur à choisir sans réserve la République démocratique, à l'image de Rita, qui renonce à suivre Manfred à l'Ouest, et, en travaillant de bonne foi à sa construction, contribue à la mise en place du nouvel État.

Une partie des Églises protestantes, jusqu'alors farouches partisanes de la résistance, voyait également dans la construction du Mur le signe d'une nécessaire acceptation de la réalité politique. Pour des hommes tels Siegfried Ringhandt, Günter Jacob ou Albrecht

1. Cyril Buffet, *Défunte DEFA*, *op. cit.*, p. 150.

Schönherr, surintendant général d'Eberswalde et futur évêque de Berlin, il était temps de prendre acte du « définitif » posé par le 13 août. À leurs yeux, l'Église évangélique d'Allemagne, demeurée panallemande en dépit du Mur, ne pouvait continuer à ignorer la spécificité de la République démocratique et à parier sur l'Allemagne de l'Ouest au nom d'une liberté et d'une démocratie qui dissimulaient le plus souvent, selon eux, un anticommunisme virulent. Au-delà de l'épreuve, pour ces hommes, le Mur devait être saisi comme une opportunité unique : celle d'enfin construire à partir de la réalité, même socialiste. En d'autres termes, les Églises devaient renoncer à leur unicité formelle, répondre aux souhaits du régime d'avoir en face de lui des Églises « de RDA » et non une EKD dont la seule existence était une insulte à la réalité politique, bref, adapter le message évangélique à une population et à un État qui n'avaient rien de commun avec la République de Bonn. À cette approche dictée par le pragmatisme s'ajoutaient des motifs spirituels hérités de certains cercles de l'Église confessante, pour qui l'EKD tout entière, en s'associant par trop à la République fédérale, avait trop vite brandi l'étendard d'une liberté qui, en ces années de décolonisation, de guerre au Vietnam ou d'intervention américaine à Saint-Domingue (1965), résonnait étrangement. En outre, accepter la souffrance du Mur permettait d'ancrer dans les consciences la responsabilité nationale du peuple allemand et de rejeter la tentation permanente d'oublier ou d'absoudre par le silence un passé coupable : pour ces hommes, en acceptant dès 1949 la partition de l'Allemagne au nom de la liberté, la RFA avait en substance refusé de porter une croix pourtant commune et s'était trop vite, en cultivant l'intransigeance et l'ignorance de l'« autre Allemagne », fermée à un nécessaire retour sur soi, prélude à la rédemption. Or, en dépit de l'idéologie autoritaire et absolutiste du régime, la RDA, en inscrivant son existence dans l'antifascisme, en posant régulièrement les jalons du souvenir (1963 : 25e anniversaire de la Nuit de cristal ; 1964 : 25e anniversaire de la Seconde Guerre mondiale ; 1965 : 25e anniversaire de la « Libération »), semblait davantage faire droit – pour des raisons politiques évidentes – à cette mémoire souffrante.

Au total, cette apparente acceptation associée à de réelles tentatives de rénovation semblait inaugurer une nouvelle ère des rapports sociaux.

En 1965, 5 300 nouveaux ouvrages paraissaient en RDA, dont ceux de nombreux auteurs occidentaux comme Hemingway, Ingeborg Bachmann, Carl Zuckmayer. « Voilà le mystère du jazz », proclame le poète Volker Braun cette année-là : « La basse fait exploser l'orchestre engourdi/ La batterie fait tambouriner les airs sans esprit/ Le clavier dissèque l'obéissance du cadavre/ Le saxophone fait sauter les liens de la partition [...] Voilà ce dont je suis capable et voilà ce dont j'ai besoin : être moi-même[1]. »

Cette timide prise de parole reposait cependant sur un malentendu fondamental. À aucun moment le SED n'avait envisagé la possibilité d'un partage des responsabilités ou une possible critique de sa vision du monde ; témoin, le développement tout au long de ce début des années 1960 de l'appareil répressif. La « pause » correspondait bien davantage, pour le pouvoir, à la double préoccupation de stabiliser un pays malmené par plusieurs années de crise économique et de répondre aux pressions d'une URSS soucieuse de détente et de déstalinisation.

1. Cité par Christoph Klessmann, *op. cit.*, p. 386-387.

Or, le relatif relâchement dont le pouvoir avait fait preuve après la construction du Mur, tant à travers l'adoption de nouvelles priorités économiques que dans son attitude à l'égard de la culture, la timide tolérance vis-à-vis de l'« occidentalisation » de la jeunesse, qui adoptait volontiers le style vestimentaire et les goûts musicaux en provenance de « là-bas », n'avaient pas tardé à encourager les remises en question. Si *Le Ciel partagé*, tout en s'ancrant dans le réel, montrait des protagonistes choisissant volontairement la vie en RDA, d'autres productions filmiques n'hésitaient pas à utiliser la fiction pour dénoncer les absurdités et les travers du système. Dans *La Femme de Lot* (*Lotsweib*, 1965), Egon Günther met en scène une enseignante qui se résout à voler, et donc à se mettre au ban de la société socialiste, pour contraindre au divorce son mari, officier de la marine est-allemande – emblème national –, alors que ce dernier, par tradition, le refuse. Se terminant par la victoire de celle-ci dans le bras de fer qui l'oppose à la société, fût-ce au prix de la perte de son emploi, le film suscite immédiatement les critiques les plus acerbes de la presse et du régime. La même année, Günter Stahnke, avec *Le printemps a besoin de temps* (*Der Frühling braucht Zeit*), va plus loin : le directeur communiste mis en scène, qui dirige une entreprise d'État, se révèle un gestionnaire calamiteux, uniquement obsédé par les objectifs du plan qui lui ont été assignés. Quelques jours après sa sortie, le film est retiré de l'affiche.

Le retour en arrière de 1965
et l'affirmation du « fait » RDA

Le 11ᵉ plénum du comité central du SED (15-18 décembre 1965) allait fermer de manière radicale cette fausse parenthèse. Quelques jours auparavant, le 3 décembre, le réformiste Erich Apel, qui, probablement, devait être relevé de ses fonctions, s'était suicidé.

C'est qu'une fois de plus la RDA subissait les changements venus de l'Est. En octobre 1964, Khrouchtchev avait été remplacé par Leonid Brejnev, qui n'avait pas tardé à imprimer un nouveau cours : si la détente restait à l'ordre du jour, le nouveau maître du Kremlin avait en revanche sonné la fin de la déstalinisation et mis ainsi un terme aux critiques qui l'avaient accompagnée. Par ailleurs, sommé par Brejnev d'abandonner les biens de consommation au profit de l'industrie de défense, Ulbricht, désavoué, avait immédiatement adapté son discours et annoncé, au cours du plénum de décembre, un retour au centralisme du plan.

Erich Honecker, qui, déjà, regroupait autour de lui plusieurs dirigeants du parti las des concessions consenties, sonnait la charge contre le monde des arts, accusé de proposer une morale décadente et d'éloigner la jeunesse du mode de vie socialiste. Une série de longs métrages, tels *C'est moi le lapin* (*Das Kaninchen bin ich*) de Kurt Maetzig, *Ne crois pas que je pleure* (*Denk bloss nicht, ich heule*) de Frank Vogel, jusqu'au conte filmé *Quand tu seras grand, cher Adam* (*Wenn du gross bist, lieber Adam*), furent bientôt interdits, en dépit des protestations de Christa Wolf ; d'autres, comme *Spur der Steine* (La trace des pierres) de Frank Beyer, retirés de l'affiche après quelques jours. De nouveau, la police chassait systématiquement les cheveux longs et les « voyous » trop « occidentalisés ». Nombre de groupes de rock furent interdits et leurs membres conduits vers des camps de travail. Il s'agissait ainsi pour le régime de mettre un terme aux timides remous que les tentatives de stabilisation des années 1963-1965 avaient follement fait naître dans les esprits, bref, d'enterrer au plus vite les libertés prises avec le parti avant de les voir se transformer, comme en Occident, en une contestation idéologique.

Cette crispation, confirmée par le VIIe congrès du SED d'avril 1967, allait d'autant plus se prolonger que le SED se sentait bientôt menacé par un vent nouveau venu de RFA, à un moment qui plus est où l'économie est-allemande donnait de nouveaux signes de faiblesse. Avec l'accession du parti social-démocrate aux affaires en 1966 et surtout la nomination de Willy Brandt au ministère des Affaires étrangères, la République fédérale n'avait en effet pas seulement renouvelé son équipe dirigeante ; elle avait inauguré, dès février-mars 1966, par un échange de lettres avec le SED, un renversement de sa politique est-allemande. Fait sans précédent, la social-démocratie allemande proposait en effet d'« initier une discussion ouverte pour toutes les parties venant de toutes les parties de l'Allemagne ». Pris au piège d'une ouverture qu'il était jusqu'alors le seul à pratiquer sans jamais prendre de risque, le parti est-allemand avait en définitive décliné l'offre, saisi de panique devant les effets que semblables débats pourraient avoir sur une population dont il craignait les dispositions réelles. Désorienté par cette nouvelle Ostpolitik, renforcée à partir de janvier 1967 par la reprise des relations diplomatiques entre Bonn et la Roumanie, persuadé que les propositions de Kiesinger de juin 1967[1] cachaient une volonté de déstabiliser la RDA, que ce soit en l'isolant au sein du camp socialiste, en entretenant de nouveaux espoirs dans la population ou en projetant une réunification à moyen terme, le régime est-allemand s'était ainsi à nouveau figé dans une attitude de refus, pourfendant systématiquement toute manifestation de ce qui pouvait encore évoquer une existence commune (*gesamtdeutsches Bewusstsein*), à l'heure, pourtant, où Moscou mettait l'accent sur le dialogue Est-Ouest.

La seconde moitié des années 1960 est ainsi tout entière marquée par l'obsession du SED d'irrémédiablement lier la RDA au socialisme, de faire de cet État à la naissance douteuse et à la légitimité plus contestée encore un ensemble cohérent, pétri de culture socialiste, doté d'une identité incontestable, excluant par là tout retour en arrière et fondant en même temps son originalité propre, y compris au sein du camp socialiste.

En 1967, le 450e anniversaire de la Réforme proclamait ainsi de façon presque forcenée la singularité et l'unicité de l'Allemagne socialiste : tout en se défendant de vouloir confisquer la figure de Luther pour en faire un « précurseur du socialisme »[2], les porte-parole du SED considéraient ouvertement la République démocratique comme l'« héritière légitime » de l'homme de Wittenberg pour avoir, seule, « réalisé une culture nationale à laquelle aspire la Réforme »[3]. « La RDA souveraine »,

1. Le 13 juin 1967, le chancelier ouest-allemand avait accepté le principe d'entretiens entre chargés de mission des deux Républiques, reconnaissant ainsi *de facto* la RDA.

2. Max Steinmetz (dir.), *450 Jahre Reformation*, Berlin, VEB, 1967, p. 21.

3. Max Steinmetz et Gerhard Brendler (dir.), *Weltwirkung der Reformation*, Berlin, VEB, 1969, p. 44, cité par Frédéric Hartweg, « Vom "Fürstenknecht" zum "Wegbereiter" und "Mitbeweger unserer Geschichte".

soulignait encore le communiste Steinmetz, « n'a pas besoin de Luther comme témoin principal du socialisme, mais elle sait bien que, sans les nombreux et importants efforts des siècles passés, il n'aurait pas été possible d'atteindre les succès présents […] Nous n'avons pas la moindre raison de laisser Luther à nos adversaires »[1]. Le 20 février 1967, la loi sur la nationalité consacrait la partition de l'Allemagne en établissant avec effet rétroactif une nationalité est-allemande, qui mettait définitivement un terme à la fiction de l'unification. Alors que la Constitution de 1949 partait encore paradoxalement du principe de l'unité, que la plupart des textes ultérieurs, telle la loi électorale de 1958, avaient maintenu cette idée d'une nationalité unique, la RDA tirait en 1968 les conséquences du 13 août, en même temps qu'elle opposait un net refus aux tentatives d'approche de la Grande Coalition ouest-allemande. Enfin, en février de la même année, le secrétariat d'État aux Questions panallemandes, créé deux ans plus tôt, se voyait transformé en secrétariat aux Questions ouest-allemandes.

Dans le même temps, les Églises protestantes, restées unies à leurs consœurs de l'Ouest par-delà le 13 août, se trouvaient, dès 1966, soumises à une pression de tous les instants, destinée à les contraindre à la rupture d'avec l'EKD. Et, malgré la résistance que devait encore opposer le synode de Fürstenwalde en janvier 1967, elles capitulaient moins de deux ans plus tard, contraintes à la scission par la nouvelle Constitution.

Prolongeant la loi du 12 janvier 1968 qui, par la promulgation d'un Code pénal plus répressif, avait

---

Das marxistische Lutherbild und das Lutherjubilaum in der DDR », *Revue d'Allemagne et des pays de langue allemande*, vol. 4, 1983, p. 357-358.

1. *Ibid.*

également mis un terme légal à l'unité allemande, la nouvelle Constitution socialiste élaborée à partir de février s'éloignait en effet du texte libéral et d'inspiration weimarienne de 1949, dépassé par les faits dès sa promulgation, pour épouser cette fois la réalité. Et si le premier paragraphe continuait à garantir à tout citoyen le droit de se reconnaître d'une confession, il stipulait que « les Églises ainsi que les autres communautés religieuses [devaient] mener leurs activités [...] en accord avec la Constitution ainsi qu'avec les lois de RDA » (art. 38, § 2), mettant ainsi un terme à l'existence de la dernière structure panallemande. Comme devait l'expliquer le secrétaire aux Affaires ecclésiastiques, Hans Seigewasser, « l'objectif avait deux dimensions : approfondir la reconnaissance du fait que le socialisme constitue le terrain sur lequel les Églises peuvent se mouvoir et en même temps accélérer leur autonomie vis-à-vis des Églises de RFA[1] ». Symbole de ce primat de l'idéologie, du retour de la confrontation et de l'affirmation jusqu'au-boutiste du régime, une église de Leipzig datant du XIIIe siècle était dynamitée le 30 mai 1968 au profit d'un nouveau bâtiment de l'université Karl-Marx.

Cette offensive intérieure se poursuivait également hors des frontières de la RDA.

Dès la fin des années 1950, la Yougoslavie de Tito avait joué un rôle de médiateur entre les deux blocs et, en 1957, elle avait reconnu la RDA, portant un premier coup à l'intransigeance de Bonn. En 1965, c'est encore sous son impulsion que Walter Ulbricht se voyait invité à la conférence des non-alignés. La même année, le régime avait obtenu du Comité olympique international

1. Hans Seigewasser, discours prononcé à Brandebourg le 12 février 1968.

de figurer aux Jeux de Mexico sous sa propre bannière. Deux ans plus tard, en dépit d'évidentes difficultés dues au lourd passé entre les deux États, la réconciliation avec la Pologne connaissait de nettes avancées : longtemps après que la RDA eut reconnu la ligne Oder-Neisse (1950), le traité d'amitié et d'assistance de mars 1967 marquait le début d'une nouvelle coopération et le prélude à une série d'accords avec la plupart des pays d'Europe de l'Est.

Profitant enfin de l'influence du Grand Frère au Moyen-Orient, la RDA marquait aussi des points en Égypte, s'attirant également les bonnes grâces du monde arabe en raison de sa fermeté à l'égard d'Israël lors de la guerre des Six Jours : fruit de ces efforts, cinq États arabes reconnaissaient en 1969 le régime d'Ulbricht, invalidant définitivement la doctrine Hallstein.

Seule exception à cette progression irrésistible, la Tchécoslovaquie qui, après avoir noué, au lendemain du coup de force de 1948, de solides relations « socialistes », s'éloignait au cours des années 1960 toujours davantage de l'ensemble des démocraties populaires.

À la veille des années 1970, les progrès accomplis étaient donc considérables. Sans doute l'ensemble du monde occidental continuait-il à suivre la ligne de Bonn et à refuser à la RDA cette acceptation tant attendue. Toutefois, celle-ci pouvait s'enorgueillir d'avoir atteint, à défaut d'une reconnaissance internationale, une inscription incontournable dans le paysage politique.

L'intervention tchécoslovaque et l'obsession de l'enfermement

L'évolution qu'avait connue la Tchécoslovaquie au cours de la seconde moitié des années 1960 s'était, au début de l'année 1968, brusquement accélérée avec la suppression de la censure en janvier. Déjà, en 1963, la conférence Kafka, qui avait regroupé des écrivains de tout le pays, s'était signalée par ses prises de position novatrices, que le gouvernement de Berlin-Est n'avait pas manqué de critiquer. De tels développements, d'abord regrettés puis condamnés, devaient être rapidement taxés de contre-révolutionnaires. Le 20-21 août 1968, la RDA se joignait aux troupes du pacte de Varsovie, en dépit du parallèle fâcheux que sa propre population et l'ensemble de la presse occidentale et ouest-allemande ne manquaient pas de dresser avec 1938, au lendemain de leur intervention en Tchécoslovaquie. Certes, l'armée est-allemande n'avait envoyé que quelques officiers et des agents de renseignement, tandis qu'elle verrouillait les frontières nord du pays, mais cette participation avait valeur de symbole. En même temps que le printemps de Prague, le régime entendait en effet anéantir toute perspective d'ouverture. « Grâce aux mesures du 21 août », affirmait Ulbricht peu après les événements, « la politique impérialiste qui voulait attendrir et dissoudre la communauté socialiste a subi une défaite stratégique. La politique du "pont" et la "nouvelle Ostpolitik" qui visaient à organiser la contre-révolution [...] ont échoué »[1]. Pour le SED, il n'y avait donc pas de différence fondamentale entre les contacts

1. Cité par Christoph Klessmann, *op. cit.*, p. 443.

noués entre intellectuels tchèques et est-allemands, la culture musicale de la jeunesse occidentale, les critiques de Stefan Heym, les exigences réformatrices de certains membres du Parti communiste tchécoslovaque, tel Joseph Smrkovsky, et la nouvelle politique étrangère venue de RFA. Ces éléments répondaient au contraire à une unité de nature profonde, qu'il convenait de combattre avec une détermination toute comparable. En somme, à l'unicité de la menace devait correspondre l'unicité d'un front du refus. Cette réaction passait aussi bien par la participation de la RDA à la répression du printemps de Prague que par les arrestations massives opérées à la suite des protestations suscitées par cette intervention, ou par le rejet des propositions sociales-démocrates. « Nous avons alors », devait écrire le ministre de la Culture, Gregor Gysi, quelques mois après l'intervention, « associé dans une même analyse et uni dans un même ensemble l'"assouplissement" et la "libéralisation" de l'idéologie socialiste, l'art et la culture de Tchécoslovaquie et la tactique impérialiste de la "nouvelle Ostpolitik" »[1]. Inauguré avec la « réaction culturelle » de 1965, prolongé par la reprise en main du VIIe congrès du SED d'avril 1967, qui, certes, continuait officiellement l'expérience du NÖSPL, mais en réaffirmant le primat du politique sur l'économie, le repli de la RDA sur elle-même se poursuivait avec l'écrasement extérieur des menaces pressenties à l'intérieur de ses frontières.

Cette obsession de l'enfermement dans une culture propre et une idéologie inébranlable n'était pas sans

1. Gregor Gysi, « Die Kunst im Kampf für die sozialistische Gemeinschaft », discours à la 13e session du Conseil d'État, in *Neues Deutschland*, 19 octobre 1968.

risques. En affirmant, lors du VIIe congrès du parti, faire du socialisme non plus une étape intermédiaire et transitoire mais un état de société en soi, « une forme socio-économique relativement indépendante[1] » dont la RDA constituait, selon lui, le fleuron, Walter Ulbricht semblait en effet prétendre à une certaine prééminence, dont Moscou risquait de prendre ombrage. On assiste ainsi, à partir de la reprise en main de 1965, à la glorification d'un État et d'une société en train de réaliser le socialisme, à la mise en avant d'une forme originale concurrençant *de facto* l'exemplarité jusqu'alors unique de l'Union soviétique. Enfermée dans une logique propre, persuadée d'avoir su préserver son identité, de l'avoir confortée même par la répression et la vigilance, la RDA d'Ulbricht affirmait haut et fort en 1968-1969 son avance technique vis-à-vis des pays frères, due selon elle à l'originalité de son Nouveau Système économique, qui unissait dans un même tout idéologie et suprématie du « scientifico-économique », deux concepts d'ailleurs au cœur de la troisième réforme de l'enseignement supérieur (1967-1969)[2]. La République démocratique devenait ainsi un modèle presque idéal, bientôt célébré par des artistes comme Willi Sitte, dont le tableau intitulé *Ouvrier chimiste aux commandes* (1968) illustrait, si l'on en croit l'historien de l'art Martin Damus, « la toute-puissance du parti et son aspiration, au nom de la classe des travailleurs, à dominer les hommes et femmes de RDA [...]. Le tableau est une apothéose de

1. Voir le discours de Walter Ulbricht prononcé pour le 100e anniversaire de la parution du *Capital* de Karl Marx, cité par Hermann Weber, *Geschichte der DDR*, Munich, DTV, 2000, p. 266.

2. Voir Matthias Middell, « 1968 in der DDR : Das Beispiel der Hochschulreform », *in* Étienne François et Matthias Middell (dir.), *1968 – ein europäisches Jahr ?*, Leipzig, Leipziger Universitätsverlag, 1997, p. 134 *sq.*

l'être humain comme maître des processus sociaux. Cet homme, en habit de travailleur, incarne indiscutablement le parti. D'une légère pression du doigt, il actionne la machine de la société socialiste de la même manière que le dieu de Michel-Ange [avait] donné la vie de son doigt pointé[1] ».

Le moment venu, les opposants d'Ulbricht au sein du SED sauraient mettre en valeur, auprès du Grand Frère, cette tendance qu'ils présenteraient comme une hubris intolérable. Pour l'heure, le parti et la RDA parlaient à nouveau d'une seule voix, au prix d'une résignation réelle de la population, que ne parvenaient pas à faire oublier les grandes innovations techniques de la fin de ces années 1960 et les grands projets architecturaux socialistes, comme la Prager Strasse de Dresde, l'université Karl-Marx de Leipzig[2] ou l'emblématique tour de télévision de la Potsdamer Platz à Berlin – dont l'entrée en fonction le 7 octobre 1969 annonçait l'arrivée d'une seconde chaîne en même temps que la couleur.

En dépit de ces projets phares, présentés comme autant de signes de la réussite du modèle qu'était supposément devenue la RDA, et qui, d'ailleurs, n'étaient pas sans susciter un certain intérêt au sein de la population, la société est-allemande vivait à l'heure du repli sur le quotidien.

Certes, l'intervention en Tchécoslovaquie avait provoqué, en République démocratique, de nombreuses manifestations de protestation, allant de l'intervention publique à la distribution de tracts. Toutefois, ces formes

1. Martin Damus, *op. cit.*, p. 212.
2. Les nouveaux bâtiments s'installeront à l'emplacement d'une église du XIIIe siècle dynamitée pour l'occasion (voir *supra*).

de révolte n'avaient à aucun moment débouché, comme en 1953, sur une contestation du régime lui-même. En d'autres termes, il n'y avait plus de terreau révolutionnaire, et les actions menées, jusque dans la jeunesse, ne s'étaient à aucun moment assorties d'un rejet du communisme. Frappants certes par leur intensité et leur nombre, les incidents qui accompagnèrent en RDA la répression du printemps de Prague restaient de plus des actions individuelles et désorganisées. Après la déception des espoirs qu'avait paradoxalement fait naître la grande rupture de 1961, la fin de l'expérience tchécoslovaque allait accentuer pour un temps le repli sur la sphère privée et l'abandon de la scène politique.

Avec la mise en place d'une Fédération des Églises de RDA en 1969, les Églises protestantes est-allemandes, emmenées par Albrecht Schönherr, entendaient elles-mêmes entamer un nouveau dialogue avec le régime, basé sur le réalisme, et construire, selon le nouveau mot d'ordre, une « Église *dans* le socialisme ». Enfin, symboles du régime, les ouvriers de l'industrie lourde, qui, extrêmement critiques devant l'intervention en Tchécoslovaquie, avaient déserté les campagnes de propagande, préféraient désormais une certaine « fuite intérieure ». Témoin de cette attitude, la Fédération syndicale (FDGB) souffrait alors, pour un temps, d'un net mouvement de désaffection, prise en tenaille entre les exigences de la base ouvrière et celles de ses fonctions de serviteur du parti.

À bien des égards, 1968 représentait le dernier moment d'opposition « politique » réelle, quoique timide, de la classe ouvrière au régime. Après cette date et jusqu'au milieu des années 1980, ce lieu de discussions, ce forum public qu'était jusqu'alors l'entreprise devait disparaître, la préoccupation des travailleurs se bornant à la préservation de leurs intérêts matériels et sociaux[1].

La fin de l'ère Ulbricht

En même temps qu'elles semblent marquer le triomphe de l'ère Ulbricht, les années 1968-1970 en montrent les limites.

Malgré les annonces, le Nouveau Système économique de la planification n'a, à l'évidence, pas réussi à éloigner le spectre, ponctuel et irrégulier certes, mais toujours réel, d'une crise de subsistance. L'économie est-allemande reste à la merci de ruptures d'approvisionnement et des goulots d'étranglement qui, à tout moment, risquent de fragiliser l'ensemble du système.

Certes, les avancées sont considérables et, lors du 20e anniversaire de la RDA, ses dirigeants peuvent s'enorgueillir de chiffres témoignant des progrès accomplis : en 1969, la République démocratique produit davantage que le Reich de 1936 avec une population près de quatre fois inférieure ; 69 % de la population dispose alors d'un téléviseur, 56 % d'un réfrigérateur. Pourtant, les incertitudes demeurent. L'hiver 1969-1970, particulièrement rigoureux, est un rappel douloureux de la fragilité de la structure même du pays. Un froid persistant combiné à une récolte de pommes de terre calamiteuse et à une insuffisante capacité électrique fait craindre le pire : de nombreux villages connaissent des coupures d'électricité régulières, les horaires des trains

1. Voir Michael Hoffmann, « Leipziger Metallarbeiter und die Ereignisse des Jahres 1968 », *in* Étienne François et Matthias Middell (dir.), *op. cit.*, p. 93-94.

sont modifiés, notamment pour permettre le transport prioritaire du charbon et des biens de subsistance. Berlin elle-même, considérée pourtant comme la vitrine du régime, est régulièrement plongée dans l'obscurité. Une devinette à l'humour féroce fait le tour du pays : à la question, « quelles sont les quatre principales difficultés rencontrées dans la construction du socialisme ? », il convient de répondre : « le printemps, l'été, l'automne et l'hiver »[1].

Sans doute cette crise, qui se prolonge jusqu'en 1970-1971 et contraint la direction du parti à revenir sur ses objectifs, n'est-elle ni la première ni la plus grave qu'ait eu à affronter le régime de Walter Ulbricht. Elle a cependant lieu à un tournant de l'histoire internationale et ouest-allemande, que le maître de la République démocratique n'a pas su percevoir. Avec l'ouverture à l'Est de la diplomatie ouest-allemande, bientôt confirmée par le changement de majorité et l'avènement de Willy Brandt, la détente connaît en effet une nouvelle étape sur laquelle compte également Leonid Brejnev. L'écrasement du printemps de Prague et le maintien du *statu quo* ont permis à Moscou d'aborder avec confiance l'idée d'une nouvelle ère des rapports Est-Ouest, à laquelle les États-Unis, empêtrés au Vietnam, sont plus que favorables. Or, Walter Ulbricht n'a, à l'évidence, pas saisi ce changement majeur ; pire, par son intransigeance, il constitue un frein au nouveau dialogue qui, selon le Kremlin, doit s'instaurer avec l'Ouest et, donc, la RFA. En outre, ses rodomontades et ses audaces idéologiques, tendant à faire de la RDA un modèle en soi du socialisme, deviennent, dans ce nouveau contexte, moins tolérables.

1. Voir Stefan Wolle, *Die heile Welt der Diktatur. Alltag und Herrschaft in der DDR 1971-1989*, Berlin, Links, 1998, p. 38 *sq*.

Le 8 septembre 1970, en l'absence d'Ulbricht, d'Hermann Matern et de la plupart des membres du Politburo, en vacances ou absents pour raisons de santé, Erich Honecker préside la séance prévue. Le rapport sur les avancées du plan en cours et les analyses qu'il contient sur la politique économique d'Ulbricht constituent une attaque en règle, prolongée par une lettre adressée directement à Brejnev en janvier 1971, dénonçant la voie suivie, reprochant à Ulbricht ses théories technocratiques, pseudo-scientifiques et ses visées personnelles, s'inquiétant de ses prétentions idéologiques et des risques qu'une crise économique majeure ferait courir au pays au regard des événements polonais et tchécoslovaques. Convoqué le 11 avril 1971 aux côtés d'Erich Honecker, Ulbricht se voit confirmer sa disgrâce et, le 3 mai, le comité central du SED décide, officiellement sur demande expresse de l'intéressé en raison de son âge avancé, de lui retirer sa charge de premier secrétaire. Isolé dans sa maison de Wandlitz, oublié d'autant plus vite qu'il avait toujours été haï par une population qui ne lui pardonnait ni le 17 juin ni le 13 août, Walter Ulbricht devait mourir dans l'indifférence générale le 1er août 1973.

II

L'ÈRE HONECKER : UNE OUVERTURE FINALEMENT IMPOSSIBLE

Chapitre 24

L’âge d’or de la RDA

Entre ouverture et générosité sociale

Vers un renouveau politique et culturel ?

Un mois après le départ d’Ulbricht, le VIIIe congrès du SED, tenu du 15 au 19 juin 1971 à Berlin-Est, inaugurait les premiers moments de l’ère Honecker. Et si aucun changement majeur ne venait alors bouleverser les mots d’ordre ou les rituels, la disparition soudaine de concepts comme la « communauté de vie socialiste » au profit des traditionnelles « classes sociales », la référence de nouveau, dans les discours, à l’URSS et au PCUS comme guides indispensables d’un socialisme redevenu lui-même simple étape vers le communisme, et non plus une forme sociale propre, donnaient le signal d’une stabilisation et d’un retour à une rhétorique plus traditionnelle.

La disparition du très détesté Walter Ulbricht avait, à elle seule, suffi à gagner les faveurs d’une population qui, à l’évidence, avait accueilli la nomination de Honecker avec un certain soulagement. En dépit de son intransigeante orthodoxie, qui avait fait de lui, au cours des années passées, le plus solide soutien d’Ulbricht face aux oppositions montantes, Erich Honecker était pour l'essentiel resté dans l'ombre, échappant ainsi à l'impopularité de son prédécesseur lors de chaque crise du régime. Bien que partisan de la plus grande fermeté face aux événements du 17 juin ou aux contestations d'un Schirdewan, il restait avant tout identifié, dans l'esprit de ses contemporains, comme l'homme de la Jeunesse libre allemande (FDJ), qu'il avait contribué à fonder, en 1946, et qu'il avait présidée jusqu'en 1955. Somme toute, Honecker apparaissait aux yeux de la plupart des citoyens de RDA comme le partisan d'un pragmatisme rassurant.

De fait, le nouveau pouvoir semblait vouloir faire preuve d'une souplesse inédite. On assiste ainsi dès 1971 au retour d'une tolérance certaine à l'égard des modes occidentales. Les jeans étaient à nouveau autorisés, avant d'être remplacés par leur copie « socialiste » à travers les marques Wisent ou Boxer. Hier gardienne du temple, la FDJ ne s'opposait plus à ce symbole capitaliste par excellence, en déclarant très officiellement que « des pantalons n'étaient que des pantalons[1] ». L'autorisation du port de la barbe, des cheveux longs et même des minijupes, ou encore la disparition des dix commandements socialistes des salles de classe témoignaient d'un changement d'attitude à l'égard des jeunes, qui devait culminer dans l'organisation, en août 1973, des Jeux mondiaux de la jeunesse et des étudiants.

Cette nouvelle approche se traduisait également par un tournant plus remarquable encore dans le domaine culturel. D'entrée, les propos de Honecker tenus lors du VIIIe congrès du SED appelant les artistes à un dialogue « de fond plus ouvert et plus créatif » avaient réveillé un univers culturel en pleine désespérance depuis la

1. *Ibid.*, p. 44 *sq.*

fin des années 1960. La session du comité central des 16-17 décembre 1971 allait confirmer les nouvelles orientations du pouvoir. « Si l'on part de la position solide du socialisme », avait lancé Honecker dans son discours final, « il ne peut, à mon avis, dans le domaine de l'art et de la littérature, y avoir aucun tabou […] qu'il s'agisse du contenu ou du style » ; tout en s'empressant toutefois d'ajouter qu'il ne pouvait en même temps y avoir « la moindre concession à l'égard des conceptions qui sont étrangères à notre idéologie »[1]. Si cette dernière limite semblait invalider les audaces des phrases précédentes, et, *de facto*, montrait toute l'ambivalence de cette ouverture, le signal reçu par les artistes fut néanmoins celui d'une liberté nouvelle qu'ils entendaient utiliser comme telle.

Première manifestation de cette tolérance affichée, l'exposition officielle de l'art est-allemand à Dresde en 1972 frappe d'entrée par la diversité des œuvres et des styles. À l'extrême réalisme d'un Ulrich Hachulla, dont le tableau *Jeune Couple dans le métro* (*Junges Paar in der Strassenbahn*, 1971-1972) offre le spectacle de figures amoureuses mais sans grâce, déjà marquées par le quotidien, s'oppose, sur un même sujet, la vision onirique de Wolfgang Mattheuer, qui met en scène un couple enlacé, flottant dans l'air, entre sable et ciel, hors du temps (*Jungespaar*, huile, 1970). L'approche mécaniste et idéologique de Wilhelm Schmied, à travers son tableau *Halle. Tracé F. 80* (*Halle. Trasse F. 80*), continue à suivre la ligne officielle d'une foi aveugle en la toute-puissance de l'industrie, tandis que l'œuvre de Karl-Hermann Roehricht intitulée *Paysage d'hiver à*

1. Erich Honecker, *Reden und Aufsätze*, vol. 1, Berlin-Ouest, Dietz, 1975, p. 426 *sq*.

Schwedt (*Schwedter Winterlandschaft*, 1971) lui oppose un pessimisme sans fard : dans un style rappelant Caspar David Friedrich, un homme seul, juché au sommet d'une colline enneigée et en totale harmonie avec son milieu, contemple l'ensemble noirâtre des cheminées qui occupent le dernier tiers du tableau et dont les fumées obscurcissent le ciel. On retrouvera un peu plus tard cette vision désenchantée avec Sighard Gille et son diptyque *Constructeurs d'échafaudage – Fête à la brigade* (*Gerüstbauer – Brigadefeier*, 1975-1977) : loin des vues héroïques des années 1950-1960, les visages sont ici plus proches d'un Otto Dix ou d'un George Grosz, grimaçants, caricaturaux, figures usées par le travail, s'enivrant dans la fête d'alcool et de violence[1].

Tolérance également dans le monde du théâtre, qui permet à Ulrich Plenzdorf de mettre en scène au prestigieux Deutsches Theater de Berlin sa pièce *Les Nouvelles Souffrances du jeune W*. Tolérance toujours dans la sphère du cinéma, où des réalisateurs s'emparent de thèmes qui faisaient jusqu'alors l'objet d'interdits, telles les difficultés matérielles du quotidien ou l'épineuse question du pouvoir et de l'autorité : de nombreuses productions placées sous le signe du « réalisme documentariste » (Dagmar Schittly) plongent ainsi au cœur de la vie sociale. *La Vie avec Uwe* (*Leben mit Uwe*[2], 1974) de Lothar Warneke examine sans idéologie le mariage et la vie de couple dans son quotidien, tandis que, la même année, Bernhard Stephan revient sur le mal-être de l'adolescence dans *Encore trop maigre pour l'amour ?* (*Fur die Liebe noch zu mager ?*). Roland Gräf, avec

1. On peut voir ces tableaux dans l'ouvrage déjà cité de Martin Damus, *Malerei der DDR*, *op. cit.*, p. 246-280.
2. Film non disponible en français.

Un banquet pour Achille (*Bankett für Achilles*, 1975), se penche sur l'existence d'un ouvrier d'usine, dépassé par certaines avancées technologiques, étranger aux nouveaux arrivants dont il a du mal à partager les valeurs, sur fond de dénonciation d'un progrès qui laisse derrière lui une nature souillée et un environnement détruit.

Située aux antipodes du genre de l'analyse réaliste, la romance émotionnelle, avec ses héros et héroïnes bien identifiés, domine l'autre moitié de la production est-allemande, dans laquelle le quotidien passe à l'arrière-plan. Plus que tout autre, Heiner Carow symbolise cette génération, dont l'analyse des caractères, parfois rapide voire superficielle, entend privilégier le rythme, le sentiment et l'idylle aux limites de l'onirisme : *Icare* (1975) s'attache à un enfant de huit ans rêvant de devenir pilote, prétexte à de longues interrogations sur l'imaginaire, les limites entre monde de l'enfance et monde de l'adulte, capacité de chacun à s'évader et réaliser ses désirs. C'est toutefois sa *Légende de Paul et Paula* (*Die Legende von Paul und Paula*, 1973), portée par les acteurs Angelica Domröse et Winfried Glatzeder, qui, plus que tout autre film de l'époque, symbolise ce courant. Objet de critiques de la part du pouvoir pour certaines scènes jugées contraires à la morale socialiste et comme portant atteinte au respect de certaines institutions (en fait, l'uniforme de l'armée est-allemande), le film remporte un succès considérable. Histoire d'un amour absolu, libre et sans contrainte, loin des conventions ou des préoccupations carriéristes, vécue entre un amant frileux et une femme sans tabou qui va jusqu'à accepter la perspective de la mort pour prix de cet amour, la *Légende* propose pourtant au spectateur est-allemand un message des plus audacieux au regard de l'enseignement officiel : celui du primat de la recherche d'un bonheur personnel au détriment du collectif, même au risque d'en payer le prix – avertie du risque considérable qu'entraînerait une seconde grossesse, Paula meurt lors de l'accouchement.

Témoin de ce nouvel « âge d'or » de la DEFA, au cours des années 1973-1975, le nombre de spectateurs dans les salles dépasse à nouveau celui du milieu des années 1960, alors que le développement de la télévision et, plus encore, la médiocrité d'une production contrôlée et censurée avaient fait reculer le nombre d'entrées de près de 50 % entre 1963 et 1972[1]. Certes, les attaques idéologiques n'ont pas disparu, mais elles se font désormais plus discrètes, plus souples aussi. Les sanctions se traduisent davantage par des articles de presse que par des coupures ou des interdictions intempestives. *Le Troisième* (*Der Dritte*, 1972), d'Egon Günther, l'histoire d'une mathématicienne, Margit Fliesser, qui, après deux divorces, recherche un « troisième » mari, traite ainsi sans concessions des difficultés sociales rencontrées par les femmes seules, égratignant au passage les « avancées » du régime en la matière : accusé avant même sa diffusion de jeter le discrédit sur les femmes de RDA, tant par l'absence de morale que par des séquences jugées scandaleuses, le film fait dans un premier temps l'objet d'une procédure d'interdiction, avant d'être finalement autorisé par la section culturelle du comité central du SED, qui, *in fine*, le considère comme une œuvre forte, intéressante, susceptible d'entraîner de « fécondes discussions ».

1. Manfred Jäger, *Kultur und Politik in der DDR 1945-1990*, Cologne, Deutschland Archiv im Verlag Wissenschaft und Politik, 1994, p. 145.

Une amélioration des conditions de vie

Au-delà de l'ouverture culturelle, ce mieux-être ressenti de façon générale et diffuse par la population s'expliquait également par une inflexion tout aussi remarquable donnée à la politique sociale après le VIIIe congrès. Si l'efficacité, l'augmentation de la productivité du travail, l'accélération de la production globale restaient les principaux mots d'ordre, Honecker avait en effet mentionné à plusieurs reprises la nécessité de subordonner cette augmentation à celle du niveau de vie matériel et culturel de la population, si le régime souhaitait gagner à lui un peuple toujours en mesure de comparer son quotidien à celui de ses voisins, notamment ouest-allemand. Le productivisme aveugle de l'ère Ulbricht cédait ainsi le pas, au moins officiellement, au souci d'améliorer l'environnement matériel de l'homme de la rue.

En dépit de difficultés persistantes de l'économie est-allemande, le niveau de vie allait ainsi connaître au cours de la première moitié de la décennie une indiscutable progression, se hissant même en tête des économies du bloc de l'Est. Le salaire mensuel moyen passe ainsi entre 1970 et 1974 de 755 marks-est à 860. En octobre 1976, une nouvelle augmentation porte le salaire minimum de 350 à 400 marks-est, précédant de peu un effort identique sur les retraites les moins élevées, tandis que la semaine de travail est, la même année, réduite de 43 h 45 à 40 heures. En 1975, 82 % de la population est équipée d'un téléviseur, 86 % d'un réfrigérateur, 73 % d'une machine à laver. Dans le même temps, le pouvoir lance un vaste programme immobilier, se proposant de construire entre 1971 et 1975

500 000 nouveaux logements sociaux, auxquels doivent s'ajouter 200 000 supplémentaires entre 1975 et 1980.

Symbole de cette nouvelle attention accordée aux citoyens de RDA, l'inauguration en grande pompe en mai 1976 du Palais de la République, au cœur de Berlin, entendait marquer l'entrée dans cette ère de progrès : immédiatement requalifié par la *vox populi* en « *Ballast*[1] *der Republik* », cet ensemble de salles de congrès et d'exposition, de cafés, de cinéma et de théâtre se voulait une vitrine du « vivre-ensemble » socialiste, un but de promenade familiale, une destination récréative, en même temps que l'incarnation idéalisée de l'esprit RDA. Et si ce bâtiment, le plus coûteux de l'histoire de l'Allemagne de l'Est, ne devait jamais gagner l'adhésion massive d'un public volontiers critique et désabusé, il n'en reflétait pas moins une certaine autosatisfaction, le sentiment d'une époque relativement sereine où de grands projets, au même titre que la tour de télévision de Berlin, transformaient de fait la réalité du quotidien. Cela explique également que ces cinq années seront considérées dans la mémoire est-allemande comme une période agréable, synonyme d'une certaine quiétude, d'autant plus privilégiée qu'elle se nourrissait d'une situation internationale favorable, sur laquelle la RDA semblait surfer sans peine.

1. Jeu de mot entre *Palast* (palais) et *Ballast*, au sens propre « lest », « ballast », mais aussi, au sens figuré, « remplissage » ou « fatras ».

Reconnaissance et affirmation de soi

DDR « über alles » ? (la RDA par-dessus tout ?)

Ce sentiment d'embellie devait en effet beaucoup au contexte général ; or, depuis la fin des années 1960, le socialisme continue à bénéficier d'un évident capital de sympathie. Les dernières guerres de décolonisation autant que la débâcle américaine au Vietnam ou le putsch de septembre 1973 au Chili témoignent d'une crise du monde occidental : crise politique, mais aussi, bientôt, économique, largement relayée par des opinions publiques en proie aux inquiétudes du lendemain et agitées, tant en Allemagne qu'en Italie, par les premiers soubresauts du terrorisme. Désormais sur la défensive, privés à partir de 1974 d'un Nixon empêtré dans l'affaire du Watergate, les États-Unis amorcent une période de repli politique et idéologique dont l'URSS profite pour l'heure à plein, s'implantant massivement en Afrique ou au Moyen-Orient. En Somalie, en Angola, au Mali, en Ouganda, l'Union soviétique multiplie les accords bilatéraux de défense, tandis que ses ingénieurs construisent le barrage d'Assouan en Égypte. L'Ouest, depuis l'écrasement du printemps de Prague, s'est résolu à la détente : Chine et Russie soviétique ont, depuis 1972, toutes deux renoué avec l'Amérique, tandis que l'accord Salt I, complété en juin 1973 par celui « sur la prévention de la guerre nucléaire », ouvre la voie d'un nouveau *modus vivendi*.

En réaffirmant son indéfectible alliance avec l'URSS, qualifiée par Honecker de « clé de voûte décisive de la politique est-allemande tout entière » (1971), la RDA participait donc de ce mouvement de fond qui, à terme, devait déboucher sur sa reconnaissance.

À la politique de confrontation des années 1950 et au refus systématique de dialogue de la part de Bonn s'était en effet substitué un autre discours, encouragé par Washington et Moscou et auquel France et Grande-Bretagne avaient dû se résoudre. Après la signature de l'accord de transit de 1971, celui sur les transports un an plus tard, RFA et RDA s'entendaient finalement en décembre 1972 sur un texte définissant les fondements de leurs relations[1].

Si la République fédérale, en évitant une reconnaissance pleine et entière, conforme au droit international (*völkerrechtlich*), de la RDA, sauvait la possibilité d'une réunification ultérieure, ce traité n'en représentait pas moins, pour la République démocratique, la fin officielle d'une longue quête, en même temps qu'un immense succès. En ouvrant des relations diplomatiques avec le régime de Honecker en 1970 et 1971, l'Algérie et le Chili avaient déjà, *de facto*, invalidé la doctrine Hallstein. La reconnaissance par Bonn de l'existence du « fait » RDA et de son indépendance ouvrait quant à elle la porte à une reconnaissance occidentale généralisée, transformant la République démocratique, de simple satellite, en un État accepté par la communauté internationale. Témoin de cette soif d'hommages et de légitimité, l'article publié par le quotidien *Neues Deutschland* à l'occasion de la reconnaissance de l'État est-allemand par l'Espagne franquiste en janvier 1973, sans être dithyrambique, brossait du régime espagnol un tableau somme toute réjouissant ; quelques semaines auparavant, semblable amnésie avait déjà permis à l'Indonésie

1. Voir *supra*, « Confirmation de l'Ostpolitik ».

de Suharto d'apparaître dans la presse est-allemande sous un jour très favorable, alors qu'étaient passés sous silence les massacres de communistes commis sous le régime de ce dernier.

Avec son entrée aux côtés de la République fédérale à l'ONU le 18 septembre 1973, sa participation, de juillet 1973 à août 1975, à la Conférence pour la sécurité et la coopération en Europe à Helsinki, la République démocratique allemande semblait enfin parvenir au terme de sa longue marche, et rejoindre à son tour, par la grande porte, le concert des nations.

Ces années de reconnaissance étaient enfin pour elle l'occasion de renforcer les signes extérieurs de son caractère propre. Bien que le régime ait toujours fondé sa spécificité sur l'incarnation de la « bonne Allemagne », celle de la résistance et de l'antinazisme, on assiste au cours de la première moitié des années 1970 à une nouvelle offensive, destinée à identifier la République démocratique comme un État socialiste et non plus comme une composante de l'Allemagne : l'« Académie allemande des sciences » (DAW) devient ainsi en 1972 l'« Académie des sciences de RDA » ; le « Front national de l'Allemagne démocratique » se transforme de même rapidement en « Front national de RDA », prélude à la disparition de l'adjectif « allemand » de la plupart des noms de formation, à l'exception toutefois des organisations de masse et du SED. En 1974, une nouvelle version de la Constitution de 1968 opère plusieurs modifications symboliques : l'article 1er, qui définissait encore, à la fin des années 1960, la RDA comme « un État socialiste de la nation allemande » (*deutscher Nation*), la présente en 1974 comme « un État socialiste des travailleurs et des paysans ».

Cette pression identitaire obsessionnelle s'étend aux Églises. Si la partition de l'EKD et la création en 1969 d'une Fédération des Églises de RDA avaient permis au régime de renforcer son indépendance « socialiste », ce premier mouvement s'inscrivait dans un processus que devaient prolonger les années 1970. Dès 1970-1971, le SED multipliait ainsi les pressions sur les nouveaux représentants du protestantisme est-allemand pour que l'ensemble des Églises situées en RDA et membres de la très ancienne Église évangélique de l'Union (EKU)[1], au premier chef desquelles l'Église de Berlin-Brandebourg, rompent les derniers liens panallemands, même symboliques, qui continuaient de les rattacher à leurs consœurs de l'Ouest. À l'issue de graves dissensions au sein de la Fédération entre partisans de la résistance et de la conciliation, les Églises unitariennes se scindaient en 1972 en deux domaines distincts respectant les frontières étatiques, tandis que l'Église de Brandebourg, cinq ans après l'expulsion de l'évêque ouest-allemand Kurt Scharf, se dotait d'une nouvelle loi et d'un nouveau représentant en la personne d'Albrecht Schönherr, héraut de l'acceptation du fait politique et promoteur dès 1971 d'une « Église dans le socialisme ».

Une opposition plus discrète des Églises

Hier facteur de résistance, les Églises de ces premières années 1970 avaient tourné le dos à l'opposition systématique au régime. Sous l'influence d'une aile réformatrice active dès le milieu des années 1960 et

1. Issues de l'ancienne Union prussienne, ces Églises étaient composées, en RDA, des Églises du district de Greifswald, de Görlitz, de l'Église de Berlin-Brandebourg, de celles de la province de Saxe et d'Anhalt et, en RFA, des Églises de Rhénanie et de Westphalie.

désormais majoritaire, un courant incarné par les évêques Schönherr, Noth et Braecklein, soutenu à l'Ouest par d'anciens membres de l'Église confessante, avait en effet très tôt critiqué ce refus de l'acceptation de la réalité bipolaire. Ces hommes considéraient l'anticommunisme viscéral d'un homme tel l'évêque Otto Dibelius comme une réminiscence historique presque insupportable au vu du passé et de la guerre idéologique menée au nom de la croisade contre le bolchevisme. Au-delà, il s'agissait pour eux d'un contre-sens historique, d'une négation de la réalité qui ne pouvaient que desservir doublement l'Église : d'abord, la confrontation avec un régime déjà spontanément hostile ne pouvait que conforter le SED dans sa vision du monde qui faisait du christianisme la cinquième colonne de l'OTAN en même temps qu'une relique idéologique appelée à disparaître ; au-delà, les valeurs de liberté et de prospérité véhiculées par l'Allemagne occidentale n'avaient jamais réellement convaincu des hommes persuadés que la RFA et l'EKD s'étaient trop vite racheté une conscience en fondant leur action sur l'anticommunisme, des valeurs pourtant malmenées, en ces années 1970, par la faillite d'un modèle de croissance questionné en 1972 par le Club de Rome lui-même. Enfin, l'entêtement de l'EKD empêchait, pour eux, l'Église de reconnaître un monde devenu lui-même indifférent et areligieux, retardant dès lors sa rénovation.

Cette conviction, qui fondait en grande partie l'idée même d'une « Église dans le socialisme » inaugurée au synode d'Eisenach en 1971, reposait avant tout sur une interprétation des derniers écrits de Dietrich Bonhoeffer, théologien et résistant pendu par la Gestapo en 1945, et de sa vision d'une ère « sans religion » à venir[1]. Dans cette interprétation, l'athéisme ambiant et la radicale altérité du communisme ne sont plus une aberration idéologique à combattre, mais la forme la plus aiguë et la plus avancée d'une areligiosité dont ils représentent en quelque sorte l'avant-garde, obligeant l'Église à se concevoir comme minoritaire et non plus, comme au XIXe siècle, multitudiniste et triomphante. « La dégringolade des chiffres que nous constatons ici », affirme Schönherr en 1973, « n'est pas, il me semble, à attribuer au fait que nous vivons dans une société socialiste. Cette réalité n'est simplement chez nous nullement dissimulée par une chrétienté officielle [...] car il n'y a ici aucun avantage à être chrétien »[2]. En acceptant le défi que posaient le communisme et l'idée de vivre et d'agir dans une société socialiste, l'Église se voyait donc, pour Schönherr, élu en 1971 président de la Fédération des Églises de RDA, enfin contrainte de délaisser la facilité et les derniers oripeaux du pouvoir pour redevenir une Église servante, humble voire souffrante.

Cette redéfinition du rôle de l'Église n'empêchait nullement, dans l'esprit de ses pères, de se dresser face au pouvoir. Ainsi l'application à partir de mars 1971 d'un décret du 26 novembre 1970 imposant aux Églises un contrôle toujours plus strict de leurs activités s'était-il heurté à un boycott de la Fédération, obligeant le pouvoir à faire marche arrière : le 1er juin 1973, le SED décidait de procéder à une interprétation libérale du

1. Voir Dietrich Bonhoeffer, « Widerstand und Ergebung et les interprétations d'A. Schönherr "Im Sozialismus glauben lernen. Impulse aus der Theologie Bonhoeffers fur Christen in der DDR" », in *Evangelische Kommentare*, 1973, p. 392-396.

2. Albrecht Schönherr, *Auftrag und Gestalt der Kirche*, conférence, 10e Festival mondial de la jeunesse, Berlin-Est, 1er août 1973.

texte, exemptant les manifestations concernées de toute déclaration préalable. Il ne pouvait toutefois, pour des hommes tel Braecklein, s'agir d'une opposition au sens politique du terme, mais bien plutôt de la recherche permanente d'un dialogue, de l'élaboration patiente d'un *modus vivendi* permettant aux Églises de s'imposer comme un partenaire essentiel à la construction de la société.

L'acceptation du socialisme et la quête d'une reconnaissance par le régime préparaient toutefois aux Églises protestantes un chemin semé d'embûches, sur lequel les gages de bonne foi et de loyauté risquaient à tout moment de se transformer en collaboration. Ainsi l'entrée de la Fédération au Conseil œcuménique des Églises et sa participation au programme antiraciste, dont les collectes alimentaient en partie le Front de libération du Mozambique (FRELIMO), soulevaient le double problème de l'impartialité des Églises dans le choix de leurs actions et de la légitimation implicite de la violence. De même, l'envoi de représentants au Congrès mondial des forces de la paix à Moscou en octobre 1973 laissait planer un doute sur l'instrumentalisation rampante de ces Églises, ce que l'évêque de Görlitz, Joachim Fränkel, devait dénoncer dans ses prises de position la même année.

Le maintien d'un carcan idéologique et politique

Ces années d'apparente ouverture et de plus grande tolérance n'avaient pourtant entraîné aucun changement politique majeur. Par bien des aspects, on retrouve même, en cette première moitié des années 1970, toute l'ambiguïté des années 1962-1963.

Plus pragmatique, moins rigoriste en apparence, la pratique du pouvoir de Honecker reste pourtant sans partage. Le SED conserve, tout au long de cette période, sa domination, renforçant toujours davantage sa position vis-à-vis des autres partis autorisés et des organisations de masse. Cette transformation des différentes formations en simples courroies de transmission du pouvoir n'est certes pas un phénomène nouveau. On assiste néanmoins, à partir de l'avènement de Honecker, à un renforcement de cette tutelle et à la réduction de leurs marges de manœuvre, maintenant une contradiction grandissante entre les intérêts qu'elles sont censées représenter et l'allégeance exigée[1] : la CDU doit ainsi continuer à concilier défense des chrétiens et primat de l'idéologie communiste, tandis que la FDJ, émanation d'une jeunesse laissée plus libre d'agir, doit en même temps demeurer une « réserve du parti ».

On assiste également, à partir de 1970, à un développement constant des forces de sécurité. L'armée est modernisée grâce à l'aide soviétique, les défenses du Mur sont renouvelées et améliorées, les effectifs de la police d'État (Stasi) constamment augmentés. Considérés sur le moment par la jeunesse est-allemande comme un tournant et une ouverture sans précédent, les Jeux mondiaux de la jeunesse de 1973 (28 juillet-5 août) sont le vivant symbole de cette ambiguïté fondamentale de la période : la libre distribution de tracts par des organisations ouest-allemandes, la tolérance de rassemblements spontanés, la tenue de groupes de discussions critiques à l'égard du régime ont en effet créé un sentiment unique de renouveau ; toutefois, ces Jeux ont été précédés d'une vague d'arrestations, de condamnations et d'internements

1. Voir Hermann Weber, *op. cit.*, p. 282-283.

sans précédent. Stefan Wolle recense ainsi, entre janvier et juillet de cette année 1973, 6 635 procédures pour violation de l'article 249 du Code pénal (menace pour l'ordre public dû à un comportement asocial), contre 2 003 pendant les six premiers mois de l'année précédente, soit une augmentation de 231 %. En outre, les Jeux sont l'occasion d'une surveillance extrême bien que discrète : les unités d'élite de l'armée sont mobilisées en cas de coup de force contre le Mur, de même que 4 260 agents de la police, parfois en uniforme de la FDJ, spécialement préparés, et chargés non seulement de surveiller les participants mais aussi d'occuper les points stratégiques de la ville[1].

Ambiguïté également dans le développement économique de la République démocratique. Si l'augmentation du revenu réel de la population et l'amélioration de ses conditions de vie sont au cœur du programme de Honecker, le primat du politique continue à s'imposer. On assiste ainsi, à partir de février 1972, à une liquidation systématique des derniers établissements relevant, pour tout ou partie, du secteur privé, qui, dans certaines branches comme l'habillement, représente jusqu'à 40 % de la production totale. Considéré comme le reliquat d'une époque révolue et la source du maintien d'une petite et moyenne bourgeoisie inacceptable dans une société socialiste, le secteur privé est condamné à disparaître. Fin 1972, sur les 11 400 entreprises relevant encore de cette catégorie, 10 850 ont, par la contrainte, rejoint la « propriété d'État ».

Emblème de la libéralisation de la RDA, la politique culturelle demeurait enfin elle-même pleine d'équivoque. L'encouragement à la création et à ignorer les

1. Stefan Wolle, *op. cit.*, p. 164 *sq.*

tabous lancé par Honecker ne se concevait en effet que dans un cadre défini, que précisait dès juillet 1972 Kurt Hager, responsable au sein du Politburo des sciences, de l'éducation et de la culture. Pour Hager, l'engagement en faveur d'un grand espace donné à la recherche créatrice excluait « toute concession envers les idéologies bourgeoises et les conceptions impérialistes ». Lors de la 9e session du comité central du SED, Honecker revenait lui-même à la charge en réaffirmant la nécessité absolue pour les artistes de combattre l'impérialisme sous toutes ses formes et, dès lors, la nécessité pour l'État de maintenir un contrôle sur la production.

Pour l'heure sans réelle conséquence, l'avertissement témoignait pourtant déjà du décalage créé par le régime entre une permanence politique inébranlable, une incapacité profonde du pouvoir à évoluer et l'attente d'une population avide d'ouverture, interprétant la nouvelle relation avec la RFA ou les audaces culturelles comme autant de signaux que des changements restaient possibles. La déception engendrée par le retour des crispations, dès 1976-1977, ne pouvait que provoquer une crise d'autant plus durable que ni la RDA ni même l'URSS n'étaient en mesure, après l'ouverture dont témoignaient le traité fondamental de 1972 ou, plus encore, la signature des accords d'Helsinki en 1975, de faire aisément machine arrière.

Chapitre 25

L'accumulation des lignes de faille

Le prix de l'ouverture

En dépit de la permanence du rideau de fer et de l'écrasement, depuis 1968, des dernières velléités de réformisme, le camp socialiste ne se caractérise plus par cette étanchéité, ce culte de l'isolement qui en faisaient également la force. Depuis la détente, l'ouverture sur le monde occidental est réelle.

Ouverture politique tout d'abord : la conférence d'Helsinki, voulue par les Soviétiques afin de pérenniser les frontières issues de la Seconde Guerre mondiale, représente sans doute un succès pour Moscou. Toutefois, l'acceptation par l'Est de la « troisième corbeille » (« Coopération dans le domaine humanitaire et autres ») était un coin enfoncé dans le bloc soviétique : si les droits des individus au sein de leurs États respectifs n'étaient pas traités directement, le texte n'en abordait pas moins des thèmes d'importance, comme le contact entre les familles, l'amélioration des conditions de circulation pour le tourisme, autant de sujets qui, au regard de la situation allemande, mettaient le camp oriental en porte à faux avec sa propre logique.

La normalisation des rapports entre la République fédérale et la République démocratique depuis 1972 dément elle aussi la capacité du régime est-allemand à préserver son territoire des contacts avec l'autre Allemagne. Sans doute, le régime continue-t-il à multiplier les efforts *ad absurdum*. L'édition de 1978 du Dictionnaire Meyer ne propose plus, ainsi, sous la rubrique « Berlin », que la définition suivante : « capitale et centre politique, économique et culturel de la RDA », sans aucune explication historique ni mention d'une partie ouest, le mot « Westberlin » (dont l'orthographe, « West Berlin », défiait déjà les règles de la grammaire allemande) se retrouvant coincé entre « Westbengalen » et « Westböhmen », soit le Bengale de l'Ouest et la Bohême occidentale ! Dans le même temps, la croissance permanente des flux de population entre les deux États, l'explosion du nombre de touristes ouest-allemands venant rendre visite à leurs familles et d'Allemands de l'Est autorisés à se rendre à l'Ouest pour une courte période rendaient illusoire la volonté de s'opposer à une comparaison des deux systèmes et des deux modes de vie, que le déferlement des images occidentales, via les récepteurs est-allemands, permettait, avec la généralisation des téléviseurs dans les foyers, toujours davantage. En 1977, la construction des premiers téléviseurs PAL/SECAM en République démocratique résonnait d'ailleurs comme un aveu d'échec : depuis 1969 en effet, le choix du système de réception français (SECAM) empêchait la réception en couleur des émissions ouest-allemandes (système PAL) ; cette barrière technique, pourtant toute symbolique, disparaissait.

Cette ouverture « forcée » était enfin économique. Le souci d'une plus grande prise en compte des besoins matériels de la population en même temps que la vague de nationalisations du début des années 1970 poussaient en effet la RDA, depuis 1972, à se fournir de façon croissante en République fédérale, s'inscrivant en cela dans une tendance globale des pays de l'Est depuis 1971. « Les pays socialistes avaient voulu "acheter occidental" pour gagner du temps dans la bataille commerciale », soulignent ainsi fort justement Bernard Droz et Anthony Rowley. « Retournant à leur avantage l'immobilisme de la guerre froide, ils excipaient de leur prudence financière, de leur solvabilité, de l'efficacité des plans dans les choix de politique économique. Vingt-cinq ans plus tard, les regrets du plan Marshall se trouvaient ainsi effacés. Ce qui tombait à pic pour des nations disposant de pétrodollars à recycler, à des taux en baisse depuis 1975. Les pays de l'Est reçoivent ainsi 20 % des crédits d'exportation accordés par les membres de l'OCDE pour 1975-1977, auxquels s'ajoutent des lignes de crédit particulier, ouvertes par les fournisseurs privés et des montages financiers inventifs », comme « la ligne de crédit gratuit consentie par la RFA à la RDA au titre du commerce interallemand »[1].

Cette augmentation progressive de la dette, sans être encore préoccupante, posait néanmoins la question de l'équilibre financier de la RDA, avec d'autant plus d'acuité que le premier choc pétrolier, au départ sans conséquence pour les pays du COMECON, entrait désormais en ligne de compte. Le 18 juin 1975, le ministère du Commerce extérieur soviétique faisait en effet parvenir à son homologue est-allemand une note dans laquelle il annonçait une augmentation substantielle des prix de l'énergie eu égard aux bouleversements du marché ; la tonne de pétrole passait ainsi de 14 à 35 roubles, le prix

1. Bernard Droz et Anthony Rowley, *Histoire générale du XXe siècle depuis 1950*, t. 4, Paris, Seuil, « Points », 1992, p. 82.

du gaz (mille mètres cubes), de 14,25 à 31 roubles, soit une facture supplémentaire de 725 millions de marks-est pour la seule année 1976.

« Annus horribilis » : les affaires Biermann, Kunze, Bahro et Brüsewitz

Cette évolution économique, doublée de nouvelles difficultés dans la livraison des produits de première nécessité, largement provoquées par les nationalisations de 1972-1973, ne devait pas rester sans conséquences sur le contexte de l'année 1976. Sans qu'aucun malaise ne soit réellement perceptible, une certaine morosité semble régner au sein d'un SED, qui plus est déçu du manque d'adhésion de la population à sa politique, en dépit des progrès réalisés. De plus, malgré les efforts consentis, la productivité du travail enregistre, pour la première fois depuis 1969, un léger fléchissement par rapport aux moyennes des années précédentes. Le climat régnant dans le camp socialiste a, lui aussi, changé : la publication des ouvrages de Soljenitsyne en Occident depuis 1974 a accentué la répression à l'égard des intellectuels et des dissidents ; aux succès des premières années 1970 ont succédé quelques revers, à l'image du renversement des alliances en Égypte, tandis que l'engagement aux côtés de l'Éthiopie ou de l'Angola coûte fort cher. La conférence des partis communistes du 29-30 juin à Berlin-Est, malgré un unanimisme convenu, n'a en outre pas empêché certains partis frères, comme le Parti communiste espagnol, de se prononcer en faveur du pluralisme, contre l'idée même de parti unique et la tutelle idéologique de Moscou.

Au total, on assiste ainsi à un certain raidissement du SED, qui, lors de son IXe congrès du 18-22 mai, rappelle fermement la nécessité de renforcer la formation idéologique des cadres du parti et des masses, en même temps que l'absolue nécessité pour le parti de se mobiliser au service du système. Les artistes eux-mêmes ne sont pas oubliés : « la responsabilité artistique dans le socialisme », affirme clairement Erich Honecker, « ne peut se comprendre que comme responsabilité en faveur du socialisme »[1].

L'annonce, dans ce climat de l'entre-deux, de la mort du pasteur Brüsewitz en août 1976 devait entraîner une première crispation de la part du pouvoir, bientôt suivie par un coup d'arrêt à la politique de l'ouverture, notamment culturelle, auquel ni les artistes ni la population n'étaient préparés.

Le 18 août, le pasteur Oskar Brüsewitz s'était en effet immolé par le feu sur la place du marché de la ville de Zeitz après avoir déployé une banderole où l'on pouvait lire : « Message radio à tous : l'Église de RDA dénonce le communisme pour oppression dans les écoles à l'égard des enfants et des jeunes. » Par sa forme, son message, sa soudaineté, le sacrifice volontaire d'un homme d'Église réunissait tous les éléments d'une crise politique majeure. L'écrasement du printemps de Prague avait en effet laissé, à l'Est, une trace trop profonde dans les mémoires pour que les flammes de Zeitz ne rappellent point le geste d'un Jan Palach qui, le 1er juin 1969, s'était lui-même immolé sur la place Venceslas. En outre, le pasteur décédé de ses blessures le 22 août avait, au symbole, ajouté une accusation directe, et démenti le prétendu nouveau *modus*

1. Erich Honecker, *Reden und Aufsätze*, vol. 4, Berlin-Ouest, Dietz, 1977, p. 460.

vivendi affiché tant par la Fédération des Églises que par le pouvoir. Enfin, tombé en pleine année électorale ouest-allemande, alors que partout la CDU regagnait du terrain et menaçait le parti de la nouvelle Ostpolitik, l'événement prenait une dimension d'autant plus grande qu'il engageait une fois encore le prestige de la RDA.

À la tragédie de Zeitz s'ajoutait bientôt un nouveau revers pour le régime : en septembre 1976, l'écrivain est-allemand Reiner Kunze faisait paraître à l'Ouest un ouvrage intitulé *Les Années merveilleuses* (*Die wunderbaren Jahre*) dans lequel il brossait le portrait d'une jeunesse de RDA désorientée, amère, contrainte de choisir entre soumission et marginalisation ; le livre était également l'occasion pour l'auteur de rappeler la répression qui continuait de s'abattre en Tchécoslovaquie sur l'ensemble des artistes, auxquels il réaffirmait son vibrant soutien. Exclu de l'Association des écrivains dès le 29 octobre en dépit des protestations de Christa Wolf, Reiner Kunze apparaissait finalement au pouvoir comme l'archétype de l'intellectuel ayant subverti l'espace de liberté qui lui était accordé, conduisant le SED à une révision de sa politique, dont le chanteur Wolf Biermann allait devenir en novembre la première victime.

À la suite d'un concert donné à Cologne le 13 novembre, lors duquel il avait, tout en se félicitant d'avoir en 1953 opté pour la RDA, émis quelques critiques à l'égard du régime, Wolf Biermann était déchu de sa nationalité est-allemande et, *de facto*, contraint à l'émigration en République fédérale. Cette mesure discriminatoire devait entraîner une mobilisation sans précédent de l'ensemble de la communauté artistique : dans une lettre de protestation, Stephan Hermlin s'insurgeait contre la décision jugée arbitraire et sans fondement du SED, recueillant immédiatement le soutien de douze écrivains, parmi lesquels Christa Wolf, Stefan Heym, Jurek Becker, Heiner Müller ou Sarah Kirsch, rejoints dans les jours suivants par la plupart des cinéastes, des acteurs et des chanteurs les plus en vue de la République démocratique. Surpris par la vigueur de la contre-attaque, le SED devait réagir sans discernement. Aux pressions sur certains des signataires s'ajoutaient bientôt les surveillances, les interdictions d'exercer, les amendes. Christa Wolf, Jurek Becker, Sarah Kirsch étaient exclus du parti ; encore en 1979, des auteurs pourtant reconnus comme Stefan Heym, Adolf Endler, Rolf Schneider étaient expulsés de l'Association des écrivains de RDA. À partir de 1977, le Politburo reprenait en main le domaine des lettres par un contrôle plus strict des publications ou la création d'un « lectorat pour la culture », responsable de la tenue politique des éditions les plus en vue. En décembre 1976, la Stasi était également mobilisée pour la surveillance des écrivains, créant même, au sein de sa XXe section consacrée à la culture, aux Églises et aux médias, un département n° 9 spécialisé dans la surveillance des oppositions politiques et de ses contacts avec l'Occident[1]. Après des années fastes, le cinéma est-allemand pâtissait à nouveau de ce retour en arrière : le scénario du film de Jurek Becker intitulé *Jours sans sommeil* (*Schlaflose Tage*) était refusé, tandis que le réalisateur Frank Beyer se voyait cantonné dans des productions historiques ou des téléfilms, eux-mêmes diffusés à des heures d'écoute tardives et sans publicité, comme pour *Société fermée* (*Geschlossene Gesellschaft*), en 1978.

La parution en République fédérale en 1977 du livre de Rudolf Bahro *L'Alternative* (*Die Alternative*) confirmait

1. Voir Dagmar Schittly, *op. cit.*, p. 204.

le SED dans ses analyses. Bahro proposait en effet une critique sans fard de ce qu'il nommait la « politburocratisation » du socialisme tel qu'il était pratiqué en RDA, décrivant un communisme devenu sous sa plume moins une force révolutionnaire destinée à contrer le capitalisme qu'un instrument de critique civilisationnelle. Arrêté en août 1977, Bahro, qui proclamait également dans son ouvrage son attachement à l'expérimentation tchécoslovaque et aux indispensables recherches d'une troisième voie, était finalement condamné à huit années de prison, à l'issue d'un procès expéditif qui ne mettait cependant nullement un terme à la constitution de ce qu'il fallait désormais appeler une opposition à la dictature d'un parti refusant toute évolution.

La naissance diffuse d'une opposition

Des contestations internes isolées

Cette contestation du pouvoir est en premier lieu de nature politique. Elle prolonge les tentatives réformatrices des années 1960 et, une fois encore, on ne saurait trop souligner le retentissement atteint, dans les pays de l'Est, par l'expérience tchécoslovaque, qui, bien après 1968, demeure chez beaucoup une référence. Le maintien de contacts avec l'intelligentsia praguoise, l'impact de la Charte 77 nourrissent tout au long de ces années 1970 la démarche d'un Kunze, d'un Bahro ou plus encore d'un Robert Havemann, qui, depuis le milieu des années 1960, milite en faveur d'une troisième voie est-allemande. Déjà dans une de ses conférences de 1963, ce dernier affirmait que « quiconque craint les conséquences d'une information libre et y fait pour cela obstacle crée les conditions d'un développement malsain[1] ». En dépit de la pression étatique qui l'avait déjà à plusieurs reprises conduit en prison, Havemann n'avait cessé de réclamer l'autorisation de partis d'opposition afin de « parfaire la démocratie socialiste ». Encore en octobre 1976, interrogé sur les élections législatives à la radio Deutschlandfunk, il affirmait pour le régime la nécessité de comprendre que le repli ne pouvait conduire qu'à son affaiblissement et non à son renforcement. Ses multiples prises de position après l'affaire Biermann le conduisaient cependant rapidement à une nouvelle arrestation. Assigné à résidence jusqu'en mai 1979, privé de contacts avec ses proches, Havemann, malade, allait néanmoins continuer, par ses écrits, ses enregistrements clandestins, à alimenter le débat politique.

La parution en 1977 et 1978 de plusieurs manifestes prolongeant la polémique, sans jamais toutefois atteindre le retentissement des textes de Havemann ou de Bahro, prouvait également la persistance d'un profond malaise.

En janvier 1978, le *Spiegel* publiait en effet dans ses colonnes un texte anonyme, « Le manifeste de la Fédération des communistes démocratiques d'Allemagne », dans lequel les signataires protestaient ouvertement contre les bureaucrates du régime taxés de « parasitisme social », réclamaient la création d'un Parlement et d'une Haute Cour indépendants, ou encore une « politique nationale offensive » permettant à terme la « réunification de l'Allemagne »[2]. De multiples textes devaient encore enrichir, entre septembre 1977 et janvier 1978,

1. Ehrhart Neubert, *Geschichte der Opposition in der DDR 1949-1989*, Berlin, Links, 2e éd., 1998, p. 157.

2. Voir Dominik Geppert, *Störmanöver. Das « Manifest der Opposition » und die Schliessung des Ost-Berliner « Spiegel »-Büros im Januar 1978*, Berlin, Links, 2004.

les colonnes de l'hebdomadaire hambourgeois : à plusieurs reprises, des textes issus de la « Fédération des communistes allemands » multipliaient les attaques contre le régime est-allemand, considérant le marxisme comme l'instrument d'une salutaire critique politique et sociale dont le SED ne pouvait faire l'économie.

Ces tentatives montraient cependant en même temps les limites d'une opposition sans réelle base sociale, faite d'intellectuels isolés – même s'ils étaient connus et respectés – ou de factions inconnues, dont la clandestinité préservait certes l'anonymat, mais restreignait également l'audience.

Une Église protestante divisée mais toujours présente

À côté de ces formes de résistance désorganisées, les Églises conservaient une capacité d'action tout autre. Tout en reconnaissant les avancées accomplies par le régime dans ses relations avec la République fédérale et, dans une certaine mesure, à l'égard des croyants, certains ecclésiastiques continuaient à stigmatiser les écueils sur lesquels venait buter toute tentative de libéralisation du régime. L'évêque Hans-Joachim Fränkel, dans une intervention retentissante lors du synode de l'Église de Görlitz au printemps 1973, avait sévèrement interpellé le pouvoir sur la question des droits de l'Homme et de la possibilité pour un chrétien de vivre réellement dans un environnement où dominait l'idéologie marxiste-léniniste. « D'importants droits de l'Homme sont certes ancrés dans notre Constitution. Mais la question est de savoir comment il faut les interpréter. Les droits telles la dignité, la liberté [...] sont liés dans le marxisme-léninisme à leurs résultats accomplis au service du socialisme, ils sont donc encouragés ultérieurement sur la base des conditions qu'ils ont remplies [...] Ils ne sont ce qu'ils sont que si on les reconnaît en présupposant l'Homme et non en les pliant à la volonté d'une conviction particulière[1]. » Les discriminations, la suprématie constante de l'idéologie, la pression muette exercée de l'école à la Jugendweihe engendraient chez le chrétien, selon Fränkel, un climat de peur et d'oppression, qui foulait aux pieds la lettre et l'esprit des traités internationaux pourtant signés par la République démocratique. En outre, la volonté de rencontrer le socialisme sans appréhension ni *a priori* ne devait nullement, pour l'évêque de Görlitz, confondre ouverture à l'autre et naïveté : « Prendre la suite du Christ n'est pas congruent avec la morale socialiste », affirmait-il encore. « L'exigence d'une reconnaissance des droits fondamentaux compris comme préexistants, et donc, l'exigence de davantage de tolérance est dès lors inévitable. » D'un jugement sur la réalité est-allemande, Hans-Joachim Fränkel passait donc clairement à une critique de l'attitude officiellement adoptée par la Fédération des Églises d'Albrecht Schönherr dans son approche des relations avec l'État. Pour Fränkel, qui rejoignait en cela les récriminations d'autres ecclésiastiques comme Heino Falcke, ayant quant à lui lancé en 1972 la formule d'un nécessaire « socialisme perfectible », la Fédération s'était bâillonnée en s'enfermant dans l'image d'une Église souffrante et coupable, au fond torturée par une mauvaise conscience dans ses relations au communisme et datant de la Seconde Guerre mondiale, qui l'empêchait d'assurer pleinement ses responsabilités dans un monde socialiste. Il accusait enfin, *de facto*, « l'Église dans le socialisme », qui, selon lui,

1. Hans-Joachim Fränkel, conférence, synode de Gorlitz, 30 mars-2 avril 1973, in *Kirchliches Jahrbuch*, 1973, p. 188-189.

préférait la realpolitik aux difficultés d'une opposition sans concession, d'ignorer la réalité d'une base en proie aux vexations quotidiennes, d'oublier une Église d'en bas au profit d'un accord illusoire avec l'État.

Au lendemain de la mort du pasteur Brüsewitz, cette critique gagnait en force. Un texte commun signé par une convention de pasteurs réunis à Weisswasser fin août 1976 rappelait, à côté des avancées parfois obtenues, la noirceur de la réalité. Le document final énumérait ainsi « la partialité des cours d'histoire, la primauté dans toutes les matières de l'éducation idéologique, la peinture en noir et blanc qui était celle des rapports entre la RDA et la RFA [...] la propagande antichrétienne ». « Lorsque l'évêque Schönherr affirme que nous désirons être une Église dans le socialisme », soulignaient enfin les participants, « cette formulation pourrait laisser à penser que nous souhaitons, en conscience, [...] et par libre décision être une Église au sein du socialisme. N'est-ce pas plutôt que nous, l'Église, devons emprunter ce chemin sans que les citoyens de notre pays aient jamais eu la possibilité d'en décider librement ? »[1].

Si l'Église apparaît au total assez divisée, il serait cependant réducteur de la limiter, comme certains auteurs ont pu être tentés de le faire au lendemain de la réunification, à un ensemble partagé entre partisans de la collaboration et résistants farouches à la dictature du SED. Il s'établit bien plus, au cours de ces années 1970, une subtile alchimie entre, d'une part, une branche effectivement désireuse de construire une relation suivie, exempte d'éclats, soucieuse d'installer les Églises dans une reconnaissance durable, et prête pour

1. Harald Schultze, *Das Signal von Zeitz*, Leipzig, Evangelische Verlagsanstalt, 1993, p. 293-294.

ce faire à abandonner certaines positions relevant pour elle davantage de la forme et du symbole que de l'intérêt vital, et, d'autre part, une autre aile de l'Église, souvent plus jeune, moins marquée par le souvenir de la guerre mondiale, et préférant mener ses combats en République démocratique plutôt que dans un tiers-monde jugé trop lointain. Il serait bien sûr excessif d'imaginer entre ces deux approches une entente quelconque, la première s'appuyant sur la virulence de la seconde pour réclamer au pouvoir plus de marges de manœuvre, arguant des possibles dérapages incontrôlables de cette minorité remuante. Toutefois, il reste indéniable que, dans cet équilibre involontaire entre un pôle temporisateur, obsédé par l'idée d'une relation stable et institutionnalisée avec l'État, et un groupe moins prêt au compromis, les Églises ont su imposer leur présence au régime. Le 6 mars 1978, Honecker recevait très officiellement et pour la première fois la Fédération des Églises, reconnaissant de droit leur présence et de fait leur droit au dialogue, permettant à l'évêque Schönherr de demander au plus vite le règlement des « problèmes » et des « misères », tels que le souci de l'égalité des chances ou la réalité de la liberté de conscience et de croyance. Il concluait ainsi son allocution au chef de l'État est-allemand : « La réalité de l'Église dans le socialisme doit faire ses preuves au contact des éléments suivants : savoir si le citoyen peut y vivre avec sa famille comme chrétien avéré […] Le bon rapport de l'Église et de l'État est à la mesure de ce que le chrétien individuel vit, là où il se trouve dans la société. »

À la fin des années 1970, l'Église apparaît ainsi comme la seule institution légale, reconnue, structurée capable d'exister face au SED et d'offrir à une opposition informelle en devenir, selon les judicieuses remarques d'Ehrhart Neubert, « une base théorique » à partir de laquelle évoluer[1].

Une jeunesse remuante

Rien ne serait plus faux que d'imaginer, jusqu'au début voire au milieu des années 1980, une jeunesse est-allemande domestiquée, encadrée, bref, de faire de la FDJ, un peu à l'image de la *Hitlerjugend* pendant le nazisme, le cadre unique d'une classe d'âge incapable de réagir, façonnée par l'idéologie du pouvoir. Sans doute l'organisation de la Jeunesse libre allemande a-t-elle toujours été considérée par le régime comme une institution privilégiée, destinée à transformer en profondeur les mentalités, à préparer efficacement la relève, et à permettre le passage d'une ex-société bourgeoise à un corps social pétri dans le creuset du socialisme. Pour autant, cette tentative d'embrigadement s'est très tôt avérée décevante et, derrière la façade convenue des parades et des fêtes collectives, la jeunesse de RDA offre un visage moins convenu, et, pour le régime, assurément plus ambigu.

Depuis le milieu des années 1960, les premières générations de l'après-guerre, qui n'avaient connu que la RDA, se montraient en effet moins enclines que leurs aînés à accepter les contraintes de la société est-allemande. En 1965, plusieurs manifestations avaient éclaté à Leipzig à la suite de l'interdiction de concerts ; la participation de la RDA à la répression du printemps de Prague avait également entraîné dans la rue et les universités de nombreuses protestations, débouchant sur des vagues d'arrestations. Les Jeux mondiaux de la jeunesse, en dépit des surveillances et de la répression préventive menées par le

1. Ehrhart Neubert, *op. cit.*, p. 202.

régime, avaient également été l'occasion de cristalliser, en une prise de conscience collective, les aspirations en même temps que le malaise d'une génération qui possédait déjà ses lieux, ses moyens d'expression, sa contre-culture : en 1974 et 1976, la tenue de concerts rock à Altenbourg et Plauen s'était terminée par de violentes confrontations avec la police. Dès le début des années 1970, les rassemblements informels de jeunes au sein de « cercles » (*Zirkel*), comme le club Die Box de Rudi Molt, qui sera arrêté et jugé en 1976, dans les cafés ou encore dans les clubs de la FDJ constituaient des espaces de discussion, d'échange, de diffusion d'écrits interdits, tels ceux de Havemann. En 1971 paraît sous le manteau la revue *Avantgarde* ; les étudiants Ulrich Plenzdorf et Martin Stade éditent en 1974 une anthologie intitulée *Histoires berlinoises*, interdite un an plus tard. Berlin, Iéna et Leipzig deviennent des villes particulièrement actives et créatrices, unissant étudiants, écrivains et artistes au sein d'amicales ou de clubs comme le Club ouvrier et étudiant de la Rosenthaler Strasse à Berlin ou le cercle Littérature et art lyrique à Iéna. Les communautés, les copropriétés sont aussi le lieu d'une culture alternative, qui a suivi avec passion l'aventure de la non-violence d'un Martin Luther King, les manifestations américaines et ouest-allemandes contre la guerre du Vietnam, l'écho de Woodstock ou les premiers développements des mouvements Vert et pacifiste en République fédérale.

Cette jeunesse possède également ses figures de proue comme les chanteurs Bettina Wegner et Jürgen Fuchs. Né en 1950, Fuchs acquiert à partir de 1970 une aura grandissante, par ses poèmes critiques, ses convictions en faveur d'un socialisme perfectible, qui le font en 1973 entrer au SED dont il est exclu deux ans plus tard. Arrêté en 1976 à l'occasion d'une manifestation en faveur de

Wolf Biermann, il sera finalement, selon un processus de plus en plus utilisé par le pouvoir, expulsé à l'Ouest en 1977[1].

À la différence d'autres groupes sociaux qui, à l'image des ouvriers, ont souvent fait le deuil de leur participation active au régime et se sont repliés sur la sphère intérieure, la jeunesse fait l'expérience traumatique, au cours de la seconde moitié des années 1970, de l'irréformabilité du régime. Plus que d'autres classes d'âge, elle ressent en effet violemment le coup d'arrêt de 1976, qui, après les Jeux mondiaux de 1973 et l'impression, même imparfaite, d'une évolution possible en germe, l'a cueillie à froid. Et c'est là, pour le régime, tout le drame de cette nouvelle crispation : à la différence du début des années 1960, tout retour en arrière est désormais impossible. En dépit de la répression qui s'abat à partir de 1976-1977 à nouveau sur les artistes et les partisans d'une réforme, cet ensemble indistinct qui rassemble, en une même masse inorganisée, la jeunesse, le monde culturel et, déjà, certains pasteurs s'est octroyé *de facto* une certaine liberté de parole et de création à laquelle le régime ne peut qu'imparfaitement s'opposer : lors de la 8e exposition des artistes de la République démocratique en 1977-1978, nombre de toiles abstraites réussissent à s'imposer face au credo réaliste officiel. En 1978, Hans-Hendrik Grimmling présente, à l'exposition « Jeunes artistes », son triptyque intitulé *La Rééducation des oiseaux* avec, pourtant, à la clé, un message politique limpide : des hommes se saisissent d'un oiseau et tentent de lui arracher les ailes afin de l'empêcher de prendre son envol ; déstabilisés par leurs efforts, ils finissent, dans le dernier panneau, par perdre l'équilibre et tomber dans l'abîme.

1. *Ibid.*, p. 244-245.

Une société grise

Ainsi que le suggère très justement Emmanuel Droit dans ses réflexions sur le « gris » qui semble recouvrir la totalité de l'histoire de la République démocratique[1], il est extrêmement complexe de donner une juste idée de la réalité de la vie quotidienne en RDA. Non seulement, comme souvent, les archives ne livrent qu'une partie du tableau, mais le risque est grand, pour l'Allemagne de l'Est, de basculer tantôt dans le blanc, tantôt, plus régulièrement, dans le noir. Or, la vie de la plupart des citoyens de cet État, même avec leurs contraintes bien réelles, se situait plus, si l'on excepte les plus favorisés ou, au contraire, les parias du régime, dans l'entre-deux.

Ainsi, oui, les pénuries plus ou moins accentuées, y compris dans les années fastes que furent celles de la première moitié de la décennie 1970, faisaient intrinsèquement partie du quotidien des Allemands de l'Est. Et si les produits de première nécessité ou les aliments de base n'ont, sauf durant l'après-guerre, jamais manqué, comme le pain, le beurre, la charcuterie ou les pommes de terre, en revanche, les étals de fruits et légumes restaient pauvrement achalandés en comparaison de ceux des supermarchés de l'Ouest : bananes et oranges constituaient ainsi des produits de luxe, emblématiques de la richesse occidentale. Pire, afin de favoriser l'obtention de devises de plus en plus indispensables au régime, les produits qui sortaient des usines est-allemandes et susceptibles d'intéresser les consommateurs étrangers,

1. Voir les premières pages de *24 Heures de la vie en RDA*, *op. cit.*, p. 7-8 ou encore la présentation de ce même ouvrage à la Maison Heinrich-Heine en février 2021 (https://www.maison-heinrich-heine.org/manifestations-culturelles/2021/fevrier/24-heures-de-la-vie-en-rda).

des produits d'optique aux landaus pour nouveau-nés, étaient exportés au détriment des besoins des citoyens est-allemands. De même, obtenir une automobile a toujours relevé, jusqu'en 1989, du parcours du combattant, et l'attente était, en la matière, le maître mot, en tout cas pour la majorité des habitants, au point d'être le thème d'une partie non négligeable de ces innombrables « blagues » de RDA (*DDR-Witze*) qui constituaient une soupape du quotidien. Ainsi demandait-on, mi-amusé, mi-amer, « pourquoi n'y a-t-il pas d'attaques de banque en RDA ? », pour s'entendre répondre : « parce que les braqueurs doivent attendre dix-sept ans la voiture avec laquelle ils prendront la fuite ». Les voitures étrangères, même russes, restaient l'exception. Et, sur les quelque 3,7 millions de voitures individuelles de RDA, 70 % étaient soit les indétrônables Trabant, soit des Wartburg, pour lesquelles le temps d'attente était compris entre 12,5 et 16 années et demie.

Mais, face à ce qui peut paraître, aux yeux d'un « Occidental », comme une situation insupportable, bien des stratégies d'aménagement, de troc, de services mutuels s'étaient mises en place, transformant même souvent la « queue » en lieu d'échange et de sociabilité. Et puis, dans cet entrelacs d'arrangements et de débrouille, le vol de produits en usine, l'utilisation des moyens collectifs à son propre profit, tolérés dans une certaine mesure, apportaient leur lot de « compensations », d'une façon du reste fort peu différente de la réalité de nos sociétés occidentales. Par ailleurs, en dépit de ses retards, la RDA des années 1970 avait largement amélioré la situation de son parc immobilier, atteignant par exemple, en 1981, un taux de 68 % de logements équipés d'une salle de bains ou d'une douche (contre 22 % en 1961), ou encore, la même année, de 64 % pour l'équipement en eau chaude (contre 26 % seulement dix ans plus tôt). Autant de réussites qui, malgré le prix à payer pour le régime – une dette qui deviendra finalement intenable – et en dépit du retard constant par rapport à la République fédérale, donnaient à la population l'impression d'un mieux-être et lui permettaient d'envisager l'avenir avec davantage de confiance. De plus, la lettre de protestation ou la requête, auxquelles les Allemands de l'Est avaient régulièrement recours pour se plaindre de tel dysfonctionnement ou de telle vexation, certes dûment rédigées et nanties des formules d'usage, constituaient un espace de sécurité, procurant le sentiment d'une capacité à se plaindre, tout en laissant planer l'idée que les difficultés du quotidien étaient davantage dues aux dysfonctionnements locaux – de l'organisation de la production aux caciques locaux du parti – qu'aux dirigeants eux-mêmes. La formule « j'écris à Honecker » était ainsi, au cours des années 1970, devenue emblématique de ce système.

Sans doute le quotidien en RDA était-il, et de très loin, bien plus encadré qu'en République fédérale. De la crèche à l'école primaire, l'enfant échappait difficilement aux mots d'ordre de l'éducation socialiste, bientôt poursuivie au sein de l'école polytechnique, dont l'objectif était sans équivoque d'éduquer le futur citoyen à la morale et aux réalités socio-économiques dictées par le parti, notamment grâce aux rencontres régulières avec les ouvriers des entreprises ou avec les soldats de l'armée populaire. En parallèle, les clubs et les organisations de jeunesse, et jusque dans les derniers mois de la RDA, entendaient prendre en charge le temps libre, tout en prolongeant les messages d'ordre, de morale, de discipline, de soutien à l'internationalisme, ou encore d'antifascisme et de sens du collectif. Sans surprise, l'entreprise d'État constituait l'autre grand cadre rythmant la vie de la population. Dans son étude sur la ville de Zeitz, Emmanuel Droit souligne que, sur les 27 000 personnes qui constituent la population active locale, 24 500 sont employées, au milieu des années 1970, par l'une des « quarante entreprises [...] qui relèvent principalement de la chimie, de l'industrie lourde, de la métallurgie, et de l'agroalimentaire[1] ». Or, l'entreprise est bien plus que le seul lieu du travail et de l'obtention d'un salaire : elle propose également souvent un petit déjeuner aux employés, une crèche, éventuellement des solutions de logement, des billets pour des spectacles ou des lieux de vacances gérés par l'État. Encadré, le quotidien était aussi, très largement, surveillé, avant tout par l'emblématique Sécurité d'État (Stasi), dont les effectifs, comme il a été rappelé, n'avaient cessé de croître au cours du temps – pour atteindre un peu plus de 90 000 employés et environ 190 000 informateurs au moment de la chute du Mur, soit près de douze fois plus qu'au début des années 1950. Cette vigilance et cette surveillance, dont il convient de questionner l'efficacité au regard des moyens déployés, étaient réelles et constantes. Pourtant, malgré ce poids insupportable de l'appareil policier, une marge de manœuvre s'était peu à peu installée entre ce qui était tolérable pour le régime et ce qui ne l'était pas, que ce soit en termes de critiques ou d'actes répréhensibles, certaines périodes étant plus sensibles que d'autres, donnant l'impression que la vie était peut-être, paradoxalement, d'autant plus supportable qu'il n'y avait pas le choix. Et puis, si l'Ouest était plus « libre », la RDA pouvait – ce que ne manqueront pas de répéter, à l'envi, certains déçus de la réunification – se glorifier de ne connaître ni désordres, ni chômage, ni le déclassement, même si

1. Emmanuel Droit, *op. cit.*, p. 21.

la pauvreté, notamment de quelques catégories sociales comme les retraités[1], y était réelle.

De même, dans la guerre médiatique que se livraient le monde occidental – la RFA, bien sûr, mais aussi les radios américaines comme Voice of America ou Radio Liberty – et la RDA, le régime avait fini par trouver lui-même, depuis le milieu des années 1960, et ce jusqu'en 1989, un *modus vivendi*, délaissant la répression pure des années 1950 et les campagnes, relayées par la FDJ, de destruction des antennes et autres dispositifs visant à capter les chaînes de l'Ouest, qui, chaque jour, constituaient pour le SED un insupportable miroir de la réussite économique et de l'abondance matérielle ouest-allemandes. En 1973, Erich Honecker en personne avait reconnu, lors du 9e plénum du comité central du SED, l'impuissance du parti à empêcher la possibilité, pour un citoyen est-allemand, de regarder les chaînes de l'autre République, malgré le coût *a priori* prohibitif d'un téléviseur – en moyenne quatre mois de salaire dans les années 1970. Là encore, cette « permissivité », qui autorisait la population de RDA à comparer l'information reçue et à suivre librement l'actualité des deux pays, faisait partie de cet arrangement qui, puisqu'il ne pouvait être évité, permettait au régime de donner aux hommes et aux femmes de la République démocratique l'illusion de voyager dans un monde interdit, voire de vivre, en partie, « hors de RDA » par le seul truchement des ondes.

Inversement, cette société qui avait su développer – avait-elle le choix ? – un sens plus aigu de la collectivité,

1. En 1989, le montant moyen mensuel pour un retraité était d'environ 380 marks-est, soit à peu près 30 % du salaire moyen, une somme qui impliquait souvent, en l'absence de revenus complémentaires ou de soutien familial, une situation à la limite de la grande pauvreté.

était tout sauf ouverte à l'international, en dépit des mots d'ordre et de l'idéologie socialistes qui vantaient la solidarité avec les travailleurs du monde et, particulièrement, avec ceux des pays frères. Les relations avec les voisins immédiats, Pologne, Hongrie et Tchécoslovaquie en tête, n'avaient guère entraîné de liens durables des populations, et l'hostilité historique avait survécu aux professions d'antifascisme du régime. De même, l'appel à la main-d'œuvre étrangère de pays comme l'Algérie, Cuba, le Mozambique ou le Vietnam, avec lesquels la RDA signe, à partir de la fin des années 1960, une série d'accords, et destiné à compenser les pertes de population émigrant à l'Ouest, ne s'était nullement traduit par un internationalisme des consciences. Au contraire, très encadrés dans leurs mouvements, parqués le plus souvent dans des cités ou des constructions limitant les contacts avec la population locale, ces travailleurs dits « invités » ou « sous-contrat »[1], étaient généralement demeurés en marge de la population, les poussées d'hostilité voire de violence n'étant pas rares. Ce peu de contacts et cette méfiance à l'égard des travailleurs immigrés, relayée par un pouvoir lui-même frileux en dépit de la phraséologie communément admise, autant que le développement, par le régime, d'une fierté nationale expliquent en grande partie les attitudes de l'après-1989 à l'égard de toute forme d'immigration.

1. La RDA compte, en 1989, quelque 190 000 travailleurs étrangers.

Chapitre 26

De l'ultime crispation à la faillite (1979-1989)

Retour de la guerre froide sur fond de banqueroute

Une nouvelle glaciation dans les relations internationales

L'engagement plus important de l'URSS en Afrique à partir de 1977, destiné à compenser en partie l'échec égyptien, avait déjà montré les limites de la détente tout en confirmant un certain attentisme américain. Moscou appuie en effet les coups d'État communistes en Afghanistan (avril 1978), au Sud-Yémen (juin de la même année), soutenant financièrement et diplomatiquement l'invasion du Cambodge par le Vietnam en janvier 1979. À peine signés, les accords SALT II sont contestés aux États-Unis, et le camp républicain accuse ouvertement le président Carter d'affaiblir durablement les intérêts américains. De plus, alertés depuis 1977 par le chancelier Schmidt, qui redoute une asymétrie des arsenaux nucléaires sur le théâtre européen, les Occidentaux prennent, après le sommet de la Guadeloupe en janvier 1979, une « double décision » : le 12 décembre, l'OTAN prévoit sur dix ans le déploiement d'armes à moyenne portée destinées à contrer les SS-20 soviétiques et, en parallèle, l'ouverture de négociations sur la question des euromissiles.

Mais c'est surtout l'invasion de l'Afghanistan par l'URSS en ce même mois de décembre 1979 qui précipite le retour de la guerre froide : les négociations SALT sont gelées, les exportations de céréales à destination de l'Union soviétique plafonnées. Les États-Unis annoncent dans le même temps le boycott des Jeux olympiques de Moscou et le renforcement de leur aide militaire au Pakistan, tandis qu'ils augmentent de façon significative leur budget militaire, qui passe de 3 % à 5 % entre 1979 et 1980.

La victoire de Ronald Reagan dans la course à la Maison Blanche en novembre 1980 accentue les tensions. En proclamant « l'Amérique de retour » face à un « Empire du mal » tentaculaire, le nouveau président américain engage à partir de 1981 un processus de confrontation systématique avec le bloc de l'Est. Le déficit des États-Unis se creuse alors de façon vertigineuse, gonflé par les dépenses militaires et une nouvelle course aux armements. Le syndrome de la guerre du Vietnam et la mauvaise conscience disparaissent, ce dont témoigne l'avènement de films comme *Rambo*, qui jette un autre regard sur l'ancien combattant, non plus criminel en puissance mais patriote incompris et trahi, prélude à une série de films plus radicaux encore allant de *Rambo II* et *Rambo III* aux productions aux relents racistes de Chuck Norris (voir la série des *Missing in Action*).

L'URSS n'est pas en reste. En 1979, le porte-parole de la Charte 77, Jaroslav Sabata, ainsi que plusieurs dissidents tchécoslovaques sont emprisonnés. En 1980, Andreï Sakharov se voit assigné à résidence alors que se précise la perspective d'une intervention en Pologne, où le parti communiste de Jagielski a cédé, le 31 août 1980, à toutes les exigences du syndicat Solidarité. L'instauration de la loi martiale en Pologne en décembre 1981 achève de contribuer à cette dégradation des relations internationales, et précipite par effet de domino le régime de RDA dans une méfiance systématique et un discours d'autant plus répressif que la situation économique, autre indicateur phare pour le pouvoir, n'a cessé de se dégrader depuis le milieu des années 1970.

La visite historique de Helmut Schmidt en RDA, à Güstrow, le 13 décembre 1981, allait largement se ressentir de cette nouvelle glaciation. Et, malgré la grande première que devait être ce déplacement, c'est une ville fantôme, un nouveau « village Potemkine », au centre interdit par les forces de police, privée de ses véritables habitants, filtrés, cloîtrés dans des maisons surveillées afin d'éviter tout débordement ou manifestation déplacée de soutien, que le chancelier ouest-allemand devait finalement parcourir.

La recherche désespérée de devises

Le discours prononcé par Leonid Brejnev le 29 novembre 1978, attribuant au Gosplan et à ses maîtres d'œuvre la responsabilité des « pertes, des gaspillages, de l'incurie [...] de la généralisation de l'éparpillement des crédits d'investissement », témoignait au même moment de la crise durable des pays de l'Est au seuil des années 1980. Non seulement les résultats de l'économie demeuraient depuis le début des années 1970 en deçà des objectifs du Plan, mais la situation financière difficile de plusieurs satellites, dont la RDA, ne cessait d'inquiéter Moscou, particulièrement au moment où l'instauration par la CEE de quotas sur les produits sidérurgiques et textiles venait aggraver le déficit du commerce extérieur des pays de l'Est.

Lors de la rencontre rassemblant les principaux membres du pacte de Varsovie les 4 et 5 décembre 1980, le Kremlin affichait ses préoccupations devant l'endettement croissant de la République démocratique allemande, notamment auprès des banques occidentales. En dépit des avertissements du Grand Frère et de ses plus proches collaborateurs, tels Willi Stoph ou le secrétaire aux Affaires économiques, Günter Mittag, Erich Honecker maintenait depuis 1971 une politique de dépenses massives destinée à permettre cette amélioration substantielle du quotidien promise à son arrivée au pouvoir et clé selon lui d'une adhésion de la population, qui tardait pourtant à manifester sa reconnaissance. Jusqu'au milieu des années 1980, la RDA continue ainsi d'une part d'importer massivement des biens d'équipement, principalement en provenance de RFA, afin de moderniser son outil de production et, dans l'esprit de Honecker, d'augmenter les exportations censées réduire rapidement la dette ; d'autre part, de pratiquer une politique sociale généreuse, sans pourtant pouvoir éviter la récurrence des ruptures d'approvisionnement. De 1980 à 1985, on assiste dès lors à une hausse presque constante des prix à la consommation, provoquant des achats anticipés, ces achats créant à leur tour des ruptures d'approvisionnement, alors que le niveau de vie ne cesse de se déprécier.

En 1978, l'endettement de la République démocratique atteignait déjà un niveau tel que les nouveaux crédits consentis par l'Ouest servaient principalement à financer le service de la dette : celle-ci, convertie en devises, passait en moins de dix ans de 4,5 milliards de Deutsche Mark à 26 milliards (en 1981). L'augmentation des taux de crédit sous l'impulsion des États-Unis, à partir de 1981, atteignant pour la RDA les 20 %, privait rapidement l'Allemagne de l'Est de ses liquidités. Le second choc pétrolier de 1979 et la peur des banques occidentales de voir, après la Pologne et la Roumanie, l'ensemble des pays de l'Est se mettre en cessation de paiement allaient accentuer la pression de l'étau financier, que seuls les crédits de la RFA permettaient désormais de desserrer : en 1983, le premier milliard négocié par Alexander Schalck-Golodkowski et Franz Josef Strauss, bientôt suivi d'autres, inaugurait une série de prêts garantis par Bonn qui restauraient momentanément, mais à quel prix, l'image internationale de la République démocratique.

Cette spirale de l'endettement avait précipité le régime dans une quête effrénée de devises. On assiste ainsi à partir des années 1970 à une accélération progressive des initiatives et des montages destinés à canaliser vers les caisses de l'État est-allemand et par tous les moyens les monnaies occidentales. Inspirés des Berioska russes, les premiers magasins Intershop créés en 1955 à Rostock, avant tout à destination des marins et des passagers en transit, connaissent à partir de 1971 et des accords de circulation entre les deux Allemagne une croissance considérable : on y trouve une palette de plus en plus large de produits, allant du parfum au café en passant par l'électronique, les pièces de rechange ou les fruits frais, la banane restant, jusqu'en 1989, le symbole de l'ouverture sur l'Occident. En février 1974, une loi autorise en RDA la détention de devises. En décembre 1976, l'entreprise nouvellement créée Forum GmbH devient la centrale d'achat unique de l'ensemble des Intershop du territoire : son chiffre d'affaires passe de 705 millions de marks en 1977 à 896 en 1982, pour atteindre 1 milliard en 1985 et 1,1 milliard en 1987.

L'ensemble des Intershop ne représente cependant que la pointe émergée de l'iceberg d'un réseau plus vaste, placé sous la responsabilité du Département de la coordination commerciale (BKK), passé dans le langage courant sous la dénomination d'« empire KoKo »[1]. Annexé en 1966 au ministère du Commerce extérieur et destiné dès son origine à l'« exploitation maximale des valeurs étrangères », placé sous la responsabilité directe du ministre pour la Sécurité d'État, Erich Mielke, il devait prendre progressivement, sous l'impulsion d'Alexander Schalck-Golodkowski lui-même, une dimension impressionnante. L'entreprise KoKo regroupe en effet bientôt une section « art et antiquités » chargée de récupérer auprès des détenteurs de patrimoines de valeur, y compris par la pression et le chantage, des objets susceptibles d'être vendus sur le marché international. L'exportation d'armes et le stockage sur le territoire de la RDA de déchets ménagers, industriels et chimiques font également partie de ses activités : entre 1975 et 1984, 86 millions de tonnes en provenance de Berlin-Ouest sont ainsi entreposées sur le territoire est-allemand. Entrent aussi dans son giron, à partir des années 1980, la vente de produits sanguins : la BIEG, entreprise d'import-export de Berlin-Est, conclut entre 1986 et 1988 plusieurs accords avec la firme bavaroise Humedia pour la livraison de plasma en République fédérale. Enfin, depuis le milieu des années 1960, la RFA rachète régulièrement à l'autre Allemagne prisonniers et opposants : de 1964 à 1989, la République démocratique vend à l'Allemagne de l'Ouest 33 755 prisonniers pour la somme de 3,3 milliards de Deutsche Mark, poussant, d'un côté, la République démocratique à multiplier, lors de certains épisodes

1. Voir sur ce développement Stefan Wolle, *op. cit.*, p. 204-210.

sensibles, les arrestations, et, de l'autre, certains opposants à considérer cette voie comme une filière possible de l'émigration à l'Ouest[1].

Par bien des aspects, cette construction où se mêlaient sens du commerce, espionnage industriel, débrouillardise, entorses permanentes à l'idéologie, commerces inavouables et trafics mafieux constitue un vivant raccourci de la RDA des années 1970-1980, mais aussi des relations entre les deux États allemands. Moyen pragmatique d'obtenir des ressources pour la RDA, l'empire KoKo demeurait en effet pour l'Allemagne de l'Ouest le symbole de la duplicité éhontée du régime est-allemand et de son mépris pour les droits de l'Homme. Dans le même temps, la République fédérale oubliait trop rapidement, dans sa logique morale et comptable, le profit qu'elle tirait de l'affaire dans le secteur médical et environnemental, y compris lors du « rachat » de prisonniers, qui étaient souvent des techniciens ou des spécialistes de haut niveau.

Au-delà, la machine à devises que représentait cet « empire » démontrait une fois de plus la contradiction fondamentale du régime communiste, entre l'ouverture factuelle aux hommes et aux capitaux étrangers et le perpétuel réflexe de repli d'un système irréformable, contradiction qui n'allait faire que s'accentuer au cours des années 1980.

1. Voir sur cette question du « rachat » de prisonniers les deux ouvrages suivants : Wolfgang Brinkschulte, Hans-Jörgen Gerlach, Thomas Heise, *Freikaufgewinnler. Die Mitverdiener im Westen*, Berlin, Ullstein, 1993, et Ludwig A. Rehlinger, *Die Geschäfte der DDR mit politisch Verfolgten 1963-1989*, Berlin, Ullstein, 1991.

Peur de l'encerclement : la répression comme seule réponse

Le retour de la guerre froide et la montée des périls avaient généré en République démocratique un vaste courant pacifiste inspiré et encouragé par son équivalent à l'Ouest. Ce mouvement, spontané, paradoxal à un moment où le régime poussait de son côté à une militarisation de la société[1], avait le grand mérite d'offrir une plateforme commune à l'ensemble des « oppositions » potentielles. À la jeunesse et aux artistes, il permettait une expression spontanée d'autant plus aisée que son message semblait pour une fois en plein accord avec l'image d'un socialisme promoteur de la paix internationale diffusée par l'Union soviétique et ses satellites. Cet engagement en faveur de la paix et de la réconciliation servait également les Églises, qui entendaient, depuis la Seconde Guerre mondiale, œuvrer au profit de la réconciliation et de la prévention des conflits. La Fédération des Églises de RDA décidait ainsi d'organiser le 9 novembre 1980 un service religieux commun aux deux Allemagne et de prolonger cette cérémonie par une « décade pour le désarmement et la paix » du 9 au 19 novembre, dont le grand succès allait permettre le renouvellement de la formule tout au long des années 1980.

1. Depuis les années 1950, cette militarisation existe déjà, notamment par la pratique d'exercices dits de défense à tous les niveaux scolaires (classes primaires, lycées, classes d'apprentissage ou encore à l'université) sous forme de tournois sportifs ou de manœuvres. La tendance se renforce surtout à partir de la fin des années 1970. L'Armée nationale populaire (NVA) modernise ainsi son armement grâce à l'aide soviétique. Par ailleurs, le régime introduit en septembre 1978 dans le cursus scolaire un enseignement obligatoire « de défense » pour les 9e et 10e classes.

Lancée en septembre 1980 par le pasteur Christoph Wonneberger, l'idée d'un « service social pour la paix », équivalent du service civil occidental pour les objecteurs de conscience, fait l'objet d'actives campagnes de mobilisation des Jeunes Communautés tout au long de l'année 1981. Au cours de la première décade pour la paix, le pasteur Bretschneider imagine de symboliser l'engagement en faveur du désarmement par un écusson reprenant le texte biblique (Michée 4) « et leurs épées deviendront des socs » (*Schwerter zu Pflugscharen*). Proposé en novembre 1981 et s'inspirant d'une sculpture offerte par l'URSS à l'ONU quelques années plus tôt, donc en principe « idéologiquement acceptable », ce signe de ralliement remporte un succès sans précédent, prélude au retentissement des « appels » de Berlin et d'Iéna (janvier 1982) dans lesquels Robert Havemann et Rainer Eppelmann invitent les deux Grands à « bâtir la paix sans armes ».

On assiste ainsi, en ce début des années 1980, à une lente cristallisation des différents mouvements autour de ce thème rassembleur. Certes, les autres formes de protestation n'ont pas totalement disparu. Jusqu'à sa mort en 1982, Robert Havemann entend ainsi promouvoir l'esprit de réforme à partir de l'exemple polonais. L'écrivain Stefan Heym s'interroge ouvertement devant les médias occidentaux en janvier 1982 sur la nature d'un « socialisme qui engage l'armée et les forces de sécurité contre la classe ouvrière[1] », soit quelques semaines après l'arrivée du général Jaruzelski au pouvoir. Des étudiants sont arrêtés à la frontière pendant la même période pour avoir ramené des tracts

1. Cité par Wolfgang Büscher, « Geschichte als Dek- und Spielraum », in *Kirche im Sozialismus*, vol. 10, 1984, p. 236.

et du matériel de propagande en faveur du syndicat Solidarité. Pour autant, il ne s'agit là que d'initiatives isolées. À la différence de la répression du printemps de Prague, la crise polonaise ne donne lieu à aucune manifestation collective. L'opposition est-allemande, ou ce qu'il faudrait plutôt appeler la contestation de cette première moitié des années 1980, non seulement refuse le choc frontal, mais inscrit son action dans un large mouvement désormais moins revendicatif que protestataire, la participation à ces manifestations créant d'elle-même cet espace de libre expression tant recherché. Le pacifisme constitue ainsi un point de rencontre en même temps que le creuset commun d'un ensemble plus large, d'où partent des initiatives créatrices, inattendues, comme les messes-blues de Berlin lancées par Rainer Eppelmann, où se rassemblent message de paix et musique occidentale, ou qui permettent le développement de phénomènes parallèles, comme le mouvement punk à travers ses groupes Schleimkeim à Erfurt ou Ostfront à Berlin, professant un refus systématique des institutions.

Ce mouvement collectif[1], auquel il faudrait ajouter les initiatives des premiers groupes écologistes, encore confidentiels au début des années 1980 mais qui allaient trouver dans la catastrophe de Tchernobyl de 1986 une justification à leur action, ne pouvait que confirmer le régime dans ses appréhensions de voir une opposition latente se transformer en un mouvement politique à la polonaise. Cette peur panique de l'encerclement intérieur

1. Les quelques mouvements cités ne donnent qu'une pâle idée des innombrables initiatives qui fleurissent en RDA au cours des années 1980-1983, au titre desquelles il faudrait citer le groupe Femmes pour la paix, Initiative 13 février, les groupes de Leipzig se rassemblant au bar Michaelliskeller ou Offener Keller Moskau.

et extérieur explique en grande partie la répression systématique qui, jusqu'en 1984, tient lieu de réponse au malaise social ambiant : la FDJ est à nouveau mobilisée, au même titre que l'ensemble des organisations de masse, les contre-manifestations donnant lieu à de violentes confrontations. Les écrivains et plus généralement les artistes critiques à l'égard du régime font l'objet d'attaques ouvertes lors de la « conférence culturelle » de la FDJ en octobre 1982, et sont accusés lors de tirades enflammées ainsi celles de Hartmut König, de « trahir l'idéal et la patrie ».

Les jeunes portant l'écusson « *Schwerter zu Pflugscharen* » ne tardent pas à être arrêtés et contraints de découdre leurs badges, le pouvoir ouvrant même les vagues de l'émigration à l'Ouest afin de se débarrasser des éléments les plus remuants. On enregistre ainsi pour l'année 1984 près de 41 000 départs pour la République fédérale, contre une moyenne annuelle de 13 000 entre 1979 et 1983.

En dépit de cette nouvelle crispation, on ne peut parler de rupture ou de retour en arrière. La répression des années 1980 n'est déjà plus celle des années 1950 ou 1960, et à aucun moment le régime ne devait dénoncer la politique d'ouverture inaugurée en 1971. Eu égard aux énormes difficultés économiques que connaît alors le pays, Honecker ne dispose plus de la même marge de manœuvre que son prédécesseur ; aussi les outrances verbales sont-elles rares. Au fur et à mesure de l'avancée des années 1980, le parti préfère, dans sa relation avec le monde artistique, les avertissements aux condamnations et les mesures vexatoires à la répression systématique[1].

1. Cette évolution de la politique répressive n'empêche aucunement une augmentation constante des effectifs du ministère de la Sécurité (MfS), dont

Les interdictions et la censure interviennent ainsi de façon plus ciblée : les romans *Cassandre* (*Cassandra*, 1983) de Christa Wolf et *Neue Herrlichkeit* (Nouvelle gloire) de Günter de Bruyn (1983) voient leur publication retardée de plusieurs années. Le film de Rainer Simon *Jadup et Boel* (*Jadup und Boel*, 1981), à qui la section culturelle du comité central du SED reproche sa vision négative d'une RDA figée dans la stagnation, sera interdit jusqu'en 1988. Toutefois, cette surveillance de tous les instants et ce combat permanent face aux chicanes administratives devaient en partie produire les effets escomptés : on assiste entre 1981 et 1984 à un retrait grandissant de nombreux artistes de la scène publique, en proie à un réel pessimisme, et tout particulièrement dans l'industrie cinématographique, à une fuite lente mais certaine vers ce que l'on a appelé l'« émigration intérieure ».

Il règne ainsi au sein des mouvements protestataires, y compris dans le mouvement pacifiste qui a payé un lourd tribut lors de la répression des années 1983-1984, un sentiment général d'amertume et de résignation. Sans jamais cesser leurs activités, ces « oppositions » marquent alors le pas, prolongeant leur action, les unes par un engagement en faveur de l'environnement, les autres, en faveur des droits de l'Homme. L'élection en mars 1985 d'un nouveau secrétaire général du PCUS en la personne de Mikhaïl Gorbatchev devait cependant rapidement raviver leur élan et relancer les critiques, d'autant plus vivement que le Grand Frère proposait lui-même d'engager la voie des réformes.

---

le nombre de « collaborateurs » passe de 59 514 en 1975 à près de 86 000 en 1985, pour atteindre 91 000 en 1989 (Jens Gieseke, *Die Hauptamtlichen Mitarbeiter des MfS*, Berlin, Links, 1995, cité par *Die Fischer Chronik Deutschland*, Francfort-sur-le-Main, Fischer, 2001, p. 801).

Il convient toutefois d'éviter de considérer ces années comme un compte à rebours inéluctable, une fin programmée de la RDA qui, dès 1986, aurait vécu ses dernières heures. C'est oublier trop rapidement le scepticisme des Occidentaux à l'égard de la « glasnost » ou de la « perestroïka », le chancelier Kohl allant jusqu'à comparer Gorbatchev à Goebbels dans sa faculté à utiliser la communication à son profit. Cette incapacité à percevoir le changement réel intervenu en URSS était aussi perceptible au sein du SED, fidèle à sa politique de l'alignement et lui-même fort réservé sur la « transparence » annoncée par Moscou. Celle-ci n'avait-elle pas d'ailleurs échoué dès 1986 lors de la crise de Tchernobyl, dont les autorités soviétiques s'étaient dans un premier temps obstinées à nier la gravité ?

L'isolement face à l'onde de choc Gorbatchev

La nouvelle politique imposée par Mikhaïl Gorbatchev depuis son arrivée à la tête de l'Union soviétique, le 11 mars 1985, et symbolisée par les mots d'ordre de transparence (*glasnost*) et de transformation (*perestroïka*), est inspirée par un constat : aux yeux du nouveau maître du Kremlin, la pratique du pouvoir et le système économique existant au sein du bloc de l'Est, et tout particulièrement en Union soviétique, n'ont abouti ni à des succès spectaculaires ni à l'abondance attendue, bien au contraire. Partout, les incohérences, les manques, les lenteurs, les absurdités du système continuent d'émailler le quotidien des populations. L'amélioration des conditions de vie et des performances de la machine industrielle du bloc de l'Est suppose une nouvelle approche, faite d'une plus grande flexibilité, d'une part plus importante laissée à l'initiative personnelle, mais aussi de davantage de « vérité » dans l'analyse et l'évaluation des résultats. Or, pour Gorbatchev, la capacité à mener de telles réformes intérieures passait en premier lieu par une détente extérieure retrouvée. En effet, la nouvelle guerre froide du début des années 1980, qui avait failli mener l'Europe et le monde au bord de la catastrophe, s'était traduite par une course aux armements qui avait non seulement plongé les deux camps dans un climat d'hystérie peu propice aux réformes, mais également ruiné l'Union soviétique.

Moins d'un an après l'accord de décembre 1987 qui encadrait les forces nucléaires de portée intermédiaire, mettant un point final à l'escalade entre Pershing et SS-20, la Russie se retirait ainsi d'Afghanistan. Le 7 décembre 1988, Gorbatchev prononçait un discours retentissant à la tribune des Nations unies, appelant à la fin de la guerre idéologique dans les relations entre États, au refus de la violence, tout en soulignant le principe fondamental de la liberté de choix. Destiné au monde occidental, ce discours a toutefois été surtout entendu par les pays composant le bloc soviétique. Signe des temps, à la suite de nouvelles grèves en Pologne à l'hiver 1988, qu'expliquait principalement une nouvelle augmentation des prix de l'énergie, le général Jaruzelski comprenait ne plus pouvoir compter sur le soutien de Moscou et, n'osant plus recourir à l'état d'urgence comme huit ans plus tôt, entamait dès janvier 1989 des pourparlers avec le syndicat Solidarité. En Hongrie et en Tchécoslovaquie, de même, l'heure était aux compromis.

Au milieu de ces transformations, le régime de RDA paraissait pourtant, en ce début d'année 1989, imperturbable. En 1987, il s'était même dressé contre l'appel aux réformes venu du Kremlin, refus tout entier symbolisé dans le célèbre mot de Kurt Hager, membre du bureau politique du SED, qui avait déclaré : « Vous sentiriez-vous obligé de retapisser votre appartement si votre voisin retapissait le sien ? »

Cette réponse mi-provocante, mi-goguenarde devait cependant entraîner une vague de protestations inattendue. Par milliers, des lettres adressées au quotidien officiel *Neues Deutschland* ou directement à la direction du parti stigmatisaient l'ironie du secrétaire du comité central, tout en soulignant l'urgence des réformes à accomplir. Hier symbole de soumission, l'URSS était devenue, tout particulièrement pour les artistes et les intellectuels, le nouvel exemple à suivre, une terre de liberté créatrice, prenant à contre-pied un régime qui avait bâti sa légitimité sur l'allégeance pleine et entière au modèle soviétique. Paradoxe suprême, à partir de 1987, Honecker se retrouvait placé dans la position de son prédécesseur qui, vingt ans plus tôt, s'était lui-même éloigné de Moscou au nom d'un socialisme est-allemand spécifique.

Ce regain d'intérêt pour l'Union soviétique, transformée en caution morale des protestations, se manifeste largement lors du congrès des écrivains du 24-26 novembre 1987, au cours duquel Stefan Heym, Günter de Bruyn, Hermann Kant attaquent directement le pouvoir, réclamant l'abolition de la censure, la fin de la tutelle pour une littérature aspirant enfin à la « majorité » (Heiner Müller) et aux mêmes libertés que leurs collègues d'URSS.

Incapable de saisir la nouveauté radicale du moment, le régime allait répondre à ces critiques montantes par la voie classique de la répression : répression continue des concerts rock et des messes-blues, affrontements réguliers avec la jeunesse étudiante ou encore démesure des actions menées à l'égard du jeune mouvement écologiste, ainsi lors de « l'affaire de l'église de Sion », dont le presbytère abritait la « bibliothèque environnementale » fondée à Berlin quelques mois plus tôt[1]. Cette répression s'étendait également aux publications et productions en provenance d'Union soviétique. Au printemps 1988, les livraisons de la revue moscovite *Temps nouveau* étaient interrompues. La parution du roman russe de Daniil Granin dans sa traduction allemande *Sie nannten ihn Ur* (Ils l'appelaient Ur) était reportée. Mais c'est surtout l'interdiction de la revue *Sputnik* en novembre 1988 qui devait se révéler la plus désastreuse pour le régime : équivalent pour le bloc de l'Est du *Reader's Digest*, ce mensuel diffusé à près de 180 000 exemplaires en RDA était très apprécié de la population pour ses reportages, ses récits de voyage, mais aussi ses pages littéraires et, peut-être plus encore, depuis la perestroïka, pour ses articles avant-gardistes, ses positions « libérales » et le témoignage sur les réformes en cours en URSS. Suspendu à la vente à partir du 19 novembre, le magazine se voyait reprocher son manque de contribution à l'amitié germano-soviétique et ses analyses historiques douteuses[2], entraînant une

1. Arrêté sans ménagement fin novembre 1987 par la Stasi, le pasteur de cette église, le père Hans Simon, avait été immédiatement soutenu par un comité qui se réunissait chaque soir pour une veillée de prière devant les portes de l'église. Le 25 novembre, des centaines de policiers avaient cerné l'enceinte et procédé à l'arrestation des participants devant les caméras ouest-allemandes. Devant l'émotion provoquée par ce déploiement de forces, le pouvoir avait fait machine arrière et libéré l'ensemble des personnes arrêtées à cette occasion, avouant par là même sa faiblesse.

2. *Sputnik* avait ainsi en octobre 1988 dressé un parallèle entre Hitler et Staline.

nouvelle vague de protestations qui excédait désormais les rangs des opposants traditionnels.

Le raidissement de l'État est-allemand n'était cependant guère surprenant. Ce nouvel épisode de déstabilisation intervenait en effet à un moment où la République démocratique connaissait à nouveau d'énormes difficultés économiques et financières, et, comme souvent dans l'histoire du régime, cette tension se traduisait immédiatement par une crispation politique. Depuis 1971, Honecker a en effet *de facto* lié l'acceptation du régime à l'amélioration des conditions de vie de la population. Or, après l'embellie des années 1970, et malgré les prêts répétés accordés par la République fédérale, la RDA a vu depuis le début des années 1980 sa situation financière se dégrader, prise entre l'envolée des prix de l'énergie imposés par la Russie, l'augmentation des taux d'intérêts, l'achat à prix fort de technologies et de marchandises étrangères et la faiblesse de ses propres exportations. Cette situation a abouti à un déficit de plus en plus important de devises, qui a poussé la RDA, depuis le début des années 1980, à adopter les mesures les plus effarantes afin de gonfler son stock de monnaies fortes, telles que l'importation sur son sol de déchets industriels, jusqu'aux tristement célèbres « ventes » d'opposants politiques et autres candidats au départ. En octobre 1989, le président de la commission de la planification annonce ainsi aux membres du SED que l'endettement à l'égard de l'Ouest est passé de 2 milliards de marks au début des années 1970 à 49 milliards en 1989. Cette dégradation est d'autant plus durement ressentie que la RFA connaît au même moment une phase de prospérité économique insolente. Sans surprise, les demandes de départ vers l'Ouest n'ont cessé d'accompagner cette crise économique et financière, quintuplant en huit ans, pour atteindre 110 000 demandes en 1988.

Pourtant, et bien que l'année 1989 ait accumulé les signaux d'alarme, rien ne permet alors de conclure à une déstabilisation définitive du régime, et encore moins à une possible disparition de la RDA.

Quatrième partie

L'ALLEMAGNE RÉUNIFIÉE

I

LA FIN DE L'ÈRE KOHL

Chapitre 27

La réunification éclair

L'accélération de l'été 1989 et la chute du Mur

Le démantèlement du rideau de fer entre l'Autriche et la Hongrie à partir de mai 1989, puis l'ouverture récurrente de la frontière entre les deux pays dont profitent, le 19 août, plus de 600 citoyens de RDA pour passer à l'Ouest, accélèrent, à partir de l'été, l'émigration déjà massive, et contribuent à renforcer l'isolement de la RDA au sein de son propre camp. Le régime, qui semble paralysé par l'absence d'Erich Honecker, hospitalisé puis en convalescence depuis le début juillet, est dépassé par les événements.

En septembre, et malgré le retour d'Erich Honecker, le SED paraît toujours incapable de faire face à la triple opposition qu'il affronte : une opposition idéologique du Grand Frère, l'opposition de fait d'une population qui déserte en masse le régime – entre mai et septembre, plus de 30 000 Est-Allemands ont quitté le pays par la Hongrie et l'Autriche –, opposition, enfin, politique. En quelques semaines, des groupes de citoyens fondent en effet une série de mouvements informels qui, rapidement, se transforment en autant de plateformes de discussion et de revendication : *Neues Forum* (Nouveau Forum) est ainsi créé le 9-10 septembre autour de Katja Havemann, du peintre Bärbel Bohley ou encore du médecin Jens Reich ; *Demokratie Jetzt* (Démocratie dès maintenant) voit le jour le 12 septembre autour du cinéaste Konrad Weiss et de l'historien Wolfgang Ullmann ; le 1er octobre, le pasteur Rainer Eppelmann et le théologien Ehrhart Neubert fondent à leur tour le mouvement *Demokratischer Aufbruch* (Surgissement démocratique).

Le 4 octobre, l'ensemble de ces mouvements, rejoints par l'initiative Paix et droits de l'Homme (*Frieden und Menschenrechte*), publient une déclaration commune dans laquelle ils réclament la liberté d'opinion, la liberté de réunion, mais aussi la transformation de l'État et de la société par le droit et la démocratie.

Le 9 octobre, la traditionnelle prière pour la paix à l'église Saint-Nicolas de Leipzig se transforme en manifestation de masse qui dépasse les autorités. Le remplacement, le 19 octobre, d'Erich Honecker par Egon Krenz à la tête du parti et la nomination de Willi Stoph comme chef du gouvernement restent sans effet sur les événements. Dès le lendemain, plus de 300 000 personnes réclament, à Leipzig, la « démocratie sans limite », tandis que continue l'exode : dans la première semaine de novembre, près de 50 000 hommes, femmes et enfants quittent ainsi le pays. Le 7 novembre, l'ensemble du gouvernement démissionne, démission suivie, un jour plus tard, de celle du Politburo. Malgré la nomination du très pragmatique Hans Modrow à la tête du régime, les événements semblent prendre sans cesse de court le SED, incapable de répondre avec suffisamment de vitesse et d'audace au train de revendications toujours plus exigeant de la rue. Avant même qu'il prenne officiellement ses fonctions le 13 novembre, l'histoire va en effet rapidement trancher : c'est dans la confusion et sur une confusion que le régime finit par causer lui-même la chute du Mur.

Conscient de l'extrême importance qu'avait prise, au cours des derniers mois, dans l'opinion, la question de la liberté de circulation, le SED avait entamé, dès les premiers jours du gouvernement Stoph, la rédaction d'un texte de loi devant faciliter celle-ci, prévoyant notamment, dans un premier temps, que tout citoyen est-allemand aurait la possibilité, pour une durée maximale d'un mois, de voyager à l'étranger, mais sans pouvoir emporter de devises. Rejeté dans sa mouture initiale par la population lors de sa présentation, celle-ci jugeant ces dispositions très insuffisantes, le document avait été retravaillé, et sa nouvelle version était encore à l'état de projet lorsque Egon Krenz en remit, le 9 novembre, une copie au secrétaire pour l'information, Günter Schabowski. Interrogé quelques heures plus tard par des journalistes, Schabowski annonçait qu'une nouvelle législation devait bientôt permettre de voyager librement, et, devant un auditoire médusé, tout en lisant le texte qu'il semblait lui-même découvrir au fur et à mesure, déclarait que ces nouvelles mesures entraient, selon lui, en vigueur « immédiatement ». Quelques heures plus tard, une foule se pressait aux principaux points de passage entre Berlin-Est et Berlin-Ouest, face à des gardes-frontières sans consignes et qui, sur instruction du gouvernement, devaient finalement ouvrir les barrières, faisant ainsi tomber le dernier rempart de protection du régime[1].

1. Voir le récit de cette conférence de presse, *in* Manfred Görtemaker, *Die Berliner Republik*, Berlin-Brandebourg, Be.bra, 2009, p. 30 *sq*.

Lorsque, le 13 novembre, Hans Modrow et son gouvernement entrent officiellement en fonction, la RDA est plus que jamais un vaisseau à la dérive : l'autorité du parti s'est évanouie et, fin novembre, la totalité des premiers secrétaires des directions régionales du parti ont été déposés. Près de cent cinquante secrétariats de circonscription (*Kreise*) ont abandonné leurs fonctions ; l'État est en quasi-cessation de paiement et, lors de ses premières discussions avec le gouvernement fédéral, Modrow fait d'entrée de jeu savoir que 15 milliards de Deutsche Mark sont immédiatement nécessaires afin d'éviter le plus profond chaos.

L'action volontariste du chancelier Kohl pour l'unité

Jusqu'à l'été 1989, la République fédérale s'est tenue prudemment à l'écart, demeurant longtemps spectatrice des évolutions internes de sa voisine, dans un mélange de crainte et de temporisation. Pour le gouvernement Kohl, malmené par les sondages et pour qui les élections fédérales de 1991 s'annoncent désastreuses, l'essentiel est alors de ne pas risquer de compromettre le lent chemin parcouru depuis la mise en place de la nouvelle Ostpolitik de Willy Brandt et, bon an, mal an, de concourir à la stabilité, notamment financière, du régime.

La porosité de la frontière hongroise qui accélère, à l'été 1989, l'exode, désormais massif, de la population est-allemande vers l'Ouest change toutefois la donne. S'affichant dès la fin août en soutien appuyé au gouvernement hongrois, auquel un prêt fédéral d'un milliard est rapidement accordé, le chancelier Kohl n'hésite plus, à l'automne, à critiquer ouvertement le gouvernement est-allemand. De façon significative, à la veille de la chute du Mur, il souligne même sans équivoque dans son discours sur l'état de la nation l'importance de l'unité sur la base de l'autodétermination, rappelant que la coopération entre les deux Républiques ne saurait se maintenir sans contreparties significatives.

Il n'est pas exagéré d'affirmer qu'à partir d'octobre-novembre, l'unité est avant tout l'affaire et le résultat d'une action volontariste de la chancellerie de Bonn.

Comme le rappelle avec une grande justesse l'historien Andreas Rödder[1], le ministère ouest-allemand des Affaires étrangères, alors dirigé par un Hans Dietrich Genscher remarquable de longévité, mais également connu pour sa grande prudence, ne s'occupe des affaires allemandes que pour Berlin et les rapports avec les quatre vainqueurs de la Seconde Guerre mondiale. L'ensemble des relations avec la RDA est, en République fédérale, géré par le ministère des Relations intérieures allemandes (*Ministerium für innerdeutsche Beziehungen*). S'appuyant sur un cercle restreint de collaborateurs de la chancellerie, tous issus de la sphère politique et non administrative, à l'image de son conseiller pour les affaires étrangères, Horst Teltschik, Helmut Kohl sait que l'unité, réclamée à mi-mot par la rue est-allemande depuis le début de l'automne 1989, puis ouvertement depuis novembre et la chute du Mur, est autant une chance qu'un risque.

À l'évidence, une chance, car l'unité, qui reste un objectif constant de la politique ouest-allemande depuis la création de la République fédérale, n'a jamais connu

1. Voir Andreas Rödder, *Deutschland einig Vaterland. Die Geschichte der Wiedervereinigung*, Munich, C. H. Beck, 2009, p. 130 *sq*.

de conditions aussi favorables, entre la décomposition de l'autorité du parti est-allemand, la pression ininterrompue de la population et, depuis les échanges du 21 novembre entre Horst Teltschik et le conseiller soviétique pour les questions internationales au comité central du PCUS, Nicolaï Portugalov, le fait que celle-ci soit désormais explicitement envisagée par l'URSS. Un risque, toutefois, aussi, car la menace d'un chaos en RDA et d'une immigration de masse incontrôlée, mais également les déclarations provocatrices du leader du parti d'extrême droite *Die Republikaner* (Les Républicains), qui évoque déjà la possibilité d'un retour dans le giron allemand des territoires perdus en 1945, sans parler des craintes ouvertement exprimées par certains alliés occidentaux de voir l'Allemagne unie déstabiliser l'Europe, représentent pour la République fédérale autant de sources potentielles de déstabilisation.

Les propositions annoncées par le chancelier le 23 novembre 1989 devant le Bundestag, sans que le ministre des Affaires étrangères Genscher ni aucun leader européen n'ait été mis dans la confidence, et plus connues sous le nom de « plan en dix points », constituent, sous cet aspect, un modèle d'audace et de modération tout à la fois : s'il s'agit pour Helmut Kohl d'aller vite et de faire de la réunification, par ces propositions, une perspective désormais tangible, bref, de profiter de ce « momentum » offert par l'histoire, il est tout aussi important pour lui de rassurer, d'appeler à la patience tout en affichant une humilité voulue. De même, le discours qu'il prononce devant les ruines de la très symbolique Frauenkirche de Dresde, le 19 décembre, a marqué les esprits des contemporains par son mélange de solennité, de sens de l'histoire, mais aussi d'équilibre et de pondération. Tout en appelant à la raison, à la mesure et au bon sens, Kohl n'oublie pas de souligner que « [s]on objectif reste – lorsque la pendule de l'histoire le permettra – l'unité de notre nation[1] ».

Si le chancelier, rejetant toute pusillanimité, s'est engagé de la sorte, c'est non seulement que la question de l'unité allemande est devenue bien réelle, mais qu'elle a, en quelques mois à peine, changé de vecteur.

Portée à ses débuts en RDA par une opposition représentée par des intellectuels rassemblés dans des mouvements qui tenaient davantage du cercle et du salon que du parti politique, et surtout désireux de réformes internes, cette révolution pacifique ne vise plus désormais, fin 1989, à réformer le régime ni à améliorer le système, mais bien à rejoindre la République fédérale et à réaliser l'unité allemande. Les désirs de l'opposition officielle, de Neues Forum à Demokratie jetzt, d'obtenir des avancées significatives, des réformes substantielles pour transformer la RDA sont, en effet, en décembre, balayés par les exigences de la rue. De « Nous sommes le peuple » proclamé sur les banderoles en septembre, les slogans sont passés à « Nous sommes un peuple », puis à « Allemagne, patrie unie[2] ».

En réclamant l'unité, la masse des manifestants s'est clairement tournée vers la République fédérale et son chancelier, et, tout en dépossédant ses propres leaders, a transformé *de facto* Helmut Kohl en réformateur et en détenteur du pouvoir réel.

1. Voir *ibid.*, p. 143 *sq.*

2. Ironie de l'histoire, cette formule (« *Deutschland einig Vaterland* ») était un des vers de l'hymne de la République démocratique, dont le régime, trop conscient de l'incohérence existant entre l'idéal proclamé et la réalité – particulièrement après la construction du Mur en août 1961 –, avait fini par interdire de chanter les paroles.

Ultimes négociations

En janvier 1990, la RDA n'a déjà plus d'existence que le nom. Le parti dirigeant a perdu toute main sur les affaires et son bras armé, la Stasi, est privé de tout levier d'action. Le 15 janvier, la foule s'est emparée de son siège, tandis que les ruptures d'approvisionnement menacent et que l'hémorragie vers la RFA atteint plus de 2 000 personnes par jour. L'unité exigée par la foule est devenue autant un objectif politique et « rêvé » qu'une solution destinée à répondre à l'effondrement du régime. Les nouveaux mots d'ordre des manifestants – « Si le Deutsche Mark vient jusqu'à nous, nous resterons, sinon, nous irons jusqu'à lui[1] » – témoignent de cette pression de la rue est-allemande sur la réalité politique : sachant que le temps presse, étant donné le chaos dans lequel menacent de basculer et la RDA et, surtout, la Russie, le chancelier Kohl n'hésite pas à s'appuyer sur cette pression pour convaincre rapidement les alliés occidentaux d'agir vite, tant le bon-vouloir de ces derniers conditionne le retour de l'Allemagne à la souveraineté pleine et entière.

À partir du début 1990, la réunification allemande est ainsi devenue un étonnant attelage à la double composante : d'un côté, l'objet d'avancées et de négociations internes, destinées à pallier l'effondrement économique et financier de la République démocratique et à ancrer l'unité dans une réalité de plus en plus effective, à travers la mise en place d'une alliance monétaire entre les deux Allemagne ou l'organisation d'élections libres ; de l'autre, l'objet d'une négociation entre la seule

1. « *Kommt die DM, bleiben wir, kommt die nicht, dann gehen wir zu ihr* ».

Allemagne de l'Ouest et les vainqueurs de la Seconde Guerre mondiale ; chacune de ces composantes s'aiguillonnant l'une l'autre dans une course destinée à la fois à empêcher le chaos en Allemagne de l'Est et à gagner de vitesse le délitement de l'URSS, et, donc, à éviter la possibilité d'un ajournement *sine die* de toute possibilité de réunification.

La formule retenue pour décrire les négociations internationales en cours, dites « 2 + 4 », qui réunissaient officiellement les deux Allemagne et les quatre puissances alliées, rend toutefois bien mal compte de la réalité des discussions. Tandis que la République démocratique n'avait, dans les faits, aucune voix au chapitre, le chancelier Kohl s'efforçait de rassurer la France et la Grande-Bretagne, fort peu enthousiastes devant ce bouleversement de l'équilibre européen et de la répartition des rôles. Toutefois, ces derniers, trop conscients du fait que le processus à l'œuvre allait se régler sans eux, savaient qu'il ne serait pas en leur pouvoir de s'opposer à cette réunification, à partir du moment où les deux Grands auraient donné leur consentement. Or, les sympathies américaines pour l'unité allemande n'étaient un mystère pour personne. Et si elle s'était longtemps opposée à l'idée d'une Allemagne unie *et* membre de l'OTAN, la Russie de Mikhaïl Gorbatchev devait finalement, dès février 1990, également reculer sur ce point : sans aucune solution de rechange, avant tout préoccupé par les émeutes au sein de son propre bloc, comme en Azerbaïdjan, par le séparatisme des pays Baltes ou encore une économie soviétique s'écroulant chaque jour davantage, le leader du Kremlin avait préféré consentir à cette unité. Il s'agissait désormais pour lui de profiter au mieux de l'inévitable pour faire payer, à une République fédérale prête à se montrer généreuse, une large part de la facture liée au départ d'Allemagne et à la réinstallation en URSS des troupes soviétiques.

Les ultimes négociations avec la Russie, jusqu'à la veille de la signature du traité « 2 + 4 » le 12 septembre 1990, ne visaient ainsi, pour Moscou, qu'à augmenter l'importance du chèque allemand afin de « compenser » le coût du rapatriement des soldats soviétiques et de leurs familles. Finalement, Helmut Kohl devait consentir à verser un total de 12 milliards de marks, auxquels s'ajoutait un crédit sans intérêt de 3 milliards sur cinq ans, bien au-delà des lignes rouges tracées au départ par la Bundesbank.

Sur la scène intérieure, les demandes répétées de la rue est-allemande de rejoindre coûte que coûte la sphère confortable du mark avaient, en parallèle des négociations internationales, poussé rapidement la chancellerie fédérale à accélérer le rapprochement économique et monétaire des deux Républiques. L'annonce en février 1990 de l'introduction du Deutsche Mark en Allemagne de l'Est et d'un taux de change à parité égale visait là encore, pour Kohl, à la fois à répondre à une situation de délitement, à conserver l'initiative et, donc, à peser sur les négociations avec les vainqueurs d'hier en faisant de l'unité une perspective irréversible.

Le résultat des élections libres organisées en RDA le 18 mars 1990 était à la hauteur de l'engagement du chancelier. Alors que la plupart des observateurs attendaient une nette victoire de la social-démocratie, après tout seule force totalement « neuve » en Allemagne de l'Est et qui, donc, ne souffrait *a priori* d'aucun soupçon de connivence avec le régime du SED, alors que la CDU est-allemande comptait, historiquement, au rang des partis du « Bloc » communiste, l'Alliance pour l'Allemagne (*Allianz für Deutschland*), qui regroupait la CDU, la DSU (*Deutsche Soziale Union*), fondée en janvier 1990, et le petit parti d'opposition *Demokratischer Aufbruch*, dont les membres fondateurs, Edelbert Richter et Ehrhart Neubert, avaient démissionné, remportait haut la main les élections avec 48 % et 192 sièges sur 400, dont près de 40 % pour la seule CDU de l'Est. Tandis que l'ancien parti communiste, rebaptisé Parti du socialisme démocratique (*Partei des Demokratischen Sozialismus*, PDS), affichait un score étonnant de 16,8 %, la social-démocratie, avec 21,9 % des voix et 88 sièges, n'atteignait pas même la moitié du score espéré.

Ce résultat consacrait autant le triomphe d'un homme, Helmut Kohl, que l'échec du SPD. En effet, face à la perspective de l'unité, le SPD ouest-allemand, pris par surprise par les événements de RDA, avait été incapable de parvenir à un consensus sur le sujet. Divisée entre l'humanisme prudent d'un Willy Brandt vieillissant et le radicalisme d'un Oskar Lafontaine qui focalisait avant tout son discours sur les questions écologiques et l'amélioration des conditions de vie de ses concitoyens est-allemands, la social-démocratie ratait ainsi le train de l'histoire en estimant que la priorité n'était pas à l'unité, laissant même ses leaders taxer le volontarisme réunificateur de l'adversaire chrétien-démocrate de « kohlonialisme ».

Sans appel, les électeurs de RDA avaient adressé un message clair à la RFA et à l'opinion internationale, clamant au monde l'exigence de l'unité. Dans le même temps, ces résultats laissaient peu de marge de manœuvre au nouveau gouvernement chrétien-démocrate de l'ex-RDA, tant la présence d'Helmut Kohl et de la CDU ouest-allemande planait sur la réalité des chiffres. Manifestement, en effet, la victoire de la CDU locale, au score impressionnant, devait tout ou presque au chancelier fédéral, bien plus qu'au représentant de la démocratie chrétienne à l'Est, Lothar de Maizière.

Comme le fait avec raison remarquer Andreas Rödder, citant lui-même le diplomate Claus-Jürgen Duisberg[1], tout, au fond, opposait les leaders des deux partis chrétiens-démocrates. Le contraste physique, déjà, est saisissant : face au géant Kohl, bon vivant au catholicisme affiché, jovial en apparence mais impitoyable dans l'arène politique, le frêle protestant Maizière, au mode de vie presque ascétique, et, sans que cela soit un mystère pour personne, plus obsédé de devoir que de pouvoir, apparaît bien fragile. Porté à la tête de la nouvelle RDA par les circonstances, le chef du gouvernement est-allemand n'est pas un homme qui recherche les projecteurs, préférant l'intimité et l'ombre de cercles retreints. Selon Duisberg, alors que, pour Maizière, la RDA méritait la reconnaissance, celle-ci « n'était, pour Kohl, [...] plus un État indépendant, mais déjà une dimension de son propre agenda politique », tandis que son président du Conseil n'était que « l'instrument dont il avait besoin pour parvenir à la réunification ». Au-delà, la CDU de l'Est sait qu'elle n'est qu'une pâle copie de sa consœur, qui a pour elle la légitimité historique et la puissance financière.

De fait, le gouvernement de Lothar de Maizière, à peine constitué le 12 avril 1990, semble n'avoir que peu de voix au chapitre. Certes, dans un long et vibrant plaidoyer devant l'Assemblée nouvellement élue de RDA, le nouveau dirigeant avait clamé son souci premier d'aboutir à davantage de justice sociale, de tolérance, et rappelé la singularité de cet État quarantenaire. Il avait encore souligné la nécessité de sauvegarder, dans les discussions avec sa puissante voisine, certains aspects de ce qu'il appelait « notre histoire, notre culture, nos échecs et nos succès, nos idéaux et nos

1. Claus-Jürgen Duisberg, *Das deutsche Jahr. Einblick in die Wiedervereinigung 1989-1990*, Berlin, wjs Verlag, 2005, p. 186 *sq*.

souffrances ». Il s'agissait donc, selon lui, d'éviter en premier lieu que les citoyens de la République démocratique ne deviennent, du fait de la réunification, des « citoyens de seconde classe ». Toutefois, la messe, dans l'esprit des dirigeants ouest-allemands, paraît déjà dite. Les propositions les plus anodines venant de l'Est, comme celle visant à adjoindre à l'hymne fédéral quelques lignes tirées de l'hymne est-allemand, afin de consacrer, symboliquement, l'unité des deux entités, ne rencontrent qu'incompréhension et refus de la part du chancelier Kohl[1]. Le ministre des Finances, Wolfgang Schäuble, quant à lui, ne laisse place à aucune ambiguïté lorsque, dans ses souvenirs, il relate sa conception du « dialogue » interallemand pendant ces mois de discussions précédant l'unité, et la manière dont, selon lui, la réunification doit alors être envisagée : « Au cours de mes entretiens internes avec les partenaires de RDA, je n'ai jamais été vague dans la définition de mes priorités. Mon discours a toujours été : mes chers amis, il s'agit de l'adhésion de la RDA à la République fédérale et non l'inverse. Nous avons une Loi fondamentale qui a fait ses preuves. Nous faisons tout ce que nous pouvons pour vous. Vous êtes les bienvenus [...] Mais ce n'est pas l'unification de deux États égaux[2]. » La réunification se fera donc uniquement aux conditions de la République fédérale et, de ce fait, selon l'article 23 de la Loi fondamentale plus que selon son article 146[3]. De toute évidence, les appels

1. Helmut Kohl, *Erinnerungen*, Munich, Droemer, 2004, cité par Andreas Rödder, *op. cit.*, p. 285 *sq*.

2. Wolfgang Schaüble, *Der Vertrag. Wie ich über die deutsch Einheit verhandelte*, Munich, Knaur, 1993, p. 131, cité par Jean-Pierre Gougeon, in *Allemagne, une puissance en mutation*, Paris, Gallimard, « Folio », 2009, p. 166-167.

3. L'article 23, déjà utilisé en 1956 lors du rattachement de la Sarre à la RFA, disposait que la validité de la Loi fondamentale devait être étendue aux autres parties de l'Allemagne après leur accès à la RFA, ouvrant ainsi la possibilité d'une unité par adhésion. D'après l'article 146, la nation allemande pouvait,

que la romancière Christa Wolf, figure emblématique de la littérature de RDA, avait lancés à ses compatriotes, les exhortant à ne pas se laisser trop vite séduire par les sirènes de la prospérité économique, n'avaient pas été entendus.

Le 21 juin 1990, un premier traité approuvé par le Bundestag et la Chambre du peuple est-allemande validait le principe d'une union monétaire, économique et sociale entre les deux États. Le 31 août, un second traité encadrait les conditions de l'adhésion (*Beitritt*) de la RDA à la RFA, proclamée en grande pompe le 3 octobre 1990[1].

Les élections fédérales de la nouvelle Allemagne, tenues le 2 décembre de la même année, confirmaient la victoire éclatante du parti du chancelier. L'alliance CDU/CSU arrivait largement en tête avec 43,8 % des suffrages et manquait de peu la majorité absolue, obtenant un peu plus de 48 % des sièges. Alors que le parti libéral (FDP) tirait son épingle du jeu en participant au nouveau gouvernement, grâce à ses 11,1 %, la social-démocratie faisait pâle figure avec 33,3 % des votes, tandis que les Verts rataient, avec 4,8 %, leur entrée au Bundestag. Grâce à la différence de réglementation persistant entre l'Est et l'Ouest sur le score minimal à atteindre pour siéger à l'Assemblée, le PDS et le parti est-allemand Bündnis 90/Die Grünen faisaient, en revanche, une entrée remarquée au Parlement.

L'Allemagne nouvelle, outre un territoire plus vaste de 127 000 km², devenait ainsi, avec près de 80 millions d'habitants, le pays le plus peuplé d'Europe et, tout au moins sur le papier, l'économie la plus puissante.

---

après avoir réalisé son droit à l'autodétermination, voter une nouvelle constitution, transformant davantage l'unité en processus fait d'échanges, de négociations et de discussions destinés à aboutir à un nouveau texte constitutionnel.

1. L'harmonisation des législations s'est, dans les faits, étalée sur plusieurs années, les deux lois cohabitant parfois pendant une période de transition. Ainsi celles sur l'encadrement de l'avortement, la loi étant moins restrictive à l'Est, et pour lesquelles l'« unification » intervint en 1995.

Chapitre 28

La politique extérieure des années 1990 : l'apprentissage de la normalité

La peur de la puissance ?

Avec la réunification, un monde, ou tout au moins un certain équilibre européen, disparaissait. Le 3 octobre 1990 sonnait en effet, pour reprendre les termes de l'historien Heinrich August Winkler, « la fin de la voie singulière post-nationale de l'ancienne République fédérale et de la voie singulière de la RDA. L'Allemagne réunifiée n'est pas une "démocratie post-nationale au sein d'États-nations". C'est un État-nation démocratique, postclassique parmi d'autres[1] ». L'Allemagne retrouvait une nouvelle normalité et, avec elle, un État-nation doté d'une puissance industrielle et démographique sans équivalent en Europe. Cette situation nouvelle, qui mettait un terme à la parenthèse de l'après-guerre et, de ce fait, aux rapports que les deux Allemagne entretenaient jusqu'alors avec le monde, ne pouvait pas ne pas entraîner de questionnements, y compris, voire surtout, en Allemagne.

Dès le début des années 1990, le débat sur la puissance vit s'opposer de nombreux intellectuels réunis, pour

1. Heinrich August Winkler, *Histoire de l'Allemagne, XIXe-XXe siècle. Le long chemin vers l'Occident*, Paris, Fayard, 2005, p. 1001.

reprendre les distinctions d'Anne-Marie Le Gloannec, en deux principaux camps : les partisans d'une politique d'affirmation de la puissance, assumant le retour d'un statut, et les tenants d'une « politique de responsabilité pour qui le monde des interdépendances et de la globalisation interdisait toute analogie avec 1871[1] ». Si les seconds insistaient sur l'idée d'une puissance dépendant de ses engagements internationaux, insérée dans un tissu de relations multilatérales contraignant, en quelque sorte, cette puissance, pour les premiers, en revanche, l'Allemagne ne pouvait prétendre ignorer les changements : du fait des circonstances, elle retrouvait une puissance économique et politique qu'elle n'avait plus connue depuis la guerre et devait assumer ce nouvel état sans barguigner. L'historien Hans Peter Schwarz, dans un essai retentissant publié en 1994 et significativement intitulé *La Puissance centrale de l'Europe. Le retour de l'Allemagne sur la scène mondiale*[2], estimait ainsi qu'il convenait de prendre acte du nouvel état de fait dans la mesure où, « de toute façon, les décisions de l'Allemagne ou son absence de décision ont des répercussions considérables sur tout l'environnement européen[3] ». La manière dont ces intellectuels entendaient qualifier cette puissance se traduisait cependant par un étonnant exercice de pondération et d'équilibrisme, qui indiquait une volonté d'assumer pleinement celle-ci sans toutefois oublier d'en reconnaître les limites. Si Hans Peter Schwarz allait en effet jusqu'à décrire la nouvelle

1. Anne-Marie Le Gloannec, *Berlin et le monde. Les timides audaces d'une nation réunifiée*, Paris, Autrement, 2007, p. 85 *sq*.
2. Hans Peter Schwarz, *Die Zentralmacht Europas. Deutschlands Rückkehr auf die Weltbühne*, Munich, Siedler, 1994.
3. Hans Peter Schwarz, *Die Zentralmacht Europas. Deutschlands Rückkehr auf die Weltbühne*, Berlin, Siedler, 1998, p. 94, cité par Anne-Marie Le Gloannec, *op. cit.*, p. 86.

Allemagne comme une « puissance centrale » en Europe, invitant même celle-ci à se défaire de « sa culture de la réticence », la politologue Helga Haftendorn préférait parler de « puissance codirigeante » européenne, son confrère Hans Werner Maul privilégiant, lui, le terme de « puissance civile ».

Au-delà des mots, ces tenants d'une reconnaissance de la puissance retrouvée s'accordaient sur le fait que l'Allemagne ne pouvait ignorer le nouveau rôle qui lui échoyait du fait de la réunification, ne serait-ce qu'en raison de son passé douloureux. Dans son ouvrage intitulé *Allemagne, que faire à présent ?*, le juriste Arnulf Baring affirmait sans ambages que la nouvelle République allemande ne devait en aucun cas fuir l'acceptation de cette puissance que l'histoire lui tendait à nouveau, dans la mesure où Auschwitz non seulement obligeait mais avait préparé l'Allemagne aux exigences de cette puissance : « Il nous faut », explique-t-il ainsi, « redécouvrir une chose aussi élémentaire que le pouvoir et la politique de la puissance. […] La folie des grandeurs morales est autre chose qu'un manque de mesure ou qu'un sens défaillant des réalités. C'est le revers presque pervers de notre attitude présente. Rien n'est comparable aux crimes allemands, dit-on. Nous voulons être les plus grands, en ce domaine aussi. Et pour avoir été les plus grands criminels, nous sommes aujourd'hui plus intelligents que d'autres peuples, car cette expérience fatale est derrière nous et nous savons désormais ce qui est interdit »[1]. Face à une telle réaffirmation d'un rôle et d'un rang à tenir, qui semblait rouvrir une voie

1. Arnulf Baring, *Deutschland, was nun ? Ein Gespräch mit Dirk Rumberg und Wolf Jobst Siedler*, Berlin, Siedler, 1991, p. 164 et 173, cité par Anne-Marie Le Gloannec, *op. cit.*, p. 90-91.

nationale, d'autres voix s'étaient très tôt fait entendre, vite emportées par l'élan de la réunification. Avant le 3 octobre, Günter Grass, sur une ligne proche de celle de la plupart des leaders des mouvements d'opposition politique de RDA, avait ainsi souhaité conjurer l'idée même de puissance retrouvée, estimant que celle-ci devait rester interdite à l'Allemagne du fait du verdict de l'histoire. L'écrivain avait répété que la réunification se traduirait par « une omnipotence effrayante, gonflée par le désir d'un pouvoir toujours plus grand », ajoutant que, « en dépit de toutes affirmations, même bien intentionnées, les Allemands susciteraient une nouvelle fois la crainte ». Pour Grass, la chose était entendue : « Une Allemagne réunifiée serait un colosse bourré de complexes qui se ferait du tort à lui-même et à l'Europe unie[1]. »

Il reste cependant étonnant qu'au milieu de ce débat peu de voix se soient élevées pour remettre en perspective cette « nouvelle puissance ». En effet, si l'Allemagne, du fait de sa démographie et de son économie, dominait le reste de l'Europe occidentale, elle n'était pas pour autant aussi éloignée de son voisin français que pouvaient sembler l'entendre les nouveaux thuriféraires de la puissance. D'une part, sa croissance démographique restait préoccupante, même après la réunification[2] ; d'autre part, en termes militaires, l'Allemagne ne supportait à l'évidence plus la comparaison avec ce qu'elle avait été, que ce soit au XIXe ou dans la première moitié du XXe siècle, et elle allait rapidement montrer ses limites en la matière.

1. Günter Grass, *Deutscher Lastenausgleich. Wider das dumpfe Einheitsgebot. Reden und Gespräche*, Francfort-sur-le-Main, Luchterhand, 1990, p. 10-11.

2. Voir *infra*.

Pourtant, la rapidité avec laquelle les événements s'étaient enchaînés, le volontarisme du chancelier Kohl à partir de l'été 1989, mais aussi le sentiment d'avoir été les spectateurs impuissants d'une unité allemande devenue, en quelques mois, une certitude, sans oublier l'inévitable poids du passé, avaient suscité d'importantes réticences voire une franche hostilité au sein des voisins de l'Allemagne, à l'Ouest comme à l'Est. Margaret Thatcher considérait ainsi la réunification comme une déstabilisation majeure de l'équilibre européen patiemment construit. François Mitterrand, sans être opposé à l'unité, n'en estimait pas moins, une fois celle-ci rendue inévitable par le consentement de Mikhaïl Gorbatchev, qu'elle ne pouvait se concevoir qu'au sein d'un cadre européen renforcé, seul capable à ses yeux de contenir toute tentation « nationale » de l'Allemagne. Ce mélange de prudence et de méfiance s'était particulièrement fait sentir lorsque le président français, encore en décembre 1989, alors que la rue est-allemande réclamait déjà l'unité, avait maintenu sa visite dans une RDA en plein chaos, provoquant l'incompréhension du chancelier. Tandis que Felipe Gonzalez avait exprimé à plusieurs reprises ses craintes à propos de la réunification, à l'évidence moins en raison d'une quelconque peur de la puissance allemande que préoccupé par une possible réorientation des financements européens vers l'est de l'Europe, le chef du gouvernement néerlandais n'avait, lui, pas hésité à insister, alors que la réunification n'était pas encore faite, pour que l'Allemagne reconnaisse sans tarder la frontière occidentale de la Pologne, entraînant là encore une vive réaction de Helmut Kohl.

Plus difficiles encore s'étaient avérées les relations avec plusieurs pays d'Europe de l'Est, Pologne et Tchécoslovaquie en tête, pour qui le poids du passé ne passait toujours pas, particulièrement alors qu'en plein processus de réunification le lobby des minorités allemandes expulsées après la Seconde Guerre mondiale (*Bundesvertriebenenverband*) multipliait les revendications. En dépit de la signature d'un traité d'amitié et de coopération avec Varsovie le 17 juin 1991 et de celle du traité germano-tchèque de 1992, l'entente demeurait difficile, empoisonnée par la notion de responsabilité et la reconnaissance du statut de victime pour les populations allemandes expulsées sans ménagement des anciens territoires du Reich entre 1945 et 1947. Il faudra attendre la déclaration signée par les gouvernements Kohl et Klaus en 1997 pour que l'Allemagne et la République tchèque franchissent une étape décisive dans la réconciliation, les dissensions avec la Pologne restant plus durables. De façon significative, le chancelier Kohl ne se rendra jamais en Pologne au cours des années 1990 et, à la différence de Willy Brandt, qui avait lui-même signé le traité de Varsovie près de vingt ans plus tôt, il déléguera à son ministre des Affaires étrangères, Hans Dietrich Genscher, la signature du traité de reconnaissance de la frontière germano-polonaise le 14 novembre 1990.

Ces insuccès relatifs convaincront rapidement l'Allemagne des limites d'une approche purement bilatérale dans ses relations avec ses voisins orientaux et feront beaucoup dans le changement d'approche, l'adoption d'une démarche plus multilatérale, et, dès lors, l'inscription de la nouvelle Ostpolitik allemande dans le cadre européen et otanien.

Dès 1993, l'Allemagne plaidera ainsi pour un élargissement à la fois de l'Alliance atlantique et de l'Europe et, en septembre 1994, Wolfgang Schäuble et Karl Lamers publieront, au nom du groupe parlementaire chrétien-démocrate, un texte affirmant que « la seule solution à même d'empêcher le retour au système instable d'avant-guerre confinant l'Allemagne dans une position inconfortable entre l'Est et l'Ouest, consiste à intégrer ses voisins centre- et est-européens [...] dans le système d'après-guerre ouest-européen[1] ».

Délicate affirmation d'une voie propre

L'année terrible : entre guerre du Golfe et conflit yougoslave

Les premiers pas de l'Allemagne nouvelle dans ses relations avec ses alliés proches s'avèrent désastreux. Avec les États-Unis tout d'abord. Alors que l'Amérique de George Bush assemble, fin 1990, une vaste coalition afin de frapper l'Irak de Saddam Hussein, qui, en août de cette même année, a envahi la pétromonarchie du Koweït, l'Allemagne décline toute participation aux opérations, si ce n'est financière. Malgré les 9 milliards de dollars finalement versés par la République fédérale au titre de sa contribution, cette fin de non-recevoir entraîne une crise durable entre les deux pays. La surprise est en effet d'autant plus grande côté américain que Washington s'était habitué, tout au long de la guerre froide, au soutien pérenne de cet ex-vaincu, mais qui s'était révélé un remarquable élève, tant dans l'adoption d'une certaine manière de vivre à l'américaine que dans son opposition farouche au communisme. Par ailleurs, l'appui sans faille manifesté à la République

1. CDU/CSU Fraktion des Deutschen Bundestages, « Réflexions sur la politique européenne », *Europe Documents*, n° 1895/96, septembre 1994, p. 4, cité par Hans Stark, in *La Politique internationale de l'Allemagne*, Villeneuve-d'Ascq, Presses universitaires du Septentrion, 2011, p. 35.

fédérale par le président Bush tout au long du processus de réunification, alors que les partenaires européens de l'Allemagne, France et Grande-Bretagne, s'étaient montrés des plus réservés, avait laissé croire aux Américains que l'Allemagne réunifiée prolongerait en la renforçant la relation passée ; mieux, que cette Allemagne, désormais plus forte, pourrait constituer un autre partenaire de choix aux côtés de l'Amérique, surtout au moment où celle-ci s'apprêtait à utiliser son hyperpuissance pour jouer les gendarmes dans un monde devenu plus instable. Dès 1989, George Bush avait d'ailleurs proposé à Bonn l'établissement d'un « partenariat privilégié » (*partnership in leadership*) semblable à celui que les États-Unis entretenaient avec Londres.

Certes, le refus allemand de 1990-1991 marque incontestablement le début d'une relation d'un nouveau type avec la puissance américaine. Pourtant, cette « nouveauté » n'est qu'une demi-surprise. Si l'opinion allemande reste, aux lendemains de la réunification, largement favorable aux États-Unis, elle est également traversée de tendances à l'antiaméricanisme marqué, particulièrement depuis la fin des années 1960, fait d'un curieux mélange d'anti-impérialisme, de pacifisme, d'antilibéralisme et d'anticapitalisme, que l'on retrouve tout entier dans le slogan en vogue durant l'année 1990-1991, « Non au sang versé pour le pétrole » (*Kein Blut für Öl*). Aussi le discours du président Bush sur les « États voyous », qui n'était pas sans rappeler les stances reaganiennes contre l'« axe du mal », passait mal en Allemagne. Par ailleurs, le gouvernement Kohl, s'il n'était pas insensible à l'idée d'une participation plus importante de l'Allemagne aux affaires du monde, devait en premier lieu compter avec sa population. De plus, l'Allemagne, même réunifiée, restait limitée dans ses engagements militaires, à la fois par sa Constitution[1], mais aussi par une armée, depuis la Seconde Guerre mondiale, de conception purement défensive, enfin, avec la réunification, par une transformation en profondeur doublée d'une importante réduction de ses effectifs de défense.

Malgré ces réalités, et en dépit des efforts mutuels pour, rapidement, réaffirmer la qualité du lien unissant l'Allemagne et les États-Unis – dès 1992, l'Allemagne soutiendra la mise en place du partenariat pour la paix entre l'OTAN et les pays est-européens, et, en 1994, Bill Clinton proposera à nouveau, avec le même succès, l'établissement d'un partenariat spécial entre les deux pays –, le refus de participer à la guerre contre l'Irak en 1991 marque bien la fin d'une période et le début d'une transformation de la relation germano-américaine. Avec la fin de la guerre froide en Europe, les nouvelles priorités de la Maison Blanche peinaient manifestement à convaincre une République fédérale avant tout soucieuse de paix, de stabilité et d'intégration de ses nouveaux voisins orientaux.

L'année 1991 n'est guère plus favorable pour les relations de l'Allemagne unie avec ses proches alliés européens.

Certes, ces derniers ont accepté, *nolens volens*, le principe puis la réalité de la réunification. La méfiance reste pourtant, en 1991, palpable. L'attitude de l'Allemagne dans la crise yougoslave va rapidement raviver les craintes de la Grande-Bretagne et de la France. Déjà accusée par ces deux pays de soutenir de façon trop

1. En fait, si la tradition liée à la pratique de la Loi fondamentale insiste sur le caractère défensif de la Bundeswehr (art. 87 a), l'article 24 de cette même Loi prévoit la possibilité d'engagements au sein de structures de sécurité collective.

marquée la Slovénie et la Croatie, l'Allemagne suscite l'ire de ses voisins lorsqu'elle décide de reconnaître unilatéralement, le 23 décembre 1991, l'indépendance de ces dernières, forçant la main de ses partenaires, qui ne tardent pas à juger Berlin responsable de l'accentuation de la crise en cours et, indirectement, de la guerre qui éclate, trois mois plus tard, en Bosnie. Ce manque de concertation doublé d'un cavalier seul, dans un contexte déjà tendu, isole durablement l'Allemagne au sein de l'Europe et provoque une incompréhension dans les différentes capitales, d'autant plus grande que le gouvernement Kohl n'avait cessé de proclamer son attachement au multilatéralisme et à la paix.

À peine la réunification acceptée, l'Allemagne se voyait ainsi reprocher par les États-Unis et ses proches partenaires à la fois de menacer l'équilibre européen par une politique irréfléchie et de refuser d'endosser ses responsabilités nouvelles, que ce soit dans le Golfe ou, en 1992, en n'envoyant aucune troupe pour garantir les frontières des deux États qu'elle avait pourtant reconnus la première.

Si les incohérences de la politique de la RFA au début de la crise yougoslave sont manifestes, force est de souligner que la position allemande était également difficile à tenir, prise entre un héritage lui imposant, depuis la Seconde Guerre mondiale, la modestie et la retenue ainsi que les exigences elles-mêmes contradictoires de ses voisins qui, longtemps fort aises de cet effacement historique, regrettaient en même temps le manque d'implication des forces armées allemandes dans la guerre de Bosnie.

Cette situation et cet isolement expliquent en grande partie l'implication systématique aux côtés des alliés européens dans le règlement de la guerre en Yougoslavie entre 1992 et 1994, l'accélération des participations de l'Allemagne dans des missions de maintien de la paix à travers le monde, mais aussi la poursuite de l'engagement de celle-ci dans le processus d'intégration européenne. Après les faux pas de 1991, il fallait à tout prix rassurer.

Rassurer par un engagement collectif sans faille mais timide

D'avril à juin 1992, la Bundeswehr participe successivement à plusieurs opérations d'aide humanitaire : ainsi, en 1992, avec l'opération Provide Comfort, qui vise à venir en aide aux Kurdes irakiens. La même année, la marine joint ses forces à celles de ses voisins européens pour faire respecter l'embargo commercial frappant la Serbie et le Monténégro. À partir de 1993, l'Allemagne appuie l'Autorité de transition des Nations unies au Cambodge tout en envoyant des troupes pour soutenir l'opération onusienne en cours en Somalie (ONUSOM). En parallèle, elle soutient sans faillir le groupe de contact qui, à la suite de l'échec des plans Vance-Owen puis Owen-Stoltenberg, prend en main la gestion du conflit en Bosnie.

Ces participations répétées en dehors des frontières du territoire allemand vont indirectement permettre une clarification constitutionnelle. À la suite d'une saisine de la cour de Karlsruhe par les libéraux et les sociaux-démocrates, hostiles à ces engagements qu'ils jugent contraires à l'esprit de la Loi fondamentale, la Cour constitutionnelle, le 12 juillet 1994, déclare ces actions légales. Les juges estiment que les dispositions de la Loi fondamentale, notamment dans son article 24, autorisent la Bundeswehr à participer à des opérations en dehors du cadre national, à la double condition que le recours à la force soit lui-même autorisé par un système de sécurité collective et que le Parlement allemand ait donné son accord – ces limitations témoignant bien du fait que les nouvelles « audaces » de la politique extérieure allemande relevaient davantage, pour l'heure, d'une évolution que d'une révolution.

Signe de ce changement tout en prudence, l'armée allemande ne participe, entre 1995 et 1998, à aucune opération sous mandat onusien. Et si la nouvelle Allemagne n'hésite plus à dépêcher des forces hors de son territoire – ainsi encore à l'été 1995, lorsque l'armée de l'air envoie en ex-Yougoslavie une vingtaine d'appareils –, c'est au sein d'une action collective dûment autorisée tant par la communauté internationale que par le Bundestag, et, devrait-on ajouter, sans enthousiasme majeur. À la différence de la France, qui, dès les lendemains de la guerre du Golfe, entend tirer les leçons de sa relative inadaptation aux nouveaux types de conflits qui se dessinent, notamment en entamant un processus de professionnalisation de son armée puis en suspendant, en 1997, son service militaire, la République fédérale, qui voit s'éloigner la guerre froide mais augmenter chaque année le coût de la réunification, ne goûte que modérément la perspective d'engagements lointains soutenus par des dépenses militaires en augmentation. Aussi, tout en conservant son armée de conscription et en limitant son budget de défense – celui-ci ne représente plus que 1,5 % du PIB allemand en 1998 –, l'Allemagne préfère-t-elle circonscrire son champ d'action à l'Europe. Encore en 1997, le ministre de la Défense, Volker Rühe, affirmera que l'Allemagne ne saurait être vue autrement que comme une puissance régionale, dont l'horizon militaire se borne au maintien de la sécurité sur le Vieux Continent[1].

Rassurer par un engagement européen accru mais limité

L'intégration européenne constituait depuis les débuts de la République fédérale un des piliers de la politique extérieure allemande. Dès avant les événements de l'automne 1989, celle-ci avait pleinement soutenu la décision, validée par le sommet de Madrid des 26 et 27 juin, de réaliser l'Union économique et monétaire. Avec la réunification, l'Europe est même devenue doublement nécessaire : à nouveau, les communautés européennes constituent l'ensemble idéal pour calmer les craintes des autres États ; par ailleurs, l'Allemagne connaît la capacité de l'ensemble européen à intégrer, par ses programmes d'aide économique et institutionnelle, les régions ou les États aux faiblesses structurelles marquées, et ce, alors que la moitié orientale de l'Europe vient, *de facto*, d'être rattachée au reste du continent. Le chancelier Kohl n'avait d'ailleurs pas hésité à présenter d'entrée de jeu l'unité allemande comme le prélude et l'accélérateur de l'unité du continent européen. L'Allemagne a donc, aux lendemains de la réunification, toutes les raisons de poursuivre son engagement dans la voie de l'Union européenne, comme en témoigne par exemple l'initiative franco-allemande d'avril 1990, qui relance la dynamique, suspendue par le choc de l'unité des deux Allemagne.

Les premières années qui suivent l'unification allemande connaissent ainsi une intense « effervescence

1. Voir les discours de Volker Rühe cités par Hans Stark (dir.), *Les Relations franco-allemandes : état et perspectives*, Paris, IFRI, « Les cahiers de l'IFRI », n° 25, 1998, p. 27-67.

européenne ». Avant et pendant les négociations qui aboutissent au traité de Maastricht en février 1992, l'Allemagne défend l'extension des compétences du Parlement européen tout en promouvant, deux ans plus tard, la possibilité pour certains États d'aller plus loin dans l'intégration. Le papier Schaüble-Lamers, publié en septembre 1994, qui propose la possibilité de constituer des « noyaux durs » dans lesquels la France et l'Allemagne pourraient jouer les premiers rôles, marque une évidente inventivité, tant pour le renouveau du tandem franco-allemand que pour la dynamisation d'une Europe transformée par la chute du rideau de fer. Symbole de cet engagement européen, le Deutsche Mark, vitrine de la réussite de la République fédérale, synonyme de puissance économique et de solidité financière, s'apprête à être sacrifié sur l'autel de l'union monétaire, dont l'ultime phase, prévue pour 1999, prévoit la création d'une monnaie commune, l'euro.

Si la réalité de l'engagement allemand en faveur d'une Europe plus intégrée ne fait guère de doute, l'Allemagne de Helmut Kohl n'entend pas, toutefois, signer un chèque en blanc. L'abandon du symbole monétaire national, l'idée d'une nouvelle supranationalité allaient en effet de pair avec d'importantes exigences et l'adoption de conditions fixées par l'Allemagne, ainsi, par exemple dans l'établissement de critères stricts concernant l'inflation, les déficits et la dette publics des États au sein de cette future Union économique et monétaire ou dans le statut de la future Banque centrale européenne (BCE), dont les missions principales devaient être, dans l'esprit du gouvernement Kohl, calquées sur celles de la Bundesbank, et privilégier ainsi la lutte contre l'inflation. Par ailleurs, si l'Allemagne multiplie les propositions en faveur d'une relance de la clarification des compétences de l'Europe en soutenant, par exemple, le principe de subsidiarité, c'est avant tout pour promouvoir un modèle fédéral qu'elle maîtrise parfaitement. Ce dernier lui permettait en outre de répondre pleinement aux attentes de ses Länder, soucieux de leurs prérogatives, particulièrement après la réunification dans la négociation de laquelle le gouvernement fédéral a, à leurs yeux, acquis un poids et une expérience politiques pouvant faire craindre une rupture de l'équilibre des pouvoirs. De plus, si l'Allemagne fait un réel sacrifice en abandonnant sa monnaie fétiche, elle ne peut ignorer que sa force économique, en ce milieu des années 1990, n'est plus celle qu'elle était, et que, du fait du poids de l'absorption de la RDA, elle fait dorénavant figure, aux yeux de certains analystes, d'« homme malade de l'Europe ». Dès lors, la future monnaie commune possèdera pour elle le double avantage de conférer au pays une surface internationale plus grande et d'amortir potentiellement le choc que fait et ferait peser, à terme, le coût de l'unité sur le mark.

En d'autres termes, l'Allemagne unifiée entendait désormais affirmer davantage son intérêt propre au sein de l'édifice européen. Témoins de cette évolution, l'âpreté des discussions menées par le gouvernement Kohl lors de la négociation du traité d'Amsterdam en juin 1997, mais aussi les dissensions sur l'interprétation des critères du traité de Maastricht, avant tout avec la France, entre 1996 et 1998, lorsque Paris entend faire de la monnaie commune un levier de relance économique et de la BCE une institution au service de la croissance et non un instrument de la seule lutte contre l'inflation. La volonté de l'Allemagne, en 1997-1998, de renforcer, d'ailleurs sans succès, la sévérité des critères du traité, notamment en sanctionnant automatiquement les pays qui dépasseraient la limite des 3 % autorisés pour leur déficit budgétaire, en est également un bon exemple.

On voit ainsi s'opérer un changement de ton au cours des années 1990, et particulièrement après les élections fédérales de 1994. Si le chancelier Kohl semble alors loin de ses dispositions plus volontiers intégrationnistes et supranationales des années 1980, c'est que la donne politique a changé. Bien sûr, du fait de la place et du rôle nouveaux acquis par l'Allemagne après 1990, mais aussi de celui d'une opinion allemande plus inquiète, notamment dans les Länder de l'Ouest : voyant s'éloigner les années 1980 déjà transformées, dans l'imaginaire collectif, en âge d'or, les Allemands apparaissent déterminés à préserver leurs avantages, particulièrement à un moment où la facture de l'unité pèse durement sur les ménages et où l'Allemagne risque à nouveau de payer pour cette Europe aux compétences élargies. Enfin, la coalition conservatrice libérale sur laquelle s'appuie le chancelier, fragilisée après les élections de 1994, qui ont limité à quatre sièges sa majorité au Bundestag[1], est elle-même plus frileuse à l'égard de l'ouverture européenne. Entre 1994 et 1998, de très nombreux intellectuels, analystes, politologues, historiens, proches de la majorité, multiplient les ouvrages, les articles proposant de (re)définir les objectifs de la politique étrangère de la nouvelle Allemagne. De Hans Peter Schwarz à Arnulf Baring[2] en passant par Christian Hacke[3] ou Gunther Hellmann, malgré quelques différences d'approche, les thèmes

1. Soit 341 sièges sur 662, loin des 398 sièges obtenus lors des premières élections panallemandes de 1990.

2. Voir *supra*.

3. Voir *Nationales Interesse als Handlungsmaxime für die Aussenpolitik Deutschlands*, *in* Karl Kaiser et Joachim Krause (dir.), *Deutschlandsneue Aussenpolitik*, Munich, Oldenbourg, 1996.

avancés comme devant constituer le fondement de cette politique étrangère nouvelle sont à peu près identiques : la sécurité de la République fédérale et de ses citoyens au sein d'une Europe élargie et stabilisée doit primer. Sans être niée, la politique d'intégration européenne et d'engagement toujours plus avant de l'Allemagne dans l'Union méritait donc, selon eux, d'être passée au crible de la raison, du réalisme, de l'efficacité et non d'un idéalisme illusoire, surtout si ce dernier devait aller à l'encontre des intérêts allemands. Hans Peter Schwarz qualifie ainsi, dans *La Puissance centrale de l'Europe*, le traité de Maastricht de « château en Espagne ».

Non que la République fédérale n'ait jamais défendu ses intérêts au cours des quarante années précédentes – l'influence déterminante de Helmut Schmidt dans la construction du Système monétaire européen ou un certain ascendant pris dans le dialogue franco-allemand au cours des années 1970 en attestent. Toutefois, avec la réunification, une époque semble révolue : celle où l'Allemagne était davantage préoccupée de donner des gages de sa bonne foi que de s'interroger ouvertement sur son intérêt propre. En ce sens, les interventions et les prises de parole de ces intellectuels conservateurs doivent être comprises moins comme l'affirmation hautaine d'une puissance nouvelle et exigeante que comme l'expression d'un État tournant une page importante de l'après-guerre et qui, respectueux du passé, ne s'interroge pas moins, cette fois-ci à visage découvert, sur ce qui constitue ses nouveaux intérêts autant que sa place, à la fois en Europe et dans l'histoire.

Chapitre 29

Le choc économique et social de l'unification

Tout au long des années 1990, l'Allemagne résonne naturellement des conséquences économiques et sociales de l'unité. Toutefois, ces conséquences sont très diversement ressenties. Alors que la société ouest-allemande ne voit guère son quotidien modifié, si ce n'est au travers des hausses d'impôts et de taxes rendues nécessaires par le coût finalement exorbitant de l'unification, ou encore par la hausse du chômage, que les conséquences de l'unité ne sauraient entièrement expliquer, les hommes et les femmes de RDA connaissent, pour leur part, une révolution.

Une population entière doit en effet apprendre à changer de monde. Ses structures administratives, ses modes d'organisation, l'ensemble des références de son quotidien, sa culture et son identité mêmes subissent une transformation de fond en comble. L'enthousiasme de la fête du 3 octobre retombé, l'unité se révèle ainsi très vite un processus de long terme, avec ses contingents de gagnants et de perdants, de satisfaits et d'amers.

Par ailleurs, l'intégration bien plus coûteuse que prévu des cinq nouveaux Länder au sein de la nouvelle République fédérale, concomitante d'une récession générale dès 1992, d'une accélération de la mondialisation et de l'influence grandissante de la pensée économique anglo-saxonne en Europe, entraîne une profonde remise en question de l'Allemagne. Aux interrogations sur la puissance et la place de la nouvelle République en Europe et dans le monde s'ajoutent en effet, dans le domaine économique et social, des doutes sur un modèle qui, depuis le miracle économique de l'après-guerre, semblait pourtant avoir fait ses preuves, et dont témoigne tout au long de ces années le débat sur l'Allemagne comme site de production (*Standortdebatte*), dont la majorité rouge-verte qui succède à Helmut Kohl en 1998 tirera les conséquences.

La transformation de l'économie est-allemande

Confiantes dans les vertus de l'économie de marché, les autorités ouest-allemandes avaient, dès le 1er juillet 1990 et l'union monétaire, adopté trois grandes séries de mesures qui devaient transformer l'économie planifiée de RDA en « paysages florissants » (*blühende Landschaften*), selon l'expression optimiste de Helmut Kohl[1].

La première fut une réforme monétaire entraînant un taux de conversion de 1 mark-est pour 1 Deutsche Mark pour les flux de revenus et de 2 ou 3 pour 1 pour les stocks de créance, soit un taux de conversion moyen de 1,8 mark-est pour 1 Deutsche Mark, alors que cette parité était, avant la chute du Mur, de 4,4 pour 1 dans les échanges commerciaux interallemands et de 8 pour 1

1. « C'est par un effort commun que nous réussirons à transformer le Mecklembourg, la Saxe-Anhalt, Berlin, la Saxe et la Thuringe en paysages florissants au sein desquels il fait bon vivre et travailler » : discours télévisé du chancelier Kohl le 1er juillet 1990 à l'occasion de l'entrée en vigueur de l'Union économique, sociale et monétaire.

sur le marché libre. Ce calcul se basait sur des estimations d'écarts de salaires nominaux entre l'Est et l'Ouest de 1 à 3, qui devaient eux-mêmes refléter les écarts de productivité entre les deux États. Toutefois, deux données essentielles avaient été mal estimées dans cette approche : tout d'abord, l'état réel de l'appareil productif de l'économie est-allemande, dont la vétusté ou l'inadaptation aux conditions d'une économie mondialisée supposaient un énorme besoin d'investissements ; ensuite, les importantes hausses de salaires dans les nouveaux Länder, alors qu'il avait été escompté qu'ils resteraient stables. Politiquement difficilement évitable – la « venue » du Deutsche Mark constituait une des revendications phares des manifestants de RDA fin 1989 –, le choix de cette voie fragilisait d'entrée de jeu la compétitivité de l'économie est-allemande, même s'il serait excessif d'attribuer au seul taux de conversion la responsabilité de l'effondrement de l'économie de l'ex-RDA. Comme le fait remarquer à juste titre l'analyste Rémi Lallement en 1995, « toutes considérations de coût mises à part, l'essentiel des entreprises de l'ex-RDA étaient en 1990 [avant tout] dans l'incapacité d'offrir aux consommateurs est-allemands ce qu'ils réclamaient fondamentalement, à savoir une gamme de produits aux standards de qualité occidentaux[1] ». Dans son essai de 2014 intitulé *Irrtümer über die deutsche Einheit* (Les erreurs commises à propos de l'unité allemande), destiné selon lui à combattre une série d'idées reçues sur la réunification, Richard Schröder rappelle à l'appui de cette analyse, d'une part, que le manque d'information fiable était généralisé, d'autre part, que l'horizon

1. Rémi Lallement, *L'Unification sans miracle*, Levallois-Perret, CIRAC, 1995, p. 22.

temporel des décideurs était limité par l'urgence de la situation et l'effondrement politique et économique de la République démocratique. Il confirme enfin que les produits issus de la machine industrielle est-allemande étaient en 1990 devenus pour la plupart inexportables, boudés en premier lieu par la population est-allemande. La célèbre Trabant, achetée à prix d'or jusqu'en 1989, était ainsi délaissée dès la chute du Mur par des Allemands de l'Est avides de voitures occidentales. Autre victime de cette inadaptation : la Wartburg, marque de luxe de l'industrie automobile de RDA, était encore vendue 10 000 marks en 1991 sans parvenir à trouver le moindre client, alors que son seul coût de production avoisinait les 17 000 marks[1].

Les deux autres mesures consistaient, l'une, en une aide financière massive de l'administration fédérale aux Länder et aux communes de l'Est sous forme d'aides sociales, d'investissements et plus généralement de transferts financiers[2], l'autre, en une privatisation accélérée des entreprises est-allemandes, privatisation longtemps handicapée par le débat sur la restitution des biens confisqués après la guerre, et qui, jusqu'en mai 1991 et le vote de la loi sur la « suppression d'obstacles à la privatisation », devait rebuter tout investisseur potentiel.

Confiée à une institution fiduciaire (la Treuhandanstalt), qui avait été mise en place par le Conseil des ministres de RDA et dont l'objectif initial était de permettre une transition par étapes vers le capitalisme, cette privatisation devait concentrer sur elle les critiques les plus virulentes : de nombreux libéraux l'accusaient

1. Richard Schröder, *Irrtümer über die deutsche Einheit*, Fribourg, Herder, 2014, p. 155 *sq*.
2. Voir *infra*, « Bilan : deux économies, deux sociétés ? ».

d'agir contre les lois du marché, notamment en soutenant longtemps des entreprises peu viables, tandis qu'une partie importante de la population est-allemande la voyait volontiers comme le fer de lance d'une Allemagne de l'Ouest prédatrice rachetant à vil prix les fleurons de l'industrie de l'ex-RDA.

Prise entre ces deux feux, la Treuhand peut néanmoins se prévaloir d'un impressionnant travail : jusqu'à sa dissolution en 1994 et son remplacement par une société de management et de participations[1], elle allait privatiser 53,8 % des quelque 12 162 entreprises nées de grands *Kombinat* qui lui avaient été confiées, en restituer 13 % à leurs propriétaires, et procéder à la liquidation de 30 % d'entre elles. Et si l'essentiel des grandes entreprises ont été, de fait, fréquemment rachetées par des investisseurs ouest-allemands ou internationaux, souvent seuls à disposer de la volonté, du savoir-faire et des capitaux nécessaires pour renflouer l'entreprise, en revanche, la privatisation des petits commerces, des restaurants, hôtels a profité majoritairement (80 %) à des repreneurs est-allemands.

Une révolution sociale à l'Est

La fin d'un monde

Si les transformations de la société ouest-allemande du fait de la réunification restent rares, la population de l'ex-RDA a en revanche connu un bouleversement extrêmement profond. Dès les lendemains de l'unité, la

1. Beteiligungs und management Gesellschaft (BMG), en charge de la gestion des participations industrielles et du stock d'entreprises non encore privatisées en 1994.

vie quotidienne de l'ex-RDA semble se résumer à une série de disparitions.

Disparition du cadre économique tout d'abord, avec la fin du Conseil d'aide économique mutuelle (CAEM[1]) qui, depuis 1949, rassemblait l'ensemble des pays du bloc soviétique et qui, au nom de la division socialiste du travail, avait réparti les « spécialités » entre les pays « frères », permettant à la RDA d'exporter sans difficultés machines-outils, instruments de précision, navires et automobiles. Avec l'ouverture au monde et à la concurrence, c'est toute une série d'habitudes et de réflexes qu'ouvriers, managers, cadres, employés, confrontés à la rentabilité et à la productivité, se sont vus contraints d'adopter en un tournemain.

Disparition de l'organisation administrative et sociale. Celle, bien sûr, des seize districts (*Bezirke*) qui, depuis 1952, quadrillaient l'ensemble du territoire au profit d'une approche centraliste, rapidement remplacés par cinq Länder et une approche au contraire fédérale et décentralisée du pouvoir. Disparition aussi de toutes les organisations qui structuraient la société : les clubs, les associations, les organisations de jeunesse, avec la Jeunesse libre allemande (FDJ), les pionniers Ernst-Thälmann ou la très paramilitaire Société pour le sport et la technique (GST), les coopératives agricoles, ou encore les brigades, au sein des entreprises populaires (VEB).

Disparition, également, des élites traditionnelles : celles, en tout premier lieu, liées au SED, qui comptait lui-même 44 000 fonctionnaires en 1989, ou à la Stasi et ses 91 000 membres, auxquels il convient d'ajouter les 171 000 « collaborateurs non officiels » (IM). L'Armée nationale populaire (NVA) et ses 170 000 hommes, dont

1. Ou COMECON en anglais (Council for Mutual Economic Assistance).

40 000 officiers et 24 400 sous-officiers, disparaît aussi entièrement en moins de trois ans. Seuls 25 000 hommes, dont 4 000 officiers, seront finalement, après bien des débats, jugés réintégrables dans la Bundeswehr, qui, à l'issue d'une commission de qualification entièrement ouest-allemande, retiendra 12 000 candidats, dont 3 575 officiers.

L'université et les établissements d'enseignement supérieur n'échappent pas au choc de l'absorption dans le système ouest-allemand et à leur restructuration par le Conseil scientifique, principal organe de réforme du monde universitaire de RFA. À l'issue des multiples « commissions de spécialistes » et « commissions d'humanité » mises en place pour le recrutement et l'évaluation du personnel enseignant, plusieurs départements, notamment ceux jugés trop marqués par l'idéologie marxiste, sont fermés. Cette « liquidation » (*Abwicklung*) s'accompagne d'une réduction des personnels : le personnel enseignant est ainsi réduit de moitié (48 %) et celui des administratifs dans les mêmes proportions (50,9 %)[1].

Transformation de la justice et des médias : selon le sociologue Rainer Geissler, seuls un tiers des 3 000 juges en fonction après la réunification ont conservé leur poste au milieu des années 1990. Au sein de la presse et des médias est-allemands, si les rédacteurs en chef de la plupart des quotidiens, entre-temps rachetés par des entreprises ouest-allemandes, maintiennent leur personnel, tel n'est pas le cas de la télévision et de la radio, où journalistes et animateurs viennent, à partir de 1992, essentiellement de l'Ouest. Transformation enfin, bien entendu, du monde politique : au total, si

1. Voir Hansgerd Schulte, « La rénovation des universités de l'ancienne RDA », in *L'Allemagne unifiée cinq ans après*, actes du 28e congrès de l'AGES, 19-21 mai 1995, Valenciennes, Presses universitaires de Valenciennes, 1995.

seuls 13 % des leaders politiques d'Allemagne de l'Est sont, au seuil des années 1990, ouest-allemands, ceux-ci occupent souvent des positions élevées[1]. Ainsi la Saxe et la Thuringe sont-elles respectivement dirigées tout au long des années 1990 par Kurt Biedenkopf et Bernhard Vogel, tandis que Berlin-Est se voit rattachée à la partie occidentale et à son maire Eberhard Diepgen.

Traduction à la fois géographique et mémorielle de ce bouleversement des élites, les lieux et les rues sont, dans certains cas, débaptisés, le plus souvent pour des raisons idéologiques, et les statues de Marx et de Lénine, souvent démontées. À Weimar par exemple, le changement de nom des rues s'est opéré, selon l'étude de l'universitaire Paul Laveau, selon trois critères principaux : « la suppression des noms "choquants" (*anstössig*), des noms ayant perdu leur sens (*sinnlos geworden*), des noms sans rapport avec le lieu ». Ont ainsi disparu les rues et places Friedrich-Engels, Karl-Marx, Lénine, Wilhelm-Pieck, mais aussi Arthur-Becker, Ethel-et-Julius-Rosenberg, ainsi que la « rue du 8-mai », au profit de Dietrich Bonhoeffer, du Bauhaus, de Friedrich Ebert ou encore de Stauffenberg[2].

En quelques mois, l'ensemble des produits de la vie quotidienne ont également disparu des rayonnages est-allemands, pris entre la recherche de produits occidentaux et la force de frappe des groupes ouest-allemands et étrangers. Le film de Wolfgang Becker *Good bye, Lenin !* a brossé, en 2003, sur un mode humoristique, le tableau de ce monde jeté à l'encan : les meubles et l'électroménager ont ainsi été remplacés rapidement, de même que les produits

1. Rainer Geissler, *Die Sozialstruktur Deutschlands. Zur gesellschaftlichen Entwicklung mit einer Bilanz zur Vereinigung*, 4e éd., Wiesbaden, Springer, 2006, p. 183 *sq*.

2. Paul Laveau, « Effets de la réunification et enjeux culturels à Weimar », in *L'Allemagne unifiée cinq ans après*, *op. cit.*, p. 242.

longtemps emblématiques allant des cafés Mix, Kosta, Rondo ou Mona, pour les plus fortunés, aux légumineuses Tempo, à l'équivalent du Nutella, Nudossi, en passant par les bonbons à la menthe Pfeffi ou les esquimaux Bako.

Le choc le plus rude subi par la population est-allemande reste toutefois sans doute celui vécu dans le monde du travail. L'inadéquation des produits est-allemands face à la demande globale, le renchérissement de leur coût du fait de l'introduction, avec un taux de conversion élevé, du mark ouest-allemand, le vieillissement du parc industriel ont rapidement entraîné un effondrement de la production et une hausse considérable du chômage dans les nouveaux Länder. Entre 1989 et 1993, le nombre d'emplois travaillés baisse ainsi de 37 %, passant de 10 millions à environ 6,3 millions. En dépit des mesures sociales prises par le gouvernement – stages de formation ou de reconversion professionnelles, emplois subventionnés –, qui ont limité le nombre de demandeurs d'emplois à l'Est à 1,15 million de personnes pour la même période, le changement avec le précédent mode de vie est évident, obligeant une population entière habituée à la routine d'un emploi à vie ou presque à transformer son cadre de référence et à envisager un avenir fait d'incertitudes. La fragilité des nouveaux Länder était d'autant plus grande que ses éléments les plus dynamiques – étudiants, jeunes professionnels, ingénieurs, professions libérales – avaient déjà largement émigré à l'Ouest ou s'apprêtaient à le faire. Entre 1989 et 1990, la population de l'ex-RDA perd ainsi environ 670 000 personnes, soit 4 % de son total. Cet exode s'est ensuite poursuivi : entre 1990 et 1995, l'Est perd à nouveau plus d'un demi-million d'habitants, avant tout en raison d'un solde migratoire d'actifs négatif – 240 000 personnes pour les seules années 1991 à 1994.

Cette transformation profonde s'est accompagnée d'une remise en cause à la fois historique et idéologique du passé et de la mémoire des habitants de RDA.

La chute du Mur n'avait en effet pas seulement signé la défaite du communisme. Elle avait de fait entraîné le procès d'une idéologie et le rejet de tout ce que la RDA avait pu incarner ; dès lors, les quarante années de vie derrière le rideau de fer de la population est-allemande se trouvaient, par assimilation, rejetées dans un certain néant de l'histoire. Dès décembre 1989, l'écrivain ouest-allemand Martin Walser avait, dans son analyse prémonitoire intitulée « De l'état des choses » (*Vom Stand der Dinge*), mis en garde contre le risque d'un sentiment de supériorité ouest-allemand du seul fait de la victoire sur le communisme. La RDA, soulignait-il, « ce n'est pas le cousin pauvre qui n'a pas réussi dans la vie, c'est le frère qui a eu la malchance de se faire pincer et qui a été pris en otage à notre place[1] ».

De l'euphorie à l'amertume ?

Les chocs multiples, l'impression très nette d'avoir vu s'écrouler en un temps très court tout un monde entraînant perte de repères et de références, le passage brutal, pour reprendre la distinction de l'historien Andreas Rödder, d'une modernité de l'entre-deux (*Zwischenmoderne*) à la postmodernité, mais surtout le sentiment d'avoir été totalement absorbé par un autre système auquel toute une population a dû soudain s'adapter sans concession, enfin celui d'être considéré – une fois l'euphorie de la réunification passée – comme des perdants de l'histoire par une Allemagne de l'Ouest triomphante ont rapidement

1. Martin Walser, « Vom Stand der Dinge », in *Über Deutschland reden*, Francfort-sur-le-Main, Suhrkamp, 1989, p. 116.

entraîné déception et amertume. Sans que la réunification ne soit jamais sérieusement remise en cause – aucun sondage, tout au long des années 1990, n'en témoigne –, la crainte d'être devenu ce que Lothar de Maizière avait souhaité conjurer dans le discours inaugural de son éphémère gouvernement, à savoir, « des citoyens de seconde classe », s'est indéniablement emparée d'une partie de la population allemande.

Témoin de cette impression confuse de déclassement, l'humour grinçant des *Ossi-Witze* (blagues sur les gens de l'Est) qui fleurissent après 1990 et véhiculent l'image d'une population à part, aux valeurs dépassées, volontiers rétive à l'effort et, au total, maintenue de l'autre côté d'une invisible frontière : ainsi, à un Allemand de l'Est qui déclare à son homologue ouest-allemand « Nous sommes un peuple », reprenant le slogan des manifestations de 1989, ce dernier rétorque de façon significative « Nous aussi ! ».

Symbole de cette relation difficile, la Treuhand a, jusqu'à sa dissolution en 1994, concentré une bonne partie du ressentiment est-allemand. Les erreurs qu'elle a commises, l'absence de volonté manifeste, à l'Ouest, de réindustrialiser la RDA, ce qui aurait supposé une politique plus sélective visant à constituer des pôles d'excellence, mais aussi d'inévitables exemples de promesses et de garanties non tenues de la part de repreneurs occidentaux ou étrangers, que ce soit en matière d'emploi ou d'investissement, sans que des pénalités dissuasives soient envisagées voire réclamées, ont entretenu une certaine victimisation. Malgré l'effort considérable accompli et une dette de plus de 250 milliards de marks laissée au gouvernement fédéral, l'amertume, tout au long des années 1990, est réelle. Plusieurs intellectuels, paradoxalement souvent ouest-allemands, ont, du reste, contribué à asseoir cette vision tronquée. Günter Grass a sans doute été le plus virulent d'entre eux. La description qu'il fait de la Treuhand dans son ouvrage *Mon siècle* (*Mein Jahrhundert*), paru en 1999, mais également son intervention en 1995, après l'assassinat en avril 1991 par un commando de la Fraction armée rouge du président de l'institution fiduciaire, Detlev Rohwedder, sont sans détour : quiconque, écrit-il, « instaure un tel instrument de mépris pour l'être humain ne doit pas s'étonner qu'il suscite une réaction terroriste[1] ». Dans sa pièce *Wessis in Weimar*, jouée pour la première fois au très emblématique Berliner Ensemble en février 1993, le dramaturge Rolf Hochhuth avait lui aussi popularisé l'idée d'un pillage organisé de l'industrie est-allemande, passant toutefois rapidement sous silence l'état catastrophique de l'économie de RDA, les efforts financiers de dépollution rendus nécessaires pour la reprise des sites ou encore le poids énorme des plans sociaux et des réinvestissements consentis, pour plus de 155 milliards de marks.

Ces attaques contre la Treuhand et, au-delà, cette vision amère de l'unification ont conduit, dès les premières années de l'unité, des intellectuels est-allemands à réagir. Ainsi Jens Hacker fustigeait-il ceux qu'il considérait comme ignorants des réalités est-allemandes et, de par leurs interventions irréfléchies, coresponsables du maintien de la dictature en RDA : le sous-titre de son pamphlet *Deutsche Irrtümer* (Erreurs allemandes), publié en 1992, « Les enjoliveurs et les complices occidentaux de la dictature du SED », était sans ambiguïté. Le chansonnier Wolf Biermann, qui avait été expulsé de RDA en 1976, critiquait également durement Günter Grass, estimant pour sa part, dans une déclaration du

1. Interview au journal *Tagesspiegel* le 11 septembre 1995.

2 février 1999, que « la plus vulgaire des annexions par la République fédérale vaudra mieux que tout ce qui existait auparavant ».

Au-delà des polémiques, le contexte d'urgence et de rapidité dans lequel s'étaient déroulées l'unité allemande et son corollaire, l'utilisation de l'article 23 de la Loi fondamentale pour mener celle-ci à bien, avaient, de fait, mais aussi presque de droit, dénié à la RDA la possibilité de contribuer à l'histoire de la nouvelle Allemagne. Ce déni entraînait à son tour une certaine négation non seulement de l'histoire de cet État mal né et, effectivement, mal aimé par sa propre population, mais aussi de la possibilité même, pour les Allemands de l'Est, de revendiquer une histoire, des souvenirs et d'avoir vécu des vies, et même des vies heureuses, avant 1989. Signe de ce refus, le gouvernement Kohl avait choisi d'exclure les communistes des hommages rendus à la résistance allemande lors de la cérémonie du 20 juillet 1994 qui commémorait le 50e anniversaire de l'attentat contre Hitler. Et si la décision est rapidement prise de détruire, à Berlin-Est, l'emblématique Palais de la République, héritage de l'ère Honecker[1], officiellement pour des problèmes d'amiante, c'est pour proposer la reconstruction à sa place de l'ancien château des Hohenzollern[2], dont les ruines avaient elles-mêmes été rasées par le régime est-allemand en 1950.

Le risque d'une histoire à sens unique entraînait en outre la tentation non seulement de juger la RDA au regard de la dictature qu'elle avait été, surveillant,

1. Construit entre 1973 et 1976, cet édifice abritait, outre les sessions parlementaires de la Volkskammer (Chambre du peuple), de très nombreuses manifestations associatives et expositions (voir *supra*).

2. La reconstruction du château, décidée à une large majorité au Bundestag le 4 juillet 2002, a démarré en mars 2013 et s'est achevée en 2020.

emprisonnant ou réprimant les oppositions, mais aussi de juger son propre rapport au passé et à l'histoire, lui-même construit en contrepoint de celui de sa voisine occidentale.

Ainsi, très rapidement, la question du devenir des dossiers de la Stasi, mais aussi celle du sort des dirigeants du régime et de ses coacteurs ont animé les débats de l'après-1990. Dès avant l'unité, des associations de citoyens et plusieurs partis politiques de RDA, puis le gouvernement nouvellement élu de Lothar de Maizière avaient souhaité éviter tout débordement en demandant non seulement que les dossiers de la police politique soient conservés afin de faire œuvre utile de justice et de vérité, mais que leur usage soit confié à un comité extraordinaire, composé de citoyens. Consacré par une loi du 24 août 1990, ce principe fut confirmé et validé par le Bundestag le 20 décembre 1991. De façon générale, l'Allemagne unifiée a su résister à la tentation d'une « justice de vainqueur » et, après de longues interrogations et tergiversations, a préféré adopter une ligne restrictive selon laquelle ne pourraient être poursuivies que des actions contrevenant aux « principes fondamentaux de la justice et de l'humanité » auxquels la RDA avait elle-même adhéré avec la signature des accords d'Helsinki – soit, dans les faits, essentiellement les « tirs mortels » sur les fugitifs le long du Mur. De ce fait, sur les quelque 3 000 actions en justice lancées au départ, seules 450 ont débouché sur une inculpation, se traduisant pour quelques cas seulement par des peines de prison ferme. Les procès les plus retentissants contre les anciens dirigeants ont avant tout concerné Egon Krenz, condamné à six ans et demi de prison et libéré au bout de quatre ans, Günther Kleiber et Günter Schabowski, condamnés en 1997 à trois ans de prison pour avoir ordonné des tirs mortels sur des fugitifs. L'ancien dirigeant de la Stasi Erich Mielke fut lui aussi inculpé et condamné, non en tant que chef de la police politique, mais pour le meurtre de deux policiers commis en… 1931. Erich Honecker, arrêté en janvier 1993, a vu son procès ajourné pour raison de santé peu avant son départ pour le Chili, où il est décédé en 1994.

Au-delà, l'absorption par la RFA de l'autre République posait la question du rapport au passé et à l'histoire du nouvel État allemand, dans la lecture qu'il entendait faire non seulement de l'histoire de la RDA mais aussi de son passé plus lointain et désormais à nouveau commun, tant les deux Allemagne avaient eu une approche et une trajectoire divergentes dans leur rapport avec la période nazie : alors que la RDA s'était d'entrée posée en vainqueur historique et moral face au « nazisme », refusant d'assumer une coresponsabilité dans la catastrophe et propageant, dans la société est-allemande, à la fois le culte de l'antifascisme et une certaine déculpabilisation, l'Allemagne de l'Ouest avait décidé, non sans difficulté, d'entretenir avec son passé un lien tout autre, entre « travail » (*Verarbeitung*) et reprise du fardeau de la responsabilité. Là encore, tout séparait les deux sociétés. Le seul rapport à la « nation » constituait déjà une pierre d'achoppement. Comme le souligne Mary Fulbrook[1], la plupart des Allemands de l'Ouest s'étaient tout au long de l'après-guerre progressivement détachés du sentiment de l'appartenance à une nation conçue comme « communauté du peuple » (*Volksgemeinschaft*) au profit d'une ligne s'approchant davantage du « patriotisme constitutionnel » d'un Jürgen

1. Mary Fulbrook, « Verarbeitung und Reflexion der geteilten Vergangenheit seit 1989 », *in* Christoph Klessmann, Hans Misselwitz, Günter Wichert (dir.), *Deutsche Vergangenheiten – eine gemeinsame Herausforderung, Der schwierige Umgang mit der doppelten Nachkriegsgeschichte*, Berlin, Links, 1999, p. 289 *sq*.

Habermas, au contraire d'une RDA qui n'avait cessé d'encourager la fierté nationale.

Bilan : deux économies, deux sociétés ?

Long rattrapage à l'Est, crise économique et Standortdebatte[1] *à l'Ouest*

L'effondrement de l'outil industriel est-allemand, l'immense besoin en investissements des nouveaux Länder, mais surtout l'intégration de toute une population qui, du fait de l'unité, bénéficiait immédiatement des mêmes droits sociaux que celle de l'Ouest ont rapidement nécessité d'énormes transferts financiers vers l'est de l'Allemagne. Si les chiffres exacts diffèrent selon les sources, celles-ci permettent d'estimer les montants globaux à environ 1 280 milliards d'euros bruts[2] transférés entre 1991 et 2003, soit environ 98,5 milliards d'euros par an : 64,2 % du total, soit environ 630 milliards, ont été consacrés aux dépenses sociales (retraites, chômage, allocations familiales, formation, etc.), tandis que 16,3 % des transferts allaient aux investissements d'infrastructure (transports, réseaux, etc.) et 9,2 % à la stimulation de l'économie, le reste s'expliquant avant tout par les dépenses liées aux transferts d'administrations, à la rénovation ou à la construction de bâtiments fédéraux, comme celle de la Cour fédérale administrative à Leipzig ou du tribunal fédéral du droit du travail (*Bundesarbeitsgericht*) à Erfurt.

1. Débat sur la compétitivité de l'Allemagne comme site de production.
2. Soit les transferts ne tenant pas compte des impôts et taxes acquittés par les nouveaux Länder, estimés par Richard Schröder à environ 300 milliards d'euros pour la même période. Au total, les transferts nets totaux seraient d'environ 1 000 milliards d'euros. Voir, pour tous ces chiffres, Richard Schröder, *op. cit.*, p. 239 *sq*.

Ces flux n'ont cessé d'augmenter au cours du temps, passant de 139 milliards de Deutsche Mark (DM) en 1991 (environ 69 milliards d'euros) à 168 milliards DM en 1993 pour atteindre 200 milliards DM en 1995, soit l'équivalent d'un total de 424 milliards d'euros pour ces cinq années ou une moyenne de 84,8 milliards d'euros par an, avant une moyenne annuelle de plus de 106 milliards d'euros entre 1996 et 2003. En dépit du volume de ces montants, acquittés à plus de 70 % par l'État fédéral[1], le tableau qu'offre l'économie est-allemande à la fin des années Kohl reste plus que contrasté. Certes, la croissance a progressé, en moyenne de 6 % par an entre 1992 et 1997, mais ce chiffre flatteur masque l'effondrement spectaculaire de l'année 1991 (–19,1 %). Par ailleurs, si le rattrapage à l'Est paraît tenir ses promesses jusqu'en 1995, avec une progression moyenne du PIB de 8 %, les années 1996-1998 marquent un net tassement de l'activité, avec une progression annuelle inférieure à 2 % par an sur la période. Affichant un produit intérieur brut équivalent en 1998 à 65 % de la moyenne de l'Union européenne, l'ex-RDA se hisse alors au niveau approximatif de la Grèce[2] et, à la fin des années 1990, le nombre d'actifs employés à l'Est reste inférieur de près de 40 % à son niveau de 1989. À l'évidence, le rattrapage espéré ne s'est pas produit et s'est même éloigné des prévisions. Il apparaît alors que l'ex-RDA ne sera pas le lieu d'un second miracle économique, mais offrira plutôt durablement le visage d'une économie en transition, s'appuyant sur quelques pôles de développement solides en Saxe ou en Thuringe, autour de villes telles Dresde, Leipzig,

1. Les Länder et les communes ayant contribué pour environ 12 % du total et la sécurité sociale pour le reste.

2. Voir Rémi Lallement, « L'économie des Länder est-allemands : une trajectoire originale », *Futuribles*, n° 236, 1998, p. 6 *sq*.

Iéna ou encore Erfurt, à côté de régions condamnées à la désertification industrielle, telles que la Saxe-Anhalt ou le Mecklembourg-Poméranie, pénalisés par la disparition de l'industrie lourde ou des chantiers navals.

Si l'obsession – du reste déçue – d'une remise à niveau des nouveaux Länder domine les débats sur l'économie est-allemande, l'économie ouest-allemande semble, quant à elle, ne cesser de s'interroger sur sa capacité à rester durablement un site de production attractif au milieu du vaste mouvement de compétition globale que paraît avoir ouvert la fin de la guerre froide.

Après la courte embellie des années 1990-1991, au cours de laquelle l'économie ouest-allemande a atteint une croissance moyenne de plus de 5 % et créé plus de 1,3 million d'emplois, portée par la forte demande de l'Est en produits de qualité – demande soutenue par la manne de la réforme monétaire et des transferts financiers –, la récession mondiale de 1992-1993 fait en effet douter la République fédérale. En une année, la croissance chute de 5,1 % à 1,9 %, pour faire place à une récession en 1993 (-1 %). Le retour à une croissance de 2,5 % en 1994 ne dure pas et, entre 1995 et 1998, la progression du PIB est en moyenne de 1,6 %, loin des chiffres de la seconde moitié des années 1980. L'augmentation continue du nombre des demandeurs d'emploi, jusqu'au record de 4,8 millions en janvier 1998 – chiffre jamais atteint depuis la Seconde Guerre mondiale –, l'explosion de l'endettement de l'État, creusé par le coût de la réunification[1], accélèrent la remise en question de la capacité de l'Allemagne à maintenir son avantage compétitif comme lieu de production (*Standort*). La dégradation des résultats

1. La dette publique passe de 538 milliards d'euros en 1990 à plus de 1 000 milliards en 1995, pour atteindre 1 200 milliards en 2000.

économiques encourage alors le patronat ouest-allemand à incriminer une série d'éléments allant de la fiscalité sur les entreprises aux coûts salariaux unitaires en passant par la régulation, jugée excessive. Cette campagne n'est pas récente. En 1994, le président de la Fédération de l'industrie allemande (BDI) a ainsi ouvertement reconnu que « la BDI mène la discussion sur le *Standort* avec âpreté depuis 1987 déjà ». Toutefois la crise et le choc des coûts liés à la réunification constituent les deux principaux facteurs déclencheurs de cette réactualisation du débat, dans un contexte concurrentiel exacerbé et largement marqué par la montée en puissance de la finance au sein des entreprises. De fait, l'importance nouvelle accordée à l'actionnaire, l'arrivée de nouvelles générations de managers beaucoup plus soucieux de la rentabilité financière de l'entreprise, l'accroissement du rôle des analystes financiers et des fonds de pension ont accéléré la remise en cause du dialogue social, marquant une césure avec les habitudes acquises depuis l'après-guerre. Dès 1993-1994, le patronat n'hésite ainsi plus à contester le principe même des négociations salariales et à stigmatiser régulièrement la hausse du coût du travail, responsable selon lui de la forte baisse de la compétitivité de l'industrie allemande.

Si plusieurs études jettent un doute sur la réalité de ce diagnostic[1], le coût social de l'unité allemande, largement répercuté sur les cotisations sociales des salariés, a contribué, à l'évidence, à accélérer la remise en question d'un certain modèle, alors que l'Allemagne et le monde entraient dans une nouvelle phase de la mondialisation. Dès avant les élections de 1998, l'opposition sociale-démocrate, emmenée par Gerhard Schröder et Oskar Lafontaine, fait même

1. Voir Rémi Lallement, « La compétitivité du site Allemagne », in *L'Unification sans miracle*, *op. cit.*, p. 102 sq.

de cette dénonciation son cheval de bataille, exigeant un changement de paradigme et une nouvelle flexibilité.

Une société double ? L'unité sans uniformisation

Tout au long des années 1990, l'Allemagne semble offrir le spectacle de deux sociétés peu réconciliées, en proie à une certaine défiance ou, à tout le moins, à une méconnaissance mutuelle. Roman Herzog, dans son discours devant le congrès annuel des éditeurs de presse allemands en décembre 1994, exhorte ainsi la presse d'Allemagne de l'Ouest à porter davantage d'intérêt aux préoccupations quotidiennes des citoyens de RDA, reconnaissant implicitement l'existence de préoccupations et de modes de vie séparés. La même année, les bureaux de poste continuent de distribuer des prospectus titrés « Le mur doit disparaître dans les têtes », confirmant l'existence de deux Allemagne face à face : à une société de l'Est amère et déçue, l'Ouest opposerait une posture mi-moralisatrice, mi-accusatrice. De fait, les écrits virulents d'un Wolfgang Herles, qui, encore en 2005, dénonce la mentalité présentée comme arriérée des populations de l'ex-RDA dans son très polémique *Wir sind kein Volk* (Nous ne sommes pas un peuple), ou les diatribes d'un Uwe Müller, qui, dans son pamphlet *Supergau Deutsche Einheit* (Unité allemande : la méga-catastrophe), tient la société est-allemande pour responsable de ce qu'elle a vécu, paraissent accréditer l'image d'une Allemagne occidentale reprochant à sa consœur sa lenteur d'adaptation ou sa tendance à retomber dans des schémas idéologiques dépassés voire détestables.

La presse et les médias des années 1990, de fait dominés par les groupes occidentaux, ont en effet trop souvent tendance à réduire l'Est, dans leurs gros titres, aux révélations sur le passé d'hommes publics accusés, à tort ou à raison, d'avoir été des informateurs de la Stasi, à la gabegie de certains chantiers de la réunification ou aux violences xénophobes présentées comme récurrentes, dont la ville de Hoyerswerda, en 1991, et celle de Rostock, en 1992, sont les tristes symboles[1].

De nombreuses études attestent pourtant d'une réalité plus nuancée. Dans son importante étude sur la jeunesse de l'ex-RDA, le sociologue zurichois Gerhard Schmidtchen[2] fait par exemple justice de la xénophobie et des tendances extrémistes supposées de l'Est. Sans nier l'existence d'une culture d'extrême droite, d'ailleurs déjà largement présente sous la RDA, Schmidtchen rappelle la méconnaissance du monde extérieur des jeunes de l'Est et la rareté de la présence d'étrangers en République démocratique, les « camarades » mozambicains ou vietnamiens étant souvent relégués dans de lointains ensembles. Schmidtchen souligne par ailleurs que, s'il existe une plus grande propension à la violence au sein de la jeunesse est-allemande, et si la tentation des extrêmes, facilitée par le nationalisme de l'Allemagne de l'Est, est réelle, il convient de ne pas oublier que les partis d'extrême droite ont tous leurs racines et leurs appareils en Allemagne de l'Ouest, où de nombreux incidents sont, dans le même temps, également commis contre des immigrés, de Mölln en 1992 à Solingen un an plus tard. Schmidtchen souligne en outre que de nombreux questionnaires et tests démontrent qu'aucune

1. Du 17 au 23 septembre 1991, à Hoyerswerda, des travailleurs immigrés vietnamiens et mozambicains ainsi que des foyers d'accueil sont pris pour cible par des émeutiers. Ces scènes d'attaque à caractère raciste se répétèrent à Rostock du 22 au 26 août 1992.

2. Gerhard Schmidtchen, *Wie weit ist der Weg noch nach Deutschland ? Sozialpsychologie der Jugend in der postsozialistischer Welt*, Opladen, Westdeutscher, 1997.

différence fondamentale n'existe entre l'Est et l'Ouest, mais attestent en revanche de « valeurs » comme la famille, le travail ou la discipline plus ancrées à l'Est qu'à l'Ouest. Il s'interroge enfin sur la tendance excessive constatée à l'Ouest à faire de l'« ethnologie orientale » (*Ost-Ethnologie*), souvent sans fondement[1].

Loin des clichés et des visions faciles, l'image d'une société est-allemande déçue et ingrate mérite elle aussi d'être révisée, celle-ci offrant bien davantage l'aspect, finalement sans surprise, d'un ensemble où cohabitent, dès les lendemains de l'unité, gagnants et perdants.

Dans une étude aussi sérieuse qu'apaisée (*Der Preis der Einheit. Eine Bilanz* [Le prix de l'unité. Un bilan]), publiée à la fin des années 1990, le politologue Klaus Schroeder démontre ainsi que, en dépit des inévitables tiraillements et déceptions, la part des Allemands de l'Est estimant que leurs conditions de vie se sont améliorées passe, de 1993 à 1998, de 48 % à 60 %, celle des Allemands de l'Ouest ne progressant que de 10 % à 20 % pour les mêmes années. Les retraités, qui, à la différence de leurs homologues de l'Ouest, n'ont connu aucune période de chômage et peuvent donc attester d'un nombre d'années de cotisation supérieur (45,1 contre une moyenne de 40,3 années à l'Ouest), font en particulier partie des bénéficiaires de l'unité, de même que les veufs et veuves, qui voient leurs revenus multipliés par cinq après 1990, ou encore les préretraités ou les handicapés. Quant aux salaires moyens des actifs employés à l'Est, ils progressent de près de 70 % entre 1991 et 2001, contre 16 % à l'Ouest.

1. Gerhard Schmidtchen, « Der Westen betreibt Ost-Ethnologie. Wie junge Deutsche die Wiedervereinigung erlebt und verarbeitet », Archiv der Jugendkulturen, *Journal der Jugendkulturen*, n° 1, novembre 1999.

Certains signes extérieurs d'une spécificité est-allemande sont, du reste, trompeurs, comme en témoigne l'évolution des résultats des scrutins électoraux entre 1990 et 1994.

Certes, les élections régionales de 1994 font apparemment état d'un double phénomène propre à l'Est : d'une part, l'effondrement du parti libéral (FDP), qui y perd environ la moitié de son électorat dans les nouveaux Länder, passant même en Saxe-Anhalt de 13,5 à 3,6 % ; d'autre part, le retour d'un parti socialiste rénové, le *Partei des Demokratischen Sozialismus* (Parti du socialisme démocratique, PDS), arrivé en troisième position. Cette émergence d'un parti d'extrême gauche est du reste confirmée lors des élections européennes du 12 juin 1994, le parti de Gregor Gysi atteignant à l'Est 18,6 %, contre 0,6 % à l'Ouest. C'est également le cas lors des élections fédérales de septembre, où le FDP continue d'être boudé à l'Est (4 %) alors qu'il atteint 7,7 % à l'Ouest, le PDS confirmant son enracinement avec 17,6 % à l'Est contre 0,9 % à l'Ouest.

Cet enracinement ne saurait toutefois se confondre avec une nostalgie identitaire ou un enfermement sur le passé. Si le PDS est en effet au départ un parti de nostalgiques de la RDA proches de l'ex-SED, il a su évoluer : « de parti crispé sur la défense de l'héritage et le sauvetage d'un passé révolu », le PDS s'est transformé, selon les termes de l'historien Étienne François, en « un parti régionaliste et protestataire. Devenu un élément du jeu politique, il assure de fait une fonction de "recyclage" d'anciens militants communistes ; par sa participation à la gestion municipale, à la vie des parlements régionaux [...], il contribue en réalité à la stabilisation d'ensemble du système politique et à l'intégration dans le nouveau régime des secteurs de l'opinion publique est-allemande qui lui sont les plus réservés »[1]. Ainsi l'évolution électorale des années 1989-1994 atteste-t-elle, plus que de l'affirmation d'une différence irréductible entre les deux sociétés, de « la remarquable capacité d'intégration du système politique hérité de l'ancienne RFA, son aptitude à faire jouer ensemble les diversités dans une unité non réductrice, bref, à mettre en œuvre, grâce à un système politique stable et ouvert, une unification qui s'opère dans la continuité, par et dans la diversification[2] ».

Au total, la société est-allemande des années 1990 conserve sans aucun doute d'importantes spécificités par rapport à sa consœur de l'Ouest. La rupture et les bouleversements entraînés par l'unification-absorption et, plus encore, les quarante années de vie et d'habitudes sous la RDA restent trop récents pour ne pas, durablement, imprégner la population, là encore de façon variable selon les générations et les situations individuelles. La déception d'une partie de la population dont les attentes économiques et sociales étaient immenses, la disparition soudaine d'un univers tout entier, avec ses contraintes fortes, mais aussi ses souvenirs, ses références, plus encore, le sentiment de ne pas être reconnu par l'Ouest comme porteur d'un passé et d'une vie dotés d'une valeur propre et non à simplement sacrifier sur l'autel de la faillite du communisme, caractérisent, à l'évidence, une partie importante de la population de l'ex-RDA. Témoins de cette volonté de faire reconnaître un passé et un quotidien trop vite disparus, le phénomène de l'*Ostalgie* (nostalgie de l'Est) surgit dès le milieu des années 1990 avec la fondation de musées, souvent d'initiative privée,

1. Étienne François, in Gilbert Casasus, Sylvie Lemasson, Sophie Lorrain (dir.), *L'Autre Allemagne, 1990-1995. L'unification au quotidien*, Paris, Autrement, 1995, p. 38.
2. *Ibid.*, p. 36.

et le retour à des produits, des biens de consommation et des objets phares de la République démocratique, évincés des étals par les produits « occidentaux »[1].

À côté de ces différences, les deux sociétés connaissent pourtant de profonds vecteurs de rapprochement, dans une Allemagne qui, elle-même, se mondialise toujours davantage.

Le sport est sans conteste un de ces facteurs. Les deux sociétés se retrouvent ainsi dans une même communion à la victoire de l'équipe de football qui remporte, en 1990, la Coupe du monde ; à celles de la jeune nageuse d'origine est-allemande Franziska van Almsick, qui domine la scène européenne et mondiale de la natation tout au long des années 1990 ; ou dans les figures de Steffi Graf et Boris Becker, dont les années 1990 marquent l'apogée de la carrière. La musique également ignore largement cette dichotomie. Alors que le rap envahit l'Allemagne et que les groupes ouest-allemands, comme Advanced Chemistry ou Die fantastischen Vier (Les quatre fantastiques), avec leur tube *Die da* (Celle-là), remportent d'importants succès des deux côtés de l'ancienne frontière, les groupes issus de l'Est, comme Rammstein, In Extremo, Silbermond ou enore Tokio Hotel, connaissent une notoriété aussi panallemande qu'internationale.

Si les plus gros succès cinématographiques demeurent avant tout, comme dans la plupart des pays d'Europe, anglo-saxons, de *Jurassic Park* (1993) à *Titanic* (1998) en passant par *Forrest Gump* (1994) ou *Men in Black* (1997), les cinéastes allemands ne sont pas en reste, malgré leur difficulté à retrouver l'élan des années 1970. La comédie de Sönke Wortmann *Les Nouveaux Mecs*

1. Voir Nicolas Offenstadt, *Le Pays disparu. Sur les traces de la RDA*, Paris, Stock, 2018.

(*Der bewegte Mann*, 1994), qui entend confronter sur un mode drolatique les relations entre homo- et hétérosexuels, ou le drame de Joseph Vilsmaier *Comedian Harmonists* (1997) rencontrent une énorme affluence. Sans attendre le triomphe de *L'Allée du soleil* (*Sonnenallee*, 1999), le quotidien en ex-RDA est un filon à succès, exploité par la comédie de Reinhard Klooss *Go trabi go* (1991), road-movie sur les différences et les idées reçues entre les deux Allemagne bientôt suivi d'un deuxième épisode (*Go trabi go 2. Das war der wilde Osten*, 1992), ou par celle de Detlev Buck *Wir können auch anders* (Nous pouvons aussi faire autrement), qui narre, en 1993, sous la forme aussi d'un road-movie, les transformations sociales de l'après-1989 à l'Est.

La chute du Mur suscite également un nouvel élan de création dans le monde artistique, libérant les énergies ou apportant à des artistes déjà en vogue un nouveau souffle. L'ancien élève de Kokoschka Johannes Grützke participe ainsi à la fondation d'une nouvelle Fédération des artistes allemands (*Künstlersonderbund*) et s'illustre dans plusieurs villes par ses imposantes peintures murales néoréalistes. Le peintre et sculpteur Anton Henning, dont les toiles trouvent une grande partie de leur inspiration chez Sigmar Polke ou Francis Picabia, installe ses ateliers à l'Est (notamment à Marken et Fehrbellin). Jonathan Meese, dans une palette éclectique allant du collage à la vidéo en passant par la sculpture, est consacré par le film culte *Sonnenallee*, qui lui offre à la fois un lieu d'exposition et un rôle. Cohabitent avec ces artistes moins connus des figures déjà emblématiques : celles de Georg Baselitz et d'Anselm Kiefer, celles de Gerhard Richter et d'Albert Oehlen, dont les toiles, entre expressionnisme et abstraction, affichent leur proximité avec les œuvres d'un Willem de Kooning.

II

UNE « RÉVOLUTION » SCHRÖDER ?

Chapitre 30

La victoire de la coalition rouge-verte entre dynamisme et incertitude

Un changement attendu mais sans dynamique

[illegible]

Chapitre 30

La victoire de la coalition rouge-verte : entre évidence et incertitude

Un changement attendu mais sans alternative

Les dernières années du cinquième gouvernement Kohl sont, pour l'Allemagne, synonyme d'une profonde lassitude et d'une grande incertitude tout à la fois.

Lassitude car, alors qu'il s'apprête une fois encore à concourir pour un mandat, le chef de la CDU, qui, en 1996-1997, dirige la République fédérale depuis plus de quatorze ans, semble à bout d'idées et d'inspiration. Pire, Helmut Kohl symbolise autant qu'il concentre sur lui toutes les déceptions de la réunification et le sentiment alors répandu d'une incapacité à mettre un terme au marasme économique et moral qui afflige le pays. Et c'est en vain que le gouvernement, par la voix de son chancelier, soutient, encourage même, un certain réformisme dans ses appels à changer de mentalité, à transformer l'État social pour redonner au « site de production Allemagne » (*Standort Deutschland*) les atouts qui ont fait sa force. Si l'opposition sociale-démocrate a beau jeu, tout en proclamant l'incapacité du pouvoir en place, de torpiller, grâce à la majorité dont elle dispose au Bundesrat, nombre de projets, comme celui d'une réforme des retraites, le soutien dont a longtemps bénéficié Kohl au sein de l'opinion semble avoir subi une usure irréversible.

Toutefois, cette apparente incapacité à redonner un élan à l'Allemagne ne se traduit pas par un blanc-seing offert à l'opposition. À la certitude alors communément répandue d'une fin nécessaire de l'ère Kohl répond une incertitude sur l'alternative politique potentielle.

Incertitude, en premier lieu, sur la solidité de l'opposition et sa capacité à gouverner. Les sociaux-démocrates peinent à convaincre : leur méfiance face à la réunification et leur impréparation lors de la chute de la RDA ont durablement affaibli leur audience. Par ailleurs, le SPD n'a plus exercé de responsabilités fédérales depuis Helmut Schmidt, faisant douter de sa faculté à affronter les défis à relever, et ce, d'autant plus que la social-démocratie elle-même offre un visage divisé : en novembre 1995, le très à gauche ministre-président de la Sarre, Oskar Lafontaine, a, lors du congrès de Mannheim, violemment évincé, grâce à un vote de défiance surprise, le président du parti, Rudolf Scharping, qui avait pourtant amélioré, lors des élections fédérales de 1994, l'image et le score du parti par rapport aux résultats désastreux de 1990. Depuis, une haine féroce oppose les deux hommes. Au-delà de ces querelles de personnes, le parti hésite encore sur le nom de son futur candidat à la chancellerie : moins de deux ans avant les élections de 1998, le président du SPD, Lafontaine, et le ministre-président de Basse-Saxe, Gerhard Schröder, paraissent tous deux en mesure de prétendre incarner le changement face au chancelier Kohl.

Incertitude enfin sur l'alliance que le SPD pourrait nouer en cas de victoire. Également usés par le pouvoir et peu susceptibles de connivence avec Oskar Lafontaine, déjà surnommé « Oskar le Rouge », les libéraux semblent un partenaire impossible. Dénués de toute expérience politique au niveau fédéral, les Verts apparaissent, quant à eux, incapables de passer de la posture d'éternels et remuants opposants à celle de la pratique du pouvoir.

Vent nouveau au sein des Verts et de la social-démocratie

Toutefois, plusieurs éléments témoignent en même temps d'un certain changement dans les comportements.

L'entrée chez les Verts de l'Ouest, depuis 1990, du petit parti est-allemand Bündnis 90 a, par exemple, contribué à ouvrir à une plus grande responsabilité la mouvance verte de l'Ouest, qui, jusqu'ici, était plutôt une somme de courants et d'idéologies, et dont le caractère souvent antisystème faisait même douter de l'acceptation du jeu démocratique. En 1991, toutefois, une étape importante a été franchie et, lors de leur congrès fédéral, les Verts reconnaissent officiellement la démocratie parlementaire. Par ailleurs, l'incapacité de ce parti à dépasser la barre des 5 % lors des élections fédérales de 1990 a permis aux tenants du réalisme de faire entendre leur voix et de prendre, en cette fin des années 1990, un ascendant nouveau : Joschka Fischer a ainsi joué un rôle déterminant dans l'adoption de cette nouvelle ligne. Certes, cette figure du militantisme des années 1960 a dû parcourir un long chemin pour parvenir à cette évolution. Mais, à la veille des élections de 1998, Fischer apparaît assurément comme un homme neuf, ayant abandonné le combat et les manifestations au profit du débat, relégué une relation longtemps ambiguë à la violence au profit du pragmatisme, et troqué ses célèbres baskets, portées le jour de sa prestation de serment comme ministre de l'Environnement régional en 1985, au profit du costume trois pièces de la responsabilité politique. De plus, Fischer a, de juin 1985 à décembre 1987, pratiqué le pouvoir avec le SPD lors de l'éphémère coalition rouge-verte de Hesse, et, de la sorte, montré que de telles alliances étaient possibles.

La social-démocratie connaît, en cette fin des années 1990, des évolutions tout aussi sensibles, notamment avec la montée en puissance, au sein du parti, de la figure de Gerhard Schröder. Né le 7 avril 1944, orphelin d'un père tombé en Roumanie peu après sa naissance, d'extraction modeste, Gerhard Schröder séduit alors par une force de caractère qui lui a permis, à près de trente ans, de terminer ses études de droit après être passé par l'apprentissage, comme vendeur, et de longues années de cours du soir pour accéder aux études universitaires. Membre du SPD depuis 1963, il s'est déclaré dès 1979, soit pendant son mandat de président fédéral des Jeunes Socialistes (*Jusos*), favorable à un rapprochement stratégique avec les Verts. Et s'il a peu après abandonné cette voie, suivant en cela la politique du candidat officiel du SPD, Johannes Rau, qui, dans sa campagne de 1987, a exclu une telle alliance, Schröder a su faire preuve de réalisme et renouer avec les Verts en 1990, grâce auxquels il a conquis le poste de ministre-président de Basse-Saxe. Pragmatique, le natif de Mossenberg est également un grand admirateur de Bill Clinton et de Tony Blair, qui, tous deux, ont non seulement donné au début des années 1990 une nouvelle jeunesse à la gauche libérale, mais aussi révolutionné la politique par leur manière de conduire leur campagne électorale.

Afin de suivre leur exemple, Gerhard Schröder, qui s'est progressivement imposé depuis son fief de Basse-Saxe comme un des hommes forts du parti, et qui, après sa réélection à la majorité absolue le 1er mars 1998, devient même le candidat officiel du SPD pour les élections fédérales de l'automne, a voulu transformer l'appareil du parti social-démocrate. S'appuyant sur quelques hommes sûrs, comme Franz Müntefering, en charge du poste stratégique des affaires internes, Schröder a ainsi dès 1997 multiplié les innovations : par l'embauche de professionnels de la communication, d'experts en organisation, par l'introduction de nouvelles méthodes de management ou par la mise en place d'un intranet au SPD, il a professionnalisé l'approche de la politique et transformé, à marche forcée, l'image de la social-démocratie.

En 1998, ces initiatives ont manifestement porté leurs fruits : alors que la social-démocratie séduit peu à peu l'opinion en axant volontairement sa campagne sur l'innovation, tout en concentrant ses efforts sur le désir d'incarner un « nouveau centre » (*die neue Mitte*), cher à Blair, la CDU de Helmut Kohl paraît engluée dans un traditionalisme qui n'est plus de mise. Le slogan de campagne de cette dernière, « La sécurité plutôt que le risque », qui rappelle le trop fameux « Pas d'expérimentations » (*keine Experimente*) de Konrad Adenauer, résume presque tout entier cette incapacité apparente à sortir des modèles du passé.

Face à cela, l'ironie inventive des affiches du SPD, en rupture avec les campagnes jusqu'alors menées en Allemagne, ne pouvait que renforcer une certaine sympathie à l'égard d'une gauche incarnant désormais la nouveauté : ainsi celle consistant à parodier l'affiche d'*Autant en emporte le vent* (*Vom Winde verweht*), sur laquelle les visages de Kohl et de son ministre des Finances, Theo Waigel, remplacent ceux de Clark Gable et de Scarlett O'Hara, avec comme titre « Emportés par les électeurs » (*Vom Wähler verschmäht*) – « Mise en scène, Helmut Kohl ».

La victoire de la coalition rouge-verte

Au soir du 27 septembre 1998, la victoire de Gerhard Schröder était incontestable. Avec 40,99 %, le SPD améliorait son score de près de 4,5 points par rapport à 1994, tandis que la CDU, avec 35,1 %, reculait de 6,3 %. Par ailleurs, si le FDP se maintenait à un niveau plus qu'honorable (6,2 %) et que le parti d'extrême gauche PDS confirmait sa présence durable dans le paysage politique avec 5,1 % des voix, soit un gain de 0,7 point par rapport à 1994, les Verts décevaient à nouveau, avec 6,7 %, soit 0,6 point de moins qu'en 1994. Certes l'image de ces derniers s'était, dans l'ensemble, transformée, surtout grâce à leur figure de proue, Joschka Fischer, mais ils payaient leur tendance récurrente à dérouter les électeurs par des coups d'éclat qui faisaient douter encore et toujours de leur maturité politique. En mars 1998, soit en pleine campagne électorale, les Verts avaient ainsi affirmé avec force la nécessité d'une taxe écologique qui devait porter le litre d'essence à 5 Deutsche Mark, et ce, dans un pays où la voiture était plus qu'un symbole de réussite industrielle, en même temps qu'ils s'étaient déclarés pour une stricte neutralité dans le conflit yougoslave.

Cette imprévisibilité, qui paraissait leur être consubstantielle, avait longtemps persuadé Schröder de la nécessité de préférer, en cas de majorité relative, la formation d'une grande coalition à un partenariat avec les Verts. Toutefois, l'intransigeance de la CDU en même temps que l'entente forte qui régnait entre Oskar Lafontaine et ces derniers, et, peut-être également, la volonté de consacrer le changement par un « novum » politique avaient convaincu le nouveau chancelier de se lancer dans cette coalition sans précédent au niveau fédéral. L'avènement de cette majorité rouge-verte coïncidait manifestement avec le sentiment d'une nouvelle ère pour la République fédérale.

Avec l'arrivée au pouvoir d'un parti jeune et neuf, une réunification désormais largement acceptée, la fin d'un homme politique qui avait fait son temps, enfin, le transfert prochain, prévu pour 1999, de la totalité des instances gouvernementales de Bonn à Berlin, l'Allemagne tournait une page importante de son histoire et semblait même entrer, avec un temps d'avance, dans le nouveau siècle qui s'annonçait.

Chapitre 31

Une majorite divisée, un réformisme volontariste et brouillon

Si les électeurs avaient, à l'évidence, choisi l'« expérimentation » au détriment de la « sécurité », l'incertitude restait de mise aux lendemains des élections de 1998.

Celle-ci tenait avant tout aux errements d'une majorité qui avait su, le temps de la campagne, faire oublier ses divisions, mais dont les divergences demeuraient bien réelles et ce, alors que l'inexpérience des nouveaux venus faisait déjà craindre des débuts difficiles.

Troisième voie contre vision néokeynésienne

Divergences, tout d'abord, entre les deux poids lourds de l'exécutif social-démocrate, que séparaient autant les questions d'ego et de personnalité que leurs conceptions économiques respectives.

Gerhard Schröder, dont la proximité avec le patronat était connue, ne faisait en effet aucun mystère de sa fascination pour la troisième voie incarnée par Tony Blair et ses théoriciens, comme le directeur de la London School of Economics, Anthony Giddens. À ses yeux, la nouvelle majorité devait au plus vite proposer un dépassement de l'opposition classique droite-gauche tout en créant les conditions d'un nouveau rapport entre l'État et ses citoyens. Persuadé que l'État-providence, dans sa forme traditionnelle, avait vécu, Schröder estimait, comme Blair, que la puissance publique ne devait plus limiter son rôle à celui de soutien du citoyen (*fordern*), mais savoir aussi exiger de lui (*fördern*) une participation active, responsable, et, si nécessaire, des sacrifices, afin de conserver le plus longtemps possible les fondements de cet État social dont il bénéficiait.

Pour ce faire, le chancelier se reposait sur ses propres théoriciens, comme l'ancien maire de Hambourg, Klaus von Dohnanyi, qui, dans un article paru en 1997, avait posé les bases de ce nouveau modèle censé répondre à l'impression générale de blocage et d'impuissance que le président de la République fédérale, Roman Herzog, avait lui-même à nouveau stigmatisée dans son message de fin d'année. Selon Dohnanyi, cette réforme n'était même après tout qu'un retour aux sources. Le modèle allemand, soulignait-il, « était, par tradition, fondé sur la responsabilité individuelle et la coresponsabilité. Les devoirs n'y étaient pas simplement considérés comme des vertus secondaires, mais aussi comme la contrepartie de droits. La reconquête du principe de responsabilité individuelle dans toute la société à tous les niveaux, constitue la clé de la modernisation du système allemand[1] ».

Au sein de sa propre famille politique, Schröder savait en outre pouvoir compter sur quelques proches pour relayer et mettre en œuvre cette nouvelle voie, ainsi le ministre-président de la Rhénanie-Palatinat, Kurt Beck,

1. Klaus von Dohnanyi, « La mondialisation. Une chance pour l'État social », 27 novembre-3 décembre 1997, cité par Édouard Husson, in *Une autre Allemagne*, Paris, Gallimard, 2005, p. 276.

ou celui de la Rhénanie-du-Nord-Westphalie, Wolfgang Clement. La chancellerie, par la voix et l'action de son secrétaire général, Bodo Hombach, restait toutefois la pierre angulaire de la machinerie de cette approche. Ancien secrétaire général du sidérurgiste Preussag puis éphémère ministre de l'Économie de la Rhénanie-du-Nord-Westphalie en 1998, Hombach était à la fois le chef d'orchestre et l'animateur de la politique schröderienne : organisateur de rencontres internationales entre les tenants européens de cette troisième voie, Tony Blair en tête, mais aussi l'Autrichien Andreas Hudach ou le Suédois Göran Persson, il se chargeait également de rassembler les fidèles afin de contrebalancer le poids et la vision du très influent Oskar Lafontaine.

En encourageant un programme pétri de flexibilité, de dérégulation, d'allègements fiscaux et de responsabilité individuelle, la voie proposée par le chancelier Schröder ne pouvait en effet que s'opposer à celle prônée et incarnée par son ministre de l'Économie. Or, d'entrée de jeu, celui-ci avait affiché le rôle qu'il entendait conserver : celui d'un cochancelier en puissance, qu'avait, du reste, selon lui, promu l'image du « tandem » mise en avant tout au long de la campagne.

À la troisième voie de Gerhard Schröder, Oskar Lafontaine opposait en effet une vision néokeynésienne, faite de politique de relance et s'appuyant sur le principe d'une prééminence du politique sur le financier, vision qu'il devait défendre à nouveau dans un ouvrage postérieur à sa démission, *Le cœur bat à gauche* (*Das Herz schlägt links*, 1999).

Alors que l'Allemagne avait elle-même, quelques années auparavant, exigé une indépendance qu'elle considérait comme indispensable pour la future Banque centrale européenne, dont le modèle devait répliquer celui de la Bundesbank, l'ancien ministre-président de la Sarre défendait au contraire une approche dans laquelle les ministres des Finances pouvaient, et devaient même, exercer leur influence sur la politique monétaire et, donc, sur la fixation des taux d'intérêt. Hostile au credo libéral anglo-saxon qui s'imposait en Europe depuis le début des années 1990, Lafontaine prônait une nouvelle régulation et une nécessaire maîtrise des marchés, surtout à l'heure où l'Allemagne découvrait l'euphorie des privatisations et la promesse de gains faramineux offerts par la vague des nouvelles technologies, elles-mêmes portées par la création d'un nouveau marché boursier dédié, le Nemax 50.

Très vite, il était devenu manifeste qu'une telle divergence à ce niveau de l'exécutif ne pouvait durer, exacerbée qui plus est par les rivalités personnelles des tenants des deux camps. Souhaitant être considéré, selon le mot qui lui avait été attribué, comme un « chancelier du trésor » (*Schatzkanzler*), Lafontaine avait rapidement suscité la réaction de Gerhard Schröder qui, dans une réplique acerbe, avait répondu à cette saillie : « Le "trésor" que nous avions imaginé manque dans les caisses. Et le chancelier, c'est moi. » Le 11 mars 1999, soit 136 jours après son entrée en fonction, celui qui représentait l'aile gauche du SPD, « Oskar le Rouge », démissionnait de tous ses postes et mandats, libérant la voie à Gerhard Schröder qui, dans la foulée, se faisait élire à la présidence des sociaux-démocrates.

À cette rivalité de taille au sein de son propre camp s'ajoutaient, en ce début de coalition, des tiraillements avec les Verts.

Écologie : une autre approche

Certes, la pratique du pouvoir avec cet allié remuant n'était pas une découverte pour Schröder qui, tout au long de son premier mandat comme ministre-président de Basse-Saxe, avait expérimenté une telle cohabitation. Sans doute, sa proximité avec Joschka Fischer, devenu ministre des Affaires étrangères, avec qui il partageait le sens du pragmatisme, sans parler d'une communauté de vue en matière de politique extérieure, dans le contexte difficile de la guerre en ex-Yougoslavie, semblait asseoir durablement la relation avec les Verts. Par ailleurs, Gerhard Schröder n'avait-il pas favorablement accueilli des éléments pourtant sensibles du programme de ces derniers, comme le principe d'une taxe écologique, dont la pertinence avait été confirmée par les conventions de Rio, en 1992, et l'adoption du protocole de Kyoto en 1997 ? Mieux encore, le SPD avait lui-même, au lendemain de l'accident de Tchernobyl, adhéré au principe d'une sortie de l'énergie nucléaire.

Toutefois, cette compréhension pour les questions écologiques ou climatiques ne devait, dans l'esprit du chancelier, nullement primer sur les exigences de la croissance et les intérêts économiques du pays. Aussi la différence d'approche entre le très vert ministre de l'Environnement, Jürgen Trittin, fort de ses convictions et tenant d'un certain fondamentalisme, et un Gerhard Schröder décidé à ne pas heurter le monde industriel en général, surtout à l'heure où le pays traversait une passe des plus difficiles, avait-elle rapidement engendré tiraillements et frustrations. Les interventions médiatiques de Trittin, vite qualifiées par le chancelier de « coups d'épingle » à l'égard du monde des affaires et comme tels appelées à « rapidement cesser », constituaient autant de risques pour la coalition, que l'aura de Fischer et l'ascendant sur son propre parti permettaient toutefois, pour l'heure, de désamorcer.

Dès lors, si le gouvernement Schröder marque bel et bien les esprits en faisant voter, entre 1998 et 2002, une série de lois écologiques qui sont autant de tournants majeurs dans la politique environnementale, les conditions de leur adoption mais aussi le compromis final reflètent souvent cette profonde différence d'approche entre les deux partenaires de la coalition.

Ainsi le projet de fiscalité verte, finalement voté le 3 mars 1999, est-il rapidement qualifié par l'ensemble de la presse de « travail d'amateur », en raison tant de sa complexité que de l'incompréhension qu'il suscite jusqu'au sein du camp écologiste. Si le texte prévoit en effet une série de taxes sur les différentes sources d'énergie – 6 pfennigs sur l'essence, 2 sur l'électricité ou encore 0,3 par mètre cube de gaz –, celles-ci paraissent déconnectées de la logique qui aurait voulu qu'un lien clair soit établi entre les montants fixés et la teneur en carbone de chaque source d'énergie. De même, alors que la loi sur les énergies renouvelables d'avril 2000, qui ouvre une nouvelle ère pour l'éolien et le solaire en Allemagne, ne suscite guère de difficultés, le projet de loi sur la sortie du nucléaire témoigne des limites du dialogue entre Trittin et le chancelier. Rapidement tenu à l'écart des discussions, le ministre de l'Environnement ne devait ainsi que de très loin participer au résultat final : si la production nucléaire est finalement plafonnée à partir du 1er janvier 2000, aucune date de fermeture n'est officiellement fixée pour les dix-neuf centrales. Enfin, l'installation de péages routiers par système de détection satellite (*Maut*), destinés à limiter la circulation des poids lourds sur les routes allemandes, initialement prévue pour 2003, est finalement rapidement abandonnée, notamment en raison de dysfonctionnements techniques.

Un activisme désordonné

Au milieu de ces difficultés, la coalition rouge-verte frappait les esprits par son réformisme volontariste, presque frénétique, où la hâte se confondait volontiers avec une certaine précipitation, laissant, tout au long de cette première mandature, une impression à la fois d'incontestable nouveauté et d'esprit brouillon.

La loi sur la citoyenneté (*Staatsbürgerschaftsgesetz*) du 7 mai 1999 entendait ainsi faire évoluer le traditionnel droit du sang. Au terme de celle-ci, les enfants nés en Allemagne de parents étrangers, sous réserve d'une durée de résidence d'au moins huit ans pour l'un des deux parents, obtenaient automatiquement la citoyenneté allemande, quitte à devoir choisir, avant leurs 23 ans, en cas de double nationalité. Dans un tout autre domaine, le Bundestag adoptait, le 10 novembre 2000, malgré de fortes oppositions, une loi autorisant l'établissement d'un contrat d'union entre deux personnes du même sexe, tandis qu'en décembre 2000 une loi destinée à encadrer la prostitution donnait à celle-ci une existence légale.

C'est toutefois dans le domaine économique que le gouvernement de Gerhard Schröder entendait traduire le plus complètement la vision du chancelier d'un nouveau contrat social.

Toutefois, là encore, la politique suivie entre 1998 et 2002 donnait plus l'impression d'une série d'hésitations, voire de palinodies, que d'une orientation claire et conséquente, fidèle à la ligne suivie tout au long de la campagne, pendant laquelle Gerhard Schröder avait affirmé vouloir transformer la pensée et l'action gouvernementales pour y introduire davantage de mouvement, de responsabilité et de souplesse.

Ainsi, alors qu'à de nombreuses reprises la majorité gouvernementale s'était prononcée en faveur des « minijobs »[1] comme levier important de la baisse du chômage et de la flexibilité, elle faisait rapidement machine arrière : la rémunération de ces emplois précaires se voyait limitée, à partir du 1er janvier 1999, à 630 marks, à l'Ouest comme à l'Est (325 euros depuis le 1er janvier 2000), et, en cas de cumul, alignée sur les revenus classiques, donc assujettie à l'impôt et aux assurances sociales, provoquant une baisse rapide de ces types d'emploi chez les « cumulants ». Sur un autre plan, une réforme de la cogestion, proposée dès le début du mandat aux entreprises, n'avait abouti qu'à davantage de lourdeur et de complexité, suscitant la défiance et la déception des partenaires sociaux. Enfin,

1. Comme le rappelle Brigitte Lestrade, les minijobs, dont l'existence remonte au début du XXe siècle, recouvrent « une réalité multiforme. Le code social allemand, qui les désigne sous le vocable de "*geringfügige Beschäftigung*" (activité négligeable, ou minime), en donne deux définitions dont l'une porte sur la faiblesse du revenu et l'autre sur la faible ampleur du temps de travail. Selon le § 8 du code social IV, un emploi est considéré comme négligeable si "le revenu provenant de cette activité ne dépasse pas régulièrement 400 euros par mois" (450 euros depuis le 1er janvier 2013) ou "si l'activité dans une année [*Kalenderjahr*] est habituellement limitée à deux mois ou cinquante jours ouvrés maximum". Cette deuxième variante, qui correspond surtout à des emplois saisonniers, n'entre pas dans nos considérations, qui ici se focalisent sur les emplois négligeables à faible revenu », in « Minijobs en Allemagne. Une forme de travail à temps partiel très répandue mais contestée », *Revue française des affaires sociales*, vol. 4, 2013, p. 56 *sq.*

la grande réforme des retraites, qui constituait un des projets phares du gouvernement car destiné à refonder le lien entre l'État et le citoyen, mais surtout à réformer un système menacé par l'évolution démographique de l'Allemagne, faisait long feu, décourageant, au final, par ses dispositions alambiquées. Après trois ans de débats et de négociations, cette « réforme Riester[1] », finalement votée en 2001, prévoyait en effet d'inciter les salariés à épargner pour leur retraite à travers deux moyens : d'une part, la possibilité de convertir une fraction de leur rémunération salariale brute en épargne dans différents types de véhicules d'épargne retraite d'entreprise, d'autre part, la souscription facultative d'un contrat individuel de prévoyance entraînant le versement d'un pourcentage des revenus, dont le minimum et le maximum étaient fixés par la loi[2], et abondé, en fonction des situations sociales, par l'État, les entreprises ayant obtenu de ne pas contribuer à ce dispositif. Malgré des subventions massives qui atteignaient environ 10 milliards d'euros en 2004 et sonnaient déjà comme un aveu d'échec pour un gouvernement si soucieux de réformer l'État-providence, le nombre de souscripteurs restait très inférieur aux attentes (3,4 millions fin 2002[3], loin des 8 millions espérés dès la première année). Selon un sondage publié en 2003, 72 % des personnes interrogées entendaient même ne pas souscrire au projet, estimant « le produit trop complexe et insuffisamment attractif par rapport aux autres formes d'épargne à long terme[4] ».

1. Du nom de son promoteur, Walter Riester, ministre fédéral du Travail et de l'Ordre social.
2. Soit 1 % des revenus bruts en 2002, relevé à 2 % au 1er janvier 2004, pour atteindre 3 % en 2006 et passer à 4 % en 2008.
3. 3,9 millions en 2003 et environ 4,2 millions en 2004.
4. Voir https://www.senat.fr/rap/r05-439/r05-4397.html.

Au total, en dépit d'une évidente verve réformatrice, la coalition rouge-verte peinait, en 2001-2002, à gagner l'opinion allemande, frappée par les ratés à répétition, la complexité voire parfois l'inaboutissement des textes finalement adoptés. De plus, malgré une légère et très passagère amélioration par rapport à 1998, le chômage restait à des niveaux élevés – environ 4 millions de demandeurs d'emploi au lieu de 4,3 millions –, loin du chiffre des 3,5 millions imprudemment promis par Gerhard Schröder en début de mandat. Par ailleurs, alors que le commerce allemand affichait un surplus de près de 130 milliards d'euros en 2002, le PIB stagnait depuis maintenant plusieurs années.

Chapitre 32

La victoire surprise de Gerhard Schröder

Dans ce contexte, les élections fédérales de 2002 s'annoncent sous les auspices les plus difficiles pour les Verts et les sociaux-démocrates. L'opposition chrétienne-démocrate ne fait d'ailleurs nullement mystère de sa certitude d'une proche alternance, en cela encouragée par les résultats de la plupart des élections régionales tenues depuis 1999. Si le SPD se maintenait globalement dans plusieurs de ses bastions historiques, comme la Rhénanie-Palatinat, la Rhénanie-du-Nord-Westphalie ou encore Hambourg et Brême, il essuyait en effet de sévères défaites en Saxe, en Thuringe, perdant dès avril 1999 sa majorité au Bundesrat. À quelques mois des élections générales, il s'effondrait même en Saxe-Anhalt, perdant, lors de l'élection d'avril 2002, près de 16 % de ses électeurs par rapport au scrutin précédent.

Persuadée que sa principale force résidait dans l'échec de la coalition et le désaveu dont elle faisait l'objet dans l'opinion, la CDU/CSU n'avait guère profité de cette situation pour faire peau neuve. Certes, Jürgen Rüttgers, alors président du groupe parlementaire des chrétiens-démocrates de Rhénanie-du-Nord-Westphalie, avait tenté de refonder la stratégie du parti au travers d'une réflexion présentée en février 2001 sous le titre de « La transformation politico-culturelle. Un concept pour que la CDU reconquière structurellement sa capacité à obtenir la majorité ». Le centre de la société, y affirmait-il en substance, s'était déplacé, et la CDU n'avait su ni apprécier ni accompagner la transformation des dernières décennies, alors que l'Allemagne était travaillée en profondeur par une accélération de la mondialisation et du progrès technologique. Certes, Rüttgers avait profité de cette occasion pour encourager son propre parti à retrouver les valeurs qui avaient fait sa force, tout en se positionnant clairement sur le terrain de la justice sociale, selon lui malmenée par les réformes du gouvernement Schröder. Toutefois, cette tentative n'avait rencontré que peu d'échos, sans doute principalement en raison du fait que le camp conservateur était persuadé de sa victoire aux élections fédérales de 2002.

Cette confiance en l'avenir paraît étonnante d'improvisation : sans guère de programme autre que celui qui consistait à critiquer le bilan de la coalition en place, CDU et CSU hésitaient ainsi encore, fin 2001, entre Angela Merkel (CDU) et Edmund Stoiber (CSU) comme futur candidat à la chancellerie.

Bien qu'elle ait rapidement déclaré sa candidature, Angela Merkel, que les chrétiens-démocrates avaient portée à leur tête en avril 2000, ne semblait guère faire l'unanimité face au très médiatique Gerhard Schröder. Après tout, la rapidité de son ascension reposait, pour l'heure, moins sur son expérience politique que sur une indéniable habileté manœuvrière, dans une situation où la CDU, échaudée par l'affaire du financement illégal du parti, mise au jour en novembre 1999, avait vu tomber la plupart de ses figures tutélaires : Helmut Kohl bien sûr, qui était ainsi passé, en moins de deux ans, de héros national à *persona non grata* au sein de sa propre formation ; également le dauphin Wolfgang Schäuble, à qui le chancelier avait, le 7 novembre 1998, remis les rênes du parti. Or, Angela Merkel avait largement contribué à cette mise au ban des deux figures les plus importantes de la CDU, en dénonçant, dans un article de la *Frankfurter Allgemeine Zeitung* du 22 décembre 1999, les errements de ses deux mentors et en encourageant le parti à avancer de ses propres ailes.

Considéré par les sondages comme le plus apte à battre le chancelier en place, Edmund Stoiber l'emporte ainsi logiquement dans la course à la nomination : c'est alors la seconde fois, après Strauss en 1980, que le parti chrétien-social représente la droite allemande aux élections fédérales. Tout en concentrant ses attaques sur la politique sociale et migratoire de la majorité rouge-verte, Stoiber va, avec intelligence, multiplier les efforts pour dépasser son image de candidat régional de la très riche Bavière, ce que Franz Josef Strauss n'avait pas su accomplir. Et si son austérité contraste avec l'apparence joviale d'un Gerhard Schröder, le candidat conservateur sait aussi mettre en avant son goût pour l'effort et le mérite, dont témoigne son parcours professionnel[1]. Assurément, la campagne de Stoiber ne manque ni de sérieux ni de force. Toutefois, elle peine à proposer un contre-modèle clair. Par-dessus tout, CDU et CSU semblent persuadées qu'au-delà de la figure du candidat, les électeurs allemands sanctionneront quoi qu'il advienne le bilan de la coalition.

1. Issu d'un milieu modeste, Stoiber passe son baccalauréat en 1961 avant d'effectuer son service militaire dans les troupes de montagne. Il entame des études de droit qu'il termine en 1971, et entre ensuite au cabinet du ministre bavarois de l'Environnement. Son engagement au sein des Jeunes de l'Union (*Junge Union*) lui permet de démarrer une carrière politique.

Deux événements vont rapidement gripper la logique du camp conservateur.

Au cours de l'été 2002, une nouvelle crue de l'Elbe, vite qualifiée de « crue du siècle », ravage des régions entières de l'ex-Allemagne de l'Est. Cette catastrophe naturelle entraîne une vague de solidarité sans précédent dans l'ensemble du pays, permettant de rapprocher davantage anciens et nouveaux Länder. Elle permet surtout au chancelier de faire montre de ses qualités de meneur d'hommes autant que de communicant : alors qu'Edmund Stoiber tarde à s'emparer du sujet, c'est en bottes et en ciré, juché sur des digues improvisées, que Gerhard Schröder apparaît, au milieu des secours et des victimes, encourageant les uns, consolant les autres, tout en annonçant le déblocage de fonds d'urgence et le vote rapide d'une loi « de solidarité », porteuse d'une enveloppe de 7 milliards d'euros, qui sera votée quelques jours avant les élections au Bundestag.

La crise réussit également aux Verts, qui n'ont pourtant cessé de perdre des électeurs au cours des élections régionales depuis 1998. Le parti voit, avec la crue, la légitimité de son combat confirmée : à l'évidence, l'environnement, délaissé par le programme conservateur, constituait un enjeu de fond.

À cet événement national s'ajoute le contexte particulier de la situation internationale. Après le 11 septembre et l'invasion de l'Afghanistan, George W. Bush n'avait cessé de considérer l'Irak et son dictateur, Saddam Hussein, comme une autre menace à la sécurité, accusant ce dernier autant de soutenir le terrorisme que de continuer à fabriquer et à entreposer, en violation des obligations qui lui étaient faites, des armes de destruction massive. Face à cette mécanique guerrière, Gerhard Schröder avait rapidement temporisé : si la solidarité avec Washington dans sa lutte contre le terrorisme était « garantie », comme il l'avait rappelé lors de la visite du président américain en Allemagne le 22 mai 2002, elle restait subordonnée à l'établissement de preuves attestant de la culpabilité de l'Irak. Par ailleurs, le chancelier ne pouvait ignorer l'hostilité profonde de l'opinion allemande et des deux partis de la coalition rouge-verte à une participation de la République fédérale à une nouvelle guerre en Irak[1]. Face à cette absence de soutien et dans le contexte d'élections qui s'annonçaient difficiles, le ministre des Affaires étrangères, Joschka Fischer, aurait poussé Gerhard Schröder à faire de cette opposition à la guerre un argument de campagne, à l'occasion d'une réunion à la chancellerie le 30 juillet 2002[2], conseil que Gerhard Schröder devait rapidement suivre. Le 5 août, dans un discours prononcé à Hanovre, le chancelier se faisait ainsi le chantre d'une voie propre, celle d'une Allemagne décidant elle-même des combats à mener, estimant ne pas être « à la disposition de ceux qui veulent l'aventure ». Face à son concurrent en mal de positionnement, les inflexions à la fois mesurées et responsables du chancelier attiraient vers lui les sympathies d'une opinion majoritairement pacifique et flattaient un certain esprit d'indépendance, reposant autant sur un fond d'antiaméricanisme que sur un désir d'indépendance politique partagé à gauche comme à droite.

Aussi, malgré une prestation plus qu'honorable lors des deux débats télévisés d'août et de septembre, Edmund Stoiber, davantage attaché à établir une démonstration et à critiquer son opposant qu'à créer une sympathie chez

1. Voir *infra*, « Politique extérieure : des inflexions majeures… sans révolution ».

2. Voir Ralf Beste, « Du musst das hochziehen », *Der Spiegel*, 24 mars 2003, cité par Manfred Görtemaker, *op. cit.*, p. 145.

l'électeur, n'avait pu égaler le charisme d'un Schröder galvanisé par les événements.

À l'issue du vote du 22 septembre 2002[1], la social-démocratie devançait la CDU de quelque 6 000 voix. Les Verts, avec 8,6 %, précédaient les libéraux (7,4 %), sans doute en partie victimes des déclarations douteuses de leur vice-président, Jürgen Möllemann, qui, par ses prises de position plus qu'ambiguës à l'égard d'Israël, accusé notamment de mener une « guerre d'anéantissement » contre les Palestiniens, n'avait pu éviter l'accusation d'antisémitisme. Contre toute attente, la coalition en place se maintenait au pouvoir.

1. SPD, 38,5 % ; CDU, 38,5 % (à 6 027 voix du SPD) ; Bündnis 90/Die Grünen, 8,6 % ; FDP, 7,4 % ; PDS, 4 %.

Chapitre 33
L'accélération des réformes

Si la réactivité et l'inventivité dont Gerhard Schröder avait fait preuve au cours des événements de l'année 2002 avaient finalement permis à sa majorité de l'emporter de justesse, la situation économique et sociale de l'Allemagne demeurait préoccupante. Après une année de croissance à peine supérieure à zéro, la récession menaçait, et la situation de l'emploi autant que celle des comptes sociaux ne cessaient de se dégrader, tandis que le déficit dépassait, en 2003, la barre des 3 % – que l'Allemagne avait pourtant elle-même considérée, lors des négociations de Maastricht, comme un plafond intangible. La plupart des tentatives de réforme menées au cours du premier mandat avaient fait long feu : les mesures contre le chômage prévues dans la loi fourre-tout Job-AQTIV n'avaient pas donné les résultats escomptés, et le Pacte pour l'emploi, la formation et la compétitivité, mis en place fin 1998 et qui entendait réunir, tous les deux mois, représentants des syndicats, du patronat et du gouvernement afin de désamorcer les conflits et de créer une dynamique d'emploi, s'était avéré un échec cuisant. En quatre ans, les parties concernées ne s'étaient réunies que sept fois, et les quelques accords obtenus, que ce soit sur l'augmentation du nombre de places en apprentissage ou sur le recrutement d'informaticiens étrangers sur le mode de la *green card* américaine, avaient souvent déçu : ainsi, seuls 5 000 spécialistes en informatique avaient pu être recrutés sur les 20 000 envisagés au départ. Certaines innovations, comme la diffusion du modèle dit « de Mayence », qui prévoyait la mise en place d'incitations financières destinées à encourager certains chômeurs à préférer un emploi, même faiblement rémunéré, à la perception de leurs allocations, grâce notamment à des suppléments d'allocations familiales, n'avaient permis d'attirer que 2 000 personnes au lieu des 20 000 ou 30 000 attendues, et pour un coût dirimant de 50 millions d'euros[1].

Dès le lendemain de sa réélection, Gerhard Schröder entendait donc accélérer les réformes, et, dans la ligne de ses réflexions de 1997-1998, refonder, cette fois en profondeur, les structures de l'État-providence en Allemagne. « L'héritage bismarckien », et « ce qui pouvait encore sembler légitime il y a quarante ou cinquante ans », avait-il lui-même rappelé dans sa déclaration gouvernementale du 29 octobre 2002, « a[vait] […] perdu son caractère d'urgence et sa justification ». Pour ce faire, la chancellerie s'appuyait sur une série de travaux lancés au cours de l'année 2002 et prolongés en 2003. Les plus célèbres d'entre eux restent ceux de la commission Hartz, avant tout en raison de la personnalité de son chef de file, Peter Hartz, connu pour avoir révolutionné l'organisation du temps de travail chez Volkswagen selon une méthode qu'il avait popularisée dans deux ouvrages, *Chaque poste de travail a un visage. La*

1. Voir Brigitte Lestrade, « Kombilohn et mini-jobs, deux mesures phares d'aide à l'emploi », *in* Isabelle Bourgeois (dir.), *Le Modèle social allemand en mutation*, Cergy-Pontoise, CIRAC, 2005, p. 38.

solution Volkswagen (1994) et *Job Révolution. Comment nous pouvons créer de nouveaux emplois* (2001). Mise en place en février 2002 à la suite d'un scandale constaté au sein de l'agence pour l'emploi de Nuremberg, accusée d'avoir maquillé certains chiffres de son activité, cette commission avait livré son rapport le 16 août de la même année. Présenté par Peter Hartz et le chancelier en personne, celui-ci proposait de réformer le marché de l'emploi en transformant son organisation et le *modus operandi* des agences en charge du placement et de la réorientation des chômeurs.

Fin 2002, un autre document, fruit, cette fois, des réflexions des fonctionnaires de la chancellerie, entendait, par une série de réformes jugées indispensables, faire retrouver à la République fédérale le chemin de l'emploi, de la croissance et de l'équilibre financier. Intitulée « Sur un chemin porteur de croissance, d'activité et de justice », cette étude préconisait, entre autres, de durcir les conditions d'accès à l'assurance chômage, de faciliter la flexibilité et de mettre davantage les citoyens à contribution dans le financement des couvertures santé et vieillesse : autant de mesures drastiques que dictait, selon ses auteurs, la situation du pays. Transmis en janvier 2003 aux représentants des différentes fractions du parti social-démocrate, ce document ne devait, de façon très surprenante, guère susciter de réactions de rejet, encourageant Gerhard Schröder à passer à l'action. Aussi, le 14 mars 2003, reprenant l'essentiel des principes et des conclusions de la commission Hartz et du papier de décembre, le chancelier annonçait-il au Bundestag une série d'inflexions et de mesures qui, sous le titre d'Agenda 2010, se proposaient de mettre l'économie et le marché du travail en ordre de marche pour répondre aux défis de la stagnation. « Nous allons devoir », déclarait Gerhard Schröder dans son adresse au Parlement, « couper dans les prestations de l'État, renforcer la responsabilité individuelle et demander à l'individu plus de performance ».

Du reste, le coup d'envoi de cette (r)évolution du modèle social allemand avait été donné dès la fin de l'année 2002, avec l'adoption des lois dites Hartz I et Hartz II. À l'issue de la première, les agences pour l'emploi se voyaient doublées d'agences d'intérim (*Personal Service Agenturen*), chargées d'encadrer et, le cas échéant, de former les chômeurs, pour qui les conditions d'acceptabilité de l'emploi[1] et de mobilité[2] étaient durcies. Adoptée en décembre 2002, la loi Hartz II introduisait quant à elle une série de dispositions prenant le contrepied des mesures pourtant adoptées par le gouvernement Schröder en 1998. Visant à développer l'emploi par-dessus tout, le texte prévoyait en effet d'assouplir la réglementation qui encadrait les minijobs – dont le plafond de rémunération était porté à 400 euros –, en supprimant notamment la part salariale des cotisations sociales, en même temps qu'il créait les « midi-jobs », emplois précaires dont le salaire ne devait pas excéder les 800 euros, et favorisait, par l'octroi de subventions sous conditions, l'autoentreprenariat (*Ich-AG*, SARL moi).

Au terme du troisième volet des lois Hartz (Hartz III), dont les dispositions s'appliquaient à partir de janvier 2004, l'Office fédéral du travail, devenu Agence fédérale pour l'emploi (AFE), se voyait réorganisé et

1. Pendant les trois premiers mois d'allocation, le chômeur pouvait refuser un emploi dont la rémunération était inférieure à 80 % de son précédent salaire. Ce seuil d'« acceptabilité » passait ensuite à 70 % et, au-delà, un chômeur se voyait dans l'obligation d'accepter toute offre dès lors que le salaire proposé était supérieur au montant de l'allocation.

2. Un chômeur devait ainsi désormais accepter toute offre pour laquelle le temps de déplacement travail-domicile n'excédait pas 2 h 30 par jour.

soumis à des critères de performance dans le placement des chômeurs. Enfin, la loi dite Hartz IV, adoptée par le Bundestag et le Bundesrat en juillet 2004, pour une entrée en vigueur au 1er janvier 2005, prévoyait une fusion du premier et du troisième pilier de l'assurance chômage, soit celui de l'« allocation chômage » (*Arbeitsgeld*), versée par l'Agence fédérale pour l'emploi, et celui de l'« aide sociale » (*Sozialhilfe*), qui, jusqu'alors, s'adressait avant tout aux chômeurs en fin de droits et était versée par les collectivités locales. Cette fusion s'accompagnait d'une réduction des indemnités et d'un durcissement des conditions d'indemnisation. En parallèle, la loi du 23 novembre 2003 amendait le droit du licenciement en en simplifiant les procédures et en relevant le seuil d'application de la loi de cinq à dix salariés dans l'entreprise.

Les assurances vieillesse et maladie n'étaient pas oubliées : en décembre 2003, un premier programme d'urgence était mis en place afin de combler le déficit des caisses de retraite. Un an plus tard, la loi sur « la soutenabilité de l'assurance retraite », s'inspirant à la fois des dispositions prévues par le projet de réforme du dernier gouvernement Kohl de décembre 1997 et les travaux des commissions Rürup et Herzog, prévoyait la mise en place d'un facteur de soutenabilité (*Nachhaltigkeitsfaktor*) dans le calcul des pensions, qui intégrerait désormais la proportion entre nombre de cotisants et de retraités. Par ailleurs, la loi dite de modernisation de l'assurance maladie obligatoire, d'octobre 2003, se fixait pour objectif de rétablir l'équilibre des caisses et de réduire, à terme, le niveau des cotisations : pour ce faire, les assurés se voyaient davantage sollicités, notamment par l'introduction d'un ticket modérateur de 10 euros pour les consultations médicales et une réduction du niveau de remboursement de certaines prestations.

Au total, en moins de deux ans, la coalition rouge-verte avait fait voter une série de textes destinés à transformer le système social. Certes, la majorité en place avait beau jeu de proclamer son action réformatrice alors que ses composantes avaient elles-mêmes, entre 1995 et 1997, bloqué la plupart des tentatives de réforme du gouvernement Kohl. Certes, comme l'affirmaient, non sans raison, plusieurs analystes de l'époque, on ne saurait totalement parler de « révolution » schröderienne : non seulement le modèle existant continuait à assurer une large couverture, mais de nombreux textes, votés à l'issue d'intenses discussions avec un Bundesrat aux mains de l'opposition, se révélaient, au-delà des effets d'annonce, plus modérés qu'en apparence[1]. Pour autant, si certaines réformes restaient en deçà des audaces attendues ou proclamées, l'Allemagne n'en avait pas moins connu sous la houlette des sociaux-démocrates et des Verts, et avec le consentement de l'opposition, une ère réformatrice sans précédent, mais dont les effets, à court et à long terme, demeuraient incertains.

1. Ainsi la loi sur la protection des licenciements : si elle prévoyait au départ d'abolir la nécessité, pour les artisans entrepreneurs, d'être titulaires d'une « lettre de maîtrise » (*Meisterbrief*), elle voyait finalement 41 métiers exclus de cette disposition, soit près de 90 % des entreprises concernées.

Chapitre 34

Politique extérieure : des inflexions majeures… sans révolution

L'affirmation d'une puissance « normale »

Lorsque la coalition rouge-verte accède au pouvoir, les interrogations que suscitent ses capacités à mener une politique extérieure cohérente autant qu'à faire face aux nombreux dossiers qui l'attendent sont tout aussi grandes que celles qui pèsent sur la politique économique et sociale. Gerhard Schröder n'est, en effet, pas familier des questions internationales et les Verts, en dépit de la figure rassurante du nouveau Joschka Fischer, n'ont cessé, tout au long de la campagne, de montrer leurs divisions sur des sujets déterminants, comme l'attitude à tenir face à la guerre en Yougoslavie.

Pourtant, le nouveau chancelier avait, d'entrée de jeu, fixé un cap dans les rapports que l'Allemagne souhaitait, sous son mandat, entretenir avec le monde. La République fédérale, profondément européenne, entendait maintenir son ancrage au sein des alliances et des organisations multilatérales, source, pour elle, de légitimité. Le transfert de la capitale de Bonn à Berlin n'était donc, en cela, aucunement porteur de changement majeur, que ce soit sous forme de cavalier seul, comme avec Kohl en 1991, ou d'« orientalisation » du pays. Toutefois, plus encore que sous son prédécesseur, Gerhard Schröder entendait en même temps prendre pleinement acte de la réunification, de la nouvelle force et donc de la nouvelle responsabilité de l'Allemagne, autant que d'une plus grande liberté de mouvement retrouvée. Si Helmut Kohl avait su jouer subtilement de la « grâce de la naissance tardive[1] », Schröder estimait, lui, faire partie de cette génération nouvelle d'Allemands et, *a fortiori*, d'hommes politiques qui n'avaient pas connu le nazisme, et donc pouvoir se présenter comme le porte-parole d'une République « sans complexes » (*unbefangen*) et « normalisée ». S'il n'était pas question d'oublier le passé ni de remettre en cause la légitimité fondamentale du tissu des organisations multilatérales, à ses yeux garantes du droit international, l'Allemagne, comme il l'avait rappelé dans sa déclaration gouvernementale inaugurale du 10 novembre 1998, ne devait pour autant nullement s'empêcher de regarder vers l'avenir, et il lui fallait assumer son héritage sans nier son intérêt propre.

En accord avec cette ligne « décomplexée », quelques mois plus tard, Gerhard Schröder n'hésitait pas à créer un précédent en qualifiant la République fédérale de « grande puissance en Europe », ce à quoi ne s'était jusqu'alors risqué aucun de ses prédécesseurs. « Toute politique étrangère », confiait-il, « est d'abord une politique d'intérêt national. C'est au plus tard avec la mondialisation qu'il s'est avéré que les intérêts nationaux peuvent et doivent de moins en moins être défendus au niveau national. De plus en plus les intérêts sont indirectement défendus par des organisations supranationales

1. Né en avril 1930, le chancelier Kohl était, de fait, tout juste adolescent à la fin du IIIe Reich.

et internationales […] Une politique étrangère moderne et solidaire devrait donc être une politique de l'intérêt particulier "éclairé". Ainsi l'Allemagne est-elle bien avisée de se concevoir comme une grande puissance en Europe […] et d'orienter sa politique étrangère en conséquence, afin de l'inscrire dans les structures européennes et atlantiques […] ». « Alors que plusieurs décennies durant », poursuivait-il, « la souveraineté fut limitée […] les gouvernements successifs ont pu acquérir la capacité extraordinaire "d'identifier et d'accepter les marges d'action à leur disposition et de les utiliser dans l'intérêt du pays" (Gregor Schöllgen). Cette capacité, qui résulte de la responsabilité historique et de circonstances imposées, permet à l'Allemagne de s'insérer peut-être plus facilement aujourd'hui encore que d'autres grandes puissances de même ordre dans des alliances économiques et sécuritaires tout en poursuivant ses intérêts »[1]. L'inflexion était subtile. Il n'y avait en effet dans la vision du chancelier nulle remise en question des fondamentaux. Au contraire, ces derniers – les alliances européenne et otanienne – étaient rappelés. Toutefois, plus encore que sous les dernières années de l'ère Kohl, qui, déjà, avait remis l'« intérêt » allemand à l'ordre du jour, Gerhard Schröder entendait inscrire celui-ci en lettres de marbre, sans fard et dans un rapport aux autres intérêts nationaux lui aussi décomplexé.

Cette relative audace n'était pas sans risque. Ainsi, l'absence du chancelier lors des commémorations du 80e anniversaire de la fin de la Première Guerre mondiale, moins d'un mois après sa prise de fonction,

1. Gerhard Schröder, « Eine Aussenpolitik des Dritten Weges ? », *Gewerkschaftliche Monatshefte*, vol. 7-8, 1999, p. 394, cité par Anne-Marie Le Gloannec, *Berlin et le monde*, *op. cit.*, p. 87-88.

était immédiatement passée chez le voisin français pour une légèreté coupable, dont Gerhard Schröder avait vite tenté de limiter les effets en venant prononcer un vibrant discours au Palais-Bourbon fin novembre 1999. À l'évidence, l'absence de complexes avait ses limites.

Toutefois, la situation nouvelle de l'Allemagne, désormais indépendante et réunifiée, demeurait. Et elle justifiait, aux yeux du chancelier, la place nouvelle que le pays entendait assumer.

En mars 1999, Gerhard Schröder et son ministre des Affaires étrangères, Joschka Fischer, avaient ainsi bataillé lourdement, y compris au sein de leurs propres partis, au point de n'obtenir qu'une courte majorité devant le Bundestag, pour que la République fédérale participe à l'opération Allied Force au Kosovo. Pour la première fois, certes au sein de l'OTAN, mais sans mandat de l'ONU, l'Allemagne, en bombardant les positions serbes, menait des opérations de guerre en dehors de ses frontières. En juin 1999, cette fois avec le soutien massif du Parlement, 8 500 soldats participaient à la Force au Kosovo (KFOR). Tout au long de l'année 2000, la Bundeswehr se joignaient à plusieurs missions humanitaires : au Mozambique, à Gaza, envoyant même en 2003 un contingent d'une centaine d'hommes dans le cadre de l'opération Artémis en République démocratique du Congo, tandis qu'en août 2001 des troupes étaient envoyées en Macédoine afin d'appuyer l'OTAN dans sa mission de désarmement des combattants albanais.

Le déploiement tous azimuts des forces armées allemandes culmine en 2001-2002 avec la guerre en Afghanistan et la lutte contre le terrorisme, menées par les États-Unis à la suite des attentats du 11 septembre. Affichant alors une « solidarité illimitée » avec l'allié américain, le chancelier Schröder fait approuver par le Parlement, le 16 novembre 2001, l'envoi de troupes dans le cadre de l'opération Enduring Freedom : près de 4 000 hommes, dont une centaine de soldats des forces spéciales, sont mis à disposition du commandement américain, et, en janvier 2002, 2 000 hommes supplémentaires participent à la Force internationale d'assistance et de sécurité (FIAS) déployée en Afghanistan pour reconstruire les bases politiques, économiques et militaires du nouvel État.

Cet activisme militaire sans précédent se double d'une évolution remarquable de la doctrine de sécurité de la République fédérale et des objectifs affichés par cette dernière. Le ministre de la Défense, Peter Struck, devait résumer cette nouvelle approche d'une formule demeurée célèbre : « La défense de l'Allemagne se joue sur l'Hindou-Kouch », consacrant l'idée d'une défense des intérêts et de la sécurité du pays qui ne se limitait plus au sol national mais à laquelle contribuaient les missions de maintien ou de rétablissement de la paix, considérées non plus comme accessoires ou complémentaires mais comme partie intégrante du dispositif. L'évolution de la situation internationale, l'existence de menaces multiformes allaient donc de pair, pour l'Allemagne, avec un engagement affiché et une contribution assumée aux systèmes de défense collectifs.

Cette nouvelle approche explique en partie les multiples initiatives prises, dès 1999, par la République fédérale dans le domaine de la politique de sécurité et de défense commune. Au sommet européen de Cologne de juin 1999, Gerhard Schröder pousse ainsi à la création d'institutions européennes de défense, d'où naîtront le Comité politique et de sécurité (CoPS), le comité militaire et l'état-major européens. Par ailleurs, en décembre de cette même année, l'Allemagne s'engage à fournir 18 000 des 60 000 hommes d'une future force de réaction rapide.

Au total, l'Allemagne de Gerhard Schröder a notablement infléchi, à travers l'intensité de ses initiatives et de ses engagements, le chemin tout en prudence initié par ses prédécesseurs, et semblé refermer, par bien des aspects, la parenthèse d'une République fédérale modeste, limitée dans son action et paralysée par son passé. En dépit de ces inflexions majeures, il apparaît plus exact de parler d'évolution, même si celle-ci est notable, que de révolution. Certes, le volontarisme du tandem Schröder-Fischer, visant à consacrer la nouvelle normalité de l'Allemagne en lui conférant un statut de puissance retrouvée, à la fois responsable et reconnue, ne fait aucun doute, comme en témoigne l'offensive menée, en septembre 2004, pour obtenir un siège permanent pour le pays au Conseil de sécurité des Nations unies. Plusieurs éléments ont toutefois jeté un doute sur la profondeur de cette évolution.

L'activisme de la République fédérale sur le sujet de la Politique européenne de sécurité et de défense (PESD) s'est ainsi manifesté *après* l'initiative franco-anglaise de Saint-Malo, en décembre 1998, qui avait momentanément marginalisé l'Allemagne. Celle-ci se devait donc de réagir. De même, l'envoi de la Bundeswehr sur de nombreux théâtres d'opération au cours des années 2000-2003 était presque indispensable si l'Allemagne entendait réclamer un siège permanent au Conseil de sécurité de l'ONU. Au-delà, on pouvait s'interroger sur la capacité du pays à tenir ses engagements. En dépit d'une réforme entamée en 2000 qui visait à les faire évoluer vers plus de professionnalisation tout en maintenant une composante de conscription[1], les forces armées allemandes n'avaient, en effet, cessé de voir leurs ressources réduites, pour atteindre, au cours des années 2003-2005, un budget évoluant entre 1,2 % et 1,5 % du produit intérieur brut allemand, les contraignant à des coupes dans de nombreux projets de modernisation de leurs équipements. De plus, en dépit du nombre important de soldats envoyés en Afghanistan, seule une centaine de forces spéciales participaient aux durs combats menés contre les talibans. Et si l'Allemagne avait *de facto* posé un précédent en envoyant ses avions bombarder les positions serbes au Kosovo, cette participation était demeurée des plus modestes, avec environ 500 sorties sur les quelque 38 000 effectuées par les avions de l'OTAN, soit moins de 2 % du total de l'ensemble des missions.

En d'autres termes, les actes peinaient à suivre le discours, et l'Allemagne courait une nouvelle fois le risque de se voir reprocher de ne pas se donner les moyens de ses nouvelles responsabilités, pourtant proclamées haut et fort par son gouvernement. Par ailleurs, au-delà de la simple question des moyens, plusieurs spécialistes renommés des questions de défense, à l'image du journaliste Christoph Bertram, ancien directeur de la Fondation scientifique et politique (SWP) et de l'Institut international d'études stratégiques de Londres (IIES), ou de Constanze Stelzenmüller, émettaient des doutes profonds sur l'existence d'une volonté politique de penser l'engagement stratégique de la nouvelle Allemagne. Certes, écrit ainsi la politologue en septembre 2004, « le seuil d'inhibition envers le recours aux moyens militaires

1. Commencée en 2000, la réforme de la Bundeswehr aboutit en juin 2003 à un projet prévoyant de réduire la taille de l'armée de 285 000 à 250 000 hommes, où la part des engagés et des professionnels s'accentue, passant de 70 % à 78 %, la part des conscrits diminuant dans la même proportion.

a singulièrement baissé : la Bundeswehr est impliquée dans une demi-douzaine de régions en crise dans le monde, avec plus de 7 000 soldats [...] En revanche, la politique sécuritaire de l'Allemagne [...] fait rarement l'objet d'une réflexion méthodique, et même stratégique. Au contraire. Depuis quelques années, notre politique de sécurité alterne entre pompeuse ambition de puissance civile et lamentable projection du pouvoir, politique morale et realpolitik, absence de repères et opportunisme. C'est le nouveau paradoxe de la politique sécuritaire allemande : une politique des armes, mais sans boussole[1] ».

Plus fondamentalement, l'Allemagne avait-elle réellement évolué dans son rapport difficile à la force et à la puissance ? Si les interventions du chancelier lors de son premier mandat permettaient de répondre sans conteste par l'affirmative à cette question, le discours sur la puissance était devenu plus modeste au fur et à mesure des années de la coalition rouge-verte, victime à la fois des difficultés économiques grandissantes de l'Allemagne, qui, en 2005, dépassait le seuil des 5 millions de chômeurs, et d'une opinion publique farouchement hostile aux engagements extérieurs. En dépit de la popularité de Joschka Fischer, tout au moins jusqu'en 2005, le soutien de la population aux engagements multiples de la Bundeswehr restait faible. En 2004, selon une étude du German Marshall Fund, alors que plus de 82 % des Américains estimaient que la guerre était légitime pour rétablir une situation de droit, seuls 31 % des Allemands partageaient cette vision. Enfin, si

1. Constanze Stelzenmüller, « Mit Gewehr, aber ohne Kompass. Deutschlands Sicherheitspolitik » (« avec un fusil mais sans boussole. La politique de sécurité allemande »), entretien radiophonique à la Deutschlandfunk, 12 septembre 2004, cité par Anne-Marie Le Gloannec, *op. cit.*, p. 125.

Gerhard Schröder et Joschka Fischer ont su longtemps convaincre le Bundestag de voter les interventions mentionnées, c'est à plusieurs reprises au risque d'être mis en minorité face à de farouches oppositions d'une part importante de leurs partis respectifs. Tous deux sauront s'en souvenir lors de la demande des États-Unis de partir en guerre contre l'Irak.

Le « non » à la guerre en Irak et l'affirmation d'une voie allemande

Bien plus qu'en 1991, lorsque l'Allemagne avait décliné toute participation à la guerre du Golfe, le refus du gouvernement rouge-vert de rejoindre la coalition contre l'Irak en 2003 vient mettre un terme à la relation spéciale qui unissait les États-Unis à la République fédérale depuis les lendemains de la Seconde Guerre mondiale. Ce « non » opposé par l'Allemagne à ce que le chancelier désignait dès l'été 2002 comme une politique d'aventure confirmait bien l'avènement d'un type de dialogue inédit avec Washington, en même temps qu'il consacrait la liberté de ton et d'action nouvelle de Berlin. Pourtant, en dépit de la « rupture » que semblait signifier cette opposition frontale, impensable au cours des quarante années de guerre froide, le « tournant » de 2003 relève, là encore, davantage d'une « transformation silencieuse[1] », que d'un coup de tonnerre dans un ciel serein.

La fin de la guerre froide, en même temps que la disparition de la menace soviétique, avait en effet rapidement

1. Voir François Jullien, *Les Transformations silencieuses*, Paris, Grasset, 2009.

rendu l'Amérique moins indispensable qu'elle ne l'avait été. Par ailleurs, l'Allemagne réunifiée, tout entière occupée par les chantiers économiques et humains qu'entraînait l'absorption de l'ex-RDA, avait, d'entrée, peu goûté la tentation américaine de s'ériger, dès 1991, en gendarme mondial. Attachée aux organisations internationales, garantes, à ses yeux, d'une approche plus juste des relations internationales, la nouvelle République fédérale n'avait pas tardé à éprouver une méfiance croissante à l'égard des obsessions républicaines pour les États dits « voyous ». Et si les années Clinton, en réconciliant apparemment l'Amérique avec un certain multilatéralisme, avaient semblé refermer la parenthèse de son prédécesseur, les États-Unis n'avaient pas tardé à susciter de nouvelles craintes : déjà, en avril 1999, avec l'extension du champ d'intervention de l'OTAN qui risquait de transformer l'Alliance en bras armé mondial des États-Unis, mais surtout avec l'élection de George W. Bush en novembre 2000. La contestation, par la nouvelle majorité républicaine, d'accords internationaux comme le protocole de Kyoto, pourtant signé en 1997 mais non ratifié, ou encore celui instaurant, en 1998, la Cour pénale internationale, l'affirmation sans fard d'un réel unilatéralisme constituaient autant de pierres d'achoppement dans la relation transatlantique. Enfin, en même temps qu'était proclamée la solidarité « illimitée » avec les États-Unis en réponse à l'attaque terroriste dont ils avaient fait l'objet, le gouvernement Schröder, fin 2001, avait témoigné de son malaise devant certaines dérives de l'occupation américaine en Afghanistan et, plus encore, après la création de la prison de Guantanamo, où les détenus se voyaient refuser toute protection juridique.

En se positionnant dès août 2002 contre la guerre, Gerhard Schröder avait incontestablement affirmé une ligne politique qu'aucun de ses prédécesseurs n'avait osé emprunter. À la différence de 1991, l'Allemagne entendait en effet cette fois renoncer y compris à la traditionnelle « politique du chéquier », en refusant également toute participation financière à la guerre. Ce refus s'accompagnait d'un discours affirmant haut et fort l'indépendance de l'Allemagne dans ses choix en matière de politique étrangère, le chancelier n'hésitant pas à parler d'une « voie allemande » (*deutscher Weg*), expression aussi forte que maladroite tant elle rappelait la « voie particulière » (*Sonderweg*) prise par l'Allemagne depuis la fin du XIXe siècle et qui, selon plusieurs historiens, aurait abouti à la catastrophe du nazisme un demi-siècle plus tard.

Il reste difficile d'identifier avec certitude le principal ressort qui a conduit Gerhard Schröder à prendre le risque d'isoler son pays en se transformant en champion de la paix, bien avant que Paris et Moscou ne le rejoignent. Certes, sa volonté d'affirmer, à cette occasion, la normalité de l'Allemagne, dont le positionnement nouveau allait de pair avec une plus grande liberté d'action par rapport à son histoire, ne fait guère de doute. De même, la situation difficile dans laquelle se trouvait le SPD à la veille des élections fédérales de 2002 a, *de facto*, transformé la paix en argument de campagne de poids, particulièrement alors que l'opinion publique s'était déjà largement prononcée contre toute intervention en Irak[1]. Enfin, ainsi qu'il a été rappelé, la propre majorité rouge

1. Selon un sondage effectué fin 2002, 69 % des personnes interrogées souhaitaient que l'Allemagne s'oppose à la guerre lors de son vote au Conseil de sécurité et 20 % qu'elle s'abstienne.

et surtout verte du tandem Schröder-Fischer, déjà passablement malmenée par les nombreuses interventions de la Bundeswehr depuis 1998, n'aurait probablement pas suivi le chancelier dans cette nouvelle opération, qui se serait heurtée à une opposition du Bundestag.

Au regard de ces éléments, le « non » à la guerre ressemblait davantage à une décision logique qu'à un coup de poker politique. Il n'en demeure pas moins que Gerhard Schröder encourait, encore en 2002, un risque majeur d'isolement. Car si l'Allemagne pesait, depuis la réunification, d'un poids nouveau sur la scène internationale, elle n'en restait pas moins insuffisamment « armée » pour oser un cavalier seul. En témoigne déjà la fureur de Joschka Fischer devant l'attitude de Gerhard Schröder qui, par ses déclarations jusqu'au-boutistes, avait réduit à la portion congrue les marges de manœuvre diplomatiques de son ministre des Affaires étrangères. Comme le rappelle avec justesse Edgar Wolfrum, sans le soutien de la France, l'Allemagne se serait retrouvée, au sein des Nations unies, non seulement isolée mais sur la même ligne que des États peu recommandables, comme la Libye[1]. L'adhésion du président Chirac à la cause du « non » et la mise au point d'une position commune autour du refus de l'aventure irakienne, particulièrement mise en avant lors de la célébration du 40e anniversaire du traité de l'Élysée, en janvier 2003, puis le ralliement, quelques jours plus tard, de Vladimir Poutine devaient toutefois permettre à l'Allemagne de renforcer durablement sa position internationale. Grâce à cette entente, l'axe franco-allemand regagnait en outre quelque couleur après une

1. Edgar Wolfrum, *Rot-Grün an der Macht. Deutschland 1998-2005*, Munich, C. H. Beck, 2013, p. 430.

accumulation, depuis la réunification, de difficultés et de divergences de vue.

Pilier historique de la politique étrangère allemande, la relation avec la France avait en effet considérablement évolué depuis 1990. Déjà mise à l'épreuve par le faux pas allemand de 1991 ou les divergences apparues lors des négociations du traité d'Amsterdam[1], cette relation avait à nouveau souffert de désaccords majeurs, autant à propos de la Politique agricole commune (PAC) et des demandes réitérées de Berlin de réduire le budget européen que des initiatives « fédéralistes » de Joschka Fischer, peu goûtées par Paris. Les avantages obtenus par l'Allemagne lors des âpres négociations du traité de Nice, en 2000, la mise en avant régulière de ses intérêts, que le gouvernement allemand entendait désormais défendre plus systématiquement que par le passé, expliquaient également la défiance qui s'était installée entre les deux exécutifs.

Par ailleurs, dès son arrivée au pouvoir, Gerhard Schröder peine à comprendre les mécanismes de la cohabitation française, effective depuis 1997, le président Chirac n'ayant, de plus, guère fait mystère de son soutien au candidat chrétien-social, Edmund Stoiber, lors de la campagne de 2002.

1. Voir *supra*.

L'Allemagne et l'Europe : un engagement ambigu

Face à l'Union...

Avant même son élection au poste de chancelier, Gerhard Schröder avait, cette fois sans complexes, surfé sur l'impopularité croissante de l'Europe, critiquant le fardeau de la contribution allemande et estimant que l'Allemagne devait cesser de jouer le rôle de « payeur en chef » (*Zahlmeister*) de l'Europe. Cette défiance croissante, perceptible dès la fin de l'ère Kohl et bientôt accentuée au sein de l'opinion par l'abandon du Deutsche Mark et l'avènement d'un euro rapidement baptisé « teuro[1] », était également le fait des Länder. Particulièrement attentifs au respect de leurs prérogatives, ces derniers se montraient en effet, au fur et à mesure de l'avancée de la construction européenne, de plus en plus critiques devant les nouveautés des traités de Maastricht et d'Amsterdam, bientôt renforcées par celles de Nice, en attendant la perspective d'une Constitution. Dans le même temps, toutefois, tantôt par la voix de son chancelier, tantôt par celle de son ministre des Affaires étrangères, le gouvernement rouge-vert ne cessait d'affirmer son souhait d'avancer vers plus d'intégration. Berlin multipliait ainsi les déclarations visant à renforcer, pour plus d'efficacité, les structures de l'Europe, qu'il s'agisse des instances de décision ou des politiques communes, comme la PESD. De la sorte, Joschka Fischer se signale dès son arrivée en fonction par une série de

1. Jeu de mot entre *teuer* (cher) et euro pour mieux stigmatiser l'envolée des prix qui a accompagné, pour de nombreuses denrées de base, l'introduction de la monnaie commune.

prises de parole ou d'interventions témoignant d'un zèle communautaire sans faille : ainsi lors de son discours du 12 janvier 1999 devant le Parlement européen, avant de se prononcer clairement, en 2000, pour une fédération européenne, destinée, selon lui, à remplacer à terme l'actuelle « confédération des États ».

Jusqu'en 2005, on assiste ainsi à une politique européenne toute d'équilibrisme, balançant entre une défense et une revendication répétées des intérêts allemands d'une part, et un engagement volontariste en faveur de la construction voire de l'intégration européennes d'autre part, dans lequel la figure du chancelier et celle de son ministre des Affaires étrangères semblent tenir, dans un jeu de rôle complexe, les deux extrêmes du balancier.

Ainsi, alors que Joschka Fischer s'engageait tout au long des deux mandats en faveur de l'avènement d'une Constitution européenne, dont il suivait de près l'avancée des travaux, Gerhard Schröder, dans le même temps, utilisait le cadre de l'Agenda 2000 et la présidence allemande du Conseil au premier semestre 1999 pour proposer de réduire le montant de la PAC et renégocier les contributions de la République fédérale. De même, les négociations du traité de Nice, en décembre 2000, étaient pour le chancelier l'occasion de mettre en avant le poids économique et démographique de l'Allemagne, qui, selon lui, devait davantage être pris en compte dans le calcul de la pondération des voix au Conseil. Et si, au terme des négociations, ce nombre de voix restait inchangé, la République fédérale obtenait plusieurs avantages importants : ainsi, une prise en considération de la démographie pour l'ensemble des décisions adoptées à la majorité qualifiée et un maintien du nombre de ses représentants au Parlement européen, rompant avec l'égalité de traitement qui avait jusqu'alors caractérisé l'équilibre franco-allemand. *A contrario*, dès juillet 2001, devant le congrès de son propre parti, Gerhard Schröder se prononçait pour une future Constitution européenne, cette volonté intégrationniste excluant toutefois le volet de la gouvernance économique, dont l'Allemagne entendait rester maîtresse. Suprême paradoxe, ce désir de renforcer les structures européennes se heurtait aux choix économiques et financiers de la République fédérale elle-même : en s'affranchissant, en 2003, de la règle des 3 % de déficit, pourtant érigée en dogme par Berlin lors des négociations de Maastricht, l'Allemagne fragilisait à son tour, et pour longtemps, l'édifice de l'Union avant même la fin des travaux sur le traité constitutionnel, pourtant adopté par le Bundestag le 12 mai 2005 à une écrasante majorité.

... comme face à l'Europe orientale

Cette ambiguïté caractérise également la relation de Berlin avec l'est de l'Europe. En se montrant à la fois favorable à un élargissement accéléré de l'Union et à un approfondissement de son intégration, Berlin envoyait en effet d'entrée de jeu un message contradictoire. Par ailleurs, alors même que l'Allemagne soutenait les candidatures des pays de l'Est à l'entrée dans l'Union, les demandes répétées du chancelier de réduire aussi bien les dépenses agricoles que le budget commun pesaient sur les relations avec l'ensemble de ces États, qui espéraient justement de leur intégration aides et subventions. Enfin, alors que la tension qui avait présidé aux relations entre l'Allemagne et la Russie au cours des années 1990 avait, de façon indirecte, rassuré ces derniers, l'amitié personnelle qui unissait le chancelier et Vladimir Poutine, l'accentuation de la dépendance de l'Allemagne à l'égard de la Russie dans ses importations de pétrole et de gaz, l'annulation en 2002, par Berlin, de la majeure partie de la dette russe vis-à-vis de la République fédérale, ou encore la mise en place, en 2003, d'un axe Paris-Berlin-Moscou face à Washington à l'occasion de la guerre en Irak avaient fait redouter, à des pays comme la Pologne ou la Tchéquie, le retour d'une entente entre l'Allemagne et la Russie dont l'Europe orientale avait, historiquement, tout à craindre.

La conclusion, en septembre 2005, d'un accord avec Moscou lançant la construction d'un gazoduc pour alimenter l'Allemagne en gaz russe tout en contournant la Pologne et les pays Baltes confirmait, aux yeux de ces pays, cette méfiance nécessaire, déjà ravivée par les tensions « mémorielles » entretenues depuis la réunification. Aux maladresses du gouvernement Kohl dans sa reconnaissance tardive de la ligne Oder-Neisse s'ajoutaient en effet régulièrement les agissements d'associations d'expulsés (*Heimatvertriebene*), qui, depuis les années 1990, ne cessaient de réclamer tantôt des réparations, tantôt, comme pour l'association des Sudètes, un droit au retour. En 2000, le projet de créer, à Berlin, un centre des expulsés, promu par l'une de ces associations et destiné notamment à réhabiliter la mémoire des Allemands expulsés des anciens territoires du Reich après 1945, n'avait, à nouveau, rien fait pour apaiser cette incompréhension. De toute évidence, la normalité revendiquée peinait à s'affranchir du poids de l'histoire et de la mémoire.

Chapitre 35

La société des années Schröder : entre normalité et retour de l'histoire

Une société nouvelle ?

Sans surprise, la société des années Schröder prolonge celle des années 1990, alors que la décennie précédente était surtout fille de la rupture créée par le choc de l'unité. En 1998, la plupart des chantiers, des difficultés, des questionnements et des défis sont déjà présents et on ne saurait donc, à ce titre, parler de rupture. Pourtant, même si la période de la coalition rouge-verte reste trop brève pour que se déploient des tendances de fond, écourtée qui plus est par la dissolution anticipée du Bundestag dès le printemps 2005, la société allemande de cette période est tout sauf lisse. En ce tournant du nouveau millénaire, l'Allemagne et ses habitants naviguent entre une aspiration de retour à la normalité et la difficulté de trouver un juste rapport à l'histoire et au passé, entre la volonté de donner un visage nouveau à la République fédérale, surtout présente au sein des instances dirigeantes, lesquelles, par certains aspects, y parviennent, et une opinion pétrie du sentiment de déclin.

L'intention du pouvoir en place de promouvoir l'image d'une nouvelle Allemagne est manifeste et s'incarne d'abord dans les nombreux projets de loi qui entendent marquer une rupture avec la période précédente. À l'Allemagne des anciennes recettes, à la République fédérale du passé s'opposait ainsi un pays doté d'une nouvelle inspiration, et presque, en quelque sorte, réinventé. Le zèle de la majorité rouge-verte à vouloir changer le pays ne se dément pas tout au long du premier mandat, malgré ses résultats plus qu'inégaux, s'accélérant même après la victoire de 2002. L'Exposition universelle de 2000 à Hanovre, accueillie par l'Allemagne pour la première fois de son existence, frappe par les efforts des organisateurs pour faire de l'événement une vitrine de cette nouveauté. L'intitulé du slogan officiel – « Homme, technique, nature. Un nouveau monde apparaît » – dépassait la simple formule de circonstance. La nouveauté exposée était avant tout celle du pays organisateur, un pays présenté comme rompant avec certaines habitudes, tout entier tourné vers l'avenir, accueillant à l'étranger, respectueux d'un environnement où il fait bon vivre. « L'Allemagne », avait ainsi commenté peu après la fin de l'Exposition sa commissaire générale, Birgit Breuel, « dix ans après l'unité, est parvenue à une aimable normalité », passant toutefois sous silence une fréquentation, au final, très décevante.

Et si la société d'alors ne connaît pas de « révolution », il n'en reste pas moins que d'importants changements sont en germe, et, à défaut d'avoir rapidement transformé le pays, les textes et les initiatives votés par la majorité ont manifestement déplacé les lignes en même temps qu'ouvert la porte à des changements à venir d'envergure.

La loi sur la nationalité, en mettant un terme à l'exclusivisme du droit du sang, allait ainsi, à moyen et long terme, changer le visage de la société allemande. De même, en dépit de l'échec relatif de la mise en place à grande échelle d'une *green card* destinée au recrutement de spécialistes étrangers dans les techniques de pointe, l'instauration d'une commission visant à réformer la politique migratoire avait posé les bases d'une nouvelle approche que le gouvernement suivant, pourtant à majorité chrétienne-démocrate, ne remettrait pas en question. À l'issue de longs débats, le vote, à l'été 2004, d'une loi prévoyant une série de mesures destinées à faciliter la venue et l'installation de travailleurs qualifiés, tout en simplifiant les titres de séjour et en encourageant l'intégration des nouveaux venus – par exemple grâce à des « cours d'intégration » systématiquement proposés, ou en relevant la limite d'âge des enfants pouvant bénéficier du regroupement familial –, posait les bases d'une société à venir nouvelle.

Dans le domaine artistique et culturel, la nouveauté était également de mise. Avec la création pour la première fois dans l'histoire de la République fédérale, et ce, dès octobre 1998, d'un ministère de la Culture, en attendant celle d'un comité fédéral pour la culture, ou encore, en mai 2002, l'avènement d'une fondation culturelle fédérale, la nouvelle équipe entendait rappeler combien cette culture constituait la pierre angulaire de l'identité d'une société, en même temps qu'une « source de repères » dans un monde en transformation, pour paraphraser les mots du nouveau président du Bundestag, l'Est-Allemand Wolfgang Thierse[1], prononcés en 1999 devant un symposium du parti social-démocrate.

1. Adhérent, en 1989, au parti Neues Forum, Wolfgang Thierse est l'éphémère vice-président du groupe SPD à la Chambre du peuple, élue à l'issue des élections du 18 mars 1990. Il est ainsi, lorsqu'il est élu président du Bundestag le 26 octobre 1998, le premier homme politique issu de la RDA à occuper cette fonction.

Certes, le ministre Michael Naumann, dont les relations avec les Länder s'étaient rapidement tendues, avait dû céder la place, en novembre 2000, à la plus consensuelle Julian Nida-Rümelin. Toutefois, de fortes impulsions avaient été données, avec, dès 1999, le doublement des aides d'État à la plupart des institutions culturelles berlinoises, tandis qu'en 2002 la nouvelle ministre Christina Weiss augmentait le budget de la fondation culturelle fédérale afin d'accroître la capacité de celle-ci à acquérir des œuvres jugées importantes pour l'identité de l'Allemagne.

Cette volonté d'insuffler à l'art et à la culture un élan nouveau n'était pas restée sans écho, dans le monde littéraire comme cinématographique. Car si la République fédérale, toujours plus mondialisée, faisait d'abord la part belle aux succès planétaires d'un Paulo Coelho ou d'un Dan Brown, si elle célébrait également, comme dans le reste du monde, les blockbusters d'Hollywood, du *Seigneur des anneaux* à *Mission impossible*, *Gladiator*, *American Pie* ou *Pirates des Caraïbes*, les artistes allemands étaient aussi à l'honneur.

Tandis que Günther Grass reçoit, le 10 décembre 1999, la consécration avec le prix Nobel de littérature, des auteurs comme la Hambourgeoise Karen Duve ou Michael Kleeberg renouvellent les lettres allemandes. Le Berlinois de l'Est Thomas Brussig, déjà connu pour Des héros comme nous (*Helden wie wir*), accède, quant à lui, à la notoriété avec *À l'extrémité la plus courte de la Sonnenallee* (*Am kürzeren Ende der Sonnenallee*, 1999) ou *Comme ça brille* (*Wie es leuchtet*, 2004). De même, à côté des incontournables Baselitz et Richter, déjà cités précédemment, d'autres artistes percent à leur tour, comme le photographe Andreas Gursky, dont les structures monumentales, tel *99 cents* (2001), traduisent la marchandisation infinie du monde. Neo Rauch, et son École de Leipzig, qui entend inscrire son œuvre dans la lignée de Magritte ou de Chirico, rencontre la célébrité avec ses grands formats et ses œuvres comme *Piège* (*Falle*, 2001) ou *Mars* (2002), qui allient retour au figuratif et diffusion d'un climat d'étrangeté, de questionnement et de mystère.

Le cinéma connaît lui aussi, au cours des années Schröder, un réel renouveau. D'importants succès permettent au film allemand d'accroître de façon spectaculaire sa part de marché, qui passe de 9,4 % en 1995 à près de 24 % en 2004. La comédie *La Chaussure de Manitou* (*Der Schuh des Manitu*, 2001), de Michael Herbig – une parodie de la série des années 1980 *Winnetou*, adaptée des romans de Karl May –, dépasse ainsi les 12 millions d'entrées. Tel est également le cas du film de Sönke Wortmann *Le Miracle de Bern* (*Das Wunder von Bern*, 2001), qui revient sur la victoire mythique de l'équipe allemande de football lors de la Coupe du monde 1954. En 2004, Oliver Hirschbiegel réalise, avec *La Chute* (*Der Untergang*)[1], un long métrage récompensé par l'Oscar du meilleur film en langue étrangère, et dont le succès international est immédiat.

Au-delà, les années 2000 sont l'occasion pour une génération de cinéastes, réunis notamment autour de la revue *Revolver*, fondée en 1998 par Benjamin Heisenberg, Sebastian Kutzli et Christoph Hochhäusler, de donner une nouvelle impulsion au septième art, en procurant notamment à l'ensemble de la profession un lieu et un vecteur d'expression communs, inspirés des *Cahiers du cinéma*. Cette revue est ainsi largement utilisée par les cinéastes berlinois Christian Petzold, Thomas

1. Voir *infra*, « La normalité à tout prix ? ».

Arslan, Angela Schanelec ou encore Jan Krüger, qui, après leurs années à l'Académie du film et de la télévision (*Deutsche Film- und Fernsehakademie*, DFFB), se sont regroupés au sein d'un réseau informel, vite baptisé par la presse École de Berlin, dont le souhait affiché est d'accueillir et d'accompagner les jeunes réalisateurs attirés par un cinéma surtout dédié au quotidien et aux histoires de vie. Se situant volontairement en marge des grandes structures de production comme Degeto[1] ou Eichinger[2], qu'il délaisse au profit de petites maisons comme Schramm Film Koerner & Weber, proclamant ainsi une certaine indépendance, le groupe se distingue par des œuvres exigeantes, voire austères, refusant ce qu'il nomme la facilité des films à succès, mais aussi souvent sombres, ce qui n'est pas sans dérouter le grand public : les personnages principaux ne parviennent guère à se satisfaire de leur quotidien, dont la grisaille décourage. Ainsi dans *Marseille* (2005), Angela Schanelec suit une photographe qui, après un échange d'appartements qui lui fait connaître la cité phocéenne, peine à retrouver sa vie en Allemagne et finit par repartir. Ainsi que l'exprime sans fard Angela Schanelec dans un de ses entretiens avec le critique Georg Seesslen : « J'éprouve une antipathie désespérée à l'égard de l'Allemagne. Je n'ai jamais habité nulle part et je n'habiterai sans doute jamais ailleurs. Ce serait idiot de le nier : je me débats en permanence avec ce

1. Degeto, ou Deutsche Gesellschaft für Ton und Bild, est une société de production, filiale de l'ARD, surtout connue pour ses séries télévisées, telles *Das Traumhotel* ou *Die Alpenklinik*.

2. La société de Bernd Eichinger produit, depuis les années 1970, la plupart des grands succès commerciaux du cinéma allemand, de *Moi, Christiane F.* (1981) au *Parfum* (2006) ou aux *Quatre Fantastiques* (2005), en passant par *Le Nom de la rose* (1986) ou *Une histoire sans fin* (1984).

pays, parce que c'est celui que j'arrive à approcher le plus […] et ça ne me plaît guère[1]. »

Du blocage (*Stau*) au déclinisme

Ce volontarisme novateur doublé d'un renouveau dans les arts et les lettres contraste avec le sentiment de déclassement qui s'empare de l'Allemagne.

En dépit des efforts du pouvoir, l'impression de blocage et d'impuissance, qui avait déjà présidé à la fin des années Kohl et qui expliquait en partie la victoire initiale du tandem rouge-vert en 1998, s'est transformée, au cours du temps, en une obsession du déclin et de l'échec, que les classements internationaux semblaient, du reste, attester. En 2000, la République fédérale découvre ainsi avec stupeur les résultats de l'enquête de l'OCDE intitulée PISA[2], qui la classent, sur 31 pays étudiés, respectivement aux 20e et 21e rangs pour la lecture et les mathématiques, résultats que confirment ensuite différentes enquêtes nationales. Entre 2000 et 2006, plusieurs études fédérales et régionales mettent en effet en évidence une géographie du déclassement et du décrochage scolaire, le Nord et l'Est payant le plus lourd tribut. La crise de la méritocratie est mise en avant, en même temps que l'accentuation des inégalités sociales au sein de l'école.

À côté des ratés du système scolaire, l'ensemble des indicateurs économiques renvoie aux habitants l'image

1. Voir Georg Seesslen, « Eine Schule des Sehens – Das offene cineastische Projekt der "Berliner Schule" », 5 novembre 2013.

2. Acronyme de Program for International Student Assessment, ou programme d'évaluation internationale des étudiants.

d'un pays qui paraît n'être plus que l'ombre de lui-même : le nombre de chômeurs franchit, en 2005, la barre des 5 millions, les inégalités ne cessent de s'accroître, le taux de pauvreté passant de 6,5 % en 2000 à 9,7 % en 2004, puis à 11,3 % début 2006. En proie à un endettement croissant, la nouvelle puissance, qui avait pourtant imposé ses exigences pour consentir à l'avènement d'une union monétaire européenne, encourt en 2003 les sanctions de la Commission pour non-respect des critères du traité.

La vague des publications qui, dès la fin des années 1990, s'interrogeaient ouvertement sur les causes de cette langueur, connaît, tout au long des années Schröder, un succès ininterrompu, prenant même des accents plus alarmistes : ainsi l'historien Christian Graf von Krockow, dans son ouvrage *Der deutsche Niedergang. Ein Ausblick ins 21. Jahrhundert* (Le déclin allemand. Une perspective sur le XXIe siècle), sorti en 2002, ou encore Hans-Werner Sinn, qui publie la même année *Ist Deutschland noch zu retten ?* (L'Allemagne peut-elle encore être sauvée ?). En 2004, le journaliste Gabor Steingart, dans son livre *Deutschland, der Abstieg eines Superstars* (L'Allemagne. La chute d'une superstar), dresse quant à lui le tableau sans concession d'un pays avant tout pénalisé par la baisse continue de ses investissements en matière de recherche et de développement et que menacerait un déclassement technologique sans précédent.

De façon étonnante, c'est également au cours du second mandat de Gerhard Schröder que l'Allemagne se découvre vieillissante, alors que la chute dramatique de sa natalité est patente depuis le début des années 1970. Entre 1990 et 2004, la population allemande est ainsi passée d'environ 80 millions à 82,5 millions d'habitants, soit une augmentation d'un peu plus de 3 % en quatorze ans, alors que, à titre de comparaison, la France voyait sa population augmenter, dans le même temps, de 7,2 %. Les projections de la plupart des institutions prévoient, alors, une chute rapide de la population après 2040. La soudaine adjonction de quelque 16 millions de citoyens à la suite de la réunification avait, comme dans d'autres domaines, abusé les esprits, et si le pays demeurait la nation la plus peuplée d'Europe, son statut restait des plus fragiles.

La normalité à tout prix ?

En dépit de cette image de déclin qui assombrit le quotidien des Allemands tout au long des mandats Schröder, la République fédérale offre le tableau d'un pays paradoxalement plus apaisé vis-à-vis de son passé, qu'il s'agisse du plus récent ou du plus éloigné.

L'avènement au pouvoir d'une coalition réunissant sociaux-démocrates et Verts en 1998 s'était déroulé sans accroc ni émotion particulière, loin des inquiétudes qu'avait générées l'arrivée à la chancellerie d'un Willy Brandt en 1969, alors que l'événement bouleversait fortement l'habitus politique d'une Allemagne peu coutumière des surprises. La personnalité de Joschka Fischer et la ligne tenue en politique extérieure, approuvée par une large majorité de citoyens, avaient rapidement confirmé ce changement majeur : le pays connaissait, avant même de proclamer sa normalité « extérieure », une normalité « intérieure » certaine. Désormais, la perspective d'un ministre fédéral « vert », *a fortiori* à un poste clé, ne soulevait plus d'interrogations. Ce climat dépassionné tranchait avec la violence des débats et des réactions des années 1970, qui, en plein milieu de la répression qui avait accompagné la lutte contre la Fraction armée rouge, avaient su mettre en accusation les dérives soixante-huitardes. Aussi, lorsque, en janvier 2001, Joschka Fischer est entendu comme témoin dans un procès relatif à un attentat commis en 1973 contre le siège de l'OPEC, ou que ressurgit une photo de lui le montrant frappant un policier en pleine manifestation, c'est rapidement et sans éclat majeur que retombe la vague qui semblait devoir ressurgir. L'Allemagne, manifestement, souhaitait conjurer le souvenir des années de plomb.

Cette normalité, vécue et même revendiquée, n'était cependant pas sans poser des questions. Elle prenait même le risque, en voulant conjurer le passé, de le raviver.

Bien sûr, le chancelier allemand, en dépit de ses premiers faux pas, avait su définir et encadrer cette normalité. En 2004, lors des commémorations du 6 juin 1944, alors que, pour la première fois, l'Allemagne était invitée, Gerhard Schröder avait ainsi une fois encore rappelé dans son discours que si la République fédérale avait retrouvé le « cercle de la communauté des pays civilisés », c'était après un long chemin, tout en soulignant que cette nouvelle Allemagne, et non « celle des années sombres », entendait ne jamais oublier celles-ci.

Il n'en demeure pas moins que, chez nombre d'Allemands, une page devait se tourner. En 2003, un sondage effectué par l'université de Bielefeld montrait que 70 % des personnes interrogées non seulement en avaient assez d'être considérées comme responsables de la Shoah, mais estimaient que les Juifs avaient tendance à user de l'histoire pour servir leurs propres intérêts. Dans un ouvrage collectif intitulé *Le Nouvel Antisémitisme de la gauche allemande*, paru en 2004, Thomas

Haury dénonçait ce qu'il voyait comme la résurgence, au sein d'une gauche allemande considérée comme aveugle, d'un mouvement antisémite profond, se nourrissant notamment de la situation au Proche-Orient et des événements de la deuxième intifada.

Le 11 octobre 1998, soit quelques jours à peine après la victoire de Gerhard Schröder, le célèbre écrivain Martin Walser, dans son discours de réception du Prix de la paix qui venait de lui être accordé par les libraires allemands, n'avait pas hésité à stigmatiser ce qu'il nommait « l'instrumentalisation d'Auschwitz », devenue, selon lui, une « massue morale » ne cessant de reléguer l'Allemagne dans une culpabilité systématique. « Si les médias me jettent chaque jour ce passé à la face, quelque chose en moi s'oppose à cette permanente présentation de notre honte », estimait-il encore. Ces propos, en plein débat autour de la construction du mémorial à la Shoah près de la porte de Brandebourg, dont le lieu autant que la forme avaient suscité de nombreuses réactions, avaient déclenché une intense polémique. Car si les mots et les formulations de Walser, à tout le moins maladroits, voire provocateurs et ambigus, pouvaient choquer, l'idée défendue par leur auteur posait la question de la possibilité ou non pour l'Allemagne d'accéder à la normalité ainsi que celle de ses limites. Même l'historien Arnulf Baring, peu suspect de révisionnisme, avait affirmé dans un entretien au *Spiegel* quelques années plus tard : « Je crois que maintenant le pays ne supporte plus cette incessante et obsessionnelle confrontation avec le chapitre le plus sombre de son passé[1]. »

Cette « libération » par rapport au passé avait même entraîné, tout au long de ce début des années 2000, une

1. Entretien du 14 mai 2001, cité par Jean-Pierre Gougeon, *op. cit.*, p. 299.

revendication nouvelle : la reconnaissance de l'Allemagne comme victime était devenue un thème récurrent de la période. Günther Grass, symbole pourtant de la gauche littéraire, publiait ainsi en 2002 son roman *En crabe* (*Im Krebsgang*), dont le succès fut immédiat, et dans lequel il relatait le destin du navire *Wilhelm Gustloff*, torpillé en janvier 1945 alors qu'il transportait près de 10 000 civils fuyant les combats. La même année, l'historien Jörg Friedrich faisait paraître *L'Incendie* (*Das Feuer*), où il analysait, en même temps qu'il la dénonçait, la politique de bombardement des villes allemandes et ses quelque 600 000 victimes, comparant même les méthodes des Alliés à celles des nazis. Un an plus tard, le roman de Peter Glotz *Die Vertreibung : Böhmen als Lehrstück* (L'expulsion : la Bohême comme leçon) revenait sur les massacres qui avaient accompagné l'éviction des populations allemandes de la région des Sudètes.

Le cinéma de la période n'était pas en reste. Le film déjà cité d'Oliver Hirschbiegel *La Chute* (*Der Untergang*, 2004) avait remporté un large succès en revenant sur les dernières semaines de la guerre vues depuis le bunker d'Adolf Hitler. Si le film est impeccable et si la performance d'un Bruno Ganz, qui prête ses traits au Führer, fait l'unanimité, si, enfin, le réalisateur a pris la précaution d'encadrer sa fiction de témoignages de la vraie secrétaire de Hitler, Traudl Junge, incarnée à l'écran par l'excellente Alexandra Maria Lara, dans lesquels elle redit sa difficulté à pardonner son propre aveuglement, *La Chute* n'en provoquait pas moins un certain malaise, vite relayé par la critique : campant un Hitler fort humain, même dans sa folie destructrice, le film décrivait avant tout les souffrances du peuple allemand, victime autant de la guerre que de son propre chef, poussant à la compassion. Pourtant impressionné par la qualité du jeu des acteurs, Wim Wenders n'hésitait pas à qualifier l'œuvre de « sans retenue » (*ohne Haltung*), celle-ci entraînant selon lui « le spectateur dans un trou noir qui, imperceptiblement, parvient à nous faire vivre cette époque à partir du point de vue des responsables et avec une certaine compréhension bienveillante ».

Au total, malgré d'autres sorties, comme *Le Neuvième Jour* (*Der neunte Tag*, 2004), de Volker Schlöndorff, dans lequel Ulrich Matthes incarne avec conviction un prêtre dans l'univers concentrationnaire de Dachau, ou encore *Napola* (décembre 2004), qui décrit le fanatisme et la folie des écoles censées former les futures élites nazies, il n'en demeure pas moins que la mémoire allemande connaît des accents nouveaux. Dans ce contexte, la prétention de la présidente de la Ligue des personnes déplacées (*Bund der Vertriebenen*), Erika Steinbach, de faire construire à Berlin un ensemble architectural tenant à la fois du musée, du centre de recherche et du monument mémoriel dédié aux victimes des expulsions de toutes nationalités, et donc aussi allemandes, est à la fois révélatrice d'un changement du rapport au passé et de ses limites. Dénoncé par le chancelier et Joschka Fischer, stigmatisé par la Pologne et la Tchéquie[1], outrées de voir l'adversaire et le bourreau d'hier réclamer à son tour un statut de victime, le projet n'en était pas moins soutenu par de nombreuses personnalités de tous bords, parmi lesquelles Imre Kertész, qui, dans son autobiographie *Être sans destin*, avait su disséquer l'horreur de la déportation nazie en Hongrie, preuve de la complexité de cette aspiration à la normalité.

1. Voir les développements consacrés précédemment à la politique extérieure des années Schröder.

III

LES ANNÉES MERKEL (2005-2021)

Chapitre 36

En politique du nouveau

2005, année atypique

Lorsque s'ouvre l'année 2005, le chancelier doit faire face à une double défiance. Celle, tout d'abord, de son propre parti : bien qu'ayant validé les transformations induites par le programme de l'Agenda 2010, le SPD n'avait cessé, depuis 2002, d'être écartelé entre un soutien au gouvernement, exigé par le chef de l'exécutif, et une base hostile au cours suivi. En février 2004, lassé par cette relation difficile, Gerhard Schröder en avait abandonné la présidence au profit de Franz Müntefering. Grand connaisseur du SPD, dont il était le secrétaire général depuis décembre 1999 et, depuis septembre 2002, président du groupe parlementaire, Müntefering devait, par la confiance qui l'unissait au chancelier et son ascendant sur l'appareil, assurer à Gerhard Schröder à la fois une relation plus apaisée au parti et une fidélité renouvelée.

L'autre défiance majeure opposait l'exécutif et l'opinion publique. En dépit de sa réélection en 2002, la majorité rouge-verte n'avait en effet cessé de chuter dans les sondages depuis lors, chute accélérée par le durcissement des réformes et l'augmentation concomitante du nombre des demandeurs d'emploi qui, au 1er mars 2005, dépassait les 5 millions.

La défaite du SPD aux élections régionales du Schleswig-Holstein le 20 février et, surtout, lors des élections du 22 mai dans le Land de Rhénanie-du-Nord-Westphalie, bastion historique de la social-démocratie qui l'avait dirigé sans discontinuer depuis 1966, semblait toutefois sonner le glas des espoirs du gouvernement de pouvoir efficacement poursuivre son action, alors qu'il était déjà privé de majorité à la chambre haute depuis 1999.

En juin, Gerhard Schröder tirait les leçons de cette impopularité en décidant de provoquer des élections fédérales anticipées, et, pour ce faire, en accord avec la majorité rouge-verte, d'être mis en minorité au Bundestag, ce qui fut fait le 1er juillet.

Ce procédé était inhabituel. Certes, Willy Brandt et Helmut Kohl y avaient déjà eu recours. Toutefois, les raisons différaient alors par plusieurs aspects. Le chancelier Brandt avait, en effet, vu son propre camp lui faire faux bond lors des débats parlementaires sur sa nouvelle politique avec le bloc de l'Est (Ostpolitik). Après avoir échappé de peu à un vote de défiance constructive de la CDU, le chancelier avait considéré qu'il ne pouvait plus s'appuyer avec confiance sur sa majorité ; cela n'était pas le cas en 2005. La stratégie de Helmut Kohl s'apparentait quant à elle davantage à celle de Gerhard Schröder. Après avoir convaincu le parti libéral de quitter l'alliance avec le SPD puis défait, le 1er octobre 1982, le chancelier Schmidt lors d'un vote de défiance constructive, Kohl avait en effet organisé sa propre mise en minorité afin de provoquer des élections anticipées ; mais il s'agissait alors de faire valider par les urnes la nouvelle majorité acquise sur le seul terrain parlementaire. En 2005, les auspices étaient tout autres : le SPD n'avait que peu d'espoirs de remporter les élections, et la majorité rouge-verte du gouvernement Schröder au Bundestag n'avait guère montré de signes de faiblesse. Certains parlementaires, à l'image du député Vert Werner Schulz et de sa collègue sociale-démocrate Jelena Hoffmann, n'avaient d'ailleurs pas hésité à saisir la Cour constitutionnelle, estimant que cette défiance organisée contrevenait aux dispositions de la Loi fondamentale. Toutefois, le tribunal de Karlsruhe avait confirmé la légitimité de la démarche et la tenue de nouvelles élections.

Plus encore que le procédé qui avait permis ces élections anticipées, la campagne législative et le résultat final des élections fédérales du 18 septembre devaient se révéler hors norme.

Avec près de 48 % d'intentions de vote en juillet 2005, la CDU non seulement était certaine de sa victoire mais semblait même en mesure d'envisager, pour la première fois depuis 1957, une majorité absolue au Bundestag. Toutefois, elle commettait d'entrée de jeu deux erreurs. En propulsant le très libéral Paul Kirchhof, partisan acharné d'un taux d'imposition unique et auteur d'un ouvrage fort controversé sur la nécessité d'une simplification fiscale, au rang de putatif ministre de l'Économie et des Finances, Angela Merkel avait manifestement sous-estimé à la fois l'hostilité de l'opinion à un néo-libéralisme trop affiché et l'habileté de son adversaire à s'engouffrer dans la brèche. Les sorties publiques de Kirchhof, souvent désastreuses et parfois immédiatement recadrées par Angela Merkel, la cacophonie dans la communication du camp chrétien-démocrate, tournée en dérision par un Gerhard Schröder énergique et combatif, stigmatisant régulièrement le « professeur de Heidelberg » et une CDU accusée de technocratie et de mépris pour l'homme de la rue, devaient finalement peser dans les urnes.

Au soir du 18 septembre, la CDU, avec 35,2 % des voix, devançait à peine le SPD (34,3 %), le reste des suffrages s'équilibrant entre les libéraux (9,9 %), les Verts (8,7 %) et le PDS de Lothar Bisky, qui, avec un spectaculaire 8,7 % des voix, passait de 2 à 54 députés. Pour la première fois de son histoire, la République fédérale se retrouvait devant un résultat électoral inattendu et dont l'issue était tout sauf certaine. Arrivée en tête, Angela Merkel n'en restait pas moins mise en difficulté, ayant conduit son parti à un score parmi les plus faibles de l'histoire de la démocratie chrétienne, tandis que Gerhard Schröder pouvait s'enorgueillir d'un nombre de suffrages inattendu, qui devait même le pousser, un temps, et de façon pour le moins surprenante, à revendiquer la victoire. Par ailleurs, la constitution d'une majorité claire semblait démentie par le résultat des votes. Malgré un résultat supérieur à celui des élections fédérales de 2002, les libéraux ne pouvaient en effet mathématiquement constituer une majorité avec la CDU/CSU. L'idée d'une coalition rouge-rouge-verte – unissant, donc, le SPD et le PDS – était également exclue, Gerhard Schröder s'étant refusé à toute alliance avec les troupes de Lothar Bisky. Quant à la perspective d'une coalition dite « Jamaïque », pouvant réunir la CDU/CSU, le FDP et les Verts, Joschka Fischer l'avait rapidement rendue caduque en refusant de travailler avec la CDU. Si, le 18 novembre, soit au bout de deux mois de négociations, Angela Merkel devait finalement inaugurer une coalition avec le parti de Gerhard Schröder, c'était avant tout, là encore, de façon tout à fait inusitée pour la République fédérale, faute d'autre solution réaliste.

L'alliance CDU/CSU-SPD n'avait en effet rien de commun avec celle de la première Grande Coalition. Alors qu'à la veille des élections de 2005 le SPD aspirait à refaire ses forces et son crédit en basculant dans l'opposition, la social-démocratie de 1966 souhaitait cette union momentanée avec la démocratie chrétienne avant tout pour enfin démontrer sa capacité à exercer le pouvoir, et échapper ainsi à l'image d'éternelle opposante. Par ailleurs, mise en place au cours de la législature en cours, la première Grande Coalition entendait répondre à une demande implicite des électeurs et valider un projet de gouvernement commun, alors que, en termes de majorité électorale, elle n'était pas indispensable ; en 2005, au contraire, non seulement aucun projet d'alliance n'était entré dans les calculs des états-majors des deux grands partis, mais le résultat obligeait *de facto* à cette alliance en l'absence de toute autre possibilité. Différence, enfin, de représentativité : si les deux grands partis avaient rassemblé, lors des élections fédérales de septembre 1965, près de 87 % des suffrages à eux deux, laissant le FDP seul parti d'opposition, près de quarante ans plus tard la CDU/CSU et le SDP ne représentaient plus que 70 % des voix. Aussi, en dépit des déclarations d'Angela Merkel qui, dans son premier discours au Bundestag, affirmait vouloir voir, dans cette aventure politique, une « coalition [ouvrant] de nouveaux possibles », ou encore la pierre angulaire d'une « nouvelle fondation », l'alliance inaugurée en décembre 2005 ressemblait surtout à un pis-aller auquel il fallait se résoudre.

Une constellation renouvelée

Grandes Coalitions sans fin ?

La figure d'Angela Merkel, élue en 2005 puis réélue sans discontinuer au poste de chancelier à l'issue des élections fédérales de 2009, 2013, 2017, témoigne assurément d'une stabilité et d'une permanence remarquables. Pourtant, derrière cette permanence, au cours des années 2005-2020, n'a cessé de se dessiner une transformation profonde du paysage politique en place.

Jusqu'alors, la République fédérale avait fondé sa stabilité sur un système *de facto* tripartite et une alternance régulière du pouvoir entre le SPD et la démocratie chrétienne, alternance complétée au gré des coalitions par le parti libéral (FDP). Certes, la Grande Coalition de 1966 avait réuni les deux principaux « partis multitudinistes » (*Volkspartei*). Mais elle était restée une exception en même temps qu'un moment politique, qui, destiné à répondre à une situation donnée, avait également, en permettant l'accès du SPD aux responsabilités, hâté la mise en place de l'alternance.

Depuis 2005, l'Allemagne semble ne plus connaître d'autres solutions politiques que la Grande Coalition.

Certes, l'année 2009 a pu sembler rétablir une certaine « normalité » dans la vie politique allemande, en conduisant une nouvelle fois au pouvoir la démocratie chrétienne et le FDP, d'ailleurs qualifié par la chancelière, au lendemain des élections, de « partenaire naturel », reléguant presque l'expérience de 2005 au rang d'exception.

Résultats des élections fédérales de 2005 à 2017

Année/Résultats (en %) (et différence par rapport aux élections précédentes)	2005	2009	2013	2017
CDU/CSU	35,2 (–3,3)	33,8 (–1,4)	41,54 (+7,7)	32,9 (–8,6)
SPD	34,3 (–4,2)	23 (–11,3)	25,7 (+2,7)	20,5 (–5,2)
FDP	9,8 (+2,4)	14,6 (+4,7)	4,98 (–9,8)	10,75 (+5,7)
Verts	8,1 (–0,5)	10,7 (+2,6)	8,44 (–2,3)	9,2 (+0,7)
PDS/Die Linke[1]	8,7 (+4,7)	11,9 (+3,2)	8,6 (–3,3)	8,9 (+0,5)
AfD[2]	–	–	4,7	12,6 (+7,9)
Coalition au pouvoir	Grande Coalition	CDU/CSU-FDP	Grande Coalition	Grande Coalition

Toutefois, ce partenariat « naturel » ressemblait bien davantage, lui aussi, à un mariage sans enthousiasme qu'à une alliance traditionnelle ou à un désir d'œuvrer en commun : la CDU/CSU enregistrait en 2009 le deuxième plus mauvais score de son histoire, alors que les libéraux, qui avaient manifestement profité de leur passage dans l'opposition, gagnaient près de cinq points.

1. Die Linke (La Gauche) naît officiellement le 16 juin 2007 de la fusion entre d'une part l'Alternative électorale travail et justice sociale (*Wahlalternative Arbeit und soziale Gerechtigkeit*, WASG) d'Oskar Lafontaine et, d'autre part, le Parti du socialisme démocratique (*Partei des Demokratischen Sozialismus*, PDS), lui-même héritier du Parti socialiste unifié d'Allemagne (*Sozialistische Einheitpartei Deutschland*, SED de l'ex-RDA). Voir *infra*.

2. L'AfD (*Alternative für Deutschland*, Alternative pour l'Allemagne) n'est créée qu'en février 2013.

De plus, aucun projet réel ne fondait l'alliance des deux partis : la plupart des grandes réformes du marché du travail, cheval de bataille traditionnel du FDP, avaient déjà été menées par les gouvernements précédents, et notamment celui du chancelier Schröder. Par ailleurs, l'étoile du libéralisme, pâlissante depuis le début des années 2000, avait, avec la crise financière de 2008, rapidement décliné aux yeux de l'opinion et d'Angela Merkel, déjà échaudée par l'expérience Kirchhof. Enfin, les discussions menées en vue de la coalition avaient révélé l'ampleur des divergences existant entre Angela Merkel et le leader libéral, Guido Westerwelle, dont les stances contre l'État-providence ne pouvaient qu'agacer une chancelière soucieuse de revenir à davantage d'interventionnisme.

Les années qui suivirent la conclusion du contrat de coalition allaient rendre patents ces désaccords majeurs. Les attaques du leader libéral contre la perspective de tout relèvement des minima sociaux, immédiatement condamnées par la chancelière, la volonté, chez les libéraux, d'introduire dès 2010 une réforme fiscale, jugée peu urgente à la CDU, ou celle, en matière de santé, de fixer un niveau de cotisation déconnecté des revenus, que la CSU estimait incompatible avec le principe de solidarité, les divergences, enfin, sur la prolongation de vie des centrales nucléaires constituaient autant de pierres d'achoppement entre les deux partenaires, dont l'alliance, rapidement, apparaissait vouée à l'échec. Tenu par l'opinion allemande comme le principal responsable de ces dissensions, du fait de ce qui ressemblait à une intransigeance idéologique doublée d'un manque de sens du compromis, le FDP allait connaître une chute spectaculaire de sa popularité, sanctionnée en 2013 par son effondrement lors des élections fédérales de septembre : les libéraux passaient, pour la première fois de leur histoire, sous la barre des 5 %.

Les élections fédérales successives confirmaient par la suite ce qui ressemblait fort à une constante. À l'exception de 2009, l'ensemble des législatures conduites depuis 2005 se sont ainsi conclues par une Grande Coalition, devenue, *de facto*, le mode usuel de gouvernement de la République fédérale de ces quinze dernières années.

La CDU a certes réussi à renouer en 2013, en obtenant 41,5 % des suffrages, avec un score digne des plus heureuses années électorales de son histoire, capitalisant sur le succès personnel d'Angela Merkel, qui pouvait se féliciter du retour de la croissance économique. Toutefois, du fait de l'éclatement du reste des voix entre les cinq autres partis, la chancelière était, malgré sa victoire, incapable de constituer une alliance autre que celle avec un SPD lui-même pourtant fort désireux d'échapper à cette solution.

Les élections fédérales de 2017 ont enfin semblé parachever la transformation en cours du paysage électoral allemand. À l'issue du scrutin, avec respectivement 32,9 % et 20,5 % des voix, la CDU et le SPD obtenaient tous deux les pires scores de l'après-guerre. Dans le même temps, les cinq autres partis que constituaient le FDP, les Verts, La Gauche (*Die Linke*) et l'Alternative pour l'Allemagne (AfD) totalisaient plus de 41 % des voix, chacun obtenant entre 9 % et 12 % des suffrages. Plus encore qu'en 2005, les combinaisons politiques ressemblaient toutes à d'impossibles exercices d'équilibrisme, contraignant une fois de plus les deux principaux partis à constituer une union dans la faiblesse : le SPD refusait toujours de se rapprocher de l'extrême gauche pour une éventuelle coalition rouge-rouge-verte, d'ailleurs insuffisante pour constituer une majorité, tandis que la CDU, désormais trop faible pour retrouver l'alliance classique avec les libéraux, refusait toute discussion avec l'AfD ; quant à la possibilité d'une constellation rassemblant la CDU/CSU, les Verts et le FDP, elle devait se révéler irréalisable, les libéraux finissant par quitter les négociations.

Témoin de cette situation apparemment insoluble, l'entrée en fonction du gouvernement issu des élections du 24 septembre 2017 ne sera effective que le 24 mars 2018, après que le président du SPD aura décidé, à contrecœur, d'entamer les négociations d'un contrat de gouvernement fin novembre 2017, pressé par certains de ses cadres et surtout par le président fédéral, Frank-Walter Steinmeier, de sortir de son opposition de principe à toute reconduction d'une Grande Coalition.

Un paysage politique devenu plus complexe

Cette difficulté croissante à trouver une majorité de gouvernement « classique » s'explique avant tout par une accélération, depuis 2005, de l'évolution du paysage politique.

L'affaiblissement des deux partis majoritaires historiques

Longtemps caractérisé par une domination presque sans partage des deux *Volksparteien* que sont la CDU et le SPD, le paysage politique allemand assiste, depuis 2005, à leur érosion régulière, bien qu'inégale. Alors que ceux-ci affichaient encore, jusqu'à la fin des années 1980, des scores globaux supérieurs à 80 %, ils ne recueillaient plus, lors des élections de 2017, que 53,4 % des suffrages.

Évolution des résultats de la CDU et du SPD depuis 1991 (en %)

	1983*	1987*	1990	1994	1998	2002	2005	2009	2013	2017
CDU/CSU	48,8	44,2	43,8	41,4	35,1	38,5	35,2	33,8	41,5	32,9
SPD	38,2	37	33,5	36,4	40,9	38,5	34,3	23	25,7	20,5
Total	87	81,2	77,3	77,8	76	77	69,5	56,8	67,2	53,4

* Allemagne de l'Ouest seule

Cet affaiblissement global tient en premier lieu à une évolution sociale en même temps que sociologique : alors que ces deux ensembles politiques ont longtemps fondé leur identité sur des groupes sociaux homogènes – la classe ouvrière pour le SPD, l'héritage du Zentrum catholique puis le centre interconfessionnel pour la CDU –, la société allemande est devenue, depuis la fin des années 1980, comme le rappelle avec raison Edgar Wolfrum[1], de plus en plus mobile, plus individualiste et plus versatile. À l'heure de la diversité et de l'évolution rapide des opinions, de plus en plus sensibles à la communication médiatique, les identités et les repères classiques se sont progressivement dissous.

Cette érosion s'explique également par l'évolution propre de chacun de ces deux partis.

Loin des succès de Willy Brandt en 1972, lorsqu'il était devenu le premier parti du pays avec plus de 45 % des voix, le SPD s'avère le plus touché par ce déclin : alors qu'il représente encore en moyenne plus de 37 %

1. Edgar Wolfrum, *Der Aufsteiger. Eine Geschichte Deutschlands von 1990 bis heute*, Hambourg, Klett-Cotta, 2020.

des suffrages tout au long des décennies 1980 et 1990, le parti s'effondre à partir des élections de 2009. Profondément divisée par la politique du gouvernement Schröder, la social-démocratie souffre en effet depuis lors d'une incapacité à dresser sereinement l'inventaire des années de réformes initiées par l'Agenda 2010, dont la série de lois Hartz ont été l'emblème. On assiste ainsi, depuis 2005, à une constante hésitation du SPD entre trois attitudes, entre lesquelles, encore en 2020, il semble incapable de trancher : assumer cet héritage, le renier ou l'accepter tout en le corrigeant. Par ailleurs, sa participation quasi permanente au pouvoir au sein de Grandes Coalitions, qui sont à chaque fois, pour lui, de véritables tuniques de Nessus, paraît lui refuser la possibilité de mener à bien cette tâche de refondation, en même temps que celle de refaire ses forces en profitant d'un long passage dans l'opposition. Le SPD reste ainsi, depuis 2005, tiraillé entre critique d'une de ses figures charismatiques, héritage historique et difficulté à définir une ligne claire, notamment sur les questions sociales ou sur l'immigration et la question des réfugiés, devenue, depuis 2015, un sujet brûlant. Témoin de ce profond malaise, le parti n'a cessé de changer de président depuis la démission de Gerhard Schröder et la nomination de Franz Müntefering : entre 2004 et 2021, neuf personnalités se sont succédé à sa tête[1].

Le tournant libéral des années Schröder et la participation régulière du parti à une politique de centre

1. Franz Müntefering (2004-2005), Matthias Platzeck (2005-2006), Kurt Beck (2006-2008), Frank-Walter Steinmeier (président par intérim, septembre-octobre 2008), à nouveau Franz Müntefering (2008-2009), Sigmar Gabriel (2009-2017), Martin Schulz (2017-2018), Andrea Nahles (2018-2019). Depuis novembre 2019, la présidence est assurée par le tandem Norbert Walter-Borjans et Saskia Esken.

droit aux côtés de la CDU ont, de plus, créé, à la gauche du SPD, un appel d'air, rapidement comblé à la fois par le PDS, né des cendres du SED de la République démocratique allemande, et par la création du parti sécessionniste de l'Alternative électorale travail et justice sociale (WASG)[1]. L'alliance de ces deux partis lors des élections de 2005 puis leur fusion au sein de La Gauche ont *de facto* privé le SPD d'un réservoir de voix à sa gauche. Ce constat est d'autant plus dramatique que, déjà depuis les années Schmidt et l'adoption par ce dernier d'une politique favorable à l'installation de missiles américains sur le sol allemand, l'émergence du parti des Verts avait dépossédé la social-démocratie d'une part de son électorat. L'ascension, depuis 2013, du nouveau parti de droite Alternative pour l'Allemagne (AfD), qui a su attirer à lui une partie des classes moyennes, constitue aujourd'hui un défi supplémentaire, qui paraît de plus en plus difficile à relever sans une profonde refondation du SPD en même temps qu'un questionnement sur les alliances qu'il pourrait conclure au niveau fédéral.

La situation de la CDU/CSU paraît, au cours de la période, plus paradoxale. Alors que le succès politique personnel d'Angela Merkel qui, sans discontinuer, préside le parti chrétien-démocrate de 2000 à 2018, a permis à celui-ci de rester depuis 2005 la première formation de la République fédérale, son audience n'a cessé, dans le même temps, de se réduire : depuis 1998, la démocratie chrétienne n'a été qu'une seule fois en mesure (en 2013) de renouer avec le socle des 40 % de voix, qu'elle dépassait systématiquement depuis le début des années 1950.

1. Voir *supra*.

C'est qu'avec Angela Merkel, la CDU a assez rapidement atténué la dimension et libérale et conservatrice du parti, pour progressivement se focaliser sur le centre, gauche et droit tout à la fois.

Au lendemain des élections de 2005 et de l'épisode Kirchhof, le parti a ainsi opéré un virage remarqué, congédiant le très libéral programme de Leipzig lancé en 2003 au bénéfice d'un nouvel agenda, validé lors des assises du parti à Hanovre en 2007. Ce congrès confirmait l'adoption d'un virage plus social, que ce soit dans la volonté proclamée d'associer les salariés aux bénéfices de l'entreprise ou d'élargir le salaire minimum à d'autres branches, ou en menant des attaques remarquées contre les salaires jugés excessifs de certains dirigeants. Pour reprendre l'analyse du politologue Peter Lösche : « [Angela Merkel] a alors compris que la CDU ne pourra jamais gagner une élection sans mordre sur l'électorat de la gauche[1]. » La crise financière de 2008 n'allait que renforcer cette analyse et cette tendance.

Le congrès de Hanovre entérinait également la volonté de bannir certaines références classiques du conservatisme, en dépit des quelques gages qui lui étaient consentis, comme le refus d'adhésion de la Turquie à l'Union européenne ou certaines aides sociales étendues aux mères au foyer. Les résultats enregistrés par la CDU lors de l'élection régionale de Hesse en janvier 2008 allaient confirmer, aux yeux de sa direction, la nécessité d'un affichage plus neutre. En concentrant sa campagne sur les questions de sécurité, et notamment la criminalité juvénile, Roland Koch avait en effet, selon les analyses alors menées par la Fondation Konrad-Adenauer, proche

1. *Le Temps*, 4 décembre 2007. Voir https://www.letemps.ch/monde/angela-merkel-ne-voulons-plus-jamais-socialisme.

des organes dirigeants de la CDU, divisé son électorat et fait fuir sa base[1]. Au final, selon cette fondation, « le résultat des urnes démontr[ait] que les élections ne [pouvaient] être gagnées en s'appuyant sur les électeurs traditionnels[2] ».

La personnalité d'Angela Merkel n'était pas étrangère à ces évolutions. Alors que la plupart des chanceliers et des grands ténors de la démocratie chrétienne allemande avaient été marqués par un attachement à un certain catholicisme traditionnel, et, qui plus est, par la force des choses, pétris de valeurs occidentales, Angela Merkel opposait à cet héritage une figure plus atypique. Certes protestante et surtout ancienne citoyenne de RDA, donc moins sensible à l'héritage historique de la République fédérale de Bonn, elle n'avait, lors de son entrée très tardive en politique, guère fait profession d'un militantisme farouche ou d'un attachement à une idéologie. Pragmatique et opportuniste tout à la fois – ce dont témoignait sa capacité à se débarrasser sans remords de son mentor Helmut Kohl aux lendemains de la défaite de 1998[3], lorsque celui-ci était empêtré dans les affaires –, la chancelière semblait également cultiver une faculté hors du commun à éviter tout enfermement dans une école de pensée, pour, au contraire, savoir « donner du temps au temps » et s'identifier aux évolutions sociales en cours. En témoignent ses volte-face sur le nucléaire, entre 2010

1. Roland Koch, ministre-président de Hesse, ne totalisait plus en effet lors des élections de 2008 que 36,8 % des voix, soit 12 points de moins que lors du précédent scrutin.

2. Viola Neu, « Landtagswahlen in Hessen und Niedersachsen am 27. Januar 2008 », Berlin, Wahlanalyse, 2008, p. 4, cité par Christoph Egle et Reimut Zohlnhöfer (dir.), *Die zweite Grosse Koalition. Eine Bilanz der Regierung Merkel 2005-2009*, Wiesbaden, Vs Verlag für Sozialwissenschaften, 2010, p. 115.

3. Voir *supra*, « La victoire surprise de Gerhard Schröder ».

et 2011, son cavalier seul sur l'accueil des immigrés en 2015, au risque de se couper de son allié traditionnel, la CSU, ou encore son absence de consigne de vote à la majorité lors de l'introduction du débat, à l'été 2017, sur le mariage homosexuel.

Somme toute, en occupant la totalité du centre et en se déplaçant sciemment sur sa gauche, la CDU avait certes réussi à « mordre » sur une fraction de l'électorat du SPD, à gommer une partie des frontières idéologiques avec les Verts, chose impensable jusqu'au début des années 2000, le tout sans se couper officiellement des libéraux, que leur faiblesse historique contraignait, presque naturellement, à se rapprocher de la démocratie chrétienne. Toutefois, ce succès tactique, qui avait permis à la CDU de se maintenir au pouvoir sans discontinuer depuis 2005, s'accompagnait d'une double fragilisation. Tout d'abord, vis-à-vis de son « homologue » régional qu'était l'Union chrétienne-sociale bavaroise (CSU), qui, quelques mois à peine après la signature du contrat de coalition de 2017, avait menacé de sortir de l'alliance, notamment à cause de désaccords sur la question migratoire, chose inédite dans l'histoire de la relation des deux partis. Mais surtout, en laissant un vide à sa droite, en se coupant d'une partie de son électorat traditionnel, en brouillant volontairement les lignes, en particulier sur la question de l'immigration, la CDU avait, à l'instar du SPD pour le parti Die Linke, créé un vide en même temps qu'une réaction, que l'avènement de l'Alternative pour l'Allemagne (AfD) avait fini par remplir : considéré à ses débuts comme une manifestation d'ultras sans lendemains, ce parti, né de l'initiative de quelques universitaires en réaction à l'adoption de l'euro[1], avait créé

1. Voir *infra*.

la surprise en s'imposant, en deux élections fédérales, en tout cas techniquement et momentanément, comme le troisième parti d'Allemagne.

Le paysage se transforme :
Die Linke et l'AfD

Au-delà de l'évolution propre de la CDU/CSU et du SPD, la transformation du paysage politique allemand tenait à l'irruption, certes dans un intervalle de temps différent selon l'un et l'autre, de partis nouveaux, aux deux extrêmes de l'échiquier politique : le PDS puis La Gauche[1] et, à la droite de la démocratie chrétienne, l'Alternative pour l'Allemagne (AfD).

Issu des décombres du SED, le parti du socialisme démocratique (PDS) avait, dès 1994, réussi à constituer au Bundestag un groupe parlementaire, grâce, il est vrai, à l'obtention de trois mandats directs[2], puis, lors des élections fédérales de 1998, à maintenir sa présence au Parlement, en franchissant cette fois la barre des 5 % des voix. Toutefois, né à l'est de l'Allemagne, ce parti paraissait non seulement incapable de sortir de son identité « régionale », mais également peu susceptible de s'ancrer dans le paysage politique comme un parti potentiel de gouvernement, tant sa dimension protestataire était forte. En 2002, il échouait ainsi aux élections fédérales et semblait dès lors devoir végéter

1. Voir, pour le développement suivant, l'excellent article de Dieter Segert, « Le nouveau Parti de gauche en Allemagne : une gauche si extrême ? », IFRI, *Note du Cerfa*, n° 33, 2006.

2. Le droit électoral allemand dispose qu'un parti ne peut avoir d'élus au Bundestag que s'il a obtenu pour ses listes *ou* plus de 5 % des voix au niveau fédéral *ou* au moins trois mandats directs au sein des circonscriptions électorales. Dans ce second cas, le parti concerné obtient un nombre de sièges correspondant au pourcentage de voix obtenu lors de ces élections.

dans un rôle de parti marginal, limité aux frontières des nouveaux Länder.

L'influence de personnalités comme Michaël Brie, la reprise en main par une nouvelle direction, et notamment Lothar Bisky, lui-même proche du très médiatique Gregor Gysi, qui s'était accompagnée d'une sévère critique menée à l'encontre du passé et des « fautes douloureuses » commises par l'ancien régime de RDA, avaient abouti à l'adoption, à Chemnitz, d'un nouveau programme en 2003 : aux termes de celui-ci, le PDS entendait se transformer en un parti de gauche, non plus simplement revendicatif et protestataire, voire identitaire, mais porteur d'une alternative au projet de société incarné par la majorité sociale-démocrate du chancelier Schröder.

Son positionnement sur quelques chevaux de bataille, comme la protection des droits fondamentaux des citoyens ou l'hostilité à la mondialisation, devait permettre un rapprochement avec l'Alternative électorale travail et justice sociale (WASG) nouvellement créée[1] d'Oskar Lafontaine, qui avait quitté le SPD avec fracas en 2005 pour prendre la direction de ce mouvement rassemblant déçus de la social-démocratie et leaders syndicaux hostiles au gouvernement Schröder. La fusion des deux partis au sein de Die Linke en 2007 devait considérablement étoffer l'aura de la nouvelle formation : la présence dans ses rangs de personnalités venues du SPD, comme son président, Oskar Lafontaine[2], ancien ministre-président de la Sarre mais aussi ancien président du parti social-démocrate, Ulrich Maurer, ex-président

1. Le 22 janvier 2005.
2. Oskar Lafontaine démissionne en janvier 2010 de Die Linke pour des raisons de santé.

du SPD du Bade-Wurtemberg, ou encore Klaus Ernst, venu du puissant syndicat IG Metall, avait permis de transformer Die Linke en un parti à l'audience élargie. En témoignaient non seulement le succès remporté lors des élections fédérales de 2005 et 2009, puis sa stabilisation, en 2013 et 2017, autour de 8-9 %, mais également sa réussite lors des élections régionales et locales, à l'Est comme à l'Ouest[1].

Ainsi, en sachant dépasser son identité régionale première, mais aussi en démontrant sa capacité à gouverner, même si ce n'est encore, pour l'heure, qu'au niveau local ou régional, Die Linke semble s'être, et pour longtemps, ancrée dans le paysage politique allemand.

L'Alternative pour l'Allemagne présente l'image d'une nouveauté plus radicale encore. Certes, la République fédérale a connu, au long de son histoire, l'émergence de nombreux partis nationalistes et/ou d'extrême droite, ainsi avec le Parti national-démocrate d'Allemagne (*Nationaldemokratische Partei Deutschlands*, NPD), dans les années 1960, l'Union populaire allemande (*Deutsche Volksunion*, DVU), créée au début des années 1970 par Gerhard Frey, ou encore avec Les Républicains (*Die Republikaner*), de Franz Schönhuber, fondés en 1983 par des dissidents de la CSU. Toutefois, en dépit de quelques succès régionaux ponctuels[2], ces formations n'avaient jamais obtenu de sièges au Bundestag. Or, après avoir échoué de peu lors des élections fédérales de 2013, avec 4,8 % des suffrages, l'AfD,

1. Ainsi, en Sarre, avec plus de 21 % des suffrages obtenus en 2009, mais également, quoique dans des proportions bien moindres, mais toujours au-delà de la barre des 5 %, à Hambourg, Brême, Francfort, Cologne ou Kiel.

2. Ainsi, les Republikaner sont présents au Landtag de Bade-Wurtemberg entre 1991 et 2000, la DVU l'est en Saxe-Anhalt entre 1998 et 2002, et le NPD en Saxe (de 2004 à 2013) et dans le Mecklembourg (de 2006 à 2016).

après seulement quatre ans d'existence, créait la surprise en 2017 en atteignant 12,6 % des voix, devenant ainsi mathématiquement le troisième parti du pays.

Fondée en février 2013 par une équipe composée plus d'intellectuels que de professionnels de la politique[1], l'AfD est, au départ, née d'un double refus : celui, en premier lieu, de voir l'Allemagne engluée dans la spirale de la dette grecque au nom de la défense de l'euro et de la stabilité financière ; celui, au-delà, d'accepter que la droite allemande ne trouve d'autre salut que dans un centrisme atone, dont Angela Merkel était tenue pour la principale responsable. À cette profession de foi encore hésitante et confuse, il manquait un adjuvant. L'année 2015, et la crise des réfugiés, sur fond d'interminables épisodes de la crise grecque qui n'en finissait pas de rebondir, allait apporter cet appel d'air et, dans le même temps, transformer l'AfD. Lors de son congrès d'Essen, en juillet 2015, une ligne plus dure, incarnée par Frauke Petry ou Jörg Meuthen, s'impose, tandis que les figures fondatrices démissionnent, comme Bernd Lucke. Portée par les événements, l'AfD est ainsi devenue en un temps record le réceptacle d'un électorat divers, certes avant tout présent dans les nouveaux Länder, mais transcendant la plupart des classes sociales – même si la classe moyenne y est particulièrement représentée. Et si le parti semble moins capable de mobiliser les électeurs traditionnels du SPD, son succès est patent auprès des libéraux et des électeurs chrétiens-démocrates, sans oublier le ventre mou des abstentionnistes qu'il a su mobiliser lors des élections de 2017.

1. Bernd Lucke, qui préside alors l'AfD, est universitaire ; Konrad Adam, journaliste ; Joachim Starbatty, juriste. Seules quelques figures, à l'image d'Alexander Gauland, membre de la CDU, qui, à la fin des années 1980, est secrétaire d'État dans le Land de Hesse, sont des politiques confirmés.

En dépit de ses succès fulgurants, tant au niveau fédéral que dans les élections régionales[1], l'avenir de l'AfD reste difficile à décrypter. La radicalisation de la structure de l'Alliance, qui amène, en 2017, la démission de sa porte-parole, Frauke Petry, au profit de personnalités comme Andreas Kalbitz, Björn Höcke ou Alice Weidel, les sorties médiatiques régulièrement provocantes de certains de ses cadres, comme celle de Wolfgang Gedeon en 2016 à propos des *Protocoles des sages de Sion* ou celle de Björn Höcke sur le monument érigé à Berlin à la mémoire de la Shoah, également les dérapages extrémistes de certains de ses militants ou sympathisants[2] pourraient, à terme, lui causer préjudice. L'Office fédéral pour la protection de la Constitution a d'ailleurs placé plusieurs de ses personnalités sous surveillance. Au-delà, l'avenir de l'AfD dépend pour une large part de l'actualité des questions dont ce parti s'est fait le chantre et de celui de la démocratie chrétienne, dont elle est, tant par l'origine de nombre de ses électeurs que par son positionnement sur l'échiquier politique, le partenaire indispensable pour sortir d'une éternelle opposition. Pour l'heure, la CDU d'Angela Merkel refusait tout contact avec elle.

1. L'AfD se classe ainsi en deuxième place lors des élections régionales de Thuringe (2019), Saxe (2019), Brandebourg (2019), Mecklembourg-Poméranie (2016), Saxe-Anhalt (2016). Elle arrive en troisième position en Bade-Wurtemberg (2016) et en quatrième, avec 10 % des voix, en Bavière (2018).

2. À la suite de l'attentat de Halle le 9 octobre 2019, au cours duquel un terroriste d'extrême droite a abattu deux personnes, plusieurs personnalités politiques, notamment de la CDU et du SPD, ont estimé que l'AfD avait une responsabilité intellectuelle dans l'attaque.

Verts et libéraux : du nouveau ?

Bien que ne relevant pas de la catégorie des partis « majoritaires », le FDP ne se considère pas moins comme un parti également historique, présent dès 1949 et, dans une large mesure, ayant lui aussi contribué à façonner l'histoire politique du pays de par son statut de parti « charnière ». À la veille des élections de 2005, il a ainsi participé, sauf en 1957 et lors de la Grande Coalition de 1966, à toutes les majorités gouvernementales depuis la fondation de la République fédérale. Certes, depuis l'avènement des Verts en 1980 et l'entrée de ces derniers au Bundestag trois ans plus tard, le FDP a dû apprendre à composer avec cette nouvelle formation politique, devant même, au cours des trois législatures successives de 1994, 1998 et 2002, lui céder sa place de troisième parti d'Allemagne. Toutefois, les libéraux demeuraient des partenaires naturels de gouvernement.

Cependant, la constitution de la majorité rouge-verte avait ouvert une première fois le champ des possibles et brouillé le jeu classique des majorités. L'affaiblissement des deux *Volksparteien* et leur difficulté à constituer une majorité par le simple ajout d'un parti tiers, mais aussi, à partir de 2005, l'avènement des nouveaux concurrents que constituaient la Gauche puis, en 2013, l'AfD n'ont cessé de compliquer les perspectives d'un FDP qui peinait de plus en plus à trouver sa place dans le jeu politique. L'évolution de la CDU vers le centre et sa prise de distance vis-à-vis du libéralisme, la conversion d'Angela Merkel à une certaine écologie, enfin, des dissensions liées tant à la personnalité de la chancelière qu'à celle de Guido Westerwelle entre 2009 et 2013 ont, pour finir, durablement affecté la relation entre les deux partis.

Cette défiance en même temps que la crise d'identité d'un FDP concurrencé de toute part expliquent en grande partie l'échec retentissant de 2013 et l'incapacité du parti, pour la première fois de son histoire, à franchir la barre des 5 % aux élections fédérales.

Sous la houlette dynamique de son nouveau président, Christian Lindner, qui, au lendemain de la débâcle de 2013, a remplacé le fort peu charismatique Philipp Rösler, le FDP a certes pu, depuis, retrouver le chemin du Bundestag. L'adoption d'un nouveau programme en 2017 a, sans doute, permis au parti de se reconstituer une âme en réaffirmant un credo libéral décomplexé, centré autour de la dérégulation, de la liberté de l'individu, de la réduction de l'impôt ou encore de la nécessaire réduction de la dette en même temps que du nombre de fonctionnaires. Pour autant, les libéraux demeurent, en 2021, confrontés à une série d'interrogations qui résonnent comme autant de défis pour l'avenir. En premier lieu, le socle électoral de ce parti est resté particulièrement faible alors que la concurrence s'avère plus rude que jamais. Par ailleurs, son succès, très volatil d'une élection à l'autre depuis une vingtaine d'années, tient de plus en plus à sa capacité de mobiliser les abstentionnistes et aussi, dans une certaine mesure, à l'attitude des électeurs de la CDU, à qui il a ravi, en 2017, plus de 1,3 million de voix. De ce fait, le FDP demeure dépendant de son partenaire historique et paraît pour l'heure peu en mesure de retrouver son passé politique d'allié naturel de la CDU, au regard de l'évolution idéologique actuelle de la démocratie chrétienne comme semblent en témoigner les déboires de la coalition jaune-noire de 2013, la réaffirmation d'un libéralisme assumé à l'heure où la CDU s'en est au contraire éloignée, ou encore la décision de Lindner, en 2017, de mettre fin aux discussions avec la CDU et les Verts en vue d'une coalition dite « Jamaïque ». Et si le retour d'une alliance avec le SPD reste toujours possible, la faiblesse de celui-ci semble désormais rendre indispensable, à la différence de l'expérience de Brandt, l'entrée en lice d'un troisième partenaire.

Sans disposer d'une histoire et donc d'une antériorité semblables aux trois partis fondateurs de la RFA, Les Verts (*Die Grünen*) ont, en 2005, atteint une réelle maturité. Leur mutation progressive d'un parti protestataire en une formation acceptant pleinement le jeu politique, plus encore, leurs années de pratique du pouvoir aux côtés des sociaux-démocrates ont permis aux Grünen d'intégrer le cercle des partis de gouvernement au niveau fédéral. Ils constituent même, en 2021, une force politique plus importante que ne pourraient le laisser croire leur stagnation, depuis 2005, lors des élections fédérales successives, autour de 9 % des voix, ou leur modeste cinquième place obtenue lors des élections de 2017.

Pourtant, les lignes de faille structurelles continuent à ne pas manquer. En dépit de l'ouverture indéniable que leur partenaire Bündnis 90 avait pu apporter au parti lors de la réunification, les Verts sont en effet restés un parti fondamentalement ouest-allemand, peinant à s'implanter dans les nouveaux Länder, dans la quasi-totalité desquels, à l'exception du Brandebourg, ils demeurent, encore en 2017, très souvent en deçà de la barre des 5 %. L'origine de leurs membres est encore plus parlante : malgré la présence, au sommet de la structure du parti, de quelques caciques qui proviennent de l'ex-RDA, à l'image du secrétaire général, Michael Kellner, ou encore de Katrin Göring-Eckardt[1], moins de 8 % des

1. Vice-présidente du Bundestag entre 2005 et 2013, elle est, entre 2002 et 2005 et depuis 2013, coprésidente du groupe des Verts au Bundestag.

inscrits sont des Allemands de l'Est. De plus, si les Verts ont su, notamment sous la houlette de Joschka Fischer, dominer leur tendance au déchirement, qui constituait un obstacle de taille à leur arrivée aux affaires, le parti demeure, malgré sa professionnalisation et sa pratique du pouvoir, toujours à la merci d'une division entre une base militante et volontiers revendicative et un bureau plus désireux de réalisme et, donc, de compromis. Ainsi, dès 2007, le congrès de Göttingen avait-il largement approuvé le principe d'un retrait de la Bundeswehr d'Afghanistan alors que les dirigeants s'étaient exprimés en faveur d'une participation prolongée à la force internationale en place. Le phénomène s'est reproduit lors de l'adoption du nouveau programme du parti en 2020, les militants ayant alors imposé à la direction l'idée d'un revenu universel (*Grundeinkommen*).

Malgré ces faiblesses intrinsèques, les Verts affichent, à la veille du grand rendez-vous électoral de 2021, une force politique aux perspectives prometteuses. Depuis plusieurs années, et plus particulièrement depuis 2017-2018, ils bénéficient en effet largement du sentiment d'urgence né de la prise de conscience générale du risque que fait courir le réchauffement climatique. Le résultat phare obtenu lors des élections européennes de mai 2019, avec plus de 20 % des suffrages, juste derrière la CDU, en témoigne.

Au-delà, au risque de décevoir une partie des militants, le tandem constitué par Robert Habeck et Annalena Baerbock, à la tête du parti depuis 2018 et reconduit lors du congrès de Bielefeld en novembre 2019, a clairement mis la barre au centre. Certes, le nouveau programme, adopté en novembre 2020, entend réaffirmer l'ancrage « social » des Verts, par exemple en prévoyant de remplacer la législation Hartz IV par un minimum social aux revenus insuffisants (*Garantiesicherung*) ou l'augmentation du revenu minimum à 12 euros, ou encore par la volonté de gommer la logique comptable qui, sous le gouvernement Schröder, avait présidé aux réformes du système de santé. Climat et environnement y ont bien entendu une large place, de même que le souci de toutes les minorités. Mais cette profession de foi frappe avant tout par son sens de la mesure – les revendications « vertes » ne sont ainsi plus déconnectées des questions de croissance et d'économie – en même temps que par celui du compromis et de l'ouverture, tant à gauche – ce qui paraît naturel pour ce parti – qu'à droite – ce qui est plus nouveau. Du reste, cette ligne ne fait après tout que valider une pratique existant déjà au niveau des Länder : en 2021, les Verts participent à 11 des 16 coalitions gouvernementales en place.

Au total, l'expression de « radicalisme pragmatique », employée par Robert Habeck pour qualifier la ligne du parti, semble bien résumer cette nouvelle ouverture politique, qui symbolise la disponibilité du parti, sans renoncer à sa spécificité, à une pluralité d'alliances possibles.

Vers des alliances inédites ?

Cette transformation du spectre politique induit, à terme, une situation dans laquelle les classiques alliances d'hier doivent être repensées. À l'évidence, le type des coalitions à venir au niveau fédéral est, aujourd'hui, gros de changements importants.

Sans doute la seule innovation majeure de ces vingt dernières années a-t-elle, pour l'heure, été l'accession des écologistes aux responsabilités aux côtés du SPD, en 1998. Toutefois, d'autres possibles, à l'instar de la coalition « Jamaïque » (CDU/CSU-FDP-Verts), évoquée en 2005 et poussée très avant lors des négociations de 2017, ne sont aujourd'hui plus à écarter. Ainsi, des solutions rouge-rouge-verte (Linke-SPD-Verts), rouge-rouge, « tricolore » (*Ampelkoalition*, avec le SPD, les libéraux et les Verts), noire-verte ou « kiwi » (CDU/CSU-Verts), ou encore noire-rouge-verte, dite également « Kenya », ne paraissent plus inimaginables. Comme il a été rappelé précédemment, la perspective d'une alliance SPD-Verts avait longtemps été jugée impensable au niveau fédéral, alors que, depuis plusieurs années déjà, ce laboratoire que constitue l'échelon régional l'a mise en pratique.

Or, depuis 2005, sans même évoquer le niveau communal, les Länder n'ont cessé de poursuivre ces expérimentations. En novembre 2009, une coalition Jamaïque dirige ainsi la Sarre. En 2016, le Land de Rhénanie-Palatinat s'est ouvert à une équipe tricolore. Entre 2002 et 2011, Berlin est dirigée par une coalition rouge-rouge, de même que le Brandebourg entre 2009 et 2013, à laquelle succède une coalition rouge-rouge-verte. En 2014, Bodo Ramelow devient, en prenant la tête du Land de Thuringe, le premier membre de Die Linke à endosser les fonctions de ministre-président à la tête d'une coalition également rouge-rouge-verte, mais cette fois dirigée par la Gauche. Lors des élections de Saxe-Anhalt de 2016, une coalition de type Kenya est finalement investie. Dès 2008, le Land de Hambourg accueille la première coalition noire-verte, coalition bientôt plébiscitée dans des villes importantes comme Cologne, Kiel ou Kassel. Depuis janvier 2014, le Land de Hesse est lui aussi gouverné par une coalition noire-verte, de même que, depuis mai 2016, le très emblématique Land de Bade-Wurtemberg, dirigé par le Vert Winfried Kretschmann, lequel, en 2011, avait gouverné cette même région à la tête d'une coalition verte-rouge.

Jusqu'aux élections législatives fédérales de 2021, le jeu des possibles est par conséquent resté très ouvert. Ainsi, alors que, chez les Verts, des personnalités comme Kretschmann ou Robert Habeck ont manifesté leur intérêt en faveur d'un rapprochement avec la démocratie chrétienne, les réticences exprimées clairement par la coprésidente du parti, Annalena Baerbock, pour une telle alliance attestent de visions encore peu consensuelles au sein de ce parti. De même, si les expérimentations menées à différents niveaux ont prouvé la viabilité de coalitions associant le SPD et la Gauche, il n'est pas certain que celui-ci soit non seulement en capacité numérique de proposer une telle alliance – sinon en s'adjoignant les Verts –, mais également prêt à gouverner avec la Gauche, tant la blessure infligée par la sécession d'une partie de ses cadres fédéraux au profit du nouveau parti demeure vive.

Ainsi la République fédérale offre-t-elle, trente ans après la réunification, un visage singulièrement renouvelé, dont ses partenaires européens n'ont, du reste, pas totalement pris conscience.

Chapitre 37

À l'intérieur comme à l'extérieur, entre continuité et pragmatisme

À l'intérieur : adaptation et pilotage à vue

À la différence de la précédente majorité, qui avait, en dépit de débuts timides, mis en place d'importantes transformations, votant en moins de trois ans une série de lois qui entendaient refonder l'État social, combattre la crise et acter plusieurs évolutions de société, l'action des gouvernements successifs d'Angela Merkel frappe par son absence de rupture. Malgré quelques accélérations, ainsi dans la politique familiale, et même quelques surprises, par exemple dans le domaine de l'environnement, la voie empruntée depuis 2005 apparaît placée sous le triple signe de la continuité, du compromis et de la prudence.

Continuité

De prime abord, l'idée même d'une continuité peut surprendre. Le programme de la CDU de 2003 et les stances de sa présidente sur la « flat tax » tout au long de la campagne pouvaient en effet laisser présager une forte inflexion en cas de victoire de l'Union aux élections anticipées de 2005. Toutefois, plusieurs éléments, tant conjoncturels que structurels, expliquent la poursuite de la logique économique et sociale entamée sous la précédente majorité, en même temps que le maintien d'une certaine constance dans les actions entreprises, non seulement au lendemain des élections de 2005, mais tout au long des mandats de Mme Merkel.

Comme il a été souligné dans les pages précédentes, les circonstances de l'arrivée au pouvoir de la chancelière constituent une première explication. La mise en cause des écrits autant que des propositions de l'universitaire Paul Kirchhof, pressenti au début de la campagne comme un potentiel ministre de l'Économie de la CDU, la médiocrité du score d'Angela Merkel alors qu'une large victoire semblait à portée de main ont sans doute, d'entrée de jeu, limité les velléités de changement de la chancelière.

L'avènement de la crise financière à partir de septembre 2008 et la nécessaire adaptation aux circonstances ont également contribué à refaçonner les ambitions des autorités en place. Si Berlin, plus que la plupart des voisins européens, a mis du temps avant de comprendre que la crise n'était nullement circonscrite aux États-Unis et que les banques allemandes, comme leurs homologues européennes, ne se trouvaient pas à l'abri de la contagion, les décisions prises à partir de janvier 2009 témoignent d'une volonté de renoncer au credo libéral pour soutenir vigoureusement l'économie et investir à nouveau la sphère sociale. Le 20 février 2009, le Bundestag vote ainsi une série de mesures comprenant baisse d'impôts, hausse des subventions ou encore baisse des cotisations sociales. Avec un total de près de 40 milliards d'euros votés sous forme de « paquets conjoncturels » (*Konjunkturpaket*) successifs, soit environ 1,5 % du PIB de la République fédérale, l'Allemagne s'était placée en tête de l'effort consenti par l'ensemble des pays de l'UE.

Sans doute la crise n'avait-elle pas transformé la CDU en partisan du tout-État. Il n'en demeure pas moins que la chancelière, à partir de 2008-2009, a pris vis-à-vis du libéralisme une distance certaine, qui allait se ressentir y compris dans son partenariat, à partir de 2009, avec le FDP, bien au-delà des relations complexes entretenues avec son leader, Guido Westerwelle, et ce, malgré le retour de la croissance et de l'emploi.

Au-delà, en dépit des évidentes différences qui séparaient les partis de l'Union et la social-démocratie, les équipes dirigeantes des deux partis historiques partageaient un socle de convictions assez proches, pour ne pas dire communes : la nécessité de pérenniser les comptes sociaux, le maintien de l'équilibre budgétaire, du reste inscrit dans la Loi fondamentale, le désendettement de l'État en font partie, de même que la possibilité de s'abstraire de ces principes en tant que de besoin. L'expérience avait en effet déjà montré que la règle pouvait, dans les deux camps, subir des entorses : depuis les années 1970, le principe de la Loi fondamentale n'avait nullement empêché le gouvernement allemand de recourir au déficit en cas de nécessité. De même, l'intransigeance qui avait présidé à l'élaboration des critères de Maastricht puis du Pacte de stabilité et de croissance sous Helmut Kohl avait, devant les coûts de la réunification, fait place à une tolérance certaine à l'égard du respect de ces règles européennes. Sans doute la chancelière Merkel avait-elle, dès 2006, entamé un processus de désendettement des finances publiques, avec la suppression de nombreux avantages fiscaux – comme la prime à l'accession à la propriété, soit une économie de près de 6 milliards d'euros – ou la baisse d'une série de subventions au secteur privé, pour près de 22 milliards d'euros. Certes, en 2009, Bundestag et Bundesrat avaient inscrit dans la Constitution la mise en place d'un « frein à l'endettement » (*Schuldenbremse*), qui prévoyait la limitation du déficit fédéral à 0,35 % du PIB d'ici à 2016. Toutefois, cette préoccupation s'accompagnait, chez les deux grands partis, de la capacité à recourir à de fortes mesures de soutien, que ce soit au moment de la crise en 2008 ou avec celle du coronavirus en 2020. Encore en mars 2021, du fait du retour du déficit des comptes publics au-delà de la limite des 3 % en raison de la crise sanitaire liée au coronavirus, la chancelière se déclarait prête à revenir sur le principe du déficit zéro (*Schwarze Null*) afin de contrer les effets de la pandémie.

De plus, CDU et SPD avaient tous deux évolué, opérant *de facto* un rapprochement idéologique.

En dépit d'une base ancrée à gauche, les équipes dirigeantes de la social-démocratie avaient pris leurs distances avec le tout-État, dans le sillage du nouveau cours imprimé par Gerhard Schröder. En septembre 2009, alors que, pourtant, la crise financière était devenue une menace systémique, le social-démocrate Peer Steinbrück, ministre fédéral des Finances et ancien ministre-président du Land de Rhénanie-du-Nord-Westphalie, ironisait ainsi volontiers sur la trop rapide « keynéisation » des politiques de certains voisins de l'Allemagne, refusant l'idée même d'un programme de relance économique qui ne ferait que « détourner l'économie d'une nécessaire consolidation[1] ». L'évolution progressive de la CDU, sous l'égide d'Angela Merkel, vers un centre englobant, s'éloignant d'une partie de ses racines et

1. Christoph Egle et Reimut Zohlnhöfer (dir.), *op. cit.*, p. 239.

professant une méfiance vis-à-vis de l'idéologie, poussait également à ce gommage des frontières classiques avec son partenaire de gauche. Mais, avant même cette transformation, la démocratie chrétienne avait *de facto* largement partagé la responsabilité des transformations apportées par le gouvernement Schröder, et nombre des réformes décidées entre 2002 et 2004 n'auraient pu voir le jour sans l'accord du Bundesrat, depuis longtemps aux mains des partis de l'Union.

De ce point de vue, la réforme des retraites de 2007[1] s'inscrit dans une large mesure dans la ligne du tournant de celle de 2001, qui avait pour principal objectif le maintien du financement du système, que ce soit par l'augmentation du nombre de cotisants ou par l'encouragement de l'épargne privée. En augmentant progressivement l'âge de la retraite à taux plein en fonction de l'année de naissance et, donc, en reculant l'âge de référence jusqu'à 67 ans pour les personnes nées en 1964, la nouvelle loi entendait, elle aussi, fondamentalement privilégier la pérennité du financement au détriment du niveau des pensions. Mieux, ses dispositions suivaient assez fidèlement les recommandations de la commission Rürup, pourtant créée sous la majorité rouge-verte.

La réforme du fédéralisme, entreprise en 2006 et 2009 par le premier gouvernement Merkel, mais préparée depuis 2003 par les commissions du Bundestag et du Bundesrat réunies, s'inscrit également dans cette continuité. Le système fédéral, bien que plébiscité par la population et fondement de la RFA, était en effet accusé de contribuer, par son évolution, aux nombreux « blocages » dont souffrait l'Allemagne. Depuis 1949, la chambre haute (Bundesrat) n'avait ainsi cessé de prendre

1. Cette loi est entrée en vigueur le 1er janvier 2012.

de l'importance, et le pourcentage des lois nécessitant son approbation avait plus que doublé. Près des deux tiers des projets de loi, contre un tiers à la fondation de la République fédérale, devaient désormais obtenir son aval, source de ralentissement considérable du processus législatif. Encore en 2005, le président Köhler avait appelé de ses vœux une évolution des pratiques. Avec deux trains de réformes, en 2006 et en 2009, la Grande Coalition allait permettre de refonder le système, à la fois en réduisant de moitié le pourcentage des textes qui devaient recueillir le vote du Bundesrat, redonnant ainsi à la chambre basse une plus grande liberté d'action, et en renforçant les compétences des régions, notamment dans les domaines de l'éducation et de la culture.

La politique environnementale constitue un autre axe qui non seulement prolonge la politique de la coalition précédente, mais transcende l'histoire de la République fédérale tout au long des quarante dernières années.

Si l'idée d'une transformation en profondeur de l'économie fondée sur une énergie moins carbonée connaît en effet une accélération sous Gerhard Schröder, la République fédérale a, depuis longtemps, inscrit la cause environnementale dans son agenda politique. En témoignent ainsi, dès 1974, la création d'une administration fédérale de l'environnement (*Umweltbundesamt*) ou celle, en pleine crise de Tchernobyl, d'un ministère dédié[1], confié à Walter Wallmann et repris, à partir de mai 1987, par le très influent Klaus Töpfer, dont l'œuvre en matière de normes d'émissions industrielles fait date. L'adoption d'une taxe écologique (*Ökosteuer*) en 1999, la volonté d'accélérer le développement des

1. Ministère de l'Environnement, de la Protection de la nature et de la Sécurité nucléaire.

énergies renouvelables sous la coalition rouge-verte avaient prolongé cette montée en puissance de l'environnement dans l'agenda politique. Et, malgré une forte mobilisation de certaines organisations patronales pendant la campagne de 2005 en faveur d'une pause voire d'un ralentissement des réformes au nom de la compétitivité, l'avènement de la deuxième Grande Coalition n'avait, en définitive, nullement ralenti l'élan en cours. La prise de conscience internationale des risques causés par le changement climatique, particulièrement à partir de la conférence de Copenhague en 2009, en attendant l'accord de Paris de 2015, devait, en parallèle, accompagner ce mouvement.

En publiant, en septembre 2010, son document intitulé *Energiewende* (Le tournant énergétique), véritable feuille de route visant notamment à développer l'efficacité énergétique des bâtiments, à réduire les gaz à effet de serre[1] ou encore à développer à un rythme sans précédent les énergies renouvelables, le gouvernement Merkel répondait, en premier lieu, à un agenda européen que l'Allemagne avait, lors de sa présidence de l'Union en 2007, largement influencé. Au-delà, il inscrivait son action dans un vaste consensus, d'autant plus facile à obtenir qu'il était de longue date soutenu par une opinion publique largement gagnée à la cause écologique. Et si la décision de la chancelière, au lendemain de la catastrophe de Fukushima en 2011, de faire sortir l'Allemagne de l'énergie nucléaire d'ici à 2022 frappe par sa soudaineté et son absence de concertation, notamment avec ses partenaires européens, alors qu'encore

1. Les objectifs sont d'aboutir à une diminution, par rapport au niveau des émissions constatées en 1990, de 40 % en 2020, de 55 % en 2030 et de 95 % en 2050.

un an auparavant Angela Merkel avait confirmé la prolongation de la durée de vie de ses centrales, elle n'est, au final, guère surprenante. Certes connue pour son approche alliant attente, temporisation, dialogue et absence de précipitation, au point d'avoir donné lieu à un néologisme (*merkeln*), la chancelière savait en effet également opérer de brusques volte-face, surtout lorsque celles-ci étaient dictées par l'opportunisme politique : son attitude vis-à-vis du libéralisme ou de son mentor Helmut Kohl en témoignait. Or, le tsunami japonais et le séisme politique et social qu'il avait entraîné constituaient à l'évidence un événement sur lequel la chancelière, dans une position alors défavorable dans les sondages, pouvait capitaliser, tout en lui permettant de se rapprocher d'un électorat traversé depuis longtemps par un fort courant antinucléaire et de plus en plus sensible au vote Vert.

Pour autant, la politique suivie n'est, aujourd'hui, pas exempte de limites, voire de contradictions. Malgré le développement spectaculaire de son parc d'énergies renouvelables[1], l'Allemagne peine à atteindre ses objectifs de réduction de gaz à effet de serre[2], notamment en raison du maintien d'un parc de centrales à charbon toujours important, dont l'arrêt total n'est programmé qu'en 2035[3], et d'un secteur automobile très émissif.

1. Selon l'Association allemande des industries de l'énergie et de l'eau (BDEW) et le Centre pour la recherche en énergie solaire et hydrogène (ZSW) de Bade-Wurtemberg, les énergies renouvelables auraient représenté en 2019 43 % de la demande d'électricité en Allemagne. Cette part n'atteignait que 36,3 % en 2017 et 38,2 % en 2018.

2. En 2018, le pays affiche certes un total d'émissions légèrement inférieur (4,2 %) à celui de 2017, mais cette réduction s'explique avant tout par des températures beaucoup plus clémentes. Par ailleurs, le taux de réduction de ces émissions par rapport à 1990 (environ 24 %) reste loin des objectifs fixés.

3. Au plus tard en 2038.

Par ailleurs, alors que les faibles progrès en matière de stockage massif de l'énergie rendent difficile l'atteinte des objectifs du pays concernant les renouvelables[1], le coût de la transition, largement porté par les ménages, qui, ainsi, financent en partie la compétitivité de l'industrie allemande, est lui aussi régulièrement mis en question. Cette situation pourrait expliquer la relative modestie des ambitions contenues dans le « paquet climat » de septembre 2019, qui prévoit, outre des dépenses publiques d'environ 54 milliards d'euros, l'introduction d'une taxe carbone mais pour des montants peu significatifs[2] et uniquement dans certains secteurs comme les transports et le chauffage.

Compromis

Parler de compromis pour caractériser les actions des gouvernements successifs d'Angela Merkel paraît, de prime abord, relever de la tautologie : le principe même de la coalition, sanctionnée par un contrat, rend ce dernier indispensable, *a fortiori* en période de Grande Coalition. Pour autant, nombre de coalitions de l'histoire de la RFA s'étaient également caractérisées par une audace réelle. La première Grande Coalition, maintes fois citée, avait su faire preuve d'innovation en lançant d'importants chantiers. Or, il est frappant de constater combien les années 2005-2020 semblent dominées par le principe de la voie moyenne, mais aussi de la négociation poussée parfois jusqu'à l'extrême, aboutissant à des mesures toutes d'équilibre et de pondération, destinées

1. L'Allemagne prévoit ainsi d'atteindre 65 % de part des énergies renouvelables dans la demande d'électricité en 2030.

2. Il est prévu d'introduire une taxe sur les émissions de CO_2 à raison de 10 euros par tonne. Cette taxe doit passer à 20 euros en 2022, puis augmenter de 5 euros par an, jusqu'à 35 euros en 2025.

à satisfaire les deux camps, au risque de vider celles-ci de leur teneur.

Sans doute faut-il ici incriminer les conditions de mise en place de ces coalitions successives. Comme cela a déjà pu être souligné, aucun des rassemblements qui sous-tendent l'action gouvernementale de 2005 à 2017 ne correspond à un réel projet commun ; ils répondent bien plutôt à une politique du possible, au regard des résultats existants. Partis de l'Union et SPD devaient ainsi en premier lieu tenir compte du mandat qui leur était, *de facto*, confié, même par défaut, et, dès lors, « jouer le jeu » sous peine d'être jugés responsables du blocage par l'opinion, comme ce sera en partie le cas pour le FDP entre 2010 et 2013. Ils devaient toutefois également, dans le même temps, éviter de s'aliéner leur base.

Ce risque était particulièrement prégnant pour la social-démocratie. Partenaire minoritaire des coalitions de 2005, 2013 et 2017, mais obtenant pour lui-même une série de portefeuilles clés[1], le SPD avait le devoir de parvenir à un certain consensus, mais non sans risquer alors quelques reniements : le vote conjoint de l'augmentation de la TVA en 2007, qui passait de 16 % à 19 %, et allait même au-delà de celle initialement prévue par la CDU (2 points d'augmentation), alors que la social-démocratie avait fait campagne contre cette perspective, en est un bon exemple. Dans le même temps, le SPD devait donner des gages à ses militants, déjà fort remontés contre les réformes de l'Agenda 2010, tout en évitant de perdre du terrain par rapport à son principal

1. En 2005, 2013 et 2017, le SPD obtient les ministères du Travail et des Affaires sociales, de la Justice et des Affaires étrangères ; en 2005 et 2017, il gère également celui des Finances, et, en 2013, celui de l'Économie.

concurrent à l'extrême gauche, le PDS/Die Linke. La campagne menée par le SPD en 2013 en faveur de la reconnaissance de la double nationalité lors des négociations du contrat de coalition avec la CDU/CSU, finalement validée par le camp conservateur, en partie sous pression du patronat[1], ou celle de 2017 en faveur du mariage homosexuel, qui devient légal à partir du 1er novembre, témoignent de cette volonté de parvenir à imprimer sa marque, et, ce faisant, de conserver une identité propre.

Ce mélange de crainte partagée et de jeu concurrentiel entre les partis de l'Union et le SPD, sur fond d'adaptation à la conjoncture, auquel fait écho le désamour de la CDU/CSU et du FDP entre 2009 et 2013, a, sans doute, plus que favorisé l'adoption d'une voie moyenne dans bien des domaines, comme le montrent fort bien Christoph Egle et Reimut Zohlnhöfer dans leur analyse rigoureuse des grands chantiers de la Grande Coalition de 2005-2009[2]. Bon an, mal an, la même analyse est valable pour les gouvernements des années 2013 et 2017.

Ainsi, alors que la privatisation des chemins de fer allemands avait été étudiée dès 2004 par la coalition rouge-verte, le SPD émettait, en 2006 et 2007, de sérieuses réserves sur le projet. En novembre 2008, la Deutsche Bahn connaissait finalement une privatisation partielle, sur fond, il est vrai, d'une crise boursière qui avait refroidi les ardeurs, y compris à la CDU. La privatisation de la sécurité aérienne devait également se faire du bout des lèvres, notamment du fait de la ferme opposition du parti social-démocrate. De même, l'adoption

1. Cette évolution du droit de la nationalité permet aux ressortissants non communautaires de ne plus avoir à choisir entre la nationalité allemande et celle de leurs parents lors de leurs 23 ans.

2. Christoph Egle et Reimut Zohlnhöfer (dir.), *op. cit.*

d'un salaire minimum au 1er janvier 2015, projet phare porté par le SPD qui en avait fait une des conditions du contrat de coalition, s'accompagnait finalement d'une série d'exceptions qui en diminuaient la portée. Initialement applicable à tous, le salaire minimum excluait en définitive toute une série de publics, comme les apprentis en formation, les moins de 18 ans sans formation ou les chômeurs de longue durée au cours des six premiers mois suivant leur retour à l'emploi. En outre, plusieurs secteurs comme le textile ou l'agriculture bénéficiaient d'une phase transitoire jusqu'au 1er janvier 2017. Enfin, le tarif horaire fixé (8,50 euros brut[1]) restait, somme toute, modeste par rapport à celui des voisins européens, même en parité de pouvoir d'achat.

Prudence

Cette voie « moyenne » est enfin le reflet d'une certaine prudence, là encore commune à la CDU/CSU et au SPD.

Si, à partir de 2005, la continuité l'emporte, mâtinée de compromis et de pragmatisme, c'est aussi que, dans de nombreux domaines, d'importantes réformes, peu populaires, ont déjà eu lieu au cours de la législature précédente. Le zèle réformateur était, de toute évidence, passé. De plus, le retour de la croissance et, surtout, de l'emploi, dès 2006 puis de façon durable à partir de 2010, rendait les transformations apparemment moins urgentes. L'absence de réforme significative du marché du travail depuis 2005, mais aussi d'une grande politique sociale, à l'exception peut-être de la politique familiale, en témoigne, de même que, *a contrario*, les failles et

1. De 9,35 euros brut de l'heure en 2020, le salaire minimum devait être porté à 9,60 euros le 1er juin 2021.

insuffisances dans les domaines de la recherche, de l'investissement public ou de l'éducation, longtemps restées sans réponse politique[1].

Mieux, aucune des deux formations ne tenait à maintenir la cadence des années 2002-2004. Mal à l'aise avec l'héritage des années Schröder, le SPD avait davantage à cœur de donner des gages à ses militants ou de reconquérir, si possible, une popularité déclinante par des mesures plus « sociales ». Même moins touchée par l'érosion des voix, la CDU/CSU ne pouvait, elle non plus, ignorer son recul régulier dans les urnes ; réinstaurer une certaine justice sociale lui permettait en outre de maintenir un lien avec ses propres racines.

De ce fait, les deux partenaires avaient un intérêt commun à corriger les excès de la flexibilité et de la précarité, réelles, entraînés par nombre des réformes sociales entreprises sous Schröder ou poursuivies sous le premier gouvernement Merkel. Ainsi, lorsque la troisième Grande Coalition valide, en 2014, une nouvelle réforme des retraites qui prévoit la revalorisation de plusieurs catégories de retraités – telles les personnes en invalidité ou les mères de famille ayant eu des enfants avant 1992 – ou, surtout, le retour de la retraite à taux plein à partir de 63 ans[2], c'est, à la différence de l'intention des textes de 2001 et de 2007, alors obsédés par l'équilibre financier, afin d'éviter la pauvreté grandissante de nombreux retraités et de maintenir un pouvoir d'achat déclinant. La mise en place, en 2015, évoquée précédemment, d'un salaire minimum, ou la décision, en février 2020, d'instaurer à partir

1. Voir *infra*.

2. Pour les assurés nés avant 1963 et ayant cotisé sur une longue période. Voir Brigitte Lestrade, « La réforme des retraites : une mission impossible ? », *in* Hans Stark et Nele Katharina Wissmann (dir.), *L'Allemagne change !*, Villeneuve-d'Ascq, Presses universitaires du Septentrion, 2015, p. 55 *sq*.

de 2021 un minimum vieillesse vont dans le même sens, en même temps qu'elles permettent aux deux partis de courtiser un vote senior devenu crucial dans les élections[1].

À l'extérieur : des inflexions, mais pas de « tournant » Merkel

Tout au long des deux législatures, la CDU n'avait cessé de critiquer le gouvernement Schröder, que ce soit pour ses relations avec la Russie et la Chine, jugées trop tolérantes, pour les nombreux engagements extérieurs de la Bundeswehr, ou, surtout, pour le refus de l'Allemagne de participer à l'intervention américaine en Irak en 2003. Cette dernière position, que les chrétiens-démocrates, et Mme Merkel en particulier, estimaient dictée par des pensées électoralistes, avait, selon la future chancelière[2], non seulement fortement endommagé le lien qui unissait depuis la guerre l'Allemagne aux États-Unis, mais également profondément divisé les Européens. Aussi, comme pour la politique économique et sociale, la politique étrangère qui s'annonçait en 2005 en cas de victoire des chrétiens-démocrates semblait-elle devoir connaître de réelles transformations.

1. Ainsi que le rappelle Brigitte Lestrade, l'Office fédéral des statistiques estime que, lors des élections législatives de 2013, les 21,3 millions d'électeurs âgés de plus de 60 ans ont pesé deux fois plus que les jeunes de moins de 30 ans. In *ibid.*, p. 53.

2. Angela Merkel était allée jusqu'à publier dans le *Washington Post*, en février 2003, une lettre ouverte sous forme d'ode à l'amitié germano- et européano-américaine, dénonçant en parallèle la politique de Gerhard Schröder et affichant des convictions diamétralement opposées à celles du chancelier social-démocrate. Voir https://www.washingtonpost.com/archive/opinions/2003/02/20/schroeder-doesnt-speak-for-all-germans/1e88b69d-ac42-48e2-a4ab-21f62c413505/.

Pourtant, loin du tournant annoncé, plusieurs éléments allaient, au final, faire triompher une approche dans l'ensemble médiane, toute de continuité : les conditions de la victoire chrétienne-démocrate aux élections fédérales de septembre 2005, et, au-delà, celles des Grandes Coalitions successives, qui restreignaient naturellement les marges de manœuvre de la CDU, constituaient, bien entendu, là encore, une explication logique. Plus fondamentalement, le fort consensus existant entre les deux grands partis historiques en matière de politique extérieure – à l'exception notable de la question de l'élargissement de l'Union européenne à la Turquie, rejeté par les chrétiens-démocrates – expliquait cette continuité, ce consensus s'étendant même, à quelques nuances près, aux libéraux et jusqu'aux Verts : l'intégration européenne, le partenariat atlantique représentaient ainsi, malgré les différences de sensibilité, de puissants vecteurs d'unité.

Au-delà, la force des réalités politiques et économiques – ainsi dans le dialogue avec la Russie et, surtout, avec la Chine –, la nécessité de composer avec une population peu encline à l'utilisation de la force, enfin, le même pragmatisme qui devait présider à la politique intérieure rendaient compte de cette stabilité des objectifs et des moyens. Cette politique, souvent comptable des intérêts nationaux, plus adepte du dialogue et de la retenue que de l'interventionnisme, allait faire retrouver à l'Allemagne une voie finalement sans surprise, celle d'une puissance avant tout commerciale (*Handelsmacht*) dont les réticences à assumer ses responsabilités ne pouvaient qu'entraîner incompréhensions avec ses plus proches alliés et contradictions avec les objectifs affichés.

L'Europe et l'Allemagne : une relation dépassionnée

L'ancrage et l'engagement européens de l'Allemagne constituent la première dimension de cette continuité, non seulement avec l'ère Schröder, mais aussi avec l'ensemble de l'histoire diplomatique allemande depuis la fin de la Seconde Guerre mondiale.

C'est donc sans grand étonnement que, malgré sa relative inexpérience à l'international, Angela Merkel s'est rapidement engagée sur le terrain de l'Union européenne, et particulièrement dans la relance du traité constitutionnel, mis à mal par les votes de défiance français et néerlandais en 2005[1]. Deux éléments renforçaient cette détermination : la présidence allemande de l'Union au cours du premier semestre 2007 suivie, en 2008, par celle du G8 imposaient de fait à la chancelière une présence active, dont l'issue avait toutes les chances de rejaillir sur son avenir politique ; par ailleurs, il ne pouvait être question, pour Mme Merkel, de laisser son ministre des Affaires étrangères, le social-démocrate et très schrödérien Frank-Walter Steinmeier, s'imposer dans ce domaine traditionnellement réservé à la chancellerie.

De 2006 à 2007, l'Allemagne fait ainsi preuve d'un réel leadership européen, bénéficiant, il est vrai, d'un certain effacement français, en raison de la fin de mandat difficile de Jacques Chirac, et de celui de Tony Blair, usé à la fois par le pouvoir, les conséquences désastreuses de son engagement en Irak et les polémiques sur des prêts accordés au parti travailliste (*cash for honours*). En aboutissant, en mars 2007, à la déclaration dite « de

1. Le 29 mai 2005, la France rejetait par référendum le traité. Le 1er juin, les Pays-Bas faisaient de même.

Berlin », par laquelle les pays de l'Union parvenaient enfin à un accord, même sur une base minimale, la diplomatie allemande permettait de sortir de l'indécision et de l'atonie dans lesquelles l'Europe semblait plongée depuis 2005. Mieux, la feuille de route que proposait le texte, alliée à la proposition française d'un traité simplifié, allait poser les jalons du nouveau traité, finalement signé le 13 décembre 2007 à Lisbonne.

Pourtant, cet engagement européen n'était plus inconditionnel. Et, en cela, les années Merkel ne se différenciaient guère du « tournant » volontiers plus « national » pris par l'Allemagne tout juste réunifiée de Helmut Kohl. Les avantages que Berlin tirait de Lisbonne – notamment, le système de double majorité ou encore le rôle croissant accordé au Parlement, au sein duquel la République fédérale savait pouvoir compter sur une importante représentation en raison de son poids démographique – en étaient un premier exemple. Connaissant, par ailleurs, les réticences de plus en plus grandes éprouvées par leur population à l'égard de l'édifice européen, jugé aussi complexe que coûteux, les gouvernements allemands successifs n'avaient cessé, de Kohl à Merkel en passant par la majorité rouge-verte, de contester la perspective même d'un gouvernement économique de l'Europe, refusant de continuer à assurer le rôle de « trésorier ». En novembre 2008, Berlin s'opposait ainsi à l'idée même d'un programme de relance européen face à la crise financière, entraînant, *de facto*, une gestion de celle-ci en ordre dispersé. Cette tendance de fond allait se retrouver face à la crise provoquée par la dette grecque. Au nom de l'orthodoxie et du Pacte de stabilité, et craignant, en sauvant la Grèce du naufrage, de créer un précédent voire d'encourager des pays financièrement fragiles comme l'Italie, l'Espagne ou le Portugal,

Berlin avait, dans un premier temps, refusé de se livrer à une logique de « bail-out » (sauvetage/renflouement) clairement interdite par Maastricht. Et c'est finalement à reculons que l'Allemagne, longtemps partisane d'une restructuration de la dette grecque, allait consentir aux plans d'aide successifs : celui de mai 2010, qui permettait la mise en place d'un fonds européen d'urgence, dit de stabilité financière (FESF), celui d'octobre 2011 et, surtout, celui de 2012, avec la création du mécanisme européen de stabilité[1], ou encore celui d'août 2015, qui prévoyait l'allocation de nouveaux prêts sur trois ans pour un montant de 86 milliards d'euros.

Témoin de cette méfiance grandissante à l'égard d'un édifice jugé fragile et par lequel les errances financières de quelques pays pouvaient entraîner l'Allemagne sur un chemin qu'elle n'avait pas choisi, plusieurs voix de poids s'étaient élevées, d'entrée de jeu, pour contester toute idée de mise en commun de la charge financière : le président de la Bundesbank, Axel Weber, avait fustigé, dès sa création, la mise en place du FESF ; en juin 2011, le secrétaire général de la CSU, Alexander Dobrindt, n'avait pas hésité à publier un « mémorandum en cinq points » critiquant les propositions de Jean-Claude Trichet de création d'un ministère européen des Finances. Déjà, dans son jugement du 30 juin 2009, le Tribunal constitutionnel fédéral, tout en considérant que la loi d'approbation du traité de Lisbonne était compatible avec la Loi fondamentale, avait, sans ambiguïté, mis en garde contre la logique de l'intégration européenne. Le texte du jugement traçait une frontière entre ce qui pouvait relever de l'Union et ce qui restait du domaine

1. Voir https://www.touteleurope.eu/economie-et-social/qu-est-ce-que-le-mecanisme-europeen-de-stabilite-mes/.

de la souveraineté nationale, tout au moins en l'état de la Loi fondamentale. Réaffirmant que les États membres demeuraient souverains dans la conclusion des traités, ceux-ci n'ayant pas attribué à l'Union la « compétence de la compétence », les juges de Karlsruhe avaient rappelé l'inexistence d'un peuple européen souverain, et, dès lors, de la moindre légitimité démocratique du Parlement européen par rapport à ses homologues nationaux. À l'évidence, un coup d'arrêt était porté à la dynamique qui, de Maastricht à Lisbonne, présidait aux destinées de l'Union.

Cette redéfinition à la fois réaliste et dépassionnée de la relation entre l'Allemagne et l'Europe n'est pas unique. Elle s'étend également à la relation franco-allemande, qui, d'une certaine manière, constitue l'autre pilier européen de la politique extérieure allemande. Si la solidité de cette relation entre les administrations et même entre les sociétés civiles des deux pays reste encore aujourd'hui inégalée, l'entente politique des exécutifs respectifs semble en effet entrée, depuis la réunification, mais plus encore peut-être depuis le début des années Merkel, dans une phase plus pragmatique, où la raison et la nécessité de parvenir à une entente l'emportent sur la volonté mutuelle de bâtir une relation exclusive et où les désaccords ne sont plus tabous.

Sans doute le passé et la personnalité de Mme Merkel apportent-ils une première explication : née en juillet 1954, donc bien après la guerre, et ayant grandi à l'est de l'Allemagne[1], la chancelière dispose d'une vision différente de celle de ses prédécesseurs, pour qui

1. Le père d'Angela Merkel, Horst Kasner, est pasteur. Il part pour la RDA à l'automne 1954 alors que la future chancelière n'est âgée que de quelques mois.

l'alliance avec la France était devenue une condition *sine qua non* de l'intégration européenne et/ou occidentale. Par ailleurs, Angela Merkel n'avait, d'entrée de jeu, guère ressenti de proximité avec la présidence d'un Jacques Chirac dont l'engagement aux côtés de Gerhard Schröder dans un commun refus de la guerre en Irak avait suscité son exaspération. Et si la collaboration avec Nicolas Sarkozy s'était tout d'abord révélée indispensable pour relancer le traité constitutionnel, la relation avec le président français, au style et à la communication aux antipodes de ceux de la chancelière, avait rapidement souffert des vues divergentes des deux pays, que ce soit sur l'Union pour la Méditerranée, ressentie par Berlin comme un cavalier seul français sans intérêt immédiat pour l'Allemagne, ou lors de l'intervention en Libye, en 2011, où la République fédérale avait refusé de suivre le tandem anglo-français, malgré le soutien de l'OTAN et du Conseil de sécurité[1]. Les différences de vue quant aux solutions économiques à apporter lors des crises financières successives ou lors des négociations sur le sauvetage grec, Paris ne cessant de plaider en faveur de mécanismes européens, avaient constitué d'autres pierres d'achoppement durables dans la relation. Le relatif immobilisme économique de la présidence Hollande, ressenti en Allemagne comme une incapacité profonde à se réformer, les critiques très sévères adressées par le Premier ministre Manuel Valls à l'égard de la chancelière lors de sa décision de 2015 d'ouvrir les frontières aux migrants, mais aussi des gestes symboliques malheureux comme la suppression des classes bilangues français-allemand décidée par la ministre française de l'Éducation nationale Najat Vallaud-Belkacem

1. Voir *infra*.

constituent d'autres facteurs expliquant ce nouveau réalisme sans enthousiasme, non exempt d'une défiance certaine, et ce, malgré de nombreux actes de célébration communs, ou encore les réels élans de sympathie suscités en Allemagne par la vague d'attentats terroristes qui ont touché la France en 2015-2016.

Certes, le style du président Macron, qui, dès son élection, avait veillé à s'entourer de conseillers et de ministres germanophones, mais aussi le Brexit, qui redonnait aux deux pays un poids nouveau en Europe en même temps qu'il les obligeait à repenser les alliances traditionnelles, ont sans nul doute contribué à réintroduire quelque allant dans la relation entre les deux pays. Toutefois, malgré la signature du traité d'Aix-la-Chapelle le 22 janvier 2019, destiné à revivifier le traité de l'Élysée de 1963, ou encore celle d'un traité de coopération entre le Bundestag et le Parlement français le 11 mars 2019, plusieurs éléments ont manifestement empêché un renouvellement en profondeur de cette relation. Des obstacles conjoncturels tout d'abord. La lenteur de la mise en place du quatrième gouvernement Merkel, qui doit attendre le printemps 2018 pour enfin voir le jour, a, d'entrée de jeu, ralenti les premiers contacts. Le contexte électoral des deux pays a représenté un autre inconvénient. La fin annoncée du règne de la chancelière, qui, dès octobre 2018, déclare qu'elle ne briguera pas de nouveau mandat, alors qu'elle est déjà très affaiblie par le score désastreux de la CDU aux élections de 2017 et la concurrence de l'AfD, et, en parallèle, la perspective de l'élection présidentielle française de 2022 qui, dès 2021, devait davantage favoriser l'attentisme que l'ouverture de nouveaux chantiers : tous ces facteurs ont, *de facto*, réduit à un peu plus de deux ans la latitude des deux gouvernements pour œuvrer de conserve.

Obstacles, surtout, structurels : en avril et juin 2018, la chancelière avait, à l'occasion de deux entretiens avec la *Frankfurter Allgemeine Zeitung*, réaffirmé ses divergences, que ce soit sur la perspective d'une gouvernance économique européenne – que la gestion de la crise du coronavirus allait bientôt, du reste, contribuer à raviver –, ou sur l'idée d'une défense européenne pour laquelle Berlin n'avait décidément pas les mêmes ambitions que Paris, ou encore sur la relation à l'OTAN. En novembre 2019, Angela Merkel devait ainsi fort peu apprécier le jugement du président français qui, dans un entretien avec *The Economist*, avait estimé que l'organisation atlantique était en « état de mort cérébrale », alors que celle-ci demeurait au contraire, pour la chancelière, l'épine dorsale de la défense du Vieux Continent.

Au total, sans doute la relation franco-allemande a-t-elle perdu, depuis 2005, un peu plus de cet éclat et de cet unanimisme émotionnel dont les gouvernements des deux pays avaient, jusqu'à la fin de la guerre froide, et de façon parfois artificielle, contribué à la nimber. À l'évidence, les célébrations et les commémorations ne suffisent plus, en ce début de XXIe siècle, pour faire oublier que le pragmatisme préside désormais au dialogue franco-allemand, ce que, du reste, au moins depuis la réunification, et, en fait, dès les années Schmidt, il n'avait jamais cessé de faire. Sans doute, également, le réalisme du dialogue entre Paris et Berlin paraît-il désormais faire davantage éclater au grand jour les intérêts parfois divergents des deux pays, en même temps que leurs différences de position et de style. Il n'en demeure pas moins que, malgré certains écarts de vue fondamentaux et la fluctuation des liens personnels entre les représentants des deux exécutifs, le poids historique de cette relation n'a cessé et ne cesse de contraindre les deux partenaires à des résultats, qui, en dépit de leur lenteur ou de leurs retards, témoignent *in fine* de réelles avancées : ainsi, le 18 mai 2020, les deux pays, en pleine crise du coronavirus, lançaient une initiative destinée à la « relance européenne » dans laquelle l'Allemagne consentait à l'idée de mutualiser certaines dettes contractées pour ladite relance et à aborder la question d'un budget européen doté de ressources propres.

La difficile équation du dialogue sans la force

Entamé dès les années 1990 et considérablement renforcé par le gouvernement de Gerhard Schröder, l'engagement militaire de l'Allemagne hors de ses frontières rencontre, en 2005, au sein de la quasi-totalité des partis politiques, à l'exception notable de Die Linke, un large consensus, que l'arrivée au pouvoir d'Angela Merkel n'a nullement remis en question.

Dès 2006, la chancelière a ainsi maintenu la participation de la Bundeswehr aux opérations en cours : en particulier au sein de la Force pour le Kosovo, des missions de surveillance en Géorgie (MONUG), en Érythrée (MINUEE), ou encore dans le cadre de la Mission de l'Union africaine au Soudan (AMIS), démarrée en décembre 2004 et prolongée en juillet 2007 par l'opération MINUAD[1]. Soucieuse de renouer de bonnes relations avec l'allié américain[2], Angela Merkel a même accentué la présence allemande en Afghanistan, obtenant

1. Mission conjointe des Nations unies et de l'Union africaine au Darfour, terminée le 31 décembre 2020.

2. Voir *infra*.

de faire passer le nombre de militaires autorisés à participer à la force internationale (FIAS[1]) d'environ 1 200 fin 2002 à 4 900 en janvier 2012. Entre 2006 et 2020, les forces allemandes allaient également rejoindre plusieurs autres opérations, telles la FINUL, dans sa mission de surveillance au Liban (depuis 2006), l'opération maritime Atalante sous l'égide de l'Union européenne, destinée à lutter contre la piraterie au large des côtes somaliennes[2], Sea Guardian, lancée en septembre 2016 par l'OTAN[3] afin de lutter contre le terrorisme en Méditerranée, ou même la MINUSMA, afin d'apporter un soutien logistique aux opérations en cours au Mali (depuis 2013). Toutefois, ces participations demeuraient soumises, comme sous le gouvernement rouge-vert, à une série de contraintes et de profondes réticences, qui constituaient autant de limites à cet engagement. Devant compter avec un Bundestag qui veillait au respect des mandats accordés à l'exécutif, mais aussi avec une opinion publique globalement hostile aux interventions militaires et, plus encore, à la perspective d'opérations de combat direct impliquant l'utilisation de la violence, les gouvernements Merkel successifs allaient ainsi pratiquer une ligne hésitante et parfois difficilement lisible, au risque de faire rimer « retenue » avec pusillanimité.

Ainsi, malgré un mandat clair délivré par le Conseil de sécurité des Nations unies, la République fédérale accompagnait sa participation à l'opération européenne

1. Les missions de l'opération Resolute Support – missions de formation, de conseil et d'assistance à la sécurité et à la lutte anti-terroriste – se sont substituées le 1er janvier 2015 à celles de la FIAS.

2. Démarrée en décembre 2008, l'opération Atalante a pour objectif de lutter contre l'insécurité – et notamment contre la piraterie – dans le golfe d'Aden et l'océan Indien.

3. Sea Guardian prolongeait l'opération Active Endeavour mise en place en octobre 2001.

en République démocratique du Congo, menée entre juillet et novembre 2006, d'une série de conditions particulièrement limitatives, avant de refuser, en 2008, de rejoindre une mission européenne de protection des civils au Tchad (EUFOR Tchad), même si Berlin craignait sans doute avant tout l'instrumentalisation de l'Union européenne par la France, alors soucieuse du maintien d'Idriss Déby au pouvoir. De même, si la République fédérale n'avait pas hésité à envoyer plusieurs milliers d'hommes en Afghanistan, ces derniers devaient avant tout servir la reconstruction du pays et non participer aux opérations de lutte armée : seuls une centaine de combattants avaient ainsi – et uniquement jusqu'en 2007 – pris part aux opérations d'Enduring Freedom qui, depuis octobre 2001, entendaient lutter contre le terrorisme islamiste.

Cette prudence culminait avec l'abstention de l'Allemagne lors du vote, le 17 mars 2011, de la résolution 1973 du Conseil de sécurité autorisant une intervention en Libye et destinée à éviter une répression sanglante des insurgés par les troupes restées fidèles au colonel Kadhafi. Ce refus de participer aux opérations, principalement menées entre mars et octobre 2011 par la France, la Grande-Bretagne et le Canada[1], pouvait certes, une fois encore, s'expliquer : l'Afrique ne représentait pas un terrain stratégique sensible pour la République fédérale. De plus, le gouvernement non seulement connaissait une passe difficile sur le plan intérieur, dont témoignaient des sondages très défavorables pour la coalition chrétienne-libérale en place, sur fond d'hostilité de la population à renflouer les finances grecques, mais il devait également

1. Plusieurs autres pays participaient à la coalition : les États-Unis, mais aussi la Norvège, le Danemark, la Belgique, la Pologne, la Grèce, le Qatar, les Émirats arabes unis.

affronter une élection régionale complexe en Bade-Wurtemberg[1]. Vertement critiquée tant par Joschka Fischer que par Helmut Kohl, une telle position restait toutefois lourde de conséquences, notamment dans les relations de Berlin avec ses principaux alliés, France et États-Unis en tête. Cette abstention ravivait en effet une fois encore le spectre d'une nation paraissant finalement peu capable de concilier ses aspirations à assumer les obligations internationales que lui conférait son nouveau statut de puissance souveraine et la nécessité de remplir celles-ci, y compris lorsque l'usage de la force paraissait inévitable. Les réticences de Berlin à participer aux opérations de combat menées au Sahel depuis le début de l'opération Serval en 2013, réitérées en février 2021 par la voix du ministre des Affaires étrangères, Heiko Maas, n'ont ensuite guère permis de lever ces doutes.

Cette réticence à la violence semblait, du reste, déjà perceptible dans la manière dont la République fédérale avait géré l'évolution de son outil de défense. Certes, en suspendant, le 1er juillet 2011, la conscription et en consentant à la mise en place d'une armée de métier, Berlin paraissait, même avec retard, prendre acte des transformations profondes qui avaient accompagné l'avènement de nouvelles menaces en même temps que des nécessaires évolutions des armées occidentales depuis la fin de la guerre froide. Toutefois, cette décision s'était accompagnée de la poursuite d'une réduction des effectifs[2] et des

1. À l'issue du scrutin du 27 mars 2011, la CDU, du fait de son mauvais score (–5 points par rapport au scrutin précédent) et de l'effondrement de son partenaire libéral (5,3 % au lieu des 10,7 % obtenus en 2006), perd le Bade-Wurtemberg pour la première fois depuis la guerre, au profit d'une majorité verte-rouge.

2. En juin 2010, le gouvernement avait ainsi décidé la suppression de quelque 40 000 postes de militaires de carrière et une diminution des dépenses de défense de plus de 8 milliards d'euros.

budgets alloués à la Bundeswehr[1] dans une proportion qui, *de facto*, rendait peu crédibles les missions qui restaient assignées à celle-ci au fur et à mesure des Livres blancs sur la défense et la sécurité, que ce soit celui de 2006 ou celui de 2016. Dans son édition de 2016, les auteurs admettaient eux-mêmes cette contradiction, jugeant « alarmant » l'état de certains matériels. Encore en février 2018, le commissaire parlementaire aux forces armées, Hans-Peter Bartels, pointait, dans son rapport annuel, la grande « misère » des équipements de l'armée allemande, rappelant à titre d'exemple qu'en novembre 2017 seuls 95 des 244 chars de combat Leopard 2 étaient prêts à l'emploi, tandis qu'aucun des 6 sous-marins et des 14 avions de transport militaire A400M à disposition n'était en état de marche.

Cette situation, qui, à terme, questionne la crédibilité des ambitions allemandes en même temps que celle du pays vis-à-vis de ses alliés, a conduit, à la veille des élections fédérales de 2017, à une certaine prise de conscience, dont témoigne la hausse régulière du budget de défense, qui s'est accélérée depuis 2019. Toutefois, malgré cette augmentation des montants alloués aux forces armées[2], l'Allemagne demeure, à la veille de l'échéance électorale de 2021, avec un peu plus de 1,5 % de son PIB, très en deçà de l'objectif de 2 % fixé par l'OTAN, payant en cela la réduction régulière des moyens consacrés à la défense au cours des dix dernières années.

1. Voir le tableau ci-après.
2. Le budget annoncé à l'OTAN pour 2021 atteindrait 53 milliards d'euros, soit une hausse de 3,2 % par rapport à 2020.

Évolution des budgets de défense, 2008-2020

	2004	2005	2006	2007	2008	2009	2010	2011	2012	2013	2014	2015	2016	2017	2018	2019	2020
Montant (Mrd €)	42,22	41,57	40,61	41,06	42,24	44,07	44,47	43,27	43,65	41,98	41,03	40,89	43,78	45,34	46,51	51,19	51,4
% PIB					1,64	1,79	1,72	1,6	1,58	1,48	1,39	1,34	1,38	1,38	1,37	1,48	1,54

Source : Statista.

Relation transatlantique : pas de retour au statu quo ante

Cet état de fait n'a pas été sans affecter la relation avec Washington. Certes, Angela Merkel n'avait pas ménagé ses efforts pour rétablir, dès son arrivée au pouvoir, et non sans succès, le lien avec l'allié américain, écorné par le refus du gouvernement Schröder de participer à l'aventure irakienne. La rédaction du contrat de coalition avec le SPD qualifiait ainsi sans ambages l'Alliance atlantique de « plus solide ancrage de notre politique de sécurité et de défense » : la chancelière lui assignait, en même temps qu'aux États-Unis, considérés comme la clé de voûte de l'OTAN, un rôle essentiel dans la stabilisation de l'espace européen post-soviétique. Profitant en 2007 de sa présidence de l'Union européenne, elle avait également fait avancer de nombreux dossiers de la relation germano- et européano-américaine restés en souffrance : ainsi, lors du sommet Europe-États-Unis d'avril 2007, en matière d'industrie, de propriété intellectuelle ou encore d'environnement. En outre, la coopération dans le domaine de la lutte contre le terrorisme fournissait à l'exécutif allemand un autre axe de coopération renforcée avec l'Amérique : la neutralisation, en septembre 2007, de la cellule dite « groupe du Sauerland[1] » en avait été un des résultats les plus immédiats.

Si le retour d'un climat plus apaisé entre les deux pays devait beaucoup aux initiatives d'Angela Merkel, il s'expliquait également par un contexte plus favorable : la

1. Nom donné à la cellule en raison de la région d'origine de ses principaux membres, qui avaient prévu une série d'attentats meurtriers en Allemagne.

fin du second mandat de George W. Bush s'était traduite par une plus grande ouverture des États-Unis au dialogue avec leurs alliés et une plus grande attention accordée aux enceintes multilatérales ; par ailleurs, l'arrivée de Barack Obama à la Maison Blanche à partir de janvier 2009 avait sans conteste facilité cette évolution.

Pourtant, de fortes divergences persistaient, qu'il s'agisse de celles portant sur l'existence de Guantanamo, de l'utilisation des drones par la puissance américaine en Afghanistan et au Pakistan, sans précédent sous la présidence Obama, ou de la nette tendance de Washington à faire de l'OTAN un instrument d'opérations tous azimuts, dont l'extension du champ d'intervention semblait désormais sans limite du fait de la signature, depuis la fin de la guerre froide, de nombreux « partenariats », « globaux » ou « stratégiques ». Plus fondamentalement, de fortes interrogations, du côté des Américains, pesaient sur la relation. L'Allemagne était-elle en effet toujours, aux yeux des États-Unis, ce partenaire indispensable des quarante dernières années ? La « retenue » dont Berlin faisait preuve dans tout conflit, son souci de rester à l'écart des combats, de la Libye au Sahel, la réduction des effectifs et des moyens de la Bundeswehr, qui diminuait mécaniquement sa capacité de projection, avaient manifestement rendu la République fédérale moins nécessaire à Washington, surtout à l'heure où l'Amérique entendait se désinvestir de l'Europe pour se consacrer à d'autres espaces, du Moyen-Orient à la mer de Chine. La révélation, à l'été 2015, des écoutes téléphoniques par la NSA, qui visaient, depuis au moins 2011, de nombreux membres du gouvernement allemand, l'élection de Donald Trump en novembre 2016, et, avec elle, la réactivation de l'unilatéralisme américain en même temps que la sortie des États-Unis de plusieurs accords emblématiques, de l'accord de Paris sur le climat à celui sur le nucléaire iranien[1], ont continué à ternir une relation qui peine, depuis 2002, à retrouver le lustre de la guerre froide.

Sans doute, l'élection, en novembre 2020, de Joe Biden devrait apporter davantage de fluidité dans le dialogue entre Berlin et Washington. Toutefois, rien ne garantit, à cette heure, que celui-ci pourrait en être transformé. Car si le style et la communication du nouveau président américain ont à l'évidence changé, les fondamentaux et les priorités de la politique extérieure américaine, à l'exception, peut-être, de l'attitude vis-à-vis du changement climatique, restent sensiblement identiques, ceux de l'Allemagne demeurant eux-mêmes, à la veille de l'élection fédérale de 2021, peu susceptibles d'évoluer.

Dialogue et dépendance

L'attachement fondamental de la politique étrangère allemande au dialogue éclaire en partie, en même temps qu'il complète, cette culture presque obsessionnelle de la retenue. En témoigne par exemple l'investissement de la diplomatie allemande dans le dialogue UE + 3 et les négociations qui ont abouti, en 2015, à l'accord sur le nucléaire iranien, ou encore, après la défection américaine de 2018, la relance de ce dossier à l'occasion de la présidence allemande de l'UE en 2020[2], du fait des meilleures dispositions de Washington depuis la victoire de Joe Biden en novembre. Une telle approche explique également ce triomphe de la continuité qui, en 2005,

1. Accord de non-prolifération nucléaire signé à Vienne le 14 juillet 2015.

2. L'Allemagne a pris, le 1er juillet 2020, pour six mois, la présidence du Conseil de l'Union européenne.

l'emporte dans la politique extérieure de l'Allemagne, y compris dans le dialogue avec des pays comme la Russie ou la Chine, alors même que, sous le gouvernement Schröder, les chrétiens-démocrates avaient fortement critiqué une politique jugée trop lénifiante (*Schmuselkurs*[1]) de la majorité rouge-verte à l'égard de ces deux nations.

Cet attachement n'est toutefois pas sans limites, surtout lorsqu'il est sous-tendu par de forts intérêts économiques. Malgré de réelles inflexions dans sa relation avec Moscou à partir de 2012, et surtout de 2014, la dépendance de Berlin vis-à-vis du gaz russe, tout autant que celle de la puissance commerciale allemande vis-à-vis de l'empire du Milieu continuent de poser question.

Allemagne-Russie : une évolution durable ?

Malgré les reproches qu'elle avait régulièrement adressés à la majorité rouge-verte pour ses liens trop tolérants avec le Kremlin, Angela Merkel a, pour l'essentiel, dès 2006, poursuivi la politique de son prédécesseur. Persuadée de la nécessité d'ancrer la Russie à l'Europe par une relation de voisinage basée sur l'échange, la compréhension et le dialogue, la chancelière a ainsi rejoint son ministre des Affaires étrangères, Frank-Walter Steinmeier, sur le principe d'un « rapprochement par l'entrelacement » (*Annäherung durch Verflechtung*) cher au SPD. Ce rapprochement devait non seulement éviter toute déstabilisation supplémentaire d'un espace post-soviétique déjà malmené, depuis la fin de l'ère Gorbatchev, par la disparition du rideau de fer, mais également permettre aux éléments démocratiques

1. Littéralement « manière câline ».

et libéraux au sein de la société civile de gagner en influence.

D'évidents intérêts économiques sous-tendaient toutefois, également, cette vision. En grande difficulté, l'entreprise Opel avait ainsi, un moment, en 2009, failli bénéficier d'un investissement massif de la Sberbank, un établissement semi-public russe. De façon plus structurelle, l'Allemagne, qui dépendait pour plus d'un tiers de ses importations du gaz de la Russie[1], avait, de longue date, noué un partenariat énergétique de fait avec ce pays, dont témoignaient non seulement les liens étroits qui unissaient Gerhard Schröder et Vladimir Poutine, mais aussi la décision étonnante du chancelier de prendre la présidence, dès son retrait de la vie politique, du consortium en charge du projet Nord Stream[2]. Cette proximité s'était poursuivie avec Angela Merkel, qui, en mars 2009, s'était même montrée hostile au financement par l'Union européenne du projet Nabucco, visant à s'affranchir de la dépendance énergétique russe en permettant un accès direct aux ressources énergétiques de la mer Caspienne, mais qui aurait concurrencé le projet South Stream, financé par Gazprom.

Ainsi, ni la poursuite des opérations en Tchétchénie jusqu'en avril 2009, ni les deux conflits gaziers qui opposent, en janvier 2006 et janvier 2009, Gazprom à l'Ukraine, ni même la guerre qui éclate, à l'été 2008, entre la Russie et la Géorgie ne viendraient remettre en question la voie suivie. En dépit des réticences de plusieurs pays de l'Union européenne, pays Baltes et Pologne en tête, tenants d'une ligne dure à l'égard d'un

1. Voir *Les Échos*, 11 janvier 2007.

2. Gerhard Schröder rejoindra même, en 2017, le conseil d'administration de Rosneft, société d'État russe spécialisée dans l'extraction, la transformation et la distribution de pétrole.

pays qu'ils considéraient comme une menace réelle, et qui, déjà, avaient fort peu goûté la construction du gazoduc Nord Stream 1 approvisionnant directement l'Allemagne à travers la mer Baltique[1], Berlin avait maintenu une ligne volontariste.

À partir de novembre 2012, et, plus encore, avec l'annexion de la Crimée en mars 2014, cette ligne connaît pourtant une réelle inflexion. En effet, aucune des évolutions espérées pour la Russie – de l'avènement d'une classe moyenne plus libérale à une montée en puissance de la démocratie – ne se sont produites. De plus, le renforcement de l'autoritarisme de Vladimir Poutine, la répression et la criminalisation régulières des oppositions, ou encore la reconstitution de la puissance militaire russe et une politique extérieure agressive ont conduit la plupart des partis politiques allemands à réviser leurs analyses. Aussi assiste-t-on, des Verts à la CDU en passant par la social-démocratie, à la mise en place d'un fort consensus prenant acte de cet état de fait et visant à considérer désormais la Russie comme une puissance imprévisible à laquelle le blanc-seing d'hier ne peut plus être accordé. Cette évolution explique largement le rôle et la position d'Angela Merkel dans le vote des sanctions contre Moscou à la suite du conflit en Crimée.

Près de six ans après leur adoption, la chancelière demeure, en 2020, partisane de la fermeté, estimant que la levée de ces sanctions ne peut s'opérer tant que le gouvernement de Kiev ne jouira pas du contrôle total de ses frontières avec la Russie. Et la tentative

1. Le chantier du gazoduc Nord Stream 1, dont le projet date de 1997, s'est étendu de 2005 à 2011. Long de 1 224 kilomètres et passant exclusivement par la mer Baltique, il évite le passage par le territoire des pays baltes ou de la Pologne, privant ainsi ces derniers des taxes de passage, pour relier directement la Russie à l'Allemagne (par Greifswald).

d'empoisonnement sur le sol allemand dont a été victime, en 2020, l'opposant Alexeï Navalny, incarcéré en janvier 2021 à son retour en Russie après plusieurs mois d'hospitalisation, a sans aucun doute renforcé la fermeté du gouvernement allemand. Cependant, si l'inflexion dans la politique suivie à l'égard de Moscou est réelle, il reste difficile de parler d'un tournant radical. Dans le même temps, en effet, l'Allemagne ne peut ignorer la réalité de sa dépendance énergétique en gaz, estimée en 2020 à 37 % par un rapport du Sénat français[1], un chiffre légèrement supérieur à celui de 2005, et qui pourrait même augmenter significativement[2] étant donné les décisions qui ont accompagné l'*Energiewende* : la sortie rapide du nucléaire et la montée en puissance des énergies renouvelables ont en effet comme corollaire, en l'absence de rupture technologique permettant de stocker celles-ci, une augmentation significative du recours aux énergies d'appoint (back-up), tels le charbon – amené à disparaître en 2035 – et… le gaz.

Malgré les sanctions et la fermeté affichée du gouvernement allemand, la mise en service du pipeline Nord Stream 2, qui prévoit alors de doubler la capacité du tube existant et de faire, plus que jamais, de l'Allemagne la plateforme d'entrée et de distribution du gaz russe en Europe, n'a ainsi, pendant toutes les années Merkel, à aucun moment, été remise en question.

1. En date du 5 mai 2021. Voir https://www.senat.fr/rap/r06-307/r06-30714.html# :~ : text = Si % 20de % 20nombreux % 20pays % 20d, Italie % 20et % 2024 % 20 % 25 % 20en % 20France.

2. La Commission européenne estime que, d'ici vingt ou trente ans, 70 % des besoins énergétiques de l'Union européenne devront être assurés par les importations, contre 50 % aujourd'hui. Voir le rapport du Sénat précité.

Allemagne-Chine : le commerce extérieur « par-dessus tout » ?

Cette dépendance apparaît plus forte encore à l'égard de la Chine, qui, depuis le début des années 2000, est devenue un des principaux partenaires commerciaux de l'Allemagne[1]. Le volume des exportations à destination de la République populaire est ainsi passé de 12,1 milliards d'euros en 2001 à 34 milliards en 2008 pour atteindre 95 milliards en 2020, tandis que celui des importations chinoises augmentait de plus de 50 % en dix ans, passant de 76,5 milliards d'euros en 2010 à 116,3 milliards en 2020. Mieux, alors qu'en pleine crise sanitaire les exportations allemandes connaissent une baisse spectaculaire (-9,3 % en 2020 par rapport à 2019), celle-ci atteignant même 12,5 % avec les États-Unis et 15 % avec la France, les échanges avec la Chine se maintiennent (-0,1 %).

Cet état de fait explique très largement la volonté de Berlin, tout au long des années Merkel, de maintenir une relation apaisée. Et si la chancelière avait pu, en 2007, recevoir le dalaï-lama, rencontre immédiatement suivie d'un refroidissement pendant quelques mois des liens diplomatiques entre les deux pays, elle s'était ensuite abstenue de toute critique marquée, susceptible de mettre en péril les intérêts de l'industrie allemande.

Pourtant, comme avec la Russie, une certaine prise de conscience récente semble s'opérer, tant au gouvernement qu'au sein du patronat allemands. À l'agressivité croissante dont fait preuve le leader chinois

1. La Chine est devenue le premier partenaire commercial de Berlin en 2016, avec un volume cumulé d'échanges d'environ 170 milliards d'euros. Voir *infra*, « Une prospérité durable… aujourd'hui sur la sellette ».

Xi Jinping depuis son arrivée au pouvoir, et, plus encore peut-être, depuis la révision constitutionnelle de 2018[1], à la répression systématique menée contre les Ouïghours, à la mise au pas, par la violence, de Hongkong depuis le vote, le 30 juin 2020, de la loi sur la sécurité nationale s'appliquant à l'ex-colonie britannique se sont en effet ajoutées les violations régulières du ciel taïwanais ou la revendication par la force de nombreux îlots en mer de Chine, poussant même Pékin à rejeter le droit international au nom d'une conception « historique »[2]. De façon sans doute plus préoccupante pour les entreprises allemandes, nombre de signaux confirmaient la montée d'une concurrence « hors limite » et la transformation de l'empire du Milieu de simple atelier en rival de premier plan, y compris dans des domaines phares comme celui des machines-outils, ce dont témoigne, par exemple, le rachat en 2016 de Kuka, pépite de la robotique allemande, par le groupe chinois Midea. L'entrée du milliardaire Li Shufu, président du groupe Geely, au capital de l'emblématique constructeur Daimler en février 2018, mais aussi le maintien, dans de nombreux domaines, d'une inégalité certaine des termes de l'échange en même temps que d'une relative fermeture du marché chinois, ou, plus récemment, les risques en matière de sécurité et de souveraineté qui pourraient être liés au déploiement, par l'entreprise Huawei, de la 5G ont pu peser dans la réflexion. Lors de la conférence de Munich sur la sécurité de février 2018, Sigmar Gabriel n'hésitait

1. Le 10 mars 2018, un nouvel amendement ouvre, entre autres, à Xi Jinping la possibilité de se maintenir à vie au pouvoir.

2. Ainsi, en juillet 2016, alors que la Cour permanente d'arbitrage (CPA) de La Haye avait statué en faveur des Philippines sur un contentieux en mer de Chine, arguant que Pékin n'avait aucun « droit historique » sur les eaux concernées, le gouvernement chinois avait immédiatement refusé la décision, qualifiant celle-ci de « farce ».

pas à se faire l'écho de cette inquiétude grandissante face à l'agressivité de la Chine, dont le développement servait ses prétentions mondiales plus que celui de la démocratie. « L'initiative des nouvelles "Routes de la soie" », affirmait en substance le vice-chancelier et ministre des Affaires étrangères allemand, « n'est pas, comme ce que certaines personnes peuvent penser en Allemagne, une réminiscence romantique de Marco Polo, mais il s'agit d'une tentative d'établir un système global pour apposer la marque chinoise sur le monde ». Signe des temps, pour la première fois, dans son rapport de janvier 2019, la Fédération des industries allemandes (BDI) définissait la Chine comme un « concurrent systémique », et non plus seulement comme un « partenaire »[1].

Toutefois, si le changement de ton ne fait aucun doute, la réalité des conséquences de cette autre « inflexion » reste, pour l'heure, là aussi, difficile à évaluer, tant la dépendance commerciale de l'Allemagne vis-à-vis de la Chine est grande. De façon significative, Angela Merkel a placé au cœur des objectifs de la nouvelle présidence de l'Union européenne, de juillet à décembre 2020, la signature du traité sur les investissements entre l'Europe et Pékin, finalement validé le 30 décembre 2020. Et si ce dernier constitue une promesse d'ouverture du marché chinois aux entreprises européennes dans de nombreux domaines – des télécommunications aux hôpitaux privés en passant par les services financiers ou les transports aériens –, les concessions effectives de Pékin, particulièrement en matière de « concurrence équitable », restent minces.

1. Voir *Le Monde*, 14 septembre 2020.

Chapitre 38

Une prospérité durable… aujourd'hui sur la sellette

Un indéniable retour en force

La fin des années Schröder avait incontestablement baigné dans une atmosphère de déclinisme prononcé, du reste largement entretenue par l'esprit libéral du temps et des fédérations patronales en attente de réformes. Le poids des habitudes, un État-providence jugé pléthorique, une législation du travail considérée comme dépassée s'étaient vus tenus pour responsables de la plupart des blocages rencontrés par le marché, entraînant, entre 2002 et 2005, une série de transformations sans précédent supposées permettre le retour de la croissance.

En comparaison, les années Merkel laissent, tout au moins jusqu'à la pandémie de 2020-2021, l'impression d'une prospérité, voire d'un certain « âge d'or[1] » retrouvés.

De fait, à l'exception de l'épisode de la crise financière mondiale de 2008-2009, la période 2005-2020 témoigne d'une incontestable embellie : la baisse spectaculaire du nombre de chômeurs, pratiquement divisé par deux entre 2005 et 2019, qui atteste en même temps d'une réelle

1. Voir « Allemagne : le temps de l'âge d'or », *Le Figaro*, 17 septembre 2017.

capacité de l'économie allemande à créer de l'emploi malgré des taux de croissance de PIB peu élevés, les records continus enregistrés à l'exportation, ou encore la baisse régulière de l'endettement public, à nouveau compatible, en 2019, avec les critères du traité de Maastricht, constituent autant de manifestations d'une puissance économique sans égale sur le continent européen.

Plusieurs facteurs expliquent ce retour en grâce de l'économie allemande.

L'Allemagne a ainsi largement tiré parti de la chute du rideau de fer, retrouvant un hinterland historique. Celui-ci lui a, rapidement, permis de réduire ses coûts de production en faisant appel, pour de larges segments de ses chaînes de production, à la main-d'œuvre polonaise, tchèque ou hongroise moins onéreuse, et qui s'est ainsi progressivement substituée à la sous-traitance traditionnelle que fournissaient certains pays d'Europe de l'Ouest, comme la France. À leur tour, les économies réalisées ont permis d'absorber une partie non négligeable de la pression que la montée de l'euro face au dollar a pu représenter depuis le début des années 2000[1] jusqu'en 2008, voire 2014. La baisse relative de la monnaie européenne qui a suivi a, ensuite, permis que les exportations allemandes se tournent vers d'autres marchés que celui de l'Europe, lorsque celle-ci, durablement touchée par la crise financière, offrait des débouchés moindres. En outre, l'Allemagne et ses entreprises ont bénéficié, avec la baisse régulière des taux d'intérêt dans la zone euro depuis 2008, de taux d'emprunt exceptionnellement bas.

1. Pour mémoire, le cours de l'euro se situe en avril 2002 à 0,89 dollar pour monter, de façon quasi continue, à 1,57 dollar en mars 2008. Le cours se stabilise ensuite dans un tunnel compris entre 1,22 et 1,47. Après une baisse entre 2015 et 2017 (autour de la parité), la monnaie européenne affiche depuis cette date un cours presque toujours supérieur à 1,1 (1,2 au 1er janvier 2021).

Évolution du produit intérieur brut (PIB), du chômage, de la dette publique et de la balance commerciale de l'Allemagne de 2005 à 2020

	2005	2006	2007	2008	2009	2010	2011	2012	2013	2014	2015	2016	2017	2018	2019	2020
PIB (en %)*	0,7	3,8	3,0	1,0	–5,7	4,2	3,9	0,4	0,4	2,2	1,5	2,2	2,6	1,3	0,6	–5,0
Chômage (en %)**	11,7	10,8	9	7,8	8,1	7,7	7,1	6,8	6,9	6,7	6,4	6,1	5,7	5,2	5,1	6,3
Endettement (dette publique en % du PIB)*	67,3	66,7	64	65,5	73	82,4	79,8	81,1	78,7	75,7	72,1	69,2	65,3	61,9	59 ; 7	75,25 (Est.)
Balance commerciale (en % du PIB)***	6,81	6,73	7,77	6,97	5,68	6,0	5,84	6,98	7,07	7,39	8,2	8,03	7,74	6,95	6,62	5,39

* *Source (2005-2019) :* Eurostat.

** *Source :* Bundesagentur für Arbeit.

*** *Source :* Statistisches Bundesamt.

Sur un plan structurel, la République fédérale a su tirer parti de ses forces mais également de certaines de ses faiblesses.

En premier lieu, l'Allemagne a continué de s'appuyer sur un tissu industriel d'une grande solidité, à l'heure où nombre de ses voisins, *nolens volens*, enregistraient au contraire une forte décrue de leur secteur secondaire, pariant plus volontiers sur le tertiaire : en dépit d'une baisse lente mais régulière de l'emploi industriel entre 2008 et 2018, celui-ci reste ainsi inégalé dans l'Union européenne, avec, encore en 2018, 27,13 % (29,34 % en 2008)[1] ; de même, la part de l'industrie dans le PIB de l'Allemagne frappe par son importance, avec, en 2019, un peu plus de 22 %, une proportion restée stable depuis le début des années 2000, contre environ 15 % pour la moyenne de l'Union – 12,4 % en France (2019). À ces chiffres, il conviendrait d'ajouter ceux des emplois du tertiaire immédiatement liés à l'industrie qui, déjà en 2007, apportaient une contribution au PIB de plus de 9 %[2]. Reposant sur une forte proportion de moyennes entreprises de plus de 500 salariés, se démarquant de la plupart de ses concurrents par un positionnement orienté vers le haut de gamme, l'industrie allemande a ainsi surfé sur plusieurs secteurs d'activités phares, comme les machines-outils, les équipements électriques[3], l'optique ou encore l'automobile, fers de lance de son commerce extérieur. En dépit de coûts salariaux parfois largement supérieurs à ceux de ses voisins – Audi, Mercedes,

1. https://fr.statista.com/statistiques/683308/pourcentage-des-emplois-industrie-en-allemagne/.

2. Henrik Uterwedde, « L'industrie allemande en mutation », in *L'Allemagne change !*, *op. cit.*, p. 261.

3. En 2017, l'Allemagne employait ainsi plus de 34 % des personnes qui, en Europe, travaillaient dans le secteur des machines et celui des équipements électriques. In *Alternatives économiques*, n° 371, 2017.

BMW affichaient en 2008 un coût horaire supérieur de plus de 20 % par rapport à leurs concurrents français –, la République fédérale a ainsi largement profité de la demande croissante en provenance des pays émergents, et de la Chine en particulier : si l'Europe dans son ensemble demeure de loin son principal partenaire[1], la République populaire occupe, de façon continue entre 2015 et 2020, le rang de premier partenaire commercial de l'Allemagne[2], la part de l'Union européenne reculant même globalement pour les importations[3].

Par ailleurs, la République fédérale a, paradoxalement, profité de sa très faible démographie. Outre des dépenses moins élevées dans certains secteurs comme l'éducation – en dépit de salaires plus élevés pour les enseignants –, la faible natalité et la structure de la population induite ont procuré à court terme au pays des avantages inattendus : alors que le nombre d'emplois augmentait en Allemagne de façon presque égale à celui d'autres États, la population active y diminuait sensiblement, augmentant mécaniquement le nombre d'emplois disponibles par personne en âge de travailler. « Entre 2000 et 2016, le nombre d'emplois a augmenté de 9,3 % en Allemagne et de 8,3 % en France, à peine moins. Mais, dans le même temps, la population d'âge actif française (entre 15 et 64 ans) s'est accrue de 5,9 %,

1. En 2015, l'Union européenne représentait 57,7 % de l'ensemble des échanges (exportations et importations), le reste de l'Europe hors UE, 10,3 %, soit un total de 68 %.

2. En 2020, la Chine occupe le premier rang pour les importations (pour une valeur de 116,3 milliards d'euros) et le second pour les exportations (95,1 milliards d'euros), derrière les États-Unis. Par comparaison, la Chine n'occupait que le 34e rang pour les importations en 1980 et le 14e en 1990.

3. Selon Henrik Uterwedde, « la part de la zone euro dans les exportations allemandes est passée de 43,8 % à 37,5 % entre 2007 et 2012, tandis que le poids des pays hors UE a augmenté, passant de 35 % à 43 % sur la même période » (*op. cit.*, p. 260).

quand celle d'outre-Rhin baissait de 2,2 %. En conséquence, la population active (les personnes qui ont ou cherchent un emploi) n'a augmenté que de 5,5 % en Allemagne contre 10 % en France[1]. »

Interrogations sur l'avenir

Toutefois, en dépit de ces performances, les questions se multiplient aujourd'hui sur la capacité du pays à maintenir durablement son embellie, bien au-delà du ralentissement suscité par la crise sanitaire que traverse la planète depuis le début de l'année 2020.

Si l'Allemagne a vu en effet son PIB rebondir dès 2006, affichant, après la crise de 2008, et jusqu'en 2016, un taux de croissance presque toujours supérieur à celui de la zone euro, en 2017 son avance a marqué le pas, l'économie donnant de nets signes de ralentissement. En 2018, la croissance de la République fédérale est ainsi passée à 1,3 %, soit 0,3 point de moins que celle de la zone euro, pour atteindre 0,6 % en 2019[2].

Plusieurs fragilités sont, depuis, régulièrement pointées du doigt.

En orientant largement son industrie vers l'exportation, qui représente, en 2019, 47 % de son produit intérieur brut, l'économie allemande dépend, de façon plus importante que la plupart de ses voisins, de la conjoncture internationale. La place qu'occupent, dans la structure de son commerce extérieur, les pays émergents ou les États-Unis fait qu'elle est particulièrement sensible à tout ralentissement du commerce mondial,

1. *Alternatives économiques*, *op. cit.*, p. 66.
2. 1,2 % pour la zone euro.

qu'il soit dicté par une crise, le retour d'un certain protectionnisme ou des événements tels le Brexit ou le possible bras de fer entre Washington et Pékin. Par ailleurs, comme le remarque Rémi Lallement en 2017, le coût de l'austérité allemande, de même que celui de la transition énergétique, a, avant tout, été financé par les ménages, les entreprises en étant largement exemptées, au nom de la compétitivité[1]. Accentuer l'effort de ceux-ci paraît, dans l'immédiat, peu réaliste.

L'adaptation de certains de ses fleurons aux nouvelles conditions du marché pose également question. L'automobile, qui, en 2019, représentait près de 5 % du PIB allemand et un tiers des montants de la R&D (recherche et développement), a, certes, longtemps surfé sur ses atouts : puissance, fiabilité ou encore prestige du haut de gamme. Cependant, le retard qu'accuse aujourd'hui le secteur dans les domaines de l'hybride et, surtout, de l'électrique reste problématique, surtout à l'heure où les exigences environnementales pourraient menacer la plupart des modèles phares des constructeurs allemands, à l'image de la nouvelle norme internationale WLTP, mise en place en 2018-2019[2].

En dépit de son avance technologique dans de nombreux domaines, la République fédérale se voit en outre reprocher ses lacunes dans la transformation digitale : ces critiques[3] soulignent le retard du pays dans la mise

1. *France Stratégie*, entretien du 17 juillet 2017.

2. Destinée à mesurer la consommation de carburant et les émissions de CO_2 et de gaz polluants des véhicules légers, la norme WLTP (pour Worldwild Harmonised Light Vehicle Test Procedure) a été rendue obligatoire le 1er septembre 2018 pour tous les véhicules particuliers neufs et le 1er septembre 2019 pour les utilitaires.

3. Par Pierre Rousseaux, in *Les Échos*, 18 septembre 2019. Voir également, pour ces développements, « Is Germany a "stranded" economy ? », *The View. Economic Research*, Euler Hermès, 14 février 2020.

en place des infrastructures de base dans ce domaine, telles qu'une couverture internet satisfaisante du territoire, mais aussi des connexions mobiles haut débit et un recours généralisé à la fibre optique, deux domaines dans lesquels l'Allemagne pointait en 2019 aux, respectivement, 58e et 72e places[1]. Les failles du secteur éducatif sont également jugées préoccupantes : accusé d'être sous-financé et de manquer d'enseignants, il souffrirait, par ailleurs, d'une insuffisante ouverture au numérique. Selon l'Agence internationale de l'énergie, seul un quart des établissements scolaires sont dotés du wifi, contre une moyenne internationale de 65 %, tandis qu'une proportion identique d'enseignants disposeraient de leur propre ordinateur ou tablette, contre 91 % au Danemark. En outre, l'Allemagne se voit reprocher son manque de capital-risque et sa difficulté récurrente à financer les start-up, qui restent en nombre insuffisant.

Certes, les mêmes analystes estiment que l'Allemagne, qui dispose d'importantes marges de manœuvre, peut remédier à la plupart de ces maux en recourant massivement à l'investissement, notamment public, afin de rénover ses infrastructures, ou en créant les conditions de recherche et de financement nécessaires. Toutefois, certaines pesanteurs structurelles demeurent, comme un quasi-monopole des Länder dans le domaine de l'éducation, tandis que certaines failles qui ont pu constituer, à très court terme, un avantage pour la machine économique soulèvent, à moyen et long terme, des interrogations restées aujourd'hui sans réponse. Depuis près de cinquante ans, la démographie allemande représente ainsi une épée de Damoclès que la réunification avait

1. Résultats du World Economic Forum's Global Competitiveness Ranking, cité par Euler Hermes, *op. cit.*, p. 6.

momentanément fait oublier en propulsant le nombre d'habitants du pays loin devant celui des autres nations européennes. Si la question est revenue en force au début des années 2000, avec, entre autres, la publication en 2004 d'un rapport préoccupant du Berlin Institut sur l'avenir de la République fédérale[1], la situation ne semble guère avoir évolué près de quinze ans plus tard.

La prise de conscience d'un risque démographique a pourtant été réelle, et ce, dès le début de la deuxième législature Schröder. Les instances fédérales constatant alors que la démographie des pays comparables se portait mieux lorsque les femmes pouvaient concilier maternité et travail[2], un effort spectaculaire a été consenti à partir de 2002, qui s'est accéléré sous la Grande Coalition avec l'accession d'Ursula von der Leyen au ministère de la Famille en 2005. En 2002, le contrat de coalition signé entre le SPD et les Verts prévoyait ainsi de parvenir en 2010 à un taux de couverture en accueil collectif d'au moins 20 % des jeunes enfants. Cet effort a été largement poursuivi sous le premier gouvernement Merkel, puis repris avec la nouvelle Grande Coalition de 2013[3], avec un soutien financier de la Fédération conditionné par l'atteinte de résultats ou la mise en place d'une série de lois instaurant un droit opposable à un mode d'accueil pour les jeunes enfants dont les parents ne peuvent assurer

1. « Deutschland 2020. Die demographische Zukunft der Nation », Berlin Institut, 2004.

2. Ainsi, en 2002, à peine plus d'un enfant de moins de 3 ans sur dix est accueilli en dehors de la famille, essentiellement en structures collectives, celles-ci accueillant 2,7 % des enfants à l'Ouest, contre 37 % à l'Est. Voir *Note d'analyse de France Stratégie*, n° 56, 2017.

3. Avec notamment la loi « sur la promotion de l'enfant » (*Kinderförderungsgesetz*) du 28 août 2008 et celle visant à alléger la charge des municipalités en vue de la construction de crèches (*Gesetz zur weiteren Entlastung von Ländern und Kommunen ab 2015 und zum quantitativen und qualitativen Ausbau der Kindertagesbetreuung*) du 22 décembre 2014.

Évolution de la population et du solde naturel en Allemagne (2005-2019)

	2005	2006	2007	2008	2009	2010	2011[1]	2012	2013	2014	2015	2016	2017	2018	2019
Population (en milliers)	82 438	82 315	82 217	82 002	81 802	81 752	80 328	80 524	80 767	81 198	82 176	82 522	82 792	83 019	83 187
Solde naturel	-144 432	-148 903	-142 293	-161 925	-189 418	-180 825	-189 643	-196 643	-211 756	-153 407	-187 609	-118 405	-147 280	-167 354	-161 430

Source : Destatis.

1. À partir de 2011 s'opère un changement de série (population basée sur le seul recensement de 2011).

seuls la garde[1]. Le résultat est spectaculaire : entre 2005 et 2017, près de 400 000 places auront été créées et les dépenses pour les moins de 6 ans ont quasiment doublé.

En dépit de ces efforts, l'Allemagne continue à connaître une situation préoccupante. Certes, le taux de fécondité a, sur la période 2000-2017, légèrement augmenté, avec une moyenne de 1,37 entre 2007 et 2010, qui monte progressivement à 1,59 en 2016 (1,57 en 2017) ; de même, la natalité progresse légèrement[2], notamment en raison d'un plus grand nombre d'enfants au sein de la population d'origine immigrée[3]. Cependant, non seulement le solde naturel demeure négatif[4], mais ce bas niveau s'explique désormais également, depuis le début des années 2000, par une nette baisse du nombre de femmes en âge d'avoir des enfants, phénomène qui devrait s'accentuer dans les années à venir.

Évolution des taux de natalité et de fécondité en Allemagne (2000-2019)

	2000	2005	2010	2015	2019
Taux de natalité (pour mille)	9,3	8,3	8,3	9	9,4
Taux de fécondité	1,38	1,34	1,39	1,5	1,54

Source : Destatis.

1. Ce droit opposable à un mode d'accueil pour les jeunes enfants dont les parents travaillent, suivent une formation professionnelle ou sont dans le besoin date de 2004. Il s'est successivement étendu aux différentes catégories d'enfants de moins de 3 ans. Depuis le 1er août 2013, il est également valable pour les enfants âgés de 1 an.

2. Voir le tableau ci-après.

3. Ainsi, alors que la proportion d'individus ayant, selon la classification allemande, « des origines étrangères » s'élève à 22,5 % pour l'ensemble de la population, cette proportion monte à 38,1 % chez les moins de 5 ans et à 37,2 % chez les 5 à 10 ans, alors qu'elle est d'environ 7 % pour la tranche d'âge des plus de 85 ans.

4. Depuis 1972, les naissances sont, chaque année, systématiquement inférieures aux décès.

À terme, cette situation devrait peser non seulement sur les comptes sociaux, mais également sur le marché du travail, avec le départ à la retraite, au cours des deux prochaines décennies, des baby-boomers : entre 2020 et 2030, le pays pourrait ainsi perdre chaque année près de 500 000 personnes en âge de travailler. Malgré l'existence de pistes alternatives, comme une meilleure utilisation de la « réserve silencieuse[1] », l'Allemagne ne semble guère avoir d'autres solutions, en l'état, que de recourir à une immigration à la fois plus nombreuse et de niveau de formation équivalent à celui des classes d'âge remplacées ; mais cette voie ne suffira sans doute pas à éviter un vieillissement durable de l'ensemble de la population, ni même un déclin de la population en âge de travailler[2].

1. La « réserve silencieuse » (*stille Reserve*) représente l'ensemble des personnes souhaitant travailler davantage qu'elles ne le font aujourd'hui.

2. En 2019, l'office allemand de statistiques Destatis a mené une série de projections (voir *Ergebnisse der 14. Koordinierten Bevölkerungsvorausberechnung*). Il est frappant de constater que, avec une espérance de vie (82,5 ans pour les hommes et 86,4 ans pour les femmes) et un taux de fécondité (1,55) inchangés, la part des moins de 15 ans ne cesse de baisser, de même que celle de la population en âge de travailler (15-64 ans), que l'augmentation annuelle de l'immigration soit de 147 000, 221 000 ou 311 000 personnes.

Chapitre 39

Société : de nouveaux clivages

Une prospérité sans joie ?

En dépit de la crise financière de 2008, et jusqu'à celle du coronavirus en 2020, l'Allemagne d'Angela Merkel a retrouvé une situation de quasi-plein emploi, et, avec elle, le retour d'un réel calme social. Dès 2006, les manifestations massives « du lundi », qui, au long de l'année 2004, rassemblaient chaque semaine jusqu'à 40 000 personnes contre la politique du gouvernement Schröder, sont oubliées. Et, alors que l'obsession du déclin et la morosité avaient dominé la période précédente, la société allemande des années 2005-2020 semble, s'il faut en croire certains baromètres, renouer avec la confiance.

En témoignent apparemment les indices mesurant le « bonheur » des citoyens de la République fédérale, notamment ceux publiés annuellement par la Poste allemande (*Deutsche Post*) depuis 2010[1], et qui attestent, année après année, d'un sentiment de confort généralisé. En outre, dans la droite ligne des évolutions sociales qui se sont accélérées sous la majorité rouge-verte, cette

1. Le *Glücksatlas* est réalisé à partir des données fournies par l'institut Allensbach et un panel sociologique représentatif de 5 000 personnes de plus de 16 ans.

société a poursuivi, sous les gouvernements Merkel, sa libéralisation, comme en témoigne l'adoption du mariage homosexuel en juin 2017.

D'autres sondages font cependant apparaître un tableau plus contrasté : ainsi les études annuelles de l'institut Allensbach intitulées « Génération du milieu » (*Generation Mitte*), portant sur les 30-59 ans[1]. Si les résultats obtenus pour les années 2018 et 2019 confirment ce ressenti d'une indiscutable prospérité matérielle, celui-ci cohabite avec l'expression d'un certain malaise et un sentiment partagé de crainte et d'incertitude. Ainsi, les personnes interrogées en 2019 estiment en moyenne à 59 % « mieux aller qu'il y a cinq ans », soit 17 points de plus qu'en 2018, qui marquait déjà un record, 9 % témoignant d'une dégradation de leur situation matérielle (18 % en 2018) ; par ailleurs, seuls 12 % des sondés de 2018 déclarent « se faire du souci » pour leur emploi, soit presque deux fois moins que dix ans plus tôt. Pourtant, le même échantillon avoue en parallèle son inquiétude devant la dégradation des liens au sein de la population (67 % en 2018). L'unité du corps social est perçue comme fragilisée et la société en risque de fragmentation (67 % en 2019). Seul un petit tiers des sondés de 2018 déclarent être heureux, estimant à 42 % que la génération précédente l'était davantage. En 2019, cette crainte et cette incertitude perdurent, et semblent être bien plus que des peurs conjoncturelles.

Non que ces craintes aient jamais disparu : depuis 2001 et les attentats du 11 septembre, celles causées par la montée du terrorisme islamiste ont constamment

1. https://www.gdv.de/de/medien/aktuell/die--generation-mitte--2018--35798, et, pour l'édition 2019, le résumé : https://www.gdv.de/resource/blob/51044/9798b562381d4d082086fdf79058c02d/generation-mitte-2019---praesentation-koecher-data.pdf.

figuré dans les premiers rangs des peurs sociales. Attisées par les attentats de Madrid en 2004, puis de Londres en 2005, elles avaient même atteint un niveau record après les hécatombes de Paris en novembre 2015, puis, en 2016, de Bruxelles en mars, de Nice en juillet, avant l'attentat commis le 19 décembre en plein marché de Noël de Berlin. Les menaces environnementales font également partie de ces préoccupations récurrentes, que reflètent, d'ailleurs, certains romans à succès de Frank Schätzing. *Abysses* (*Der Schwarm*, 2004) dénonce ainsi l'hubris de l'homme face à l'élément marin et sa prétention à dominer, selon les mots d'un des protagonistes du livre, « une complexité que nous ne comprenons pas », tandis que dans *La Tyrannie du papillon* (*Die Tyrannei des Schmetterlings*, 2018) sont dénoncés les errements de l'intelligence artificielle. Cette appréhension quant à l'avenir de la planète, renforcée depuis l'accident de Fukushima en 2011 et l'accord de Paris sur le climat, que l'Allemagne partage avec d'autres pays occidentaux, fait ainsi régulièrement partie des principales craintes exprimées au cours de la période, du reste non sans schizophrénie, tant cette obsession du verdissement des comportements consommateurs, partagée par l'essentiel de la population, s'accommode dans le même temps d'un engouement jamais démenti pour l'automobile et d'une production électrique nationale largement fondée sur le charbon. Plus récemment, les sondages précités ont même enregistré de nouvelles peurs conjoncturelles, liées cette fois aux interrogations qui portent, depuis 2017, sur l'avenir de la machine industrielle allemande.

Il est toutefois frappant de constater que, au-delà de ces craintes somme toute très exogènes, l'incertitude concerne, de façon nouvelle, la cohésion de la société elle-même.

Dans l'enquête précitée sur les 30-59 ans, pour 2018 et 2019, le pessimisme du regard porté sur les évolutions des dix dernières années, sur la montée de la violence et de l'agressivité, en même temps que sur la division entre Allemands, est sensible. Alors qu'en 2015 environ la moitié des sondés déclaraient douter, à terme, de la stabilité politique du pays, chiffre qui, déjà, surprenait par son importance, en 2018 le chiffre atteint 73 %, attestant d'une crainte de la dissolution d'une Allemagne en multiples groupes d'intérêt.

Cette « Allemagne sans joie » transparaît du reste dans de nombreux films et romans de ce début de XXIe siècle.

Sans aller jusqu'aux obsessions caricaturales d'Elfriede Jelinek, par exemple dans son *Winterreise* (2011), cette vision désenchantée domine des romans comme celui de Juli Zeh *Cœurs vides* (*Leere Herzen*), paru en 2017 et qui a remporté un franc succès. L'Allemagne qui sert d'arrière-plan au récit, dans laquelle le « parti des citoyens concernés » (BBB, *besorgte Bürger Bewegung*) de Regina Freyer a remplacé la CDU d'Angela Merkel, y offre le visage d'une société cynique, sans illusions, sans idéal. L'appât du gain et l'adaptation aux circonstances sont devenus les seules valeurs. En bons enfants de cette évolution, les deux protagonistes, Britta Söldner et Babak Hamwi, qui ont eux aussi, au fond, abdiqué toute espérance, décident de pousser jusqu'à l'absurde cette logique : et c'est ainsi que leur petite entreprise, Die Brücke (Le pont), connaît une belle croissance, en triant sur le volet les dégoûtés de la vie ou les rejetés du système pour fournir les groupes de terreur de tout bord en manque de candidats à l'attentat suicide.

Il ne saurait être question, bien entendu, de réduire les préoccupations littéraires de ces années à cette vision sombre. Les poèmes d'Ulla Hahn, les récits autobiographiques de Hanns-Josef Ortheil, volontiers nostalgiques, comme dans *Die Moselreise* (2010) et *Die Berlinreise* (2014), ou ceux de Christof Wolf avec sa *Sunshine Trilogie*, les enquêtes policières plaisantes de Nele Neuhaus, comme dans *Vent de sang* (*Wer Wind sät*, 2011), *Promenons-nous dans ce bois* (*Im Wald*, 2016) ou *Les Oubliées du printemps* (*Muttertag*, 2018), donnent assurément aux lettres allemandes d'autres visages, à la fois plus légers et plus réjouissants. Toutefois, on ne peut se départir d'une impression générale de doute et d'inquiétude derrière l'apparente stabilité rassurante de l'Allemagne que diffuse la figure tutélaire de Mme Merkel.

Le cinéma n'est pas en reste.

La légèreté qui se dégage des vies entrecroisées des occupants de la colocation décrite avec humour et rythme par Dietrich Brüggemann dans *3 Zimmer/ Küche/ Bad* (Trois pièces/cuisine/salle de bain, 2012) ne fait pas toujours oublier le narcissisme des personnages, un certain vide de l'existence derrière les échanges amoureux, ni la difficulté à s'engager et, finalement, à trouver sa place dans la société. Sur un mode plus dramatique, le grand succès de Jan-Ole Gerster *Oh boy* (2012), toujours sur le mode de la comédie, suit les déambulations dans Berlin d'un trentenaire attachant mais malchanceux, velléitaire plus que volontaire, incapable de mener ses projets à terme. Le très jeune réalisateur Ramon Zürcher, avec *L'Étrange Petit Chat* (*Das merkwürdige Kätzchen*, 2013), se montre, lui, bien plus sombre : l'appartement berlinois qui sert d'unité de lieu à ce premier long métrage abrite une famille dont la normalité banale exsude l'ennui et, pour finir, l'effroi et le malaise. Selon les termes de Zürcher, « je voulais que le monde cinématographique créé par le film reste compact, que le spectateur y navigue avec un sentiment grandissant de claustrophobie qui l'enveloppe peu à peu comme une robe ».

En un certain sens, on peut même affirmer que l'incertitude et la difficulté à trouver sa voie dans une société oppressante constituent l'essence même du film de Christoph Hochhäusler *L'Imposteur* (*Falscher Bekenner*, 2005). Le personnage principal, Armin, sur fond d'existence sans joie au sein d'une banlieue sans âme, s'accuse d'avoir provoqué un accident, à la fois par ennui et désir de sortir d'un univers morne, que rendent bien les couleurs froides du film, avant de passer lui-même à l'acte. Malgré une fin qui semble laisser présager, pour le protagoniste, un nouveau départ – mais, effectif ou fantasmé, le doute persiste –, la vision d'un réel en proie à la logique déshumanisante du matérialisme capitaliste domine.

La croissance revient, mais les inégalités et la précarité augmentent

Une partie de cette incertitude et de cette inquiétude s'explique sans doute à la fois par une répartition inégale de la croissance et par une montée de la précarité.

Le nouvel « âge d'or » de l'Allemagne, tout au moins sur le terrain de l'emploi et, bon an mal an, de la croissance, s'est en effet accompagné d'une augmentation, tout au long des années 2005-2019, des inégalités et de la pauvreté : en septembre 2013, on enregistrait ainsi 6,09 millions de personnes vivant des indemnités versées par le dispositif Hartz IV, parmi lesquelles 1,62 million de moins de 15 ans. Quatre ans plus tard, alors que le PIB de la République fédérale affichait une croissance annuelle moyenne de 2,1 %, ce chiffre atteignait 6,17 millions – dont 1,64 million d'enfants. La hausse globale des revenus réels entre 1995 et 2015 s'est de même accompagnée d'inégalités croissantes dans leur répartition : si 30 % des salariés les mieux payés bénéficiaient entre ces deux dates d'une hausse comprise entre 8 % et 10 % de leur revenu, 20 % des salariés les moins bien payés connaissaient au contraire une diminution moyenne de 7 % de leur salaire réel[1].

De fait, Hartz IV permettait difficilement de sortir de la trappe à pauvreté pour retrouver un emploi stable. Comme le souligne Brigitte Lestrade dans son étude de juin 2010 sur le premier bilan du système, « seul un tiers de ceux qui réussissent à quitter l'assistance trouvent un emploi à temps plein et à durée indéterminée. Une fraction importante de cette minorité, plus d'un quart, travaille au-dessous de son niveau de qualification et une personne sur deux perçoit moins de 7,50 euros de l'heure[2] ». Signe manifeste de ces limites, la Cour constitutionnelle de Karlsruhe, saisie par plusieurs plaignants, avait stigmatisé l'insuffisance, les incohérences en même temps que l'opacité des modes de calcul des indemnités. Dans son jugement du 9 février 2010, la Cour avait notamment souligné que les aides sociales accordées aux plus démunis ne respectaient pas les principes de la Loi fondamentale, qui « garantit le droit à une existence digne », et enjoint au gouvernement de les augmenter en conséquence. Par ailleurs, si les réformes votées dans le sillage de

1. Voir « Allemagne moins de chômeurs, plus de pauvres », *Libération*, 26 mars 2018.

2. Brigitte Lestrade, « Les réformes sociales Hartz IV à l'heure de la rigueur en Allemagne », IFRI, *Note du Cerfa*, n° 75, 2010, p. 18.

l'Agenda 2010 entre 2002 et 2005 ont eu un effet discuté, voire discutable, sur le retour de la croissance allemande, elles ont incontestablement engendré une plus grande flexibilité en même temps que le développement des emplois précaires.

En permettant aux entreprises de recourir sans limite de durée aux travailleurs intérimaires, la loi Hartz I a ainsi entraîné une augmentation considérable de l'intérim, y compris des catégories socio-professionnelles jusqu'ici épargnées, comme les ingénieurs : alors qu'on ne comptait, entre 2000 et 2004, qu'une moyenne de 300 000 à 350 000 salariés relevant de cette catégorie, leur nombre s'est envolé après 2005, pour atteindre une moyenne de 750 000 dans les années 2007-2008, puis, une fois passée la crise de 2008, d'environ 850 000 après 2010 – 800 000 en 2019, soit un quasi-triplement. Il a fallu attendre le 1er avril 2017 pour qu'une réforme vienne renforcer les droits des intérimaires, en instituant une durée maximale de 18 mois pour les missions – cette nouvelle loi ne concerne toutefois pas les entreprises ayant adhéré à une convention collective et n'interdit pas à une entreprise d'employer à nouveau une personne une fois un délai de trois mois écoulé.

En outre, nombre d'autres réformes introduites par Hartz II et Hartz IV engendraient de l'incertitude et des ambiguïtés. Conçu pour éviter aux chômeurs une trop longue période d'inactivité, l'encouragement à l'autoentreprenariat (Ich-AG) avait certes rencontré un certain succès, faisant passer le nombre d'autoentrepreneurs d'environ 1,7 million en 2002 à près de 2,5 millions en 2012-2013. Toutefois, outre le fait que ce type d'activité tend à augmenter en période de crise et à diminuer lorsque la situation du travail s'améliore (en 2019, sa part totale dans l'emploi allemand reste modeste, 9,6 %[1], contre une moyenne de près de 15 % dans l'Europe des Vingt-Huit), la plupart de ces emplois se sont révélés financièrement très précaires[2]. Le bilan est tout aussi mesuré pour les minijobs – rémunérés, en 2021, 450 euros par mois[3]. En 2012, il ressortait en effet que la plupart des personnes y ayant eu recours n'étaient pas parvenues à obtenir un CDI et restaient cantonnées dans de faibles revenus. La création d'un salaire minimum légal (*Mindestlohn*) en janvier 2015, applicable à tous les secteurs d'activités depuis le 1er janvier 2018, est en partie venue atténuer la rigueur de la situation des bas revenus. Toutefois, en mars 2017, une étude de France Stratégie constatait que, si le taux d'emploi des 20-64 ans atteignait 78 %[4] en Allemagne (70 % en France et dans l'Union européenne), la part des bas salaires était de 22 % (9 % en France et 17 % dans l'UE).

Témoin de la face cachée du « plein emploi » outre-Rhin, le taux d'emploi des femmes. S'il a considérablement augmenté à partir de 2005, passant d'environ 60 % à 69 % en 2013, et même 75,2 % en 2017 (8 % de plus qu'en France), cette croissance s'explique avant tout par un développement massif du travail à temps partiel, quelle qu'en soit la forme, ce que révèle le volume horaire travaillé, qui ne progresse quasiment pas durant la période[5].

1. Voir « Travailleurs indépendants en Europe », rapport de l'Insee, 28 avril 2020.
2. Selon Karl Brenke, en 2012, un tiers des autoentrepreneurs relèvent de la catégorie des bas revenus, contre environ 20 % pour les salariés. Voir « Le marché du travail en Allemagne », in *L'Allemagne change !*, *op. cit.*, p. 304.
3. Pour mémoire, ces emplois sont limités dans le temps (2 mois ou 50 jours par an).
4. Sur la base des chiffres Eurostat de 2014 et, pour la part des salariés bas salaires, 2015.
5. Ainsi, en 2019, le taux d'activité *à temps plein* des femmes, en République fédérale, est de 45 % contre, par exemple, plus de 53 % en France.

Une société moins consensuelle

Cette tendance au morcellement n'est certes pas un phénomène nouveau. Elle s'inscrit même dans une évolution de fond, commune à la plupart des pays occidentaux, dans le sillage des États-Unis des années 1970, dont l'historien Arthur Schlesinger avait, à plusieurs reprises, décrit la manifestation, que ce soit en 1969 avec *The Crisis of Confidence : Ideas, Power and Violence in America* ou plus spécifiquement en 1991 dans sa dénonciation de la société multiculturelle, *The Disuniting of America : Reflections on a Multicultural Society*. La révolte des années 1968, mais aussi le mouvement féministe, de même que le mouvement politique des Verts et la volonté, de la part de ces tendances, de contester un certain ordre socio-moralo-économique établi avaient, à leur manière, introduit en République fédérale une première rupture du consensus de l'après-guerre. Toutefois, bien des éléments avaient pu maintenir cette image d'une société, somme toute, unie, voire unique : la nouvelle prospérité des années 1980, le conservatisme des premières années Kohl, sur fond de retour de la guerre froide, mais aussi le maintien, tout au moins jusque dans les années 1990, d'une forte classe moyenne ; avaient également participté à cette impression générale l'objectif toujours commun de la réunification, le maintien d'une culture du consensus, en même temps qu'une certaine ignorance de la réalité de l'existence de minorités tenues en marge de la société, comme celle des Turcs, auxquels la nationalité allemande restait refusée, malgré de longues années passées sur le sol allemand.

Les nouveaux Länder : différences mémorielles plutôt qu'économiques

L'absorption de la République démocratique et, avec elle, d'une population « autre », en dépit d'un dénominateur commun évident, avait constitué, sans que la République fédérale en ait alors pris forcément conscience, un premier facteur de nouveauté, en même temps que de rupture : avec l'accueil de 16 millions de citoyens bientôt largement touchés par le choc de la disparition de leur monde et de leur emploi, la société allemande ne pouvait conserver à l'évidence son homogénéité sociale et, peut-être moins encore, mémorielle et historique.

Certes, trente ans après la réunification, la plupart des dommages paraissent n'être plus qu'un lointain souvenir et les différences économiques, naguère criantes, entre les deux parties de l'Allemagne appartiennent pratiquement au passé. Comme le rappelle Edgar Wolfrum, la productivité de l'ex-Allemagne de l'Est a pratiquement doublé entre 1990 et 2017, le revenu disponible étant, lui, multiplié par trois. Le taux d'emploi affiche en 2017 un niveau supérieur de 2 points à celui de l'Ouest (79,7 % contre 77,9 %)[1]. Et si le taux de chômage y reste supérieur (6,9 % contre 4,8 % à l'Ouest), il est revenu à des niveaux enviés par bien des pays européens. Dans une certaine mesure, on peut même affirmer que la ligne de partage économique de l'Allemagne des années Merkel passe par un axe moins Est-Ouest que Nord-Sud, et ce, des deux côtés de l'ancienne frontière : alors que le Mecklembourg et le Brandebourg demeurent surtout des Länder ruraux, la Saxe et la Thuringe ont retrouvé une

1. Voir Edgar Wolfrum, *Der Aufsteiger*, *op. cit.*, p. 107 *sq.*

partie de leur aura industrielle, universitaire et culturelle en s'appuyant, à défaut d'accueillir de grands groupes, sur un nouveau tissu de PME efficaces et les pôles de rayonnement que constituaient déjà historiquement des villes comme Dresde, Halle, Leipzig, et, pour la Thuringe, Iéna, Erfurt ou encore Eisenach. De même, à l'Ouest, la Bavière et le Bade-Wurtemberg caracolent en tête du PIB par habitant, alors que le taux de chômage et les difficultés sociales laissent loin derrière les États du bassin de la Ruhr, mais aussi des villes comme Brême.

De ce fait, il n'existe plus, à l'Est, de remise en question réelle ni sérieuse de l'idée même de réunification, à laquelle aucune solution alternative ne pouvait, du reste, se substituer.

Pourtant, malaise et regrets persistent, au-delà du satisfecit matériel : regret, encore et toujours, comme en témoigne l'étude publiée en 2020[1] par la Fondation Bertelsmann, d'une absorption sans concession alors qu'une majorité de la population de l'Est continue, aujourd'hui, à estimer que « certaines choses qui fonctionnaient bien en RDA ont été perdues après la réunification » ; impressions et regrets, plus prononcés à l'Est qu'à l'Ouest, d'avoir vu se dégrader les relations sociales, jugées plus humaines et plus fortes sous la République démocratique (64 % contre 58 % à l'Ouest). Le sentiment très net de rester des citoyens « de seconde classe » continue à dominer[2] : car si, avec des personnes comme Wolfgang Thierse, président du

1. Bertelsmann Stiftung (dir.), Jana Faus, Matthias Hartl, Kai Unzicker, *30 Jahre deutsche Einheit. Gesellschaftlicher Zusammenhalt im vereinten Deutschland*, 1re éd., 2020.

2. Face à l'affirmation « les Allemands de l'Est sont considérés comme des citoyens de seconde classe », 21 % des personnes interrogées à l'Ouest répondent par l'affirmative contre 59 % à l'Est ; de même, 55 % des Allemands de l'Ouest souscrivent à l'affirmation suivante : « Aujourd'hui, on ne fait plus de différence sur le fait que l'on vient de l'Ouest ou de l'Est »,

Bundestag de 1998 à 2005, Joachim Gauck, président de la République fédérale entre 2012 et 2017, et, bien sûr, la chancelière Angela Merkel, l'ex-RDA est paradoxalement surreprésentée au sommet du pouvoir, on peine à trouver une juste proportion dans les postes supérieurs de l'État ou de la société civile. Malgré les années, pratiquement aucun grand groupe industriel n'a installé son siège dans les nouveaux Länder, une étude menée sur les grands sites industriels allemands confirmant que la quasi-totalité de ceux-ci continuent à se trouver à l'Ouest[1]. De la même façon, en 2015, on ne comptait, au gouvernement, que 3 secrétaires d'État venant de l'Est sur 60 et 4 ambassadeurs nés à l'Est sur 154. Selon Edgar Wolfrum, seuls 1,7 % des citoyens issus de l'est de l'Allemagne occupent, en 2015, des « positions de leader » (*Führungsposition*), alors que la population est-allemande représente près de 17 % de la population totale.

La polémique déclenchée en 2017[2] par l'expert et critique d'art Paul Kaiser, stigmatisant le mépris affiché, selon lui, pour les peintres de l'ex-RDA, est ainsi révélatrice de l'extrême sensibilité de la population est-allemande. Accusant les musées de l'Est, et, notamment, la Galerie Neue Meister de Dresde, dirigée par l'Ouest-Allemande Hilke Wagner, d'avoir volontairement relégué dans les réserves les artistes de l'ancienne République démocratique, à l'image de Werner Tübke, Arno Rink ou Willi Sitte, Kaiser voyait dans cette démarche un signe parmi d'autres d'une volonté

---

alors que 62 % des Allemands de l'Est la rejettent. Voir *30 Jahre deutsche Einheit*, *op. cit.*

1. Voir *Industriestandorte in Deutschland. Eine Bestandsaufnahme*, Hanovre, JPN Gesellschaft für Unternehmensberatung, 2014, cité par Henrik Uterwedde, *op. cit.*, p. 266.

2. Voir « Ein Bilderstreit tobt in den Museen des Ostens – weil dort kaum Werke aus DDR-Zeiten hängen », *Zeit*, 19 octobre 2017.

de faire disparaître un passé en même temps qu'une mémoire. Au-delà de la querelle que devait alimenter cette polémique, tant sur la fonction des musées – lieu d'art et/ou d'histoire – que sur la dénomination à adopter – art « allemand » ou « est-allemand » –, celle-ci s'était accompagnée d'étonnantes manifestations de reproche, voire de haine, qui montraient des blessures réelles ou ressenties à l'issue de la réunification.

Plus profondément, la *Wende* a abouti, des deux côtés de la frontière, à des récits différents. L'étude Bertelsmann de 2020 souligne ainsi combien l'unité, à l'Ouest, a été vécue de façon collective, alors qu'à l'Est son processus et ses conséquences ont été éprouvés au niveau individuel. À l'évidence, une partie importante des Allemands de « là-bas » (*drüben*) continuaient, malgré les années, à cultiver le sentiment que la valeur des vies vécues derrière le rideau de fer n'avait pas été convenablement appréciée, pas plus, d'ailleurs, que les efforts menés par la population pendant la révolution pacifique, que beaucoup estimaient insuffisamment pris en compte par l'Ouest.

Une réconciliation avec son histoire

Cette nouvelle ligne de faille arrive paradoxalement à un moment où la « normalité » de l'Allemagne dans son rapport au passé paraissait à portée de main.

Déjà, l'avènement au pouvoir d'une nouvelle génération de dirigeants n'ayant pas connu la guerre avait permis à Gerhard Schröder d'entretenir une relation plus apaisée avec les années du nazisme, alliant condamnation sans concession et capacité à s'unir à toutes les commémorations mémorielles : pour la première fois, un chancelier avait ainsi participé au 60e anniversaire du débarquement en Normandie.

Dès son arrivée à la chancellerie, Angela Merkel s'est inscrite dans cette continuité, multipliant les participations aux célébrations commémorant la fin de la Seconde Guerre mondiale, avec son déplacement à Dachau en mai 2015, à Auschwitz en décembre 2019, veille du 75ᵉ anniversaire de la libération du camp d'extermination, ou encore, en 2014 et 2019, pour les 70ᵉ et 75ᵉ anniversaires du 6 juin. En parallèle, et même si, lors de sondages réguliers, nombre de jeunes Allemands déclarent avoir du mal à se sentir « coupables » des crimes du passé, l'indignation, la honte, voire la responsabilité qui sont les leurs face au nazisme restent, tout au long de ces années 2000-2020, sans ambiguïté. La sortie en 2007 de *Mein Führer*[1], de Dani Levy, constituait également un témoignage de l'évolution accomplie : jusqu'alors, en effet, l'Allemagne n'avait guère tenté d'aborder le nazisme par l'humour. Et même si le film, en proposant une explication volontairement grotesque du dictateur, mêlait avec un succès inégal burlesque et pathos, il glace aussi par ses allusions constantes à l'extermination, jusqu'au double drame final : engagé pour doubler la voix d'un Hitler dépressif, le professeur Grünbaum finit broyé par le machiavélisme du personnage de Goebbels. Quant au discours qu'il a pu enregistrer et détourner en profitant de l'occasion offerte pour y dénoncer les crimes du nazisme à la population allemande, référence au discours final du *Dictateur* de Chaplin, dans lequel le barbier juif prenait la place du véritable Hynkel et retournait l'assistance dans une harangue pleine d'humanité, il est, cette fois, rejeté par une foule fanatisée.

Dans une large mesure, la polémique entraînée en 2012 par le poème en prose *Was gesagt werden muss* (Ce

1. *Mon Führer : la vraie véritable histoire d'Adolf Hitler* (*Mein Führer – Die wirklich wahrste Wahrheit über Adolf Hitler*).

qui doit être dit) de Günter Grass, qui, déjà en 2006, dans *Pelures d'oignon* (*Beim Häuten der Zwiebel*), avait stupéfié le public en révélant, lui l'écrivain de gauche, son engagement dans les Waffen SS, participait également de cette normalité. Grass y dénonçait en effet ce qu'il nommait « l'hypocrisie de l'Occident » à propos du nucléaire iranien, alors qu'aucun contrôle, y affirmait-il, n'était, dans le même temps, exercé sur les armes nucléaires détenues par Israël. Cette attaque menée en creux contre la politique de l'État hébreu, impensable il y a peu, prouvait là encore, et cette fois à rebours, combien il avait été parcouru de chemin depuis 1945 et combien la responsabilité devant l'histoire pouvait désormais s'accompagner d'une certaine liberté d'action et de parole.

Cette liberté s'exerçait également avec les autres pans de l'histoire allemande du XXe siècle.

Le souvenir de la Première Guerre mondiale, longtemps ignoré en raison tant de l'occultation créée par les années du nazisme que du sentiment de responsabilité unique de l'Allemagne, diffusé à la fois par bon nombre d'historiens étrangers et les analyses de Fritz Fischer[1], connaît ainsi, depuis peu, un nouvel éclairage. Tandis que, pour la première fois en 2009, un chef de gouvernement allemand participait aux cérémonies du 11 novembre, que, en août 2014, le président Gauck rejoignait François Hollande pour commémorer les premiers moments du premier conflit mondial, ou que, trois ans plus tard, les deux mêmes hommes posaient la première pierre de l'Historial franco-allemand, en parallèle, une série de travaux d'historiens allemands remettaient en cause l'approche « unilatérale » de Fischer. Selon

1. Fritz Fischer, *Griff nach der Weltmacht : die Kriegszielpolitik des kaiserlichen Deutschlands 1914-1918*, Düsseldorf, Droste, 1961.

le spécialiste d'histoire militaire Sönke Neitzel[1], l'historienne et essayiste Cora Stephan[2] ou le politologue Herfried Münkler[3], une réflexion consistant à tenir l'Allemagne pour seule responsable est insuffisante, tant les peurs et le militarisme étaient alors partagés en Europe. La publication en 2013 de l'ouvrage de Christopher Clark *Les Somnambules*, vite classé parmi les best-sellers en Allemagne, et qui optait clairement pour la thèse d'une marche collective vers la catastrophe, déchargeant ainsi l'Allemagne du fardeau de la culpabilité unique, n'avait fait que renforcer cette conviction en même temps qu'elle faisait souffler sur le pays un vent de soulagement.

Reléguées depuis les années 1980 au rang de mauvais souvenir, les années de plomb réinvestissent également le devant de la scène, mais sans polémique ni condamnation. Ainsi, en 2000, Christian Petzold réalise *Contrôle d'identité* (*Die innere Sicherheit*), mettant en scène deux ex-terroristes qui doivent finalement, et pour leur malheur, revenir en Allemagne après un long exil au Portugal puis au Brésil. Sans jamais s'attarder sur le contexte de l'époque, ni se hasarder à une tentative d'explication ou d'analyse des motifs des protagonistes, Petzold focalise sa narration de façon froide et rigoureuse sur la vie d'errance du couple, faite de crainte et d'absence de perspective. Pire, leur fille unique, Jeanne, est avant tout une enfant de la société de consommation, bien loin des idéaux ou visions de ses parents, et dont le mal-être finira par entraîner leur chute. Sur un mode plus

1. Voir *Blut und Eisen. Deutschland im Ersten Weltkrieg*, Zurich, Pendo, 2003 ; *Kriegsausbruch. Deutschlands Weg in die Katastrophe 1900-1914*, Zurich, Pendo, 2002.

2. Voir son entretien avec la Deutschlandfunk, « Deutschland hat die Schuld angenommen », 6 avril 2014.

3. Voir *Der Grosse Krieg. Die Welt 1914-1918*, Berlin, Rowohlt, 2013.

commercial, le film d'Uli Edel *La Bande à Baader* (*Der Baader Meinhof Komplex*), sorti en 2008, ressuscite les années du terrorisme d'extrême gauche en reconstituant, en une juxtaposition d'épisodes, l'itinéraire de la Fraction armée rouge, de 1967 au suicide dans leur cellule des principaux membres du groupe. Toutefois, rien, ici, ne semble vouloir tenter une analyse rétrospective. D'une façon fort différente du film de Petzold, celui d'Uli Edel porte lui aussi sur les années de plomb une certaine normalité du regard, mais une normalité mélodramatique, presque mercantile, où le sujet serait devenu un produit comme un autre, où l'on ne retiendrait de l'itinéraire des principaux membres de la bande qu'une série de scènes d'action et de suspense.

Au total, l'Allemagne des années Merkel offre donc un visage à la fois plus apaisé et moins complexé sur bien des pans de son histoire. Mieux, ce regard rétrospectif dépassionné n'a pas, pour autant, délaissé le passé est-allemand. Celui-ci devient même, à partir de 2005, un sujet de prédilection pour le roman, le cinéma et les séries télévisées, qui, à la différence des productions des années 1990-2000, qui avaient volontiers opté pour le mode humoristique, n'hésitent pas à en dépeindre les plus noirs aspects.

En publiant en 2016 *Unterleuten*, bientôt porté au petit écran, Juli Zeh fait ressurgir, au sein d'un village à cheval sur l'ancienne frontière, les frustrations et les divisions engendrées par l'unité allemande, à propos de l'implantation d'éoliennes sur le territoire de la commune. Alexander Dierbach attire en 2014, avec les six épisodes de *Tannbach. Schicksal eines Dorfes*, près de 7 millions de spectateurs en revenant notamment sur la réalité de la soviétisation menée en RDA dans les années 1950, longtemps ignorée du fait du statut de

« libérateur » dont bénéficiait l'Armée rouge. La série *Weissensee*, d'Annette Hesse et Friedemann Fromm, qui connaît tout au long de sa diffusion, entre 2010 et 2018, un énorme succès, entend, pour sa part, brosser le portrait de plusieurs familles de RDA, tantôt sans engagement, tantôt dans l'opposition, ou, au contraire, engagées dans le soutien au régime, en réservant même la plupart des rôles à des acteurs nés en République démocratique. Les actions de la Stasi ont également suscité une large production, que ce soit avec le film d'Oliver Hirschbiegel *Der gleiche Himmel* (Le même ciel, 2017), la série *Deutschland 83* sortie en 2015, dont le succès international devait générer deux suites[1], ou encore avec *Barbara*, de Christian Petzold (2012). Et si les méfaits de la surveillance sont montrés sans complaisance, *Barbara* s'attachant même à une anatomie de la terreur banale au quotidien, c'est le plus souvent également sans revanchisme ni caricature. Certains des protagonistes mis en scène, et qui servent pourtant de noirs desseins, qu'il s'agisse du jeune Martin Rausch (Jonas Nay) infiltré au sein de l'OTAN dans *Deutschland 83* ou de Wiesler (Ulrich Mühe), l'agent tourmenteur du film de Florian Henckel von Donnersmarck *La Vie des autres* (*Das Leben der Anderen*, 2006), renoncent, au final, à la logique de l'État qu'ils servent : l'un, pour éviter la guerre entre les deux blocs, révèle son identité, l'autre, chargé de surveiller un couple d'intellectuels, transcrit de faux rapports, permettant à sa cible d'éviter l'arrestation.

Pourtant, malgré ce retour sur l'histoire est-allemande, les failles demeurent. Confiante dans les milliards déversés presque sans discontinuer sur les nouveaux Länder, peut-être aussi trop rapidement rassurée par le fait que

1. *Deutschland 86* (2018) puis *Deutschland 89* (2020).

les Allemands de l'Est étaient d'abord des Allemands, pour qui l'intégration paraissait aller de soi, l'Allemagne a sans doute oublié de mener un autre travail de mémoire (*Vergangenheitsbewältigung*), prenant en compte certes les frustrations d'une politique trop assimilatrice, mais aussi – et surtout – la profonde différence du rapport au sentiment national ; elle a oublié la nécessité de réfléchir en profondeur non seulement au récit de sa réunification, mais aussi à ce qui pouvait désormais constituer la nouvelle identité allemande, en même temps que sa nouvelle « mémoire ». À l'évidence, en négligeant le passé de 16 millions de ses nouveaux citoyens, la nouvelle République avait cru pouvoir faire l'économie d'une réflexion en profondeur sur sa nouvelle identité.

Trop confiante dans ses valeurs de liberté et d'ouverture, la très fédérale RFA avait en effet voué aux gémonies l'idée même de nation, accusée d'avoir engendré la catastrophe de la Seconde Guerre mondiale. En fondant son identité sur un mélange fait d'ancrage à l'Ouest, de prospérité, d'anticommunisme et d'espoir d'une réunification à venir, la République fédérale s'était finalement fort bien passée de roman national. Dans le même temps, la RDA, bien plus centralisée, avait au contraire construit un imaginaire particulier : celui d'une nation « neuve », fière de son identité, de ses succès sportifs, celui d'une société « homogène », au sein de laquelle, qui plus est, les rares immigrés en provenance des pays frères, du Vietnam à l'Angola, avaient été soigneusement tenus à l'écart d'une population qui, *de facto*, ne « découvrira » l'immigration qu'avec la chute du Mur et même la crise des années 2015-2016. De ces fractures, négligées par l'obsession de la reconstruction puis par le centrisme lénifiant des années Merkel, l'AfD pourra, en 2015, surgir presque naturellement, et entamer son foudroyant succès politique presque sans coup férir.

L'immigration : une fracture nouvelle ?

L'immigration ne constitue bien entendu nullement un phénomène nouveau – tout au moins, pour la partie occidentale de l'Allemagne. Toutefois, même en Allemagne de l'Ouest, elle était restée contenue, voire ignorée : contenue car, des quelque 14 millions de « travailleurs invités » (*Gastarbeiter*) accueillis par le pays entre la fin des années 1950 et 1973, plus de 11 millions, soit près de 80 %, étaient ensuite repartis ; ignorée car, en dépit de quelques coups médiatiques comme, en 1985, le témoignage choc de Günter Wallraff dénonçant, dans *Tête de turc* (*Ganz unten*), la réalité des conditions de travail des Turcs employés en Allemagne, l'immigration ne faisait l'objet d'aucune politique réelle d'accompagnement, *a fortiori* d'intégration. Il faut attendre la très tardive loi sur l'intégration (*Integrationsgesetz*), adoptée puis ratifiée par le Bundesrat en juillet 2016, pour que l'accueil des réfugiés fasse l'objet d'une vision de long terme.

À la suite de la chute du rideau de fer, l'Allemagne connaît, dans les années 1990, une nouvelle affluence sur son sol, qu'il s'agisse des quelque 3,3 millions de personnes en provenance des divers pays du bloc soviétique, dont la plupart étaient des Allemands par le sang (*Aussiedler*), ou des réfugiés de l'ex-Yougoslavie, dont l'Allemagne accueille en quelques années près de 345 000 ressortissants – avant tout des Bosniaques[1]. Ces vagues successives avaient déjà entraîné quelques changements dans la composition de la population en même temps qu'une série de réactions violentes, tant à l'Ouest

1. Voir Daniela Heimerl, « La politique de l'Allemagne à l'égard des réfugiés ex-yougoslaves », *Hommes et migrations*, n° 1235, 2002, p. 28-39.

qu'à l'Est[1], sur fond de crise économique, de prise de conscience de la crise démographique que traverse le pays et de difficultés liées à la réunification. Témoin de ce malaise et de la montée en puissance de la question migratoire, en 2010, le social-démocrate Thilo Sarrazin publie un brûlot intitulé *L'Allemagne disparaît* (*Deutschland schafft sich ab*[2]). Le livre, qui rencontre rapidement un énorme succès de librairie, dénonce sans ménagement le déclin démographique du pays et l'appel à une population immigrée en provenance d'Afrique et du Moyen-Orient. Selon les analyses de l'auteur, celle-ci serait non seulement peu formée à son arrivée, mais, du fait de facteurs socio-culturels endogènes, peu en mesure d'atteindre des niveaux de formation suffisants, cette situation entraînant à la fois, à terme, d'importants problèmes de qualification pour l'industrie et la recherche allemandes et de sérieux soucis de paix sociale, du fait d'une faible intégration. Si l'ouvrage suscite une large polémique, l'immigration demeure pourtant une question très largement dépolitisée.

À partir de 2011, toutefois, le pays doit faire face, comme l'ensemble de l'Union européenne, à de nouvelles vagues d'immigration, sans commune mesure avec celles des années précédentes. La guerre en Libye et la déstabilisation du Sahel qui s'ensuit, puis celle de Syrie, l'instabilité permanente de l'Afghanistan, mais aussi la situation toujours aussi précaire de l'Afrique subsaharienne, déstabilisée par l'effondrement du Sahel, jettent en quelques années sur les routes ou à travers la Méditerranée des centaines de milliers de personnes, avec un pic de plus d'un million de personnes en 2015.

1. Voir *supra*, les chapitres consacrés aux années 1990.
2. Traduit en français par « l'Allemagne disparaît », le titre allemand exprime bien plus l'idée d'une Allemagne « travaillant à sa perte ».

La décision retentissante d'Angela Merkel d'ouvrir largement les frontières de la République fédérale à l'été 2015, que les motivations de la chancelière aient été simplement humanitaires ou qu'elle ait voulu, comme le suggèrent Herfried et Marina Münkler, à la fois sauver l'espace Schengen mis à mal par la position hongroise et acheter du temps pour assurer la sécurité extérieure des frontières européennes[1], allait définitivement transformer la question migratoire en sujet politique. Prise sans réelle concertation, ni avec ses partenaires européens ni au sein de son propre camp, cette annonce radicale, accompagnée de la formule laconique et restée célèbre « *Wir schaffen das* » (Nous y arriverons), en même temps qu'elle apportait un soutien inespéré au tout jeune parti AfD, lui-même alors en pleine mue idéologique, introduisait dans la société allemande un facteur de dissociation et de fragmentation comme l'Allemagne n'en avait pas connu depuis le débat sur l'Ostpolitik. Des incidents dramatiques, tels l'agression sexuelle, lors de la Saint-Sylvestre 2015, de centaines de femmes, commise principalement par des immigrés et des demandeurs d'asile dans les villes de Cologne, Stuttgart ou Düsseldorf, ou l'attentat islamiste commis en décembre 2016 sur le marché de Noël de Berlin, n'avaient fait, en parallèle, qu'attiser le débat.

La perspective d'une ouverture très large à une immigration extra-européenne posait en effet, au-delà du nombre de migrants à accepter sur le territoire de la République fédérale, la question de l'identité : identité de l'Allemagne et de ce qui définissait l'« être allemand », nécessité ou non d'une « culture dominante » (*Leitkultur*) par opposition au multiculturalisme, telle que Friedrich Merz l'avait

1. Voir Herfried et Marina Münkler, *Die neuen Deutschen. Ein land vor seiner Zukunft*, Berlin, Rowohlt, 2016, p. 217 *sq*.

posée en 2000 et que Norbert Lammert l'avait reprise en 2005, mais aussi identité des immigrés installés depuis longtemps sur le sol allemand, à l'image des Turcs qui, même totalement bilingues, peinaient à trouver leur voie, comme l'avait montré avec humour en 2011 la tragicomédie de Yasemin Samdereli *Almanya – Bienvenue en Allemagne* (*Almanya – Willkommen in Deutschland*).

Ce débat transcendait cette fois les camps traditionnels : la CSU de Horst Seehofer avait ainsi, dès le lendemain de la constitution du gouvernement de 2017, vertement critiqué la chancelière, menaçant même un temps l'existence de la Grande Coalition. Un accord, trouvé à l'été 2018, et prévoyant notamment le renvoi des demandeurs d'asile déjà enregistrés dans d'autres pays de l'Union européenne ou le placement des migrants déjà enregistrés dans des centres de transit, avait finalement permis de résoudre la crise. Dans le même temps, la coprésidente du groupe parlementaire du parti de gauche Die Linke, Sahra Wagenknecht, lançait, en août 2018, le mouvement *Aufstehen* (Debout) : tout en dénonçant la politique migratoire de la chancelière, elle appelait à en finir avec « la bonne conscience de gauche sur la culture de l'accueil[1] » et, en s'emparant de ce thème, à proposer une alternative à l'AfD.

Cette fragmentation, enfin, dépassait les frontières politiques. Comme le soulignent justement Herfried et Marina Münkler, cette scission était également territoriale[2]. Car si le parti Alternative für Deutschland avait étendu son succès à d'anciens Länder comme le Bade-Wurtemberg ou la Bavière, il connaissait ses scores les plus élevés à l'est de l'Allemagne, lors des élections tant fédérales que régionales.

1. Voir *Libération*, 22 septembre 2018.
2. Herfried et Marina Münkler, *op. cit.*, p. 192 *sq*.

Remerciements

À l'heure de terminer ce travail, mes remerciements vont aux familles Schubert, Zimmer, Schmid et Kilgus qui, depuis mon enfance, m'ont fait découvrir l'Allemagne ; à Michel Winock, qui m'a proposé de me lancer dans ce projet ; à mon directeur de thèse et ami, Étienne François, qui tout au long de ces années, m'a encouragé dans cette œuvre, finalement de longue haleine, tout en me prodiguant conseils et avis, depuis mon arrivée au Centre Marc Bloch, alors que j'étais encore doctorant, jusqu'à la finition de ce livre ; aux Professeurs Hartmut Kaelble, Jakob Vogel, Emmanuel Droit qui m'ont eux aussi, fait bénéficier de leur connaissance de l'histoire allemande pour passer et repasser sur le métier cet ouvrage ; à Cyril Buffet, grand connaisseur du cinéma et de la culture allemande ; enfin, cela va sans dire, à mes parents qui m'ont ouvert à l'Allemagne et au monde, et à mon épouse dont le soutien sans faille m'a permis de mener à bien l'aventure que fut cette « Histoire de l'Allemagne après 1945 ».

Épilogue

À l'issue du scrutin du 26 septembre 2021, les partis de l'Union, sans surprise, perdaient les élections fédérales, usés par quinze ans de pouvoir et desservis à la fois par un contexte de scandale politico-financier et les maladresses d'un Armin Laschet, certes candidat officiel de la démocratie chrétienne, mais, paradoxalement, jugé moins populaire que le chef de file de la CSU, Markus Söder. Bien qu'attendue, la défaite restait sans précédent : avec un peu plus de 24 % des voix, la CDU/CSU franchissait une nouvelle fois un niveau historique plus bas, perdant même la circonscription de Stralsund, fief d'Angela Merkel.

La social-démocratie faisait, elle-même, pâle figure. Malgré une progression de 5,2 points, soit 53 sièges, par rapport aux résultats de la précédente législature, elle ne précédait que de peu sa rivale avec 25,7 % des voix.

Une fois encore, donc, les urnes confirmaient le déclin des deux grands partis, qui ne parvenaient plus à franchir, ensemble, la barre symbolique de 50 % des suffrages exprimés. Toutefois, ce rejet ne bénéficiait nullement aux partis situés aux deux extrêmes de l'échiquier : l'Alternative pour l'Allemagne, loin de sa dynamique des débuts, tant du fait de ses dissensions internes que d'une moindre actualité de ses thèmes phares de campagne, centrés sur l'immigration, dépassait à peine les 10 %, tandis que La Gauche (*Die Linke*) tombait sous la barre des 5 %[1]. Verts et libéraux, avec respectivement 14,75 % et 11,45 % des suffrages, bénéficiaient en revanche nettement de leur passage dans l'opposition et, malgré des scores en deçà de leurs attentes, tout au moins pour le parti de Robert Habeck, (re)trouvaient leur rôle de parti d'appoint.

En dépit d'une timide tentative d'Armin Laschet de prétendre constituer un cabinet, vite démentie par les ténors de la CDU/CSU, le social-démocrate Olaf Scholz, excluant d'entrée de jeu l'idée d'une nouvelle Grande Coalition, qui, depuis longtemps, exerçait au sein du camp social-démocrate l'effet d'un repoussoir, entame alors rapidement les négociations avec les Verts et le FDP. En effet, si l'alliance avec le parti de Robert Habeck faisait immédiatement sens du fait du partenariat historique conclu sous Gerhard Schröder, celle avec les libéraux, moins évidente sur le papier, s'imposait également, en raison à la fois du score du FDP, du souhait de ce dernier de retourner aux affaires et de la disqualification actée par les urnes du parti d'Angela Merkel. Du fait de cette alliance, inédite au niveau fédéral, entre Verts et libéraux, la mise au point du contrat de coalition allait, certes, entraîner tiraillements et tensions, notamment du fait d'une appréciation différente, tant par le SPD que par le FDP, de la question de l'« urgence climatique et environnementale », jugée prioritaire chez leurs alliés écologistes ; sans doute également SPD et libéraux entendaient-ils épouser une ligne plus conciliante que celle prônée par les Verts à l'égard de la Russie et de la Chine, ces divergences expliquant en grande partie la

1. AfD, 10,34 % ; Die Linke, 4,9 %.

durée des négociations. Toutefois, le 24 novembre 2021, l'accord unissant cette coalition « tricolore » (*Ampelkoalition*) ouvrait finalement la voie à la constitution du nouveau gouvernement, et, le 8 décembre, Olaf Scholz devenait le nouveau chancelier de la République fédérale.

Probablement est-il trop tôt pour avancer, à l'heure où se termine la rédaction de cet ouvrage, de nouvelles analyses qui dépassent l'appréciation « au jour le jour » du nouveau cours suivi par l'Allemagne ou même de l'action de son chancelier, qui, depuis son entrée en fonction, peine à convaincre une opinion pointant rapidement, tant dans les sondages que sur les réseaux sociaux, ce qui est présenté comme des tergiversations, des absences (hashtag « Où est Olaf Scholz ? ») ou une tendance à l'indécision. Il ne saurait être question, pour autant, de passer sous silence, au nom de l'absence de recul, la réaction allemande aux événements qui, depuis le début de l'année 2022, ensanglantent et déchirent à nouveau l'Europe.

Quelques jours après l'invasion de l'Ukraine par les troupes russes, dans un retentissant discours prononcé le 27 février 2022 devant le Bundestag, le chancelier soulignait en effet la nécessité pour l'Allemagne de prendre la mesure du « changement d'époque » (*Zeitenwende*) que représentaient, à ses yeux, l'irruption de la guerre à moins de huit cents kilomètres de la frontière allemande et, de ce fait, la « ruine de l'équilibre sécuritaire de l'Europe ». Afin de réagir à cette modification majeure de la donne politique, Olaf Scholz annonçait une série de mesures présentées comme autant de ruptures avec le passé, parmi lesquelles : la livraison ouverte d'armes à l'Ukraine, une « césure » en matière de politique extérieure, la volonté de sortir de la dépendance énergétique au gaz russe et un effort sans précédent en matière de défense, avec, notamment, la constitution d'un fonds spécial de 100 milliards d'euros et la volonté affichée d'atteindre au plus vite les 2 % de PIB fixés en principe comme objectif pour les budgets militaires des pays de l'OTAN. Afin de renforcer rapidement les capacités militaires de la République fédérale, le chancelier annonçait en outre l'achat sur étagère de matériels militaires tant à Israël (le drone Heron) qu'aux États-Unis (l'avion de combat F-35 destiné à remplacer, pour la force de frappe nucléaire, les Tornados vieillissants).

Sans doute convient-il de considérer avec mesure ces annonces alors présentées comme autant de signes d'un « tournant » sans précédent.

Rapidement, en effet, le gouvernement se divisait sur les conséquences pour l'économie allemande des arrêts de livraison de gaz russe, poussant Olaf Scholz à davantage de prudence et de retenue. Ainsi le chancelier allait-il dans un premier temps limiter ses envois aux forces ukrainiennes à du matériel militaire léger[1]. Et ce n'est qu'en avril, non sans avoir tergiversé ni subi d'intenses pressions tant de l'opinion occidentale que de ses alliés, que Berlin devait consentir à l'exportation d'armes lourdes, telles que des blindés Gepard, utilisés pour la défense aérienne. En outre, comme le remarquait avec raison *The Economist*[2], des augmentations budgétaires en matière de défense avaient déjà eu lieu par le passé[3], sans pour autant se traduire par une amélioration spectaculaire de l'état des forces armées allemandes,

1. Mille lance-roquettes antichar, 500 missiles sol-air Stinger ainsi que 10 000 tonnes de carburant.

2. « Ploughshares to swords », *The Economist*, 19 mars 2022, p. 19-21.

3. Ainsi l'augmentation du budget de 1,2 % à 1,5 % du PIB après 2019. Voir, *supra*, le chapitre consacré à la politique extérieure du gouvernement Merkel.

qui restent, en ce début d'année 2022, très fragiles, en matière tant de performance des matériels que de stocks de munitions, de pièces détachées ou, plus grave, de savoir-faire opérationnel. De même, la question de la dépendance énergétique, sans nécessairement remettre en cause l'intégralité des politiques mises en place depuis plus de dix ans, implique aujourd'hui des choix difficiles, dont il est trop tôt pour évaluer le prix comme l'acceptabilité. Car ce « tournant » suppose un changement durable et profond de l'opinion, au-delà de sa réaction à l'agression russe, dans son rapport à la violence et à la guerre, mais aussi de l'industrie allemande, dont la dépendance en matière d'exportations, notamment vers d'autres dictatures agressives, telle la Chine, continue de poser question.

Toutefois, même provoquée par les événements, cette nouvelle inflexion, qui prolonge et ancre dans l'action un changement d'attitude en matière de politique extérieure et de défense déjà perceptible dans les dernières années du gouvernement Merkel, mais qui était alors largement demeuré au niveau des intentions, est bien réelle. Ce nouveau cours, lui-même poussé par des Verts qui achèvent une transformation commencée sous l'ère Schröder, est d'autant plus remarquable qu'il est finalement décidé par une social-démocratie dont l'Ostpolitik de Willy Brandt faisait pourtant partie des fondamentaux historiques.

Reste au gouvernement et à la classe politique de la République fédérale, pour qui ces sujets et leurs implications pour le pays ont trop rarement constitué des sujets de campagne ou même d'explication, reste enfin aux Allemands eux-mêmes à décider si cette évolution doit être durable ou non, et écrire ainsi une nouvelle page dans la longue histoire de la « normalité » de l'Allemagne.

Chronologie

1945

4-11 fév. : Conférence de Yalta.

7-8 mai : Capitulation allemande signée à Reims puis à Berlin. Division en quatre zones d'occupation.

5 juin : Installation du Conseil de contrôle allié.

9 juin : Création de l'Administration militaire soviétique en Allemagne, la SMAD.

10 juin : Autorisation en zone soviétique des partis et des syndicats.

1er juill. : Retrait des troupes américaines de Saxe, Thuringe et du Mecklembourg. Entrée des troupes françaises et anglo-américaines à Berlin.

17 juill.-2 août : Conférence de Potsdam.

10 août : Capitulation du Japon.

30 août : Début des travaux du Conseil de contrôle.

Août-sept. : Autorisation dans les zones occidentales des partis et des syndicats.

19 sept. : Création par les Américains des Länder de Bavière, Hesse, Wurtemberg-Bade.

18 oct. : Déclaration de Stuttgart des Églises évangéliques.

20 nov. : Début du procès de Nuremberg.

1946

20 janv. : Premières élections libres depuis 1933 (élections municipales en zone américaine).

7 mars : Création de la FDJ en zone soviétique. Erich Honecker en est le président.

21-22 avril : Fusion du KPD et du SPD en zone soviétique et création du SED.

26 mai : Le général Clay stoppe les démontages au profit de la France et de l'URSS.

25 juin : Fin des livraisons américaines à l'URSS au titre des réparations.

23 août : Création par les Britanniques des Länder de Rhénanie-du-Nord-Westphalie, Schleswig-Holstein et Hanovre (qui devient, à partir du 1er novembre 1946, la Basse-Saxe).

6 sept. : Discours du secrétaire d'État Byrnes.

1er oct. : Fin du procès de Nuremberg. Douze accusés sont condamnés à mort.

3-12 déc. : Formation des gouvernements et des Länder en zone soviétique.

22 déc. : Intégration de la Sarre dans l'espace économique et douanier français.

1947

1er janv. : Création officielle de la Bizone.

3 fév. : Programme d'Ahlen de la CDU.

25 fév. : Dissolution de la Prusse.

12 mars : Discours de Truman devant le Congrès.

5 juin : Discours de Marshall à l'université Harvard.

5-6 juin : Fondation de l'EKD à Treysa.

6-7 juin : Réunion des ministres-présidents à Munich.

24 juin : Un veto soviétique empêche Ernst Reuter de prendre ses fonctions de maire de Berlin.

17 juill. : Remplacement de la directive JCS 1067 par la JCS 1779, plus favorable.

Sept. : Création du Groupe 47.

30 sept. : Fondation du Kominform.

8 août : Proclamation de l'appel de Darmstadt par le Bruderrat de l'EKD.

25 nov.-15 déc. : Conférence des ministres des Affaires étrangères à Londres, dite « conférence de la dernière chance ».

6-7 déc. : Réunion du premier Congrès du peuple allemand (*Volkskongress*).

1948

26 janv. : Fin de la dénazification en zone soviétique.

9 fév. : Réorganisation du gouvernement de la Bizone.

22-25 fév. : Le « coup » de Prague.

23 fév.-6 mars : Conférence des Six à Londres sur l'Allemagne.

20 mars : Dernière session du Conseil de contrôle.

16 avril : Création de l'OECE.

20 avril-7 juin : Fin de la conférence des Six.

20 juin : Réforme monétaire dans les zones occidentales.

24 juin : Réforme monétaire en zone soviétique. Début du blocus de Berlin.

17-19 août : Dernière conférence interzone des syndicats.

1er sept. : Réunion du Conseil parlementaire à Bonn.

22 sept. : Création de l'Université libre de Berlin.

30 oct. : Entrée en vigueur du GATT.

5 déc. : Élections municipales à Berlin-Ouest, boycottées par le SED.

1949

14 janv. : Élection d'Ernst Reuter comme maire de Berlin-Ouest.

25 janv. : Fondation du COMECON.

16 fév. : Union douanière des trois zones occidentales.

4 avril : Naissance de l'OTAN.

10 avril : Proclamation du statut d'occupation.

5 mai : Création du Conseil de l'Europe.

8 mai : Adoption de la Loi fondamentale par le Conseil parlementaire.

12 mai : Fin du blocus berlinois.

18-21 mai : Proclamation de la Loi fondamentale à Bonn par le Conseil parlementaire suivie de son entrée en vigueur.

14 août : Élection du premier Bundestag. La CDU devance de peu le SPD.

12 sept. : Theodor Heuss (FDP) élu président de la RFA.

15 sept. : Adenauer élu chancelier.

21 sept. : Entrée en vigueur du statut d'occupation. Trois hauts commissaires remplacent les gouverneurs militaires.

7 oct. : Fondation de la RDA ; le Conseil du peuple se transforme en Chambre du peuple provisoire puis entrée en vigueur de la Constitution. Otto Grotewohl devient ministre-président. Berlin devient capitale de la RDA en violation du statut quadripartite de la ville.

10 oct. : La Commission de contrôle soviétique remplace la SMAD.

31 oct. : La RFA devient membre de l'OECE.

3 nov. : Bonn capitale fédérale.

22 nov. : Accords de Petersberg.

15 déc. : Bonn accepte le plan Marshall.

1950

13 janv. : Suppression de la licence obligatoire pour les partis politiques (RFA).

8 fév. : Création en RDA de la Stasi (Sécurité d'État).

31 mars : Fin du rationnement en RFA.

9 mai : Discours de Robert Schuman proposant la mise en commun des ressources en charbon et acier de différents pays européens.

15 juin : La RFA devient membre associé du Conseil de l'Europe (puis de plein droit à partir du 2 mai 1951).

25 juin : Début de la guerre de Corée.

6 juill. : Traité de Görlitz entre la RDA et la Pologne à propos de la reconnaissance de la frontière Oder-Neisse.

23 juill. : Walter Ulbricht élu secrétaire général du SED.

17 août : Premier plan quinquennal de la RDA.

18 sept. : Conférence de New York sur l'idée d'une armée européenne où la RFA aurait sa place.

29 sept. : La RDA rejoint le COMECON.

1er oct. : Intégration de Berlin-Ouest comme douzième Land de RFA.

9 oct. : Démission de Gustav Heinemann, en désaccord sur le réarmement ouest-allemand.

20-22 oct. : Premier congrès fédéral de la CDU. Adenauer élu président.

26 oct. : En France, présentation à l'Assemblée nationale du plan Pleven destiné, en promouvant une armée européenne, à prévenir la renaissance d'une armée allemande.

30 nov. : La RDA propose, par l'intermédiaire d'Otto Grotewohl, une assemblée constituante panallemande ; refus de la RFA.

1951

15 fév. : Ouverture à Paris d'une conférence autour de l'idée d'une Communauté européenne de défense (CED).

6 mars : Révision du statut d'occupation, autorisant l'ouverture de relations diplomatiques entre la RFA et d'autres États et son entrée dans les organisations internationales.

10 avril : Loi en RFA sur la cogestion dans les industries du charbon et de l'acier.

18 avril : Signature du traité de la CECA (ratifié le 11 janvier 1952 par le Bundestag).

20 sept. : Accord sur le commerce interzone entre la RFA et la RDA.

28 sept. : Formation d'une Cour constitutionnelle fédérale à Karlsruhe.

21 déc. : Le statut international de la Ruhr prend fin.

1952

8 mai : Annonce en RDA de la mise en place de « forces armées nationales ».

16 mai : Le Bundestag vote la loi sur la péréquation des charges (*Lastenausgleichsgesetz*).

26 mai : Signature du Traité général sur l'Allemagne (*Deutschlandvertrag*).

27 mai : Signature à Paris du traité instituant la CED.

23 juill. : Remplacement des Länder de RDA par des districts.

20 août : Mort de Kurt Schumacher.

10 sept. : Accord entre la RFA et Israël.

23 oct. : Interdiction du Parti socialiste du Reich (SRP).

1953

15 janv. : En RDA, arrestation du ministre des Affaires étrangères, Georg Dertinger.

5 mars : Mort de Staline.

19 mars : Adoption par le Bundestag du *Deutschlandvertrag* et du traité de la CED.

28 mai : Fin de l'existence de la Commission de contrôle soviétique. Semjonov devient haut-commissaire en RDA.

9 juin : Le Politburo du SED adopte le « nouveau cours ».

17 juin : Soulèvements à Berlin-Est et dans toute la RDA.

25 juin : Introduction pour l'ensemble du territoire fédéral de la clause des 5 % pour être représenté au Bundestag.

6 sept. : Victoire aux élections législatives de la coalition emmenée par la CDU.

7 sept. : Khrouchtchev devient premier secrétaire du PCUS.

20 oct. : Nouveau gouvernement en RFA regroupant une coalition formée de la CDU/CSU, du FDP, du DP et du BHE.

Déc. : Arrivée record en RFA de réfugiés en provenance de RDA (332 000 personnes).

1954

25 janv.-28 fév. : Conférence des ministres des Affaires étrangères des Quatre à Berlin sur la question de la réunification.

25 mars : La RDA obtient un élargissement de sa souveraineté.

17 juill. : Theodor Heuss réélu président.

30 août : L'Assemblée nationale française rejette la CED.

28 sept.-3 oct. : Discussions à Londres autour de l'intégration occidentale de la RFA et de sa contribution à la défense européenne.

23 oct. : Signature des accords de Paris.

12 nov. : Annonce de la mise en place de la Jugendweihe en RDA.

1955

25 janv. : L'URSS proclame la fin de l'état de guerre avec l'Allemagne.

27 fév. : Le Bundestag ratifie les accords de Paris.

5 mai : Entrée en vigueur des accords de Paris. La RFA accède à la souveraineté.

8 mai : La RFA entre dans l'OTAN.

14 mai : Création du pacte de Varsovie.

15 mai : Fin de l'occupation de l'Autriche qui retrouve sa souveraineté.

26 juill. : Discours de Khrouchtchev à Berlin-Est entérinant la « théorie des deux États ».

9-13 sept. : Voyage d'Adenauer à Moscou. Annonce du retour des prisonniers encore détenus.

20 sept. : La RDA accède à la souveraineté et adhère au pacte de Varsovie.

23 oct. : Référendum sarrois sur l'adoption du statut de la Sarre. Le non l'emporte (67,7 %).

12 nov. : Les cent premiers officiers de la Bundeswehr reçoivent leurs brevets.

1956

18 janv. : Création de l'Armée populaire en RDA (NVA).

14-25 fév. : XXe congrès du PCUS.

25 fév. : Le FDP quitte la coalition gouvernementale.

7 juill. : Adoption de la conscription en RFA.

17 août : Interdiction du KPD en RFA.

25 oct.-4 nov. : Soulèvement de Budapest écrasé par les chars russes.

29 oct.-6 nov. : Intervention d'Israël, de la France et de la Grande-Bretagne en Égypte.

1957

1er janv. : Retour de la Sarre à la RFA.

7-9 mars : Procès contre Wolfgang Harich.

25 mars : Signature à Rome du traité instituant la CEE et l'Euratom.

15 sept. : Élections législatives en RFA ; majorité absolue de la CDU/CSU.

3 oct. : Willy Brandt élu maire de Berlin.

4 oct. : Vol du Spoutnik.

10 oct. : Établissement de relations diplomatiques entre la Yougoslavie et la RDA.

19 oct. : Ruptures des relations diplomatiques entre la RFA et la Yougoslavie.

1958

21 janv. : Rejet par la RFA d'une proposition soviétique de réunification dans laquelle l'Allemagne deviendrait une confédération.

Fév. : Mise au pas en RDA du groupe Schirdewan.

10 mars : Mouvement antinucléaire en RFA (« Lutte contre la mort par l'atome »).

25 mars : Le Bundestag décide d'équiper la Bundeswehr d'armes atomiques.

28 mai : Fin des cartes d'alimentation en RDA.

10-16 juill. : Ve congrès du SED.

27 nov. : Ultimatum de Khrouchtchev à propos de Berlin.

1er déc. : Mise en place de la centrale de Ludwigsburg chargée de la poursuite des crimes de guerre nazis.

1959

11 mai-20 juin : Conférence quadripartite à Genève où RFA et RDA sont associées comme observatrices.

1er juill. : Heinrich Lübke élu président de la RFA.

13-15 nov. : Congrès de Bad Godesberg du SPD.

23 déc. : Loi sur l'utilisation pacifique de l'atome.

1960

10 fév. : Création d'un Conseil d'État (*Staatsrat*) en RDA. Walter Ulbricht le préside.

30 juin : Discours de Herbert Wehner. Le SPD reconnaît la nécessité de l'intégration occidentale et le réarmement.

29-30 juill. : Rencontre Adenauer-de Gaulle à Rambouillet.

7 sept. : Mort de Wilhelm Pieck.

30 sept. : La RFA décide de la suppression de l'accord interzone en protestation des restrictions imposées par la RDA sur la libre circulation à Berlin-Est.

21-25 nov. : Willy Brandt désigné par le SPD candidat à la chancellerie.

29 déc. : Rétablissement de l'accord interzone.

1961

18 mars : Franz Josef Strauss élu président de la CSU.

11 avril : Début du procès Eichmann à Jérusalem.

13 août : Construction du mur de Berlin.

17 sept. : Élections législatives en RFA. Recul de la CDU qui forme un gouvernement de coalition avec le FDP.

30 oct. : Gerhard Schröder remplace Brentano aux Affaires étrangères.

1962

24 janv. : Introduction du service militaire en RDA.

24 fév. : Publication du mémorandum de Tübingen.

17-18 août : Peter Fechter abattu le long du Mur. Manifestation à Berlin-Ouest.

4-9 sept. : Séjour de De Gaulle en RFA.

10 oct. : Ouverture du concile Vatican II.

22-28 oct. : Crise des missiles à Cuba.

Oct.-nov. : Affaire du *Spiegel*. Démission du ministre de la Défense, Strauss.

1963

14 janv. : Bonn rompt ses relations diplomatiques avec Cuba qui a reconnu la RDA.

15-21 janv. : VIe congrès du SED.

22 janv. : Signature du traité franco-allemand.

29 janv. : De Gaulle s'oppose à l'entrée de la Grande-Bretagne dans la Communauté européenne.

20 fév. : Première du *Vicaire* de Rolf Hochhuth.

5 avril : Établissement d'un « téléphone rouge » entre les États-Unis et l'URSS.

23-26 juin : Visite de Kennedy en RFA qui, le 26, prononce son fameux discours « *Ich bin ein Berliner* ».

11 oct. : Adenauer remet sa démission au président Heinrich Lübke.

15 oct. : Démission d'Adenauer.

16 oct. : Ludwig Erhard élu chancelier.

17 déc. : Premier accord autorisant les visites de Berlin-Ouest à Berlin-Est.

1964

15 fév. : Willy Brandt élu président du SPD.

4 mai : Loi sur la jeunesse en RDA.

12 juin : Traité d'amitié entre la RDA et l'URSS.

1er juill. : Heinrich Lübke réélu président de la RFA.

21 sept. : Mort d'Otto Grotewohl.

25 nov. : Introduction par la RDA du change obligatoire.

28 nov. : Création du NPD.

1965

25 mars : Prolongation du délai d'amnistie pour les crimes de guerre nazis.

7 avril : Séance du Bundestag à Berlin-Ouest suivie des protestations de la RDA et de l'URSS.

11-12 mai : Ouvertures de relations diplomatiques entre la RFA et Israël. La plupart des pays arabes interrompent leurs relations avec la RFA.

19 août : Fin du procès d'Auschwitz.

19 sept. : Élections législatives au Bundestag.

20 oct. : Erhard réélu chancelier.

18 déc. : Création par la RFA du ministère des Affaires panallemandes.

1966

11 fév. : Début d'un échange épistolaire entre SPD et SED.

27 oct. : Démission des ministres FDP.

30 nov. : Démission de Ludwig Erhard.

1er déc. : Kurt Georg Kiesinger chancelier. Début de la Grande Coalition.

1967

31 janv.-1er fév. : Ouverture de relations diplomatiques entre la RFA et la Roumanie.

20 fév. : Loi sur la citoyenneté en RDA.

15 mars : Traité d'amitié entre la RDA et la Pologne.

17-22 avril : VIIe congrès du SED.

19 avril : Mort de Konrad Adenauer.

11 mai-13 juin : Échange épistolaire entre Kiesinger et Willi Stoph.

2 juin : Violentes manifestations contre la visite du shah d'Iran. L'étudiant Benno Ohnesorg est abattu par un policier.

5-11 juin : Guerre des Six Jours.

28 août : La RDA adopte la semaine de cinq jours.

1968

12 janv. : Adoption du nouveau Code pénal en RDA.

29-30 janv. : Walter Scheel remplace Erich Mende comme président du FDP.

3 avril : Attentats contre deux grands magasins de Francfort. Arrestation de Baader et d'Ensslin.

9 avril : Entrée en vigueur de la nouvelle Constitution en RDA.

11-17 avril : Manifestations violentes après l'attentat perpétré le 11 sur Rudi Dutschke.

27 mai : Début du procès du Contergan.

30 mai : En RFA, adoption de la législation sur l'état d'urgence.

21 août : Entrée des troupes du pacte de Varsovie en Tchécoslovaquie.

22 sept. : Création du DKP en RFA.

12 oct. : La RDA devient membre à part entière du Comité international olympique.

14 oct. : Démission avant terme de Heinrich Lübke.

1969

20 janv. : Nixon nouveau président américain.

5 mars : Gustav Heinemann élu président de la RFA. L'élection a lieu à Berlin-Ouest.

8 mai : Le Cambodge est le premier pays hors bloc soviétique à ouvrir des relations diplomatiques avec la RDA.

10 juin : Création de la Fédération des Églises évangéliques de RDA (BEK).

Juill.-sept. : Le gouvernement fédéral renonce à la doctrine Hallstein.

28 sept. : Élections législatives en RFA. Victoire de la coalition SPD-FDP.

21 oct. : Willy Brandt élu chancelier.

24 oct. : Réévaluation du Deutsche Mark.

28 oct. : Willy Brandt, dans sa déclaration de gouvernement, parle de « deux États allemands ».

9 déc. : Le gouvernement de la RFA décide d'autoriser le drapeau et l'hymne est-allemands lors de compétitions sportives.

18 déc. : Walter Ulbricht soumet à Gustav Heinemann un projet de traité entre RFA et RDA.

1970

19 mars : Rencontre de Willy Brandt et de Willi Stoph, président du Conseil des ministres de RDA, à Erfurt.

16 avril : Début des entretiens sur la limitation des armes stratégiques (SALT).

14 mai : Baader libéré par Ulrike Meinhof.

21 mai : Deuxième rencontre Brandt-Stoph à Kassel.

12 août : Signature du traité de Moscou entre la RFA et l'URSS.

7 déc. : Signature à Varsovie d'un traité réaffirmant l'inviolabilité de la frontière Oder-Neisse.

27 nov. : Début des discussions entre le secrétaire d'État à la Chancellerie, Egon Bahr, et le secrétaire d'État du Conseil des ministres de RDA, Michael Kohl.

1971

31 janv. : Rétablissement de liaisons téléphoniques entre Berlin-Ouest et Berlin-Est.

16 mars : Le Chili est le 28e État à reconnaître la RDA.

3 mai : Erich Honecker succède à Walter Ulbricht comme secrétaire général du SED.

13 mai : Après la démission d'Alexander Möller, Karl Schiller devient ministre à la fois de l'Économie et des Finances de la RFA.

15-19 juin : VIIIe congrès du SED ; « l'unité de l'économie et de la politique sociale » y est proclamée.

24 juin : Erich Honecker élu président du Conseil d'État de RDA.

3 sept. : Les représentants des États-Unis, de l'URSS, de la France et de la Grande-Bretagne signent l'accord quadripartite sur Berlin.

30 sept. : Protocole d'accord sur le trafic postal entre la RFA et la RDA.

20 oct. : Willy Brandt reçoit le prix Nobel de la paix.

17 déc. : Accord entre la RFA et la RDA améliorant la circulation des hommes et des marchandises entre Berlin-Ouest et la RFA.

1972

1er janv. : Disparition des visas entre la RDA et la Pologne.

Janv. : Suppression par la RDA des visas et passeports pour ses citoyens se rendant en Pologne, Hongrie et Tchécoslovaquie.

8 janv. : En RFA, décret sur les extrémistes (*Radikalenerlass*).

22 janv. : La Grande-Bretagne, le Danemark et l'Irlande rejoignent la CEE.

11 fév. : La « Télévision allemande » (*Deutsche Fernsehfunk*) devient « Télévision de RDA ».

24 avril : CDU et CSU déposent une motion de défiance contre le gouvernement Brandt. Celle-ci est repoussée le 27 avril.

12 mai : Signature du traité d'amitié et d'assistance mutuelle entre la Roumanie et la RDA.

17 mai : Le Bundestag ratifie les traités avec l'Est (*Ostverträge*).

1er juin : Arrestation de plusieurs extrémistes dont Andreas Baader. Ulrike Meinhof et Gudrun Ensslin suivront quelques jours plus tard.

7 juill. : Helmut Schmidt remplace Karl Schiller à l'Économie et aux Finances.

22 sept. : Le Bundestag est dissous après avoir refusé la confiance à Willy Brandt.

19 nov. : Élections législatives fédérales. La coalition sociale-libérale est reconduite. Willy Brandt est reconduit, en décembre, comme chancelier. Walter Scheel est vice-chancelier et ministre des Affaires étrangères.

24 nov. : La RDA entre à l'UNESCO.

21 déc. : Signature du traité fondamental entre RFA et RDA.

Déc.-janv. 1973 : La RDA établit des relations diplomatiques avec plus de trente États.

1973

9 fév. : La France et la Grande-Bretagne ouvrent des relations diplomatiques avec la RDA.

Mars : Accréditation de nombreux médias ouest-allemands en RDA.

8 mars : La RDA rejette toute idée de réparations à Israël.

18-22 mai : Brejnev à Bonn. Accord de coopération économique.

7-11 juin : Willy Brandt en Israël.

12 juin : Helmut Kohl élu à la présidence de la CDU.

19 juin : Traité avec la Tchécoslovaquie annulant les accords de Munich de 1938.

21 juin : Entrée en vigueur du Traité sur les fondements des relations entre les deux États allemands, dit également Traité fondamental.

28 juill.-5 août : Xe Jeux mondiaux de la jeunesse à Berlin-Est.

1er aout : Mort de Walter Ulbricht.

18 sept. : RFA et RDA entrent à l'ONU.

6 oct. : Début de la guerre du Kippour.

5 nov. : Doublement du change minimal pour les touristes à destination de la RDA.

1974

1er janv. : Doublement du prix du pétrole brut. Les véhicules est-allemands remplacent le « D » figurant sur les voitures par le sigle « DDR ».

10-13 fév. : Vague de grèves en RFA.

13 fév. : En RFA, accord gouvernemental prévoyant une augmentation de 11 % des salaires de la fonction publique.

14 mars : Protocole d'accord entre la RFA et la RDA prévoyant l'établissement de représentations permanentes réciproques à Bonn et Berlin-Est.

22 mars : La majorité passe de 21 à 18 ans en RFA.

25 avril : Arrestation de Günter Guillaume.

6 mai : Willy Brandt annonce sa démission à la suite de l'affaire Guillaume.

15 mai : Walter Scheel (FDP) est élu président de la République fédérale, remplaçant ainsi Gustav Heinemann.

16 mai : Helmut Schmidt chancelier.

18 juin : Entrée en vigueur en RFA de la loi sur l'avortement.

4 sept. : Les États-Unis ouvrent des relations diplomatiques avec la RDA.

27 sept. : Nouvelle Constitution en RDA (entre autres modifications, tous les passages mentionnant « la nation allemande » sont supprimés).

15 oct. : Programme exceptionnel de relance de 950 millions de Deutsche Mark voté par le Bundestag.

27 oct. : La RDA assouplit les conditions du change obligatoire ; le 20 décembre, les moins de 16 ans en seront exemptés.

17 nov. : Lettre pastorale des évêques catholiques de RDA s'érigeant contre le monopole de l'État dans l'éducation.

1975

4 mars : La RFA et la RDA participent ensemble à la conférence de Genève sur le désarmement.

21 mai : Début du procès Baader.

30 juill.-1er août : Conférence pour la sécurité et la coopération en Europe à Helsinki.

27 août : Adoption par la RFA d'un plan de relance de près de 6 milliards de Deutsche Mark.

16 sept. : Nouveau Code pénal en RDA.

7 oct. : Signature d'un nouveau traité d'amitié, d'assistance et de coopération entre la RDA et l'Union soviétique.

Nov.-déc. : Nouvelles vagues de demandes de départ pour la RFA.

15-17 nov. : Premier sommet des pays industrialisés à Rambouillet.

19 déc. : Signature d'un protocole d'accord entre RFA et RDA afin d'améliorer les conditions d'accès à Berlin.

1976

23 avril : Ouverture du Palais de la République à Berlin (RDA).

24 juin : Vote d'une loi antiterroriste en RFA.

27-28 juin : Sommet des pays les plus riches à Porto Rico.

7 juill. : Mort de Gustav Heinemann.

17 juill. : La RDA est seconde derrière l'URSS au classement des médailles aux Jeux olympiques de Montréal.

18 août : Le pasteur Oskar Brüsewitz s'immole par le feu devant son église de Zeitz (RDA).

3 oct. : Élections législatives fédérales ; la CDU d'Helmut Kohl arrive en tête avec 48,6 % des voix, devant le SPD (42,6 %) et les libéraux (7,9 %). La coalition SPD-FDP est reconduite.

17 oct. : Législatives en RDA (99,86 % pour les listes du Front national).

16 nov. : Le chanteur Wolf Biermann est privé, au cours d'une de ses tournées à l'Ouest, de sa nationalité est-allemande.

18-22 nov. : Fortes protestations des intellectuels est-allemands contre l'expulsion de Wolf Biermann.

26 nov. : Robert Havemann est assigné à résidence.

15 déc. : Helmut Schmidt réélu chancelier.

1977

20 janv. : Jimmy Carter président des États-Unis.

23 mars : Nouveau plan de relance et d'investissement de 16 milliards de Deutsche Mark en RFA.

14 avril : Émigration de nombreux artistes est-allemands en RFA.

28 avril : Baader, Ensslin et Raspe condamnés à la perpétuité.

7-8 mai : Sommet des pays industrialisés à Londres.

16 juin : La RDA se dote d'un nouveau Code du travail.

23 juill. : Arrestation de Rudolf Bahro après la publication de son livre *L'Alternative* en RFA.

5 sept. : Enlèvement de Hanns Martin Schleyer.

13-18 oct. : Crise à la suite du détournement puis de la libération par un commando du GSG 9 d'un appareil de la Lufthansa sur l'aéroport de Mogadiscio, en Somalie.

28 oct. : Discours de Helmut Schmidt à l'IISS de Londres.

1978

6 mars : Erich Honecker reçoit pour la première fois autour d'une table de discussion la Fédération des Églises évangéliques de RDA.

4-7 mai : Visite de Leonid Brejnev en RFA.

30 juin : Rudolf Bahro est condamné à huit ans de prison.

13-15 juill. : Visite de Jimmy Carter en RFA.

16-17 juill. : Sommet des pays industrialisés à Bonn.

26 août : Sigmund Jähn premier Est-Allemand dans l'espace à bord de Soyouz 31.

1er sept : Institution d'une préparation militaire obligatoire dans l'enseignement primaire supérieur est-allemand (9e et 10e classes).

29 oct. : Honecker à la tête du Conseil d'État, Willi Stoph chef du gouvernement est-allemand.

15 nov. : Nouvelles discussions visant à l'amélioration du trafic vers Berlin.

4-5 déc. : Les chefs d'État et de gouvernement de la Communauté européenne décident l'établissement, à partir du 1er janvier 1979, d'un Système monétaire européen (SME).

16-17 déc. : L'OPEP décide une nouvelle augmentation des prix du pétrole brut.

1979

Janv. : Accord commercial et de coopération scientifique entre l'Inde et la RDA.

Janv. : Le téléfilm *Holocaust* sur les écrans ouest-allemands.

Fév. : Honecker en Afrique (Libye, Angola, Mozambique).

13 avril : Entrée en vigueur effective du Système monétaire européen.

23 avril : Karl Carstens (CDU) président de la République fédérale.

16 juin : Début de la révolution iranienne.

18 juin : Signature des accords SALT II par le président Carter et Leonid Brejnev.

28 juin : Nouvelle loi durcissant le Code pénal est-allemand.

28-29 sept. : Sommet des pays industrialisés à Tokyo.

4-8 oct. : Visite de Leonid Brejnev en RDA.

7 nov. : Klaus Gysi nouveau secrétaire d'État aux Questions religieuses (RDA).

12 déc. : « Double décision de l'OTAN ».

Déc. : Le baril de pétrole brut atteint 24 dollars.

27 déc. : Les troupes soviétiques entrent en Afghanistan.

1980

1er janv. : Versement par le gouvernement de Bonn d'un forfait de 50 millions de Deutsche Mark à la RDA en échange de la libre circulation sur les autoroutes d'Allemagne de l'Est.

4 janv. : Série de sanctions américaines à l'égard de l'URSS (suspension du processus de ratification de SALT II, boycott des Jeux de Moscou, embargo économique sur divers produits, etc.) pour protester contre l'invasion de l'Afghanistan.

12-13 janv. : Premier congrès des Verts.

13 juin : Constitution, en RDA, du Comité Luther en vue de la célébration du 500e anniversaire de sa naissance.

22-23 juin : Sommet des pays industrialisés à Venise.

3 juill. : Selon le ministère fédéral des Relations interallemandes, environ 20 000 condamnés ont été rachetés par la RFA entre 1964 et 1980. Dans la même période, environ 30 000 Est-Allemands ont émigré en RFA au titre des accords de regroupement familial.

5 oct. : Élections législatives fédérales. Franz Josef Strauss, candidat de l'Union, est battu, malgré l'arrivée en tête de la CDU/CSU avec 44,5 %. La coalition SPD-FDP est reconduite.

9 oct. : nouvel augmentation du « change minimal » pour les touristes se rendant en RDA.

5 nov. : Helmut Schmidt réélu chancelier.

16 nov. : Appel de Krefeld.

1981

20 janv. : Ronald Reagan président des États-Unis.

11-16 avril : X^e^ congrès du SED.

11 juin : Richard von Weizsäcker élu maire de Berlin.

20-21 juill. : Sommet des pays industrialisés à Ottawa.

10 oct. : Manifestations de masse à Bonn pour protester contre l'installation possible des Pershing II.

11-13 déc. : Visite de Helmut Schmidt en RDA.

13 déc. : État de siège en Pologne. Le syndicat Solidarité est interdit.

1982

25 janv. : Publication de l'« appel de Berlin » de Robert Havemann et du pasteur Rainer Eppelmann.

Févr. : Participation de 5 000 jeunes au Forum de la paix de Dresde.

Avril : Lecture dans les églises protestantes de RDA d'une lettre pastorale critiquant la répression du mouvement pacifique « Leurs épées deviendront des socs » (*Schwerter zu Pflugscharen*).

5-7 avril : Des membres du FDP se rendent à Weimar afin de participer au XIIIe congrès du LDPD est-allemand.

4-6 juin : Sommet des pays industrialisés à Versailles.

9 sept. : Publication du rapport Lambsdorff.

17 sept. : Démission des quatre ministres FDP.

1er oct. : Élection de Helmut Kohl par un vote de défiance constructive.

10 oct. : Mort de Leonid Brejnev.

13 oct. : L'évêque Johannes Hempel remplace Albrecht Schönherr à la tête de la Fédération des Églises évangéliques (BEK).

17 déc. : Helmut Kohl pose la question de confiance au Bundestag afin de pouvoir tenir des élections anticipées.

1983

12 janv. : Le Bundestag est dissous par le président Carstens. Les élections législatives sont fixées au 6 mars.

20 janv. : Discours de François Mitterrand au Bundestag.

6 mars : Élections législatives fédérales. La coalition CDU-FDP est confirmée. Les Verts entrent au Bundestag.

23 mars : Ronald Reagan annonce le projet « Guerre des étoiles » (SDI).

16 avril : Mort d'un Allemand de l'Ouest lors d'un contrôle à la frontière de la RDA. Honecker annule sa visite prévue à Bonn pour l'automne.

28 avril : Le *Stern* lance la publication des prétendus carnets de Hitler. Le faux est découvert en mai.

4 mai : 500e anniversaire en RDA de la naissance de Luther.

19 mai : L'affaire Flick provoque la mise en place d'une commission d'enquête.

28-30 mai : Sommet des pays industrialisés à Williamsburg (États-Unis).

28 juin : Prêt sans intérêt de 1 milliard de marks accordé à la RDA.

24-27 juill. : Visite de Franz Josef Strauss en RDA.

1er sept. : Nouveau coup de froid dans les relations est-ouest ; un Boeing coréen est abattu par la chasse soviétique.

27 sept. : La RDA supprime une partie des armes à tir automatique installées sur le Mur.

Oct. : Une chaîne humaine de 220 000 personnes proteste contre l'installation des Pershing.

10 nov. : Célébration ecclésiastique clôturant l'année Luther.

22 nov. : Le Bundestag approuve l'installation des Pershing II.

5 déc. : Le synode de l'Église protestante de Thuringe critique la présence des SS-20 soviétiques sur le sol est-allemand.

8 déc. : Inculpation du ministre de l'Économie Otto Graf Lambsdorff à la suite du scandale Flick.

1984

8 fév. : Eberhard Diepgen maire de Berlin.

9 fév. : Erich Honecker remet officiellement le 2 millionième logement construit dans le cadre du plan mis en place en 1971.

13 fév. : Mort d'Andropov. Helmut Kohl et Erich Honecker se rencontrent à cette occasion.

6 avril : Trente-cinq citoyens est-allemands qui s'étaient réfugiés à l'ambassade ouest-allemande de Prague retournent en RDA après avoir été assurés qu'ils pourraient rapidement émigrer.

25 avril : Nouveau crédit de 1 milliard de marks à la RDA.

10 mai : La RDA annonce qu'elle boycottera, comme l'URSS, les JO de Los Angeles.

23 mai : Richard von Weizsäcker président de la République fédérale.

8-9 juin : Sommet des pays industrialisés à Londres.

26 juin : Martin Bangemann (FDP) remplace Otto Graf Lambsdorff démissionnaire.

Juill. : Annonce d'un nouveau prêt de 950 millions de marks de la RFA à la RDA.

22 sept. : Kohl et Mitterrand main dans la main devant l'ossuaire de Douaumont.

25 oct. : Rainer Barzel, accusé de corruption dans l'affaire Flick, démissionne à son tour.

23 nov. : La RDA entame le démontage de ses engins de tir automatique installés le long du Mur.

1er déc. : Augmentation du niveau minimum des retraites en RDA qui passe à 300 marks.

Déc. : Nette augmentation en 1984 des chiffres de l'émigration à destination de la RFA (environ 41 000 personnes contre 11 300 en 1983).

1985

15 jan. : Cent soixante-huit citoyens de RDA quittent l'ambassade ouest-allemande de Prague après promesse d'une prochaine émigration.

12 mars : Mort de Konstantin Tchernenko. Mikhaïl Gorbatchev secrétaire général du PCUS.

18 mars : Proclamation commune des Églises est- et ouest-allemandes sur la paix nécessaire à l'occasion de l'approche du 40e anniversaire de la fin de la Seconde Guerre mondiale.

2 avril : Condamnation des terroristes Christian Klar et Brigitte Mohnhaupt à la perpétuité.

18 avril : Confirmant de précédentes interventions, Helmut Kohl, dans un long discours devant le Bundestag, justifie le projet américain de « Guerre des étoiles ».

1er-10 mai : Sommet des pays industrialisés à Bonn. Voyage de Ronald Reagan en Europe occidentale ; polémique lors de son passage en RFA à la suite de la visite du cimetière de Bitburg, le 5 mai, où sont enterrés quelques Waffen SS.

8 mai : Discours du président Weizsäcker commémorant la libération du nazisme.

5 juill. : Nouvel accord sur le commerce interallemand portant sur la période 1986-1990.

1er nov. : Fin du déminage de la frontière germano-allemande.

8 oct. : Richard von Weizsäcker se rend en Israël.

1986

1er janv. : Entrée dans la Communauté européenne de l'Espagne et du Portugal.

2 fév. : Werner Leich, évêque de Thuringe, remplace Johannes Hempel à la tête de la Fédération des Églises protestantes de RDA.

28 fév. : Signature d'un pacte de défense franco-allemand.

5 avril : Explosion d'une bombe dans une discothèque berlinoise fréquentée par les soldats américains.

23 avril : Premier jumelage interallemand.

26 avril : Accident nucléaire à Tchernobyl.

4-6 mai : Sommet des pays industrialisés à Tokyo.

6 mai : Accord culturel interallemand.

6 mai : Signature d'un accord culturel entre la RFA et la RDA après douze ans de négociations.

24 sept : Vente pour 1 Deutsche Mark de l'entreprise de construction immobilière Neue Heimat.

21 oct. : Proposition commune entre Egon Bahr (SPD) et Hermann Axen (SED) d'instaurer une zone dénucléarisée en Europe.

30 oct. : Première exposition à Berlin-Est d'artistes contemporains ouest-allemands.

6 nov. : Premier jumelage de villes est- et ouest-allemandes (Eisenhüttenstadt et Saarlouis).

1987

25 janv. : La CDU de Helmut Kohl victorieuse à l'issue des élections législatives fédérales.

22 avr. : Accord sur la réduction du temps de travail dans la métallurgie.

Avril-juin : Multiples manifestations culturelles et venues de personnalités à Berlin pour le 750è anniversaire de la ville.

29 mai : Mathias Rust se pose avec son avion sur la place rouge à Moscou.

6-8 juin : À l'occasion d'un concert rock devant le Reichstag, violents affrontements entre la police et la jeunesse de Berlin-Est, venue écouter le concert.

8-10 juin : Sommet des pays industrialisés à Venise.

9 juin : Helmut Kohl propose de créer une brigade franco-allemande.

12 juin : Le président Reagan demande à Gorbatchev de faire tomber le mur

17 juill. : Amnistie générale pour les prisonniers de droit commun en RDA et abolition de la peine de mort

7-11 sept. : Voyage d'Erich Honecker en RFA

11 oct. : Uwe Barschel retrouvé mort à Genève. Ce dernier avait dû démissionner en septembre à la suite d'une campagne politique jugée scandaleuse contre son concurrent SPD Björn Engholm pour le Land de Schleswig-Holstein

12 déc. : Amnistie en RDA, environ 25 000 détenus libérés

1988

7-9 janv. : Visite d'Erich Honecker en France.

11 fév. : Rencontre entre le maire de Berlin, Eberhard Diepgen, et Erich Honecker.

26 fév. : Nouvel accord réduisant le temps de travail dans la métallurgie ouest-allemande (36,5 heures à partir du 1er novembre).

4 mai : Décision du Bundestag de participer à la construction d'un avion de chasse européen (RFA, Espagne, Italie, Grande-Bretagne).

26 mai : Texte commun des Églises protestantes est- et ouest-allemandes à l'occasion de l'approche du 50e anniversaire de la Nuit de cristal.

6 juin : Honecker se déclare prêt à envisager de verser des réparations aux communautés juives.

19-21 juin : Sommet des pays industrialisés à Toronto.

Juin : Polémique en RFA sur les vols de l'OTAN à basse altitude à la suite de l'écrasement d'une dizaine d'avions en trois mois.

Août : Nouvelle polémique sur les vols à basse altitude à la suite d'un accident sur la base aérienne américaine de Ramstein, qui a fait soixante-dix morts lors d'un meeting.

15 août : La Communauté européenne et la RDA entament des relations diplomatiques.

1er sept. : Début du retrait des Pershing II.

3 oct. : Mort de Franz Josef Strauss.

Nov. : Manifestations populaires dans les pays Baltes.

20 nov. : En RDA, le magazine *Spoutnik* n'est plus distribué.

8 déc. : Nouvel accident aérien près de Düsseldorf impliquant un avion militaire américain.

1989

Janv. : Des entreprises allemandes sont impliquées dans la fabrication d'armes chimiques en Libye et en Iran.

13 janv. : Fondation du comité des libres-penseurs en RDA.

6 fév. : Mort de Chris Gueffroy sur le mur de Berlin.

6 mars : Négociations à Vienne sur les forces conventionnelles en Europe.

2 mai : La Hongrie entrouvre sa frontière avec l'Autriche.

7 mai : À l'issue des élections municipales en RDA, nombreux dépôts de plainte de la part de groupes de citoyens pour fraude électorale.

Été : Occupation des ambassades de RFA à Prague, Varsovie et Budapest par des citoyens est-allemands.

4 sept. : Une manifestation du lundi à Leipzig rassemble 1 200 personnes.

11 sept : La Hongrie autorise les citoyens est-allemands à franchir la frontière austro-hongroise.

1er oct. : Les ressortissants est-allemands réfugiés dans les ambassades de RFA de Prague et de Varsovie sont autorisés à émigrer en RFA.

2 oct. : Quinze mille manifestants dans les rues de Leipzig.

6-7 oct. : Gorbatchev à Berlin-Est.

Oct. : Succession de manifestations dans l'ensemble des grandes villes de la RDA, particulièrement importantes à Leipzig.

18 oct. : Erich Honecker démissionne « pour raisons de santé ». Egon Krenz lui succède comme secrétaire général du SED.

23 oct. : Trois cent mille manifestants à Leipzig.

4 nov. : Un million d'Est-Allemands dans les rues de Berlin-Est.

7 nov. : Démission du gouvernement de Willi Stoph.

8 nov. : Démission du bureau politique du SED.

9 nov. : Ouverture du mur de Berlin.

13 nov. : Hans Modrow prend la tête du gouvernement de RDA.

28 nov. : Helmut Kohl propose un plan pour la réunification.

8 déc. : Erich Honecker et Willi Stoph inculpés pour corruption.

9 déc. : Gregor Gysi à la tête du SED.

15-17 déc. : Le SED devient SED-PDS (Parti du socialisme démocratique). Il abandonnera définitivement le sigle SED le 4 février 1990.

19 déc. : Kohl à Dresde.

1990

Janv. : Très importantes manifestations à Leipzig avec un slogan « Nous sommes *un* peuple ».

13 janv. : Le SPD reconstitué en RDA tient son premier congrès et se prononce pour « l'unité de la nation allemande ».

15 janv. : Des manifestants prennent d'assaut le siège de la Stasi.

30 janv. : À Moscou, Gorbatchev affirme ne pas s'opposer à l'unification.

6 fév. : Kohl propose l'union économique et monétaire.

18 mars : Élections législatives libres en RDA. Victoire de l'Alliance pour l'Allemagne dominée par la CDU.

12 avril : Premier gouvernement démocratiquement élu en RDA, dirigé par le chrétien-démocrate Lothar de Maizière.

5 mai : Première conférence « 2 + 4 » (les Allemagne et les Alliés).

6 mai : Premières élections municipales démocratiques en RDA.

18 mai : Signature du traité d'union monétaire, économique et sociale entre RFA et RDA. Conversion du mark-est de 1 pour 1 uniquement pour les revenus et une petite partie de l'épargne. Au-delà d'un certain seuil, taux de conversion de 2 pour 1.

17 juin : La Treuhandanstalt devient, de par la loi, l'organisme en charge de la privatisation de l'économie est-allemande.

21 juin : La frontière avec la Pologne est proclamée « définitive ».

1er juill. : Entrée en vigueur du traité d'union économique et monétaire.

8 juill. : L'Allemagne devient pour la troisième fois championne du monde de football en l'emportant, à Rome, sur l'Argentine 1 à 0.

16 juill. : Mikhaïl Gorbatchev autorise la future Allemagne à adhérer à l'OTAN.

22 juill. : Réorganisation de la RDA en cinq Länder.

5 août : Création de la Linke Liste/PDS.

11-12 août : Fusion des partis libéraux des deux États.

23 août : La Chambre du peuple de RDA décide d'adhérer à la RFA le 3 octobre.

12 sept. : Dernière conférence « 2 + 4 ». Signature du traité réglant définitivement le statut de l'Allemagne, qui retrouve « sa pleine souveraineté sur les affaires intérieures et extérieures ».

20 sept. : Ratification du traité d'unification (seuls votent contre le PDS, Alliance 90, les Verts et quelques députés de la CDU/CSU).

21 sept. : Ratification du traité à l'unanimité du Bundesrat.

1er oct. : Fusion des deux CDU.

3 oct. : Unification allemande.

9 oct. : Accord sur les compensations financières accompagnant le retrait des troupes soviétiques de RDA.

12 oct. : Attentat contre Wolfgang Schäuble qui restera paralysé.

14 oct. : Élections régionales dans les nouveaux Länder.

9-10 nov. : Signature du traité de « bon voisinage, de partenariat et de coopération » avec l'URSS.

14 nov. : Traité avec la Pologne confirmant la ligne Oder-Neisse comme frontière orientale de l'Allemagne.

2 déc. : Élections législatives fédérales. Victoire de Helmut Kohl.

1991

17 janv. : Début de la guerre du Golfe ; fortes manifestations. Ce même jour, Helmut Kohl est élu pour la quatrième fois chancelier.

Janv. à juin : La Treuhandanstalt liquide près de 2 600 entreprises pour un montant de 10,6 milliards de marks.

24 fév. : Les Églises est- et ouest-allemandes se réunifient.

4 mars : Le Soviet suprême de l'URSS ratifie le traité « 2 + 4 ».

2 avril : Ratification du traité sur le retrait soviétique.

30 avril : La dernière Trabant sort des chaînes de montage des usines de Sachsenring (Zwickau).

21 mai : Des mandats d'arrêt sont délivrés à l'encontre des anciens ministres est-allemands Willi Stoph, Heinz Kessler ou encore l'ancien responsable SED de Suhl Hans Albrecht, accusés d'avoir ordonné des tirs mortels le long du Mur.

17 juin : Helmut Kohl et Jan Krzysztof Bielecki signent le traité germano-polonais de « bon voisinage et de coopération amicale ».

20 juin : le Bundestag, par 338 voix contre 320, désigne Berlin comme nouvelle capitale et nouveau siège du gouvernement.

21 juin : Le système de retraite ouest-allemand est appliqué à l'ex-RDA.

17-22 sept. : À Hoyerswerda, nombreuses violences commises à l'encontre d'étrangers.

3 oct. : Incendie d'un foyer d'immigrés à Hünxe (Rhénanie-du-Nord-Westphalie).

1992

4 avril : Maria Jepsen première femme évêque de l'Église luthérienne.

30 juin : Le programme « Jaeger 90 » (construction d'un nouvel avion de combat allemand) est arrêté ; l'Allemagne s'associe au programme de l'avion de combat européen auquel participent l'Espagne, l'Italie et le Royaume-Uni.

17 juill. : Le gouvernement décide de participer activement aux sanctions des Nations unies contre l'ex-Yougoslavie par l'envoi d'avions de surveillance et du destroyer Bayern.

Août-nov. : Nouvelles violences à l'encontre d'immigrés à Rostock (Mecklembourg) et Mölln (Schleswig-Holstein).

8 oct. : Le cardinal Degenhardt retire au pasteur Eugen Drewermann l'autorisation de prêcher.

8 nov. : Trois cent mille personnes se rassemblent à Berlin contre le racisme.

12 nov. : Ouverture d'une procédure à l'encontre d'Erich Honecker.

Nov.-déc. : Plusieurs organisations d'extrême droite, tels le Front nationaliste (NF) et Offensive nationale (NO), sont interdites.

1993

7 janv. : Le tribunal de Berlin suspend la procédure ouverte à l'encontre d'Erich Honecker en raison de sa santé défaillante.

Avril : Participation de la Bundeswehr à la garantie de l'interdiction de survol au-dessus de la Bosnie-Herzégovine.

15 mai : Intervention de la Bundeswehr en Somalie.

30 mai : Incendie criminel d'un foyer turc à Solingen (cinq morts).

25 juin : Rudolf Scharping nouveau président du SPD.

Juill. : Le Bundestag autorise le départ de 1 640 soldats pour la Somalie dans le cadre de l'opération de maintien de la paix ONUSOM II.

12 oct. : Le président Weizsäcker signe le traité de ratification de Maastricht qui entre en vigueur le 1er novembre.

26 oct. : Condamnation d'Erich Mielke, ancien ministre pour la Sécurité d'État (Stasi), à six ans de prison pour avoir assassiné deux policiers en 1931.

25 nov. : Le syndicat IG Metall et la direction de Volkswagen s'accordent sur l'introduction de la semaine de 4 jours.

26 nov. : Le Parti des travailleurs du Kurdistan (PKK) est interdit.

6 déc. : Le chef des services d'espionnage est-allemands Markus Wolf est condamné à six ans de prison.

1994

Avril : Le gouvernement s'accorde avec la Croatie sur le retour de 70 000 réfugiés de guerre.

12 juin : Élections européennes.

25 juin : Cérémonie d'adieu des troupes soviétiques de Berlin.

30 juill. : Les 400 000 soldats soviétiques stationnés en ex-RDA ont quitté le territoire allemand.

8 sept. : Les derniers soldats des trois puissances occupantes occidentales quittent l'Allemagne.

23 sept. : Le Bundesrat entérine la réforme constitutionnelle décidée en juin par le Bundestag ; l'environnement, l'amélioration de l'égalité homme-femme, l'interdiction de la discrimination des handicapés deviennent des buts constitutionnels.

16 oct. : Élections législatives fédérales. La coalition en place (CDSU/CSU-FDP) l'emporte par 341 sièges contre 331 aux partis d'opposition.

15 nov. : Helmut Kohl élu pour la cinquième fois chancelier.

31 déc. : Fin de l'activité de la Treuhandanstalt.

1995

24 juin : L'artiste Christo recouvre entièrement le Reichstag de toile.

6 déc. : Le Bundestag autorise la participation de la Bundeswehr à l'IFOR, en Bosnie-Herzégovine.

1996

18 nov. : Début de la privatisation de Deutsche Telekom.

1997

26 avril : Discours de Roman Herzog sur la « sclérose allemande » depuis l'hôtel Adlon.

2 oct. : Signature du traité d'Amsterdam.

26 juin : Les projets de réforme fiscale du gouvernement Kohl sont bloqués par l'opposition, majoritaire au Bundesrat.

27 juill. : Jan Ullrich premier Allemand à gagner le Tour de France.

1998

12 mars : Gerhard Schröder est désigné candidat à la chancellerie après sa victoire à la majorité absolue aux élections régionales de Basse-Saxe.

7 mai : Annonce de la fusion entre Daimler-Benz et l'américain Chrysler.

3 juin : Le déraillement d'un ICE à Eschede (Basse-Saxe) fait cent un morts.

27 sept. : Victoire de la coalition rouge-verte aux élections fédérales.

7 déc. : Mise en place du Pacte pour l'emploi, la formation et la compétitivité.

1999

1er janv. : Entrée en vigueur de l'Union économique et monétaire.

11 mars : Démission d'Oskar Lafontaine.

24 mars : Participation de quatre Tornados de la Bundeswehr aux actions de l'OTAN en ex-Yougoslavie.

1er avril : Entrée en vigueur de la loi sur « l'entrée dans la réforme écologique de la fiscalité ».

19 avril : Déménagement de l'ensemble des instances gouvernementales et ministérielles de Bonn à Berlin. Le Bundestag intègre le bâtiment de l'ancien Reichstag.

23 mai : Élection à la présidence de la République de Johannes Rau (SPD).

19 juin : Le Bundestag approuve à une large majorité la participation de la Bundeswehr à la KFOR.

30 sept. : Günter Grass obtient le prix Nobel de littérature.

30 nov. : Helmut Kohl reconnaît l'existence de comptes secrets et le versement de sommes non déclarées dans l'affaire dite « des pots-de-vin » qui éclabousse la CDU.

2000

1er janv. : Loi sur la citoyenneté étendant le droit du sang au droit du sol.

23-24 mars : Conseil européen de Lisbonne.

10 avril : Angela Merkel élue avec plus de 90 % des voix présidente de la CDU.

17 avril : Entrée en Bourse de la filiale de Deutsche Telekom, T-Online.

Avril : Mise en Bourse de la troisième tranche de Deutsche Telekom.

12 mai : Discours de Joschka Fischer à l'université Humboldt sur l'Europe.

23 mai : Le ministre de la Défense, Rudolf Scharping, présente les conclusions du rapport « Sécurité commune et avenir de la Bundeswehr » qui prévoit la réduction des forces à 277 000 hommes.

27 juin : Discours du président Jacques Chirac devant le Bundestag.

10 juill. : Création du groupe EADS à partir de la fusion de l'allemand DASA, du groupe français Aérospatiale-Matra et de l'espagnol CASA.

7-9 déc. : Conseil européen de Nice ; annonce de l'élargissement progressif de l'Europe à vingt-sept membres.

17 déc. : Accord sur l'indemnisation des travailleurs forcés sous la période nazie ; 10 milliards de Deutsche Mark sont accordés au fonds dédié.

2001

1er janv. : Entrée en vigueur de l'euro.

11 mai : Adoption de la réforme des retraites « Riester », qui entre en vigueur au 1er janvier 2002.

11 juin : Signature de l'accord entre le gouvernement et les représentants de l'industrie énergétique prévoyant la sortie progressive du nucléaire.

22 juin : Réforme de la cogestion dans les entreprises, particulièrement dans les PME.

11 sept. : Au soir des attentats de New York et de Washington, le chancelier Schröder assure les États-Unis de la « solidarité sans réserve » de l'Allemagne.

Nov. : Il est avéré que trois des quatre terroristes des attentats du 11 septembre, dont leur leader, Mohamed Atta, ont longtemps habité à Hambourg et Bochum.

7 nov. : Le Bundestag donne son accord pour la participation de troupes (jusqu'à 3 900 hommes) à l'opération Enduring Freedom en Afghanistan.

9 nov. : Réduction du service militaire de 11 à 9 mois.

22 déc. : Le Bundestag accorde la participation de 1 200 hommes supplémentaires à la force internationale en Afghanistan (FIAS).

2002

27 mars : Réforme de l'Office fédéral du travail.

18 juill. : Le chancelier Schröder limoge son ministre de la Défense, Rudolf Scharping, à la suite d'une affaire d'honoraires versés par une société privée.

23 juill. : Présentation, lors d'une conférence de presse, des projets de réforme de la commission Hartz.

Août : Inondations considérables qui touchent durement la Saxe et la Saxe-Anhalt.

2 sept. : Victoire de la coalition rouge-verte lors des élections fédérales avec environ 7 000 voix d'avance sur le candidat de la CDU/CSU, Edmund Stoiber.

20 déc. : Adoption des lois Hartz I, II et III, dont l'entrée en vigueur est prévue, pour les deux premières, le 1er janvier 2003 et, pour la troisième, le 1er janvier 2004.

2003

14 mars : Annonce du programme Agenda 2010.

23 mars : Déclenchement de la guerre en Irak. L'Allemagne refuse de faire partie de la coalition.

1er juin : Une session extraordinaire du parti social-démocrate valide le programme de réformes de l'Agenda 2010.

28 juin : Lothar Bisky devient le nouveau président du PDS.

2004

6 fév. : Schröder démissionne de la présidence du parti social-démocrate au profit de Franz Müntefering.

Printemps : IG Metall et Gesamtmetall signent l'accord de Pforzheim qui permet aux entreprises de la branche, incluant l'ensemble des entreprises travaillant le métal, de déroger aux minima de branche.

23 mai : Élection de Horst Köhler à la présidence de la République.

Juill. : Adoption au Bundestag et au Bundesrat de la loi Hartz IV, dont l'entrée en vigueur est prévue pour le 1er janvier suivant.

1er et 9 juill. : Adoption au Bundestag puis au Bundesrat de la loi sur l'immigration et l'intégration (entrée en vigueur au 1er janvier 2005).

Août-sept. : Nombreuses manifestations contre Hartz IV.

2005

20 fév. : Défaite électorale du SPD aux élections régionales du Schleswig-Holstein.

22 mai : Lourde défaite des sociaux-démocrates en Rhénanie-du-Nord-Westphalie. Gerhard Schröder envisage, à la suite de ce résultat, de provoquer des élections fédérales anticipées.

1er-27 juill. : Gerhard Schröder pose la question de confiance devant le Bundestag. Celle-ci lui étant refusée, le président Horst Köhler prononce la dissolution du Bundestag le 27 juillet et fixe la date des prochaines élections.

17 juill. : Le PDS de Gregor Gysi se transforme en Linkspartei.

18 sept. : Le SPD arrive, avec 34,2 % des voix, derrière la CDU (35,2 %). Après avoir un moment revendiqué son maintien au pouvoir, Gerhard Schröder se retire au profit d'une Grande Coalition, dirigée par Angela Merkel, élue par le Bundestag le 22 novembre.

18 nov. : Signature du contrat de coalition entre le SPD, la CDU et la CSU.

2006

10 avril : Démission de Matthias Platzeck de la présidence du SPD pour raisons de santé. Il est remplacé à l'issue d'un congrès extraordinaire du SPD par Kurt Beck.

29 avril : Les partis Linkspartei et WASG se prononcent, à l'issue de leurs congrès respectifs, pour une fusion qui doit intervenir d'ici mi-2007.

19 mai-16 juin : Revalorisation de la TVA de 16 % à 19 %, les recettes devant être consacrées pour les deux tiers à la réduction du déficit budgétaire et pour un tiers à l'abaissement des cotisations chômage.

1er juin : Le Bundestag valide la participation de 780 soldats à la mission européenne envoyée pour assurer la sécurité des élections en République démocratique du Congo.

30 juin-7 juill. : Réforme du fédéralisme et de la répartition des compétences entre le Bund et les Länder.

Été : Coupe du monde de football en Allemagne.

Sept.-nov. : Rénovation de la politique familiale ; mise en place d'une allocation de congé parental.

2007

Janv.-juin : Présidence allemande du Conseil de l'Union et, pour l'année, du G8.

2 et 6 fév. : Adoption par les deux chambres de la réforme de la santé.

9 mars : Décision du Bundestag de reculer progressivement, entre 2012 et 2029, l'âge légal du départ en retraite de 65 à 67 ans.

1er avril : Loi de renforcement de la concurrence dans l'assurance maladie (*Wettbewerbsstärkungsgesetz*, GKV).

26 avril : Annonce par le ministre de l'Environnement, Sigmar Gabriel, d'une série de mesures pour l'environnement et la lutte contre le changement climatique, plan en huit points également appelé Agenda climatique 2020.

Fin mai-début juill. : Votes permettant l'adoption d'une série de mesures visant à réduire l'imposition des entreprises.

16 juin : Fondation du nouveau parti Die Linke, issu de la fusion du Linkspartei et de WASG.

22 juill. : Privatisation partielle de la société de chemins de fer allemande Deutsche Bahn.

9 août : Début de la crise des subprimes.

28 août : Nouvelle loi sur la nationalité ; les Allemands qui acquièrent la nationalité d'un État membre de l'Union européenne ou de la Suisse ne perdent plus automatiquement la nationalité allemande.

23 sept. : Angela Merkel reçoit le dalaï-lama.

2008

24 fév. : À Hambourg, première coalition noire-verte au niveau communal.

7 sept. : Démission de Kurt Beck de la présidence du SPD. Il est remplacé le 18 octobre par Franz Müntefering.

2009

3-10 juill. : Vote par les deux chambres d'un fonds de stabilité financière.

27 sept. : Élections fédérales. La CDU/CSU arrive en tête avec 33,8 % des voix et entend constituer avec le FDP (14,6 %) le nouveau gouvernement. Le SPD, avec seulement 23 %, perd plus de 11 points par rapport aux élections précédentes.

13-15 nov. : À l'issue du congrès du SPD, Sigmar Gabriel est élu à la présidence du parti social-démocrate.

2010

31 mai : Le président Horst Köhler annonce sa démission.

6 juin : Annonce gouvernementale d'un programme d'économie afin de réduire l'endettement. Ce programme prévoit notamment pour 2011 des économies budgétaires de 11,2 milliards d'euros.

30 juin : Christian Wulff élu président de la République fédérale. Il démissionne dix-neuf mois plus tard en raison d'une suspicion de prise illégale d'intérêt pendant son mandat de ministre-président de Basse-Saxe. Il est blanchi en 2014.

28 oct. : Le gouvernement Merkel décide de prolonger la durée de vie des centrales nucléaires.

2011

1er mars : Démission du ministre de la Défense, Karl-Theodor zu Guttenberg, à la suite d'une accusation de plagiat.

11 mars : Tsunami meurtrier au Japon entraînant l'accident nucléaire de Fukushima. À la suite de l'événement, la chancelière annonce, le 15 mars, la sortie de l'Allemagne de l'atome.

17 mars : Abstention de l'Allemagne lors du vote du Conseil de sécurité autorisant l'intervention en Libye.

24 mars : Suspension du service militaire en Allemagne qui entre en vigueur le 1er juillet. Un service volontaire (*Bundesfreiwilligendienst*, Bufdi) remplace l'ancien service civil.

27 mars : Défaite de la coalition CDU-FDP lors des élections régionales en Bade-Wurtemberg. Pour la première fois, un ministre-président Vert (Winfried Kretschmann) est élu.

2012

26 janv. : Le Bundestag prolonge d'un an la participation de la Bundeswehr à la FIAS en Afghanistan.

17 fév. : Démission du président Christian Wulff.

18 mars : Élection de Joachim Gauck (SPD) comme président de la République.

13 mai : Défaite de la CDU aux élections régionales de Rhénanie-du-Nord-Westphalie.

30 nov. : Le Bundestag vote un troisième « paquet » d'aide financière à la Grèce pour un montant de 44 milliards d'euros.

2013

6 mai : Ouverture du procès du mouvement du Nationalsozialistischer Untergrund à Munich, accusé d'avoir assassiné neuf Allemands issus de l'immigration entre 2001 et 2006, ainsi qu'une fonctionnaire de police en avril 2007.

Juin : Inondations catastrophiques à la suite des crues de l'Elbe et du Danube. La Saxe, la Saxe-Anhalt et la Bavière sont sévèrement touchées.

1er août : Entrée en vigueur de la loi sur le droit à une place en crèche pour les parents d'enfants de moins de trois ans.

Août : Début du scandale des écoutes de la NSA.

4 sept. : Le président Joachim Gauck à Oradour.

22 sept. : Élections fédérales. La CDU rate de peu la majorité absolue avec 41,5 % des voix, devançant le SPD (25,7 %). Die Linke arrive en troisième position avec 8,6 %, devant les Verts (8,4 %). Le FDP reste en deçà de la barre des 5 % avec 4,76 %. L'AfD réalise un score de 4,7 %.

23 oct. : Révélation de l'écoute du portable d'Angela Merkel par la NSA.

16 déc. : Début de la troisième Grande Coalition.

2014

27 fév. : Début de l'annexion de la Crimée par la Russie.

13 juill. : L'Allemagne est pour la quatrième fois championne du monde de football après sa victoire, à Rio, 1-0 contre l'Argentine.

14 sept. : Élections régionales en Brandebourg ; le SPD arrive en tête avec 31,9 % des voix, devant la CDU, et forme un gouvernement avec le soutien de Die Linke.

Oct. : Début des manifestations à Dresde du mouvement PEGIDA (*Patriotische Europäer gegen die Islamisierung des Abendlandes*), fondé le 20 octobre.

2015

7 janv. : Attentat contre *Charlie Hebdo* à Paris.

Août 2015 : Afflux croissant de réfugiés en Europe.

31 août : Angela Merkel : « *Wir schaffen das* » (Nous y arriverons) à propos de l'accueil et de l'intégration des réfugiés.

4 sept. : Décision de l'Allemagne et de l'Autriche d'ouvrir leurs frontières.

13 nov. : Série d'attentats à Paris ; 130 personnes sont tuées, plus de 350 sont blessées.

30 nov.-12 déc. : Conférence des parties sur le climat et accord de Paris.

31 déc.-1er janv. 2016 : Dans la nuit de la Saint-Sylvestre, vague d'agressions sexuelles sur plus de 1 200 femmes par des hommes, pour la plupart d'origine africaine et maghrébine.

2016

24 juin : Les électeurs britanniques se prononcent pour le Brexit.

19 déc. : Attentat islamiste sur le marché de Noël de Berlin ; douze personnes sont tuées et une cinquantaine, blessées.

2017

12 fév. : Élection de Frank-Walter Steinmeier (SPD) à la présidence de la République.

24 sept. : Élections fédérales. La CDU arrive en tête mais avec seulement 26,7 % des voix (CDU/CSU : 32,9 %, soit un recul de plus de 8 % points par rapport à 2013). Elle est suivie du SPD, avec 20,5 % des suffrages. L'AfD crée la surprise en se hissant à la troisième place avec 12,64 % des voix, soit près de 8 points de plus qu'en 2013, devant les libéraux (10,75 %). La gauche radicale, avec 9,2 % des voix, relègue les Verts en dernière position (8,94 %).

2018

14 mars : Formation du gouvernement de Grande Coalition (CDU-SPD) près de six mois après les élections de septembre 2017.

22 avril : Andrea Nahles, première femme élue présidente du parti social-démocrate (SPD).

14 oct. : Élections régionales en Bavière. La CSU réalise son pire score depuis 1954 avec 37,25 % (–10,4 points) et perd la majorité absolue.

28 oct. : Élections régionales en Hesse. Recul historique de la CDU (–11,4 points) et du SPD (–10,9 points). L'AfD atteint 13,4 % et entre au Landtag.

29 oct. : Angela Merkel quitte la présidence de la CDU et annonce son retrait de la politique en 2021.

7 déc. : Annegret Kramp-Karrenbauer est élue présidente de la CDU.

2019

1er janv. : L'Allemagne est, pour deux ans, membre non permanent du Conseil de sécurité de l'ONU.

22 janv. : 40e anniversaire du traité de l'Élysée. Un nouveau traité est prévu, envisageant une coopération renforcée entre les deux États.

26 mai : Élections régionales à Brême. Première défaite du SPD depuis la fondation du Land au profit de la CDU.

Pour la première fois, une coalition rouge-rouge-verte, avec la participation de Die Linke, gouverne un Land à l'Ouest.

1er sept. : Élections régionales dans le Brandebourg. Le ministre-président en place, Dietmar Woidke, est réélu en s'alliant à la CDU et aux Verts.

Le même jour, élections régionales en Saxe : la CDU enregistre un revers et l'AfD devient le deuxième parti du Landtag avec 27,49 % des voix (+17,7 points). Une coalition CDU-SPD-Vert dirige le Land à l'issue de l'élection.

9 oct. : Attentat à Halle. Un homme connu pour son appartenance à l'extrême droite tue deux personnes.

27 oct. : Élections régionales en Thuringe. Die Linke arrive en tête et remporte ainsi, pour la première fois de son histoire, des élections régionales. La CDU, après près de vingt ans de pouvoir dans le Land, n'arrive que troisième avec 21,75 % des voix (–11,7 points par rapport à l'élection précédente). Trois mois plus tard, le représentant du FDP, Thomas Kemmerich, devient ministre-président du Land grâce à l'apport de voix de l'AfD arrivée deuxième (23,4 % des voix). Finalement, Thomas Kemmerich démissionne et le précédent ministre-président, Bodo Ramelow (Die Linke), lui succède à la tête d'un gouvernement rouge (Linke)-rouge (SPD)-vert minoritaire. À cette occasion, un accord entre les partis de la gauche et la CDU prévoit la tenue de nouvelles élections pour avril 2021.

2020

27 janv. : Premiers cas de coronavirus en Allemagne.

19 fév. : Un homme abat dix personnes dans la ville de Hanau, un acte sous-tendu par des motifs xénophobes.

Mars : L'Allemagne entre en confinement en raison de la pandémie qui sévit en Europe et dans le monde.

Sept.-oct. : Après une période d'amélioration puis de stabilisation de l'épidémie, une deuxième vague de coronavirus oblige l'Allemagne à se reconfiner en partie.

31 oct. : Après quatorze ans de travaux, le nouvel aéroport de Berlin Willy-Brandt est opérationnel. Son coût, initialement prévu à 2 milliards d'euros, se monte à plus de 7 milliards.

2021

Janv. : Une nouvelle vague de cas d'infection au coronavirus frappe durement l'Allemagne.

16 janv. : Élection d'Armin Laschet à la présidence de la CDU.

26 sept. : Élections fédérales ; le SPD d'Olaf Scholz arrive en tête avec 25,7 %, suivi par la CDU/CSU (24 %), les Verts (14,75 %), le FDP (11,45 %), l'AfD (10,35 %) ; le parti Die Linke ne franchit pas la barre des 5 % (4,9 %).

24 nov. : Accord de coalition réunissant, sous une forme « tricolore » (*Ampelkoalition*), le parti social-démocrate, les Verts et les libéraux.

8 déc. : Olaf Scholz élu chancelier par le Bundestag.

2022

24 fév. : Invasion de l'Ukraine par la Russie.

27 fév. : Discours d'Olaf Scholz devant le Bundestag annonçant un effort sans précédent pour la défense.

Avril : L'Allemagne, après avoir envoyé à l'Ukraine des armes défensives, s'apprête à l'envoi d'armes offensives.

Principaux sigles et abréviations

AfD : Alternative für Deutschland (Alternative pour l'Allemagne).
Apo : Ausserparlamentarische Opposition (Opposition extraparlementaire).
AUSS : Allgemeine Union Sozialistischer Schüler (Union générale des élèves socialistes).
BDA : Bundesvereinigung der Deutschen Arbeitgeberverbände (Union fédérale des employeurs allemands).
BDI : Bundesverband der Deutschen Industrie (Association fédérale de l'industrie allemande).
BEK : Bund evangelischer Kirchen in der DDR (Fédération des Églises évangéliques de RDA).
BHE : Block der Heimatvertriebenen und Entrechteten (Bloc des réfugiés et des spoliés).
BKK : Bereich Kommerzielle Koordinierung (Département de la coordination commerciale).
BRD : Bundesrepublik Deutschland (RFA).
BvD : Bund vertriebener Deutscher (Fédération des réfugiés allemands).
CDU : Christlich-Demokratische Union (Union chrétienne-démocrate).
CECA : Communauté européenne du charbon et de l'acier.
CED : Communauté européenne de défense.
COMECON : Council for Mutual Economic Assistance ; en français CAEM (Conseil d'assistance économique mutuelle ou Conseil d'aide économique mutuelle).

CSCE : Conférence pour la sécurité et la coopération en Europe.
CSU : Christlich-Soziale Union (Union chrétienne-sociale).
DAG : Deutsche Angestellten-Gewerkschaft (Syndicat allemand des employés).
DAW : Deutsche Akademie der Wissenschaften (Académie allemande des sciences).
DBB : Deutscher Beamtenbund (Fédération allemande des fonctionnaires).
DBV : Deutscher Bauernverband (Association allemande des paysans).
DDR : Deutsche Demokratische Republik (RDA).
DEFA : Deutsche Film AG (Société de production cinématographique de la zone soviétique puis de la RDA).
DFD : Demokratischer Frauenbund Deutschlands (Fédération démocratique des femmes d'Allemagne).
DGB : Deutscher Gewerkschaftsbund (Confédération allemande des syndicats).
DKP : Deutsche Kommunistische Partei (Parti communiste allemand).
DP : Deutsche Partei – Die Freiheitlichen, plus couramment appelé Deutsche Partei (Parti allemand – Les libéraux).
DVP : Deutsche Volkspartei (Parti populaire allemand).
EKD : Evangelische Kirche in Deutschland (Église évangélique d'Allemagne).
EKU : Evangelische Kirche der Union (Église évangélique de l'Union).
FDGB : Freier Deutscher Gewerkschaftsbund (Fédération syndicale allemande libre).
FDJ : Freie Deutsche Jugend (Jeunesse libre allemande ; organisation de masse de la jeunesse de RDA).
FDP : Freie Demokratische Partei (Parti libéral-démocrate).
FEOGA : Fonds européen d'orientation et de garantie agricole.
FIAS : Force internationale d'assistance à la sécurité (Afghanistan).
FIBAG : Finanzbau-Aktiengesellschaft (société de construction).

GATT : General Agreement on Tariffs and Trade (Accord général sur les tarifs douaniers et le commerce).
IM : Inoffizieller Mitarbeiter (Collaborateur non officiel de la Stasi).
JCS : Joint Chiefs of Staff (Comité des chefs d'état-major interarmées).
KFOR : Force pour le Kosovo.
KPD : Kommunistische Partei Deutschlands (Parti communiste d'Allemagne).
LDP : Liberal Demokratische Partei (Parti libéral démocratique).
LDPD : Liberal Demokratische Partei Deutschlands (Parti libéral-démocrate d'Allemagne).
LPG : Landwirtschaftliche Produktionsgenossenschaften (Coopératives agricoles de production).
MfS : Ministerium für Staatssicherheit (Ministère de la Sécurité d'État).
MTS : Maschinen-Traktoren-Stationen (Stations de machines et de tracteurs).
NÖSPL : Neues ökonomisches System der Planung und Leitung der Volkswirtschaft (Nouveau Système économique de la planification et de la direction de l'économie populaire).
NPD : Nationaldemokratische Partei Deutschland (Parti national-démocrate d'Allemagne).
NSDAP : Nationalsozialistische Deutsche Arbeiter Partei (Parti national-socialiste des travailleurs allemands).
NVA : Nationale Volksarmee (Armée nationale populaire).
NWDR : Nordwestdeutscher Rundfunk (Radio nord-ouest allemande).
OECE : Organisation européenne de coopération économique.
OFAJ : Office franco-allemand pour la jeunesse.
OKW : Oberkommando der Wehrmacht (Haut état-major de la Wehrmacht).
OMGUS : Office of Military Government for Germany (United States) (Bureau du gouvernement militaire pour l'Allemagne)
ONU : Organisation des Nations unies.

OTAN : Organisation du traité de l'Atlantique Nord.
PAC : Politique agricole commune.
PCUS : Parti communiste d'Union soviétique.
PDS : Partei des Demokratischen Sozialismus (Parti du socialisme démocratique).
PESD : Politique européenne de sécurité et de défense.
RAF : Rote Armee Fraktion (Fraction armée rouge).
RDA : République démocratique allemande.
RFA : République fédérale d'Allemagne.
RIAS : Rundfunk im amerikanischen Sektor (Radio en secteur américain).
SA : Sturmabteilungen (Sections d'assaut).
SALT : Strategic Arms Limitation Talks (Entretiens sur la limitation des armes stratégiques).
SBZ : Sowjetische Besatzungszone (Zone d'occupation soviétique).
SDP : Sozialdemokratische Partei in der DDR (Parti social-démocrate de RDA).
SED : Sozialistische Einheitspartei Deutschlands (Parti socialiste unifié d'Allemagne-RDA).
SMAD : Sowjetische Militäradministration in Deutschland (Administration militaire soviétique en Allemagne).
SPD : Sozialdemokratische Partei Deutschlands (Parti social-démocrate allemand).
SRP : Sozialistische Reichspartei (Parti socialiste du Reich).
SS : Schutzstaffel (Escadrons de protection).
UNESCO : United Nations Educational, Scientific and Cultural Organization (Organisation des Nations unies pour l'éducation, la science et la culture).
URSS : Union des Républiques socialistes soviétiques.
VdL : Verband der Landsmannschaften (Association des compatriotes).
VEB : Volkseigener Betrieb (Entreprise du peuple).
WASG : Wahlalternative Arbeit und soziale Gerechtigkeit (Alternative électorale travail et justice sociale).
ZvD : Zentralverband vertriebener Deutschen (Centrale des réfugiés allemands).

Bibliographie succincte

Histoires générales, manuels sur l'Allemagne et sur la RFA après 1945

Der neue Fischer Weltalmanach. Chronik Deutschland 1949-2014, Francfort-sur-le-Main, Fischer, 2014.

BADIA, Gilbert (dir.), *Histoire de l'Allemagne contemporaine*. T. II, *RFA-RDA*, Paris, Messidor, 1987.

BARK, Dennis L., GRESS, David R., *Histoire de l'Allemagne depuis 1945*, Paris, Laffont, 1992.

BENZ, Wolfgang (dir.), *Die Geschichte der Bundesrepublik Deutschland*, 4 vol., Francfort-sur-le-Main, Fischer, 1989.

BROSZAT, Martin (dir.), *Essays zur Periodisierung der deutschen Nachkriegsgeschichte*, Munich, Oldenbourg, 1990.

CONZE, Eckart, METZLER, Gabriele (dir.), *50 Jahre Bundesrepublik. Daten und Diskussionen*, Berlin, Duncker & Umblot, 1999.

FARÇAT, Isabelle, *L'Allemagne de la conférence de Potsdam à l'unification*, Paris, Minerve, 1992.

FRITSCH-BOURNAZEL, Renata, *L'Allemagne : un enjeu pour l'Europe*, Bruxelles, Complexe, 1987.

GARTON ASH, Timothy, *Au nom de l'Europe. L'Allemagne dans un continent divisé*, Paris, Gallimard, 1995.

GÖRTEMAKER, Manfred, *Geschichte der Bundesrepublik Deutschland. Von der Gründung bis zur Gegenwart*, Munich, C. H. Beck, 1999.

GUILLEN, Pierre, *La Question allemande (1945-1995)*, Paris, Imprimerie nationale, 1996.

HERBERT, Ulrich, *Geschichte Deutschlands im 20. Jahrhundert*, Munich, C. H. Beck, 2014.

KLESSMANN, Christoph, *Die doppelte Staatsgründung. Deutsche Geschichte 1945-1955*, Göttingen, Vandenhoeck & Ruprecht, 4e éd., 1989.

–, *Zwei Staaten, eine Nation. Deutsche Geschichte 1955-1970*, Göttingen, Vandenhoeck & Ruprecht, 1988.

LE GLOANNEC, Anne-Marie, *La République fédérale d'Allemagne*, Paris, De Fallois-Le Livre de Poche, 1994.

–, *La Nation orpheline. Les Allemagnes en Europe*, Paris, Calmann-Lévy, 1989.

– (dir.), *L'État de l'Allemagne*, Paris, La Découverte, 1995.

ROVAN, Joseph, *Histoire de l'Allemagne des origines à nos jours*, Paris, Seuil, 1994.

RUPP, Hans Karl, *Politische Geschichte der Bundesrepublik Deutschland*, Munich, Oldenbourg, 3e éd., 2000.

SCHÄFERS, Bernhard, ZAPF, Wolfgang (dir.), *Handwörterbuch zur Gesellschaft Deutschlands*, Opladen, Leske & Budrich, 2e éd., 2000.

SOLCHANY, Jean, *L'Allemagne au XXe siècle*, Paris, PUF, 2003.

THRÄNHARDT, Dietrich, *Geschichte der Bundesrepublik Deutschland 1949-1990*, Moderne Deutsche Geschichte, vol. 12, Francfort-sur-le-Main, Suhrkamp, 1996.

VINCENT, Marie-Bénédicte, *Une nouvelle histoire de l'Allemagne, XIXe-XXIe siècle*, Paris, Perrin, 2020.

WAHL, Alfred, *Histoire de la République fédérale d'Allemagne*, Paris, A. Colin, 1991.

WEIDENFELD, Werner, ZIMMERMANN, Hartmut (dir.), *Deutschland-Handbuch. Eine doppelte Bilanz 1949-1989*, Bonn, Bundeszentrale für politische Bildung, 1989.

WINKLER, Heinrich A., *Histoire de l'Allemagne, XIXe-XXe siècle. Le long chemin vers l'Occident*, Paris, Fayard, 2000.

WOLFRUM, Edgar, *Die geglückte Demokratie. Geschichte der Bundesrepublik Deutschland von ihren Anfängen bis zur Gegenwart*, Stuttgart, Pantheon, 2006.

L'Allemagne, la RFA de 1945 à 1989

Témoignages, documents (1945-1990)

ADENAUER, Konrad, *Erinnerungen*. T. I, *1945-1953* ; t. II, *1953-1955* ; t. III, *1955-1959* ; t. IV, *1959-1963*, Munich, Deutsche Verlags-Anstalt, 1965-1968.

BRANDT, Willy, *Begegnungen und Einsichten. Die Jahre 1960-1975*, Hambourg, Hoffmann und Campe, 1976.

GENSCHER, Hans Dietrich, *Deutsche Aussenpolitik. Ausgewählte Reden und Aufsätze. 1974-1985*, Stuttgart, Verlag Bonn Aktuell, 1985.

GROSSER, Dieter, BIERLING, Stephan, NEUSS, Beate (dir.), *Deutsche Geschichte in Quellen und Darstellungen*. T. XI, *Bundesrepublik Deutschland und DDR 1969-1990*, Stuttgart, 1996.

KOHL, Helmut, *Erinnerungen 1930-1982*, Munich, Droemer, 2004.

–, *Je voulais l'unité de l'Allemagne*, trad. de l'allemand par Isabelle Hausser, Paris, De Fallois, 1997 (pour la trad. française).

SCHMIDT, Helmut, *Der Kurs heisst Frieden*, Düsseldorf, Econ, 1979 ; *La Volonté de paix*, trad. par Suzanne Enquebecq-Boileau et Jeanne-Marie Gaillard-Paquet, Paris, Fayard, 1980.

STRAUSS, Franz Josef, *Die Erinnerungen*, Munich, Siedler, 1990.

WEIZSÄCKER, Richard von, *Von Deutschland aus. Reden des Bundespräsidenten*, Munich, DTV, 1987.

Biographies

DREHER, Klaus, *Helmut Kohl. Leben mit Macht*, Stuttgart, DVA, 1998.

HENTSCHEL, Volker, *Ludwig Erhard. Die « soziale Marktwirtschaft » und das Wirtschaftswunder : Historisches Lehrstück oder Mythos*, Bonn, Bouvier, 1998.

KÖHLER, Henning, *Adenauer. Eine politische Biographie*, Francfort-Berlin, Propyläen, 1994.

MERSEBURGER, Peter, *Willy Brandt. Visionär und Realist*, Stuttgart-Munich, DVA, 2002.

MIERZEJEWSKI, Alfred C., EMERT, Anne, JURASCHITZ, Norbert, *Ludwig Erhard : Der Wegbereiter der sozialen Marktwirtschaft*, Munich, Siedler, 2005.

NOACK, Hans-Joachim, *Helmut Schmidt. Die Biographie*, Berlin, Rowohlt, 2008.

PICAPER, Jean-Paul, PRUYS, Karl Hugo, *Helmut Kohl*, Paris, Fayard, 1996.

SCHÖLLGEN, Gregor, *Willy Brandt. Die Biographie*, Berlin, Berlin Verlag, 2013.

SCHWARZ, Hans Peter, *Adenauer*. T. I, *Der Aufstieg 1876-1952* ; t. II, *Der Staatsmann 1952-1967*, Munich, Deutsche Verlags-Anstalt, 1986, 1991.

SIEBENMORGEN, Peter, *Franz Josef Strauss. Ein Leben im Übermass*, Munich, Pantheon, 2017.

Économie

ABELSHAUSER, Werner, *Wirtschaftsgeschichte der Bundesrepublik Deutschland 1945-1980*, Francfort-sur-le-Main, Suhrkamp, 1983.

DEMOTES-MAINARD, Magali, *L'Économie de la RFA*, Paris, La Découverte, 1989.

GIERSCH, Herbert *et al.*, *The Fading Miracle. Four Decades of Market Economy in Germany*, Cambridge, Cambridge University Press, 1992.

GLASTETTER, Werner, PAULERT, Rüdiger, SPÖREL, Ulrich, *Die wirtschaftliche Entwicklung in der Bundesrepublik Deutschland 1950-1980. Befunde, Aspekte, Hintergründe*, Francfrort-sur-le-Main, Campus, 1983.

SCHNEILIN, Gérard, SCHUMACHER, Horst, *Économie de l'Allemagne depuis 1945*, Paris, A. Colin, 1992.

SCHRÖTER, Harm G., « Von der Teilung zur Wiedervereinigung (1945-2000) », *in* Michaël North (dir.), *Deutsche Wirtschaftsgeschichte. Ein Jahrtausend im Überblick*, Munich, C. H. Beck, 2000.

Politique

BENZ, Wolfgang, *Potsdam 1945 : Besatzungsherrschaft und Neuaufbau im vier Zonen-Deutschland*, Munich, DTV, 4e éd., 2005.

–, *Die Gründung der Bundesrepublik : von der Bizone zum souveränen Staat*, Munich, DTV, 2e éd., 1986.

–, *Die Vertreibung der Deutschen aus dem Osten. Ursachen, Ereignisse, Folgen*, Francfort-sur-le-Main, Fischer, 1985.

–, PLUM, Günter, RÖDER, Werner, *Einheit der Nation. Diskussionen und Konzeptionen zur Deutschlandpolitik der grossen Parteien seit 1945*, Stuttgart, Fromman-Holzboog, 1978.

BIRKE, Adolf, *Nation ohne Haus. Deutschland 1945-1961*, Berlin, Siedler, 1989.

BRECHENMACHER, Thomas, *Die Bonner Republik. Politisches System und innere Entwicklung der Bundesrepublik*, Berlin, Bebra, 2009.

BUCHHEIM, Christoph, *Die Wiedereingliederung Westdeutschlands in die Weltwirtschaft 1945-1958*, Munich, Oldenbourg, 1990.

DOERING-MANTEUFFEL, Anselm, *Die Bundesrepublik Deutschland in der Ära Adenauer. Aussenpolitik und innere Entwicklung 1949-1963*, Darmstadt, WBG, 1983.

ELLWEIN, Thomas, *Krisen und Reformen, Die Bundesrepublik seit den sechziger Jahren*, Munich, DTV, 2e éd., 1993.

GOUGEON, Jacques-Pierre, *La Social-démocratie allemande, 1830-1996. De la révolution au réformisme*, Paris, Aubier, 1996.

GROSSER, Alfred, MENUDIER, Henri, *La Vie politique en Allemagne fédérale*, Paris, A. Colin, 1978.

HERBST, Ludolf, *Option für den Westen. Vom Marshallplan bis zum deutsch-französischen Vertrag*, Munich, DTV, 1989.

KREBS, Gilbert, SCHNEILIN, Gérard (dir.), *L'Allemagne, 1945-1955. De la capitulation à la division*, Publication de l'Institut allemand, Paris, Presses Sorbonne Nouvelle, 1996.

NIETHAMMER, Lutz, *Entnazifizierung in Bayern, Säuberung und Rehabilitierung unter amerikanischer Besatzung*, Francfort-sur-le-Main, Fischer, 1972.

SOLCHANY, Jean, *Comprendre le nazisme dans l'Allemagne des années zéro (1945-1949)*, Paris, PUF, 1997.

SONTHEIMER, Kurt, *Die Adenauer-Ära. Grundlegung der Bundesrepublik*, Munich, DTV, 2e éd., 1996.

UHL, Matthias, *Die Teilung Deutschlands. Niederlage. Ost-West Spaltung und Wiederaufbau*, Berlin, Be.bra, 2009.

WEBER, Jürgen (dir.), *Die Republik der fünfziger Jahre. Adenauers Deutschlandpolitik auf dem Prüfstand*, Munich, Olzog, 1989.

Politique extérieure

BENDER, Peter, *Neue Ostpolitik, vom Mauerbau zum Moskauer Vertrag*, Munich, DTV, 1986.

BIERLINGS, Stephan, *Die Aussenpolitik der Bundesrepublik Deutschland. Normen, Akteure, Entscheidungen*, Oldenbourg, De Gruyter, 2e éd., 2005.

CREUZBERGER, Stefan, *Westintegration und Neue Ostpolitik. Die Aussenpolitik der Bundesrepublik*, Berlin, Be.bra, 2009.

HAFTENDORN, Helga, *Sicherheit und Stabilität, Aussenbeziehungen der Bundesrepublik zwischen ölkrise und Nato-Doppelbeschluss*, Munich, DTV, 1986.

MAI, Gunther, *Westliche Sicherheitspolitik im Kalten Krieg. Der Korea-Krieg und die deutsche Wiederbewaffnung 1950*, Boppard, Harald Boldt, 1977.

SCHÖLLGEN, Gregor, *Die Aussenpolitik der Bundesrepublik Deutschland : von den Anfängen bis zur Gegenwart*, Munich, C. H. Beck, 2004.

SCHWARZ, Hans-Peter, « Sicherheit, Souveränität, Freiheit und Wiedervereinigung als Strukturelemente westdeutscher Aussenpolitik 1949-1955 », *in* Manfred Funke (dir.), *Entscheidung für den Westen*, Bonn, Bouvier, 1988.

SOUTOU, Georges-Henri, *L'Alliance incertaine. Les rapports politico-stratégiques franco-allemands, 1954-1996*, Paris, Fayard, 1996.

Culture et société

ABENHEIM, Donald, *Bundeswehr und Tradition. Die Suche nach dem gültigen Erbe des deutschen Soldaten*, Munich, De Gruyter, 1989.

BACKES, Uwe, JESSE, Eckhard, ZITELMANN, Rainer (dir.), *Die Schatten der Vergangenheit. Impulse zur Historisierung des Nationalsozialismus*, Francfort-Berlin, Propyläen, 1990.

BECKER, Wolfgang, SCHÖLL, Norbert, *In jenen Tagen... : wie der deutsche Nachkriegsfilm die Vergangenheit bewältigte*, Opladen, Leske & Budrich, 1995.

BENZ, Wolfgang, *Zwischen Hitler und Adenauer. Studien zur deutschen Nachkriegsgesellschaft*, Francfort-sur-le-Main, Fischer, 1991.

DOWE, Dieter (dir.), *Jugendprotest und Generationskonflikt in Europa im 20. Jahrhundert. Deutschland, England, Frankreich und Italien im Vergleich*, Bonn, Verlag Neue Gesellschaft, 1986.

ELSAESSER, Thomas, *Der Neue Deutsche Film : von den Anfangen bis zu den neunziger Jahren*, Munich, Heyne, 1994.

ENDRES, Elisabeth, *Die Literatur der Adenauerzeit*, Munich, Verlag Steinhausen, 1980.

FAULSTICH, Werner (dir.), *Die Kultur der 80er Jahre. Kulturgeschichte des 20. Jh*, Munich, Wilhelm Fink, 2005.

–, *Die Kultur der 70er Jahre. Kulturgeschichte des 20. Jh*, Munich, Wilhelm Fink, 2004.

FLEURY-VILATTE, Béatrice, *Cinéma et culpabilité en Allemagne, 1945-1990*, Perpignan, Institut Jean-Vigo, 1995.

GLASER, Hermann, *Kleine Kulturgeschichte der Bundesrepublik Deutschland 1945-1989*, Munich, Fischer, 1991.

HAUSER, Richard (dir.), *Ungleichheit und Sozialpolitik*, Opladen, Leske & Budrich, 1996.

HEINRICH, Arthur, *Tooor ! Toor ! Tor ! Vierzig 40 Jahre 3:2*, Nordlingue, Rotbuch, 1994.

HELWIG, Gisela, URBAN, Detlef, *Kirchen und Gesellschaft in beiden deutschen Staaten*, Cologne, Deutschland Archiv im Verlag Wissenschaft und Politik, 1987.

HUBERT, Michel, *L'Allemagne en mutation. Histoire de la population allemande depuis 1815*, Paris, Presses de la FNSP, 1995.

JARAUSCH, Konrad, SIEGRIST, Hannes (dir.), *Amerikanisierung und Sowjetisierung in Deutschland 1945-1970*, Francfort-New York, Campus, 1997.

KOCKA, Jürgen, *Die Angestellten in der deutschen Geschichte 1850-1980*, Göttingen, Vandenhoeck & Ruprecht, 1981.

KRETSCHMANN, Carsten, *Zwischen Spaltung und Gemeinsamkeit. Kultur im geteilten Deutschland, Deutsche Geschichte im 20. Jahrhundert*, vol. 12, Berlin-Brandebourg, Be.bra, 2012.

MOREAU, Patrick, *Les Héritiers du III*e *Reich. L'extrême droite allemande de 1945 à nos jours*, Paris, Seuil, 1994.

PFLAUM, Hans Günther, *Film in der Bundesrepublik Deutschland. Der neue deutsche Film von den Anfängen bis zur Gegenwart*, Bonn, Inter Nationes, 1992.

SCHILDT, Axel, DETLEF, Siegfried, LAMMERS, Karl Christian (dir.), *Dynamische Zeiten. Die 60er Jahre in den beiden deutschen Gesellschaften*, Hambourg, Christians, 2000.

WEIDENFELD, Werner (dir.), *Politische Kultur und deutsche Frage*, Cologne, Verlag Wissenschaft und Politik, 1989.

–, *Die Identität der Deutschen*, Munich, Carl Hanser, 1983.

Rapport au passé

DANYEL, Jürgen (dir.), *Die geteilte Vergangenheit. Zum Umgang mit Nationalsozialismus und Widerstand in den beiden deutschen Staaten*, Berlin, Akademie, 1995.

EVANS, Richard J., *In Hitler's Shadow. West German Historians and The Attempt to Escape from the Nazi Past*, New York, Pantheon, 1989.

FREI, Norbert, *Vergangenheitspolitik. Die Anfänge der Bundesrepublik und die NS-Vergangenheit*, Munich, C. H. Beck, 2e éd., 1997.

JESSE, Eckhard, « "Entnazifizierung" und "Entstasifizierung" als politisches Problem. Die doppelte Vergangenheitsbewältigung », in Ulrich Battis, Günther Jakobs, Eckhard Jesse, Josef Isensee (dir.), *Vergangenheitsbewältigung durch Recht. Drei*

Abhandlungen zu einem deutschen Problem, Berlin, Duncker & Humblot, 1992.

MOMMSEN, Hans, « Die Last der Vergangenheit », *in* Jürgen Habermas (dir.), *Stichworte zur « Geistigen Situation der Zeit »*, Francfort-sur-le-Main, Suhrkamp, 1979.

La question de la nation

BLUMENWITZ, Dieter, MEISSNER, Boris, *Die Überwindung der europäischen Teilung und die deutsche Frage*, Cologne, Verlag Wissenschaft und Politik, 1986.

BUFFET, Cyril, « Allemagne : une nation, un État », *L'Histoire*, n° 220, 1998, p. 80-83.

GAUS, Günter, *Wo Deutschland liegt. Eine Ortsbestimmung*, Hambourg, Hoffmann und Campe, 1983.

NIETHAMMER, Lutz, « Bundesrepublik und Nation », *Politik und Kultur*, vol. 4, t. 2, Berlin, Verlag Kantstrasse, 1977.

NIPPERDEY, Thomas, *Réflexions sur l'histoire allemande*, trad. de l'allemand par Claude Orsoni, Paris, Gallimard, 1992 (pour la trad. française).

STERN, Fritz, *Rêves et illusions. Le drame de l'histoire allemande. Essai*, trad. de l'anglais par Jeanne Etoré, Paris, Albin Michel, 1989 (pour la trad. française).

La RDA

Recherches sur la RDA

EPPELMANN, Rainer, FAULENBACH, Bernd, MÄHLERT, Ulrich (dir.), *Bilanz und Perspektiven der DDR-Forschung*, Paderborn, Schöningh, 2003.

KOCKA, Jürgen, « Bilanz und Perspektiven der DDR-Forschung. Hermann Weber zum 75. Geburtstag », *Deutschland Archiv*, n° 36, 2003, p. 764-769.

LINDENBERGER, Thomas, SABROW, Martin, « Zwischen Verinselung und Europäisierung. Die Zukunft der DDR-Geschichte », *Deutschland Archiv*, n° 37, 2004, p. 123-127.

Manuels

BARTH, Rainer-Bernd *et al.* (dir.), *Wer war wer in der DDR. Ein biographisches Handbuch*, Francfort-sur-le-Main, Fischer, 3e éd., 1996.

EPPELMANN, Rainer (dir.), *Lexikon des DDR Sozialismus. Das Staats- und Gesellschaftssystem der Deutschen Demokratischen Republik*, Paderborn, Schöningh, 1998.

DIEDRICH, Torsten, EHLERT, Hans, WENZKE, Rüdiger (dir.), *Im Dienste der Partei. Handbuch der bewaffneten Organe der DDR*, Berlin, Links, 1998.

HERBST, Andreas, RANKE, Winfried, WINKLER, Jürgen (dir.), *So funktionierte die DDR*, 3 vol., Hambourg, Rowohlt, 1994.

ZIMMERMANN, Hartmut *et al.* (dir.), *DDR-Handbuch*, Cologne, Verlag Wissenschaft und Politik, 3e éd., 1985.

Histoires générales

HOFFMANN, Dierk, *Von Ulbricht zu Honecker. Die Geschichte der DDR 1949-1989*, Berlin, Be.bra, 2013.

STARITZ, Dietrich, *Geschichte der DDR. Erweiterte Neuausgabe*, Francfort-sur-le-Main, Suhrkamp, 1996.

WEBER, Hermann, *Die DDR 1945-1990. Grundriss der Geschichte*, Munich, Oldenbourg, 2012.

Histoire et structures politiques

DIETRICH, Torsten, *Waffen gegen das Volk. Der 17. Juni 1953 in der DDR*, Munich, Oldenbourg, 2003.

GIESEKE, Jens, WENTKER, Hermann, *Die Geschichte der SED. Eine Bestandsaufnahme*, Berlin, Metropol, 2011.

HOFFMANN, Dierk, *Die DDR unter Ulbricht. Gewaltsame Neuordnung und gescheiterte Modernisierung*, Zurich, Pendo, 2003.

JARAUSCH, Konrad H., SABROW, Martin (dir.), *Weg in den Untergang. Der innere Zerfall der DDR*, Göttingen, Vandenhoeck & Ruprecht, 1999.

KAISER, Monika, *Machtwechsel von Ulbricht zu Honecker. Funktionsmechanismen der SED-Diktatur in Konfliktsituationen 1962 bis 1972*, Berlin, Akademie, 1997.

KOWALCZUK, Ilko-Sascha, MITTER, Armin, WOLLE, Stefan (dir.), *Der Tag X – 17. Juni 1953. Die « Innere Staatsgründung » der DDR als Ergebnis der Krise 1952/54*, *Forschungen zur DDR-Geschichte*, Berlin, Links, 1re éd., 1995.

MALYCHA, Andreas, WINTERS, Peter Jochen, *Die SED. Geschichte einer deutschen Partei*, Munich, C. H. Beck, 2009.

SCHROEDER, Klaus, *Der SED-Staat. Geschichte und Strukturen der DDR 1949-1990*, Cologne, Böhlau, 2013.

Biographies

FRANK, Mario, *Walter Ulbricht. Eine deutsche Biografie*, Berlin, Siedler, 2001.

KUNZE, Thomas, *Staatschef a.D. Die letzten Jahre des Erich Honecker*, Berlin, Links, 2013.

SABROW, Martin, *Erich Honecker. Das Leben davor 1912-1945*, Munich, C. H. Beck, 2016.

Politique extérieure

FRITSCH-BOURNAZEL, Renata, *Die Sowjetunion und die deutsche Teilung. Die sowjetische Deutschlandspolitik 1945-1979*, Opladen, Westdeutscher, 1979.

HANISCH, Anja, *Die DDR im KSZE Prozess 1972-1985. Zwischen Ostabhängigkeit, Westabgrenzung und Ausreisebewegung*, Munich, Oldenbourg, 2012.

WENGST, Udo, WENTKER, Hermann (dir.), *Das doppelte Deutschland. 40 Jahre Systemkonkurrenz*, Berlin, Links, 2008.

WENTKER, Hermann, *Aussenpolitik in engen Grenzen. Die DDR im internationalen System 1949-1989*, Munich, Oldenbourg, 2007.

Économie

HOFFMANN, Dierk, *Aufbau und Krise der Planwirtschaft. Die Arbeitskräftelenkung in der SBZ/DDR 1945 bis 1963*, Munich, Oldenbourg, 2002.

STEINER, André, *Von Plan zu Plan. Eine Wirtschaftsgeschichte der DDR*, Bonn, Aufbau Taschenbuch, 2007.

– (dir.), *Überholen ohne einzuholen. Die DDR Wirtschaft als Fussnote der deutschen Geschichte ?*, Berlin, Links, 2006.

Culture et société

BUFFET, Cyril, *Défunte DEFA. Histoire de l'autre cinéma allemand*, Paris-Condé-sur-Noireau, Cerf-Corlet, 2007.

DAMUS Martin, *Malerei der DDR. Funktionen der bildenden Kunst im Realen Sozialismus*, Reinbek, Rowohlt Taschenbuch, 1990.

DROIT, Emmanuel, *24 Heures de la vie en RDA*, Paris, PUF, 2020.

–, *Vers un homme nouveau ? L'éducation socialiste en RDA (1949-1989)*, Rennes, Presses universitaires de Rennes, 2009.

KAELBLE, Hartmut, KOCKA, Jürgen, ZWAHR, Hartmut (dir.), *Sozialgeschichte der DDR*, Stuttgart, Klett-Cotta, 1994.

KAMINSKY, Anna, *Frauen in der DDR*, Berlin, Links, 2016.

KOTT, Sandrine, *Histoire de la société allemande au XX*[e] *siècle.* T. III, *La RDA, 1949-1989*, Paris, La Découverte, « Repères », 2011.

–, *Le Communisme au quotidien. Les entreprises d'État dans la société allemande*, Paris, Belin, 2001.

–, DROIT, Emmanuel (dir.), *Die ostdeutsche Gesellschaft*, Berlin, Links, 2006.

KRETSCHMANN, Carsten, *Zwischen Spaltung und Gemeinsamkeit. Kultur im geteilten Deutschland*, Berlin, Be.bra, 2012.

OHSE, Marc-Dietrich, *Jugend nach dem Mauerbau. Zwischen Anpassung, Protest und Eigensinn*, Berlin, Links, 2003.

ROWELL, Jay, *Le Totalitarisme au concret. Les politiques du logement en RDA*, Paris, Economica, 2006.

SCHLECHTE, Helga et Klaus-Dieter, *Witze bis zur Wende. 40 Jahre politischer Witz in der DDR*, Munich, Ehrenwirth, 1991.

TROJAN, Claire, *L'Identité interdite. Les expulsés allemands en RDA (1945-1953)*, Rennes, Presses universitaires de Rennes, 2014.

WEHLER, Hans-Ulrich, *Deutsche Gesellschaftsgeschichte, Bd. 5, Bundesrepublik Deutschland und DDR 1949-1990*, Munich, C. H. Beck, 2008.

WOLLE, Stefan, *Die heile Welt der Diktatur. Alltag und Herrschaft in der DDR 1971-1989*, Berlin, Links, 1998.

Mur, opposition et résistances

BESIER, Gerhard, *Der SED-Staat und die Kirche 1969-1990. Die Vision vom « dritten Weg »*, Berlin-Francfort, Ullstein-Propyläen, 1995.

–, *Der SED-Staat und die Kirche : der Weg in die Anpassung*, Munich, Bertelsmann, 1993.

GÖBEL, Jana, MEISNER, Matthias (dir.), *Ständige Ausreise. Schwierige Wege aus der DDR*, Berlin, Links, 2019.

HARRISON, Hope M., *Driving the Soviets up the Wall. Soviet-East German Relations 1953-1961*, Princeton, Princeton University Press, 2003.

HERTLE, Hans-Hermann, JARAUSCH, Konrad, KLESSMANN, Christoph (dir.), *Mauerbau und Mauerfall. Ursachen – Verlauf – Auswirkungen*, Berlin, Links, 2002.

NEUBERT, Ehrhart, *Geschichte der Opposition in der DDR 1949-1989*, Berlin, Links, 2e éd., 1998.

POLLACK, Detlef, *Kirche in der Organisationsgesellschaft. Zum Wandel der gesellschaftlichen Lage der evangelischen Kirchen in der DDR*, Stuttgart-Berlin-Cologne, Kohlhammer, 1994.

POPPE, Ulrike, ECKERT, Rainer, KOWALCZUK, Ilko-Sascha (dir.), *Zwischen Selbstbehauptung und Anpassung. Formen des Widerstands und der Opposition in der DDR*, Berlin, Links, 1995.

RITTER, Jürgen, LAPP, Peter Joachim, *Die Grenze. Ein deutsches Bauwerk*, Berlin, Links, 1997.

Surveillance et répression

COMBE, Sonia, *Une société sous surveillance Les intellectuels et la Stasi*, Paris, Albin Michel, 1999.

DROIT, Emmanuel, *Les Polices politiques du bloc de l'Est. À la recherche de l'Internationale tchékiste*, Paris, Gallimard, « La suite des temps », 2019.

–, *La Stasi à l'école. Surveiller pour éduquer en RDA (1950-1989)*, Paris, Nouveau Monde, 2009.

ENGELMANN, Roger, VOLLNHALS, Clemens (dir.), *Justiz im Dienste der Parteiherrschaft. Rechtspraxis und Staastsicherhei in der DDR*, Berlin, Links, 1999.

GIESEKE, Jens, *Die Geschichte der Stasi 1945-1990*, Stuttgart-Munich, Deutsche Verlags-Anstalt, 2006.

–, « Die Einheit von Wirtschafts-, Sozial- und Sicherheitspolitik. Militarisierung und überwachung als Problem der DDR-Sozialgeschichte der Ära Honecker », *Zeitschrift für Geschichtswissenschaft*, vol. 51, 2003, p. 996-1021.

KOWALCZUK, Ilko-Sascha, *Stasi konkret. Überwachung und Repression in der DDR*, Munich, C. H. Beck, 2013.

L'Allemagne après 1989

Unité et réunification

BAHRMANN, Hannes, LINKS, Christoph, *Chronik der Wende*, 2 vol., Berlin, Links, 1994-1996.

ECKHARD, Jesse, EBERHARD, Sandschneider (dir.), *Neues Deutschland. Eine Bilanz der deutschen Wiedervereinigung*, Baden-Baden, Nomos, 2008.

GUTZEN, Dieter (dir.), *Les Conséquences de l'unification allemande*, Paris, PUF, 1997.

HERTLE, Hans Hermann, GERD-RÜDIGER, Stephan (dir.), *Das Ende der SED. Die letzten Tage des Zentralkomitees, Forschungen zur DDR-Gesellschaft*, Berlin, Links, 1997.

JARAUSCH, Konrad, GRANSOW, Volker, *Die deutsche Vereinigung. Dokumente zu Burgerbewegung, Annaherung und Beitritt*, Cologne, Bibliothek Wissenschaft und Politik, 1991.

LEHMANN, Ines, *Die deutsche Vereinigung von aussen gesehen. Angst, Bedenken, Erwartungen in der auslandischen Presse*, 3 vol., Francfort-Bern, Peter Lang, 1997.

MAIER, Charles S., *The Crisis of Communism and the End of East-Germany*, Princeton, Princeton University Press, 1997.

MOURALIS, Guillaume, *Une épuration allemande. La RDA en procès, 1949-2004*, Paris, Fayard, 2008.

NAKATH, Detlef, GERD-RÜDIGER, Stephan (dir.), *Countdown zur deutschen Einheit. Eine dokumentierte Geschichte der deutsch-deutschen Beziehungen 1987-1990*, Berlin, Springer, 1996.

RITTER, Gerhard A., *Der Preis der deutschen Einheit. Die Wiedervereinigung und die Krise des Sozialstaates*, Munich, C. H. Beck, 2006.

THUMFART, Alexander, *Die politische Integration Ostdeutschlands*, Francfort-sur-le-Main, Suhrkamp, 2002.

VILMAR, Fritz, GUITTARD, Gislaine, *La Face cachée de la réunification allemande*, Paris, L'Atelier, 1999.

WEIDENFELD, Werner, KORTE, Karl-Rudolf (dir.), *Handbuch zur deutschen Einheit 1949-1989-1999*, Bonn, Campus, 1999.

ZIELINSKI, Bernd, KRULIC, Brigitte (dir.), *Vingt Ans d'unification allemande. Histoire, mémoire et usages politiques du passé*, Berne, Peter Lang, 2010.

Politique

L'Allemagne unifiée cinq ans après, actes du 28e congrès de l'AGES, 19-21 mai 1995, Jérôme Vaillant (éd.), préface d'Alfred Grosser, Valenciennes, Presses universitaires de Valenciennes, 1995.

CZADA, Roland M., WOLLMANN, Hellmut, GORNIG, Martin (dir.), *Von der Bonner zur Berliner Republik. 10 Jahre Deutsche Einheit*, Wiesbaden, Westdeutscher Verlag, 2000.

DEMESMAY, Claire, STARK, Hans (dir.), *Qui dirige l'Allemagne ?*, Villeneuve-d'Ascq, Presse universitaires du Septentrion, 2017.

EGLE, Christoph *et al.* (dir.), *Das rot-grüne Projekt. Eine Bilanz der Regierung Schröder 1998-2002*, Wiesbaden, Westdeutscher Verlag, 2003.

EGLE, Christoph, ZOHLNHÖFER, Reimut (dir.), *Die zweite Grosse Koalition. Eine Bilanz der Regierung Merkel 2005-2009*, Wiesbaden, Vs Verlag für Sozialwissenschaften, 2010.

GÖRTEMAKER, Manfred, *Die Berliner Republik. Wiedervereinigung und Neuorientierung*, Berlin-Brandebourg, Be.bra, 2009.

GOUGEON, Jacques-Pierre, *L'Allemagne du XXIe siècle, une nouvelle nation ?*, Paris, A. Colin, 2009.

–, *Allemagne, une puissance en mutation*, Paris, Gallimard, « Folio actuel », 2006.

–, *L'Identité allemande à l'entrée du XXIe siècle*, Paris, Hachette, 1999.

GUTZEN, Dieter (dir.), *Les Conséquences de l'unification allemande*, Paris, PUF, 1997.

HUSSON, Édouard, *Paris-Berlin : la survie de l'Europe*, Paris, Gallimard, « Esprits du monde », 2019.

KLEIN, Markus, FALTER, Jürgen, *Der lange Weg der Grünen*, Munich, C. H. Beck, 2003.

LE GLOANNEC, Anne-Marie (dir.), *L'Allemagne après la guerre froide. Le vainqueur entravé*, Bruxelles, Complexe, 1993.

MEULEMANN, Heiner, *Werte und Wertewandel. Zur identität einer geteilten und wieder vereinten Nation*, Munich-Weinheim, Juventa, 1996.

PRANTL, Heribert, *Rot-Grün. Eine erste Bilanz*, Hambourg, Hoffmann und Campe, 1999.

SCHROEDER, Klaus, *Die veränderte Republik. Deutschland nach der Wiedervereinigung*, Munich, Vogel, 2006.

SÜSS, Werner (dir.), *Deutschland in den neunziger Jahren*, Opladen, Leske & Budrich, 2002.

WOLFRUM, Edgar, *Der Aufsteiger. Eine Geschichte Deutschlands von 1990 bis heute*, Hambourg, Klett-Cotta, 2020.

L'Est après la RDA

« L'Allemagne dans tous ses États. De l'Allemagne de l'Est à l'est de l'Allemagne », *Allemagne d'aujourd'hui*, n° 118, 1992.

« L'Allemagne unifiée, aspects extérieurs et intérieurs de l'unification », *Allemagne d'aujourd'hui*, n° 114, 1990.

Die Ostdeutschen. 25 Wege in ein neues Land, Berlin, Links, 2014.

AHBE, Thomas, *Ostalgie. Zu ostdeutschen Erfahrungen und Reaktionen nach dem Umbruch*, Erfurt, Landeszentrale für politische Bildung Thüringen, 2018.

ARP, Agnès, GOUDIN-STEINMANN, Élisa, *La RDA après la RDA. Des Allemands de l'Est racontent*, Paris, Nouveau Monde, 2020.

BENDER, Peter, *Unsere Erbschaft. Was war die DDR – was bleibt von ihr ?*, Hambourg-Zurich, Luchterhand, 1992.

DUMCKE, Wolfgang, VILMAR, Fritz (dir.), *Kolonisierung der DDR. Kritische Analysen und Alternativen des Einigungsprozesses*, Munster, Agenda, 1995

ENGLER, Wolfgang, *Die Ostdeutschen. Kunde von einem verlorenen Land*, Berlin, Aufbau, 2002.

NEUGEBAUER, Gero, STÖSS, Richard, *Die PDS. Geschichte, Organisation, Wähler, Konkurrenten*, Opladen, Leske & Budrich, 1996.

OFFENSTADT, Nicolas, *Le Pays disparu. Sur les traces de la RDA*, Paris, Stock, « Les Essais », 2018.

REISSIG, Rolf, *Die gespaltene Vereinigungsgesellschaft. Bilanz und Perspektiven der Transformation Ostdeutschlands und der deutschen Vereinigung*, Berlin, Dietz, 2000.

Biographies

BOLLMANN, Ralph, *Angela Merkel. Die Kanzlerin und ihre Zeit*, Munich, C. H. Beck, 2021.

DREHER, Klaus, *Helmut Kohl. Leben mit Macht*, Stuttgart, DVA, 1998.

PICAPER, Jean-Paul, PRUYS, Karl Hugo, *Helmut Kohl*, Paris, Fayard, 1996.

PLICKERT, Philip (dir.), *Merkel. Die kritische Bilanz von 16 Jahren Kanzlerschaft*, Munich, FinanzBuch, 2021.

QVORTRUP, Matthew, *Angela Merkel. Europe's Most Influential Leader*, Londres-New York, Duckworth, 2016.

SCHÖLLGEN, Gregor, *Gerhard Schröder. Die Biographie*, München, DVA, 2015.

Économie et société

Deutschland 2020. Die demografische Zukunft der Nation, Berlin, Berlin Institut, 2004.

BENZ, Ute et Wolfgang (dir.), *Jugend in Deutschland. Opposition, Krisen und Radikalismus zwischen den Generationen*, Munich, DTV, 2003.

BUTTERWEGGE, Christoph, *Krise und Zukunft des Sozialstaates*, Wiesbaden, Springer, 3e éd., 2006.

CAMARADE, Hélène, GUILHAMON, Elizabeth, KAISER, Claire (dir.), *Le National-socialisme dans le cinéma allemand contemporain*, Villeneuve-d'Ascq, Presses universitaires du Septentrion, 2013.

DEPECKER, Jean-Paul, MILANO, Serge, *Économie et société allemandes : l'après-réunification*, Paris, Nathan, 1995.

FAULSTICH, Werner (dir.), *Die Kultur der 90er Jahre. Kulturgeschichte des 20. Jh.*, Munich, Wilhelm Fink, 2006.

GAUER, Christoph, SCRIBA, Jürgen, *Die Standortlüge. Abrechnung mit einem Mythos*, Francfort-sur-le-Main, Fischer, 1998.

GRAS, Pierre, *Good bye Fassbinder ! Le cinéma allemand depuis la réunification*, Paris, Jacqueline Chambon-Actes Sud, 2011.

MÜNKLER, Herfried et Marina, *Die neuen Deutschen. Ein Land vor seiner Zukunft*, Berlin, Rowohlt, 2016.

SARRAZIN, Thilo, *Deutschland schafft sich ab. Wie wir unser Land aufs Spiel setzen*, Munich, Deutsche Verlags-Anstalt, 2010.

STARK, Hans, WISSMANN, Nele Katharina (dir.), *L'Allemagne change ! Risques et défis d'une mutation*, Villeneuve-d'Ascq, Presses universitaires du Septentrion, 2015.

WOLFRUM, Edgar, *Rot-Grün an der Macht. Deutschland 1998-2005*, Munich, C. H. Beck, 2013.

Défense et politique extérieure

Forschungsinstitut der Deutschen Gesellschaft für Auswärtige Politik (dir.), *Deutschlands neue Aussenpolitik*, 4 vol., Munich, Oldenbourg, 1996-1998.

BOYER, Yves (dir.), *Allemagne(s). Certitudes et incertitudes de la politique de sécurité*, Paris, Fondation pour la recherche stratégique, 2009.

HERBET, Dominique, MIARD-DELACROIX, Hélène, STARK, Hans (dir.), *L'Allemagne entre rayonnement et retenue*, Villeneuve-d'Ascq, Presses universitaires du Septentrion, 2016.

LÖFFLMANN, Georg, *Verteidigung am Hindukusch ? Die Zivilmacht Deutschland und der Krieg in Afghanistan*, Hambourg, Diplomatica, 2008.

MARTENS, Stephan, *Allemagne. La nouvelle puissance européenne*, Paris, IRIS-PUF, 2002.

RAUCH, Andreas, *Auslandseinsätze der Bundeswehr*, Baden-Baden, Nomos, 2006.

SCHWARZ, Hans-Peter, *Die Zentralmacht Europas. Deutschlands Rückkehr auf die Weltbühne*, Berlin, Siedler, 1994.

STARK, Hans (dir.), *La Politique internationale de l'Allemagne*, Villeneuve d'Ascq, Presses universitaires du Septentrion, 2011.

Index des principaux noms de personnes et de lieux

Table des tableaux

Table

Les Éditions Points s'engagent pour la protection de l'environnement et une production française responsable

Ce livre a été imprimé en France, sur un papier certifié issu de forêts gérées durablement, chez un imprimeur labellisé Imprim'Vert, marque créée en partenariat avec l'Agence de l'Eau, l'ADEME (Agence de l'Environnement et de la Maîtrise de l'Énergie) et l'UNIC (Union Nationale de l'Imprimerie et de la Communication).

La marque Imprim'Vert apporte trois garanties essentielles :

- La suppression totale de l'utilisation de produits toxiques
- La sécurisation des stockages de produits et de déchets dangereux
- La collecte et le traitement de produits dangereux

RÉALISATION : NORD COMPO À VILLENEUVE-D'ASCQ
IMPRIMERIE NORMANDIE ROTO
DÉPÔT LÉGAL : OCTOBRE 2022. N° : 151005 (2203229)
IMPRIMÉ EN FRANCE